Gordon Brook-Shepherd

Zita

Die letzte Kaiserin

Aus dem Englischen von
Gunther Martin

WILHELM HEYNE VERLAG
MÜNCHEN

HEYNE SACHBUCH
Nr. 19/332

Titel der englischen Originalausgabe:
THE LAST EMPRESS
Erschienen 1991 bei HarperCollins Ltd., London

Ungekürzte Taschenbuchausgabe
im Wilhelm Heyne Verlag GmbH & Co. KG, München
Copyright © 1991 by Gordon Brook-Shepherd
Copyright © der deutschen Ausgabe
1993 by Zolnay Verlag Gesellschaft m.b.H., Wien
Printed in Germany 1994
Umschlagillustration: Archiv für Kunst und Geschichte, Berlin
Umschlaggestaltung: Atelier Adolf Bachmann, Reischach
Satz: MPM, Wasserburg
Druck und Verarbeitung: Pressedruck, Augsburg

ISBN: 3-453-08140-4

Für Otto von Habsburg,
einen guten Freund
und großen Europäer

EUROPA NACH DEM
VERTRAG VON VERSAILLES:

Kilometer

DIE HABSBURGER MONARCHIE
UND EUROPA 1914

0	200	400	600	800	1000

Kilometer

SCHWEDEN

Stockholm

OSTSEE

St Petersburg

POLEN

Warschau

Weichsel

Oder

RUSSLAND

Dnjepr

Prag

ZISLEITHANIEN

TRANSLEITHANIEN

Wien

Budapest

ÖSTERREICH-UNGARN

Drau

RUMÄNIEN

Bukarest

Donau

SCHWARZES MEER

Save

BOSNIEN
HERZEGOVINA

Belgrad

Sarajevo

SERBIEN

BULGARIEN

Sofia

ADRIATISCHES
MEER

ITALIEN

MONTE
NEGRO

ALBANIEN

Konstantinopel

OSMANISCHES

REICH

GRIECHENLAND

SIZILIEN

ZYPERN

KRETA

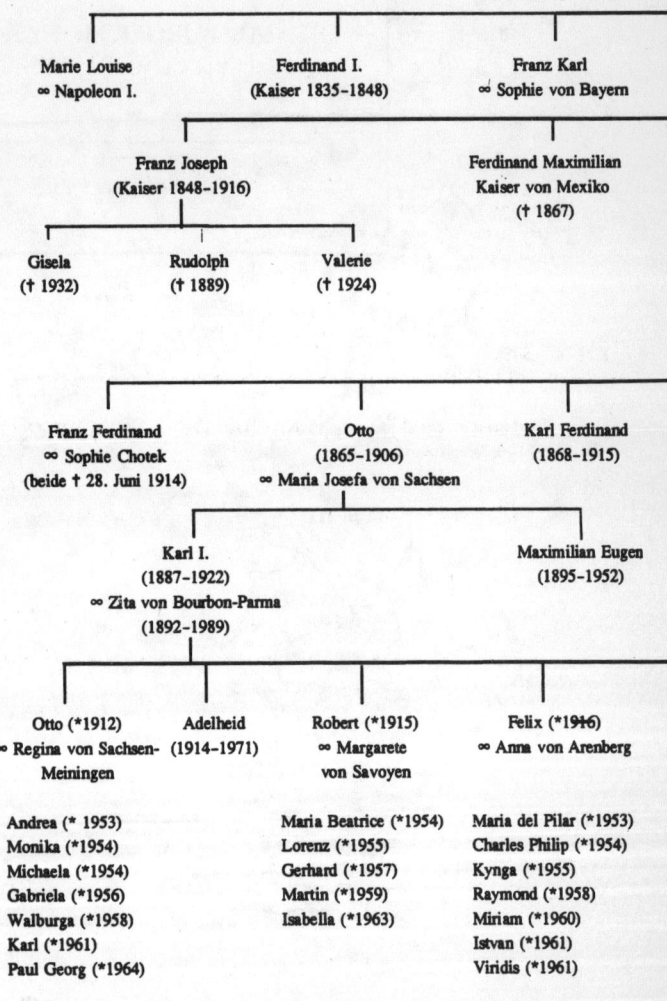

Marie Louise
∞ Napoleon I.

Ferdinand I.
(Kaiser 1835–1848)

Franz Karl
∞ Sophie von Bayern

Franz Joseph
(Kaiser 1848–1916)

Ferdinand Maximilian
Kaiser von Mexiko
(† 1867)

Gisela
(† 1932)

Rudolph
(† 1889)

Valerie
(† 1924)

Franz Ferdinand
∞ Sophie Chotek
(beide † 28. Juni 1914)

Otto
(1865–1906)
∞ Maria Josefa von Sachsen

Karl Ferdinand
(1868–1915)

Karl I.
(1887–1922)
∞ Zita von Bourbon-Parma
(1892–1989)

Maximilian Eugen
(1895–1952)

Otto (*1912)
∞ Regina von Sachsen-
Meiningen

Adelheid
(1914–1971)

Robert (*1915)
∞ Margarete
von Savoyen

Felix (*1916)
∞ Anna von Arenberg

Andrea (* 1953)
Monika (*1954)
Michaela (*1954)
Gabriela (*1956)
Walburga (*1958)
Karl (*1961)
Paul Georg (*1964)

Maria Beatrice (*1954)
Lorenz (*1955)
Gerhard (*1957)
Martin (*1959)
Isabella (*1963)

Maria del Pilar (*1953)
Charles Philip (*1954)
Kynga (*1955)
Raymond (*1958)
Miriam (*1960)
Istvan (*1961)
Viridis (*1961)

Der Habsburger Familienstammbaum

Franz II.
(Kaiser 1792–1835)

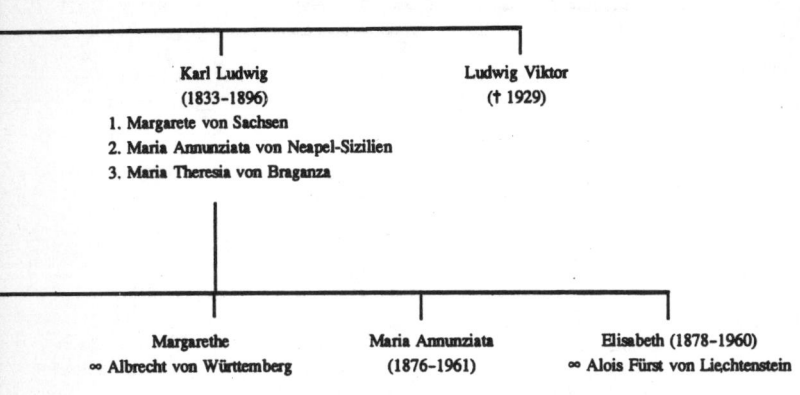

Karl Ludwig
(1833–1896)
1. Margarete von Sachsen
2. Maria Annunziata von Neapel-Sizilien
3. Maria Theresia von Braganza

Ludwig Viktor
(† 1929)

Margarethe
∞ Albrecht von Württemberg

Maria Annunziata
(1876–1961)

Elisabeth (1878–1960)
∞ Alois Fürst von Liechtenstein

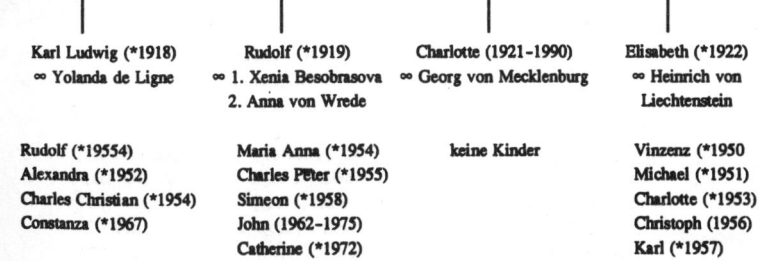

Karl Ludwig (*1918)
∞ Yolanda de Ligne

Rudolf (*1919)
∞ 1. Xenia Besobrasova
2. Anna von Wrede

Charlotte (1921–1990)
∞ Georg von Mecklenburg

Elisabeth (*1922)
∞ Heinrich von
Liechtenstein

Rudolf (*19554)
Alexandra (*1952)
Charles Christian (*1954)
Constanza (*1967)

Maria Anna (*1954)
Charles Peter (*1955)
Simeon (*1958)
John (1962–1975)
Catherine (*1972)

keine Kinder

Vinzenz (*1950
Michael (*1951)
Charlotte (*1953)
Christoph (1956)
Karl (*1957)

Der Bourbonen Familienstammbaum

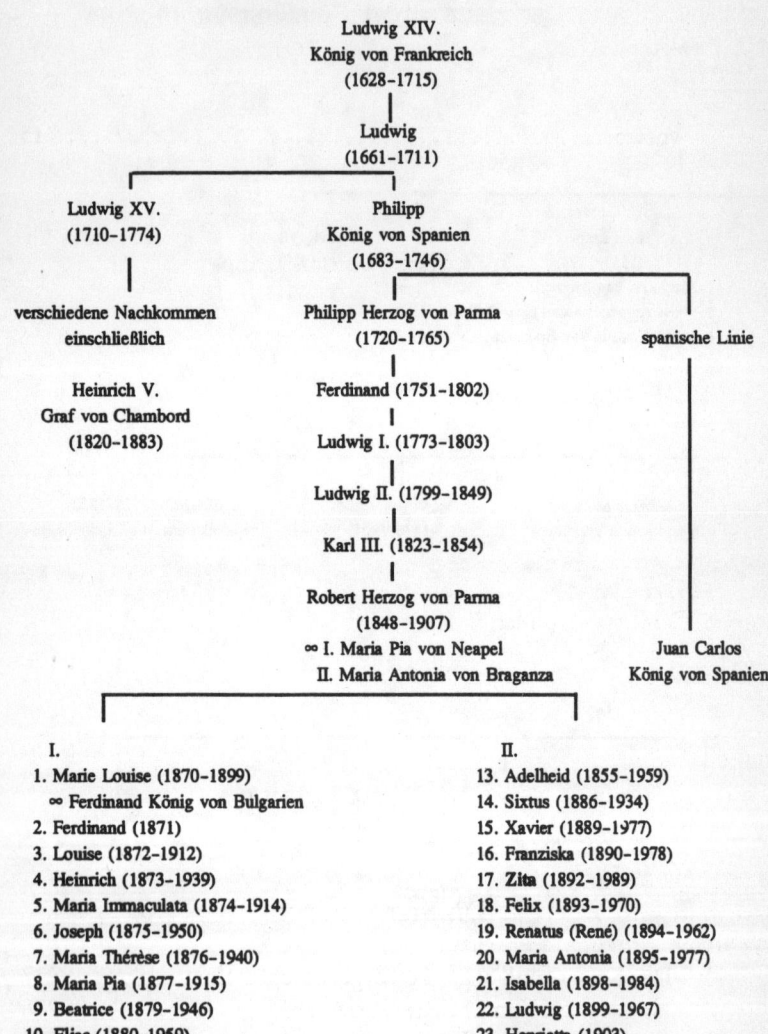

Ludwig XIV.
König von Frankreich
(1628–1715)

Ludwig
(1661–1711)

Ludwig XV.
(1710–1774)

Philipp
König von Spanien
(1683–1746)

verschiedene Nachkommen
einschließlich

Philipp Herzog von Parma
(1720–1765)

spanische Linie

Heinrich V.
Graf von Chambord
(1820–1883)

Ferdinand (1751–1802)

Ludwig I. (1773–1803)

Ludwig II. (1799–1849)

Karl III. (1823–1854)

Robert Herzog von Parma
(1848–1907)
∞ I. Maria Pia von Neapel
II. Maria Antonia von Braganza

Juan Carlos
König von Spanien

I.
1. Marie Louise (1870–1899)
   ∞ Ferdinand König von Bulgarien
2. Ferdinand (1871)
3. Louise (1872–1912)
4. Heinrich (1873–1939)
5. Maria Immaculata (1874–1914)
6. Joseph (1875–1950)
7. Maria Thérèse (1876–1940)
8. Maria Pia (1877–1915)
9. Beatrice (1879–1946)
10. Elias (1880–1959)
11. Anastasia (1881)
12. Augustus (1882)

II.
13. Adelheid (1855–1959)
14. Sixtus (1886–1934)
15. Xavier (1889–1977)
16. Franziska (1890–1978)
17. Zita (1892–1989)
18. Felix (1893–1970)
19. Renatus (René) (1894–1962)
20. Maria Antonia (1895–1977)
21. Isabella (1898–1984)
22. Ludwig (1899–1967)
23. Henrietta (1903)
24. Gaetano (1905–1958)

Inhalt

IV. Teil
Der Kampf von Europa aus

V. Teil
Der Kampf von Amerika aus

VI. Teil
Der Kreis schliesst sich

Vorwort

Zita, Kaiserin von Österreich und Königin von Ungarn, war eine der bemerkenswertesten und wohl die bedeutendste unter den gekrönten Frauen dieses Jahrhunderts. Keine andere hatte über einen so langen Zeitraum und in völlig verschiedenen Umwelten solchen Einfluß auf weltpolitische Vorgänge.

Zita Maria delle Grazie war eine gebürtige Prinzessin von Bourbon-Parma, und durch ihre Vermählung mit Erzherzog Karl von Österreich im Jahr 1911 entstand, nicht zum erstenmal in der Geschichte, eine durch und durch blaublütige Verbindung der katholischen Dynastien Europas. Im Juni 1914, nach dem Attentat von Sarajewo, war Zita im Alter von zweiundzwanzig Jahren die Gattin des neuen Thronerben der Habsburgermonarchie. Zwei Jahre später, nach dem Tod des bereits legendären Herrschers Franz Joseph, wurde sie Kaiserin. 1917 spielte sie eine führende Rolle bei dem einzigen ernsthaften monarchischen Versuch, den Krieg zu beenden: der berühmten »Sixtus-Affäre«, so benannt nach einem ihrer bourbonischen Brüder, der zweimal unter strengster Geheimhaltung von Paris nach Wien reiste, um direkte Friedensgespräche zwischen Österreich-Ungarn und den westlichen Alliierten anzubahnen. Ein Jahr später mußte sie mitansehen, was sie vorausgeahnt hatte: die Monarchie hatte den Preis für den Fehlschlag zu bezahlen – mit der Niederlage an den Fronten und politischem Aufruhr im Land. Im November 1918 erlebte sie mit ihrem glücklosen Gatten zuerst im Schloß Gödöllö bei Budapest und dann im Schloß Schönbrunn in Wien den Sturz seiner sechshundertfünfzigjährigen Dynastie. Sie war erst sechsundzwanzig, doch bereits Mutter von fünf Kindern.

Das lange Exil, das nun folgte und in dessen erster, gefährlicher Phase dem Paar auf Befehl König Georgs V. ein Stabsoffizier der britischen Armee als Begleiter zur Seite stand, erwies sich als alles andere denn passives Verharren in Nostalgie. Vom Schweizer Asyl aus unterstützte Zita 1921 ihren Gatten bei zwei Reisen nach Ungarn, in der Absicht, die Stephanskrone wieder zu erlangen, die der verschlagene Reichsverweser Admiral Horthy dem gekrönten König verweigerte. Der zweite dieser Restaurationsversuche im Oktober war eine politische Nervenprobe, die alle europäischen Mächte, gleich welcher Größenordnung, in eine Krise stürzte.

Nach dem Scheitern dieses militärischen Abenteuers wurde das Paar, wieder mit britischer Eskorte, auf die Insel Madeira gebracht. Damit begann für Zita die qualvollste Zeit des Exils. Sie waren so mittellos, daß selbst Fleisch bei Tisch zum Luxus wurde. Die ganze Familie litt in der feuchten Villa im Gebirge und erkrankte. Kaiser Karl erlag schließlich einer Schwäche seines gebrochenen Herzens. Er starb am 1. April 1922, Zita blieb als Witwe und Oberhaupt einer verbannten Dynastie zurück. Damals stand sie im dreißigsten Lebensjahr.

Während des nächsten Vierteljahrhunderts leitete sie den Abwehrkampf, zunächst als einzige Verantwortliche und später gemeinsam mit ihrem ältesten Sohn Otto, dem Thronprätendenten. Dies waren die Jahre, als aus dem Exil der habsburgische Widerstand gegen Hitler und dagegen, was er mit ihrer gefährlich polarisierten Heimat vorhatte, geführt wurde. Eine »Schlacht«, die sie verloren, als der Anschluß 1938 vollzogen wurde. Bald danach brach der Zweite Weltkrieg aus, und im Mai 1940 mußten Zita und ihre Angehörigen fliehen. Es ging ums Überleben, denn Otto stand seit 1938 auf der Verhaftungsliste der Gestapo. Die Flucht führte die Habsburger zunächst nach Bordeaux und dann auf abenteuerlichen Wegen über Spanien und Portugal nach Nordamerika.

Damit begann ein neues Kapitel der Odyssee, erfüllt von dem Bestreben, insbesondere Präsident Roosevelt, aber auch allgemein die öffentliche Meinung der USA für die Schaffung eines unabhängigen Österreich und einer größeren konservativen Konföderation im Donauraum nach Kriegsende einzunehmen. Angriffsziel war dabei zunächst Hitler-Deutschland, jedoch wurde bald die Sowjet-union unter Stalin zum Hauptgegner.

In ihrer letzten Lebenszeit – besonders seit der Rückkehr aus den USA nach Europa – überließ Zita die Politik größtenteils ihrem ältesten Sohn Otto und beschränkte sich auf ihre Rolle als Matriarchin der Familie. Die Ehen ihrer Söhne und Töchter schufen mit den Häusern Liechtenstein, Luxemburg, Savoyen, Sachsen, Mecklenburg, de Ligne und Wrede die vornehmste Verknüpfung europäischer Dynastien. Und eine der kinderreichsten. Zu Zitas 90. Geburtstag versammelten sich in ihrer letzten Heimstätte, dem St. Johannes-Stift im Schweizer Ort Zizers, ihre sieben direkten Nachkommen (Erzherzogin Adelheid starb 1971), die meisten ihrer dreiunddreißig Enkel sowie zwölf Urenkel.

Dieser Geburtstag war auch aus einem anderen Grund denkwürdig: zum Unterschied von anderen Familienmitgliedern hatte sich Zita stets geweigert, die Verzichtserklärung zu leisten, die für alle Habsburger die Vorbedingung für eine Rückkehr in die Republik Österreich war. Aber nun ging die österreichische Bundesregierung davon ab und gestattete die Einreise. Diese Heimkehr nach fast siebzig Jahren war ein persönlicher Triumph, denn der Kreis ihres Lebens hatte sich damit geschlossen. Zuletzt, im wahrsten Sinn des Wortes: bei ihrem Leichenbegängnis am 1. April 1989 ruhte ihr Sarg auf dem Weg zu der alten habsburgischen Begräbnisstätte, der Gruft der Wiener Kapuzinerkirche, in demselben kaiserlichen Funeralwagen, hinter dem sie im November 1916 als neue Kaiserin geschritten war.

Politisch erlebte sie kurz vor ihrem Tod, wie sich ein noch viel größerer Kreis schloß. Ungarn, die Tschechoslowakei, Polen und die anderen Länder der alten Habsburgermonarchie gewannen wieder ihre Freiheit, und in den Gebieten des Donaubeckens erwachte erneut ein Gefühl der Gemeinsamkeit. So erlebte sie noch, daß das Streben eines langen irdischen Daseins seinen Sinn fand.

Was die Entstehung dieses Buches betrifft, so begegnete ich der Kaiserin zum erstenmal vor etwa fünfundzwanzig Jahren. Auf Vorschlag ihres Sohnes Otto erklärte sie sich bereit, bei den Vorarbeiten zu einer Biographie ihres Gatten mit ihren Erinnerungen und den damals verfügbaren Familiendokumenten behilflich zu sein. Es war das erstemal, daß sie darüber zu einem Außenstehenden sprach, und wir verbrachten mehrere Wochen mit solchen Gesprächen. Wir hatten, wie ich glaube, sofort einen inneren Kontakt, und während der folgenden Jahre besuchte ich sie regelmäßig, wobei ich oft eine Einladung nach Zizers mit einem Skiurlaub im nahen Klosters verband. Sie vertraute mir vieles an, das man nur einem zuverlässigen Freund mitteilt, allerdings unter zwei Bedingungen, auf die ich bereitwillig einging. Die eine war, daß ich nicht über sie schreiben würde, solange sie noch am Leben war; die zweite, daß ich die vielen privaten Briefe, die sie während dieser Zeitspanne an mich geschrieben hatte, in entsprechender Auswahl verwenden würde. Beide Zusagen habe ich gehalten, trotz lukrativer Angebote, sie zu brechen.

Als ich das vorliegende Buchprojekt mit Erzherzog Otto erörterte, erwähnte ich die zweite Einschränkung und stellte die Überlegung an, ob selbst mit seiner Hilfe noch sehr viel Neues zu sagen wäre. Seine Antwort entschied alles: die gesamten Bestände des Familienarchivs von zwei Kontinenten seien nun vereint, und für den Historiker liege das Material gleichsam auf dem Präsentierteller. Und so war es auch. Während der vergangenen fünfzehn Monate konnte ich das letzte kaiserliche Archiv durchforschen, das bislang nie in vollem Umfang gesichtet worden war. Ich sage »in vollem Umfang«, denn zwei deutschsprachige Autoren hatten die Möglichkeit, einen Teil des Materials zu verwenden, aufbewahrt in etwa einem halben Dutzend der zwanzig schweren Stahlkassetten, die den politischen Teil des Archivs enthalten. Ich habe alle zwanzig Behälter durchgesehen, ebenso die drei sogenannten »New Yorker Koffer«, in denen die Papiere nur ungefähr geordnet sind. Das bedeutet die genaue Lektüre von buchstäblich Tausenden Dokumenten in mehreren europäischen Sprachen, zahlreiche davon habe ich verwendet, wie aus der häufigen Eintragung der Kürzel »HFA« – für Habsburger-Familienarchiv – in den Quellenangaben ersichtlich ist.

Tatsächlich fand sich bisher unbekanntes schriftliches Material bis zurück zu den Ereignissen des Jahres 1918 und dem Zusammenbruch des Reiches. Aber das meiste bezieht sich auf die persönlichen und politischen Bestrebungen im Exil. Vieles erscheint dadurch in neuem Licht: etwa die Restaurationsversuche in Ungarn 1921, der Kampf gegen Hitler, der Zusammenbruch Frankreichs, die Politik während des Zweiten Weltkrieges im Washington der Roosevelt-Ära und die Bemühungen, dem Aufbau der sowjetischen Hegemonie im Donauraum Einhalt zu gebieten. Inmitten all der Politik gibt es eine Fülle von anekdotischem Beiwerk: zum Beispiel jene Episode, als die Kaiserin in Quebec Suppe aus Löwenzahn kochen ließ, was der Familie gut genug, dem Personal indes zu minder war; oder der Besuch von Lord Louis Mountbatten, der seinen Plan – oder bloß Phantasterei? – erörterte, daß er König eines verkleinerten Nachkriegsdeutschland werden könnte. Was freilich nachhaltig beeindruckt, ist die geschichtliche Spannweite von Zitas politischen Kontakten mit Spitzenpersönlichkeiten: dieselbe hohe Dame, die 1917, mitten im Ersten Weltkrieg, den Deutschen Kaiser und den gefürchteten General Ludendorff in Schönbrunn zum Dejeuner empfing, war 1943, mitten im Zweiten Weltkrieg, selbst Gast an der Tafel des Präsidenten Roosevelt im Weißen Haus.

Zu Dank verpflichtet bin ich mehreren Mitgliedern der Familie Habsburg und einigen ihrer Freunde, die mir behilflich waren. Es sei mir gestattet, hier nur zwei von ihnen namentlich zu nennen, die sich am intensivsten beteiligten: an erster Stelle eine der Enkelinnen der Kaiserin, Erzherzogin Walburga, die neben sehr reger beruflicher Tätigkeit und vielen privaten Terminen dennoch Zeit fand, mich immer wieder ins Archiv zu begleiten; ohne ihre unermüdliche, freudig gewährte Hilfe bei allen Verrichtungen – von der Handhabung der schweren Stahlkassetten über die Suche nach den passenden Schlüsseln zu deren vielen Vorhängeschlössern bis zur gemeinsamen Durchsicht des Inhalts – hätten die Forschungen niemals in dem von mir dafür vorgesehenen Zeitraum durchgeführt und abgeschlossen werden können, wenn überhaupt. Ich glaube sagen zu dürfen, daß wir beide die Arbeiten ungemein spannend fanden, ja daß sie uns Vergnügen bereiteten.

Die zweite Persönlichkeit ist ihr Vater Otto von Habsburg, ein Freund seit fast vierzig Jahren. Er hatte keine Ahnung, was sich in dem Archiv befand, aber er war der einzige lebende Zeitzeuge, der die verschiedenen Episoden und Krisensituationen richtig interpretieren und das Vorliegende ergänzen konnte – aus seinem phänomenalen Gedächtnis, einem Erbteil seiner Mutter, mit der er all dies selbst erlebt hatte. Er ist nun die Vatergestalt des Europa-Parlaments, dessen ältestes Mitglied und eines der aktivsten dazu, besonders seit Osteuropa seine historische Rückkehr in die Gemeinschaft freier Staaten antrat. Viele unserer Gespräche mußten daher zwischen Parlamentssitzungen in Brüssel eingeschoben werden, einmal allerdings nahmen wir uns fast einen ganzen Tag lang dafür Zeit, in seiner Villa im bayrischen Pöcking. Diese Verbindung von bisher unveröffentlichtem Archivbestand und dem mündlichen Kommentar jenes Mannes, der selbst an den dokumentierten Ereignissen Anteil hatte, war von enormem Vorteil, und es ist einzig und allein meine Schuld, falls ich nicht das Beste daraus gemacht habe.

Ich gebe gern zu, daß ich mich auf einige meiner früher erschienenen Bücher stütze: über die Habsburger; über Europa vor 1914, den Zusammenbruch von 1918 und die tragische Geschichte der Ersten Republik Österreich. Sie alle dienten in verschiedenem Ausmaß als Quellenwerke, und ich habe daraus oder aus anderer Literatur nur direkte Zitate übernommen. Exkurse darüber, was zu den einzelnen Kapiteln in diesem oder jenem Werk zu finden ist, sind mir immer als ein ermüdendes Prahlen mit der eigenen Belesenheit vorgekommen. Wenn man ein solches Thema korrekt behandeln will, dann versteht sich von selbst, daß Dutzende Bücher in mehreren Sprachen herangezogen werden müssen.

Ich habe einigen Institutionen in England zu danken, vor allem dem Königlichen Archiv in Windsor, das mit einer Zuverlässigkeit, die mir inzwischen beinahe selbstverständlich erscheint, die gesamte nach 1918 entstandene Korrespondenz zwischen Mitgliedern der Familie Habsburg und dem englischen Königshaus zugänglich machte. Besonders berührend ist die menschliche Wärme, die aus den Briefen von Königin Mary spricht, um so mehr, wenn man bedenkt, daß sie mitten im Zweiten Weltkrieg geschrieben wurden. Diese Dokumente werden hier mit gnädiger Erlaubnis Ihrer Majestät der Königin publiziert.

Danken möchte ich auch Susan Small, meiner langjährigen Sekretärin, der es wieder einmal gelang, nach meinen handschriftlichen Hieroglyphen ein satzfertiges Typoskript für den Verlag herzustellen. Ich kann mich an einer Schreibmaschine, geschweige denn an einem Textverarbeitungsgerät noch immer nicht gedanklich konzentrieren und hoffe, ohne das eine wie das andere auszukommen, solange sie mir hilft, alles in leserliche Form zu bringen, und dabei Unstimmigkeiten entdeckt, was einer Maschine ja nicht gelingt.

Schließlich gilt ein ungewöhnlicher, aber herzlicher Dank meinen Freunden Jean und Victor Hoare Nairne, in deren schönem Familienbesitz Turville Park ich kurz vor dem Beginn der Arbeit an diesem Buch einen Flügel bezog. Es war das letzte der ländlichen Refugien, die ich während jener Jahre aufsuchte, um dem Londoner Trubel zu entgehen, und nirgends fühlte ich mich so wohl wie dort. Wer Zeit und die Absicht hat zu schreiben, dem kann die Arbeit in dieser schönen Gegend der Chilternhills nur Freude machen, inmitten von Feldern und Forsten, wo es weit und breit kaum eine Straße gibt. In dem »großen Haus« war man immer darauf bedacht, die Natur unberührt zu lassen.

Gordon Brook-Shepherd

I. TEIL

DIE LILIEN UND DER ADLER

1

Die Prinzessin

Für ein Leben, dem soviel Glanz, Dramatik und Leiden bestimmt war, verlief der Anfang bemerkenswert ruhig. Als Prinzessin Zita Maria delle Grazie, Adelgunde* von Bourbon-Parma am 9. Mai 1892 geboren wurde, waren seit Otto von Bismarcks Krieg gegen Österreich bereits Jahrzehnte vergangen. Der Erste Weltkrieg, der ihr Europa zerstören sollte, lag, noch ungeahnt, zwanzig Jahre vor ihr. Trotz der wiederholten Bombenattentate im Rußland der Romanows und allen ungebärdigen Auftretens des neuen Deutschen Reiches umgab die großen regierenden Dynastien des Kontinents die Illusion eines beständigen Nachsommers. Diese trügerische Ruhe war begreiflich. Immerhin saß Anno 1892 Kaiser Franz Joseph seit vierundvierzig Jahren auf dem Thron der Habsburger – und hatte noch vierundzwanzig Jahre vor sich. In England herrschte Königin Victoria seit mehr als einem halben Jahrhundert, und es gab keine Anzeichen dafür, daß die nach ihr benannte Ära und die Fundamente, auf denen diese ruhte, bald schwinden könnten.

Kaiser und Könige mochten sich ihrer Kronen sicher fühlen, aber um die Regenten kleinerer Fürstentümer Europas stand es anders. Die deutschen Herzöge und Großherzöge, ja sogar die Monarchen Bayerns, Sachsens und Württembergs, wurden von Bismarck in einen Gesamtstaat eingegliedert, als er binnen zehn Jahren, vom Königreich Preußen ausgehend, das Kaiserreich der Hohenzollern aufrichtete. Die italienischen souveränen Kleinstaaten verschwanden innerhalb von zwei Jahren von der Landkarte, als Cavour und

---

* So lauteten drei ihrer Vornamen, etwa noch sechs weitere wurden bei der Taufe verlesen.

Garibaldi das geeinte Italien des Hauses Savoyen schufen. Das winzige Herzogtum von Zitas Vater war eines der Opfer. Die verwickelte Geschichte der Bourbon-Parma verdient genauere Betrachtung; schon deshalb, weil sich Prinzessin Zita während ihrer Jugend stets des Kontrasts zwischen der Grandeur des ersten Namens und der Bedeutungslosigkeit des zweiten bewußt war. So wuchs das Bestreben, diese Kluft zu überbrücken.

Jahrhunderte bevor die Bourbonen in Toscana die Szene betraten, wurde Parma unter den großen Familien Italiens eher wie ein Konfektschälchen weitergereicht: es ging von den Corregio an die Visconti (die es ihnen abkauften), von den Visconti an die Sforza und schließlich an die Farnese, von denen es durch die Heirat zwischen Elisabeth Farnese und dem späteren König Karl III. von Spanien an die spanischen Bourbonen fiel. Im Wiener Frieden von 1735 überließ Karl das Herzogtum den Österreichern, 1748 trat Maria Theresia im Aachener Frieden Parma an Karls jüngeren Bruder Philipp ab, der es als Herzog bis 1765 regierte. Nach seinem Tod kam das Land durch die natürliche Erbfolge an seinen Sohn Ferdinand. Parma schien glorreichen Bestand erlangt zu haben. Aber nicht für lange. Wie in ganz Europa fegte Napoleon Bonaparte auch hier die existierenden Ordnungen hinweg. Das Herzogtum wurde gemäß dem Vertrag von 1801 *de jure* an Frankreich angeschlossen; als Ferdinand ein Jahr später starb, nahmen es die Franzosen definitiv in Besitz; 1805 wurde es in Napoleons Kaiserreich eingegliedert.

Als dieses Reich auf den Schlachtfeldern zusammenbrach, geriet Parma wieder in die österreichische Einflußsphäre. Im Rahmen der allgemeinen Regelungen des Wiener Kongresses wurde es (zusammen mit den norditalienischen Herzogtümern Piacenza und Guastalla) auf Lebenszeit Napoleons Gemahlin Kaiserin Marie Louise übergeben, der Tochter von Kaiser Franz I. Aber nach ihrem Tod 1847 traten erneut die Bourbon-Parma auf den Plan. Ferdinands Enkel Karl wurde Herzog von Parma und Piacenza. Bald kam die nächste Wende. 1849, im Nachbeben der großen Revolutionen in Europa, dankte der Bourbone, der in Parma als Karl II. regiert hatte, zugunsten seines Sohnes gleichen Namens ab. Fünf Jahre später wurde dieser Karl III. von einem Fanatiker aus dem Kreis der

Carbonari, die bereits auf die Einigung Italiens hinarbeiteten, auf offener Straße ermordet. Jetzt hatte, im Alter von sechs Jahren, Herzog Robert seinen Auftritt, Zitas späterer Vater. Mit seiner Mutter, der französischen Prinzessin Louise, als Regentin, »herrschte« der Knabe kaum sechs Jahre, bis 1859 das Werk der Verfechter des Risorgimento ohne Blutvergießen vollbracht war.[*] Parma wurde im Schnellverfahren zu einem Teil des neuen Königreichs Italien erklärt.

Robert zog gemeinsam mit seinem jüngeren Bruder Henri und den beiden Schwestern Margarita und Alicia zuerst nach Wartegg in der Ostschweiz, wo die Herzoginmutter einen kleinen Besitz erworben hatte. Und als sie 1864 an Typhus starb, kamen die Geschwister in die Obhut ihres Bruder, des Grafen von Chambord. Damit begann eine entscheidende Phase im Leben des exilierten kleinen Herzogs von Parma. Henri de Chambord war nicht irgendein bourbonischer Prinz, sondern für alle Legitimisten König Heinrich V. der Anwärter auf den Thron Frankreichs, als regierten in Paris nicht die Republikaner. Und tatsächlich erörterten zwischen 1871 und 1875 Emissäre dieser Republik mehrmals mit ihm die Frage einer Restauration. Die Verhandlungen scheiterten nicht zuletzt an der beharrlichen Forderung der Republikaner, die Trikolore als Nationalflagge beizubehalten. Chambord war viel zu sehr der leidenschaftliche, der Geschichte und der Familie verpflichtete Bourbone, um das hinzunehmen.

Dies war der kompromißlose dynastische Geist, der Jahr für Jahr auf seinen Schützling Robert von Parma einwirkte: der junge Mann wuchs heran mit französischen Erziehern, französischer Kultur und im Spannungsfeld französischer Legitimistenpolitik. Es fiel nicht ins Gewicht, daß sich das alles in dem stilvollen Schloß Frohsdorf in Niederösterreich zutrug, der Residenz des Grafen, ca. 55 km südlich von Wien. Frohsdorf war als das »österreichische Versailles« bekannt und machte dieser Bezeichnung in vielerlei Hinsicht Ehre, von der französischen Art der Gutsverwaltung bis

---

[*] Parma konnte nur eine Mini-Armee von rund 4000 Mann aufbieten, und als die weitaus stärkeren sardinischen Truppen am 9. Juni 1859 in bedrohliche Nähe der Hauptstadt kamen, gab Roberts Mutter auf, entband die Soldaten des Treueids und flüchtete mit ihrem Sohn aus dem Herzogtum.

zur eindrucksvollen Liste internationaler hochrangiger Besucher. So wurde Herzog Robert im Exil ein echterer Bourbone als er es je in seinem kleinen Herzogtum hätte werden können. Als sein Onkel am 24. August 1883 starb, erhielt dieser Geist auch eine beachtliche materielle Basis. Robert wurde Universalerbe des Grafen; er erbte nicht nur Frohsdorf, sondern neben anderen Besitzungen auch das große Stammschloß Chambord an der Loire. Im Alter von vierunddreißig Jahren war der einst enteignete Herzog von Parma ein ebenso reicher wie kultivierter und hochgebildeter Fürstensproß.

Er war zu dieser Zeit bereits Familienvater, und in der Ehe sah er vom ersten bis zum letzten Tag eine ideale Verbindung von Treue und Fruchtbarkeit. 1869, zehn Jahre nach der Flucht aus Parma, hatte er eine Prinzessin aus einem verarmten kleinen Herrscherhaus geheiratet, das aus dem geeinten Italien vertrieben worden war: Maria Pia, Tochter des bourbonischen Königs Ferdinand II. von Neapel. Mit fast metronomischer Regelmäßigkeit gebar sie in den dreizehn Jahren dieser Ehe zwölf Kinder, doch die Blutsverwandtschaft der Eltern zeitigte katastrophale Folgen. Mehrere Sprößlinge waren geistig behindert, drei starben bald nach der Geburt, und der jüngste, Auguste, nahm 1882 seine erschöpfte Mutter mit ins Grab.

Nach der Frist von zwei Jahren, die Trauer und Anstand geboten, ging der Witwer erneut auf Brautschau. Seine Wahl fiel diesmal auf die zweiundzwanzigjährige Prinzessin Maria Antonia von Braganza, jüngste Tochter von König Miguel I. von Portugal. Mit ihr vermählte er sich am 15. Oktober 1884. Im Verlauf der nächsten zwanzig Jahre gebar auch sie ihm zwölf Kinder – sechs Töchter und sechs Söhne –, die sich als ein robusterer Schlag erwiesen. Alle erreichten die mittlere Lebenszeit, einige ein hohes Alter. Das fünfte Kind, und die dritte der Töchter, war Zita.

Zum Zeitpunkt dieses Familienzuwachses hatte ihr Vater einen Teil des riesigen Chambord-Vermögens bereits für den Erwerb zweier ansehnlicher eigener Residenzen verwendet. Der erste Besitz, der Zitas Geburtsort wurde, war die Villa Pianore in Toscana, ein feudales zweistöckiges Gebäude, wenige Kilometer von der Küste des Ligurischen Meeres entfernt, zwischen Pietrasante und

28

Viareggio gelegen. Alles – von der weitläufigen Terrasse, den Marmorböden und den Stuckverzierungen der Räume bis zum Park mit seinen Rosenbeeten, Zypressen, Eukalyptusbäumen und Palmen – hatte der Architekt Domenico Martini ganz dem Geschmack des Auftraggebers entsprechend gestaltet. 1889, ein Jahr nach dem Umbau der Villa Pianore, erwarb Robert seinen zweiten Landsitz. Es war dies Schwarzau, ein schlicht, aber vornehm wirkendes Barockschloß bei Wiener Neustadt, im südlichen Niederösterreich. Nicht weit davon lag Frohsdorf, wo der Herzog so glückliche und ersprießliche Jugendtage bei seinem Onkel verbracht hatte. Von nun an hatten die Kinder zwei Umwelten, die blühende, mediterrane Küstenlandschaft und die ausgedehnten, wildreichen Forste, die damals Schwarzau in der Ebene des »Steinfelds« umgaben. Viel später, als Kaiserin im Exil, blickte Zita auf jene beiden Heimstätten zurück und erinnerte sich der ungewöhnlichen Kinderschar, die dort aufwuchs:

»Wir waren ein buntes Gemisch, wie es bei Kindern immer ist, machte der Altersunterschied am meisten aus. Als ich zur Welt kam, waren einige meiner Halbbrüder und Halbschwestern bereits ziemlich erwachsen. Doch wir betrachteten uns immer als eine einzige Familie, und so fühlten wir uns auch. Die Tatsache, daß die Kinder von zwei Müttern stammten, spielte überhaupt keine Rolle. Das war natürlich vor allem meinen Eltern zu danken, die uns in jeder Hinsicht als Gleiche behandelten. Es gab kaum jemals Streit oder heftige Auftritte, und mein Vater, der die Güte und Freundlichkeit in Person war, leitete alles mit fester, aber sehr leichter Hand. Niemals wurde eines der Kinder körperlich gezüchtigt. Das Schlimmste, was es für schlechtes Betragen setzen konnte, war ein strenger Verweis, vielleicht verbunden damit, daß man an einem Ausflug nicht teilnehmen durfte, oder vor einem leeren Teller saß, wenn sich alle anderen an einem Pudding gütlich taten.

Doch ich glaube auch, daß dieses Zusammengehörigkeitsgefühl für uns etwas ganz Natürliches war, als ein Zug jener Zeit, in der wir lebten. Wir hatten jedenfalls einen internationalen Stammbaum, denn alle königlichen und fürstlichen Familien Europas – zumindest alle katholischen – waren durch Heirat mehr oder minder nah verwandt. So war mein Vater zwar Franzose, aber in seiner Ahnenreihe gab es auch Italiener und Österreicher, und mein Großvater mütterlicherseits war König von Portugal, doch seine Mutter war Spanierin und seine Gattin Deutsche, Prinzessin Adelheid von Löwenstein. Außer den Halbbrüdern und den Halbschwestern schien die Welt also voller Cousins und Cousinen ersten und zweiten Grades zu sein. Ein Ergebnis davon war, daß wir dazu erzogen wurden, ganz selbstverständlich mehrere Sprachen zu hören und zu lernen. In meinem Fall Französisch als unsere Hauptsprache, aber auch Italienisch, das mein Vater oft sprach, und Deutsch, wegen unserer neuen Wurzeln in Österreich. Und auch Englisch, das aber vor allem im Umgang mit Besuchern.«[1]

Es war eine ungetrübt glückliche Kindheit, die ganz von selbst den Glauben an das Gute in der menschlichen Natur förderte und Hartherzigkeit oder Neidgefühle ausschloß. Diese Wesenszüge sollten der jungen Prinzessin bleiben – bis zu ihrem noch sehr fernen Ende. Das häusliche Leben war einfach, nahezu spartanisch, was sich auch später als nützlich erwies. Die großen Ereignisse, wie sich Zita erinnerte, waren die beiden alljährlichen Reisen zwischen den zwei Familienresidenzen. Das waren auch die einzigen Anlässe, bei denen, unbewußt freilich, Aufwand getrieben wurde.

»Sechs Monate des Jahres verbrachten wir in Schwarzau, meist vom Juli an, sobald die Hitze in Italien zu groß wurde, und blieben über Weihnachten und das neue Jahr bis zum Beginn des Januar, wenn es in Österreich richtig kalt zu werden beginnt. Dann reisten wir nach Pianore und blieben dort während des Frühlings und des Frühsommers, dann übersiedelten wir wieder nach dem Norden.

Und was für Übersiedlungen das waren! Jedes Jahr und für jede Hin- und Rückreise hatten wir unseren Sonderzug. Wenn er für die Reise zusammengestellt war, muß er fünfzehn oder sechzehn Waggons lang gewesen sein. Zwei Lokomotiven waren erforderlich, um ihn über den Semmeringpaß, der südlich von Schwarzau liegt, zu befördern. Heute klingt so etwas natürlich fast unvorstellbar, aber dieser Zug war immer voll. Denn es übersiedelte faktisch der gesamte Haushalt. Mein Vater mit vielen seiner Bücher, bis zu zwanzig von uns Kindern, das vollzählige Personal und alle Verwaltungsbeamten, ja sogar unsere Reitpferde in speziellen Transportwagen.«[2]

Herzog Roberts Bücher hatten während jener frühen Jahre enormen Einfluß auf Zita. Ihr Vater war ungemein belesen, und er verbrachte Stunde um Stunde in seiner Bibliothek. Doch anders als die meisten solch hochgeborener Literaturfreunde schloß er sich niemals ab. Immer saßen eines oder mehrere seiner Kinder, die Behinderten eingeschlossen, lesend bei ihm; so wurde der ihnen am nächsten stehende Mann zu ihrem Lehrmeister.

Eine andere, noch stärker und stets wirksame Kraft war die Religion. Sie wurde Zita buchstäblich in die Wiege gelegt. Ihre Namenspatronin, die Schutzheilige der Dienstmägde, wird in Toscana seit je sehr verehrt, und man erzählt sich, daß der Bischof der nahen Stadt Lucca im Jahr 1891 Herzog Robert bat, ihm einen persönlichen Wunsch zu erfüllen, nämlich dem nächsten Kind aus dem Haus Bourbon-Parma diesen Namen zu geben, falls es ein Mädchen werden sollte. Ein Jahr später wurde der Bitte des Kirchenfürsten entsprochen.[3]

Die junge Prinzessin lernte jedenfalls, sich dieses Namens würdig zu erweisen und anderen Menschen behilflich zu sein. Wenn man in Schwarzau war, unternahm man alljährlich einen Ausflug in die Textilfabrik der nahen Kleinstadt Neunkirchen, um dort auf dem Sommerschlußmarkt Stoffe zu kaufen. Daraus fertigten die Parma-Kinder Kleidungsstücke für die Armen von Schwarzau. In Pianore, wo die Bewohner noch weitaus ärmer, verwahrloster und in vielen Fällen auch tuberkulös waren, versahen Zita und ihre um zwei Jahre ältere Schwester Franziska einen regelmäßigen »Pendlerdienst« zwischen der Villa und dem Meer; sie legten diese Strecke mit Packpferden zurück und verteilten Lebensmittel, Kleidung und Medikamente an alt und jung. Jedoch war solche Mildtätigkeit mit Vorsicht gepaart. Heimgekommen, wechselten die Mädchen unter Aufsicht ihrer Mutter nicht nur alle Kleider, sondern wuschen sich auch das Haar mit Alkohol, zum Zweck der Desinfektion. Der katholische Glaube, der diese Werke der Nächstenliebe zur Pflicht machte, war für die Kinder kein Zwang, der ihnen von außen auferlegt wurde, etwas, das sie nur in der Kirche erlebten, während der Messe oder der Kommunion. Wie all die fremden Sprachen gehörte der Weihrauch zu der Luft, die sie atmeten. Tatsächlich war die Religiosität in der Familie so tief verwurzelt, daß nicht weniger als drei von Zitas Schwestern – Adelheid, Franziska und Maria Antonia – Nonnen wurden. Adelheid, die älteste und in mancher Hinsicht die bemerkenswerteste der Prinzessinnen von Bourbon-Parma, schien für eine glänzende dynastische Heirat bestimmt, als sie sich 1907 zur Überraschung ihrer Eltern und Geschwister dafür entschied, in das Benediktinerinnenkloster St. Cécile auf der britischen Kanalinsel Wight einzutreten. Einer der Gründe für die Wahl dieses Ordens war zweifellos die Tatsache, daß ihre Großmutter mütterlicherseits, die verwitwete Königin Adelheid von Portugal, zehn Jahre davor in St. Cécile den Schleier genommen hatte (ihr Bruder, Prinz Carl Löwenstein, sollte sein Leben ebenfalls im Kloster beschließen, er wurde Benediktinerpater).

Als daher die kaum siebzehnjährige Prinzessin Zita 1909 zum Abschluß ihrer schulischen Ausbildung in ebenfalls dieses Kloster auf Wight geschickt wurde (davor war sie Internatszögling im bayrischen Salesianerinnenkloster Zangberg), blieb sie im Schoß der Familie, ebenso wie unter dem Schutz der heiligen Cäcilie. Und es war sogar ihre eigene Großmutter, nun »Mère Adelaide« genannt, die darüber wachte, daß Bildung und Erziehung des Mädchens den letzten Schliff erhielten: in Latein, Philosophie, Geschichte und natürlich Musik, deren Schutzpatronin die heilige Cäcilie ist; so vervollkommnete die junge Prinzessin auf Wight das schon in Zangberg begonnene Orgelspiel. Dieses pädagogische Wirken war eine der letzten Aufgaben der verwitweten Königin Adelheid. Sie starb am 16. Dezember 1909, einige Wochen nachdem ihre Enkelin, die damals eine der seltenen Phasen von Anfälligkeit gegen Krankheiten durchmachte, den Aufenthalt vorzeitig beendet hatte und heimgekehrt war. Der Familiensinn spielte in Zitas Erziehung und in ihrem ganzem Leben – nicht weniger als die Frömmigkeit – eine zentrale Rolle; doch war es manchmal schon wegen der genealogischen Vielfalt ihrer Herkunft schwierig, den eigenen familiären Standort zu bestimmen. Als Kind hatte sie ihren Vater einmal ratlos gefragt, wer genau die Bourbon-Parma denn nun seien und wie sie, Zita, sich selbst bezeichnen sollte. Die Antwort lautete durchaus zutreffend: »Wir sind französische Fürsten, die in Italien regiert haben«, nur war damit das Problem nicht gelöst. Wie Zita wußte, hatten die Anhänger des Risorgimento die

Bevölkerung von Parma gegen den Herzog aufgehetzt, indem sie ihn als einen Franzosen brandmarkten, der in der neuen, geeinten italienischen Nation nichts zu suchen habe. Zita selbst sollte später Opfer eines anderen Chauvinismus werden, als ihre österreichischen Kritiker sie mit dem Etikett »die Italienerin« oder »die Welsche« versahen. Dies galt bei den Österreichern als besondere Beschimpfung, denn durch die Feldzüge, in denen die Habsburger ihre norditalienischen Territorien Stück für Stück verloren hatten, waren die Italiener zu Erb- und Erzfeinden geworden.

Auf Zita bezogen, war diese Etikettierung ebenso ungerecht wie verfehlt. Durch bloßen Zufall war sie in Pianore zur Welt gekommen. Ihre um zwei Jahre ältere Schwester Franziska wurde in Schwarzau geboren, und Kaiser Franz Joseph war ihr Taufpate. Wie ihr Bruder Felix und ihre jüngeren Schwestern Maria Antonia und Isabella war sie von Geburt Österreicherin, und daher stand ihr Name nicht in einem politisch mißliebigen italienischen Taufregister.

Wie die Geschwister fühlte sich Zita sicherlich als Österreicherin, da man viel eher in Schwarzau als in Pianore »daheim« war. Doch als sie heranwuchs, betrachtete sie sich wohl zweifellos in allererster Linie als Bourbonin. Selbst unter den großen Dynastien Europas gab es keine, die solchen Glanz ausstrahlte wie dieses uralte Geschlecht, das bis zu Hugo Capet in das Jahr 987 zurückreichte. Voll Begeisterung schrieb einer ihrer bedeutendsten Historiographen über die Bourbonen:

»De même que la famille est la cellule de la société, la Famille royale de France a été, sans métaphore, la cellule de la France … On pourrait dire que la dynastie capétienne, par elle la Monarchie française, et par elle la France elle-même est une ›famille développée‹. Et sa première vertu a été sa durée … elle seule est venue de loin dans les âges: elle seule a acquis la perpétuité par une hérédité prolongée de mâle, pendant huit cent ans … Aucun pays autre que la France n'est, dans la même espace de vie, parvenu à l'unité. Ni l'Allemagne, ni l'Italie, à qui il a fallu attendre le XIXe siècle. La Grande-Bretagne, pour ses deux îles a eu deux royaumes et trois états; et, pour l'un au moins, malgré toutes les reprises de soudure, l'unité ne s'est jamais faite. Pourquoi la nôtre, notre unité? Parce ce que nous avons eu, dès la fin du Xe siècle, la Monarchie française une et la même en ses diverses branches ...«[5]

(»So wie die Familie die Keimzelle der Gesellschaft ist, war die französische Königsfamilie, ohne Übertreibung, die Keimzelle Frankreichs. Man kann sagen, daß die Dynastie Capet und durch sie die französische Monarchie und Frankreich selbst eine ›Großfamilie‹ sind. Und ihre wichtigste ›Tugend‹ war die Beständigkeit ... sie allein kam aus der Tiefe der Zeiten ... sie allein erlangte Dauer durch ein von Stammhalter zu Stammhalter weitergegebenes Erbe, achthundert Jahre lang.[*] Kein anderes Land außer Frankreich erlangte im selben Zeitraum die Einheit. Weder Deutschland noch Italien, sie mußten damit bis zum 19. Jahrhundert warten. Was Großbritannien betrifft, so umfaßten seine zwei Inseln zwei Königreiche und drei Staaten, und zumindest einer von ihnen erreichte, trotz wiederholter Versuche zur Verschmelzung, niemals die Einigung. Warum wir, warum unsere Einheit? Weil wir vom Ende des 10. Jahrhunderts an das französische Königtum hatten, ein und dasselbe mit all seinen verschiedenen Linien.«)

Es lohnt sich, auf diese Darstellung einzugehen, denn Betrachtungen, wie sie darin ausgesprochen sind, hörte die junge Prinzessin Zita immer wieder. Schließlich stammte sie, wenn auch über eine Seitenlinie, von »Roi Soleil« Ludwig XIV. ab, und seine Bourbonen-Lilien waren ihr ins Gedächtnis eingeprägt; zudem hatte sie diese in Pianore stets vor Augen. Die Stuckornamente in den Ecken der Wandflächen eines Salons zeigten das Wappen des französischen Königtums, drei Lilien in »gewöhnlicher Stellung«, wie es die Heraldik benennt, zwei über einer, auf den Feldern der Umrahmung aber wechselten eine einzelne Lilie mit einer Muschel, beides aus dem Wappen der bourbonischen Herzöge.

---

[*] Der Autor erwähnt natürlich nicht die zahlreichen außerehelichen Nachkommen. Außer den fünf Kindern, die Ludwig XIV. mit Louise de la Vallière zeugte, hatte er mit Madame de Montespan drei natürliche Söhne. Sie schufen die Häuser Maine und Toulouse.

Sie kannte auch all die Geschichten, die mit diesen Lilien verbunden waren: daß sie Anno 1859 den Wagenschlag der Kutsche geschmückt hatten, in der ihr damals elfjähriger Vater Parma verließ; wie fünfzehn Jahre später sich ihr Großonkel Chambord geweigert hatte, als König nach Frankreich zurückzukehren, wenn er dieses geliebte Symbol nicht wieder als Staatswappen erhalten konnte, selbst in einer strikt konstitutionellen Monarchie. Das hieß freilich keineswegs, daß der Graf von Chambord und seine legitimistischen Getreuen der republikanischen Trikolore nicht Beifall zollten, sobald Frankreichs Glorie auf dem Spiel stand. Als 1898 jener erwähnenswerte französische Offizier, Major Jean Baptiste Marchand, seinen historischen Marsch nach Faschoda im südlichen Sudan unternahm, um im kolonialen Wettstreit dem Rivalen Großbritannien entgegenzutreten – womit die konkrete, aber rasch wieder schwindende Gefahr eines bewaffneten Konflikts heraufbeschworen wurde –, da brachen sämtliche Exilierte, die im »Klein-Versailles« Frohsdorf versammelt waren, einschließlich Zitas Vater, in Jubel aus.[6]

Das Autogramm auf ihren Porträts als junges Mädchen sagt alles. Über den unteren Rand der Fotografien stehen in ihrer energischen schrägen Handschrift zwei Zeilen mit dem richtigen, deutlichen Abstand: »Zite de Bourbon Princesse de Parme«. Diese Bildnisse zeigen eine auffallend hübsche junge Dame, um so reizvoller, weil ihr ein Quentchen zur klassischen Schönheit fehlt (Nase und Kinn waren um eine Spur zu spitz). Aber die großen, weit auseinanderstehenden braunen Augen unter dem dichten dunklen Haar genügten, um in jedem Kreis Aufmerksamkeit zu erregen. Der Blick ist frei und ruhig, auf manchen der Aufnahmen mit dem Anflug eines schalkhaften Lächelns. Im Ausdruck offenbart sich eine interessante Verbindung der Charaktereigenschaften dieser jungen Prinzessin. Sie wirkt lebhaft und dennoch versonnen. Das ist kein Gesicht für das Kloster. Es ist für die Welt geschaffen, mehr noch: für die Bühne der Weltgeschichte.

2

Die Erzherzogin

Wenn Zita im Rückblick auf ihr Leben gefragt wurde, wann sie Erzherzog Karl Franz Joseph kennenlernte, oder gar wann die Liebesgeschichte der beiden begann, war es ihr schier unmöglich, eine präzise Antwort zu geben.

»Er war eines von Dutzenden Kindern, mit denen wir aufwuchsen, man schien sich schon immer zu kennen. Seine Eltern hatten ein Jagdhaus in Wartholz, zwischen diesem und unserem Heim lag Seebenstein, wo der König von Portugal einen Besitz hatte. So gab es ein ständiges Kommen und Gehen. Er war halt vier Jahre älter als ich, bei Kindern macht das einen großen Unterschied, er spielte lieber mit Gleichalterigen. Aber obwohl ich noch klein war, weiß ich noch, daß mir etwas an ihm sehr gefiel, wenn er uns besuchte, und zwar, wie gut er auf seinen winzigen Bruder Max achtgab, daß der immer richtig angezogen war, genug zu essen bekam und so weiter. Das ist mir in Erinnerung geblieben.«[1]

Lange bevor die beiden Fürstenkinder einander als Mann und Frau wahrnehmen konnten, rückte der junge Erzherzog, der sich so gewissenhaft um seinen kleinen Bruder gekümmert hatte, aus relativer Unbekanntheit ins helle Licht dynastischer Prominenz auf. Um die Jahrhundertwende deutete vieles darauf hin, daß er der übernächste Anwärter auf den Thron des Habsburgerreichs sein werde. Durch eine komplexe Verkettung von Tragödien, Todesfällen und unvorhersehbaren Ereignissen gelangte die Krone in seine Reichweite.

Zum Zeitpunkt des Dramas von Mayerling war Erzherzog Karl Franz Joseph erst achtzehn Monate alt. Nach dem Selbstmord des Kronprinzen Rudolf ging die Thronfolge an den zweitjüngeren

Bruder des Kaisers über, Erzherzog Karl Ludwig (Ferdinand Maximilian, der nächster Agnat gewesen wäre, war seit 1867 tot). Aber dieser überaus fromme Mann starb am 17. Mai 1896 an Typhus, da er ärztliche Warnungen mißachtet und auf einer Pilgerfahrt ins Heilige Land das biblische, aber brackige Wasser des Jordan getrunken hatte. Damals war Karl fast acht Jahre alt.

Carl Ludwig (zweimal verwitwet und dreimal verheiratet – mit Prinzessinnen von Sachsen, Neapel-Sizilien und Braganza) hinterließ glücklicherweise mehrere Nachkommen aus zwei dieser Ehen, drei Söhne und drei Töchter. Der älteste der Söhne, Erzherzog Franz Ferdinand, rückte nun zum Thronfolger auf. Doch dann – lange vor seiner Ermordung in Sarajewo – ergab sich eine völlig unerwartete Wendung in diesen dynastischen Abläufen. Der neue Thronerbe, ein schwieriger und einsamer Mensch, verliebte sich unsterblich in ein Mädchen, das »nur« Komtesse war, Sophie Chotek, Hofdame der reichen, ehrgeizigen Erzherzogin Isabella. Sie hatte gehofft, er werde eine ihrer sechs Töchter erwählen. Nun fiel sie aus allen Wolken. Auch manche andere Mutter in katholischen Fürstenhäusern Europas war tief enttäuscht. Der alte Kaiser wollte zunächst einfach nicht glauben, daß der Thronerbe auf seinem Entschluß beharrte. Diese Erkenntnis erfüllte ihn mit ohnmächtigem Grimm.

Das zweijährige verbissene Kräftemessen, bei dem Onkel und Neffe wie zwei kämpfende Hirsche nicht von der Stelle kamen, wurde schließlich in einer Zeremonie in der Geheimen Ratsstube der Wiener Hofburg am 28. Juni 1900 beendet. Der Kaiser gab im Kreis der fünfzehn großjährigen Erzherzöge des Hauses Habsburg seine Zustimmung zu der Verbindung bekannt. Aber, so erklärte er, da die Gräfin zwar adeliger Geburt, indes nicht ebenbürtig sei, könne nur eine morganatische Ehe geschlossen werden, und weder ihr noch ihren künftigen Kindern würden je Rechte zugestanden, die für Ehen zwischen Ebenbürtigen Geltung hatten. Mit anderen Worten: Gräfin Chotek konnte niemals Erzherzogin, geschweige denn Kaiserin werden. Allerdings wurde sie, gleichsam als Hochzeitsgeschenk, in den Stand einer Fürstin von Hohenberg erhoben und erlangte später die Würde einer Herzogin. Was Franz Ferdinand betraf, so blieb sein eigenes Anrecht auf die Thronfolge unbestritten, seine Nachkommenschaft aus der Ehe mit Sophie jedoch war a priori davon ausgeschlossen, (dazu mußte er sich durch einen »Renuntiationseid« verpflichten).[2]

Im selben Sommer, als diese wichtigen Entscheidungen fielen, spielte der nun fast dreizehnjährige Karl mit den Bourbon-Parma-Kindern in Schwarzau. Die Erwachsenen sprachen dort wie überall, ob im Schloß oder im Bauernhof, in der Kanzlei, im Offizierskasino oder im Kaffeehaus, von nichts anderem als der Heirat des Thronfolgers.

Die Kompromißlösung von 1900 bedeutete, daß zum erstenmal der junge Karl in dynastische Erwägungen einbezogen wurde. Sein Vater Erzherzog Otto war der ältere von Franz Ferdinands beiden Brüdern und daher in Anbetracht der morganatischen Ehe der nächste in der Reihe der Agnaten. Somit stand Karl, als Ottos erstgeborener Sohn, bereits an dritter Stelle der Thronanwartschaft. Otto war gewiß der attraktivste und als Kavallerieoffizier verwegenste jener fünfzehn habsburgischen Erzherzöge, die sich in der Geheimen Ratsstube versammelt hatten. Er war aber auch der Zügelloseste, ein Ehemann, der seine sanfte, leidgewohnte Gattin, Erzherzogin Maria Josefa, geborene Herzogin zu Sachsen, mit unverhohlener Gleichgültigkeit behandelte und dessen skandalöse Ausschweifungen als Wiens berühmtester »Feschak« überreichlich Stoff für die Klatschgeschichten der Haupt- und Residenzstadt boten. Wie tief er sinken konnte, bewies er eines Nachts, als er mit betrunkenen Kumpanen in das Schlafzimmer der Erzherzogin eindrang, um ihnen zu zeigen, »mit welchem Weib er es aushalten mußte«.

Es war ein Segen für die Monarchie, daß dieser erlauchte Wüstling an seinen Exzessen zugrunde ging. In einer für ihn als Privatspital eingerichteten Villa des Wiener Nobelbezirks Währing starb er am 1. November 1906, einundvierzig Jahre alt, eines qualvollen Todes. Karl erfuhr davon um elf Uhr nachts auf dem Bahnhof in Mailand, er war mit seiner Mutter auf der Rückreise von einer Hochzeit in Cannes. – Ein Erschießungskommando im fernen Mexiko Anno 1867; ein Selbstmord im viel näher gelegenen südlichen Wienerwald; die leidenschaftliche Liebe eines Onkels zu einer »unebenbürtigen« Hofdame; und nun der verfrühte Tod des eigenen Vaters: diese höchst merkwürdige, aber anscheinend unausweichliche Abfolge von Ereignissen hatte Karl bis auf zwei Schritte an den Kaiserthron herangeführt. Er war neunzehn Jahre alt. Seine künftige Braut, für ihn noch eine Spielgefährtin aus Kindertagen, war damals eine fünfzehnjährige Schülerin des geistlichen Internats Zangberg.

Karl (oder anfangs: Carl) Franz Joseph Ludwig Hubert Georg Maria – um alle Vornamen des jungen Erzherzogs zu nennen – hatte trotz der stetig wachsenden Entfremdung seiner Eltern einen harmonischen Lebensbeginn. Schloß Persenbeug, wo er am 17. August 1887 geboren wurde, liegt in einer der schönsten Donaulandschaften, über dem Ufer des Stroms, in den westlichen Ausläufern der Wachau. Kindheitsjahre mit dem Wechsel zwischen dieser romantischen Gegend und den bewaldeten Bergen rund um das Jagdhaus in Wartholz, das war eine Verbindung zweier Umwelten, wie sie kaum hätte besser gewählt sein können. Auch der Junge selbst zeigte sich als eine glückliche Mischung. Von beiden Eltern hatte er das einnehmende Äußere. Vom Vater erbte er allerdings nur dessen Charme. Im Charakter geriet er fast völlig seiner Mutter nach, was wohl bei jedem anderen Kind günstig gewesen wäre, jedoch bei jemandem, dem es bestimmt war, große Macht auszuüben, seine Nachteile hatte. Um die vielen schwierigen Aufgaben zu bewältigen, die vor ihm lagen, hatte er ein Jota zuviel von der bescheidenen, frommen und allzu duldsamen sächsischen Prinzessin an sich, die ihn noch dazu während der ersten sieben Lebensjahre fast immer allein betreute.

Von jenem Alter an erhielt er die Erziehung seines Standes, im Hinblick auf seine hohe Berufung: einen schier spartanischen Unterrichtsplan mit sorgfältig ausgewählten Lehrern; zwei Klassen am Schottengymnasium, einer der Wiener Eliteschulen; Bildungsreisen durch das habsburgische Reich der elf Völker und durch Westeuropa; und schließlich Dienst in der k. u. k. Armee. Schon als Sechzehnjähriger wurde er zum Leutnant im Ulanenregiment Nr. 1 ernannt (dessen Inhaber der Kaiser war), 1905 versetzte man ihn zum Dragonerregiment »Herzog von Lothringen und Bar« Nr. 7 in die kleine böhmische Garnisonsstadt Koselitz. Als Oberleutnant dieser »Lothringen-Dragoner« verliebte er sich bei einem Besuch in Franzensbad in Prinzessin Zita.

Sie hatte, wie schon erwähnt, 1909 das Kloster auf der Insel Wight wegen ihrer Kränklichkeit verlassen. Während der nächsten zwei Jahre kam sie in der Kursaison nach Franzensbad, zunächst um ihre Gesundheit wieder herzustellen und dann als Begleiterin von Karls unverheirateter Tante Erzherzogin Maria Annunziata. Da sich Zita rasch erholte, darf man wohl annehmen, daß Anno 1911 die Dispositionen der Tante den Vorwand für die Reisen nach Franzensbad boten und daß der Neffe der Erzherzogin, der nun auffallend häufig dorthin auf Familienbesuch kam, der eigentliche Anziehungspunkt war. Es war eine Werbung unter sorgfältiger Beachtung des Protokolls. Und so bahnte sich eine Verbindung an, auf die Zitas Mutter, Herzogin Maria Antonia, im stillen schon gehofft hatte, seit ihre älteste Tochter Adelheid, die Schönheit in der Familie, Nonne geworden war und daher für Heiratspläne ausschied.

Zwischen den beiden entwickelte sich eine aufrichtige Zuneigung. Es wäre Heuchelei, wollte man behaupten, daß Rang und Stellung des Verehrers in Zitas Empfindungen keine Rolle spielten. Erzherzog Karl Franz Joseph, ein gutaussehender, wohlerzogener junger Herr, künftiger Kaiser von Österreich und König von Ungarn, war sicherlich die beste »Partie« in den katholischen Ländern Europas. Der Gedanke, seine Gemahlin zu werden, mußte in ihrem Wesen jene Saite angeschlagen haben, die sie so stolz darauf machte, eine Bourbonin zu sein, und zugleich solche Widersprüche weckte, weil sie eben auch die Tochter des längst vertriebenen Herrschers eines italienischen Duodezherzogtums war. Doch von den Regungen der Gloire ganz abgesehen, wirkte zwischen den beiden eine natürliche Anziehungskraft der Gegensätze. Zita war lebhaft und bereits eine sehr starke Persönlichkeit. Auch Karl war mit der gleichen Heiterkeit gesegnet, aber wie seine Mutter dem Temperament nach viel ruhiger, gesetzter und von einem fast kindlich-naiven Vertrauen auf das Gute in allen Menschen seiner Umgebung. Obwohl Zitas Naturell die zynische Schärfe oder Hartherzigkeit fehlte, betrachtete sie die Welt stets mit wacherem Blick. Als Mann und Frau brachte also eins dem anderen die Ergänzung. Er hätte sich niemals in ein auch noch so ebenbürtiges dummes Ding verlieben können und sie niemals in einen arroganten, unverläßlichen Pfau, wenn auch höchsten Ranges. So aber sollten Pflichtgefühl, tiefe Frömmigkeit und die Liebe zur freien Natur die stärksten Bande zwischen ihnen werden.

Es ist leicht zu sagen, was ihn zu ihr hinzog. In Europa gab es nicht viele Prinzessinnen, die, einmal von äußeren Reizen abgesehen, das richtige Glaubensbekenntnis hatten, im richtigen Alter standen, punkto Charakter entsprechend und – fast das Wichtigste – den für die Braut eines Erzherzogs erwünschten Stammbaum aufweisen konnten. Schon zehn Jahre früher hatte Karls Onkel Franz Ferdinand es beklagt, daß solche vollkommenen Geschöpfe im dynastischen Gesichtskreis äußerst rar waren. Einer Vertrauten, die ihm damals dringend zu einer Verbindung riet, schrieb er:

»Auch daß Gräfin sagen und mir zureden, ich sollte heiraten, ist ja so richtig und ich fange nachgerade an, dies selbst einzusehen. Ich sehne mich ja selbst schon nach Ruhe, nach einem gemütlichen Heim, nach einer Familie. Aber nun stelle ich an Sie die große Frage: wen soll ich denn heiraten? ... Es ist ja ein Unglück, daß es gar keine Auswahl unter den heiratsfähigen Prinzessinnen gibt; lauter Kinder, lauter siebzehn- oder achtzehnjährige Piperln, eine schiecher als die andere.«[3]

Als Thronfolger Franz Ferdinand im Oktober 1898 diese Zeilen schrieb, hatte er bereits die Frau gefunden, die zwar für ihn nicht »heiratsfähig«, aber auch kein »Piperl« war, und mit der er, so sein fester Entschluß, sich jenes »gemütliche Heim« schaffen und eine Familie gründen wollte. Sein Leben und die Geschicke Europas wären vielleicht ganz anders verlaufen, wenn Zita von Bourbon-Parma damals kein Kind, sondern schon erwachsen gewesen wäre.

Der Kaiser nahm nun regen Anteil an der Zukunft seines Großneffen. Er, der Monarch, hatte keine Ahnung, was im Herzen und im Kopf des jungen Mannes vorging und warum dieser so oft gerade nach Franzensbad fuhr. Was Franz Joseph aber unter allen Umständen verhindern wollte, das war ein zweiter Fall Chotek. Und als zu Beginn des Jahres 1911 ein Gerücht bis zu Seiner Majestät drang, das besagte, Karl denke möglicherweise daran, Prinzessin »Bella« Hohenlohe zu heiraten, da wurde der junge Erzherzog sofort zur Audienz befohlen. Auf seine Beteuerungen, an diesem allerneuestem Wiener Tratsch sei nichts, aber schon gar nichts Wahres, erwiderte der Kaiser sarkastisch, dann sei es gut, denn er hätte solch eine Ehe niemals erlaubt. Karl wurde nicht darüber im Zweifel gelassen, daß nur eine Braut aus einem der europäischen Herrscherhäuser in Betracht kam und daß die Wahl eher früher als später getroffen werden sollte.

Diese Order, die man weder ignorieren noch unbefolgt lassen konnte, spornten den habsburgischen Dragoneroberleutnant dazu an, auf dem Weg, für den er sich schon längst privat entschieden hatte, weiterzugehen. Zumal man sich erzählte, daß auch andere Bewerber um Zitas Hand auftraten. Wer sich auskannte, setzte auf Don Jaime aus der Madrider Linie der Bourbonen. Er war ein Freier von großem Ansehen, denn als carlistischer Thronprätendent erhob er Anspruch auf die spanische Krone.* Was vielleicht noch mehr ins Gewicht fiel: er hatte von den Bourbon-Parmas den Besitz Frohsdorf gekauft und war somit der Schloßnachbar in Niederösterreich. Nun verkehrte Don Jaime in Schwarzau, während Karl damals in Brandeis an der Elbe in Garnison stand und nicht wußte, ob der Spanier am Ende gar schon in aller Form angehalten hatte (das scheint der Fall gewesen zu sein). Noch weniger konnte der junge Erzherzog wissen, daß die Prinzessin den Bewerber abgewiesen oder zumindest vertröstet hatte, denn auch sie hatte für ihre Zukunft entschieden und wartete nur darauf, daß die Dinge ihren erwünschten Lauf nehmen würden. Häufige Begegnungen und gemeinsame Ballbesuche während des Wiener Faschings 1911 weckten Hoffnungen, allerdings ohne sie zu erfüllen.

In fast jeder großen Familie gibt es jemanden, an dem man eine Stütze findet und der in kritischen Situationen immer mit gutem Rat beisteht. Eine solche Stütze und kluge Trostspenderin war damals im Kreis der Habsburger unbestritten Erzherzogin Maria Theresia, die dritte und letzte Gemahlin von Karls Großvater

---

* Prinz Carlos, der Bruder von König Ferdinand VII., hatte sich geweigert, die Thronrechte seiner minderjährigen Nichte Isabella anzuerkennen. Nach Ferdinands Tod, 1833, erklärte er sich selbst zum König. Zwei Bürgerkriege folgten, beide verloren die Carlisten. Die Rivalen aus der anderen Linie, die sogenannten »Christinos« – nach der Regentin Maria Christina –, regierten Spanien bis zum Sturz König Alfons XIII. im Jahr 1931.

Erzherzog Karl Ludwig. Sie war ein Engel in Menschengestalt, hoch über alle Palastintrigen erhaben. Verwitwet seit der Tragödie am Jordan 1896, hatte sie jedoch reichlich Zeit für Palastaffären. Was ihren Einfluß hinter den Kulissen betrifft, so war sie immerhin die Schwägerin des Kaisers, der es nicht unter seiner Würde fand, sie manchmal um Rat zu fragen. Zudem war sie ihrem Naturell nach geeignet für den Umgang mit Herzensangelegenheiten; sie war nämlich sehr romantisch veranlagt und daher jedem Liebespaar zugetan. So hatte sie zum Beispiel wesentlichen Anteil daran, ihren kaiserlichen Schwager zu bewegen, er möge die Gräfin Chotek, unter Wahrung der unerläßlichen Bedingungen, in die Familie aufnehmen.

Sofort trat sie wieder in Aktion, als Karls Mutter, die in der ganzen Romanze eine seltsam passive Rolle gespielt zu haben scheint,[*] sie inständig um Beistand bat, damit endlich eine Entscheidung herbeigeführt werde. Prompt arrangierte Maria Theresia ein Treffen in ihrem Jagdhaus im steirischen St. Jakob. Eingeladen waren Zita und ihre Schwester Franziska, zugleich auch ihre treue Begleiterin. Und natürlich Erzherzog Karl Franz Josef. Der Auerhahn wird in Österreich während der Frühjahrsbalz erlegt, und man muß sich im Hochwald vorsichtig an sie heranpirschen ... Mitten im Revier – kein Ort hätte besser gewählt sein können. Als die Gäste Abschied nahmen, hatte Karl seinen kapitalen Großen Hahn und seine Braut.

Die offizielle Verlobung fand am 13. Juni 1911, dem Namenstag der Brautmutter Maria Antonia, in Pianore statt.[4] Der einzige Schatten über der Feier: sie war inzwischen Witwe. Herzog Robert, der es sich ersehnt hätte, solch eine geschichtlich bedeutsame, glückliche Verbindung seiner Tochter mitzuerleben, war vor vier Jahren gestorben. Die Verlobten verbrachten einige Tage in Begleitung ihrer Freunde und Verwandten mit der Besichtigung toscanischer Kirchen und mit Picknicks am Meeresstrand, bevor Karl zur besonderen Dienstleistung nach Wien zurückberufen wurde. Die Mission, mit der man ihn betraute, führte allen Bewohnern der Villa

---

[*] Laut einer Darstellung hegte Erzherzogin Maria Josefa gewisse Bedenken gegen die Verbindung, weil Karl und Zita entfernt verwandt waren.

della Pianore vor Augen, daß die neunzehnjährige Zita nun in eine Sphäre ganz anderer Art einzog.

Am 22. Juni sollte König Georg V. in der Westminster-Abtei gekrönt werden, und Kaiser Franz Joseph hatte den jungen Erzherzog zu seinem persönlichen Vertreter bestimmt.* Für Karl bot diese Reise die Chance, familiäre und dynastische Beziehungen zu pflegen und neue Bande zu schaffen. Zunächst fuhr er nach Brüssel, denn dem belgischen Königshaus war er doppelt verbunden. Elisabeth, Königin der Belgier, war eine Nichte seines Großonkels Franz Joseph, zudem war ihre Mutter die Schwester seiner künftigen Schwiegermutter. Von Brüssel begab er sich nach Paris, wo er Prinz Sixtus besuchte, den Freund aus den Kinderzeiten, der nun bald sein Schwager sein würde. Und schließlich fuhr er nach London. Dort fand er trotz des sehr dichten Programms der Krönungsfeierlichkeiten Zeit, um ein privates Gespräch mit König Georg und Königin Mary zu führen und den beiden das Bild seiner Braut zu zeigen. Ihretwegen tanzte er auf keinem der Bälle, was am britischen Hof nicht unbemerkt blieb. Karl sah den König und die Königin von England später niemals wieder, allerdings sollten sie von fern während einer schweren Krise seines Lebens eine unerwartete Rolle spielen. Den Kontakt zu Prinz Sixtus hingegen verlor er nie, erstaunlicherweise auch dann nicht, als sie während eines Krieges in zwei feindlichen Lagern standen.

All dies war noch Zukunft, als sich die Hochzeitsgäste in Schwarzau versammelten. Schon seit Tagen hatte sich der kleine Ort im Steinfeld auf das herrlichste friedliche Ereignis seiner neunhundertjährigen Geschichte vorbereitet (da Schwarzau im strategischen Vorfeld Wiens liegt, hatte es im Lauf der Jahrhunderte oft genug kriegerisches Geschehen durchlitten). Die niederen Dorfhäuser waren in den Farben des Brautpaars beflaggt, Rot-Blau für Parma und Schwarz-Gelb für Österreich, die Mauern waren mit den Porträts und Wappen dekoriert. Am Vorabend der Trauung veranstalteten die Bewohner, verstärkt durch Feuerwehren und

---

* Normalerweise wäre der Monarch bei solch einer großen Feier durch seinen Thronerben vertreten gewesen. Da aber ausgeschlossen war, daß Franz Ferdinand in Begleitung seiner morganatischen Gemahlin reiste, wollte er diese Aufgabe nicht übernehmen.

Veteranenbünde aus dem ganzen politischen Bezirk Neunkirchen,* auf den Wegen des Schloßparks einen Huldigungsfestzug. Feuerwerkskörper stiegen sprühend in den Himmel auf, der das Seinige zu den Hochzeitsgeschenken beitrug, die in zwei Sälen ausgestellt waren, mit einem prachtvollen Diamantendiadem, dem Präsent des Kaisers, als Mittelpunkt. Der Wiener Astronom Dr. Johann Palisa hatte soeben einen neuen Planetoiden entdeckt, den er »Zita« nannte und der Braut »überreichte«.

Die Trauungszeremonie am Morgen des 21. Oktober 1911 zelebrierte Monsignore Bisletti als persönlicher Abgesandter des Papstes Pius X. in der weiß-goldenen Schloßkapelle. Zita erschien, wie eine Wiener Zeitung berichtete, »in einem zauberhaften Kleid aus elfenbeinfarbenem Satin Duchesse, mit echtem Silber in zartem Dessin gestickt, die Schleppe en plein mit der bourbonischen Lilie bedeckt ... Die Ceinture war hoch und der Myrtenstrauß und frische Orangenblüten ruhten an der Brust«. Eine ironische Pointe ergab sich durch die protokollarische Bestimmung, daß die Braut an der Hand ihres alten Freundes, aber erfolglosen Bewerbers Don Jaime von Spanien einzuziehen hatte. Als sich die beiden dem Altar näherten und kurz bevor der Brautführer zur Seite trat, soll sie ihm schelmisch zugeflüstert haben: »Na schau, jetzt hast du doch noch erreicht, was du dir immer gewünscht hast.«[5] Wenn das wahr ist, dann zeigt sich darin die Wesensart einer zu Späßen aufgelegten jungen Dame, die sich sehr gut unter Kontrolle hatte, selbst bei diesem ehrfurchtgebietenden Ereignis.

Für das Brautpaar, die Mütter und alle Gäste war das große Erlebnis nicht nur die Hochzeit selbst, sondern auch die Begegnung mit einem ungewohnt fröhlichen, ja nach seinen Begriffen sogar ausgelassenen Franz Joseph, der über allem waltete. Punkt elf Uhr fuhr er durch das Hauptportal des Schloßparks ein, das nur für den Herrscher geöffnet wurde. Niemand konnte sich erinnern, ihn in den letzten Jahren in so guter Laune erblickt zu haben, und in solch gelöster Stimmung war er auch später nie mehr in der Öffentlichkeit zu sehen. Zwei Monate nach seinem einundachtzig-

---

* Ein politischer Bezirk in Österreich entspricht einem deutschen Landkreis. (Anm. d. Übers.)

45

sten Geburtstag wurde der Monarch nun für einige Stunden ein ganz anderer Mensch als der einsame, schwer zugängliche Despot in der Hofburg und in Schönbrunn. Er war es, der an der Hochzeitstafel den Trinkspruch ausbrachte:

»Und nun spreche ich den Neuvermählten zu ihrem heutigen Ehrentage meine aufrichtigsten Glückwünsche aus, in der zuversichtlichen Hoffnung, daß beide das Lebensglück finden werden, das sie zu erreichen berufen sind. Gott schirme und schütze Erzherzog Karl und Erzherzogin Zita: sie leben hoch!«

Es war kein Geheimnis, daß der Kaiser bei der Brautwahl für seinen Großneffen zunächst an Prinzessin Margarete von Dänemark gedacht hatte, dennoch schienen ihm diese Worte vom Herzen zu kommen, und dazu gab es auch allen Grund. Der Thronfolger (ebenfalls als Hochzeitsgast anwesend, doch ohne seine Gattin) war ihm nie nahegestanden, und die morganatische Ehe hatte eine Barriere zwischen ihnen aufgerichtet. Doch hier in Schwarzau, verkörpert in diesem hübschen und gesunden jungen Paar ebenbürtiger Herkunft, lag gewiß die wahre Zukunft der Habsburgermonarchie. Nach dem Dejeuner wurde der alte Herrscher in der Uniform seines Infanterieregiments Nr. 1* auf dem Schloßbalkon mehrmals fotografiert. Auf all diesen Aufnahmen lächelt er so heiter und unbeschwert wie die Braut selbst. Für die offiziellen Gruppenporträts übernahm Seine Majestät ganz leger eine Aufgabe seines Hoffotografen, nämlich die Aufstellung der Herrschaften vor der Kamera. (Die Hochzeit in Schwarzau wurde auch gefilmt, diese Dokumente blieben erhalten und befinden sich im Österreichischen Filmarchiv.)

Auf das nun folgende Bankett, bei dem man vom edelsten Goldservice des verstorbenen Herzogs Robert speiste, fiel dennoch ein Schatten. Durch zwei Gäste. Der eine war ein Vorbote künftiger Ereignisse: der damals dreiundvierzigjährige Marineoffizier Nikolaus von Horthy, der als Flügeladjutant des Kaisers an dem Fest

---

* Dem familiären Charakter der Feier entsprechend, trugen jene Anwesenden, die Regimentsinhaber waren, so auch der Thronfolger, nicht die »offiziellere« Generaluniform, sondern die des betreffenden Truppenteils. (Anm. d. Übers.)

teilnahm; er sollte, fast auf den Tag genau, zehn Jahre später dem Bräutigam die Krone Ungarns streitig machen. Der andere, obgleich wohlbekannt und allgemein beliebt, dämpfte die freudige Stimmung durch die schlimmen Nachrichten, die er brachte. Es war Zitas Bruder Prinz Xavier, der an einem Versuch teilgenommen hatte, mit einem bewaffneten Vorstoß in den Norden Portugals dem kurz vorher vertriebenen Braganza wieder zum Thron zu verhelfen, und von dort geradewegs nach Schwarzau gereist war. Alle Hochzeitsgäste begrüßten und feierten ihn gebührend, als er, »direkt von der Front« kommend, am Vorabend der Trauung seinem Wagen entstieg. Doch jeder wußte nur zu gut, daß der Restaurationsversuch – mit schlechter Ausrüstung und unter unfähiger Führung – ein beschämendes Fiasko war. Keine einzige Garnison hatte sich der zusammengewürfelten Kolonne von siebenhundert Mann angeschlossen, keine hellen Scharen von Royalisten hatten ihnen unterwegs zugejubelt. Portugal, das sein König Carlos als »eine Monarchie ohne Monarchisten« bezeichnet hatte, sollte nie wieder einen König haben.* Die Tatsache, daß die Urheberin dieser so kläglich gescheiterten Aktion Adelgunde von Braganza war, die Schwester der Brautmutter, wird hinter den Kulissen der Hochzeit von Schwarzau gewiß einige Aufregung bewirkt haben.

Die ersten Tage der Flitterwochen verbrachte das Paar in Wartholz, der großen Villa am Rand des Kurorts Reichenau (im nördlichen Vorfeld des Rax- und Schneeberg-Gebiets), wo sich Karl schon immer sehr heimisch gefühlt hatte. Die Neuvermählten fuhren ins Gebirge, das Niederösterreich von der Steiermark trennt und unternahmen allein Ausflüge per Rad auf Strecken mit ebenem Terrain. Eine längere Autotour, diesmal mit Fahrer, führte in den steirischen Wallfahrtsort Mariazell; dort verrichteten die beiden

---

* König Carlos wurde 1908 gemeinsam mit seinem ältesten Sohn Prinz Luis in Lissabon auf der Fahrt zum Königspalast ermordet. Der jüngere Bruder Prinz Manuel, bei dem Attentat nur leicht verwundet, folgte ihm für nur zwei Jahre als Manuel II. nach. 1910 steigerten sich die Unruhen bis zur offenen Insurrektion. Am 5. Oktober wurde die Republik ausgerufen, der Knabenkönig und seine Mutter flüchteten auf der königlichen Jacht nach Gibraltar. Manuel II. starb 1927 auf Schloß Seebenstein, nicht weit von Schwarzau.

ihre Andacht vor dem wundertätigen Gnadenbild der Muttergottes.

Dann trat der Erzherzog mit seiner jungen Frau eine eher offizielle Reise an, um ihr einige der großen habsburgischen Länder zu zeigen, über die er, wie es ihm bestimmt war, eines Tages herrschen würde: nach Görz, wo in der Abtei Castagnavizza mehrere von Zitas bourbonischen Ahnen bestattet waren, darunter König Karl X. von Frankreich; dann fuhren sie entlang der Adriaküste auf der Jacht des Statthalters der Küstenlande nach Cattaro, dem südlichsten österreichischen Kriegshafen, dessen Anlagen sie vom Turm eines U-Boots aus besichtigten. Von Cattaro nahmen sie die Bahn nach Bosnien, und nirgends auf der ganzen Reise wurde ihnen ein so begeisterter Empfang bereitet wie gerade in der Hauptstadt Sarajewo – eine Fügung von bitterer Ironie, wenn man bedenkt, was die Dynastie dort wenige Jahre später erwartete.

Zitas Anschauungsunterricht über das Reich wurde sogleich nach der Ankunft des Paars in Wien fortgesetzt, jedoch von nun an überwogen die Pflichten das Vergnügen. Nach nur zwölfstündigem Aufenthalt in der Haupt- und Residenzstadt reisten die beiden nach Brandeis in Nordböhmen, von wo Karl seine frühen Brautfahrten nach Franzensbad unternommen hatte und wo er noch immer als Rittmeister und Eskadronskommandant des Dragonerregiments Nr. 7 stationiert war. Sie erhielten eine komfortable Wohnung im Brandeiser Schloß, und Karls Offizierskameraden (von denen manche dem bürgerlichen Mittelstand entstammen)* fanden sich plötzlich als Gäste bei Festivitäten mit Persönlichkeiten aus den höchsten Kreisen des Reiches.

Ganz anders freilich stand es, als das Regiment ins ferne und arme Galizien versetzt wurde, gar in das so berüchtigte Kolomea. Dort hatten sie sich so gut als möglich in bescheidenen Offiziersquartieren einzurichten. Karl war zwar ein Erzherzog, aber eben auch Rittmeister bei den Dragonern, und er mußte durch den Staub und Kot der primitiven galizischen Straßen und Dörfer reiten wie

---

* Das Offizierskorps der k. u. k. Armee stand, wie die katholische Kirche, Befähigten jeder Nationalität und sozialen Schicht offen. Allerdings war die Herkunft aus bescheidenen Verhältnissen nicht unbedingt eine Hilfe für die Karriere.

alle übrigen. Glücklicherweise war Zita keine Prinzessin auf der Erbse. Sie hatte einen angeborenen Hang zum einfachen Leben, der zu dem spartanischen Zug im Francisco-Josephinischen paßte, symbolisiert durch das ärarisch genormte eiserne Soldatenbett, in dem der Kaiser selbst schlief. Ja, rückblickend zählte sie diese Monate in Galizien, welche die meisten anderen Offiziere und ihre Frauen als »Strafversetzungsposten« betrachtet hätten, zu den glücklichsten ihrer Ehe. Diese Phase war auch eine der lehrreichsten, denn Zita kam mit der Bevölkerung eines entlegenen Landstrichs des Reiches in direkte Berührung, fern von Pomp und höfischem Protokoll Wiens.

Natürlich rief die Hauptstadt die beiden von Zeit zu Zeit zurück, damit sie sich auf der kaiserlichen Bühne in ihre Rollen als künftiges Herrscherpaar einleben konnten. So meldete die Presse beispielsweise, daß Erzherzogin Zita am 12. Februar 1912 allein das gesamte in Wien akkreditierte Diplomatische Corps in der Hofburg empfangen und mit den Botschaftern der europäischen Großmächte fließend in deren Sprachen konversiert hatte.* Am nächsten Tag begrüßte sie an der Seite ihres Gatten Mitglieder der Hofhaltung.

Im August jenen Jahres kehrte das Paar auf Dauer nach Wien zurück, da Karls Dienstzeit bei der Kavallerie endete. Der unmittelbare Grund dafür war ein Unfall: während des großen Sommermanövers bei Lemberg, das den Höhepunkt des militärischen Jahreslaufs in Galizien bildete, war sein Pferd gestürzt und hatte ihn abgeworfen. Mit schwerer Gehirnerschütterung mußte er nach Wien gebracht werden. Wiederhergestellt, wurde er am 1. November als Major zum Infanterieregiment Nr. 39 versetzt und übernahm das Kommando eines Bataillons dieser damals in der Hauptstadt garnisonierenden Truppe. Sehr bald darauf hätte er ohnehin heimkommen müssen, und zwar aus einem viel erfreulicheren Anlaß: in den frühen Morgenstunden des 20. November 1912 wurde das erste Kind des Paars geboren. Es war ein Sohn. Zita hatte

---

* Sie lernte auch fleißig die Sprachen der Monarchie. Mit Tschechisch hatte sie begonnen, als Karl in Böhmen in Garnison war. Auf persönliche Weisung des Kaisers wurde auch das viel schwierigere Ungarisch in ihr Pensum einbezogen, und der Monarch selbst wählte dazu einen Lehrer für sie aus.

sich für die Entbindung in Wartholz entschieden, wo die jungen Eltern dreizehn Monate zuvor die ersten Tage ihrer Flitterwochen verbracht hatten.

Der Knabe, stets Otto genannt, obwohl er auch mehrere andere Namen hatte, stand in der Thronfolge an dritter Stelle, und seine Geburt bedeutete für den greisen Kaiser und andere führende Köpfe des gefährdeten Reiches die Hoffnung auf neue Festigung. Es gab nun einen Prinzen, der nach dem natürlichen Lauf der Dinge und nach menschlichem Ermessen bis in ferne Zeiten regieren konnte, so weit man überhaupt vorauszudenken wagte. Oder wie des Wiens angesehenste Zeitung, die »Neue Freie Presse«, formulierte:

»In dem neugeborenen Kind zeigt sich dem Kaiser Franz Joseph der künftige Träger der Herrschergewalt in der österreichisch-ungarischen Monarchie, ein Kaiser, der nach menschlicher Wahrscheinlichkeit wohl erst im letzten Viertel des zwanzigsten Jahrhunderts berufen sein wird, die Schicksale dieses Staates hoffentlich in ruhigeren Tagen zu lenken, als wir sie jetzt erleben.«[6] Wie es sich fügte, sollte dieser Habsburger dereinst in den achtziger und den ersten neunziger Jahren unseres Jahrhunderts ein ebensolches Arbeitspensum zu bewältigen haben wie ein Kaiser, obwohl das Reich seiner Ahnen längst untergegangen war und die »ruhigeren Tage«, die man sich in jenem Leitartikel erhoffte, niemals gekommen waren.

Der Monarch weilte damals in Budapest, deshalb kam am 25. November Erzherzog Franz Ferdinand nach Wartholz, um ihn bei der Taufe als Pate zu vertreten. Da dies eine private Feier im Familienkreis war, begleitete ihn seine Gattin Sophie (nun in den Stand einer Herzogin von Hohenberg erhoben). Bezeichnend war allerdings, daß keine offizielle Begrüßung stattfand, als der nächste Erbe des Throns in der Bahnstation Reichenau eintraf. Die örtlichen Festivitäten – mit dem obligaten Fackelzug, den Höhenfeuern und einem Platzkonzert – begannen erst einige Minuten nach seiner Abreise. Franz Ferdinand und seine Gemahlin mußten diese Verpflichtung in der Tat nur als peinlich empfunden haben. Sie hatten den von der Kirche geforderten Beistand bei der Taufe eines Prinzen geleistet, der als künftiger Träger jener Krone gefeiert wurde, die ihren eigenen Kindern verwehrt blieb. Erfüllte bloß Resignation das Herz des Erzherzogs, oder bewegten ihn ganz andere Gedanken? Es wurde erwähnt, daß Karl selbst und daher auch der kleine Prinz nur »nach menschlicher Wahrscheinlichkeit« künftige Kaiser waren. Viele Jahre später sprach Karls Witwe über diese Problematik:

>»Zwei Umstände hätten verhindern können, daß mein Gatte auf den Thron gelangte. Der erste wäre eine zweite Ehe (Franz Ferdinands) mit einer ebenbürtigen Prinzessin gewesen, die ihm Kinder geboren hätte. Undenkbar wäre gewesen, daß diese morganatische Verbindung, die eine solche Krise bewirkt hatte, einfach aufgelöst worden wäre. Aber seine Gattin hätte ja vor ihm sterben können. Schließlich war sein eigener Vater zweimal verwitwet und dreimal verheiratet. Als Onkel Franz, wie wir ihn immer nannten, an unserer Hochzeit teilnahm, war er erst ein Endvierziger. Er war kerngesund und hätte ohne weiteres eine neue Familie gründen können, wäre er in der Lage gewesen, sich wieder zu verheiraten. Die Söhne aus solch einer Ehe mit einer Ebenbürtigen wären ihm nachgefolgt.

Die zweite Möglichkeit war die viel bedenklichere, aber mein Gatte und ich konnten sie nie völlig ausschließen. Nämlich, daß es Franz Ferdinand, sobald er Kaiser war, trotz des im Jahr 1900 geleisteten feierlichen Verzichts auf die Thronrechte seiner Kinder, irgendwie gelingen würde, eine Änderung zu schaffen, so daß seinen eigenen Söhnen mit Herzogin Sophie die Thronfolge zustünde. Er war ja nicht nur eine sehr mächtige, willensstarke Persönlichkeit, sondern auch ein liebevoller Familienvater, und man kann sich vorstellen, daß ihm diese Situation großen Verdruß bereitete, so oft er seine zwei Buben anschaute. Gelegentlich ließ er sogar Bemerkungen fallen, die anzeigten, daß er immer diesen Hintergedanken hatte. Zum Beispiel: im Gespräch über einen seiner Gutsverwalter rief er aus: ›Ich begreif' gar nicht, daß sich einer so abrackert, wenn er es nicht für seine eigenen Kinder tut.‹«[7]

Wie sich wies, sollten Karl und Zita, aber auch der Habsburgermonarchie solche Prüfungen erspart bleiben. Doch von dem Moment an, als die junge Erzherzogin den Boden der Hofburg betrat, war der richtige Umgang mit dem wegen seiner morganatischen Ehe überempfindlichen Onkel Franz der schwierigste aller Hochseilakte, die sie zu vollführen hatte. Ihr und Karl war als Wiener Residenz das Schloß Hetzendorf übergeben worden, ein intimer theresianischer Landsitz in nächster Nähe von Schönbrunn. Vom Tag ihres Einzugs an, dem 27. Januar 1913, waren die beiden stets darauf bedacht, daraus ein privates Zuhause und nicht einen politischen Treffpunkt zu machen.* Ganz anders verhielt es sich mit dem Schloß Belvedere, von Lucas von Hildebrandt einst für Prinz Eugen erbaut. Dieser große Palast auf seiner Anhöhe am Rand des Stadtzentrums war Franz Ferdinand als offizielle Residenz zugewiesen, und er verlieh ihr bald eine politische Bedeutung, die ihrem imperialen Duktus entsprach.

Zu dem Zeitpunkt, als Zita in den habsburgischen Familienkreis aufgenommen wurde, war das Belvedere bereits ein politischer Gegenpol zu Hofburg und Schönbrunn. Der Thronfolger hatte seine eigene Militärkanzlei, die mit vierzehn ständig dort diensttuenden Offizieren fast so stark besetzt war wie die des Kaisers. Er hatte seine, betont katholischen, Presseorgane (vor allem die »Reichspost«) und seine eigene Elite von »Belvedere-Patrioten«, nicht nur in den österreichischen Stammländern, sondern auch, Ungarn ausgenommen, in den großen Völkerschaften des Gesamtreiches, das er, ungeduldig wie er war, möglichst bald übernehmen und neu gestalten wollte. Das Resultat: die Wiener Höflinge, Minister, Generale und hohe Staatsbeamte mußten stets zwei Seiten im Auge behalten – die Abendsonne des greisen Kaisers und die blendende Morgensonne seines Erben. Man kann verstehen, warum Karl und Zita argwöhnten, daß ihr bereits so mächtiger Onkel Franz auch für die weitere Thronfolge seine eigenen Pläne haben mochte.

Das Paradoxe und für Franz Ferdinand Demütigende an der Situation war aber, daß er sogar in seinem prächtigen Belvedere

---

* Im Juli desselben Jahres erwarben sie ein wahrhaftig ganz privates Heim, das abseitig gelegene Schloß Feistritz in der Obersteiermark. Wie Wartholz war es auch Mittelpunkt eines Jagdreviers.

nicht von Brüskierungen verschont blieb, die das Hofzeremoniell nach der »Nadelstichtaktik« seiner morganatischen Gattin zufügte. In späteren Jahren faßte seine Tochter beim Rückblick auf jene Wiener Vorkriegszeiten das ganze peinliche Verhältnis in ein Bild aus der Kindheit: »Die Posten beim Belvedere sind mir immer im Gedächtnis geblieben. Eine Ehrenwache gab es nur, wenn mein Vater sich im Schloß aufhielt. Sobald er abreiste, wurde sie abgezogen und erst wieder gestellt, wenn er zurückkam. Daran erinnere ich mich so gut, weil wir Kinder manchmal in den leeren Schildhäusern, die wie kleine Schuppen aussahen, Soldaten spielten.«[8]

Fürst Alfred Montenuovo,* Erster Obersthofmeister des Kaiserhofes und höchste Instanz in allen Fragen der höfischen Etikette, bemühte sich gewiß nicht, Franz Ferdinand Zurücksetzungen zu ersparen, die sich aus Sophies Status ergaben. Aber diese Affronts entsprangen eher der unerschütterlichen Regelhaftigkeit des Protokolls selbst, als den boshaften Regungen seines Hüters. Und niemand war peinlicher darauf bedacht, die korrekten Formen zu wahren, als der Kaiser, wie die bekannte Geschichte von seinem nächtlichen Asthmaanfall erweist. In Schönbrunn befiel ihn einmal in den frühen Morgenstunden ein Krampfhusten, und er klingelte um Hilfe. Als dieses Signal ertönte, schlüpfte sein Leibarzt Professor Dr. Hermann von Widerhofer, der zeitweise für solche Notfälle ein Logis im Schloß hatte, rasch in einen Schlafrock, ergriff seine Arzttasche und eilte zum Patienten. Beim Anblick des Schlafrocks richtete sich Franz Joseph aus den Kissen auf und stieß keuchend ein einziges Wort hervor: »Frack!« Das bedeutete, der Frack sei die vorgeschriebene Kleidung für den Arzt, ganz gleich wann und unter welchen Umständen er vor Seiner Majestät zu erscheinen hatte.

Sophie gegenüber verhielt sich der Kaiser stets beispielhaft kor-

---

* Der Name war die italianisierte Form von Neipperg (Neuberg). Adam Graf Neipperg, österreichischer General und Diplomat, war seit 1821 morganatisch mit Marie Louise, Herzogin von Parma, verheiratet, der Tochter Kaiser Franz I. und Witwe Napoleons. Die Nachkommen aus dieser Ehe wurden als Montenuovo in den österreichischen Grafenstand und 1864 in den Fürstenstand erhoben. Diese Herkunft aus einer »unebenbürtigen« Verbindung mag den Obersthofmeister in solchen Dingen besonders empfindlich gemacht haben.

rekt. Niemand konnte ihr das vornehme, würdevolle Verhalten oder ihre großen Vorzüge als Gattin und Mutter absprechen und noch weniger die besänftigende Wirkung, die nur sie allein auf das vulkanische Naturell des Thronfolgers auszuüben vermochte. 1909, als der Monarch sie in den Stand einer Herzogin erhob, hegte er bereits aufrichtige Hochachtung für die morganatische Gattin seines Neffen und gestattete Privatbesuche des Paars an ausländischen Höfen – in Bukarest, in Berlin und schließlich in Schloß Windsor, auf eine Einladung zur Jagd. Dennoch blieb die widersinnige Situation bestehen, daß die beiden im Ausland gemeinsam empfangen werden konnten, aber noch immer um die Erlaubnis kämpfen mußten, sich zusammen in Wien öffentlich zu zeigen. So kam es nicht in Frage, daß sie miteinander den Ballsaal der Hofburg betreten hätten. Sogar im Theater hatten sie getrennte Logen. Als bei einer Aufführung auch Karl und Zita anwesend waren, ergriff die junge Erzherzogin Sophies Hand und küßte sie, als Zeichen der Ehrerbietung für die um einiges ältere Dame. Sophie zog die Hand rasch zurück und bat Zita, dies nie wieder in der Öffentlichkeit zu tun. »Gerade auf so etwas warten die Leute ja nur, die mir Schwierigkeiten machen wollen«, sagte sie.[9] Das Leben in einer solchen Welt war, nach der treffenden österreichischen Redewendung, wirklich ein »Eiertanz«.

Obgleich Franz Ferdinand niemanden, Karl und Zita nicht ausgenommen, darüber im unklaren ließ, daß in seiner Ära als Kaiser für sie alle harte Zeiten kommen würden, gestalteten sich die Beziehungen zwischen den beiden Paaren immer besser, ja sogar herzlich. Wie seine Gattin achtete auch Karl sorgsam darauf, alles zu vermeiden, was Unmut erregen, geschweige denn als Brüskierung aufgefaßt werden konnte. Er war ein ausgezeichneter Waidmann, hütete sich aber, als solcher zu glänzen, wenn er mit seinem Onkel auf die Jagd ging, der auf seinen Ruf als einer der besten Schützen des ganzen Reiches ungemein stolz war, und das zu Recht. Da das junge Ehepaar so behutsam auf Empfindlichkeiten einging und weil es sich so heiter und unbefangen gab, wurde es häufig ins Belvedere eingeladen, wo man – hinter verschlossenen Türen – der Herzogin von Hohenberg ohne weiteres die Hand küssen durfte.

Der letzte dieser Besuche, zu einem Familiensouper in den ersten Maitagen des Jahres 1914, sollte in die Geschichtsbücher eingehen. Franz Ferdinand wollte in seiner Funktion als Generalinspektor der Gesamten Bewaffneten Macht Österreich-Ungarns im nächsten Monat an den Sommermanövern des XIV. und des XVI. Korps in Bosnien teilnehmen. Wenn es einen anderen als bloß einen militärischen Grund für seine Absicht gab, dann den, daß Sophie unterwegs mit ihm zusammentreffen und in Sarajewo nicht bloß als die Gattin des Generalinspektors, sondern als die Gemahlin des Thronfolgers empfangen werden sollte. Der Kaiser hatte bereits zugestimmt, daß ihr bei allen Ausrückungen der Truppen die vollen militärischen Ehren erwiesen würden, außerdem sah das Programm eine Reihe von Banketten und anderen offiziellen Veranstaltungen in Bosnien vor.

Doch als der Frühsommer herankam, erfaßte den Thronfolger eine unerklärliche Scheu vor der Reise, er dachte sogar daran, den Kaiser zu bitten, dieser möge ihn von der Verpflichtung entbinden. Karl und Zita wußten davon, aber auf die schockierende Eröffnung beim Souper im Belvedere waren sie nicht vorbereitet. Nach der Mahlzeit im kleinen Kreis, die ganz normal, sogar fröhlich verlief, verließ die Herzogin den Raum, um die Kinder zu Bett zu bringen. Kaum war sie fort, wandte sich Franz Ferdinand hastig an Karl: »Ich habe dir etwas zu sagen, aber ich muß es rasch sagen, weil ich nicht will, daß es deine Tante hört, wenn sie wieder herunterkommt. Ich weiß, daß man mich bald ermorden wird. In diesem Schreibtisch sind Papiere, die dich angehen. Wenn es geschieht, nimm sie an dich. Sie sind für dich.«[10]

Das junge Paar war völlig entgeistert. Dies sei doch gewiß nur ein Scherz? Nein, versicherte der Onkel, er meine es ernst. »Im übrigen ist alles schon vorbereitet, die Gruft in Artstetten ist jetzt fertig.« Mehr konnte er nicht sagen, denn Sophie trat wieder ein, und alle bemühten sich, so zu tun, als habe sich inzwischen gar nichts Ungewöhnliches ereignet.

Das schreckliche Thema wurde nie mehr erwähnt. Sechs Wochen später, am 24. Juni 1914, reisten der Thronfolger und die Herzogin auf getrennten Wegen nach Sarajewo ab – er bis Triest, um an Bord des Schlachtschiffs »Viribus Unitis« einen Teil der Strecke auf dem

Adriatischen Meer zurückzulegen, sie wählte die Route über Budapest. Kurz vor der Abfahrt des Zugs nach Triest vom Wiener Südbahnhof fiel in Franz Ferdinands Salonwagen die elektrische Beleuchtung aus, und man mußte sich mit Kerzen behelfen, was der Thronfolger mit dem makaberen Scherz quittierte: »Wie in einer Gruft . . .«

3

Die künftige Kaiserin

Am 28. Juni 1914 sahen sich Karl und Zita plötzlich auf die Stufen zum Thron versetzt. Die tödlichen Schüsse in Sarajewo lösten binnen sechs Wochen eine Katastrophe aus, die rund 20 Millionen Menschen den Tod bringen und drei Reiche zerstören sollte – vor allem das große Erbe Franz Ferdinands. Doch an dem Tag selbst, als diese künftigen Ereignisse noch völlig unvorstellbar schienen, saßen die beiden Menschen, die – außer den drei nun verwaisten Kindern des Thronfolgers – unter allen Europäern am unmittelbarsten davon betroffen wurden, beim Mittagessen in dem kleinen Blockhaus im Garten der Villa Wartholz. Niemals vergaß Zita den Moment, als ein Diener nach einer langen Pause zwischen den Gängen erschien und statt des Tabletts ein Telegramm in der Hand hielt:

»Damals, bevor das Telefon allgemein in Gebrauch kam, war das Telegrafieren für eilige Mitteilungen üblich, deshalb bewirkten Telegramme nie diese momentane Spannung und vielleicht auch jenes jähe Erschrecken wie dann später. Nur, es war eines der Vorrechte des Kaiserhauses, daß wir Telegramme gebührenfrei an jeden Ort der Monarchie senden konnten, und ich muß bekennen, daß wir diese Möglichkeit sehr oft nützten. Mein Gatte öffnete also die Depesche ohne besonderes Interesse, nach einem kurzen Blick auf den Namen des Absenders, es war Baron Rumerskirch, der Adjutant (recte: Obersthofmeister) seines Onkels. ›Merkwürdig‹, sagte er, ›wieso gerade der?‹ Die Antwort darauf gab die Schreckensbotschaft, die er nun vorlas: ›Bedauere zutiefst, melden zu müssen, Erzherzog Franz Ferdinand und Gemahlin sind hier ermordet worden.‹

Es war ein wunderschöner Tag, und im Sonnenlicht sah ich, wie sein Gesicht weiß wurde. Wir eilten in die Villa zurück. Das erste war, Bestätigung einzuholen, und damals konnte man ja noch kein Radio und Fernsehgerät einschalten. Die einzige sichere Quelle würde der Kaiser selbst sein, der sich, wie gewohnt, in seiner Sommerresidenz Bad Ischl aufhielt. Mein Gatte bekam telefonische Verbindung und sprach mit einer diensthabenden Hofcharge in der Kaiservilla. Die entsetzliche Nachricht war wahr, und der Kaiser kehrte sofort per Bahn nach Wien zurück. Mein Gatte sollte ihn in Hietzing erwarten, in der Hofstation beim Schloß Schönbrunn. Auf der kurzen Fahrt von der Station zum Schloß, wo ich sie bereits erwartete, als sie gemeinsam im offenen Wagen saßen, zeigte er sich zum erstenmal in der Öffentlichkeit als Thronfolger. Wie er mir sagte, säumten Scharen von Menschen in tiefem, betroffenen Schweigen die Gehsteige.«[1]

Ähnlich empfanden auch Karl und Zita. Sie hatten immer geglaubt, daß sie in zwanzig oder sogar erst dreißig Jahren »aufgerufen« werden würden. Im Frühsommer 1914, als sie ihren Onkel bei jenem Souper im Schloß Belvedere zum letztenmal gesehen hatten, stand er im zweiundfünfzigsten Lebensjahr, also im besten Alter. Obwohl sie damals über seine eigene Vorhersage eines frühen Todes bestürzt waren, konnten und wollten sie diese Prophezeiung einfach nicht ernst nehmen. Und für die ferne Zukunft, die Zeit um 1940 etwa, in der ihm nach menschlichem Ermessen die Stunde schlagen würde, blieb immer die Vermutung, ob er bis dahin nicht durch irgendeinen juristischen Kunstgriff seinen Söhnen doch die Thronfolge ermöglicht haben würde. Es war also keineswegs sicher, daß der junge Erzherzog Karl und seine Gattin dereinst in mittlerem Alter die Kronen tragen würden – selbst unter der Annahme, daß die gefährdete Habsburgermonarchie noch so lange bestand. Durch einen Mordanschlag jedoch wurden schon in jenem Sommer 1914 alle Zweifel und Vorbehalte beseitigt. Im Alter von sechsundzwanzig Jahren stand Karl nun, wie man später von amerikanischen Vizepräsidenten sagte, nur einen Herzschlag weit von der Macht entfernt.

Im Augenblick gab es anderes zu bedenken, denn nach dem Schwarzen Tag von Sarajewo stand ganz Europa fassungslos nur einen Herzschlag weit von der Katastrophe entfernt, und dieses geschwächte Herz des Friedens sollte bald zu schlagen aufhören. Die wahnwitzigen und dennoch letztlich folgerichtigen Vorgänge, durch welche die sechs europäischen Großmächte – seit langem drei gegen drei in Bündnissen zusammengeschlossen* – weniger als sechs Wochen nach dem Attentat in einen Krieg taumelten, sind zu bekannt, um nochmals dargestellt zu werden. Hier geht es nur darum, wie der neue Erbe des habsburgischen Throns und seine Gattin jene Zeitspanne in Wien erlebten.

Sie konnten sich der heftigen Aufwallungen der Zorns gegen Serbien nicht entziehen, das, wie sich bald wies, den Anstiftern des Anschlags von Sarajewo von hohen Positionen aus Deckung bot. Deshalb stimmten Karl und Zita auch in die nun in Wien immer lauter erhobene Forderung ein, daß der Belgrader Regierung, ob Mitwisser der Verschwörung oder nicht, »eine Lektion erteilt« werden sollte. Das Problem des aggressiven slawischen Nationalismus war seit Jahrzehnten die schwerste Bedrohung für die Südflanke des übernationalen Reiches. Die günstige Gelegenheit, ein für allemal Ordnung zu schaffen, konnte man nicht vorbeigehen lassen. Auch schien die moralische Verpflichtung unabdingbar: immerhin war es der Thronfolger der Monarchie, der auf dem Territorium dieser Monarchie von südslawischen Fanatikern ermordet worden war. Familiär gesprochen, die Opfer waren »Onkel Franz« und »Tante Sophie«.

Doch das Äußerste, was Erzherzog Karl und seine Gattin und übrigens alle Mitglieder des Erzhauses vom Kaiser abwärts, in Betracht zogen, war diplomatische Genugtuung von Serbien, die, wenn nötig, durch eine Art Strafexpedition erreicht werden sollte.

---

* Das älteste und engste dieser Militärpaktsysteme war das 1878 zwischen dem Deutschen Reich und Österreich-Ungarn, den sogenannten Mittelmächten, geschlossene Bündnis. Als dubioser Dritter trat 1882 Italien aus opportunistischen Gründen bei. So kam der Dreibund zustande. Frankreich und Rußland, die beiden Mächte an den Flanken dieses gewaltigen Keils, reagierten 1891 durch eine eigene militärische Allianz. 1914 war Großbritannien zwar nicht formell, aber de facto das dritte Mitglied dieser sogenannten Triple-Entente.

Daß der Zar aller Russen, der große slawische Bruder und Schirm-
herr Serbiens, darüber in Zorn geraten und sogar die Zähne zeigen
würde, war zu gewärtigen. Ein Krieg gegen Rußland beschäftigte
schon seit langem die österreichischen Militärs. Doch eine General-
mobilmachung der gewaltigen, aber schwerfälligen russischen Armee war in der frühen Phase kein Faktor in Wiens politischem
Kalkül. Eine fatale Unterlassung. Denn eben dies geschah am 30.
Juni, nur fünf Tage nachdem Österreich-Ungarn Belgrad ein dermaßen rigoroses Ultimatum gestellt hatte, daß es eine Ablehnung
geradezu provozierte.

Die Schlüsselfiguren der Wiener »Kriegspartei«, die dieses Ultimatum nach einmonatigen, zeitraubenden Beratungen verfaßt hatten, waren der Chef des Generalstabs der Gesamten Bewaffneten
Macht, General Franz Conrad von Hötzendorf, und der Minister
des k. u. k. Hauses und des Äußern, Leopold Graf Berchtold. Karl
hatte von beiden Männern keine hohe Meinung. Bei seinem Urteil
über Hötzendorf übte er, nach häufigen Begegnungen bei Manövern und Konferenzen, um es vorsichtig auszudrücken, Zurückhaltung. Über Berchtold schrieb er in privaten Aufzeichnungen: »Für
gewöhnliche Zeiten ist er vielleicht zu gewagt in seiner Politik!
Berchtold ist ein Ehrenmann, ein guter Rennstallbesitzer, hat schöne Krägen, als hätte er einen Ladstock verschluckt, aber ein
schlechter Minister des Äußeren.«[2]

Das war das Duo, das, anfangs mit Schützenhilfe ähnlicher
Hitzköpfe in Berlin, die Lunte entzündete. Der Weltbrand war
entfacht, als binnen weniger Augusttage die führenden Mitglieder
der beiden europäischen Bündnissysteme, gefangen in den Netzen
ihrer eigenen Außenpolitik, einander den Krieg erklärten.[*]

Man fragt sich, ob der nunmehrige Thronfolger und seine Gattin
darüber staunten, wie passiv sich ihr verehrter Kaiser verhielt;
während der akutesten Phase dieser Weltkrise verließ er kein einzi-

---

[*] Es gibt deutliche Anzeichen dafür, daß sowohl der Deutsche Kaiser wie auch sein
bravouröser Reichskanzler Bethmann Hollweg in den letzten Julitagen, als die
sich rasch steigernde Krise ihren Höhepunkt erreichte, vor der Gefahr eines
allgemeinen Krieges zurückschreckten. Sie versuchten, die Österreicher zur
Mäßigung zu bewegen und die Briten herauszuhalten. Aber selbst wenn dieser
Kurswechsel ehrlicher Absicht entsprang, kam er zu spät.

ges Mal die vertraute Sphäre der Kaiservilla in Bad Ischl. Ja, er fand es im Verlauf jener letzten sechs Wochen des Friedens nicht einmal für geboten, auch nur einmal den Kronrat einzuberufen, das einzige Gremium, in dem der Herrscher hochaktuelle Fragen der Staatspolitik mit all seinen um ihn versammelten wichtigsten Ratgebern besprechen konnte. Statt dessen reisten die Minister einzeln in fünfstündiger Bahnfahrt zu Audienzen in die Gebirgslandschaft des Salzkammerguts, statt in der Haupt- und Residenzstadt vom Ministerium des Äußern (der alten Staatskanzlei auf dem Ballhausplatz) zur Hofburg ein paar Minuten zu Fuß zu gehen. Das Resultat: in den letzten, hektischen Tagen kamen ermüdete Männer an, manchmal mit unvollständigen Lageberichten, die schon beim Vortrag überholt waren. Niemand kann dem vierundachtzigjährigen Monarchen irgendwelche aktive oder vorsätzliche Verantwortung für die Katastrophe anlasten. Ihm graute bei dem Gedanken an einen Krieg europäischen Ausmaßes statt einer auf den Balkan beschränkten Auseinandersetzung, denn er sah die Gefahren, die dadurch für sein brüchiges Reich entstanden. Doch dem Kaiser, der in seine Hauptstadt erst zurückkehrte, als Europa schon in Flammen stand, kann eben deswegen ein Vorwurf nicht erspart bleiben.

Kein solcher Vorwurf der Passivität oder sonstigen Fehlverhaltens könnte gegen Erzherzog Karl und seine Gattin erhoben werden, nicht zuletzt deshalb, weil die beiden weder in Bad Ischl noch in Wien anwesend zu sein hatten. Vielmehr war der Thronfolger genötigt, die meiste Zeit der Krisenwochen mit Zita in der Villa Wartholz zu verbringen, ohne über die Vorgänge voll informiert, geschweige denn um seine Meinung gefragt worden zu sein.* Karls erste offizielle Verpflichtung ergab sich, als die »eisernen Würfel« bereits im Rollen waren. Am 1. August vertrat er den noch immer in Ischl weilenden Kaiser bei der Ausmusterung von hundertdreißig Leutnants an der Theresianischen Militärakademie in Wiener Neustadt. Am nächsten Tag reiste er mit Zita zu einem offiziellen Besuch nach Budapest, wo die Bevölkerung in ihrer wachsenden

---

* Von dem schicksalhaften Ultimatum an Serbien erfuhr das Paar nicht durch vorherige Mitteilung aus der Hofburg oder dem Ministerium des Äußern, sondern durch ein Telefonat aus einer Wiener Bank, und zwar als die Note bereits abgesandt war.

Kriegsbegeisterung das Paar besonders freudig begrüßte. Während der Erzherzog Kasernen und andere militärische Anlagen inspizierte und die Erzherzogin die Budapester Spitäler besuchte, entschied sich das Geschick Europas. Als die beiden am 5. August nach Wien zurückkehrten, waren die Würfel gefallen. Frankreich, Rußland und schließlich auch Großbritannien befanden sich im Kriegszustand mit dem Deutschen Reich, dem Verbündeten Österreich-Ungarns in einer alten, unauflöslichen militärischen Allianz. Es war nur mehr ein Formalakt, daß auch die Donaumonarchie in den großen bewaffneten Konflikt verwickelt wurde.

Zita hatte damit ein schmerzliches familiäres Problem zu bewältigen. Der Krieg, der fast ganz Europa in zwei Lager spaltete, zog auch eine Trennungslinie zwischen ihren Brüdern. Von den vier Prinzen, die 1914 im wehrfähigen Alter standen, erachteten es die beiden jüngeren, Felix und René, als ganz selbstverständlich, in die k. u. k. Armee einzutreten und gegen die Feinde Kaiser Franz Josephs zu kämpfen, da sie in seiner Monarchie aufgewachsen waren. Die beiden älteren aber, Sixtus und Xavier, hatten sich schon in der Vorkriegszeit dafür entschieden, in Frankreich zu leben. Ihre Hauptstadt war nicht Wien, sondern Paris, und das Schloß Chambord an der Loire war eher ihre physische und geistige Heimstatt als Schwarzau im Steinfeld. Sixtus, bei weitem der klügste Kopf unter den vieren, hatte sich in Pariser Kreisen als Fürsprecher des Bourbonentums profiliert. Nur zwei Monate vor Kriegsbeginn war er an der Sorbonne zum Doktor promoviert worden; in seiner Dissertation hatte er nachzuweisen gesucht, daß alle Bourbonen, auch die Mitglieder der Seitenlinien, Franzosen geblieben waren.

Das Tagebuch des Prinzen Xavier freilich zeigt,[3] daß er und Sixtus dennoch daran dachten, es ihren jüngeren Brüdern gleichzutun, als sich die Krise verschärfte. Kurz nach dem Attentat von Sarajewo hatten sie sich in London aufgehalten, um für eine Expedition nach Zentralasien ein Transitvisum für Indien zu beantragen. Während der letzten Juliwoche waren sie unterwegs nach Wien, von wo sie starten wollten, als ihnen klar wurde, daß sie den Himalaja in der nächsten Zeit nicht sehen würden. Deutschland war bereits ein riesiges Heerlager, auf allen Straßen und Bahnstrecken rollten Militärtransporte. Am 28. Juli, als sich die beiden

Brüder bei einer Tante in München aufhielten, schrieb Xavier noch ganz im Sinne dieses Lagers: »Ich glaube, unser beider Platz ist in Wien. Wir werden voraussichtlich in die österreichische Armee eintreten, um gegen Serbien zu helfen.«

Aber eine Woche später, als sie in Wien erfuhren, daß auch die französische Armee mobilisierte, klingt es plötzlich anders: »Es ist höchste Zeit, daß wir nach Frankreich zurückkehren. Das Land ist in Gefahr.«

Nach der Kriegserklärung Frankreichs und Großbritanniens an Österreich-Ungarn vom 14. August schien selbst dieses Vorhaben problematisch. Sixtus und Xavier waren nun »feindliche Ausländer«. Die Erlaubnis zur Ausreise aus der Monarchie wurde ihnen verweigert.

Erst eine Woche später durften die beiden abfahren, nachdem Zita und Karl beim Kaiser für sie interveniert hatten. »Ich verstehe, daß sie ihre Pflicht tun wollen«, sagte der alte Monarch, als er die Weisung für eine Sondergenehmigung erteilte.

Am 16. August trafen sich die vier jungen Menschen zum Lebewohl. »Ein irgendwie bewegender Abschied«, notierte Xavier, fast mit englischem Understatement. »Aber Zita ist sehr tapfer, sie hat versucht, sich überhaupt nichts anmerken zu lassen ... Karl sagte uns, wie es seine Pflicht ist, ins Feld zu gehen, sei es die unsere, nach Frankreich zurückzukehren. Wo sind die Tage von Schwarzau und Frohsdorf?«

Nun, die Zeiten von Frohsdorf waren tatsächlich vorbei. Zitas einstiger Verehrer, Don Jaime, hatte als Oberst in der Armee des Zaren am Russisch-Japanischen Krieg von 1904/05 teilgenommen, er hatte die Braut sogar in russischer Paradeuniform zum Altar geleitet. Jetzt war also auch er ein feindlicher Ausländer. Sein Schloß wurde militärisch besetzt, und ihn selbst stellte man vor die Wahl: Internierung auf seinem Gut in Österreich, oder Ausreise unter Bewachung bis zur Schweizer Grenze. Wie zu erwarten entschied er sich für letzteres.

Was Schwarzau betraf, so konnten die beiden Brüder Zitas dem Schloß am 20. August einen Abschiedsbesuch abstatten. In seinem Tagebuch erlegt sich Xavier nunmehr keine Zurückhaltung auf, wenn er schildert, was sie dachten und empfanden, als sie mit ihrer

Mutter, der guten Herzogin Maria Antonia, auf der breiten Terrasse saßen, wo drei Jahre früher der Kaiser Mittelpunkt einer fröhlichen Hochzeitsgesellschaft erhabener französischer, spanischer, österreichischer, portugiesischer und deutscher Gäste war (um nur die wichtigsten Gruppen von Europas katholischer Elite zu nennen).

»Mutter verhält sich ganz so wie Zita, sie bemüht sich, ihre Gefühle nicht zu zeigen. Es muß für sie ganz schrecklich sein ... Sie wird allein zurückbleiben, mit den Kleinen.* Sie sagt, sie wird in Schwarzau ein Lazarett einrichten. Als wir gehen, weint sie auf einmal.

Und dennoch ... so traurig der Abend auch war, dieser Abend auf der Terrasse von Schwarzau, noch niemals zuvor waren wir uns dessen so sehr bewußt geworden, wie fest wir zusammengehören, daß uns ein unzerreißbares Band verbindet. Wie war das doch damals, als Zita sich mit Karl vermählte! Wie haben wir einander geschworen, jetzt noch mehr zusammenzustehen, einen Ring wollten wir um sie bauen, sie schützen in dieser furchtbaren Zeit, weil wir doch ahnten, was kommen würde. Jetzt ist es da ... Es ist Zeit, morgen brechen wir auf.«

Das Band zwischen diesen jungen bourbonischen Prinzen und dem Habsburger sollte sich tatsächlich als unzerreißbar erweisen. Knapp drei Jahre später, mitten in der schwersten Zeit des Ersten Weltkrieges, sollte dieses Gefühl der Zusammengehörigkeit Sixtus und Xavier in ein anderes österreichisches Schloß zurückführen, als Träger einer strengstens geheimen Mission. Doch vorläufig wurden sie durch die Fronten von ihren anderen Brüdern und ihrem Schwager Karl getrennt, der am 16. August in den galizischen Aufmarschraum abgegangen war.

Damit endete für den Thronfolger und seine Gattin, wie für Millionen anderer Familien in ganz Europa, ein Leben in gewohnten, geordneten Bahnen. Zunächst wechselten sie ihren Wiener

---

* Gemeint sind die Töchter Isabella und Maria Antonia, die 1914 erst Halbwüchsige waren, und die beiden jüngsten Söhne, der fünfzehnjährige Louis und der neunjährige Gaetano.

Wohnsitz. Bei Kriegsausbruch verließen sie das Schloß Hetzendorf und bezogen auf Wunsch des Kaisers im Ostflügel von Schloß Schönbrunn eine Suite von Räumen, die einst Franz Josephs Eltern bewohnt hatten.* Der Krieg brachte auch die Trennung, wenngleich nicht auf so lange Zeit und von solchen Ängsten erfüllt, wie für unzählige andere Ehepaare. Als aktiver Offizier, nun im Rang eines Obersten des Husarenregiments Nr. 1, mußte der Erzherzog ins Feld rücken. Aber als nächster Thronanwärter wurde er auf Befehl des Kaisers nirgends eingesetzt, wo er in unmittelbare Lebensgefahr geraten wäre. Das Resultat war eine Abfolge von Zuteilungen bei höheren Kommandos und besonderer Verwendungen, beginnend in der Festung Przemysl, dem strategischen Schwerpunkt im Osten der Monarchie. Doch häufig wurde er auch zur Berichterstattung an den Kaiser nach Wien beordert. So konnten Karl und Zita ihren dritten Hochzeitstag gemeinsam feiern, und da die Meldungen von der Ostfront an jenem 21. Oktober 1914 endlich wieder einmal günstig lauteten, wurde dies, soweit es die Umstände erlaubten, ein fröhliches Fest.

Es gab auch wieder Zuwachs. Am 8. Februar 1915 wurde in Schönbrunn das dritte Kind geboren – der zweite Sohn – und drei Tage später im Maria-Theresien-Zimmer des Schlosses auf die Namen Robert Karl Ludwig Max getauft. Der alte Kaiser war natürlich anwesend und sichtlich erfreut über den Anblick dieses zweiten, kräftigen Sprößlings seines Thronerben. In einer von neuen Gefahren und Unsicherheiten geplagten Welt schien dieser jüngere Bruder des nun zweijährigen Otto die Erbfolge der Dynastie zu gewährleisten – vorausgesetzt, die Monarchie bleibe bestehen. Der Kaiser sollte noch erleben, daß ein dritter Urgroßneffe zur Welt kam und den Mannesstamm verstärkte. Das war Felix; er wurde am 31. Mai 1916 ebenfalls in Schönbrunn geboren, zu einem Zeitpunkt, als sein Vater im aktiven, jedoch nicht gefahrvollen Dienst an der Südfront stand. Dem nunmehrigen General war schließlich eine strategische Funktion zugewiesen worden, und

---

* Ein bescheidenerer Bewohner dieser wunderschönen, aber kalten Räume war der Autor, als er 1945–1947 im Dienst des Britischen Hochkommissariats in Wien stand.

zwar als Kommandant des XX. Armeekorps, später das »Edelweißkorps« genannt (weil die Tiroler Kaiserjägerregimenter und andere alpenländische Einheiten seine Kerntruppe bildeten). Die große Offensive in Südtirol, an der sein Verband prominent beteiligt war, erlahmte bereits, als gegen die nordöstliche Verteidigungslinie der Monarchie ein massiver russischer Angriff im Raum Wolhynien, Ostgalizien und Bukowina begann. Prompt versetzte der Kaiser den Erzherzog-Thronfolger an diese bedrohte Front und übertrug ihm das Kommando einer Heeresgruppe. Diese Versetzung erlaubte Karl, zumindest einige Stunden in Wien zu verbringen, um seine Gattin und seinen dritten Sohn zu sehen. Die Stimme des Säuglings hatte er schon am Telefon gehört, über eine Sonderleitung von Schönbrunn zu seinem Korpskommando an der Südfront.

Obgleich seit 1892 mit dem Deutschen Reich und Österreich-Ungarn verbündet, hatte sich Italien 1914 für die Neutralität entschieden. In dieser von Berechnung diktierten abwartenden Haltung verharrte es kaum ein Jahr lang. Sobald Frankreich und Großbritannien dem Königreich des Hauses Savoyen für den Fall einer Niederlage der Monarchie beträchtliche Territorialgewinne auf Kosten Österreichs zugesichert hatten, erklärte Rom am 23. Mai 1915 seinem bisherigen Verbündeten den Krieg. Da für die österreichische Psyche Italien in noch höherem Maß als Rußland der Erz- und Erbfeind war (was weder für Frankreich noch für Großbritannien galt), kam diese weitere Herausforderung nicht ungelegen, um »abzurechnen«. Aber für Zita ergaben sich dadurch bedenkliche Folgen. Anders als die meisten ihrer Geschwister war sie nicht in Schwarzau, sondern im toskanischen Pianore geboren. Außerdem war ihr Vater zwar ein durch das Risorgimento entthronter Fürst, hatte aber einst über Parma geherrscht. Deshalb wurde »die Italienerin« oder »die Welsche« zum Ziel ebenso unentwegter wie ungerechter Anwürfe, besonders als die ersten Erscheinungen von Kriegsmüdigkeit auftraten und sich düstere Voraussagen über den Ausgang des Ringens mehrten.

Zitas Antwort darauf konnte nur der unbedingte Einsatz für die habsburgische Sache sein, um zu leisten, was sie vermochte. Patriotisches Wirken bedeutete in ihrem Fall ein fast pausenloses Programm von Besuchen in Lazaretten. Sie begann damit in Wien, fuhr dann in die Kronländer und wagte sich schließlich so nahe wie möglich an die Frontlinie heran. Am 11. August 1915 wurde ihr das Verdienstkreuz des Roten Kreuzes verliehen.[4]

Doch den vielleicht wichtigsten Dienst erwies sie in jenen ersten Kriegsjahren der Dynastie, abgesehen von der Erziehung ihrer Kinder, als Begleiterin und in wachsendem Maß als Vertraute des alten Monarchen in Schönbrunn. Die Gemahlin des Thronfolgers erschien an der Seite des Kaisers bei den wenigen Festen, die in dieser »Eisernen Zeit« im Schloß stattfanden; so am 24. Juni 1915, als die Wiener in hellen Scharen nach Schönbrunn kamen, um die Rückeroberung Lembergs zu feiern. Die Pressefotos von jenem Tag zeigen Zita mit dem emporgehobenen kleinen Otto auf dem Balkon des Schlosses neben dem Kaiser, allerdings in gebotenem Respektabstand. Lächelnd blicken die beiden auf ein Meer von über den Köpfen geschwungenen weißen Strohhüten, schwarzen Zylindern und Offizierskappen nieder. Und wenn verbündete Fürsten oder andere hohe Besucher zum Dejeuner oder Diner nach Schönbrunn geladen waren, dann war meist Erzherzogin Zita ihre Tischdame. Franz Joseph pflegte ihr gegenüber oder an ihrer anderen Seite Platz zu nehmen.

Doch die lebhaftesten Erinnerungen, die sie aus jenen frühen Kriegszeiten in Schönbrunn bewahrte, galten nicht den offiziellen Anlässen, sondern den vielen Gesprächen mit dem Herrscher, wenn er mit ihr in seinen Gemächern allein war und auf die sechs Jahrzehnte seiner Ära zurückblickte oder voll Besorgnis in die Zukunft sah. Seit seinem Tod sind mehr als fünfundsiebzig Jahre vergangen, dennoch – was der legendäre Monarch in jenen stillen Stunden sagte, wurde nie veröffentlicht und erst vor wenigen Jahren bekannt.[5]

Zweimal ging er in den Gesprächen mit der jungen Erzherzogin bis 1848 zurück. Es war das Jahr seiner Thronbesteigung, als ein Achtzehnjähriger eine bessere Zukunft symbolisierte, einen Neubeginn nach der Woge der Revolution, die die Habsburgermonarchie und weite Teile des europäischen Kontinents erschüttert hatte. Zum erstenmal sprach er davon kurz nach Ausbruch des Krieges, und dann wieder einen Tag vor seinem Tod.

»Er nahm nie an, daß alles für immer gesichert sei. Ja er gestand sogar, er habe das Gefühl, das Reich sei seit 1848 wie ein Vulkan in verdächtiger Ruhe. Nicht nur deshalb, weil er es durch nationalistische Bewegungen und wachsenden Druck des Parlamentarismus bedroht sah, sondern weil seine Zukunft von Bündnissen mit all ihren Unsicherheiten und Schwächen abhing. Und natürlich war Österreich-Ungarn nicht das alte Heilige Römische Reich, das er wohl als seine wahre Heimat betrachtete.«

Obwohl er den wichtigsten dieser Verbündeten – das von Bismarck geschaffene neue Deutsche Reich – niemals offen kritisierte, war offensichtlich, daß er eine solche feste Bindung der Monarchie in einer einzigen Richtung nicht guthieß. Die Erzherzogin bemerkte, daß er auch im Krieg weiterhin das russische St. Georgskreuz trug, obgleich es nun die Auszeichnung eines Feindstaates war. Über die Tragödie von Sarajewo sagte er, er könne einfach nicht glauben, daß Zar Nikolaus II. bei dem Attentat auf irgendeine Weise die Hand im Spiel gehabt hätte. Ebenso war er darauf bedacht, jegliches unnötige Eingreifen in die Kämpfe gegen Franzosen, Belgier und Briten an der Westfront zu vermeiden, gemäß einer Vereinbarung mit Berlin wurden dort keine österreichischen Truppen eingesetzt. Ein Ausnahmefall ergab sich bei Beginn der Operationen, als am 7. August 1914 die belgische Festung Lüttich schwer getroffen wurde, vor allem durch den Beschuß der dorthin verlegten österreichischen Mörser. Franz Joseph war empört, daß diese Waffen im Westen eingesetzt wurden, befahl die unverzügliche Rückführung und erteilte dem Armeeoberkommando eine Rüge.

Es war eine der Ironien der Weltgeschichte, daß gerade seine Dreibundpartner Deutschland und Italien früher während seiner eigenen Regierungszeit der Habsburgermonarchie empfindliche Verluste zugefügt hatten, die er nie vergessen konnte. Zita erinnerte sich, daß Franz Joseph mit ihrem Vater oft italienisch sprach, wie um darauf hinzuweisen, daß auch er einst über italienische Gebiete geherrscht hatte. Das waren für jeden der beiden schmerzliche Erinnerungen. Als ein jüngeres Familienmitglied einmal bei Tisch eine große Schüssel vorzeigte, auf welcher der Name Mailand stand

– einst Hauptstadt des habsburgischen Lombardo-Venetianischen Königreichs –, fuhr der Kaiser den Unglückseligen scharf an und verbot ihm, dieses ärgerniserregende Ding jemals wieder mitzubringen.

Im Fall Deutschland berührte das Problem tiefere Schichten und hatte weiterreichende Auswirkungen. Bevor Bismarck die Habsburgermonarchie mit Waffengewalt aus dem Deutschen Bund vertrieb, hatten Preußen und Österreich nicht nur eine gemeinsame Sprache und Kultur, sie gehörten auch derselben staatspolitischen Gemeinschaft an, mit Franz Joseph als dem unumstrittenen Primus inter pares. Die Schlacht, in der die Entscheidung über die Vorherrschaft zugunsten Berlins fiel, wurde auf österreichischem Boden ausgefochten, Anno 1866 bei Königgrätz.

Nach außen hin höflich, gestalteten sich die Beziehungen zwischen den Häusern Habsburg und Hohenzollern von dem Moment an schwieriger, als Wilhelm II. am 15. Juni 1888 den Thron bestieg. Er war damals achtundzwanzig, seine ganze Lebenszeit war also um zwölf Jahre kürzer als Franz Josephs bisherige Regierungszeit. Doch es war nicht nur das so forsche Auftreten dieses begabten, aber unsagbar eingebildeten jungen Herrschers, das den um einiges älteren Österreicher störte. Noch aufreizender war die Erkenntnis dessen, was solcher Großspurigkeit Auftrieb verlieh: die wachsende militärische und wirtschaftliche Macht des neuen Deutschen Reiches, der die Habsburgermonarchie weder die Bereitschaft noch die Ressourcen entgegenzusetzen hatte, um Gleiches zu erreichen oder erneut zum Wettstreit herauszufordern. Ansehen und Würde waren im deutschsprachigen Raum bloßer Dynamik gewichen. Aus dem Doyen war der Partner auf dem zweiten Platz geworden.

Als Gattin des Thronfolgers war Erzherzogin Zita anwesend, wenn Wilhelm II. seinen Verbündeten in Schönbrunn besuchte. Über eine dieser Begegnungen sagte sie:

»Man hatte das Gefühl, daß zwischen ihnen niemals wirklicher Kontakt bestand. Die Atmosphäre war nie gelockert, immer lag ein elektrisches Knistern in der Luft, und man spürte irgendwie, daß Wilhelm II. eine andere Lebenseinstellung verkörperte, ja fast eine andere Kultur.

Ich erinnere mich zum Beispiel an ein Dejeuner. Als der Kaiser bemerkte, daß sein Gast die vor ihm liegende Karte in die Hand nahm, flüsterte er mir zu: ›Was er wohl zu unseren französischen Menükarten sagen wird?‹ (In Berlin waren sie immer auf Deutsch geschrieben.) Bei anderer Gelegenheit erzählte Wilhelm II. an der Tafel einige Witze, die ich nicht sehr geschmackvoll fand. Deshalb blieb ich demonstrativ ernst. Später erwähnte ich dies dem Kaiser gegenüber, weil es vielleicht ein Fauxpas war. Aber er war durchaus meiner Meinung und sagte zu mir: ›Das war ganz recht so. Man muß ja nicht über alles lachen.‹ Niemals äußerte der Kaiser ein Wort direkter Kritik an seinem deutschen Verbündeten. Aber solche Vorfälle am Rand zeigen, daß sie nie wirklich gut miteinander auskamen, und mir erschien dies immer als ein Anzeichen für eine breitere Kluft zwischen den beiden Völkern.«[6]

Franz Joseph machte es sich zur Gewohnheit, täglich im Appartement der Erzherzogin Zita zu erscheinen, fast so, als wollte er sich die Gewißheit verschaffen, daß die junge Mutter mit ihren Kindern – der Zukunft der Dynastie – noch immer da war und daß er in dem weitläufigen theresianischen Schloß, umgeben von Scharen der Leibgarden, Adjutanten, Hofchargen und Dienerschaft, nicht allein blieb. So hörte sie mit ihm zusammen alle wichtigen Meldungen von der Front. Sie gewann den Eindruck, als ahnte er bereits tief im Inneren, daß dieser Krieg den Untergang seines Reiches bringen werde, trotz aller Tapferkeit und aller Leiden seiner Soldaten im Schlachtengeschehen. Nur ein einziges Mal sprach er es aus, und zwar seltsamerweise zu Beginn der Kämpfe, als sich seine Truppen sehr gut schlugen. Eines Tages um die Mitte des August 1914 gratulierte ihm Zita zu den Erfolgen der österreichischen Armee beim Vorstoß zum Fluß Bug. Der alte Herr erwiderte: »Ja ja, meine Kriege haben immer mit Siegen angefangen und mit Niederlagen geendet. Und diesmal wird es noch schlimmer sein, und man wird von mir sagen: ›Er ist alt, er bewältigt das nicht mehr.‹ Dann werden Revolutionen ausbrechen und das wird das Ende sein.«[7]

Wie sich zeigte, hatte er allen Grund, jene Operation skeptisch zu beurteilen. Im September 1914 wurden die Österreicher durch eine russische Gegenoffensive aus Ostgalizien verdrängt. Sie gingen mehr als 150 Kilometer zurück und büßten mehr als ein Drittel ihrer ursprünglichen Stärke von 900 000 Mann ein: 250 000 Mann waren gefallen oder verwundet, 100 000 Mann gerieten in Gefangenschaft.

Ähnlich verhielt es sich im Südosten.[8] General Potiorek, der österreichische Oberkommandierende auf dem Balkankriegsschauplatz, hielt es für eine Königsidee, am 2. Dezember 1914, dem sechsundsechzigsten Jahrestag der Thronbesteigung des Kaisers, in der Hauptstadt der schurkischen Serben einzuziehen. Das tat er denn auch, mit mehr Bedacht auf historische Daten der Dynastie als auf die zwingenden Erfordernisse des Schlachtfelds. Kaum zwei Wochen später, am 15. Dezember, war Belgrad wieder in serbischer Hand, und Potiorek befand sich auf dem Rückzug zu den Grenzen der Monarchie.

Natürlich gab es im Kriegsgeschehen gleichsam Gezeiten von Ebbe und Flut, und immer kosteten sie viel Blut, in welche Richtung die Soldaten auch marschierten. Im Frühjahr 1915 wurden die Russen im Verlauf einer neuerlichen Offensive, diesmal mit Verstärkung durch deutsche Truppen und unter deutschem Oberkommando, aus Galizien zurückgeworfen, und die Verbündeten drangen aus der Bukowina nach Russisch-Polen vor. Im Frühsommer 1916 war wieder der Zar am Zug; General Brussilows Verbände eroberten erneut die Bukowina und näherten sich den Karpaten, wobei sie eine ganze österreichische Armee von 250 000 Mann samt schweren Waffen und Gerät gefangennahmen.*

Im weiteren Verlauf des Jahres wurde diese Katastrophe bis zu einem gewissen Grad durch strategisch günstigere Entwicklungen im Balkanraum aufgewogen. Bald nach dem sechsundachtzigsten Geburtstag des Kaisers, dem 18. August 1916, gab Rumänien endlich seine mehr als zwei Jahre gewahrte Zurückhaltung auf. Obwohl der Herrscher des Landes, König Ferdinand, ein Prinz aus

---

* Dies war der Anlaß, um Erzherzog Karl von der Italienfront in den Osten zu versetzen, als Oberkommandierenden einer Heeresgruppe. Der ihm beigegebene Generalstabschef war der damalige Generalmajor Hans von Seeckt, einer der besten Köpfe des deutschen Heeres, später als Chef der Heeresleitung der Reichswehr die militärische Schlüsselfigur der Weimarer Republik.

dem Haus Hohenzollern-Sigmaringen war, trat Rumänien in den Krieg gegen die Mittelmächte ein, wie vordem Italien verlockt durch die Aussicht, große Territorien der Habsburgermonarchie zu erringen, in diesem Fall vor allem Siebenbürgen sowie die Bukowina und das Banat. Die Chance schien den Einsatz wert. Aber im November 1916 war König Ferdinand bereits kaum mehr in der Lage, seine Hauptstadt Bukarest gegen die vorrückenden deutschen Kolonnen unter Generalfeldmarschall von Mackensen zu verteidigen. Die Meldung vom Sieg in Rumänien war die letzte gute Nachricht, die Franz Joseph hörte. Der Mensch, der als Symbolgestalt fast siebzig Jahre lang die Monarchie zusammengehalten hatte, mußte schließlich doch den Weg aller Sterblichen gehen.

Karl als Thronfolger war wegen der zunehmenden Hinfälligkeit des Kaisers am 10. November nach Wien berufen worden. Noch zehn Tage blieb der Monarch mühsam auf seinem Posten, aufrechterhalten durch die vertraute Tätigkeit, die seinem Geist in all den vergangenen Jahrzehnten Kraft gegeben hatte – die Erledigung jener Stapel von Akten, Bittschriften, Eingaben und Memoranden über jedes nur denkbare Thema aus allen Gegenden seines Reiches. (Eines der letzten Schriftstücke, die er am 20. November unterzeichnete, war die Begnadigung einer zum Tod verurteilten Kindesmörderin.) Doch am nächsten Tag blieb das alte Herz stehen, das fast siebzig Jahre lang auch den Pulsschlag eines großen Reiches bestimmt hatte.

Die junge Frau, die in jenem Augenblick Kaiserin von Österreich wurde, schilderte den letzten Tag des francisco-josephinischen Zeitalters in Schönbrunn:

»Zum letztenmal sahen mein Gatte und ich den Kaiser kurz vor der Mittagszeit seines Sterbetages. Seit zwei Wochen kämpfte er gegen eine Bronchitis und danach eine Lungenentzündung an, doch er bestand darauf, wie gewohnt weiterzuarbeiten. An jenem Vormittag hatte er Fieber, doch er war gerade mit Schriftstücken über die Einberufungen beschäftigt, als wir uns anmelden ließen. Sowie er hörte, daß mit meinem Gatten auch ich in sein Arbeitszimmer kommen würde, bat er uns, zu warten, bis er zu unserem Empfang den formelleren Waffenrock angezogen hatte.* Ich ließ sagen, er möge sich doch bitte nicht inkommodieren, und widerstrebend ging er darauf ein.

Als wir eintraten, machte der Kaiser, obgleich fiebernd und geschwächt, einen normalen Eindruck und sprach ganz so wie immer. Er sagte uns, wie sehr er sich über den Segen des Papstes und über unsere Siege in Rumänien freute. Als wir uns zurückzogen, dachten wir nicht daran, daß eine Krisis drohte.

Dann kam abends plötzlich der Zusammenbruch und das Ende. Der Erzherzog und ich wurden natürlich sofort gerufen, doch als wir zu ihm kamen, lag er bereits im letzten tiefen Schlaf, aus dem er nicht mehr erwachte.

Als alles vorbei war, gingen wir langsam aus dem Sterbezimmer in den Vorraum. Niemand wußte etwas zu sagen oder zu tun ... Einige Sekunden lang herrschte völlige Stille. Dann, ich erinnere mich gut, trat der liebe, korpulente Prinz Lobkowitz vor meinen Gatten hin, mit Tränen in den Augen machte er das Kreuzzeichen auf Karls Stirne und sagte: ›Gott segne Eure Majestät.‹ Es war das erstemal, daß wir mit dem Kaisertitel angesprochen wurden.«[9]

Dies begab sich am 21. November 1916, wenige Minuten nach neun Uhr abends. Der neue Kaiser war neunundzwanzig, die neue Kaiserin erst vierundzwanzig Jahre alt.

---

* Normalerweise trug Franz Joseph in seinen späten Jahren am Schreibtisch ad personam ein bequemeres, in Wien ›Bonschurl‹ genanntes Uniformstück, eigentlich ein gekürzter Generalsmantel, ungefähr den Interimsuniformen anderer Armeen entsprechend. (A. d. Ü.)

II. TEIL

DIE KAISERIN

4

Der Thron

Ihre Jugend machte die beiden eher verletzlich als stark. Normalerweise regt sich Hoffnung, wenn ein erschöpfter Läufer aus dem Rennen scheidet und die Staffette einem ausgeruhten Nachfolger übergibt. Manche unter den Zehntausenden, die an jenem grauen 30. November 1916, als Kaiser Franz Joseph zu Grabe getragen wurde, die Hauptstraßen der Wiener Inneren Stadt säumten, mögen dies so empfunden haben, als sie die ersten drei Trauernden vorbeischreiten sahen: Karl im Uniformmantel, barhäuptig, den Generalszweispitz aus Friedenszeiten in der Rechten; Zita, so verhüllt und verschleiert, daß an dieser wandelnden Säule in Schwarz nichts Menschliches erkennbar war; und zwischen ihnen der vierjährige Erzherzog Otto, ein kleiner Bub in Weiß, mit schulterlangem Haar, die Pelzmütze in der Hand. Diese drei symbolisierten einen Neubeginn in der Geschichte ihrer siebenhundertjährigen Dynastie. Was die Zuschauer damals nicht wissen konnten: sogar die Regelung, daß Eltern und Kind nebeneinander gingen, bedeutete eine Abkehr von den uralten Gepflogenheiten. Gemäß dem Zeremoniell hätte der neue Kaiser vorangehen müssen – allein, hinter ihm die Erzherzöge und dann die Kaiserin mit ihrem Sohn. Karl hatte diese Reihenfolge umgestoßen, mit der dezidierten Erklärung: »*Ich* entscheide über die Form der Zeremonie.«[1]

Aber für die meisten Menschen in den Spalieren ebenso wie für die meisten offiziellen Trauergäste ruhte das einzige wirkliche Machtsymbol des ganzen Kondukts in jenem Sarg. Der alte Kaiser hatte einmal gesagt: »Jeder darf sterben, nur ich nicht.« Und das glaubten schließlich auch die Untertanen von ihrem Monarchen, der schon länger die Krone trug, als sie überhaupt auf der Welt waren; der in seiner Jugend die allerersten Dampflokomotiven und im Greisenalter die ersten Flugzeuge gesehen hatte, der aus der Ära Beethovens kam und noch die Zeiten Béla Bartóks und Arnold Schönbergs erlebte. Die Vergänglichkeit schien ihn schonen zu wollen. Daß sie nun doch ihr Recht gefordert hatte, mitten in einem Krieg, der bereits zu einem Kampf um Sein oder Nichtsein wurde, bewirkte um so tiefere Erschütterungen. Es war, als werde die Monarchie selbst in die Gruft des Hauses Österreich in der Kapuzinerkirche am Neuen Markt getragen, wo nicht einmal Karl ein Wort oder eine Handlung des Rituals hätte ändern können.

Die Verehrung für seinen dahingeschiedenen Großonkel fand ihren Ausdruck in der Proklamation, die der neue Kaiser am 22. November erlassen hatte, einen Tag nach seiner Thronbesteigung. Ihre ersten Sätze lauten:

»Tiefbewegt und erschüttert stehe Ich und Mein Haus, stehen Meine treuen Völker an der Bahre des edlen Herrschers, Dessen Händen durch nahezu sieben Jahrzehnte die Geschicke der Monarchie anvertraut waren ... Seine Weisheit, Einsicht und väterliche Fürsorge haben die dauernden Grundlagen friedlichen Zusammenlebens und freier Entwicklung geschaffen und aus schweren Wirren und Gefahren Österreich-Ungarn durch eine lange und gesegnete Zeit des Friedens auf die Höhe der Macht geführt, auf der es heute im Verein mit treuen Verbündeten den Kampf gegen Feinde ringsherum besteht. Sein Werk gilt es fortzusetzen und zu vollenden.«

Dann folgte der gebotene Ausdruck des Vertrauens in »Meine heldenmütige Wehrmacht«, die im Kampf stand, um jene Feinde abzuwehren, »die meinen, in fortgesetztem Ansturme Meine Monarchie und ihre Verbündeten niederringen, ja zertrümmern zu können«, und die Bekundung des festen Entschlusses, diesen Kampf bis zu einem siegreichen Ende auszufechten.

Ebenso konventionell klang der Absatz über innenpolitische Fragen, in dem Karl bloß versprach, »ein gerechter und liebevoller Fürst« zu sein, von dem Willen geleitet, die verfassungsmäßigen Freiheiten seiner Völker und die Rechtsgleichheit zu gewährleisten.

Aufhorchen ließ das eindringliche Bekenntnis: »Ich will alles tun, um die Schrecknisse und Opfer des Krieges in ehester Frist zu bannen, die schwervermißten Segnungen des Friedens Meinen

Völkern zurückzugewinnen, sobald es die Ehre unserer Waffen, die Lebensbedingungen Meiner Staaten und ihrer treuen Verbündeten und der Trotz unserer Feinde gestatten werden.«[2]

Hier schlug Karl einen neuen, einen persönlichen Ton an. Diese Anschauungen, die seine Gattin voll und ganz teilte, sollten, gleichsam leitmotivisch während seiner so kurzen Regierungszeit immer wieder ausgesprochen werden, bis die Niederlage und der Zusammenbruch den Rufer zum Verstummen brachte.

Der Schilderung seiner Ära sind drei Fragen voranzustellen. Wie weit war das Paar auf die Ausübung der höchsten Macht vorbereitet? Welche Pläne für die Zukunft der Monarchie hatten die beiden abgesprochen? Und welchen Einfluß hatte Zita auf ihren Gatten, außer jenem einer mustergültigen Ehefrau und Mutter?

Als Karl Thronfolger wurde, war er nach den Worten des britischen Diplomaten Sir Arthur Nicolson »noch fast ein Junge«.* Im Alter von siebenundzwanzig Jahren, noch immer ziemlich jung für einen künftigen Kaiser, war er freilich schon über die erste Jugend hinaus, zur Zeit seiner Thronbesteigung bekleidete er bereits Generalsrang und verfügte über Kommandoerfahrungen an den beiden Hauptfronten der Monarchie. Des öfteren hatte er an Konferenzen mit Kaiser Wilhelm II. und den Feldherren Hindenburg und Ludendorff, die bereits im Namen ihres »Allerhöchsten Kriegsherrn« die Geschicke des Deutschen Reiches lenkten, teilgenommen. Wie später näher auszuführen sein wird, hatte Karl diese Gelegenheit genützt, nicht nur um Strategien für den Krieg, sondern auch für den Frieden zu erörtern. Freilich stieß er immer wieder an seine Grenzen; er hatte sich mit allen wichtigen Dingen nur kurz befassen können und war bisher in erster Linie Offizier. Seine Erfahrungen auf dem zivilen Sektor waren vergleichsweise bescheiden, und noch mehr seine politischen Kenntnisse. Sein einziger Auftritt auf der Weltbühne war jener Krönungsbesuch in London im Juni 1911 gewesen, als er viele bedeutende Persönlichkeiten kennenlernte, denen er nie wieder begegnen sollte, darunter Asquith, Haldane und Edward Grey, die führenden Köpfe des liberalen Kabinetts

---

* Ein kluger Altösterreicher charakterisierte Karl als einen »ewigen Oberleutnant«. (Anm. d. Übers.)

unter König Georg V. Was seine Rolle in Franz Josephs Reich anbelangte, hatte sie sich im wesentlichen auf den Platz eines privilegierten Jüngers des Großen Alten Mannes beschränkt. Es ist bekannt, daß der Kaiser seinen Großneffen mochte und ihm zutraute, die Last der Krone tapfer und pflichtgetreu zu tragen, sobald die Zeit dafür gekommen war. Doch bis dahin wurde die Bürde der Verantwortung nicht mit ihm geteilt. Schon die Vorstellung, daß Karl und Zita beunruhigt, aber isoliert in ihrer Villa in Wartholz saßen, während der Kaiser seine Audienzen in Bad Ischl hielt und in Wien ein Weltkrieg heraufbeschworen wurde, spricht Bände. Die Behauptung mancher Apologeten, daß Franz Joseph seinen Thronerben vorsätzlich vom Gang der Ereignisse fernhielt, um ihm den Vorwurf der Mitschuld an den möglichen Folgen zu ersparen, scheint weit hergeholt. Zunächst einmal hatte während jener schicksalhaften ersten Juliwochen der Kaiser selbst keine Ahnung, daß ein Weltbrand drohe. Und als diese Gefahr sich deutlich zeigte, begegnete er ihr nach der einzigen ihm geläufigen Methode: als einer »Angelegenheit«, die mit Ministern zu bewältigen sein müsse. Bei dieser Vorgehensweise, die allein von Seiner Majestät bestimmt wurde, war kein Platz für den jungen Erzherzog.

Wenngleich also Karl vor dem Krieg so gut wie gar keine politische Schulung erfuhr, machte er sich doch schon damals Gedanken über Politik. Darin fand er bei Zita und ihren Brüdern Sixtus und Xavier rege Unterstützung. Nach der Verlobung und Heirat im Jahr 1911 führten die vier jungen Leute endlose Diskussionen über die Zukunft Europas – und insbesondere die Zukunft der Dynastien. Zita, obwohl jeder Zoll eine wahre Prinzessin und fest entschlossen, eines Tages eine würdige Kaiserin zu sein, war in diesem Kreis wahrscheinlich diejenige, die am wenigsten zu Illusionen neigte. Sie war väterlicherseits die Tochter eines entthronten italienischen Duodezfürsten und mütterlicherseits dem damals seit kurzem verbannten portugiesischen Königshaus der Braganza eng verwandt. In der Habsburgermonarchie schien die Treue zur Krone tief verwurzelt und stark; aber konnte nicht irgendwann einmal die Flut des republikanischen Nationalismus auch dieses Fundament unterspülen? Karl meinte, es sei möglich, Dämme gegen diese Brandung zu errichten, aber er hatte keinerlei Zweifel über die

Schwierigkeiten. Die waren schon aus der Landkarte klar ersichtlich.

Das Reich, über das er bald herrschen sollte, war ein Gefüge der Siedlungsgebiete verschiedener Völker. – »Selbstbestimmung« für jede dieser ethnischen Einheiten war ein Ding der Unmöglichkeit. Das Problem bestand darin, wie man den großen Völkern maximale Autonomie unter der Krone geben und zugleich die übernationale Struktur des Gesamten bewahren sollte.

Nach drei verschiedenen Experimenten mit der Verfassung hatte Kaiser Franz Joseph 1867 schließlich eine Reform durchgeführt, die dann, wie sich wies, alle späteren Reformversuche blockierte. Durch den historischen »Ausgleich« mit Ungarn wurde die Monarchie zweigeteilt. Im Westen die ungefähr halbmondförmige »österreichische Reichshälfte«, die von Galizien im Norden über Böhmen und Mähren, die deutschsprachigen Länder bis nach Istrien und Dalmatien verlief. (Bosnien und die Herzegowina, 1879 okkupiert und 1908 annektiert, hatten einen Sonderstatus, ähnlich wie die deutschen »Reichslande« Elsaß-Lothringen.) Die ungarische Reichshälfte umfaßte ebenfalls mehrere Völker, aber unter der Hegemonie der Ungarn, einer Nation von schrankenlosem Chauvinismus und Selbstgefühl. Seit 1867 waren sie innenpolitisch de facto autonom, mit einem eigenen Ministerpräsidenten, eigener Regierung und eigenem Rechtssystem. Armee und Flotte, Außenpolitik und Finanzwesen waren Ressorts der Gesamtmonarchie, die von »gemeinsamen« Ministerien in Wien verwaltet wurden. Das Problem, wie die beiden Hälften definiert werden sollten, wurde dadurch gelöst, daß man die Leitha – einen südöstlich von Wien verlaufenden Fluß – für die Grenzziehung wählte. Fortan wurden alle Gebiete auf der österreichischen Seite »Cisleithanien« genannt, die Territorien ab dem jenseitigen Ufer aber »Transleithanien«. Von dieser Ordnung der Dinge erhoffte man sich eine Stabilisierung der Monarchie. Auf längere Sicht erwies sie sich als ebenso verderblich wie grotesk.

Was die Ungarn den Habsburgern schließlich abgerungen hatten, war die Selbstbestimmung über die geheiligten Länder St. Stephans, ihres Stammesfürsten, der am Weihnachtstag des Jahres 1000 zum König von Ungarn erhoben worden war, mit einem apostolischen

Kreuz und einer, der Überlieferung nach, von seinem mächtigen christlichen Förderer Papst Silvester II. gespendeten Krone. Diese Stephanskrone wurde Franz Joseph am 6. Juni 1867 in Budapest aufs Haupt gesetzt, und die Huldigungen galten ihm als dem König von Ungarn, aber nicht als dem Kaiser des gemeinsamen Reichs. In jener Zeremonie und in jenen Symbolen des Königtums lag die Gefährdung des sogenannten »dualistischen« Systems. Von 1867 an strebten die Ungarn, eine relativ fest gefügte ethnische Gemeinschaft, verbunden durch ihre schwer erlernbare Sprache und ihre tausendjährige Geschichte, ohne Bedenken nach immer größerer Unabhängigkeit von Wien, besonders auf militärischem Gebiet.*

Die deutschsprachigen Untertanen des Kaisers diesseits der Leitha hatten dieser Dynamik und diesem Sendungsbewußtsein nichts Gleichwertiges entgegenzusetzen. Vielmehr kämpften die Österreicher in der Monarchie stets mit dem Problem, ihre eigene Identität zu finden. Waren sie ein deutlich abgegrenztes Volk wie die Ungarn oder bloß die deutschen Gefolgsleute einer supranationalen Dynastie? Diese Frage stellten sie sich auch noch, als die Monarchie zusammenbrach und die Dynastie abtrat (es blieb Hitler überlassen, zwanzig Jahre später eine Antwort darauf zu bieten).

Franz Ferdinand hatte erkannt, welche Bedrohung ein stetig anwachsender ungarischer Chauvinismus für die Zukunft der Doppelmonarchie heraufbeschwor. Hätte er den Thron bestiegen, dann wäre sicherlich der Versuch unternommen worden, die Ungarn – gegen die er ohnehin eine Abneigung hegte – in ihre Schranken zu weisen. Den Dualismus hätte er aus seiner politischen Arithmetik gestrichen, und damit wäre die ungarische Oberhoheit über slawische Gebiete, wie das seit der Regelung von 1867 Budapest zugesprochene Kroatien, gefallen. Statt des Dualismus wäre wohl eine Form des Trialismus gekommen, und zwar durch die Errichtung eines neuen slawischen Staatswesens in den südöstlichen Regionen des Reiches, unter Einbeziehung der Kroaten. Ob es selbst Franz

---

* Das Resultat war die Aufstellung einer königlich ungarischen Landwehr, der Honvéd, mit ungarischer bzw. kroatischer Kommandosprache. Bis zum Ersten Weltkrieg trachtete Budapest dieses nur aus Infanterie und Husaren bestehende militärische Potential schrittweise zu einer eigenen Armee auszubauen. (Anm. d. Übers.)

Ferdinand in relativ gesicherten Friedenszeiten gelungen wäre, die Ungarn durch Abtrennung einiger Länder der Stephanskrone zu zähmen, bleibt fraglich. Gewiß ist, daß in Budapest nur wenige Tränen vergossen wurden, als sich die Nachricht von seiner Ermordung verbreitete.

Vor dem Krieg hatten Karl und Zita die ungarische Frage oft mit dem Thronfolger und ihrem eigenen jungen Freundeskreis in Schwarzau diskutiert. Zita erinnerte sich, daß ihr Gatte zwar die Meinung teilte, der Dualismus müsse aufgehoben werden, aber nicht die subjektive Antipathie seines Onkels gegen die Ungarn, auch hatte er nicht die gleichen bestimmten Vorstellungen von einem künftigen südslawischen Staat. Dieser würde sicherlich in der einen oder anderen Form zu schaffen sein, um die Monarchie zu stabilisieren; das würde die Kroaten ebenso betreffen wie die Slowenen und die Bosnier. Aber wer sollte dort Herrscher werden und in welcher Hauptstadt? Und in welchem Verhältnis zum Königreich Serbien? Wie könnte man Serbiens großen panslawistischen Protektor, das russische Zarenreich, dazu bringen, solch eine radikale Umgestaltung im Balkanraum zu akzeptieren? Sollte man nicht vielleicht an eine in vier statt in drei Teile gegliederte Monarchie denken, mit einer Vereinigung der Nordslawen nach südslawischem Vorbild? Noch verlockender, wenn jemals ein unabhängiges Polen entstünde, als Pufferstaat zwischen dem Deutschen Reich und Rußland – könnte daraus nicht ein ganz neues Königreich werden, mit einem von Zitas bourbonischen Brüdern als Souverän?

Die verwirrende Vielfalt theoretischer Optionen zeigte nur noch deutlicher, daß keine davon in der Praxis leicht zu verwirklichen war. Wenn der neue Kaiser ein Gesamtkonzept im Sinn hatte, dann das einer Konföderation freier Völker, die, so weit als möglich, unter der Schirmherrschaft der Krone gebildet werden sollte. Wie vor ihm sein Großonkel und sein Onkel hätte Karl bei einer Umgestaltung der habsburgischen Länder das Zepter nicht aus der Hand geben wollen. Doch anders als diese beiden war er bereit, sofern erforderlich, auch Republiken in den neuen Bund aufzunehmen.

Was Zitas Einfluß auf ihren Gatten betrifft, so wird er immer schwer zu bestimmen sein, wie alle Beziehungen zwischen Eheleuten. In ihrem Fall läßt sich kein starrer Maßstab anlegen, es kam eben jeweils auf das Thema an. Zita war ohne Frage die stärkere Persönlichkeit, von schärferem Geist, energischer und mit der Gabe ausgestattet, die Welt um sie herum rascher und intuitiv zu erfassen. Aber sie als den wirklichen Machtfaktor hinter dem habsburgischen Thron zu sehen, umschwirrt von einer Schar heimtückischer Verwandter aus den Familien Bourbon-Parma und Braganza wie von einem Krähenschwarm, hieße wenig mehr, als die Wiener Flüsterkampagne jener Leute fortzusetzen, die unbedingt einen Sündenbock für die Kriegsnöte finden wollten. Oft war sie eben einfach »dabei«, saß in einer Ecke mit einem Buch oder einer Näharbeit während der Audienzen des Ministerpräsidenten und wenn allabendlich ein Generalstabsoffizier die militärischen Lageberichte ihrem Gemahl übergab. Schließlich erhielt sie selbst, auf Weisung des Kaisers, täglich Meldungen, und zwar nicht nur aus der Diplomatie, sondern auch von der Front. Dies provozierte bald die vorwurfsvolle Behauptung, es sei die Kaiserin, die den Krieg führe und das Reich regiere. In Wahrheit verhielt es sich so, daß sie nur einmal eine militärische Angelegenheit bei ihrem Gatten zur Sprache brachte – noch dazu eher in humanitärem als strategischem Zusammenhang –, und das trug ihr ein einziges Mal Tadel ein. »Meine Liebe, solche Dinge mußt du mir überlassen, denn ich bin Soldat und nicht du.«[3]

Bei innenpolitischen Fragen aber war sie sicherlich seine wichtigste Vertraute und in schwierigen Situationen der Mensch, der ihm Kraft gab. So war sie seine Gattin und zugleich gute Kameradin. Während sie in bezug auf die Kriegführung keine Rolle spielte, hatte sie, wie wir sehen werden, wesentlichen Anteil an den Bemühungen um einen Frieden. Dennoch, selbst dabei war Karl ihr einen Schritt voraus, und er wäre diesen Weg gegangen, ob mit oder ohne ihre Hilfe.

Aber die erste Aufgabe, die auf das junge Paar zukam, war weder militärischer, noch außenpolitischer oder staatspolitischer Art. Sie betraf ausschließlich die Herrscherwürde: Die Krönung zum König und zur Königin von Ungarn. Das Erbe des heiligen Stephan wurde bereits erwähnt. Was mehr als bloß eines kurzen Hinweises bedarf, ist die irreale, mythische Macht, die diese tausendjährige Krone über die neun Millionen Ungarn ausübte, ungeachtet des Alters, des sozialen Standes, der politischen Überzeugung oder des Berufs. Ein Symbol der Nation und des Herrschers, offenbart sie eine in der Geschichte der europäischen Dynastien einmalige »Unio mystica«. Wenn es eine Parallele dazu gibt, dann wäre sie nur bei einer der urtümlichen Völkerschaften in den Dschungeln Afrikas oder Asiens zu finden, die ihren geheiligten Fetisch von Generation zu Generation verehrt, nicht nur als eine Gottheit, sondern auch als geistige Verkörperung des Stammes.

Ein Autor sagte über diese tiefe Bindung: »Die ungarische Krone ist in jeder ungarischen Seele, in jeder Scholle dieses Bodens, in jeder ungarischen Ernte. Wenn sie dem Land entrissen wird, geht damit nicht nur das Königtum dahin, sondern alles, was wir waren, sind und je sein werden ...«[4]*

Etwas von dieser Magie klang sogar in den formellen gewichtigen Worten von Karls Thronbesteigungsproklamation für Ungarn an. Auch sie trug das Datum des 21. November 1916, wurde aber nicht, wie in Wien, am nächsten Tag aus der Hofburg erlassen, sondern dem Volk in einer Trauersitzung des ungarischen Parlaments verkündet. Darin bestätigte Karl seine Absicht, »entsprechend dem Wunsche unseres Herzens und der Verfügung des Gesetzes«, sich »möglichst bald« in Budapest krönen zu lassen.**

Dazu kam es früher als er dachte, denn das gewaltige Symbol hatte einen überzeugenden Fürsprecher gefunden. Am 22. November um elf Uhr vormittags, dem ersten Tag von Karls Regierungszeit, wurde der Ministerpräsident der ungarischen Reichshälfte, Stefan Graf Tisza, auf seine eigene dringliche Bitte in

---

* Sogar das nach dem Zweiten Weltkrieg in Ungarn aufgerichtete kommunistische Regime stalinistischer Prägung bemühte sich sehr bald um die Rückgabe der Stephanskrone, die während der Endkämpfe außer Landes gebracht und in Mattsee bei Salzburg verborgen worden war. Dort gelangte sie in die Hände der Amerikaner, in der Folge wurde sie in Fort Knox verwahrt und 1978 wieder an Ungarn übergeben. Seither ist sie als größte Kostbarkeit der Mittelpunkt des Ungarischen Nationalmuseums in Budapest.

** Auch das bezeichnet den auffallenden Kontrast zwischen den beiden Hauptstädten. In den deutschsprachigen Erblanden ihres Reiches war der höchste Titel, den die Kaiser der Habsburger trugen, jener eines Erzherzogs.

Schönbrunn in Audienz empfangen. Tisza war eine der wenigen überragenden Politikerpersönlichkeiten der gesamten Monarchie, ja beinahe der einzige, der die Bezeichnung Staatsmann verdiente. Karl hatte ihn bereits in seinem Amt bestätigt, nicht zuletzt deshalb, weil er in Franz Josephs ungeschicktem Kronrat von 1914 der einzige Teilnehmer war, der sich entschieden gegen einen Krieg ausgesprochen hatte. Und zwar nicht aus Pazifismus, sondern aus der Befürchtung, daß die Monarchie ihr eigenes Todesurteil und somit das des Königreiches Ungarn unterschreiben könnte. Nun trieb ihn dieselbe Sorge um die Länder der heiligen Stephanskrone umgehend nach Wien. Wenn der neue Herrscher, Franz Ferdinands Neffe, auch nur einen Funken der Abneigung und des Mißtrauens seines Onkels gegen die Ungarn hegte, durfte man keinen Augenblick zögern, derartige Regungen durch die Prachtentfaltung und die Treuegelöbnisse einer Krönung in Budapest im Keim zu ersticken.

Tisza brauchte kaum eine Stunde, um seine Mission zu erfüllen. Er verabschiedete sich mit der in einem kaiserlichen Handschreiben nach seinem Konzept festgelegten Erlaubnis, eigene Vorschläge für das Datum der Krönung zu unterbreiten. Sie wurde schließlich für den vorletzten Tag des Jahres angesetzt. Dieser Zeitpunkt war bedeutsam. Laut der ungarischen Verfassung wurde der Kaiser von Österreich erst dann rechtmäßiger König von Ungarn, wenn er gekrönt war, und nur dann konnte er grundlegende Gesetze erlassen oder novellieren. Gewöhnlich war eine Zeitspanne von sechs Monaten zwischen Thronbesteigung und Krönung vorgesehen, und in den Kreisen des Belvedere war allgemein bekannt, daß Franz Ferdinand als Kaiser Franz II. gesonnen gewesen wäre, die Terminregelung und sogar die Ableitungen aus dem Inhalt des Krönungseides anzufechten. Aber in jenen Zeiten war nichts wie gewohnt. Das Reich stand mitten in einem äußerst harten Kampf, in dem Soldaten ungarischer Nationalität noch immer loyal und sehr wichtig waren. Außerdem war Ungarn die Kornkammer der Monarchie, und um Neujahr mußten verschiedene wirtschaftliche Maßnahmen von großer Dringlichkeit neu organisiert werden. Wie Karl seiner Gattin erklärte, hatte er keine andere Wahl, als Tiszas Druck nachzugeben.

»Natürlich wußte er nur zu gut, daß der Eid, die Länder Ungarns unversehrt zu bewahren, alle Reformpläne erschweren würde, die wir für diese Gebiete des Reiches haben mochten. Aber das waren Pläne für friedliche Zeiten. Im November 1916 mußte er an die nächste Zukunft denken, und all seine Berater stimmten seinen Entscheidungen für die Krönung zu.«[5]

So ging am 30. Dezember 1916 in Budapest eine Haupt- und Staatsaktion in Szene, die nicht nur für das Reich der Habsburger, sondern für alle Monarchien des europäischen Kontinents die letzte große Zeremonie in königlicher Herrlichkeit und Pracht sein sollte. Dies war den Ungarn weniger bewußt als die neuerliche Bestätigung ihres Magyarentums, und niemandem war es so stark bewußt wie den stolzen Magnaten, die sich als die Bewahrer dieses Nationalgefühles betrachteten. Sie hatten geradezu Anstoß daran genommen, daß die Mittelschicht und sogar die Verkäuferinnen aus der eleganten Váci-utca nach dem Tod des alten Kaisers Schwarz trugen, als ob es *sie* etwas anginge. Nun wollte der Adel diesen Tag für sich haben. Familienschmuck wurde aus den Banktresoren geholt, aus den Garderobenschränken kamen Hofroben ans Licht, die seit Jahrzehnten eingekampfert waren, in den Marställen wurden die Prunkkarossen aus dem Abstellwinkel geholt und wieder fahrbereit gemacht. Endlich in der kalten grauen Morgendämmerung des Krönungstages versammelte sich die Aristokratie aus den Budapester Palais und Stadthäusern, und die lange Prozession zog zum Burgberg von Buda.

Eine hochintelligente junge Dame aus jenem gleichsam hermetisch geschlossenen Kreis gab eine sehr bildhafte Schilderung dieses Ereignisses. Die Tatsache, daß nur zwei Jahre später ihr fehlgeleiteter hochadeliger Gatte (Michael Graf Károlyi) dazu beitragen sollte, die gesamte Habsburgermonarchie, das Königreich Ungarn eingeschlossen, zu zerstören, gibt der Suada einen bitteren Beigeschmack.

»Die Grauschimmel trabten würdevoll dahin, aber wir kamen nur langsam voran. Die Menschen, die sich auf den Gehsteigen drängten, reckten staunend die Köpfe zu den Kutschenfenstern ... Da der Aufzug oft hielt, dauerte der Weg bis zur

Krönungskirche vier Stunden. Auf den Straßen war Glatteis. Das Diadem drückte schmerzlich auf meinen Kopf – die Stelle blieb noch jahrelang empfindlich – und wir konnten keine Pause machen, um zu rauchen ...

Von der Kettenbrücke über die halb zugefrorene Donau sahen wir die Umrisse der Königsburg aus dem Nebel auftauchen, hell wie eine brennende Fackel. Ich fragte mich, ob diese Lichter, die man in Budapest so selten sah, während der ganzen Regierungszeit des neuen Monarchen leuchten würden, oder würde der Palast wieder in seinen gewohnten Dämmer versinken? Wie eine dunkle Schlange schob sich der Zug der Wagen bergauf. Fünfzig Jahre hatten sich die ungarischen Adeligen danach gesehnt, daß ihr Herrscher ihnen und der Hauptstadt den Glanz des Hoflebens mit seinen Festen, Titeln und Ordensverleihungen geben werde. Franz Joseph ... hatte nie Sympathien für die Ungarn. Nun bestand Hoffnung, daß sich all dies ändern werde. Selbst die ›Zweite Nation in den Schützengräben‹ – die Soldaten, die nicht an der Feier teilnehmen konnten – vertrauten darauf, daß der friedliebende junge König und die Königin den Mut haben würden, dem Deutschen Kaiser zu widerstehen und dem sinnlosen Blutvergießen ein Ende zu bereiten.«[6]

Dieser junge König und seine Königin, die Hauptpersonen jenes uralten magyarischen Prunks, hatten die Burg bald nach halb neun in der überreich verzierten und vergoldeten, mit acht Schimmeln bespannten ungarischen Hofgala-Karosse verlassen. Die Fahrt vom Burgberg zur gotischen Matthiaskirche dauerte eine knappe halbe Stunde, und pünktlich um neun Uhr begann die Krönungszeremonie.

Ferdinand von Bulgarien, »Zar« von eigenen Gnaden,* ein Schwager der neuen Königin, war wohl der unleidlichste und gewiß

---

* Als Prinz von Sachsen-Coburg-Gotha geboren, war er seit dem 14. August 1887 zunächst als Fürst der Herrscher Bulgariens. 1893 fand er nach geradezu hektischer Suche eine reizlose, aber hochachtbare Braut, Prinzessin Marie Louise, die älteste der Töchter aus dem Haus Bourbon-Parma. 1908, drei Jahre bevor die viel jüngere Schwester seiner Gemahlin den Erzherzog Karl heiratete, erklärte sich Ferdinand eigenmächtig zum bulgarischen Zaren – worüber der rechtmäßige Zar aller Reußen empört war.

unbeliebteste aller europäischen Monarchen, aber er war auch ein Mann von hoher Kultur und exquisiter Lebensart, und wenn er, ein Ehrengast in der Kathedrale, die Zeremonie als die prächtigste und eindrucksvollste bezeichnete, die er je miterlebte, dann hat dieses Urteil Gewicht. Es gab im alten Europa kein höfisches Ereignis von einiger Bedeutung, bei dem er sich mit seiner grotesk langen Nase und seinen schwerberingten Händen nicht in Szene gesetzt hätte. Er war dabeigewesen, als in London Eduard VII. und Georg V. gekrönt worden waren, er hatte bei den beiden Krönungen von Alexander III. und Nikolaus II. in St. Petersburg nicht gefehlt, und nun kam er zu dieser »Familienfeier« nach Budapest. Der Krönungsakt in der mit scharlachroten Vorhängen und gleichfarbigen Teppichen ausgestatteten Kirche dauerte drei Stunden. Der erste große Moment für die Zuschauer kam, als Karl aus den Händen des Kardinal-Erzbischofs János Csernoch das Schwert des heiligen Stephan entgegennahm, um seine rote ungarische Generals-Gala gürtete, dann die schwere Waffe blank zog und die traditionellen drei Streiche gegen imaginäre Feinde führte – nach vorne und seitwärts. Der zweite historische Augenblick und zugleich der Höhepunkt der feierlichen Handlung trat ein, als der Erzbischof, von Graf Tisza in seiner Eigenschaft als stellvertretender Palatin des Königreichs assistiert, die Krone mit ihrer Aura von Mythen und Mysterien* auf Karls gesalbtes Haupt setzte, begleitet von Fanfarenstößen und dem Salut des im Freien angetretenen Militärs. Der Kaiser war nun als Karl IV. auch König von Ungarn.

Nun kam für Zita der große Moment. Laut den zeitgenössischen Berichten trug sie eine Robe aus schwerem weißem Brokat, goldbestickt mit Rosen und anderen Verzierungen, und darüber einen mit Hermelin besetzten Mantel. Wenige Sekunden berührte die Stephanskrone ihre rechte Schulter, danach wurde sie mit der funkelnden ungarischen Königinnenkrone auf dem Haar – einem 1867 für Elisabeth geschaffenen Kleinod aus Diamanten und Rubinen – vom Kardinal zu ihrem Gatten geführt, um auf dem

---

* Deren haubenförmiger Teil mit den vier Bügeln gilt als die ursprüngliche von Papst Silvester II. im Jahr 1000 an Stefan gesandten Krone, der Reif wurde, laut Überlieferung, etwa ein Jahrhundert später als Geschenk des byzantinischen Kaisers an König Géza hinzugefügt.

Thron neben dem seinen Platz zu nehmen. Ungarn hatte eine neue Königin.

Nach dem Krönungseid, den Karl vor der Kathedrale, am Fuß der Dreifaltigkeitssäule, leistete, ging das letzte und zugleich bedeutendste der Rituale unter freiem Himmel in Szene, denn in ihm fand der magyarische Nationalismus einen höchsten Ausdruck. Der König im Krönungsmantel, auf dem Haupt die Krone mit dem berühmten schrägstehenden Kreuz (eine Beschädigung, die nach der Überlieferung von einem Schwerthieb in einer Schlacht unbekannten Datums herrührt), bestieg nun ein edles Rassepferd mit Zaumzeug und Steigbügeln aus reinem Gold. Gefolgt von den Großen des Königreiches, alle in »Diszmagyar«, der traditionellen Magnatengala, ritt er langsam zum »Szent György tér«, dem St.-Georgs-Platz vor der Burg, wo aus der Erde der dreiundsechzig Komitate der Krönungshügel aufgeschüttet war. Nun hatte er die keineswegs leichte Aufgabe, allein im Galopp auf die Plattform der flachen Pyramide zu reiten, um die symbolischen Schwertstreiche nach Norden, Süden, Osten und Westen zu führen. Damit bekräftigte er das Gelöbnis in seinem Krönungseid: »... daß wir die Grenzen Ungarns und der ihm angeschlossenen Länder nicht aufgeben werden, noch irgend etwas, das zu diesen Ländern gehört, unter welchem Titel auch immer. Wir werden ihre Gebiete nicht mindern, sondern so weit als möglich vergrößern.«[*]

Es mag ein überaus prächtiges Schauspiel gewesen sein, doch barg es die Züge eines Dramas, eine latente Tragik in sich. Durch seine Handlungen und seinen Eid hatte sich der neue König von Ungarn der Sache des magyarischen Chauvinismus verschrieben. Was ihm in jenem Moment allerdings mehr Sorge bereitete, war, wieder sicheren Boden zu gewinnen – auf dem Pferd, dessen Zügel er nur in der linken Hand halten konnte, und mit der gewichtigen Krone noch immer auf dem Kopfe, wenn auch, nach manchen Augenzeugenberichten, etwas schief. Der Gedanke, daß sie ihm auf dem Krönungshügel herabfallen könnte, glich einem Alptraum. Zita, die von einem Fenster der Burg aus zusah, muß Stoßgebete

---

[*] Dokumentarfilmaufnahmen der im Freien ablaufenden Phasen der Krönung werden im Österreichischen Filmarchiv aufbewahrt. (Anm. d. Übers.)

geflüstert haben. Neben ihr stand Kronprinz Otto. Mit vier Jahren war er alt genug, um von all diesen Vorgängen fasziniert zu sein (sein Verhalten während der langen Krönungszeremonie trug ihm sogar viel Lob ein), aber zu jung, um die Gefahren für seinen Vater zu erkennen, ob im Sattel oder zu Fuß.

Die junge Adelige, die gehofft hatte, daß sich in Budapest wieder »der Glanz des Hoflebens« entfalten werde, sah am Nachmittag ihre Wünsche erfüllt, wenn auch nur für kurze Zeit. Beim Krönungsbankett in der Königsburg, zu dem die Magnaten, der hohe Klerus und die Spitzen des Parlaments geladen waren, wurden nicht weniger als neunzehn Gänge serviert. Doch zur großen Enttäuschung der Budapester Gesellschaft war dies die einzige Festivität. Karl und Zita vertraten die Ansicht, daß es völlig unziemlich wäre, mitten im Krieg die Feierlichkeiten auszudehnen, und das Königspaar kehrte noch am selben Abend nach Wien zurück. Die Budapester freilich tanzten die ganz Nacht ohne sie. Darin zeigte sich, auf knappste Formel gebracht, der Kontrast zwischen dem eben gekrönten Herrscher und seinen ungarischen Untertanen. Was diese feierten, war die neuerliche Bestätigung ihrer Eigenstaatlichkeit, und diese demonstrative Geste galt Wien, das immer eher als Rivale denn als Schwesterstadt in der Doppelmonarchie betrachtet wurde. Die neue Königin dachte aber vor allem an eine Wiederbestätigung ganz anderer Art, daß nämlich vor dem Altar in Budapest die Schlüsselsätze des Wiener Thronbesteigungsmanifestes aus dem November bekräftigt worden waren. Später sagte sie darüber:

> »Was Kaiser Karl am meisten an der ganzen Zeremonie beeindruckte, war die bewegende liturgische Seite. Besonders die Eide, die der König vor seiner Salbung am Altar schwor: Gerechtigkeit für alle zu üben und den Frieden zu erhalten. Diese heiligen Verpflichtungen, eingegangen in der Kathedrale, entsprachen auch genau dem Programm, das er vom Thron her durchführen wollte. Wir beide empfanden dies so stark, daß zwischen uns kaum Worte notwendig waren.«[7]

Nach der Krönung war es an der Zeit, einen politischen Kurs für das Reich in seiner Gesamtheit festzulegen. Karl hatte in Wien bereits ein neues Kabinett gebildet, aber in den meisten Fällen offenbarte seine Wahl nur, wie wenige wirkliche Talente dem jungen Herrscher zur Verfügung standen. Als Chef der Kabinettskanzlei hatte er Arthur Graf Polzer-Hoditz eingesetzt, einen hochverdienten Beamten, der schon bei der Erziehung des erzherzoglichen Knaben mitgewirkt und während dessen Jugend als Mentor fungiert hatte. Diese, wie all die anderen wichtigen Ernennungen, die im Einvernehmen mit der Kaiserin beschlossen worden waren, erwies sich als ein fragwürdiger Segen. Polzer-Hoditz war der Dynastie im allgemeinen und seinem jungen Herrn im besonderen geradezu fanatisch ergeben. Er teilte die inneren Vorbehalte Karls gegenüber Ungarn und bestärkte ihn sogar darin, auch machte er sich den größten Wunsch Karls zu eigen, endlich Frieden zu schließen. Doch da ihm jegliche ministerielle Erfahrung fehlte, blieb er im Denken und im Wesen eben ein Beamter, dessen politischer Gesichtskreis niemals weit über seinen Schreibtisch hinausreichte. Er war kein Kopf, der sich als Berater des Herrschers auch zum großen Staatsmann entwickelt hätte. Doch gerade einen solchen brauchte der neue Kaiser am allerdringendsten, denn die Ziele, die er sich gemeinsam mit seiner Gattin steckte, waren so persönlich und von so tiefer Überzeugung getragen, daß der Hof unweigerlich zu einem Impulszentrum neben der konstitutionellen Regierung wurde.

An deren Spitze stand, nachdem Karls ursprünglicher Kandidat ausgefallen war, Heinrich Graf Clam-Martinitz, ein böhmischer Adeliger mit liberalen Intentionen, aber geringen Fähigkeiten für die ungemein heikle Aufgabe, die Politik eines Reiches, das elf Völker umfaßte, zu betreiben, wie seine kurze Amtszeit zeigte. Die wichtigste Entscheidung bei der Bildung des neuen Kabinetts jedoch war die Ernennung eines anderen böhmischen Aristokraten, des Grafen Ottokar Czernin, zum Minister des Äußern. Ihm fehlte keineswegs der Sinn für die Probleme der Monarchie, aber er war überzeugt, daß er mit allem und jedem selbst fertig werden könne, wenn nötig auch mit dem Herrscher selbst. Dieser ungewöhnliche Mann sollte in Karls und Zitas Leben schließlich eine solch wichtige, geradezu dämonische Rolle spielen, daß er genauere Betrachtung verdient.

Ottokar Graf Czernin von und zu Chudenitz, wie sein voller

Name lautet, kam aus dem rein böhmischen Adel, wohl zu unterscheiden von vielen österreichischen Aristokraten, die in Böhmen ansässig waren. Einer seiner Vorfahren scheint in den Annalen schon im Jahr 1200 als Oberstkämmerer des Königs Przemysl Ottokar auf, also noch bevor die Habsburger in Mitteleuropa markant in Erscheinung traten. Aus diesem Bewußtsein des historischen Vorrangs mag sich manches von der fast unglaublichen Arroganz erklären, die Graf Ottokar siebenhundert Jahre später der Dynastie gegenüber in ihrer tragischen letzten Phase an den Tag legen sollte. Von Haus aus nicht besonders vermögend, machte er materiell sein Glück, als er 1897 Prinzessin Marie Klothilde Kinsky heiratete, die überdies eine Schönheit war. Nun blieb nur, eine Tätigkeit zu finden, die zu jemandem von so alter Abkunft und so großem Reichtum paßte; Czernin entschied sich für den Diplomatischen Dienst der Monarchie. Zunächst war dieses Interesse allerdings einseitig, aus dem einfachen Grund, weil er sich weigerte, die Aufnahmeprüfungen abzulegen. Die Angelegenheit wurde auf anekdotenreife Weise von seinem Schwiegervater geregelt. Fürst Kinsky hatte seinem Sohn die Aufnahme aufgrund seines Status gesichert; nun ging er zum damaligen Minister des Äußern, Graf Goluchowski, schlug kräftig auf den Tisch und verlangte, daß mit solcher Protektionswirtschaft aufgehört werden sollte. »Den einen nimmt man – und den anderen nimmt man nicht?«[8] Verblüfft wich Goluchowski vor dieser kühnen Logik zurück – eine Warnung an die Minister aller Staaten, keine Präzedenzfälle zu schaffen!

Der junge Czernin dankte dem Dienst, in den er so mühelos eingetreten war, mit einer sagenhaften Gleichgültigkeit. Den ihm zugedachten ersten Posten, als Konzeptaspirant an der Botschaft in Paris, lehnte er ab und schied statt dessen aus. Im nächsten Jahr, 1898, bewarb er sich wieder um die Aufnahme und fungierte achtzehn Monate lang als Attaché in Paris; danach ließ er sich auf unbegrenzte Zeit beurlauben, ohne Bezüge, auf die es ihm nicht ankam. 1902 diente er wieder sechs Monate und trat dann erneut einen unbefristeten Urlaub an, diesmal, um in die Politik zu gehen, und zwar als Abgeordneter des Böhmischen Landtags. Die Unberechenbarkeit, die er als Novize der Diplomatie so deutlich gezeigt hatte, ließ von dem künftigen Minister nichts Gutes erwarten.

Was Karl im Jahr 1916 für Czernin einnahm, war der politische Ruf, den sich der »böhmische Graf« vor dem Krieg erworben hatte. Im Prager Landtag hatte er als Exponent des Deutschtums gegolten, was in jenem Rahmen das Eintreten für das Gesamtstaatliche gegen die stetig steigende Woge des Nationalitätenhaders bedeutete. Trotz seines urböhmischen Stammbaumes beherrschte Czernin die tschechische Sprache nur mangelhaft. Noch mehr glänzte er in Wien als eine der Schlüsselfiguren in Franz Ferdinands Kreis der »Belvedere-Patrioten«. Auf Vorschlag des Thronfolgers war er 1912 zum Mitglied des Herrenhauses auf Lebenszeit ernannt worden. Der alte Kaiser hatte seine Zustimmung mit der sonderbaren Bemerkung erteilt: »Aha, das ist ja der, der nach meinem Tode Minister des Äußern werden soll.«

Als Günstling und persönlicher Freund Franz Ferdinands – die beiden gingen oft im Konopischter Revier des Thronfolgers, unweit vom Czerninschen Besitz Winař, auf die Jagd – war der Graf, wie vorauszusehen, fest entschlossen, Ungarn an die Kandare zu nehmen. In seiner Antrittsrede im Herrenhaus attackierte er sogleich die Budapester Regierung wegen ihres Bestrebens, für die aus »Transleithanien« ergänzten Regimenter Ungarisch als Kommandosprache einzuführen. Der verderbenbringende nationalistische Zwist müsse, so betonte er, von der Armee ferngehalten werden, in der er, wie jeder sogenannte »Großösterreicher« die einzige festigende Klammer für das gelockerte Gefüge des Reiches sah. »Wir wollen eine schwarz-gelbe Armee mit einheitlich deutscher Kommandosprache!« Aber wie so viele Großösterreicher hatte auch er sich halb und halb mit der Aussicht abgefunden, daß eines Tages das ganze habsburgische Gebäude über seinem Kopf zusammenbrechen könnte. Ein Brief, den er am 20. November 1913 an einen Freund schrieb, offenbart den düsteren Pessimismus, der seinen brillanten rhetorischen Ausfällen zugrunde lag:

»So wie Du und ich denken in der Monarchie einige paar hunderttausend Menschen, aber die Millionen denken nicht so, denen ist Österreich längst wurscht und der ganze Parlamentarismus ist für sie eine ›Aktiengesellschaft für Raub und Diebstahl‹ ... Nein, lieber Freund, eine so korrupte, degenerierte, verluderte Bagage kann sich selbst nicht retten ... Es ist schon alles zerfahren und verfault in unserem Staate. Und vielleicht bleibt überhaupt nichts anderes übrig, als mit einem gewissen Anstand zu krepieren. Kommt kein äußerer Grund hinzu, dann kann es noch Jahrzehnte dauern, trifft er ein, so geht es vielleicht schneller zu Ende als man denkt.«[9]

Was Czernin als »äußeren Grund« fürchtete, war in erster Linie ein Krieg. Als dieser Krieg nach der Ermordung seines Freundes und Förderers schließlich ausbrach, war er österreichisch-ungarischer Gesandter in Bukarest. Dort gelang es ihm vorerst unter erheblichen Schwierigkeiten, König Carol I., den gebürtigen Hohenzollern aus der süddeutschen Linie (der wenige Monate später starb) davon abzuhalten, sich dem russischen Druck zu beugen und in den bewaffneten Konflikt gegen die Mittelmächte einzutreten. Als diese Bemühungen dann scheiterten und Rumänien unter seinem neuen König Ferdinand am 26. August 1916 Österreich-Ungarn, dem Deutschen Reich und der Türkei den Krieg erklärte, arbeitete Czernin bereits aus eigenem an einem Vier-Punkte-Friedensplan. Es war sowohl sein Pessimismus wie auch sein Patriotismus, der ihn in diese Richtung getrieben hatte. Dorthin, wo schon Karl stand, der im Spätherbst Kaiser wurde. So war die Begegnung der beiden Männer vorherbestimmt und zeitigte zunächst positive Resultate.

Mit Czernins Ernennung erfolgte auf diplomatischem Gebiet eine Ablösung der alten »Kriegspartei« von 1914. Graf Berchtold, der als Minister des Äußern das bewußte scharfe Ultimatum an Serbien unterzeichnet hatte, wurde von Karl in die nunmehr ziemlich bedeutungslose Position des Oberstkämmerers abgeschoben. Noch energischer ging der neue Herrscher auf militärischem Sektor vor, wo er sich, aus naheliegenden Gründen, sicherer fühlte. Diesen Kurs hatte er schon als Thronfolger ins Auge gefaßt und mit seiner Gattin besprochen, denn er bildete einen Teil ihrer gemeinsamen politischen Zielsetzung: die Trennung der Monarchie vom dominierenden deutschen Verbündeten – so weit dies bei einer Waffenbrüderschaft in Kriegszeiten möglich war.

Der erste Schritt dazu war die Übernahme des Oberbefehls über die Streitkräfte der Monarchie durch den Kaiser persönlich, ausgesprochen in einem Tagesbefehl vom 2. Dezember 1916. Darauf folgte die Verlegung des österreichisch-ungarischen Armeeoberkommandos (AOK) aus Teschen (wo der Deutsche Kaiser und besonders seine Generale den Ton angegeben hatten) nach Baden, die freundliche, noch recht biedermeierliche Kurstadt südlich von Wien. Man könnte sich keinen größeren Kontrast vorstellen, und eben dies war beabsichtigt. Der dritte Schritt, und der einzige, der bis nach Neujahr 1917 verschoben wurde, war die Ablösung des Generalstabschefs Conrad von Hötzendorf, eines der »Falken« des Sommers 1914, durch den weniger aggressiven, allerdings auch als Persönlichkeit weniger bedeutenden General (später Generaloberst) Arthur Arz von Straußenburg.

Das zweistöckige »Kaiserhaus« auf dem Hauptplatz von Baden, in dem Karl nun Wohnung nahm, war seinem Milieu nach denkbar weit von einem weltgeschichtlichen Waffengang und der Aura einer kaiserlichen Hofhaltung entfernt. Wie die von dort rasch und leicht erreichbare geliebte Villa Wartholz wurde es für das junge Paar zu einem wirklichen Heim und einem Symbol des neuen Stils.* Mit Karls Thronbesteigung trat eine Lockerung der Formen ein, die die Strenge, ja Starrheit der Regeln ersetzte und wo strikt Distanz gewahrt worden war, herrschte nun Zugänglichkeit. Von Franz Joseph sagte man stets, daß jeder, der auch nur zwei Minuten in seiner Anwesenheit verbrachte, genau wußte, daß er vor *dem* Kaiser stand – meist auch im buchstäblichen Sinn, denn nur die würdigsten und ältesten seiner Besucher wurden gebeten, Platz zu nehmen. Ähnliche unumstößliche Bestimmungen gab es für den Handschlag des alten Kaisers. Derlei wurde nun außer Kraft gesetzt, soweit dies mit dem Ansehen und der Würde eines Herrschers vereinbar war. Die Wendung »Allerhöchst« erhielt sich in all den Dokumenten und offiziellen Ansprachen. Doch Zita machte es

---

* Der heute noch existierende, völlig bürgerlich wirkende Bau aus dem Jahr 1792 war 1813–1834 ein Sommersitz Kaiser Franz I. Allerdings erwies er sich nun, 1916/17, als zu klein für einen dauernden Aufenthalt mit den Kindern, inzwischen vier an der Zahl, deshalb wurde das etwas weiter nordöstlich gelegene Schloß Laxenburg entsprechend eingerichtet, so daß die Familie zwischen diesen beiden Residenzen wechseln konnte.

glücklich, die Gattin jenes Mannes zu sein, den man bald den »Friedenskaiser« nannte.

Solcher Wandel hatte freilich seine Nachteile, denn mit den strikten Formen geriet auch die Pünktlichkeit ins Abseits. Aus jenen exakten Terminplänen, die den Tageslauf des alten Kaisers mit der Präzision eines Metronoms geregelt hatten, wurde nun eine oft sprunghafte, nicht voraussagbare Abfolge der Erledigungen. Minister oder hohe Beamte, die zu einem bestimmten Zeitpunkt beschieden waren, mußten häufig eine Stunde oder länger warten, weil jemand bei Karl zu Audienz war, den er spontan befohlen hatte oder der ihn als Gesprächspartner interessierte. Doch sie mußten zumindest nicht im Frack im Vorraum sitzen, jener Kleidung, die unter Franz Joseph für zivile Besucher vorgeschrieben war. Sein Nachfolger ging auch von dieser Regel ab.

Während der ersten Phase verbrachte Zita wahrscheinlich mehr Zeit in den angestammten Wiener Residenzen als Karl, aber er richtete es von Anfang an so ein, daß sie stets in Verbindung blieben. Das Telefon, das Franz Joseph als neumodisches, unpersönliches Utensil verabscheut hatte, wurde nunmehr sehr wichtig. Karl ließ eine direkte Leitung vom Badener »Kaiserhaus« zur Hofburg herstellen und rief drei- oder viermal am Tag an, wenn die beiden getrennt waren.

Ebenso bemerkenswert wie das neue bescheidene Domizil des Oberbefehlshabers der Monarchie waren manche der Themen, die dort besprochen wurden. Josef Baernreither, Minister ohne Portefeuille im kurz vorher gebildeten Kabinett, wußte, daß eine seiner Hauptaufgaben darin bestehen würde, die sozialen Einrichtungen des Reiches zu reformieren. Was er nicht voraussehen konnte war, wieviel Zeit und Energie das Kaiserpaar gerade diesem Gebiet widmen würde. Während der ersten zwei Wochen seiner Amtszeit hatte Baernreither zwei lange Audienzen bei Zita, um nicht nur über die von ihr entrierte Wohlfahrtsaktion »Spende für das Kind« zu referieren, sondern auch ein neues System der Jugendfürsorge zu erörtern, das in der gesamten Monarchie eingeführt werden sollte. Einige Tage später, Anfang Februar 1917, verbrachte er eine Stunde beim Monarchen in Baden. In sein Tagebuch notierte der Minister: »Der Kaiser hat Anregungen von Professor Tandler empfangen ... Die Männer im Schützengraben seien im Krieg gereift – ein Bursche von zwanzig Jahren kommt als Mann zurück – aber seine Arbeitskraft fürs Leben sei vielleicht doch geschwächt. Tandler hat diese Einbuße auf ein Viertel der Arbeitskraft veranschlagt. Daraus folgerte der Kaiser, daß wenn die Arbeitskraft für 45 Jahre ausgereicht hätte ohne Krieg, sie jetzt nur noch für 35 Jahre reichen werde. Damit müsse man rechnen.«[10] Sollte nicht ein neues Ministerium geschaffen werden, um sich mit Gesundheits- und Wohnungsfragen, der Invalidenversorgung und all den Problemen zu befassen, die im Gefolge eines Krieges auftraten? (Es wurde sechs Monate später eingerichtet.) Dies waren aufschlußreiche Äußerungen eines Oberbefehlshabers, der für zwei Fronten zu denken hatte, ganz abgesehen von den unzähligen politischen Problemen seines Reiches.

Viele der sozialen Belange waren natürlich Sache einer Frau, und Zita konnte ihnen mehr Zeit widmen als ihr überbürdeter Gatte. Im schlimmen Kriegswinter 1916/17 griff sie überall ein, versuchte die Härten zu mildern, besonders für die Bewohner der Hauptstadt. Sie entsetzte die Konservativen bei Hof (und auf ihren Landschlössern) durch die Weisung, alle Zugpferde des kaiserlichen Marstalls vor die Kohlenwagen zu spannen, um bei den Brennstofflieferungen für die Wiener mitzuhelfen. Am Hof selbst waren die Zeiten der glanzvollen Bälle und großen Empfänge vorbei, und die Kaiserin sorgte dafür, daß das Leben in der Hofburg oder in Schönbrunn in punkto Einschränkungen den Verhältnissen entsprach, die die Menschen draußen auf sich nehmen mußten. Weißbrot und Schokolade wurden sofort als Luxusgüter gestrichen, und sofern nicht hochrangige Gäste aus dem Ausland geladen waren, gab es fast spartanisch einfache Menüs.

Die bereits erwähnte Anspruchslosigkeit, die beiden gemeinsam war, machte jedes Opfer leicht. Wie schon vor dem Krieg beklagte sich die böhmische Hofköchin, Frau Tomsa, bei ihrer Herrin, daß sie für Seine Majestät nie ein Lieblingsgericht zubereiten könne, weil er ja gar keines hatte! Die Kaiserin erinnerte sich, daß Karl an einem normalen Arbeitstag außer einem »Gabelfrühstück«, bestehend aus einer Fleischspeise mit Gemüse, und einem leichten Abendessen überhaupt nichts zu sich nahm. Als Getränk zog er ein

Glas seines »Patent-Schilcher« allen Kreszenzen aus der Hofkelle-rei vor.* Bei ihren regelmäßigen Besuchen in den Lazaretten konnte Zita die Küchen mit reinem Gewissen besichtigen.

So wehte überall ein frischerer und dennoch milderer Wind vom Kaiserhof, als das Neujahr 1917 heraufdämmerte. Doch schon in den Januartagen traf Wien eine scharfe Sturmbö aus Berlin. Und sie bewirkte nicht bloß eine Erschütterung des österreichisch-deut-schen Bündnisses. Wie außer Karl und Zita zunächst nur wenige voraussahen, vollzog sich dadurch eine Wende im weiteren Verlauf des Krieges.

---

* Der Schilcher ist ein hell- bis »zwiebelroter« hochwertiger Wein aus steirischen Anbaugebieten. Die Sorte, die der Kaiser zu trinken pflegte, hatte, nach Angaben zeitgenössischer Weinkenner, zwar die gleiche Farbe, war aber ohne Qualität, daher die ironisch gemeinte Bezeichnung »Patent-Schilcher«. (Anm. d. Übers.)

5

Schicksalsstunden in Laxenburg

Für einen Soldaten wie Karl, der nie an Bord eines Kriegsschiffes eine Feindfahrt miterlebt hatte, war es eine Fügung von bitterer Ironie, daß die Krise nicht an einer der Fronten entstand, sondern aus den Tiefen des Atlantik, in Gewässern weit außerhalb des Aktionsradius der k. u. k. Kriegsmarine. Um die Jahreswende beschloß der deutsche Große Generalstab angesichts des stagnierenden, verlustreichen Stellungskrieges an der Westfront, mit U-Booten (damals auch häufig »Tauchboote« genannt) das Heil und den Sieg auf dem Meer zu suchen. Die forciert ausgebaute U-Boot-Flotte war einsatzbereit – 120 moderne Einheiten statt der 19 alten, die 1914 zur Verfügung gestanden hatten. Alles, was sie zur maximalen Anwendung ihrer Schlagkraft brauchte, war der Befehl für den uneingeschränkten U-Boot-Krieg, um in den Sicherheitszonen vor den westeuropäischen Küsten feindliche, aber auch neutrale Frachter zu versenken und so den Nachschub an Nahrungsmitteln, Treibstoff und militärischen Versorgungsgütern für England, den Hauptfeind, zu unterbinden. Die Deutschen waren im Begriff, diesen Befehl zu erteilen, wie Czernin während seines ersten offiziellen Besuchs in Deutschland vom 5. bis 7. Januar 1917 ermittelt hatte.

Karl und Zita waren über solche Aussichten entsetzt. Zunächst wegen des humanitären Aspekts: Tausende Opfer aus Ländern, die nicht einmal an dem Kampf beteiligt waren. Noch schlimmer war die Befürchtung, daß die deutschen Torpedos einige dieser Staaten in den Krieg treiben würden, in die Phalanx gegen die Mittelmächte. Die größte Gefahr drohte von den USA, denn ihre Schiffe bildeten die bei weitem wichtigste neutrale Handelsflotte, die den

Atlantik befuhr. So lange der wachsende politische Einfluß und das enorme Wirtschaftspotential Amerikas nicht ins Spiel kamen, war noch immer zu hoffen, daß die militärische Stockung schließlich zu einem Waffenstillstand und einem akzeptablen Friedensvertrag zwischen den Gegnern führen werde. Mit dieser Erwägung hatten sich Karl und Zita immer bemüht, die guten Beziehungen zu Charles Penfield, dem amerikanischen Botschafter in Wien, und seiner Frau zu vertiefen. Schon die bloße Anwesenheit des Repräsentanten der einzigen noch nicht am Krieg beteiligten Weltmacht in der Hauptstadt der Monarchie bot einen Hoffnungsschimmer in all der Düsternis. Nun war dieses Leuchtfeuer plötzlich bedroht, denn sogar die deutschen Proponenten der neuen Strategie rechneten damit, daß ein Kriegseintritt der USA die Folge sein würde.

Das Argument der höchsten Ränge in der deutschen Marine – Großadmiral Alfred von Tirpitz, der diese Flotte geschaffen hatte, und Großadmiral Henning Holtzendorff, Chef des Admiralstabs – war zwar anzuzweifeln, aber unmöglich zu widerlegen, bevor die Probe aufs Exempel gemacht war: Die neue U-Boot-Waffe, die gegen alle in die Sperrgebiete einlaufenden Ziele eingesetzt werden konnte, würde – so lautete das Argument – England binnen dreier Monate aushungern und zur Aufgabe zwingen. Holtzendorff übernahm die Garantie für dieses Resultat, das jede amerikanische Reaktion bedeutungslos machen werde, denn im Frühjahr 1917 werde der Krieg in Europa beendet sein. Von bestürzender Kurzsichtigkeit und Leichtfertigkeit zeugt ein zweites Argument: überdies seien die USA wahrscheinlich gar nicht in der Lage, Operationen größeren Ausmaßes durchzuführen, wenn man aus ihren militärischen Rückschlägen in Mexiko Schlüsse ziehen könne.* Im Berliner Auswärtigen Amt und in der noch immer vom indiskutablen Bethmann Hollweg geleiteten Reichskanzlei war man skeptisch und beunruhigt; aber sobald es den Admiralen gelungen war, Ludendorff und Hindenburg zu überzeugen, hatten die Politiker ihr Recht verloren.

---

* Gemeint ist der kurze Feldzug im Jahr 1916 gegen den mexikanischen Rebellengeneral Pancho Villa, der auf Territorium der USA vorgestoßen war, aber von den Amerikanern nicht gefaßt werden konnte. (Anm. d. Übers.)

Nun mußte der wichtigste militärische Verbündete, Österreich-Ungarn, für den Plan gewonnen werden, und in dieser Mission kam Unterstaatssekretär Zimmermann mit Holtzendorff, als Sprecher der Marine, am 20. Januar nach Wien. Zwei Konferenzen fanden statt; eine davon war ein erweiterter Kronrat unter dem Vorsitz Kaiser Karls, anwesend waren außer dem österreichischen und dem ungarischen Ministerpräsidenten auch der Generalstabschef Conrad von Hötzendorf und der k. u. k. Marinekommandant Großadmiral Haus. Dem zweiten Gespräch, im k. u. k. Ministerium des Äußern, präsidierte Czernin. Bei beiden Treffen redeten Furchtsame auf Gehörlose ein.

Laut Sitzungsprotokoll war Czernin so hellsichtig wie sein Kaiser. Er hob nicht nur die katastrophalen Folgen hervor, die von Amerikas Kriegseintritt an der Seite der Entente zu gewärtigen wären, sondern äußerte auch unverhohlen seine Skepsis gegenüber der Logik, auf der die Deutschen ihre neue Strategie aufbauten. Und falls sich diese Strategie als verfehlt erweisen sollte (wenn etwa die Briten ihren Verbrauch an Nahrungsmitteln auf die Hälfte senkten, wie es die Deutschen bereits getan hatten), dann stünden die Mittelmächte nach diesem ganzen Abenteuer schlechter da als zuvor. Er und Karl waren damals noch eines Sinnes. Später schrieb er darüber:

»Ich fand beim Kaiser die gleiche Abneigung gegen dieses neue Kampfmittel und die gleiche Besorgnis wegen seines Endeffektes. Wir wußten jedoch, daß Deutschland bereits definitiv entschlossen wäre, unter allen Umständen mit dem verschärften U-Boot-Krieg einzusetzen, daß daher alle unsere Argumente keinen praktischen Wert mehr haben könnten. Es blieb daher zu überlegen, ob wir uns anschließen sollten oder nicht.«[1]

Eine Woche später, am 26. Januar, reiste Czernin mit seinem Monarchen ins deutsche Hauptquartier im Pless, um den Verbündeten mitzuteilen, Österreich-Ungarn sei bereit, den U-Boot-Plan zu akzeptieren. Ein Geschenk zur rechten Zeit: der 27. Januar 1917 war der achtundfünfzigste Geburtstag Wilhelms II.

Allerdings wurden weder der Deutsche Kaiser noch seine Umgebung im Zweifel darüber gelassen, daß die Donaumonarchie dem neuen Kurs nicht mit voller Kraft voraus folge, sondern eher im Kielwasser mitschwimme, und zwar widerstrebend. Die Kaiserin hatte dieser Haltung mit aller Deutlichkeit Ausdruck verliehen, wenn auch, laut der Lesart des Wiener Hofes, durch einige sehr unpassende Bemerkungen Holtzendorffs dazu provoziert. Beim offiziellen Mittagessen für die österreichischen Gäste hatte der Admiral Kaiserin Zita frontal angegriffen:

> »Ich weiß schon, Sie sind Gegnerin des Unterseebootkrieges; Sie sind überhaupt gegen den Krieg«, rief er ihr herausfordernd über die Tafel zu.
>
> »Ich bin gegen den Krieg, so wie jede andere Frau, die Menschen lieber glücklich als in so einem Unglück sieht, wie der Krieg eines ist, der Krieg, in dem so viele leiden«, erwiderte sie ruhig. Diese Antwort brachte den Seemann in Rage.
>
> »Was leiden? Ich für meine Person arbeite am leichtesten, wenn ich einen leeren Magen habe. Und wenn ich größere Entschlüsse zu fassen habe, ist es für mich am besten, wenn ich zuvor nichts esse und den Gürtel ein wenig enger schnalle.«
>
> Es muß der Kaiserin schwergefallen sein, sich zu beherrschen. Sie brach das Gespräch ab, mit der eisigen Entgegnung: »Ich habe es nicht gern, wenn jemand an einer gedeckten Tafel von Hunger und enger geschnalltem Gürtel spricht.«[2]

Man könnt sich wohl kaum einen verbalen Schlagabtausch denken, dessen Ton den Unterschied zwischen der Habsburgermonarchie und dem Reich der Hohenzollern im allgemeinen und zwischen den jungen Regenten in Wien und dem deutschen Generalstab besser zusammenfaßt. Es lag nicht bloß daran, daß das blinde Vorpreschen der Deutschen zu einem Sieg um jeden Preis sich als Fehler herausstellen sollte. Der uneingeschränkte oder »verschärfte« U-Boot-Krieg, der offiziell in der darauffolgenden Woche begann, zwang England, trotz einer horrenden Rate versenkter Schiffe, nicht in die Knie. Dafür erklärten die USA am 6. April 1917 dem Deutschen Reich den Krieg – schon bevor die dreimonatige Frist bis zu dem von Holtzendorff verheißenen Sieg ablief. Noch aufreizender als die Fehlentscheidung selbst war das Verhalten, das dazu geführt hatte. Deutschland behandelte seinen österreichischen Verbündeten nun mit der gleichen kaum verhohlenen Geringschätzung, wie sie der Admiral der Kaiserin gegenüber gezeigt hatte. Karl erkannte, daß mehr geboten war, als bloß sein Armeeoberkommando aus der deutschen Einflußsphäre zu lösen. Er würde sich auch für seine Außenpolitik einen Freiraum schaffen müssen.

Das war das historische Umfeld, auf dem Zita und Karl in die sogenannte »Sixtus-Affäre« verwickelt wurden, das gewiß bestgemeinte Unterfangen der dynastischen Diplomatie dieses Jahrhunderts. Aber auch das ungeschickteste und letztlich für seine kaiserlichen Initiatoren das katastrophalste. Zum Zeitpunkt des ersten Schrittes freilich erschien es als die nächstliegende und aussichtsreichste geheime Fühlungnahme mit dem feindlichen Lager, denn alle offenen Friedensbemühungen waren gründlich fehlgeschlagen. Nach wochenlangen Erörterungen zwischen Berlin und Wien, die noch während der Ära Kaiser Franz Josephs begonnen hatten, richteten die Mittelmächte am 12. Dezember 1916 ein Friedensangebot an die westlichen Demokratien. Eine Woche früher waren deutsche und österreichische Truppen unter dem Befehl des Generalfeldmarschalls von Mackensen in Bukarest eingezogen, was bedeutete, daß diese Demarche nicht als ein Akt der Verzweiflung interpretiert werden konnte. »Von dem Wunsche beseelt, weiteres Blutvergießen zu verhüten und den Greueln des Krieges ein Ende zu machen, schlagen die vier verbündeten Mächte* vor, alsbald in Friedensverhandlungen einzutreten. Die Vorschläge, die sie mitbringen werden, bilden nach ihrer Überzeugung eine geeignete Grundlage zur Herstellung eines dauerhaften Friedens.« So lauteten die Schlüsselsätze der kurz gehaltenen Note. Ohne Zusammenhang damit erließ Präsident Wilson vom Weißen Haus aus eine Woche später einen allgemeinen Friedensaufruf, der erste Schritt einer amerikanischen Beteiligung, die sich zu einer fast totalen Vormachtstellung im Bereich europäischer Angelegenheiten entwickeln sollte.

Weder Karl noch sein neuer Minister des Äußern setzten große Hoffnungen in eine so direkte und dabei vage Friedensinitiative.

---

* Bulgarien und die Türkei waren die beiden anderen Mitglieder der sogenannten Quadrupelallianz.

Ihr Pessimismus erwies sich als gerechtfertigt. Prompt erteilten die Ententemächte der Note eine Absage, mit der Begründung, »ein Vorschlag ohne Bedingungen ist kein Friedensangebot, sondern ein Kriegsmanöver«. Und Präsident Wilsons Appell, der in Wien prompt Interesse geweckt hatte, erfuhr am 11. Januar 1917 eine glatte Ablehnung aus Paris, ausgesprochen durch Premierminister Aristide Briand im Namen Frankreichs und seiner Alliierten. Dies war eine Vorstufe zu jener Politik der »bedingungslosen Kapitulation«, von der die Welt fast dreißig Jahre später in einem anderen, größeren Krieg noch oft hören sollte. In Briands Antwort steht: »Die einzige Grundlage für einen künftigen Frieden ist die Kapitulation der Mittelmächte.«

Diese Ablehnung war nicht der unmittelbare Grund für die Erklärung des uneingeschränkten U-Boot-Krieges, denn damals hatten sich die Deutschen bereits zu der neuen Strategie entschlossen. Aber er trug sicherlich dazu bei, dem deutschen Volk noch viel deutlicher bewußt zu machen, was in diesem Krieg auf dem Spiel stand, und die letzten, schwachen Widerstände der Berliner Politiker zu beseitigen. Nicht zum erstenmal hatte die Eigendynamik des Krieges das feine Gespinst der Friedensstifter durchkreuzt und verworren.

Was war zu tun? Wo Regierungen in aller Öffentlichkeit versagten, vermochte ein Monarch vielleicht privat Erfolge zu erzielen. Im Fall Karls und Zitas konnte dies nur eine Kontaktnahme mit den Brüdern der Kaiserin bedeuten, die nun als Offiziere in der belgischen Armee dienten. Dem militärischen Rang nach waren sie zwar bloß Leutnants, aber der Name Bourbon und die Verbindung zum kaiserlichen Wien hatten in Paris sehr viel Gewicht.* Dort war Prinz Sixtus bereits in Erscheinung getreten, lange bevor das diplomatische Abenteuer begann, das künftig seinen Namen tragen

---

* Sixtus und Xavier hatten in die französische Armee eintreten wollen, doch dies war ihnen durch ein Gesetz aus dem Jahre 1889 verwehrt, das alle Mitglieder der ehemaligen Königsfamilie vom Militärdienst ausschloß. Sie meldeten sich darauf zum freiwilligen Einsatz als Dolmetscher im Rahmen der britischen Armee, aber das Kriegsministerium in London lehnte diese Bewerbung ab. Schließlich nahm sie ihr angeheirateter Verwandter, Albert König der Belgier, im August 1915 in sein Heer auf, zunächst als Hilfssanitäter, später wurden sie Subalternoffiziere der Artillerie.

sollte. Fast schon von den ersten Kriegstagen an hatte er jene Anschauungen propagiert, die vor dem Krieg in Schwarzau so oft eines der ernsten Themen der Tischgespräche waren: daß auf längere Sicht im Interesse der europäischen Stabilität die Umklammerung Österreichs durch die Deutschen gelockert und statt dessen eine festere Verbindung zwischen Wien und Paris geschaffen werden sollte. Schon im Januar 1915 hatte Sixtus diese Frage an Papst Benedikt XV. herangetragen und später seine Thesen in der französischen Zeitschrift »Le Correspondant« ausführlich dargelegt.

Im Sommer 1916 fand diese ungewöhnliche, im Alleingang betriebene Kampagne für eine »Umkehrung der Bündnisse« bereits die Aufmerksamkeit offizieller Kreise in Frankreich. Monsieur de Freycinet, ehemaliger Kriegs-, Außen- und Premierminister, bat den Prinzen, ihn während seines nächsten Urlaubs in Paris zu besuchen, und im Herbst konnte Sixtus sogar dem damaligen Regierungschef Aristide Briand eine Höflichkeitsvisite abstatten, als vorläufigen Höhepunkt solcher Kontakte. Sixtus vertrat immer die Meinung, daß es kaum sinnvoll wäre, in Wien direkt zu sondieren, bevor sein Schwager, der Erzherzog, Kaiser geworden sei. Mit Franz Josephs Tod war jene Zeit gekommen. Die Sixtus-Affäre begann mit zwei spontanen und fast simultanen Impulsen aus Paris und Wien. Jede der beiden Seiten hatte viel zu gewinnen. Sixtus erblickte darin eine Tat für die Bourbonen und für Frankreich, denn wenn das Wagnis gelingen sollte, könnte es den Tag näherbringen, an dem die Bourbonen wieder der Inbegriff Frankreichs sein würden. Für Zita, selbst eine Bourbonin, beschwor der Plan nichts Geringeres herauf als die Hoffnung auf die Rettung der Monarchie durch französische Hilfe.

Es gibt kaum Zweifel, daß Bruder und Schwester während der ersten Phasen die beiden Hauptakteure waren. Karl war es, der am 21. Januar 1917 seinen Militärattaché in Bern, Oberst William von Einem anwies, Möglichkeiten zu erkunden, um über die Schweiz Verbindung mit seinen Schwägern aufzunehmen. »Ich will feststellen, wie es mit der Friedensbereitschaft auf der anderen Seite steht.«[3] Solch ein Befehl konnte nur von ihm stammen. Aber es war Zita, die den Brief schrieb, mit einem Postskriptum Karls, der ihre Brüder einlud, geheim nach Wien zu kommen. Und es war Zitas Mutter, die am 29. Januar nach Neuchâtel in der Schweiz reiste, um das Schreiben persönlich an Sixtus und Xavier zu übergeben.

Maria Antonias Rolle wurde unterschiedlich bewertet. Zita selbst sagte, »sie war nur die Überbringerin. Nachdem sie den Brief ausgehändigt hatte, verschwand sie völlig von der Bildfläche.«[4] Das mag nach Untertreibung klingen, dennoch ist kaum denkbar, wie die gebürtige Portugiesin und Herzogin von Parma irgendwelchen Einfluß auf den Verlauf der Dinge hätte nehmen können. Das »Familientreffen« scheint ursprünglich ihre Idee gewesen zu sein, aber sehr bald zeigte sich, daß Sixtus nicht von seiner Mutter darüber belehrt werden mußte, wie ein bourbonischer Prinz mit solch einem Problem zu verfahren habe, und weder Parma noch Braganza figurierten auch nur am Rande in den Erwägungen. Es konnte keinen Frieden geben, der die Dynastien auf ihre portugiesischen und italienischen Throne zurückgeführt hätte, von denen die Republikaner bzw. das Haus Savoyen sie vertrieben hatten. Und obwohl Zita ihre Mutter laufend über die Fortschritte des Vorhabens informierte, nahm die Herzogin an keiner der Zusammenkünfte teil und war nicht einmal anwesend, als auf österreichischer Seite die folgenschweren Botschaften verfaßt wurden. Aber sie war eine Parma, eine »Landfremde aus Italien«, mit ihren dunklen Glutaugen und ihrer düsteren Erscheinung wirkte sie wie eine ränkevolle Frauengestalt aus einer Verdi-Oper. Den ihr feindlich gesinnten Propagandisten genügte das.

Sixtus, den sein politischer Berater, ein gewisser Charles Salomon, begleitete, war nicht mit leeren Händen gekommen. Er zog aus seiner Tasche ein Schriftstück für den Kaiser, das, wie mit dem Quai d'Orsay in Paris abgesprochen, als grundsätzliche französische Bedingungen für das Gespräch vier Punkte enthielt: erstens die Rückgabe der 1870 von Deutschland annektierten Grenzgebiete Elsaß und Lothringen an Frankreich; zweitens die Wiederherstellung Belgiens und des Belgischen Kongo; drittens Garantien für die Wiederherstellung des Königreiches Serbien, eventuell vergrößert durch Albanien; und schließlich die Übergabe Konstantinopels an Rußland. Eine ansehnliche Wunschliste, und Czernin hatte zu jenem Zeitpunkt keine Ahnung von ihrer Existenz und dem Treffen in Neuchâtel.

Doch nun, da aus der Geheimmappe der Bourbonen ein Dokument zum Vorschein gekommen war, das vielleicht die halboffiziellen französischen Friedenspläne enthielt, mußte der Außenminister der Monarchie eingeschaltet werden, obgleich die nächste Partie noch immer am dynastischen Familientisch gespielt wurde. Die beiden Prinzen wurden gebeten, am 13. Februar wieder in Neuchâtel zu sein, wo ihnen ein Emissär die Antwort auf die Forderungen einhändigen werde. Der ausgewählte Kurier war Thomas Graf Erdödy, ein Ungar ohne politisches Profil, aber dem Kaiser, dessen Spielgefährte er in der Kindheit gewesen war, unbedingt ergeben. In seinen Memoiren sagt er aus, daß ihm Zita die Instruktionen erteilte. Er erhielt einen kleinen Plan der Schweizer Stadt, mit eingezeichneter Route vom Bahnhof zum Treffpunkt, dem Haus rue du Pommier Nr. 7. Dort sollte er den Bourbonenprinzen ein Konvolut von Schriftstücken übergeben und sich sofort wieder entfernen, ohne auch nur eine einzige Frage zu stellen oder sich auf Erörterungen einzulassen. Insbesondere schärfte ihm die Kaiserin ein, kein Wort über die wirtschaftliche oder politische Lage in Wien zu äußern, da dies dem Ansehen der Monarchie schaden könnte. Karl schloß die Anweisungen seiner Gattin mit einem eigenen Kommentar zur Geheimhaltung: außer ihnen dreien und Czernin* wisse niemand von dieser Mission, die der Sache des Friedens dienen solle.

Das wichtigste der Dokumente, die Erdödy pünktlich am 13. Februar zu Mittag in der rue du Pommier übergab, war die erste Stellungnahme des Kaisers zu den von seinem Schwager mitgeteilten vier Bedingungen. Alles sei akzeptabel, ließ er erkennen, bis auf das Projekt, an der Südgrenze seines Reiches ein Großserbien zu schaffen. Dort hatte er andere Pläne: einen neuen südslawischen Staat (unter einem habsburgischen Erzherzog als Herrscher). Dies war noch Karls eigene Antwort, wie ihre fast vermessene Naivität anzeigte. Lothringen hatte sich zwar einst im Besitz des Hauses

---

* Czernins Biograph, Ladislaus Singer, scheint zu irren, wenn er andeutet, daß der Minister schon eine Woche später, am 17. Februar, ins Vertrauen gezogen wurde.

befunden, und er selbst führte nominell noch immer diesen Herzogstitel, aber es war Territorium seines deutschen Verbündeten, das er zu verschenken gedachte. Er wußte, daß sich die Franzosen auf einer Friedenskonferenz nicht mit weniger zufriedengeben würden, dennoch war es, gelinde gesagt, merkwürdig, daß dieses Angebot nicht aus Berlin, sondern aus Wien kam. Unter den übergebenen persönlichen Briefen kam einem Schreiben Zitas besondere Bedeutung zu. Sie bat ihre Brüder, nach Wien zu kommen, und berief sich dabei auf Czernins Ausspruch: »Ein halbstündiges Gespräch ist mehr wert als ein Dutzend Reisen«.[5]

Der Minister des Äußern stürzte sich nun in diese Aufgabe, mit Feuereifer und zugleich Reserve, wie es solch heiklen Umständen und dem widerspruchsvollen Naturell dieses komplizierten Mannes entsprach. Am 17. Februar, nachdem ihn Zita instruiert hatte, schrieb er ihr folgenden Brief:

> »Allergnädigste Herrin! Seine k. u. k. Apostolische Majestät haben befohlen, daß ich Euer Majestät täglich einen Bericht über die äußere Lage vorlegen darf, ein Befehl, dem ich von morgen an nachkommen werde. Bei genauer Überlegung der Argumente Eurer Majestät in meiner heutigen Audienz würde ich den größten Wert darauf legen, wenn der Prinz Sixtus selbst zu Eurer Majestät käme. Wenn Euer Majestät mit ihm sprechen könnten, würde unsere Sache bedeutend weiter kommen.«[6]

Interessant an diesem geradezu rituell devoten Schreiben ist die Tatsache, daß es an Zita gerichtet wurde, da sie und nicht der Kaiser den Außenminister der Monarchie empfangen hatte, um die geheimen Friedensschritte zu erörtern. Es ist durchaus möglich, daß Czernin noch immer im unklaren darüber gelassen wurde, was Sixtus konkret verlangt hatte und was Karl daraufhin anbot. In jener Phase mochte er sogar den Eindruck haben, es handle sich eher um private als um offizielle Korrespondenz und ihr Gegenstand sei ein rein französischer Vorschlag. Es bleibt offen, wie weit er von alledem Kenntnis hatte; der Ton des Memorandums mit Richtlinien für Friedensbemühungen jedenfalls, das er zwei Tage später verfaßte, schien auf eine gänzlich andere Einstellung und eine andere Verfahrensweise hinzudeuten.

Von seinen acht Punkten war der erste der wichtigste. Darin wurde dezidiert erklärt, daß das Bündnis zwischen Österreich-Ungarn, dem Deutschen Reich, der Türkei und Bulgarien »absolut unauflöslich« sei und daß für keinen dieser Staaten der Abschluß eines Sonderfriedens in Betracht käme. Auf die Hauptforderung des Prinzen Sixtus wurde im Punkt drei eingegangen, der klar und deutlich besagt, bei wem, nach Czernins Ansicht, die Verantwortung lag: »Wenn Deutschland auf Elsaß-Lothringen verzichten wollte, würde Österreich-Ungarn dem natürlich kein Hindernis entgegenstellen.« Czernin weigerte sich, dieses und auch seine späteren Memoranden zu unterzeichnen, obwohl ihn sein Allerhöchster Herr mehrmals nachdrücklich dazu aufforderte. Das war seine Taktik, um an möglichen Erfolgen beteiligt zu sein, ohne für ebenso mögliche Fehlschläge eine Haftung zu übernehmen.

Selbst ohne Unterschrift blieb dies die einzige offizielle Reaktion, die Karl erreichen konnte. Da er meinte, daß sie, in dieser Form übergeben, mehr Schaden als Nutzen bringen würde, fügte er eigenhändig mit Bleistift einige Randbemerkungen ein. Das Prinzip der unauflöslichen Bündnisse konnte er nicht gut schriftlich anfechten, doch wie sich die Kaiserin erinnerte, versah er den Passus über Elsaß-Lothringen mit dem Kommentar: »Wir werden Frankreich unterstützen und mit allen Mitteln auf Deutschland einen Druck ausüben.«[7]

Das ist die absonderliche Entstehungsgeschichte des entscheidenden diplomatischen Dokuments, das Erdödy bei einem neuerlichen Treffen in Neuchâtel am 21. Februar Sixtus aushändigte. Der getreue Kurier hatte von Karl die Weisung, das Schreiben zu verbrennen, nachdem der Prinz es gelesen hatte. Diese Instruktion wurde umgangen. Sixtus vernichtete zwar den Originaltext von Czernins acht Punkten, aber vorher übersetzte er ihn ins Französische. Diese Fassung behielt er – und überreichte sie am 5. März in Paris dem Staatspräsidenten Poincaré. Den Ausschlag gaben Karls eingefügte Marginalien. Sie allein bewogen Poincaré, die Staatsoberhäupter seiner beiden Alliierten, König Georg V. und Zar Nikolaus II., über die Angelegenheit zu informieren. Er war auch mit einer geheimen Reise der Brüder Bourbon-Parma nach Wien einverstanden. So erlangte Familiendiplomatie internationale Dimensionen.

Der nächste Schritt erfolgte allerdings noch auf dynastischer Ebene und bleibt einer der dramatischsten Vorgänge im gesamten Fall Sixtus. Am 23. März um acht Uhr abends trafen die bourbonischen Prinzen in Begleitung Erdödys – in dessen Wiener Wohnung sie unerkannt die vorangegangene Nacht verbracht hatten – per Auto in Laxenburg ein. Der Schloßpark war, ungewohnt für die Jahreszeit, tief verschneit. Kein Posten hielt sie an, jegliches Aufsehen wurde vermieden, denn die beiden Schwäger des Kaisers, waren, selbst in Zivilkleidung, Offiziere einer feindlichen Armee, die sich nun, mitten im Krieg, im Kernland seines Reiches befanden. All dies zählte nicht mehr, sobald sie das Schloß durch eine kleine Seitenpforte betreten hatten, die zu den Gemächern des Herrscherpaares führte: die vier jungen Leute sahen und umarmten einander zum erstenmal seit der schmerzlichen Trennung in Schwarzau vor zwei Jahren. Zunächst wurden Grüße von Verwandten bestellt und Erinnerungen ausgetauscht, dann fand eine lange, aber ergebnislose Diskussion über die französischen Forderungen statt. Um halb zehn meldete sich Czernin im Schloß, und nun begann eine rein politische Besprechung. Obwohl die Kaiserin von Anfang an mit allen Einzelheiten der Aktion vertraut war, konnte sie schwerlich bleiben. Sie zog sich zurück und überließ den vier Männern das Feld. Von diesem kleinen Kreis lebte ein halbes Jahrhundert später nur mehr Prinz Xavier, um die Unterredung aus erster Hand zu schildern.[8]

Laut seiner Darstellung wurden alle vier Punkte erörtert, die Sixtus einen Monat zuvor als grundsätzliche französische Bedingungen übermittelt hatte. Ohne Einwände akzeptierte Czernin die Wiederherstellung Belgiens und die Wiedererrichtung eines serbischen Königreiches. Man kam überein, den Anspruch des Zaren auf Konstantinopel – was für den Bündnispartner Türkei einen tödlichen Streich bedeutet hätte – vorläufig nicht zu behandeln, denn plötzlich war ungewiß, wie lange Nikolaus II. noch regieren werde; soeben waren aus Rußland Meldungen über den ersten Anlauf der Revolution (die »bürgerliche« oder Märzrevolution) des Jahres 1917 eingelangt. Das Elsaß-Lothringen und somit eigentlich den deutschen Bundesgenossen betreffende Zugeständnis erweckte bei Czernin allerdings heftige Bedenken. Schließlich war er nicht der

Herzog von Lothringen, sondern der k. u. k. Minister des Äußern, und auf die Vorstellung, die Monarchie versuche ein Gebiet zu verschachern, das ihr nicht gehörte, reagierte er mit deutlicher Reserve bis zur Gegnerschaft. Als Sixtus und Xavier nach Wien zurückkehrten, wußten sie, daß Czernins Vorbehalte eine Schwachstelle bildeten, die sie genauer untersuchen müßten. Das taten sie, als er auf ihren Wunsch in Erdödys Stadtwohnung kam. Laut Xaviers Aufzeichnungen mahnte sie der Minister eindringlich zu besonnenem Vorgehen, ließ warnende Andeutungen über »die Macht Deutschlands« fallen, versicherte aber, bei Verhandlungen stehe er hinter seinem Souverän.

Am selben Tag schlug draußen in Laxenburg der Kaiser selbst alle Mahnungen zur Vorsicht in den Wind. Eine Woche vor der geheimen Ankunft in Wien hatte ihn Sixtus in einem langen Brief aus Paris gedrängt, sein Einverständnis mit den vier Punkten schriftlich festzuhalten. Mit mündlichen Zusicherungen allein sei nicht viel zu erreichen, klagte der Prinz, und aus innenpolitischen Gründen werde die Zeit knapp. Sollte Briand, der Befürworter des Unternehmens, als Ministerpräsident demissionieren, würde man wieder von neuem beginnen müssen. Dann kam folgender signifikanter Absatz:

> »Es scheint mir, daß man mit Dir auf diesen Grundlagen gerne Frieden schließen würde, aber ganz Frankreich ist zugleich fest entschlossen, den Krieg mit äußerster Energie gegen Deutschland fortzusetzen, bis dieses entscheidend und endgültig geschlagen ist.«[9]

Karl hätte keine deutlichere Ankündigung erhalten können, daß die Franzosen nur eines bezweckten: einen Separatfrieden mit Österreich-Ungarn, damit die Armeen der Entente ihr gesamtes Potential einsetzen könnten, um die Deutschen endlich niederzuringen. Dieser Aspekt war es, der zu den Meinungsverschiedenheiten mit Czernin geführt hatte, wie den ersten, nicht unterschriebenen Kommentaren des Ministers zu entnehmen ist. Dennoch hielt der Kaiser an seinem Kurs fest, verlockt von der Hoffnung, sobald Österreich-Ungarn zu einer grundsätzlichen Verständigung mit den Westmächten gelangt sei, werde auch das Deutsche Reich zum

Einlenken zu bewegen sein. Eine zweifelhafte Erwägung, aber Karl blieb nun nichts anderes übrig, als vorwärts zu blicken. Er war schon zu weit gegangen, umkehren konnte er nicht mehr.

Der 25. März 1917 wurde zur Gänze damit zugebracht, die faktisch von Sixtus geforderte schriftliche Verpflichtung zu entwerfen und abzuändern. Am Nachmittag kamen die Prinzen nach Laxenburg, um dabei behilflich zu sein, wie auch, das steht wohl fest, die Kaiserin selbst dabei half. Die verschiedenen Fassungen wurden auf Französisch geschrieben, und die Tatsache, daß es mehrere Textversionen gab, sollte später noch eine wichtige Rolle spielen. Karl beherrschte das Französische zwar recht gut, aber bei der Niederschrift muß sich die Anwesenheit von drei Bourbonen, für die es sich um ihre Muttersprache handelte, entscheidend ausgewirkt haben. Zita gibt an, daß wegen einiger technischer Einzelheiten Czernin telefonisch befragt wurde. Dies bedeutet, daß der Minister ungefähr wußte, was in Laxenburg vor sich ging, wenn er auch höchstwahrscheinlich das Resultat niemals zu sehen bekam.

Dieses unter einem Unstern entstandene Dokument, in der Form eines persönlichen Briefes von Karl an Sixtus gehalten, begann mit allgemeinen Betrachtungen über die Leiden und Opfer eines Krieges, der nun schon drei Jahre dauerte. Im weiteren wurde der Hochachtung vor den Franzosen und der Bewunderung für die Tapferkeit ihrer Soldaten Ausdruck verliehen. Dann folgte die Passage, auf die es ankam:

»Deshalb und zur Kundgebung der Aufrichtigkeit meiner Gefühle in präziser Form bitte ich Dich, geheim und inoffiziell Herrn Poincaré, dem Präsidenten der französischen Republik, zur Kenntnis zu bringen, daß ich mit allen Mitteln und unter Anwendung meines ganzen persönlichen Einflusses bei meinen Verbündeten die gerechten Rückforderungsansprüche Frankreichs mit Bezug auf Elsaß-Lothringen unterstützen werde.

Was Belgien betrifft, so muß seine Souveränität wiederhergestellt werden; es muß seine gesamten afrikanischen Besitzungen behalten. Hiermit soll der Frage der Entschädigung nicht vorgegriffen werden, die es für erlittene Verluste wird erhalten können. Serbien wird in seiner Souveränität wiederhergestellt werden. Als Pfand für unseren guten Willen sind wir geneigt, ihm nach Billigung einen natürlichen Zugang zum Adriatischen Meer ebenso wie weitgehende wirtschaftliche Vorteile zu geben.«[10]

Mit diesem Schreiben in der Tasche fuhr Prinz Sixtus von Laxenburg nach Wien und reiste von dort über die Schweiz nach Paris zurück. Als Franzose muß er mit dem Resultat sehr zufrieden gewesen sein. Daß der Brief als »inoffiziell« galt, zählte kaum, da er die Handschrift des Kaisers von Österreich und Königs von Ungarn zeigte und von ihm unterzeichnet war. Als viel ungünstiger erwies sich, daß Italiens freibeuterische Ansprüche auf südliche Grenzgebiete der Monarchie nicht einmal erwähnt wurden. Sixtus war an dieser Frage nicht interessiert, und Karl hatte keine Lösungsvorschläge anzubieten.

Nun, da ihre brisante Sendung endlich auf dem Weg ins Lager der Feinde war, unternahmen Karl und Zita sofort alles, um ihren deutschen Verbündeten schockierende Entdeckungen zu ersparen. Sie hatten rechtzeitig vorgebaut. Die Kaiserin erinnerte sich, daß ihr Gatte einen ersten behutsamen Schritt in diese Richtung getan hatte, als Kaiser Wilhelm II. einen Monat zuvor in Wien zu Besuch gewesen war. Karl teilte damals den Deutschen nur mit, es habe sich eine Gelegenheit ergeben, Kontakt mit der Entente aufzunehmen, um einen gangbaren Ausweg aus dem Krieg zu suchen. Als der Deutsche Kaiser nach dem Namen des Vermittlers fragte, erwiderte Karl: »Ich kann ihn dir nicht nennen, aber ich kann für seine Diskretion garantieren.«[11] Offenbar hatte sein Gast dies akzeptiert, ohne Einwände zu erheben.

Am 25. März, dem Tag, an dem der Kaiser seinen schicksalhaften Brief an Sixtus in die endgültige Form faßte, reiste sein Außenminister, wie bereits vereinbart, nach Berlin, um mit Reichskanzler Bethmann Hollweg intensive Gespräche über die Aussichten für die weiteren Strategien und einen Friedensschluß zu führen. Czernin ging auf weit mehr Details ein, als sein Souverän dem Deutschen Kaiser anvertraut hatte. Er ließ verlauten, ein Emissär der Monarchie sei in der Schweiz schon mit Vertretern Frankreichs zusammengetroffen. Wie stünden die Deutschen zu Friedenspräliminarien, falls sich die Franzosen nochmals melden sollten? Er selbst, Czernin, sehe keinen Grund für Österreich-Ungarn, irgendwelche Territorien Italien zu überlassen, wenn man in Betracht ziehe, wie schändlich sich dieser Staat Wien gegenüber verhalten hatte und welch hervorragende Waffentaten die Soldaten der k. u. k. Armee an der Südfront setzten. Fast im selben Atem bekannte er, daß die Frage Elsaß-Lothringen »in der Schweiz natürlich angeschnitten« worden sei. Wäre das Deutsche Reich gewillt, einen Teil jener Gebiete an Frankreich abzutreten? Die Antwort des Reichskanzlers auf solches Messen mit zweierlei Maß fiel so aus, wie es zu erwarten war:

> »Graf Czernin hat soeben erklärt, er könne auch nicht einen Quadratmeter österreichischen Bodens an Italien abtreten. Wir aber sollen den Franzosen ein Stück der Reichslande* geben.«[12]

Trotz gewisser Fortschritte kehrte der k. u. k. Minister des Äußern von dieser Unterredung in gedrückter Stimmung nach Wien zurück. Er wäre noch beunruhigter gewesen, hätte er gewußt, daß sein Monarch indessen den Franzosen schriftlich seine volle persönliche Unterstützung für die Abtretung von ganz Elsaß-Lothringen durch das Deutsche Reich angeboten hatte!

Am 3. April war Czernin wieder in Deutschland, diesmal als Begleiter von Karl und Zita, zu einem Besuch beim deutschen Kaiserpaar in Homburg vor der Höhe. Der Anlaß dieser Reise war Karls Wunsch, seine Gattin der deutschen Kaiserin Auguste Viktoria vorzustellen, die sie noch nicht persönlich kannte. Zita sah auch Hindenburg und Ludendorff zum erstenmal, und während die Außenminister und der Reichskanzler politische Fragen besprachen, nahmen die beiden deutschen Feldherren den neuen Generalstabschef der Monarchie, General Arthur Arz von Straußenburg, unter die Lupe. Hinter dem äußeren Bild einer eher privaten Visite entwickelte sich ein richtiges »Gipfeltreffen« der Verbündeten, auf dem, so hoffte Karl, vor allem der Problemfaktor Elsaß-Lothringen einer Lösung etwas nähergebracht werden könnte.

---

* Als solche waren das Elsaß und Lothringen ein Teil des Deutschen Reiches, seit 1879 unter einem kaiserlichen Statthalter. (Anm. d. Übersetzers)

Es war ein deprimierendes Debakel. Auf österreichischer Seite vertraten Karl und seine wichtigsten Berater ihren Standpunkt kaum jemals in Übereinstimmung, während von deutscher Seite einzig der schmetternde Ruf nach dem Sieg zu hören war. General Arz, dem Karl vorher eingeschärft hatte, er möge aus militärischer Sicht die wachsende Notwendigkeit eines Friedens betonen, scheint seine erste Konferenz mit den legendären Titanen Deutschlands so eingeschüchtert zu haben, daß er die meisten seiner eigenen Zweifel unerwähnt ließ. Auf politischem Sektor wiederum legte Czernin eine denkbare Kompromißregelung der Frage Elsaß-Lothringen dar (das Deutsche Reich sollte für seine Einbußen im Westen durch Galizien entschädigt werden, das Österreich dem unter deutschem Patronat geplanten neuen Staat Polen abtreten würde); doch gleichzeitig versuchte Karl noch immer, seinen Verbündeten für die alte »austro-polnische« Lösung zu gewinnen – ein wiedererrichtetes Königreich Polen unter Einschluß Galiziens, mit einem österreichischen Erzherzog als Herrscher. Es waren, wie das Sprichwort sagt, einfach zu viele Köche am Werk.[13]

Genaugenommen war es Zita, die das einzige positive Ergebnis des Treffens von Homburg erzielen konnte. In Wien hatte sie gehört, daß die Deutschen zweimal im Jahr die Residenz des Königs und der Königin der Belgier bombardierten, und zwar wählten sie für diesen Akt der Feindseligkeit die Namenstage des Herrscherpaares, den 15. und den 19. November. Zita war entschlossen, das Thema in Homburg zur Sprache zu bringen. Die Gelegenheit dazu ergab sich, als es ihr gelang, die steifleinene Auguste Viktoria mit der Bemerkung zu schrecken, daß feindliche Flieger wahrhaftig einen Volltreffer erzielen würden, wenn sie das Schloß in diesem Moment angriffen, obwohl Damen anwesend waren. Unbefangen fügte sie hinzu, man sage ja, daß deutsche Flugzeuge Bomben auf den belgischen Königspalast warfen. Das wollte die deutsche Kaiserin nicht glauben, sie rief Hindenburg, damit auch er die Beschuldigungen hörte. Der große Mann zeigte sich ebenso verwundert, versicherte aber den beiden Kaiserinnen, er werde der Sache nachgehen. Das tat er, und daraufhin unterblieben weitere Bombardements.

Die neueste Meldung, die Karl und Zita bei der Rückkehr nach

Wien vorfanden – Präsident Wilsons Kriegserklärung an das Deutsche Reich als Antwort auf den uneingeschränkten U-Boot-Krieg – steigerte nur ihre Enttäuschung darüber, daß es ihnen so gründlich mißlungen war, dem Bundesgenossen die stetig bedrohlicher werdende Lage klar zu machen. Der Kaiser und Czernin entschlossen sich zu einem neuerlichen verzweifelten Versuch. Dieser bestand in einer nach vereinbarten Richtlinien abgefaßten Denkschrift, vom k. u. k. Minister des Äußern an seinen Souverän adressiert, worin die Aussichten für eine weitere Kriegführung in den denkbar schwärzesten Farben gemalt waren. Ein Exemplar dieses Memorandums wollte Karl zur Kenntnisnahme nach Homburg schicken. Mit Freuden entsprach Czernin diesem Wunsch, denn was die pessimistische Beurteilung der Zukunft der Monarchie anbelangte, von einem Sieg gar nicht zu reden, stimmte er mit Karl überein. Das galt auch für die Kaiserin, sie unterschrieb jedes Wort.

Schon in den ersten Sätzen der Denkschrift wurde das bisher Unaussprechliche ganz offen gesagt: »Es ist vollständig klar, daß unsere militärische Kraft ihrem Ende entgegengeht ... Wenn ich auch hoffe, daß es uns gelingen wird, noch die allernächsten Monate durchzuhalten und eine erfolgreiche Defensive durchzuführen, so bin ich mir doch vollständig klar darüber, daß eine weitere Winterkampagne vollständig ausgeschlossen ist, mit anderen Worten, daß im Spätsommer oder Herbst um jeden Preis Schluß gemacht werden muß.«

Dann folgte eine düstere Prophezeiung über die Aussichten für Europa im allgemeinen und die Dynastien im besonderen. »Dieser Krieg hat eine neue Ära der Weltgeschichte eröffnet: er hat keine Vorbilder und keine Vorakten.« Die gefährliche »dumpfe Verzweiflung der Bevölkerung« werde im Gefolge der nun in Rußland ausgebrochenen Revolution unter den slawischen Völkern der Monarchie zunehmen. Selbst das Deutsche Reich sei nicht gegen eine solche Woge der Unruhen gefeit, wenngleich die Politiker in Berlin die Realität nicht anzuerkennen wagten, da sie von den Militärs mit ihrem blinden, aber irregeleiteten Glauben an die U-Boot-Waffe bevormundet würden. In dieser Situation sollte der Kaiser von Österreich und König von Ungarn vor allem seine dynastischen Interessen wahrnehmen. »Wenn die Monarchen der

Zentralmächte nicht imstande sind, in den nächsten Monaten den Frieden zu schließen, dann werden es die Völker über ihre Köpfe hinüber [sic!] machen, und dann werden die Wogen der revolutionären Vorgänge alles wegschwemmen, wofür unsere Brüder und Söhne heute noch kämpfen und sterben.«[14]

Das war eine scharfsinnige, ja sogar eine hervorragende Darstellung, und auf wessen Idee sie auch beruhen mochte, der Wortlaut trägt das unverwechselbare Gepräge von Czernins Stil. Dieses einzige Mal sprach er sich schriftlich wie ein Staatsmann europäischen Formats aus. Doch als ein Sonderkurier diese Warnung in Homburg übergeben hatte, wurde sie nicht bloß ignoriert, sondern bewirkte auch blanken Hohn.

»Schwarzseher sind immer kluge Leute«, sagte Ludendorff in der Rückschau auf diese Episode.[15] Die Tatsache, daß der einst so überaus mächtige Erste Generalquartiermeister des deutschen Heeres diesen Satz zu diesem Zeitpunkt niederschrieb, als Deutschland bereits eine Republik war und der Kaiser im holländischen Exil lebte, verleiht seiner Beurteilung einen kräftigen Schuß von weltgeschichtlicher Ironie.

Damals, 1917, war Kaiser Wilhelm II. verblendet. In seiner Antwort auf Karls Begleitbrief wiederholte er nur die Phrasen über die Zaubermacht der neuen deutschen Geheimwaffe, eine Illusion, die bis zur Heldensage von Siegfrieds Schwert zurückreicht und bei Hitlers V1 und V2 endete. Die Versenkungsraten der U-Boote, prahlte Wilhelm, hätte England auf den Status einer belagerten Festung reduziert; in London bekäme man Kartoffeln nicht einmal für viel Geld. Die Zeit, so versicherte er dem Adressaten, stehe auf der Seite der Mittelmächte. Doch wie Karl nur zu gut wußte, arbeitete die Zeit gegen sie und es blieb nur mehr eine kurze Frist.

Dies scheint der Moment gewesen zu sein, in dem Karl und Zita notgedrungen in der Sixtus-Aktion eine Ultima ratio sahen: Wenn das Deutsche Reich nicht an den Verhandlungstisch zu bringen war, mußte Österreich-Ungarn sich dort im Alleingang einfinden. Eine Zeitlang deutete manches darauf hin, daß dies gelingen könnte. Zwar kam es, wie schon erwartet, zum Sturz von Briands Kabinett, und sein Nachfolger wurde am 19. März der viel schwächere und weniger zugängliche Alexandre Ribot. Aber die österreichischen

Avancen erhielten sofort beträchtlichen Auftrieb, als Ribot bei einem Geheimtreffen am 11. April in Folkestone Karls Brief dem britischen Premierminister Lloyd George zeigte. Der vulkanische vierschrötige Waliser war kein Bethmann Hollweg. Er hatte seine Regierung und seinen Monarchen am Zügel; und auch, soweit dies einem Politiker in Kriegszeiten möglich war, die Generalität. Seit langem belastete ihn der Gedanke an das anscheinend endlose und sinnlose Blutvergießen des Stellungskrieges an der Westfront. Nun eröffnete sich vielleicht ein Ausweg. Beide Staatsmänner wußten allerdings, wie es wohl auch Karl und Zita ahnten, welches Hindernis diesen Weg sehr rasch blockieren konnte: Italien, und insbesondere das wirksame Lockmittel österreichischen Territoriums, das Rom zwei Jahre vorher im Londoner Geheimvertrag angeboten worden war.

Diese Vermutung erwies sich letzten Endes als richtig, doch bis dahin ereignete sich mancherlei Merkwürdiges. Zunächst nahmen Lloyd George und Ribot mit dem italienischen Außenminister Baron Sonnino Fühlung. Kein verheißungsvoller Anfang, denn Sonnino war eben jener Mann, der 1915 den Pakt mit der Entente ausgehandelt hatte. Außerdem mußten sich die beiden Premierminister, die wegen des Schweigegelöbnisses an Sixtus weder die Existenz von Karls Brief, noch viel weniger dessen Inhalt auch nur erwähnen durften, auf allgemeine Erörterungen eines Friedens mit Österreich-Ungarn beschränken. Sogar dafür hatte Sonnino nur ein höhnisches Achselzucken übrig. Die Zusammenkunft, die am 19. April in einem Eisenbahnwaggon in dem französischen Gebirgskurort Saint-Jean-de-Maurienne stattfand, verlief ergebnislos.

Auf der Rückreise hatte Lloyd George in Paris seine erste Unterredung konkreten Inhalts mit Prinz Sixtus. Italiens Ansprüche an die Habsburgermonarchie wurden nun im vollen Ausmaß offenkundig: Trentino, Dalmatien mit allen Inseln der Küstenzone und möglicherweise auch Triest. Dabei kam natürlich nicht zur Sprache, daß sich Frankreich und Großbritannien für diese Forderungen, die Lloyd George selbst als eine Conditio sine qua non bezeichnete, bereits verbürgt hatten. Sixtus versuchte sich also mit verbundenen Augen zu orientieren.

Nun ereignete sich etwas völlig Unerwartetes, wofür die Kaiserin selbst mit den Erfahrungen eines langen Lebens nie eine ausreichende Erklärung fand. Kurz nach dem Treffen von Saint-Jean-de-Maurienne tauchte in Bern ein italienischer Generalstabsoffizier auf, vermutlich in gesonderter, inoffizieller Friedensmission. Er entrierte Kontakte zum Militärattaché der deutschen Gesandtschaft und dann zum österreichischen Gesandten, Baron Alexander von Musulin. Wäre Österreich-Ungarn bereit, die Kampfhandlungen an der Südfront einzustellen und in einer darauffolgenden Regelung lediglich Trentino und Aquila abzutreten? Man konnte nur annehmen, daß der Emissär im Namen des italienischen Generalstabschefs General Cadorna sprach. Doch aus welchem Grund verlangte man in diesem Fall weniger österreichisches Gebiet als die Ententemächte den Italienern bereits versprochen hatten? Dieses Rätsel wurde niemals gelöst, weil – vielleicht bedauerlicherweise – keinerlei Schritte zu dessen Klärung unternommen wurden. Karl fand, es wäre unklug, die anscheinend verheißungsvollen Kontakte zu Frankreich und Großbritannien durch solch ein geheimes Manöver selbst zu unterlaufen. Czernin meinte, man habe es mit einer italienischen Finte zu tun, um die österreichische Kampfmoral zu erkunden. Er schrieb »Abgelehnt« auf das Aktenstück, und damit war die Sache erledigt.

Diese Episode bestärkte Karl und Zita jedoch in dem Glauben, daß sie den rechten Weg beschritten. Um so mehr wünschten sie eine neuerliche Zusammenkunft mit Sixtus. Am 4. Mai war Graf Erdödy mit Briefen der beiden an den Prinzen wieder in der Schweiz. Karl, der auf Deutsch schrieb, ersuchte seinen Schwager dringend um genauere Angaben zu zwei nicht näher bezeichneten Punkten. Zitas Mitteilung war auf Französisch und enthielt eine Anspielung auf die Fühlungnahme in Bern:

> »Il y a des choses nouvelles qui ne sont pas claires. L'Italie veut obtenir davantage par vous que directement par nous. Viens«[16]
> (Es gibt neue Entwicklungen, die noch nicht eindeutig sind. Italien will sich durch Euch Vorteile sichern, statt direkt bei uns. Komm her.)

Sixtus reagierte sofort auf den Ruf seiner Schwester und kam am 8. Mai wieder nach Laxenburg; diesmal ohne Xavier, der in dem Duo eher der Sekundant war. Dieser zweite Besuch war eine seltsame Angelegenheit. Sixtus brachte seinem Schwager ein Briefkonzept mit, in dem dieser als Kaiser die italienischen Ansprüche in ihrer Gesamtheit akzeptiert hätte – sowohl in der von Lloyd George mitgeteilten Version als auch in der bereits bekannten französischen Lesart. Aber der zweite dieser »Sixtus-Briefe«, den Karl dann schrieb, blieb weit hinter solchen Erwartungen zurück. Er bezog sich lediglich, und zwar indirekt, auf das neueste italienische Angebot und deutete an, daß er vielleicht darauf eingehen werde:

> »Ich konstatiere mit Befriedigung, daß Frankreich und England meine Ansichten teilen, die ich als die wesentlichen Grundlagen für einen europäischen Frieden betrachte. Doch sie stellen mir ihren Willen entgegen, den Frieden ohne die Teilnahme Italiens nicht zu realisieren. Eben hat nun Italien den Frieden mit der Monarchie angeboten, unter Verzicht auf alle unannehmbaren Forderungen, die es mir bezüglich der slawischen Länder an der Adria gestellt hatte. Es beschränkt seine Forderung auf den italienischen Teil von Tirol. Ich habe die Überprüfung dieser Forderung auf den Zeitpunkt verschoben, in dem ich von seiten Frankreichs und Englands eine Antwort auf mein Friedensangebot erhalten haben werde.«[17]

Czernin, der nur während einer Phase der langen Gespräche zwischen dem Kaiser und Sixtus anwesend war, übergab seinem Herrn eine weitere seiner eigenhändigen, aber nicht unterschriebenen Stellungnahmen. Die Hauptpunkte waren: erstens, daß es keine einseitige Abtretung österreichisch-ungarischen Territoriums ohne Kompensation auf anderem Gebiet geben könne. Und zweitens, in Form einer rhetorischen Frage abgefaßt, die Forderung, daß bei einer Friedenskonferenz die Integrität der Monarchie gewährleistet werde. Nur nach Erhalt definitiver Antworten, stellte er fest, sei Österreich-Ungarn in der Lage, in Besprechungen mit seinen Verbündeten einzutreten. Diese Punkte hätte Czernin ebensogut alle im persönlichen Vortrag darlegen können, daraus folgert also, daß er sie, wenn auch ohne seine Unterschrift, aktenkundig machen wollte. Was er freilich nicht wollte: daß seine Kommentare zwölf Tage später als offizielle Note auf Präsident Poincarés Schreibtisch in Paris gelangten, durch Prinz Sixtus in der französischen Übersetzung erheblich verschärft. Doch eben dies geschah.

Seltsam, daß an jenem Tag in Laxenburg so fröhliche Stimmung herrschte. Das schöne Frühlingswetter mochte viel dazu beigetragen haben, und das idyllische Bild des Schloßparks, in dem die meisten Gespräche stattfanden. Tatsache bleibt auch, daß beim Abschied des Prinzen alle – außer Czernin – zu glauben schienen, nun sei der Friede wirklich in Sicht. Es war ein Trugbild. Die Deutschen fühlten sich in den folgenden Wochen durch den absehbaren Zusammenbruch Rußlands und die Siege im Atlantik bestärkt und steuerten weiterhin auf Kriegskurs. Andererseits rückte Ribot in Paris von Friedensaktionen ab und machte am 30. Mai das österreichische Angebot illusorisch, als er sein Sixtus gegebenes feierliches Versprechen der Geheimhaltung brach und Außenminister Sonnino die gesamte Korrespondenz zeigte.

Nur Lloyd George kämpfte noch einige Zeit weiter, angetrieben von dem gleichen Wunschbild wie eine Generation später Winston Churchill, nämlich Deutschland einen entscheidenden Schlag in den »weichen Unterbauch« seiner Verteidigung zu versetzen. Er bestürmte die britischen Generale und seine Kabinettskollegen, eine große Offensive an der Südfront zu starten und gleichzeitig den »österreichischen Ölzweig« zu ergreifen. Sixtus reiste nach London, er ging in Downing Street Nr. 10 ein und aus und war selbst im Buckingham-Palast zu Gast. Alles vergeblich. Die Generale ließen sich nichts dreinreden. Ribot bot keine Hilfe. Sonnino, nun im Besitz von Karls Geheimnissen, machte sich zum Sprung bereit. So strandete die Sixtus-Affäre an der Küste der Adria.

Am 25. Juni 1917 gab Sixtus auf und verließ Paris, um sich für die bevorstehende Offensive in Flandern bei seinem Artillerieregiment zu melden. Das harte, aber simple Soldatenleben an der Front muß ihm nach all den enttäuschenden Manövern der Geheimdiplomatie geradezu eine Erleichterung verschafft haben. Doch die endgültige Rechnung stand noch aus, und es war nicht Sixtus, der sie zu begleichen hatte.

6

Zwist der Waffenbrüder

In den ersten Monaten der Regierungszeit dachten Karl und Zita oft über einen Friedensschluß nach, zugleich suchten sie Lösungen für die belastenden Probleme, die ihnen mit der Krone zugefallen waren.

In Fragen der Innenpolitik teilte die Kaiserin zwar nicht immer die Meinung ihres Gatten, doch selbst wenn sie Bedenken hegte, konnte Karl stets mit ihrer Unterstützung rechnen.

Einigkeit herrschte darüber, daß sich Karl trotz der schwierigen Kriegszeiten seinen Platz als moderner demokratischer Monarch schaffen müsse.

Die Machtvollkommenheiten, die er geerbt hatte, waren die einer latenten Despotie, denn gemäß des notorischen Paragraphen 14 der Verfassung von 1867 konnte der Kaiser nach eigenem Ermessen Gesetze durch Dekrete erlassen.

Der neue Herrscher war entschlossen, diese Befugnisse nebst vielen anderen abzuschaffen, sobald ihm der Friede mehr Bewegungsfreiheit bieten würde.

Ein Anachronismus allerdings rief nach sofortiger Reform. Die Donaumonarchie war die einzige der kriegführenden Mächte, die ohne breite Zustimmung einer parlamentarischen Vertretung operierte.

In Wien hatte der Reichsrat seit 1914 nicht mehr getagt. Karl mußte nicht erst durch die Revolution in Rußland daran erinnert werden, daß dieses Problem eine rasche Lösung erforderte, besonders seit die Deutschen trotz seiner Proteste ihren folgenschweren Plan ausgeführt hatten, Lenin aus seinem Schweizer Exil nach Finnland zu schmuggeln, um den »slawischen Koloß« des Zarenreiches endgültig niederzuwerfen.* Während Präsident Wilson in Washington seine ersten Aufrufe zu einer allgemeinen Demokratisierung in Europa erließ und die Bolschewiken sich anschickten, auf dem Umweg über eben diese Demokratie die Macht zu ergreifen, war es für die Monarchie höchste Zeit, sich vom Absolutismus zu verabschieden.

In der Umgebung des Kaiserpaars gab es viele Konservative, die einen solchen Schritt ablehnten, mit der Begründung, dies würde erneut eine Plattform für nationalistische Agitation schaffen, was nun in Kriegszeiten noch gefährlicher sei als früher. Als der große Tag kam und der Wiener Reichsrat am 30. Mai 1917 wieder seine Pforten öffnete, haben diese Skeptiker wohl nur resignierend die Achseln gezuckt, wie so viele weltkluge Propheten, deren Warnungen man überhört.

Einer nach dem anderen erhoben sich die Sprecher der nichtdeutschen Fraktionen, um ihr Teil vom übernationalen Gefüge des Reiches zu verlangen. So forderte der südslawische Abgeordnete Korošec die Vereinigung der slowenischen, kroatischen und serbischen Territorien der Monarchie zu einem unabhängigen demokratischen Staat, allerdings »unter dem Zepter der Habsburgerdynastie«.[1] Zwei polnische Sprecher postulierten einen ähnlichen Zusammenschluß aller von Polen bewohnten Gebiete. Andererseits beharrte der Ruthene Petruszewycz aus Galizien darauf, daß kein Fußbreit seines Heimatlandes an ein in welcher Form auch immer wiedererstehendes Polen abgetreten werden dürfe. Der Tscheche Stanek war für die Aufhebung des österreichisch-ungarischen Dualismus und die Umwandlung der Monarchie in einen Bund freier, gleichberechtigter Nationalstaaten, wobei die Länder der Tschechen und der Slowaken eine Einheit bilden sollten (dies entsprach ungefähr den Vorstellungen des Kaisers, weit weniger gefiel ihm die ähnlich lautende Rede eines anderen tschechischen

---

* Karl hatte den Deutschen Kaiser und den Reichskanzler beschworen, dieses Vorhaben aufzugeben. Mit dem, wie sich wies, richtigen Argument, daß Lenin für alle Reiche Unheil bringen werde, nicht nur für das Rußland der Romanows. Den ursprünglichen Vorschlag Berlins, Lenins plombierten Zug auf dem Weg nach dem Osten über österreichisches Territorium zu führen, hatte er rundweg abgelehnt.

Abgeordneten namens Kalina, der den russischen Revolutionären Grüße entbot).

Und so ging es weiter. Das einzige ermutigende Zeichen war, abgesehen vom geordneten, ja manierlichen Ablauf der Dinge, daß niemand den Gedanken äußerte, sich von der Monarchie überhaupt loszusagen. Welche neuen politischen Pläne all die Exponenten auch für ihre Völker schmieden mochten, sie wollten noch immer den Doppeladler über dem Ganzen schweben sehen.* Die Frage, wie diese neue Konstellation beschaffen sein sollte, war das Rätsel, dessen Lösung man sich von Karl erwartete, als er am nächsten Tag seine Thronrede hielt. Mit der besseren Einsicht der Zurückblickenden muß man sagen: es wurde eine Chance vertan. Immer wieder kam die Kaiserin in späteren Jahren auf das entscheidende Dilemma zu sprechen, nämlich daß ein Reich nicht mitten in einem Krieg umgestaltet werden konnte, in dem die Völker der Monarchie, daheim oft in erbittertem Hader, gerade Seite an Seite in einer gemeinsamen Armee kämpften. Aus diesem Grund beschränkte sich Karl am 31. Mai 1917 vor den beiden Häusern des Reichsrats auf schön klingende allgemeine Formulierungen – er betonte das Ideal des Konstitutionalismus sowie die soziale Basis seiner Regierung, erwähnte aber mit keinem einzigen Wort, wie all die Forderungen nach politischen Reformen innerhalb der Monarchie erfüllt werden sollten. Erst als die Fronten zusammenbrachen und der Krieg noch tobte, sah er sich gezwungen, auf die Rufe von Korošec, Kalina und der anderen Parlamentarier zu antworten. Da war es bereits zu spät für eine Rettung, und andere, radikalere Sprecher nahmen sich der Sache des Nationalismus an.

Wie die Dinge lagen, kosteten Karl sogar solch erste vorsichtige Schritte in Richtung parlamentarischer Demokratie im Frühjahr 1917 seine beiden Ministerpräsidenten. Tiszas Rücktritt in Budapest erfolgte, weil der Kaiser und König darauf drang, in der ungarischen Reichshälfte sukzessive das allgemeine Wahlrecht einzuführen. (Das ungarische »Parlament« umfaßte 413 Sitze, 407

---

* Die einzige Ausnahme bildete damals die kleine progressive Partei tschechischer Juristen des Thomas Masaryk, der ins Exil gegangen war. Im Sommer 1917 schien er kaum eine ernstliche Gefahr für die Dynastie zu bedeuten.

davon hatte Ungarn inne, obwohl sie nur etwas mehr als fünfzig Prozent der Bevölkerung in den Ländern der Stephanskrone vertraten.) Nach Karls Auffassung mußte dieses Mißverhältnis korrigiert werden, um Ungarn ins 20. Jahrhundert zu führen. Bei all seiner Klugheit und Verstandesschärfe wollte Stefan Graf Tisza nicht in jenes neue Zeitalter einziehen, wenn dabei die magyarische Suprematie ins Wanken geriet. Seine Demission am 22. Mai, nachdem der Herrscher seine Vorschläge für eine Wahlrechtsreform abgelehnt hatte, drängte den besten politischen Kopf der Monarchie in eine oppositionelle Haltung. Seit seinem Rücktritt ging es mit dem höchsten Regierungsamt in Budapest in aller Stille bergab. Sein Nachfolger war der farblose Moritz Graf Esterházy, den Karl wegen seiner so oft einbekannten Begeisterung für parlamentarische Reformen berief. Bald entdeckte er, daß Enthusiasmus allein nicht ausreichte. Als Esterházy nach nur drei Monaten aufgab, trat an seine Stelle der magyarisierte Donauschwabe Dr. Alexander Wekerle, ein echter Francisco-Josephiner und wie der alte Kaiser mit der Fähigkeit begabt, unbeirrbar an seinem Platz auszuharren.

Der Rücktritt des Grafen Clam-Martinitz in Wien (er demissionierte am 21. Juni 1917 als österreichischer Ministerpräsident nach seinem gescheiterten Versuch, das Kabinett zu einer Art Großer Koalition der Nationalitäten zu erweitern) war für Karl ein weit geringerer Schlag. Dennoch setzte damit auch im politischen Leben Wiens ein Niedergang ein. Der Monarch fand keinen besser geeigneten Kandidaten als einen seiner ehemaligen Lehrer, Dr. Ernst von Seidler, der mittlerweile zum Leiter des Ackerbauministeriums aufgestiegen war. Also eine Rückkehr zum »Beamtenkabinett« im Stil des Kaisers Franz Joseph, denn der alte Monarch hatte stets unprofilierte, aber gehorsame Bürokraten ernannt, wenn er nach politisch allzu scharfer Gangart eine Atempause brauchte. Das mochte im Frieden angegangen sein, als es schien, daß die Dynastie noch Jahrzehnte der Machtausübung vor sich hatte. Mitten in einem Krieg und einer Zeit politischer Wirren, die bereits die Existenz eines großen europäischen Reiches bedrohten, war es ein ebenso gefährlicher wie verzweifelter Versuch, hurtig in Deckung zu gehen. Freilich war diese Wahl, die Karl wie alle wichtigen Entscheidungen mit seiner Gattin besprochen hatte, weitgehend durch den Mangel an Alternativen diktiert. Die einzige dynamische Persönlichkeit auf dem politischen Kraftfeld Wiens war Czernin, doch dessen Dynamik war von einer beunruhigenden, unberechenbaren Art, die sich für das Herrscherpaar schon in der Diplomatie störend bemerkbar gemacht hatte und den beiden noch manche schwere Stunde bringen sollte.

Mit Sicherheit wäre Ottokar Graf Czernin, Exponent der deutschsprachigen Konservativen seines Heimatlandes Böhmen, als Ministerpräsident niemals bereit gewesen zu realisieren, wozu sich Karl nun entschlossen hatte. Es ging dabei um nichts Geringeres als eine Generalamnestie für politische Häftlinge in der gesamten Monarchie, und insbesondere für führende tschechische Nationalisten wie Karl Kramář und Alois Rašin, die wegen Verschwörung und Hochverrats lange Gefängnisstrafen verbüßten (ursprünglich waren sie in der ersten Kriegszeit zum Tod verurteilt worden). Dies war die einzige kaiserliche Initiative, die sogar Zita gar nicht billigte, und Karl mußte den getreuen Polzer-Hoditz bitten, in Anwesenheit der Kaiserin die Beweggründe zu erläutern. Ihre Vorbehalte entsprangen natürlich nicht einem Mangel an Mitgefühl, normalerweise war Zita für jede humanitäre Maßnahme zu gewinnen. Vielmehr beunruhigten sie das Ausmaß und der Zeitpunkt diese Schrittes: ihr Gatte schien sich unüberlegt und zu weit vorzuwagen.

Ausnahmsweise standen alle konservativen Kräfte des Reiches auf ihrer Seite, als Seidler den vollen Wortlaut der Amnestie am 2. Juli 1917 vor dem Justizausschuß verkündete. Karls Handschreiben an den Ministerpräsidenten, das dieser verlas, brachte den »unerschütterlichen Willen« des Kaisers zum Ausdruck. Ferner wurde darin erklärt: »Die Politik des Hasses und der Vergeltung, die, durch unklare Verhältnisse genährt, den Weltkrieg auslöste, wird nach dessen Beendigung unter allen Umständen und überall ersetzt werden müssen durch eine Politik der Versöhnlichkeit.«

Dann folgte der entscheidende Passus: »Ich erlasse daher den Personen, die von einem Zivil- oder Militärgericht wegen einer der folgenden im Zivilverhältnis begangenen strafbaren Handlungen verurteilt worden sind, die verhängte Strafe: Hochverrat, Majestätsbeleidigung, Beleidigung der Mitglieder des kaiserlichen Hauses, Störung der öffentlichen Ruhe, Aufstand, Aufruhr, gewaltsames Handeln gegen eine von der Regierung zur Verhandlung öffentlicher Angelegenheiten berufene Versammlung.«[2]

Von diesem allgemeinen Pardon blieben nur Personen ausgenommen, die ins Ausland geflüchtet oder zum Feind übergelaufen waren. Die unmittelbaren Folgen waren, daß die Wortführer all der Völker der Monarchie, die laut nach größerer Autonomie oder völliger Unabhängigkeit unter Habsburgs Zepter riefen (und das waren fast alle elf), frei gingen und ihre Thesen erneut verkünden konnten. Eine Amnestie auf so breiter Basis hätte nur unter einer einzigen Bedingung Sinn gehabt: wenn gleichzeitig oder kurz danach ein entsprechendes Programm des politischen Wandels aufgestellt worden wäre, um das Reich nach bundesstaatlichen Gesichtspunkten neu zu gestalten. Dies kam aber nicht zustande, teils deshalb, weil Karl nicht einmal in Wien, geschweige denn im gänzlich unnachgiebigen Budapest einen Ministerpräsidenten fand, der bereit und befähigt gewesen wäre, diese Aufgabe zu übernehmen. Als Polzer-Hoditz, dem Verfasser so vieler theoretischer Reformpläne, angeboten wurde, sie an der Spitze einer Regierung zu verwirklichen, erschrak er und verschanzte sich hinter seinem sicheren Schreibtisch in der Kabinettskanzlei Seiner Majestät. Karls edle Geste des politischen Generalpardons glich also, ganz abgesehen von der Beunruhigung seiner deutschen Bundesgenossen, einer einsamen Fahne im Wind, der immer schärfer wehte ...

Das Allerhöchste Handschreiben, in dem die amnestierten Delikte angeführt waren, wobei die Majestätsbeleidigung sogar vor dem Aufruhr rangierte, mag die Handschrift des Protokollarischen tragen, aber damals hatte für Karl und Zita auch der Kampf um die Wahrung ihres persönlichen Ansehens große Bedeutung. Die einsetzende Propagandakampagne gegen das Herrscherpaar hatte einen besonders verletzenden Zug. Einige Angriffe mit eindeutiger Stoßrichtung erfolgten, wie naturgemäß zu erwarten war, aus dem Lager des Feindes. Obgleich die Zerstörung der Habsburgermonarchie zu jenem Zeitpunkt noch nicht zu den offen deklarierten Kriegszielen der Ententemächte gehörte, bemühten sie sich natürlich, den inneren Zusammenhalt und die Schlagkraft dieses Verbündeten Deutschlands zu schwächen, und die Dynastie, die zusammen mit der k. u. k. Armee der einzige Faktor war, der Österreich-Ungarn die Einheit gab, geriet zwangsläufig ins Visier. Dennoch blieb dies, vor den nationalistischen Unruhen der letzten Kriegsphase, eine relativ geringe Bedrohung. Die gefährlichsten Agitatoren gegen Karl und Zita kamen vielmehr aus den Reihen ihrer deutschen Bundesgenossen, und zwar schon fast vom Tag ihrer Thronbesteigung an.

Im Mittelpunkt stand jener Mann, der auch die Zentralgestalt der gesamten deutschen Kriegsanstrengungen war: General Erich Ludendorff. Seit das Wiener Herrscherpaar sich persönlich sowohl gegen seine Strategie des uneingeschränkten U-Boot-Krieges wie auch gegen seinen Plan, Lenin nach Rußland einzuschleusen, gewandt hatte, war Ludendorff zu dem Schluß gekommen, daß die Habsburgermonarchie ein bedenklich schwaches Glied in der Kette der Mächte war. Da man es nicht entfernen konnte, mußte es unter deutschem Hammer neu zurechtgeschmiedet werden. Als Extremlösung arbeitete sein Stab sogar Pläne für den Einmarsch und die Besetzung des Staatsgebiets und die Internierung des Herrschers aus.* Als Ludendorffs Spezialist für die Untergrundpropaganda gegen Karl und Zita fungierte indessen Oberst Max Bauer, der in der Abteilung II der Deutschen Obersten Heeresleitung (DOHL) tätig war.

Bauers Gerüchtekanonade (er selbst war Artillerieoffizier) richtete sich direkt auf den österreichischen Kaiser, so wurde zum Beispiel verbreitet, Karl sei ein Trinker und Schürzenjäger. Aber es erwies sich als schwierig, solche Geschichten allgemein in Umlauf zu setzen, das gelang nicht einmal bei den Wienern, deren angeborener Sinn für boshaften Tratsch durch die kriegsbedingten Entbehrungen noch geschärft war. Karls spartanische Lebensweise und ungebrochene Treue zu seiner Gattin waren auch außerhalb der Residenzen wohlbekannt, und über seinen Ruf als »Friedenskaiser« oder »Volkskaiser« konnte man sich zwar mokieren, aber er war schwerlich abzuleugnen. Deshalb konzentrierte sich die Kampagne zunehmend auf ein leichter erfaßbares Ziel: Zita.

Die beiden Namen ihrer Familie boten günstige Angriffsflächen.

---

* Deckname »Plan O«, teilweise durchgeführt, als deutsche Truppen im Herbst 1918 ungerufen in Tirol einmarschierten.

In Deutschland schwärzte man sie als »die Französin« an, die bereit sei, die deutschen Interessen zu opfern, um der Sache ihrer bourbonischen Verwandten zu nützen – und dies zu einem Zeitpunkt, *bevor* die Fakten der Sixtus-Affäre wie eine Bombe einschlugen. In Österreich eignete sich der Name »Parma« besser für die Propaganda. So unsinnig es auch war, sie als »die Italienerin« oder »die Welsche« abzustempeln, die gehässig gemeinte Bezeichnung wurde zur tödlichen Gefahr, als sich der Kampf der Monarchie mit ihrem alten Widersacher an der Südfront immer verlustreicher gestaltete. Denn viele Gerüchte betrafen Militärisches. Sie reichten von der ernstlichen Beschuldigung, Zita habe österreichische Generalstabspläne an die Franzosen verraten oder bei ihrem Gatten interveniert, um den Einsatz von Giftgas an der Italienfront zu verhindern, bis zu dem trivialen Vorwurf, bei einem Besuch in einem Innsbrucker Lazarett habe sie mit den verwundeten Italienern länger gesprochen als mit den Österreichern.

Ein Motiv für die Kampagne war die tiefsitzende (und nicht unbegründete) Befürchtung der Deutschen, Zita beeinflusse ihren Gatten. In diesem Punkt sind Propaganda und Politik so eng verflochten, daß man sie nicht mehr unterscheiden kann. Otto Graf Wedel, während des Krieges deutscher Botschafter in Wien und Ludendorffs wichtigster Helfer im habsburgischen Lager, fühlte sich am 25. April 1917 veranlaßt, folgende offizielle Meldung nach Berlin zu senden:

> »Die Kaiserin entstammt einem italienischen Fürstenhaus. Sie sieht in Italien ihre zweite Heimat. Sie macht kein Hehl daraus, daß sie mit Vorliebe in dem schönen Lande geweilt hat und daß sie den italienischen Sonnenschein seit Jahren entbehrt. Die Mutter der Kaiserin ist eine Bragança. Desgleichen ihre Tante, die Erzherzogin Maria Theresia. Den hohen Frauen welscher Abkunft ist welsches Wesen sympathisch und behaglich, deutsches Wesen ist ihnen fremd und schwer verständlich.
>
> Trotz ihrer persönlichen Grazie und Liebenswürdigkeit nimmt die Popularität der Kaiserin ab. Man hat zu der Italienerin und ihrer Sippe kein volles Vertrauen. Ein Kompromißfriede, bei dem das Deutsche Reich sehr lebensfähig und ohne allzu starke

innere Erschütterung, aber auch ohne zu großes Übergewicht den großen Kampf beschließen könnte, wäre das Ideal dieser Kreise.«[3]

Der Umstand, daß ein aristokratischer Diplomat, der die wichtigsten Daten dynastischer Genealogie auswendig kennen mußte, Kaiserin Zita eine Italienerin nannte, ohne das Wort unter Anführungszeichen zu setzen, ist nur ein Indiz dafür, wie weit Oberst Bauers Propaganda bei den deutschen Instanzen verbreitet war.

Tragisch war, daß sie auch bei einer dem Herrscherpaar feindlich gesinnten Camarilla in den höchsten Rängen der Wiener Gesellschaft Platz griff – oder besser gesagt, benützt wurde. Aktivstes Mitglied dieser Gruppe war unbestritten Erzherzogin Isabella, die Gattin jenes Erzherzogs Friedrich, den Karl seines Postens als Armeeoberkommandant enthoben hatte. Diese Zurücksetzung mochte noch Öl in ihr Feuer gegossen haben, aber Mißgunst hatte schon seit langem im üppigen Busen dieser formidablen Dame (ihr Spitzname bei Hof lautete »Busabella«) geglost. Als geborene Prinzessin von Croy-Dülmen westfälischer Herkunft, nannte sie schon vor der Eheschließung einen ehrwürdigen Namen und ein bedeutendes Vermögen ihr eigen. Doch die Heirat am 8. Oktober 1878 versetzte sie auf eine viel höhere Ebene in der Hierarchie des alten Europa. Durch ihren Gatten wurde sie Mitglied des österreichischen Erzhauses, denn Friedrich, der auch den Titel »Herzog von Teschen« trug, war ein Enkel des Feldmarschalls Erzherzog Carl, eines der Brüder des Kaisers Franz I. Außerdem war er der reichste aller Erzherzöge, unter seinen vielen Besitzungen gab es fünf Schlösser und das Wiener Albrechtspalais mit seiner berühmten Kunstsammlung, nun »Albertina«.

Dieser finanzielle Überfluß und ihr hoher neuer Titel scheinen Isabella zu Kopf gestiegen zu sein. Jedenfalls richtete sich ihr Ehrgeiz nach der Einheirat in die kaiserliche Familie auf die Krone selbst. Ihre erste Ambition galt einer Verbindung von Erzherzogin Maria Christina, der ältesten ihrer sechs Töchter, mit dem damaligen Thronfolger Erzherzog Franz Ferdinand. Ein Wunschtraum, der grausam zerstört wurde, als der eigenwillige Prinz sich spontan in eine ihrer Hofdamen verliebte, Gräfin Sophie Chotek.

Isabellas letzte verbliebene Hoffnung war Karl selbst. Immerhin hatte sie noch andere Töchter in heiratsfähigem Alter, als der junge Erzherzog Offizier bei den Lothringen-Dragonern in Böhmen war, und die Familie in ihrem Preßburger Palais residierte. Man kann sich ausmalen, was Isabella für Karl und insbesondere für Zita empfand, als die Werbung in Franzensbad ihre Erfüllung vor dem Traualtar von Schwarzau fand. Das Tückische an dieser persönlichen Feindschaft war, daß sich dadurch die erbitterte Erzherzogin immer mehr den deutschen Gegnern Zitas näherte. Am weitesten exponierte sie sich in dem dokumentarisch belegten Gespräch über die Zukunft der Monarchie, das sie im März 1918 mit August von Cramon führte, dem Bevollmächtigten General der Deutschen Obersten Heeresleitung beim k. u. k. Armeeoberkommando und somit direktem Verbindungsoffizier zwischen Wilhelm II. und Karl. Cramon hatte sich zu einer zweiten Hauptstütze für Ludendorffs antihabsburgische Aktionen entwickelt. Sein Bericht über diese Unterredung, am 30. März von der deutschen Botschaft in Wien nach Berlin weitergegeben, zeigt klar und deutlich, daß Isabella glaubte, die Monarchie sei nahezu am Ende und die größte Hoffnung auf Rettung liege in prompten Maßnahmen, um den Einfluß der Kaiserin Zita auf ihren Gatten unwirksam zu machen. Sogar Cramon fand ihre Vorschläge zu drastisch und unrealistisch.

Ihr letztes Geschoß gegen Karl und Zita schleuderte Isabella während des Zusammenbruchs und in der Zeit unmittelbar danach, als sie die Bestrebungen förderte, ihren Sohn Albrecht zum neuen König von Ungarn zu machen. (Sie hatte im Juni 1897 ihrem Gatten endlich einen männlichen Erben geboren.) Jetzt aber, in den letzten Phasen der Monarchie, fand sie nützliche Verbündete in einem anderen getreuen österreichischen Feldherrn, dem Feldmarschall Conrad von Hötzendorf, sowie seiner Gattin Gina, früherer Baronin Reininghaus. Wurde Erzherzog Friedrich seit je von Isabella beherrscht, so war der einst allmächtige Conrad völlig seiner Gina verfallen, die er sich durch eine der längsten und bizarrsten Werbungen in den Annalen der österreichischen Gesellschaft errungen hatte.

Gina war eine junge Österreicherin von eher bescheidener Herkunft, aber von ungewöhnlicher mediterraner Schönheit. Sechzehnjährig war sie von dem steirischen Bierbrauer Hans von Reininghaus erobert worden und hatte ihm schon drei Kinder geboren, als sie im Alter von einundzwanzig Jahren bei einer Abendgesellschaft Conrad kennenlernte. Damals, Anno 1900, war er Generalmajor und Brigadekommandant in Triest, solider Ehemann auch, aber Ginas blendende Erscheinung bewirkte bei ihm einen »coup de foudre«. Er vergaß sie nie mehr, und als seine Frau sieben Jahre später starb, gestand er Gina, daß er ohne sie nicht leben könne. Zu dieser Zeit war er der Generalstabschef der Gesamten Bewaffneten Macht Österreich-Ungarns, und sein Angebot war verlockend. Aber sie hatte indessen sechs Kinder und noch einen Ehemann, das seien, wie sie dem General freundlich erwiderte, in summa sieben Gründe, warum sie nicht die Seinige werden könne.[4]

Unverdrossen warb der betörte Witwer weiterhin um sie. Wenn es sich einrichten ließ, besuchte er das Ehepaar Reininghaus so häufig in dessen Häusern in Graz und Wien, daß der langmütige Brauherr, dem diese glänzende soldatische Erscheinung imponierte, sich wohl mit dem Schlimmsten abgefunden hat. Von 1907 an schrieb Conrad täglich von den Manövern und später von der Front Liebesbriefe an Gina. Zu Beginn des Krieges gab sie schließlich seinem ungestümen Drängen nach. 1915 ließ sie sich von Reininghaus scheiden und heiratete den General. Die Trauung fand in aller Stille statt, dennoch wurde viel darüber geredet. Es war der ruhmreiche Soldat ebenso wie der glühende Verehrer, der ihr Herz erobert hatte, doch trotz ihrer Opfer sollte sie sich kaum zwei Jahre lang mit ihm dieses Ruhms erfreuen. Man kann sich vorstellen, was sie empfand, als Karl am 1. März 1917 Conrad aus seinem Verantwortungsbereich als Generalstabschef entließ – ein Schritt, den der junge Kaiser, wie alle Umbesetzungen von Schlüsselpositionen, nach allgemeiner Ansicht mit seiner Gattin besprochen hatte.

Aber Gina von Hötzendorf war sozusagen nur ein Infanterist in den Reihen der Gegner Karls, sogar Erzherzogin Isabella wäre nur als Feldwebel einzustufen, ein Vergleich, den sie gewiß zurückgewiesen hätte. Was diese Angriffe so gefährlich machte, waren das »Kaliber« und die hohen Verbindungen jener, die diese Propagandafeldzüge leiteten: der Pressemagnat Lord Northcliffe im feindlichen Lager und Oberst Bauer im Großen Hauptquartier des deutschen Bundesgenossen. In krassem Mißverhältnis dazu stand die geradezu kümmerliche Gegenoffensive aus Wien. Der Offizier, dessen Aufgabe es war, Karls und Zitas Bild in der Öffentlichkeit zu verteidigen und zu optimieren, Hauptmann Karl Martin Werkmann, später geadelt mit dem merkwürdigen Prädikat »von Hohensalzburg«, verfügte weder über den Einfallsreichtum, noch, zugegeben, über die Ressourcen, um gute Arbeit zu leisten. Ein markantes Beispiel für den Mangel an beidem war Werkmanns ablehnende Haltung zu dem Projekt eines Kriegspropagandafilms, der unter dem Titel »Ein Tag im Leben Ihrer Majestäten« mit dem Herrscherpaar gedreht werden sollte. Obwohl sich zeigte, daß solche Filme in Deutschland, wo man eine ganze Reihe von »Image«-Problemen zu lösen hatte, angefangen von Kaiser Wilhelms sehr unfotogenem verkümmertem linken Arm bis zu der überschlanken Erscheinung des auch sonst als Windhund bekannten Kronprinzen, großen Erfolg hatten, trug Werkmann dazu bei, das Filmprojekt zu blockieren. Es würde, argumentierte er, gekünstelt erscheinen und wäre der Würde der Krone abträglich. Und davon abgesehen, wo sollte man das Geld hernehmen?*

Das war im Sommer 1917. Im folgenden Frühjahr ergaben sich die Gelegenheiten, das Herrscherpaar zu attackieren, so häufig und so rasch, daß zweifelhaft erscheint, ob man ihnen auch mit dem besten Propagandafilm hätte entgegenwirken können. Es kam zu heftigen Auseinandersetzungen über die Frage einer Beteiligung an der geplanten großen Offensive der Deutschen im Westen. Alles deutete darauf hin, daß die Entscheidung, Lenin nach St. Petersburg einzuschleusen, richtig war – zumindest für die nächste Zeit im Sinne militärischer Interessen. Die Bolschewiken hatten in Rußland die Macht ergriffen und, wie erwartet, Friedensschritte angebahnt, um den »Krieg der Kapitalisten« zu beenden. Nach

---

* Dennoch existieren technisch größtenteils sehr gute Dokumentarfilmaufnahmen, die den Kaiser im Frontgebiet und zusammen mit der Kaiserin bei Besuchen in Städten der Monarchie zeigen. Auch die Königskrönung in Budapest wurde gefilmt. In der Erkenntnis, daß der Film ein wirksames neuartiges Propagandamittel sei, ergriff Ludendorff gemeinsam mit dem deutschen Konzernherrn Alfred Hugenberg 1917 die Initiative zur Gründung der UFA (Universum Film AG). (Anm. d. Übers.)

wochenlangem Tauziehen wurde am 26. März 1918 in Brest-Litowsk der Vertrag mit Lenins Emissären unterzeichnet. Graf Czernin, Leiter der österreichisch-ungarischen Delegation, war nun der Held der Stunde. Einen Monat davor hatte er bereits einen Separatfrieden mit der neuen Republik Ukraine geschlossen, und das Ende aller Kampfhandlungen im Osten wurde in der Monarchie als »Brotfrieden« gefeiert. Man hoffte, allzu optimistisch, wie sich bald herausstellte, auf regelmäßige Transporte überschüssigen russischen Weizens nach Wien, wo Anfang des neuen Jahres die Lebensmittelknappheit zu Streiks geführt hatte. (Tatsächlich trafen nur etwa 12 000 Waggonladungen ein.)

Für zusätzliche Weizenlieferungen interessierte sich auch Berlin, aber der Obersten Heeresleitung war etwas anderes noch viel wichtiger, nämlich die Truppen, die nach dem Friedensschluß mit Rußland verfügbar wurden. Jetzt hatte Ludendorff die massiven Verstärkungen, die er für eine große siegverheißende Offensive an der Westfront brauchte, die sogenannte »Kaiserschlacht«.[*]

Welchen Beitrag würden die österreichischen Verbündeten leisten? Zunächst hatte Karl gehofft, es werde genügen, zum Zeichen der Solidarität nur eine Division zu entsenden. Doch als bei der Frühjahrsoffensive kein strategisch bedeutsamer Durchbruch gelang, forderte Ludendorff von der Monarchie fünf bis sechs Infanteriedivisionen samt kompletter artilleristischer Bewaffnung. Schließlich wurden widerwillig zwei Divisionen der k. u. k. Armee nach dem Westen transferiert.

Das Bezeichnende an diesem Tauziehen war nicht so sehr das Endergebnis, sondern die Begleiterscheinungen, denn es war die unglückselige Zita, der das österreichische Widerstreben zur Last gelegt wurde. Im März 1918 betonte Cramon in einem seiner regelmäßigen Berichte aus Wien an Ludendorff, die Kaiserin sei fest entschlossen, dafür zu sorgen, daß kein österreichischer Soldat an

---

[*] Zum Zeitpunkt des Waffenstillstands betrug das deutsche Gesamtpotential an der Ostfront 120 Divisionen. Nach der Unterzeichnung des Friedensvertrags waren 40 von ihnen für Besatzungsaufgaben und Dienst an den Verbindungslinien vorgesehen. Somit blieben etwa 80 Divisionen – oder 500 000 Mann –, die auf andere Kriegsschauplätze, vor allem an die Westfront, verlegt werden konnten.

der Westfront kämpfte, und mit diesem Vorsatz wirke sie bestimmend auf den Kaiser ein. Der General vergaß oder wollte sich nicht daran erinnern, daß die Maxime der Donaumonarchie, sich nicht an Operationen im Westen zu beteiligen, noch von Kaiser Franz Joseph selbst stammte und zu seinen Lebzeiten strikt eingehalten worden war. Wenn Zita verhindern wollte, daß ihre eigenen Brüder durch österreichische Kugeln getötet würden, dann fügte dies den gegebenen Verfahrensweisen nur einen rein persönlichen Aspekt bei, aber das wurde nie zur Kenntnis genommen. Der Streit über den Einsatz österreichisch-ungarischer Truppen im Westen trug im Frühjahr nur dazu bei, Zitas Ruf als »die Französin« in Deutschland zu verschlimmern, ebenso wie die österreichischen Rückschläge an der Südfront später den Attacken gegen sie als »die Welsche« neuen Auftrieb gaben.

Aber noch vor dem Ende des Frühjahrs brach über das Kaiserpaar ein viel schwererer Sturm herein, der von keinem Schlachtfeld ausging. Aus deutscher Sicht wirbelte er mehr als die schlichte Frage auf, ob Karl sein militärisches Potential voll im Sinn des Bündnisses einsetzte – man fragte sich, ob er überhaupt noch als Bundesgenosse zu betrachten sei. Es ging dabei um die ein Jahr zurückliegende Sixtus-Affäre, die plötzlich wieder aufs Tapet gebracht wurde, um ihren Urhebern einen Hieb zu versetzen. Dieser Versuch dynastischer Diplomatie hatte schon von Anbeginn bizarre Züge. Eine Schilderung seines unglückseligen Ausgangs macht es erforderlich, den Gesamtzusammenhang in Erinnerung zu rufen.

Die Möglichkeit von Friedensgesprächen auf breiterer Basis als jener der Regelung im Osten hatte im neuen Jahr beträchtlich an Aktualität gewonnen. Am 8. Januar 1918 hatte Präsident Wilson, der sich immer mehr in seine selbstgewählte Mission als Sachwalter des Geschicks der Menschheit einlebte, seine berühmten vierzehn Punkte bekanntgegeben, denen er einen Monat später vier weitere hinzufügte. Sie enthielten genug, um die Kriegführenden auf beiden Seiten heftig zu beunruhigen: so die Forderungen nach Abschaffung der Geheimdiplomatie, nach völliger Freiheit der Meere und der Schiffahrt und, für die westlichen Großmächte das größte Ärgernis, nach dem »Ausgleich der Kolonialansprüche«. Dennoch war diese Liste in allen europäischen Hauptstädten als wahrscheinliches Grundsatzprogramm für einen generellen Friedensschluß zu betrachten. Für Wien bedeutete dies, daß eine unmittelbare Gefährdung der Donaumonarchie bestand. Denn Punkt zehn lautete: »Den Völkern Österreich-Ungarns, deren Platz unter den Nationen wir geschützt und gesichert zu sehen wünschen, sollte bei erster Gelegenheit die Möglichkeit zur autonomen Entwicklung gegeben werden.«

Wenn auch nicht allzu feindselig als Vorschlag für die Zukunft des Habsburgerreiches, so klang diese Formulierung doch eher nach einem Orakelspruch. Karl beabsichtigte zu ergründen, was der amerikanische Präsident konkret damit meinte, und er nahm Fühlung mit dem Weißen Haus auf: zwei Parallelaktionen wurden gestartet, die in ihrer Gegensätzlichkeit schon beinahe komisch anmuteten. Die eine war die sogenannte »Konferenz der Professoren« in der Schweiz. Als inoffizieller Sprecher des Kaisers trat dort der international bekannte österreichische Jurist Dr. Heinrich Lammasch auf (der später Karls letzter österreichischer Ministerpräsident werden sollte). Der noch informellere »Repräsentant« der USA war der ehemalige Universitätslehrer und nunmehr sehr rührige Amateurpolitiker George T. Herron. Wie vorauszusehen, verlief die Begegnung der beiden ergebnislos.

Karls zweite Initiative, mit seiner Gattin abgesprochen, unterschied sich in jeder Beziehung von der ersten. In einem letzten Versuch, die europäischen Trumpfkarten auszuspielen, bat er den mit ihm verwandten König Alfons XIII. von Spanien, in seinem Namen Verbindung mit Präsident Wilson aufzunehmen. Es sei nur eine Klarstellung vonnöten, so hieß es in seinem Schreiben, auch regte er ein Treffen zwischen offiziellen amerikanischen und österreichischen Unterhändlern an, um die Sachlage so weit zu klären, daß »einer Weltfriedenskonferenz nichts mehr im Wege stehe«.[5] Der spanische Monarch war äußerst verblüfft, als ihn der österreichisch-ungarische Botschafter in Madrid, Prinz Karl Emil Fürstenberg, am 21. Februar völlig unerwartet mit dieser Aufgabe eines hohen Vermittlers konfrontierte. Waren die Deutschen darüber im Bilde? forschte der König prompt nach. Der Botschafter, selbst keineswegs im Bilde, wagte eine kühne Vermutung und versicherte, das sei der Fall. Aufgrund dieser Fehlinformation ging Karls Brief an das Weiße Haus.

Der nun folgende Notenwechsel via Spanien wurde ziemlich bald wieder eingestellt, als Präsident Wilson von Kaiser Karl konkrete Vorschläge für die »Befriedung der nationalen Ansprüche der slawischen Völker an seinen Grenzen« und zu den Gebietsforderungen Italiens verlangte. Wichtig ist hier die Feststellung, daß Czernin an dieser Initiative von Anfang an voll und ganz beteiligt war. Die erste Instruktion für Fürstenberg stand in einem Telegramm des Ministers auf Allerhöchste Anordnung an die Madrider Botschaft. Außerdem schlug Czernin in den darauffolgenden österreichischen Antworten an Washington einen für ihn typischen brüsken Ton an. Seine letzte Entgegnung, im Namen des Kaisers an das Weiße Haus gerichtet, hätte Ludendorff geschrieben haben können. Es gebe, so wurde erklärt, nur ein einziges Hindernis für den Frieden, und das sei »die Eroberungsgier Italiens und Frankreichs«. Italien war eine naheliegende Zielscheibe für den Grimm der Österreicher. Aber Frankreich?

Als Alfons XIII. dies las, fand er es an der Zeit, seinen Dienst als gekrönter Friedenspostillon zu quittieren. Indes, die gebotene Form mußte gewahrt werden. Der arme Fürstenberg war genötigt, Wien zu informieren, daß die spanischen Sonderkuriere, die bisher die Noten befördert hatten, wegen der erhöhten Gefahr von U-Boot-Angriffen nicht mehr nach Amerika reisen könnten. Also endete dieses Abenteuer, wie es begonnen hatte: mit einer frommen Lüge. In seinem unentwegten Drang, den Frieden herbeizuführen, wurde Karl selbst zu einer solchen Ausflucht getrieben. Mit nahezu katastrophalen Resultaten.

7

Die Schatten wachsen

Vor dem psychischen Trauma, das der Zusammenbruch des Reiches auslöste, war die dramatische Wende in der Sixtus-Affäre jenes Erlebnis, das den jungen Kaiser und seine Gattin so tief verstörte wie kein anderes seiner kurzen Ära. Außerdem fügte es seinem Ansehen schwersten Schaden zu, schon damals und auch für das spätere Urteil der Geschichte. Wohl von solchen bösen Vorahnungen bewogen, wich Zita von ihrer Regel ab, niemals ein Tagebuch der politischen Ereignisse zu führen, aus Angst vor Indiskretionen oder Verrat. Dieses Tagebuch blieb erhalten, und darin finden sich die einzigen bekannten persönlichen Aufzeichnungen aus ihrer Zeit als Kaiserin. Siebzig Jahre lang lag es im Familienarchiv verborgen, das ansonsten nur die bewegten Zeiten im Exil dokumentiert.[1]

Schon die erste Seite hilft bei der Lösung eines Rätsels, das den Forschern, die sich mit der Sixtus-Affäre beschäftigten, sei jeher Kopfzerbrechen bereitete, nämlich warum die letzte Auseinandersetzung zwischen Graf Czernin und seinem kaiserlichen Herrn voller Emotionen und Mißtrauen verlief. Die Erklärung ist, soweit es das Kaiserpaar betrifft, daß, kurz bevor die letzte Krise ausbrach, die beiden Grund zum Verdacht hatten, der Minister sei nicht bloß von Animosität und übersteigertem Ehrgeiz geleitet, sondern schlichtweg ein Verräter, der mit deutscher Hilfe auf ihren Sturz hinarbeitete.

Der erste Absatz lautet:

»Vor dem 10. März,* Warnung vor einem Complott. Alle Papiere verbrannt. Graf Cz. wird immer unerträglicher: sprunghaft, oberflächlich, nervös. Wollte Kaiser im Jänner durchaus dazu bringen, (von Baden und Laxenburg) nach Wien übersiedeln. ›Nein mein lieber Cz., in diese Mausfallen gehe ich nicht!‹ Damit wenn Palais angegriffen geschossen werde. Also Leute totgeschossen angeblich wegen Kaiser, wirklich wegen Palais! Brest-Litowsk, groß [sic!] Freundschaft mit deutsch. General Hoffmann.** Dort Complott ausgeheckt. Generale, Statthalter od. hohe Statthaltereiräte, oest. und ung. Adelsverschwörung, Erzherzöge.«[2]

»Operation O« war, wie bereits erwähnt, der Plan des deutschen Generalstabs für den Einmarsch beim unruhigen österreichischen Bundesgenossen, falls Wien zu weit von der Marschroute abweichen sollte. Karl und Zita wußten, daß ein solcher Plan existierte und gaben sich auch keinen Täuschungen darüber hin, daß es Ludendorff war, der bei dem Propagandafeldzug gegen sie als Herrscherpaar die Hand im Spiel hatte, mit einigen malkontenten Österreichern als Helfershelfern. Czernin selbst hatte sich immer als ein kompromißloser Verfechter des Bündnisses mit dem Deutschen Reich gezeigt, das weder seine habsburgischen Gebieter noch deren Verwandte aus dem Haus Bourbon-Parma sehr schätzten. Doch es war ein sehr großer Schritt von der Feststellung dieser Tatsache zu der Beschuldigung, Czernin habe sich mit Ludendorff und mit Verschwörern aus der k. u. k. Armee, dem Staatsdienst, der Aristokratie, ja sogar aus der Dynastie zusammengetan, um Karl in seiner eigenen Hauptstadt faktisch gefangenzuhalten und die deutschen Intentionen durchzusetzen. Ob zu Recht oder Unrecht (und

---

* Die Wahl dieses Datums, eines Sonntags, erschien zunächst sonderbar, denn es hatte nichts mit einem erwähnenswerten politischen Ereignis zu tun. Die Erklärung dafür ist sicherlich, daß Zita an jenem Tag in Baden Erzherzog Ludwig gebar, ihr fünftes Kind und ihr erstes als Kaiserin. Daher begann sie die Niederschrift nicht als Gattin des Kaisers, sondern als Mutter.
** General Max Hoffmann war Militärbevollmächtigter der deutschen Obersten Heeresleitung bei den Friedensverhandlungen von Brest-Litowsk und daher Czernins offizieller Verhandlungspartner.

es gibt keine objektiven Beweise dafür, daß solch ein Putsch im Frühjahr 1918 wirklich geplant war) zeigen die Worte »Alle Papiere verbrannt«, daß die Warnung sehr ernst genommen wurde. Dies wie auch andere bisher unbekannte Stellen aus dem Tagebuch lassen manche Sachverhalte in einem neuen Licht erscheinen, ohne sie freilich ganz auszuleuchten.

Das auslösende Moment für die Krise um die Sixtus-Affäre ist jedenfalls deutlich erkennbar. Nach dem Triumph von Brest-Litowsk verrannte sich Czernin in die Überzeugung, das Haupthindernis vor einer für die Mittelmächte günstigen allgemeinen Friedensregelung sei Georges Clemenceau, der dynamische und extrem chauvinistische französische Staatsmann, der seit dem November 1917 Premierminister war. Wenn Wilsons vage Friedensäußerungen aus der Sphäre der Luftschlösser auf den Boden der Realität geholt und zum Gegenstand entschlossener Verhandlungen gemacht werden sollten, dann mußte – so Czernin – vorerst der »Tiger«, diese Inkarnation des französischen Revanchismus, gezähmt werden. Czernin lancierte diese zweite und für ihn fatale Phase des Grabenkampfes zwischen Wien und Paris nicht aus einem plötzlichen Impuls oder Zufall. Er handelte wohlüberlegt, allerdings ohne zu ahnen, wohin ihn sein Plan führen werde.

Die Situation schien beinahe wie geschaffen, um jenen megalomanischen Zug, der schon immer in Czernins Charakter geschlummert hatte, mit aller Deutlichkeit hervortreten zu lassen. Am 2. April, kurz nach Ostern, suchte eine Delegation des Wiener Gemeinderats unter Führung des Bürgermeisters Dr. Weißkirchner den k. u. k. Minister des Äußern auf, um ihm im Namen der Haupt- und Residenzstadt für den »Brotfrieden« zu danken, den er mit der Ukraine geschlossen hatte. In seiner sorgfältig stilisierten Antwort wandte sich Czernin nicht an den Bürgermeister und nicht an die Monarchie, sondern an die Welt. Er begann mit einer Darstellung der inneren Probleme des Reiches und ging dann auf außenpolitische Themen ein. Präsident Wilsons Vierzehn Punkte, so sagte er, seien »eine geeignete Grundlage für den Eintritt in die Diskussion zu einem allgemeinen Frieden«. Es sei nicht die Schuld Österreichs – mit einem Monarchen gesegnet, der »niemals einen Treuebruch, niemals einen schimpflichen Frieden schließen wird« – wenn keine Fortschritte erzielt werden könnten. Dann folgte, auf die deutsche Offensive an der Westfront anspielend, der »dramaturgisch« so wichtige Passus:

> »Herr Clemenceau hat einige Zeit vor Beginn der Westoffensive bei mir angefragt, ob ich zu Verhandlungen bereit sei und auf welcher Basis. Ich habe sofort im Einvernehmen mit Berlin geantwortet, daß ich hierzu bereit sei und gegenüber Frankreich kein Friedenshindernis erblicken könne als den Wunsch Frankreichs nach Elsaß-Lothringen. Es wurde aus Paris erwidert, auf dieser Basis sei nicht zu verhandeln«.[3]

Schon an diesem Punkt beginnen die Konfusionen rund um die Affäre. Czernin erklärte, daß der Kaiser, dem er seine Rede vorgelegt hatte, den Text fast ohne Korrektur gebilligt und den Absatz über Clemenceau unverändert gelassen habe. Die Kaiserin hingegen betonte nachdrücklich, daß Karl die Ansprache erst am späten Abend des Ostermontag im Hofzug auf der Rückfahrt nach Wien zu Gesicht bekommen habe und ernstliche Vorbehalte hegte. Diese notierte er für ein Gespräch mit dem Minister nach der Ankunft, in der irrigen Annahme, die Rede werde erst am Dienstagabend gehalten. Doch zu dem Zeitpunkt, als der Zug in Wien eintraf, hatte Czernin bereits gesprochen.

Die Eintragung in Zitas geheimem Tagebuch bestätigt ihre mündliche Darstellung:

> »Rede von [sic!] 2. April: er [Czernin] so heiklig für Competenzen, sagt kein Wort Ministerpräsident wegen innerpolitischen Inhalt [Slaven], S.M. [Seine Majestät] so spät erhalten, konnte nicht mehr durchsehen. Rede u. Forum vom Zaun gebrochen.«[4]

Von nun an hebt sich der über den österreichischen Vorgängen eingefallene Nebel des Widersprüchlichen nie mehr. In Paris aber blieb die Luft scharf und klar. Clemenceau wußte genau, was er wollte, und es gab niemandem, der ihm Kontra geboten hätte. Am nächsten Tag veröffentlichte die offizielle französische Nachrichtenagentur Havas die brüske Antwort: »Graf Czernin hat hierin gelogen.«* So empört war der Chauvinist Clemenceau darüber, daß im Zusammenhang mit Friedensschritten sein Name auch nur erwähnt wurde. Doch den Außenminister Österreich-Ungarns in aller Öffentlichkeit als einen Lügner zu bezeichnen, war eine arge Provokation, besonders im Hinblick auf Czernins übersteigerten Adelsstolz.

Um sich zu verteidigen, verfiel der Graf auf das absonderliche taktische Mittel, diplomatische Kontakte auf der unteren Ebene publik zu machen, die im Sommer des Vorjahres tatsächlich in der Schweiz hergestellt worden waren, und zwar zwischen Legationsrat i. P. Nikolaus Graf Revertera, im Auftrag des k. u. k. Ministers des Äußern, und Abel Graf Armand, damals Major und dem französischen Kriegsministerium zugeteilt. Wie vorauszusehen, hatten sich die Gespräche festgefahren, vor allem wegen des Fragenkomplexes Elsaß-Lothringen und der italienischen Ansprüche auf österreichisches Territorium. In einem ausführlichen Kommuniqué vom 4. April deklarierte Czernin diese und andere Friedensinitiativen, die damals unter seiner Leitung erfolgt waren. Sein jetziges Vorgehen spottete allen Regeln der Geheimdiplomatie, doch wie sich wies, ohne daß er politisch seine eigene Haut oder den Ruf seines Kaisers retten konnte. Denn nun bekam Clemenceau zum erstenmal Karls Brief vom 24. März 1917 an Sixtus zu Gesicht.**

Der »Tiger« wußte, daß er von diesem Moment an Czernin in den Pranken hatte. Die grausame Ironie dabei war, daß der Minister selbst das nicht ahnte, denn an Laxenburg dachte er noch nicht. Es kam zu einem weiteren Duell mit Kommuniqués, in denen Czernin sich noch immer über die Gespräche zwischen Revertera und Armand verbreitete, während Clemenceau immer kühnere Andeutungen über ein früheres österreichisches Friedensangebot auf höherer Ebene machte. Am 9. April legte der französische Staatsmann schließlich die Karten auf den Tisch. In einer weiteren öffentlichen Erklärung stellte er die Frage, welchen Sinn es wohl

---

* Clemenceau, der am 4. April das Frontgebiet besuchte, rief diese Worte zornig ins Telefon, und so wurden sie prompt an die Agentur weitergegeben.

** In dem Konvolut befand sich auch eine Abschrift des zweiten Kaiserbriefes vom 9. Mai 1917, aber die Kopie von Czernins ungezeichneter Notiz vom selben Tag fehlte, obwohl sie im Index angegeben war.

habe, durch einen Beamten wie Revertera die Haltung Frankreichs zum Thema Elsaß-Lothringen erkunden zu lassen, wenn sich kein Geringerer als der österreichische Kaiser persönlich im März 1917 schriftlich damit einverstanden erklärt habe, die französischen Ansprüche auf jene Gebiete zu unterstützen. Und dann noch eine Breitseite: »Ein zweiter kaiserlicher Brief stellt fest, daß der Kaiser mit seinem Minister einig sei.«[5]

Dazu die Tagebuchnotizen der Kaiserin:

»7. April: Daraufhin reizt Cz. Clem. zum äußersten, deckt rücksichtslos die ganze Armand-Revertera Angel.[egenheit] auf. Stellt en plus u. gratis die im Auftrag der eng[lischen] Reg.[ierung] gemachten Besprechungen Smuts-Mensdorff bloß. Gibt ›personnage‹ zu – – und reist nach Bucarest ab!«

»9. April: Clem. sagt, er hat 2 Briefe S.M. 1. Friedensangebot mit Elsaß-Lothr. 2. ›mit Minister einig‹. (Ist nicht im Brief, basiert sich [sic!] auf Begleitnote).«

Wie in allen guten tragischen Farcen trieb die Handlung mit wachsender Beschleunigung einem turbulenten Höhepunkt zu. Czernin, der in Bukarest erfuhr, daß Clemenceau offenbar Karls Namen genannt hatte, konfrontierte nun seinen Monarchen mit der akut werdenden Krise. Die Verbindung erfolgte über den sogenannten »Hughes-Apparat«, eine frühe Form des Fernschreibers, der samt Sende- und Empfangsstation in der Nähe des Badener »Kaiserhauses« installiert war. Zu Clemenceaus Behauptungen gab Karl seinem Außenminister eine bindende Erklärung. Authentischer Wortlaut: »Selbstverständlich ist alles, was Clemenceau über mich vorbringen könnte, *außer dem, was Sie sowieso schon wissen* [Hervorhebung des Autors], Lug und Trug.«[7]

Das Fatale daran war, daß Czernin nicht genau wußte, was Clemenceau beabsichtigte – ebensowenig wie übrigens Karl oder Zita. Der Minister, der sich nun doch der Briefe des Kaisers an Sixtus erinnerte, wußte zwar, daß darin etwas über Elsaß-Lothringen stand, aber den Wortlaut kannte er nicht, denn er hatte die Schriftstücke niemals gelesen. Doch da Karl ihm auch mitteilte, er werde ein persönliches Dementi an Kaiser Wilhelm absenden, entschloß er sich zu einem neuerlichen Schlagabtausch mit Clemenceau. Dies war der unsinnigste seiner Fehler, doch angesichts seines ausgeprägten Egoismus ist begreiflich, warum er verzweifelt um sich schlug, um sich aus dem Morast zu befreien, in dem er knietief steckte. Der letzte Satz seines Herrschers via Hughes-Apparat war die unerklärlich irreführende Feststellung gewesen: »In einem Brief an den Prinzen von Parma ist niemals etwas Politisches gestanden.« Das genügte dem desperaten Außenminister. Ohne Rücksprache mit Kaiser Karl und sogar noch vor seiner Ankunft in Wien und in seinem Amtssitz schleuderte Czernin wieder eine Verlautbarung in Richtung Paris, sie besagte, Herrn Clemenceaus Angaben über briefliche Äußerungen des österreichischen Monarchen seien »vom Anfang bis zum Ende erlogen«.

Clemenceau erwiderte mit einer Salve, die Czernin den Boden unter den Füßen wegfegte. Er veröffentlichte im vollen Wortlaut Karls ersten eigenhändigen Brief vom 24. März 1917. Bei der Übergabe in Laxenburg hatte Karl von Sixtus das feierliche Versprechen gefordert, das Handschreiben in Paris nur denjenigen zu zeigen, den es betraf, und den Brief niemals aus der Hand zu geben, außer für kurze Zeit zu dem erstrebten Zweck und lediglich so lange er selbst anwesend war und das Schreiben sofort wieder an sich nehmen konnte. Entweder hatte Prinz Sixtus sein Versprechen leider nicht sehr ernst genommen, oder er war eben doch eher ein patriotischer Franzose als ein treuer Schwager. Das hätte eigentlich von Anfang an klar sein müssen.

Mit dem von Clemenceau veröffentlichten Text des Laxenburger Briefes konfrontiert, wollten Karl und Zita sofort zum Vergleich ihre eigene Fassung heranziehen. Das erwies sich als unmöglich. Eine genaue Abschrift war nie angefertigt und als solche bezeichnet worden. Dies war Schlamperei, das altbekannte Wiener Phänomen, auf höchster, kaiserlicher Stufe. Zita hat geschildert, was geschah:

»Zum Verständnis der Situation ist zu sagen, daß damals, als die Briefe verfaßt worden waren, am Hof eine eigenartige Atmosphäre herrschte. Man war in Sorge vor inneren Unruhen und fürchtete Spionage – nicht nur feindlicher Agenten innerhalb der Monarchie, sondern auch von deutscher Seite. Der deutsche Generalstab hatte Pläne für einen Einmarsch in Österreich fertiggestellt, um es notfalls zu besetzen ... Andererseits war es wesentlich, daß diese höchste geheime Korrespondenz möglichst wenigen Personen bekannt wurde, ja daß möglichst niemand die Briefe sah. Aus diesem Grund konnten Entwürfe oder Abschriften der Briefe auch nicht in einem Archiv oder Sekretariat aufbewahrt werden, vielmehr hatte der Kaiser alle schriftlichen Unterlagen aus Sicherheitsgründen selbst in der Lade eines Schreibtisches in meinem Schlafzimmer eingesperrt.

Als die Schreibtischlade geöffnet wurde, fanden sich zwar für den ersten Brief eine Anzahl verschiedener Entwürfe vor; es gab aber keinen Vermerk, aus dem hervorgegangen wäre, welcher dieser Entwürfe schließlich jenem Brief entsprach, der dem Prinzen Sixtus ausgehändigt worden war. Zudem lag die Angelegenheit nun schon fast ein Jahr zurück und galt ohnehin als abgetan. Daher konnte der Kaiser die einzelnen Phasen aus dem Gedächtnis nicht mehr genau zusammenstellen. Kaiser Karl wußte wohl, daß der Brief vom März 1917 einen Hinweis auf die französischen Ansprüche hinsichtlich Elsaß-Lothringen enthalten hatte, besaß aber keine Möglichkeit, nachzuprüfen, ob die von Clemenceau zitierten Worte auch wirklich jene waren, die er in seinem Brief gebraucht hatte ... Daß Kaiser Karl keine richtige Abschrift anfertigen oder wenigstens die anderen Entwürfe nicht vernichten hatte lassen, stellte sich nun als verhängnisvoller Irrtum heraus. Denn endlich mußte festgestellt werden, daß Clemenceau den echten März-Brief veröffentlichen hatte lassen.«[8]

Es wurde schließlich ein einziges Konzept zutage gefördert und durch August Graf Demblin (Legationssekretär im k. u. k. Ministerium des Äußern, von dort dem Kaiser zugeteilt) an Czernin weitergegeben, etwa so, wie man einem Patienten, dessen Erregung sich zur Hysterie steigert, Beruhigungsmittel verabreicht. Dieser Entwurf wich in zwei wichtigen Aspekten von der Laxenburger Endfassung des 24. März 1917 ab, ja stand sogar im Widerspruch zu ihr. Erstens fand sich darin keine Erwähnung Belgiens. Zweitens ging der Kaiser, die umstrittenen Territorien betreffend, so weit, zu erklären: »Ich hätte meinen ganzen persönlichen Einfluß zugunsten der französischen Rückforderungsansprüche bezüglich Elsaß-Lothringens eingesetzt, wenn diese Ansprüche gerecht wären; sie sind es jedoch nicht.«[9]

Warum dieses Konzept, das alle Hoffnungen auf Verhandlungen mit Paris sofort vereitelt hätte, zuerst geschrieben wurde, ist schwer zu erklären. Daß es das einzige erhaltene war, kam für die Verfasser fast einer Katastrophe gleich. (Die Vermutung, Karl könnte das Dokument gefälscht haben, um seinen Außenminister vorsätzlich in die Irre zu führen, klingt nicht überzeugend. Dem Kaiser fehlte gänzlich die Verschlagenheit für solch ein bewußtes Täuschungsmanöver.)

Die Tagebuchnotiz der Kaiserin aus jener Zeit ist kurz. Aber diesen wenigen Sätzen, die innerhalb einiger Stunden nach den Ereignissen niedergeschrieben wurden, gebührt der Vorrang vor einer viele Jahre später aus dem Gedächtnis wiedergegebenen Darstellung.* Zunächst die Eintragung:

»11. April: Demblin bittet um Entwurf des [ersten] Briefes vormittags. Ich gelegen, Briefe in einer Kiste unter anderen schweren in meinem Schlafzimmer. Dies wegen Complott. Daher Antwort S.M. er hat sie nicht bei der Hand, schickt sie nachmittags. Ich suche dann, finde das vorgewiesene Conzept, nichts anderes. Also *kann* kein zweiter Brief sein. S.M. übersendet es mit der Bedingung, daß – wegen Ehrenwort – Cz. keinen Gebrauch davon macht, *niemandem* zeigt! Cz. läßt sagen, er garantiert dafür.«[10]

Somit hatte Czernin schon am 11. April dem Kaiser feierlich zugesagt, die Abschrift des Entwurfs nicht publik zu machen – ein Versprechen, das er prompt brach. Noch wichtiger sind allerdings die Angaben über das Dokument selbst. Es kommt nicht darauf an, ob das Schriftstück in einer versperrten Schreibtischlade im Schlaf-

---

* Als die Kaiserin 1967 dem Autor ihre Erinnerungen an diese Vorgänge mitteilte, wußte sie nicht, daß ihre täglichen Aufzeichnungen aus dem Jahr 1918 im Familienarchiv erhalten geblieben waren. Zu jenem Zeitpunkt wurden die verstreuten Dokumente erst gesammelt, um in der Schweiz zu einem in sich geschlossenen Bestand vereinigt zu werden, und größtenteils waren sie noch nicht katalogisiert.

zimmer gefunden wurde, oder, wie im Tagebuch erwähnt, in einer Kiste vergraben unter anderen Kisten. Entscheidend ist vielmehr, daß es als das *einzige* aufgefundene bezeichnet wird (»nichts anderes« war vorhanden), denn dieser Entwurf steht, wie wir gesehen haben, in diametralem Gegensatz zu der Endfassung des Laxenburger Briefs vom 24. März 1917. Es hat daher den Anschein, daß 1918 die von der Kaiserin erwähnten mehreren Versionen laut ihrer schriftlichen Aussage nicht existierten. Czernin hatte die Wahl zwischen dem unverfänglichen, aber bedeutungslosen Entwurf seines Kaisers und dem bedrohlich inkriminierenden Text in Clemenceaus Wiedergabe. Am nächsten Tag fuhr er nach Baden, um Karl zu zwingen, sich zu einem der beiden Dokumente zu bekennen.

Der Bericht darüber nimmt im Tagebuch der Kaiserin breiten Raum ein, was in Anbetracht der dramatischen Vorgänge verständlich ist. Hier zunächst der Wortlaut, ohne Kommentare:

»12. April. Cz. telefoniert nach dem Mittagessen, kommt dann heraus. Clem. hatte inzwischen Text publiziert. Cz. bringt beide mit.* Sagt er weiß, welcher Text richtig, aber daß wenn S.M. ihn [nicht] zugibt, verständigt er sofort Berlin, das Einmarsch bereit. Dann verliest er die Clem. Note; fragt dann S.M. ob er dazu etwas zu sagen habe. S.M. schweigt, erkennt auch, welche die Richtige ist. Cz. drängt und droht zugleich; S.M. schweigt weiter. Sodann erkundigt sich Cz. vorsichtiger Weise, ob S.M. sich an einen zweiten Brief erinnert. (Cz. hatte die Copie!) Da dieser S.M. total entfallen u. nicht im Fascikel war, sagt der Kaiser mit Entschiedenheit nein. Erst daraufhin zog Cz. das von seiner eigenen Hand geschriebene, in Wien vorbereitete Ehrenwort mit (praemeditation ist aufs deutlichste bewiesen!) u. sagt. S.M. er habe das zu unterschreiben. S.M. weigert sich. Darauf Cz. er werde also sofort Berlin verständigen und der Trümmerhaufen der durch Einmarsch u. Revolution entstände, könne dann S.M. mit dem eigenen Gewissen ausmachen. Dieses Ehrenwort werde in seinem Schreibtisch verwahrt. Niemand wer-

---

* Also den Laxenburger Brief, wie er soeben in Paris veröffentlicht worden war, und den von der Kaiserin aufgefundenen an ihn weitergegebenen, ziemlich davon abweichenden Entwurf.

de es je erblicken (also auch nicht irreführen!). S.M. sagt zu ihm: ›Sie haben ja selbst gesagt, Sie wissen welche Fassung die Richtige ist – wie können Sie also so eine Unterschrift von mir verlangen!‹ Nach langem Kampf droht Cz. endlich Schluß zu machen u. unterschreibt S.M.

Jetzt da er das hat, verlangt er den irrtümlichen Concepttext zu publizieren. S.M. verweigert das absolut. Nun geht das Ringen wieder um das los. Beständige Drohungen etc. endlich wird es 5 h. S.M. muß andere dringende Audienzen empfangen. Bittet Cz. zu warten. Als er fertig, ist Cz. abgefahren (auch diesen Text hatte er fertig von Wien mitgebracht, aber zuerst brauchte er das Ehrenwort). Auch schon bei diesem Ringen sagte Cz. beständig: ›E.M. [Eure Majestät] haben es ja unterschrieben, daß es Richtig ist!‹ S.M. läßt Posten bei Lax.[enburg] aufstellen, Cz. Auto aufzuhalten, da er an ein Mißverständnis im Wegfahren glaubt. Cz. hat den Posten beinahe totgefahren. S.M. läßt ins Ministerium des Äußern telefonieren. Cz. ist noch nicht angekommen. S.M. läßt ihm sagen, er solle sobald er ankommt sofort am Geheimapparat mit ihm sprechen. Niemanden vorher ein Wort sagen. Beamte tut das. S.M. weitere Audienzen. Kein Telefon«.

»Endlich ruft S.M. i[h]n auf u. telefoniert mit ihm ›wie ums Leben‹ bis 10 1/4. Cz. will Veröffentlichung erzwingen: es ist die Rettung der Brüder, er garantiert mit seinem Kopf für sie, endlich droht er sich am Telefon zu erschießen, dann sagt er plötzlich in ganz ruhigem Ton: ›Es ist ja sowieso ganz einerlei, ich habe das Communiqué ohnedies schon heute Nachmittag herausgegeben.‹ S.M. Sollte nach Pest [Budapest] fahren, versäumte Zug.«[11]

Durch die Veröffentlichung des unbedenklich wirkenden Textentwurfs, von dem Czernin trotz der »Ehrenerklärung«, die er seinem Monarchen abgerungen hatte, genau wußte, daß es der nicht verwendete war, brach er zwei feierliche Versprechen, wie aus den Niederschriften vom 11. und 12. April im Tagebuch der Kaiserin hervorgeht. Seine Taktik, wie verwerflich auch immer, erweist ihre Logik, sobald man den Text des unwichtigen Konzepts mit der

Erklärung vergleicht, die Czernin verfaßt und dem Kaiser zur Unterzeichnung vorgelegt hatte. Sie ist präzise auf jenen Entwurf abgestimmt, den Paris niemals zu sehen bekam. Die Kaiserin gab keine Einzelheiten dieser schicksalhaften ehrenwörtlichen Erklärung an, doch laut den Mitteilungen eines zuverlässigen Zeitzeugen und Gewährsmanns, nämlich des Grafen Demblin selbst, enthielt sie vier Punkte. Erstens, daß Karl nur *einen* Brief an seinen Schwager geschrieben habe; zweitens, daß Prinz Sixtus nicht ermächtigt war, dieses Schreiben der französischen Regierung zu zeigen; drittens, daß Belgien nicht erwähnt wurde; und schlußendlich, daß Clemenceaus Angaben über Elsaß-Lothringen auf glatter Fälschung beruhten. Die ersten beiden Punkte hatte Czernin einfach erfunden, die beiden anderen deckten sich genau mit dem Entwurf zu der nicht verwendeten Fassung, dem einzigen dieser Schriftstücke, das Zita in ihrem Versteck gefunden hatte.

Auch Czernins Absicht ist klar: er wollte den Anschein erwecken, daß er persönlich mit den geheimen Friedenssondierungen des Frühjahrs 1917 nichts zu tun hatte. Um diese Fiktion zu stützen, mußte er jegliche Erwähnung von Karls zweitem Laxenburger Brief (9. Mai 1917) verhindern, denn diesem hatte er selbst seine Notiz beigefügt, ohne Unterschrift zwar, aber eigenhändig. Auf diese Beteiligung spielte Clemenceau an, als er in seinem Kommuniqué vom 9. April – dem ersten, in dem Karls Name mit der Affäre in Zusammenhang gebracht wurde – die Erklärung abgab, er besitze aus späterer Zeit Beweise dafür, daß »der Kaiser im Einverständnis mit seinem Minister handelte«.[12] Aber solche konkreten Beweise fehlten in Paris. Czernins Anmerkung, von ihm auf Deutsch geschrieben und von Prinz Sixtus beträchtlich geschönt ins Französische übersetzt, war in der für Clemenceau vorbereiteten Geheimakte zwar ordnungsgemäß als Schriftstück Nr. 13 verzeichnet, aber unerklärlicherweise nicht vorhanden.[13] »Er [Czernin] selbst hat den [Brief] vom 9. Mai!«, schrieb Zita in ihrem Tagebuch unter dem Datum des 10. April, und damit hatte sie sicherlich recht. Mit dem Original oder der einzigen Abschrift seiner Notiz im Safe, glaubte Czernin, das halsbrecherische Spiel wagen zu können, seinen Namen aus dem Skandal herauszuhalten und alles Verschulden seinem Monarchen anzulasten.

Was letzteres betraf, hatte er jedenfalls Erfolg, denn als Clemenceau noch am selben Tag auf diese Auslegung erwiderte, verband er damit einen vehementen, gehässigen Angriff gegen den Kaiser persönlich: »In der Unmöglichkeit, ein Mittel zu finden, um das Gesicht zu wahren, verfällt Kaiser Karl in das Stammeln eines in Verwirrung geratenen Menschen. Er ist nun darauf angewiesen, seinen Schwager der Fälschung zu bezichtigen.«

Unter Zurückweisung eines »lügenhaften Textes« heißt es in dem französischen Kommuniqué weiter: »Das Original, dessen Text von der französischen Regierung veröffentlicht worden ist, war in Gegenwart des vom französischen Ministerpräsidenten delegierten Generalsekretärs im Ministerium des Äußern, Jule Cambon, mitgeteilt worden, der eine Kopie desselben mit Ermächtigung des Prinzen dem Ministerpräsidenten übergeben hat.«[*]

Das Tagebuch der Kaiserin gibt – zum erstenmal! – chronologisch und die Zusammenhänge berücksichtigend Aufschluß über die Vorgänge während jener qualvollen zwei Aprilwochen des Jahres 1918. Es bietet auch einige Hinweise zu der zentralen Frage: Warum setzte Kaiser Karl überhaupt seine Unterschrift auf die völlig willkürlich verfaßte »Ehrenerklärung«, die, wie er wußte, von Anfang bis Ende erlogen war? Und warum ließ er den psychisch so labilen Verfasser dann damit ziehen? Bisher lautete die dafür vorgebrachte Erklärung, dem Monarchen sei Czernin mit seinen hysterischen Ausbrüchen dermaßen auf die Nerven gefallen, daß er das Schriftstück unterfertigte, um den Mann loszuwerden und endlich Ruhe zu haben. Nun aber zeichnen sich zwei andere Beweggründe ab, beide glaubhafter und viel eher mit dem Begriff Würde im Einklang.

Erstens erhielt das Kaiserpaar kurz vor der Krise geheime Meldungen, daß Czernin mit deutscher Schützenhilfe einen Staatsstreich plane, darauf bezieht sich die Tagebucheintragung »Warnung vor einem Complott«. Ob diese Berichte auf Wahrheit beruh-

---

[*] Prinz Sixtus erklärte später, im Gegensatz zu der Auffassung seiner Schwester, es sei ihm freigestanden, Abschriften der Laxenburger Briefe herzustellen, gegen das feierliche Versprechen aller Empfänger, den Inhalt niemals bekanntzugeben.

ten oder nicht, ist hier zweitrangig. Karl und Zita schenkten ihnen Glauben, deshalb klangen die beständigen Drohungen des Ministers während der Konfrontation am 12. April, »er werde also sofort Berlin verständigen«, für sie durchaus plausibel. Der zweite Grund, in der sehr reichhaltigen Literatur über die Sixtus-Affäre zum erstenmal erwähnt, war Czernins Warnung, das Leben der beiden Prinzen stehe auf dem Spiel, und nur er könne verhindern, daß sie getötet würden. Es mag ein solches, von Czernin und Ludendorff angezetteltes Komplott gegen die Brüder Bourbon-Parma gegeben haben. Viel wahrscheinlicher ist allerdings, daß es sich schlicht und einfach um eine moralische Erpressung handelte, die der Minister am 12. April in Baden ad hoc anwandte. Wie konnte das Kaiserpaar denn in jenen düsteren Tagen sich darüber Klarheit verschaffen? Dieser Umstand böte die Erklärung für den ansonsten unbegreiflichen Unterlassungsfehler der so resoluten und jeder Herausforderung trotzenden Kaiserin, ihren Gatten davon abzuhalten, auf Czernins Forderung einzugehen. Sie mußte geahnt haben, daß der Kaiser dadurch in Gefahr geriet, seine Ehre zu verwirken; andererseits konnte er, wie es schien, nur durch diese Unterschrift das Leben ihrer beiden Brüder retten. Auf alle Fälle betrachtete Czernin dies als seine Trumpfkarte.

Ein Indiz dafür bietet sein Verhalten; am nächsten Tag nahm er das Tauziehen wieder auf, und zwar noch ungestümer als zuvor. Dazu die entsprechenden Passagen aus dem Tagebuch der Kaiserin:

»13. April. Cz. telefoniert in der Früh. Brüder in großer Gefahr, erschossen zu werden, er kommt gleich. S.M. hatte ein [sic!] Herzkrampf, konnte ihn nicht gleich empfangen, bat mich ihn anzuhören. Ich spreche mit ihm von 10 Uhr bis 11^3/$_4$ ›Je me débats, il est plus que nerveux, larmes.‹ Vorschlag: um die Brüder zu retten – denn der Text Cl.[emenceaus] ist ja der echte, er weiß es aus den seinerzeitigen Verhandlungen – muß S.M. erklären er leide an zeitweiligen geistigen Lücken; er ziehe sich von der Regierung zurück, da er in so einem Anfall den Clem.-Brief geschrieben habe. Cz. wird der ›eiserne Kanzler‹, Regent, der aber nichts zu sagen hat, Erzherzog Eugen, sie verhandeln einen Anschluß an Deutschland und wenn dann alles perfect ist, kann S.M. als gesund erklärt werden. S.M. lehnt kathegorisch ab. Zuerst durch mich, dann steht er auf und kommt es nochmals selber sagen.

Als ich Refus überbringe, schlägt er Selbstmord à trois vor. Als er sagt er wisse die Clem.[enceau-Version] sei die Richtige, sagte ich ihm: ›Dann geben sie mir das gestrige Schriftstück zurück!‹ Er weigerte sich, sagend er bräuchte es um seinen Kindern einen ehrenvollen Namen zu hinterlassen. Ich erwiderte: ›Wenn Sie Ihren Kindern einen ehrenvollen Namen hinterlassen wollen, dann geben Sie mir dieses Schriftstück zurück und ich zerreiße es vor Ihnen!‹ Nein! Von mir zur Rede gestellt, wie er sagen könne, er habe *nichts* gewußt [von den Laxenburger Gesprächen im März 1917], antw. er, er habe von dem *Brief* nicht gewußt u. da lügen eine Sünde sei – u. er wolle eine solche nicht begehen – sage er lieber er habe von garnichts gewußt als auszusehen als ob er was vom Brief gewußt hätte. Im selben Atem schlug er aber Selbstmord vor. Ich konnte nicht umhin zu antworten: ›Wenn ich schon einmal in die Hölle kommen sollte, ginge ich lieber in einer besseren Gesellschaft als in der Seinigen dort hinunter!‹

Nachdem er also wiederholt versichert hatte, er wisse daß [das] Conzept irrtümlich [sei] sagte er Cramon* er solle sich den Text von S.M. ansehen (jedenfalls um S.M. noch mehr hineinzulegen), und sandte ihn zum Kaiser. Diesem kündigte er an, daß Cramon zu diesem Zweck komme. Hier Bericht von Cramon sehr lügenhaft. S.M. sagte bloß: ›Hier ist das Conzept von dem Cz. Ihnen sprach!‹ (S.M. war äußerst erstaunt über die Darstellung von Cramon, glaubte es nicht für möglich so zu lügen!)«[15]

Der wichtigste neue Gesichtspunkt, der sich aus diesen Tagebuchaufzeichnungen ergibt, ist – außer Czernins erpresserischer Drohung mit Lebensgefahr für die beiden Prinzen – das ausführliche Konzept für eine temporäre Regentschaft, die der Minister am 14. April vorschlug. In großen Zügen war dies, ebenso wie der

---

* General August von Cramon fungierte zuerst als deutscher Militärattaché in Wien und dann als deutscher Bevollmächtigter beim österreichisch-ungarischen Armeeoberkommando, somit als persönlicher Verbindungsoffizier zwischen Wilhelm II. und Karl.

Vorschlag zum Selbstmord, schon aus den mündlichen Mitteilungen über die dramatischen Abläufe jenes Tages bekannt, welche die Kaiserin Jahrzehnte später gab. Doch nur das Tagebuch offenbart, daß Czernin die Absicht hegte, das Zwischenspiel einer Regentschaft zu nutzen, um unter seiner Führung die totale Vereinigung mit dem Deutschen Reich zu vollziehen. Danach hätte Karl auf den Thron zurückkehren dürfen. Als Marionette. Ob Erwägungen, die ungefähr in die Richtung dieses Plans zielten, jemals im geheimen mit den Deutschen besprochen wurden, ist nicht bekannt. Fest steht allerdings – was die Kaiserin noch nicht wissen konnte, als sie ihr Tagebuch schrieb –, daß Czernin während aller Phasen der Krise ständigen Kontakt mit der deutschen Botschaft hielt, dem Botschafter Graf Wedel vor der Veröffentlichung Einblick in die dem Kaiser abgenötigte »Ehrenerklärung« gab und Cramon über den Inhalt mündlich informierte, ehe der deutsche General selbst nach Baden fuhr.[16]

Was Karls kategorische Ablehnung des Ansinnens betrifft, er möge für einige Zeit aus Krankheitsgründen dem Thron entsagen, hätte das Tagebuch durch einige Schnörkel noch gewonnen, welche die Kaiserin viel später aus dem Gedächtnis in ihre Schilderung einfügte. Demnach hatte der Kaiser seinem Minister sehr unwirsch erwidert: »Kommt nicht in Frage. Wo kommen wir denn hin, wenn wir anfangen, die Monarchen als Geistesverwirrte zu erklären?!«[17]

Diese Standhaftigkeit, konsequent eingehalten, wäre während der ganzen Auseinandersetzung angezeigt und förderlich gewesen. Letzten Endes hätte Czernin als Minister der Krone die Pflicht gehabt, den Thron um jeden Preis zu schützen, und sei es durch das Opfer seiner eigenen Karriere. »Solche antike Größe liegt ihm aber, wie sein Schwager Carl Kinsky bemerkte, fern«, notierte sein Amtsvorgänger Leopold Graf Berchtold in sein Tagebuch.[18]

Vieles spricht für die Auslegung, daß Karl trotz der Drohungen und Erpressungsversuche, denen er ausgesetzt war, seinen Minister in dem Moment hätte davonjagen sollen, als derartige hochverräterische Gedanken geäußert wurden.

Aber wie die Dinge lagen, gab sich Czernin selbst den Laufpaß. Zitas Tagebuch registriert das abrupte Ende der Krise:

»14. April: Furchtbare Scene mit Cz.* Er versucht den Kaiser nochmals zum Rücktritt zu bewegen, als das nicht gelingt, bekommt er eine Crise de nerfs, weint, und gibt plötzlich seine Demission, die S.M. sofort annimmt.

Nach seinem Urlaub nahm er Akten aus dem Ministerium mit und unter anderem blieb der [sic!] Conzept vom 9. V. [Mai] Brief seitdem unauffindbar ... S.M. versuchte ihn durch Polizei als gemeingefährlich verhaften zu lassen, Polizei weigerte sich. Presse wagte es, auch nach seinem Abgang nicht, anders zu schreiben als er befohlen hatte ... zurück vom Urlaub, fingierte er eine Friedensunterhandlung *selbst* übergeben zu müssen, um empfangen zu werden.«

Trotz allem, was zwischen ihnen vorgefallen war, gestattete Karl dem Grafen einen Abschied mit den äußeren Zeichen kaiserlicher Huld. Der Herrscher, den er wie einen begriffsstutzigen Schuljungen gemaßregelt und vom Thron zu treiben versucht hatte, verlieh seinem scheidenden Minister die höchste Auszeichnung für Diplomaten, das Großkreuz des Stefans-Ordens, in Brillanten.** Der Deutsche Kaiser stellte sich mit dem Eisernen Kreuz I. Klasse ein. Diese Ehrung hatte sich Czernin wahrlich verdient, wie man sein Vorgehen auch betrachten mag. Das Beste, das man über sein Verhalten im Frühjahr 1918 sagen kann, ist die Feststellung, das Bündnis der Donaumonarchie mit dem Deutschen Reich sei ihm so heilig gewesen, daß er sogar bereit war, auf diesem Altar seinen Souverän zu opfern. Das negativste Urteil aber lautete, daß er größenwahnsinnig war und ein Verräter, und so auch an der deutschen Sache Verrat übte.

Welchen Maßstab der moralischen Bewertung man auch anlegt, Ottokar Graf Czernin verschwand jedenfalls vom Wiener Hori-

---

* Diesmal in bzw. vor einer Ministerratssitzung in Wien am Sonntag, dem 14. April um elf Uhr unter dem Vorsitz des Kaisers und im Beisein der Kaiserin. Damals verlas Czernin Clemenceaus rhetorisch hochbrisantes Kommuniqué mit den ersten persönlichen Angriffen gegen Karl.

** Die Ausführung eines Ordenszeichens in Edelsteinen hatte in der Donaumonarchie keine Bedeutung für die Ordensklasse als solche. Sie machte aus der Insignie lediglich eine besondere Kostbarkeit und zugleich ein persönliches Präsent des Kaisers. (Anm. d. Übers.)

zont wie ein Komet, der unberechenbare Bahnen zieht. Dieser Stern war nach dem »Brotfrieden« im Osten am hellsten erstrahlt und ließ nun nicht einmal einen schwachen Lichtschimmer zurück. Nie wieder sollte er am europäischen Horizont aufleuchten.

Doch auf dem politischen Trümmerfeld, das er bei seinem Abgang hinterließ, war Geröll in Bewegung geraten und würde bald die Monarchie, der er nach seinen Behauptungen immer gedient hatte, unter sich begraben. Obwohl das Gefüge selbst noch sechs Monate standhielt, markierte das Nachspiel des Sixtus-Skandals den Anfang vom Ende des Habsburgerreiches. Eine der Ironien der Weltgeschichte: Was Czernin während seiner Amtszeit nicht gelungen war, das wurde durch seinen Sturz angebahnt. Die Handlung verlagert sich nun nach Berlin oder besser ins eigentliche Impulszentrum des Deutschen Reiches jener letzten Kriegsphase. Ihr Schauplatz ist das Große Hauptquartier der Obersten Heeresleitung in Spa.

Ein Reich zerfällt

General Ludendorff brauchte kaum Ansporn, um loszuschlagen. Wie erwähnt, hatte er Karl und Zita schon seit langem im Visier seiner Propaganda. Der starke Mann Deutschlands betrachtete sie günstigenfalls als zwei schlappe, unzuverlässige Figuren in der Gipfelregion des Bündnisses, schlimmstenfalls aber als potentielle Abtrünnige. Nun schien ihr Doppelspiel zweifelsfrei erwiesen. Natürlich hatte Ludendorff nicht Clemenceau gebraucht, um zu erfahren, daß zwischen Wien und Paris etwas im Gang war, das auf geheime Friedensverhandlungen abzielte und nicht nur den Österreichern, sondern auch den Deutschen Opfer abverlangen würde.

Ganz abgesehen vom sehr tüchtigen eigenen Nachrichtendienst des Ersten Generalquartiermeisters, hatte ihn sein Kaiser selbst über derartige frühere Andeutungen Karls informiert. Außerdem spielte auf fast jedem Treffen der beiden Herrscher oder ihrer zuständigen Minister, bei dem Friedenaussichten erörtert wurden, die Zukunft Elsaß-Lothringens eine Rolle, und stets wurde dieses Thema von österreichischer Seite eingebracht. Dennoch war es ein Unterschied, ob man das Kaiserpaar in Schönbrunn bloß verdächtigte, gemeinsam mit seinen Verwandten aus dem Haus Bourbon-Parma etwas auszuhecken, oder ob man, wie alle Welt, die an Paris adressierten und unterschriebenen Briefe zu lesen bekam, in denen der Kaiser von Österreich bei seinem einseitigen Versuch, den Krieg zu beenden, de facto eigenmächtig über deutsches Territorium verfügte.

Noch dazu konnte jeder aufrechte Preuße, der etwas auf seine Tüchtigkeit hielt, über das anscheinend hinterhältige Vorgehen und die geradezu sagenhafte Ungeschicklichkeit von Karls persönlichem Verhalten in dieser Affäre nur entsetzt sein. Karl sandte ein erstes Telegramm an den Deutschen Kaiser, in dem er Clemenceaus Behauptungen über Elsaß-Lothringen als bloße Versuche, »dem Lügennetz, in das er sich selbst verstrickt hat, zu entrinnen«, zurückwies.* In Berlin wurde dies als klägliches Bemühen ausgelegt, sich selbst aus der üblen Affäre zu ziehen. Eine zweite Depesche, in der Karl seinem Verbündeten versicherte, »Meine Kanonen werden die Antwort geben«, konnte Ludendorff wohl nur ein bitteres Lächeln entlockt haben angesichts des Widerstands, den Schönbrunn von Anfang an jeder österreichischen Beteiligung an der Westfront entgegengesetzt hatte.[1] Der Sixtus-Skandal des April 1918 war demnach ein völliges Debakel: militärisch, politisch und dynastisch. Deutschlands wichtigster Verbündeter im Kampf und in einem vierzig Jahre alten Pakt war als potentieller Deserteur bloßgestellt. Der Habsburger stand als wankelmütiger Intrigant und Lügner da – Vorwürfe, die überall im Lager der Mittelmächte das Ansehen der Donaumonarchie befleckten. Der österreichische Kaiser, sein Reich und seine Streitkräfte mußten zur Rechenschaft gezogen werden.

Während der zweiten Aprilhälfte wuchs der deutsche Druck auf diplomatischer Ebene. Gleichzeitig erfolgte eine gezielte und genau abgestimmte Pressekampagne, in der Österreich aufgefordert wurde, reinen Tisch zu machen. In Wien teilte Graf Wedel dem neuernannten k. u. k. Minister des Äußern Baron Burián** mit, »da Deutschlands Vertrauen in seine Verbündeten in jüngster Zeit eine schwere Erschütterung erlitten habe, müsse sein Land nun eine klare und verbindliche Antwort fordern«.[2] Am selben Tag meldete der schwergeprüfte k. u. k. Botschafter in Berlin, Prinz Gottfried zu Hohenlohe-Schillingsfürst, daß die Stimmung gegen die Donau-

---

* Laut Kaiserin Zita waren die telegrafischen Dementi an Wilhelm II. ein mit Sixtus bereits abgesprochenes taktisches Mittel für den Fall, daß durch Indiskretion die Verhandlungen mit Paris bekannt würden. Diese Depeschen sollten für die Franzosen ein Warnsignal sein, sich nicht weiter zu exponieren. So wurde, in guter Absicht, auf unsicherem Terrain ein weiterer Stolperdraht gespannt.

** Baron (später Graf) Stefan Burián, ehemaliger Diplomat und langjähriger Finanzminister, war 1916 als Minister des Äußern von Czernin abgelöst worden. Er war ein solider, aber phantasieloser Francisco-Josephiner, und sicherlich hatte ihn Karl wegen seiner Zuverlässigkeit erneut berufen.

monarchie noch schlimmere Formen annahm, als er befürchtet hatte. Sooft er versuchte, in offiziellen Gesprächen mit Deutschen die Frage der künftigen Beziehungen aufzuwerfen, erhielt er »ausweichende Antworten, aus denen man nur zu klar eine totale Reserve und grenzenloses Mißtrauen ablesen kann«.[3]

Zudem erfolgte der Druck nicht nur von außen. In Österreich selbst rief die großdeutsche Presse nach einem »Canossagang«. Burián bat Karl inständig um eine Geste, die den schwer geschädigten Ruf der Monarchie möglichst wiederherstellen könnte. Der Generalstabschef Generaloberst Arz von Straußenburg bot sogar seinen Rücktritt an, wenn damit der Sache der Bündnistreue gedient wäre. Das dynastische Fehlverhalten fand schließlich seine dynastische Form der Sühne. Zitas sechsundzwanzigsten Geburtstag am 9. Mai verbrachte Karl mit ihr in Wien, doch zwei Tage später traf er in Spa ein, vorgeblich zu einem Privatbesuch beim Deutschen Kaiser. Obwohl die Begegnung der beiden Herrscher nach außenhin herzlich verlief,* kam es zu einer strengen Abrechnung zwischen den Repräsentanten der zwei Staaten. Ludendorff ging es nicht so sehr um eine Klärung als darum, den dubiosen Verbündeten an die Kandare zu nehmen. Daß er damit Erfolg hatte, bezeugt ein geheimes gemeinsames Memorandum,[4] das die Richtlinien für die Fortsetzung des Bündnisses enthielt. Genauer betrachtet, verwandelte sich dadurch die Allianz in eine Annexion.

Drei Hauptziele wurden festgelegt, die alle »mit größtmöglicher Schnelligkeit« verwirklicht werden sollten. Das erste betraf den politischen Bereich und war ein langfristiger Vertrag zwischen den beiden Staaten. Das zweite, militärische Ziel war der Abschluß eines »Waffenbundes«. Wirtschaftlich schließlich einigte man sich auf ein Programm maximaler Koordination, mit dem Endziel, einen geschlossenen Wirtschaftsblock zu schaffen. Wie zwanzig Jahre später Kurt von Schuschnigg als Bundeskanzler, war Kaiser Karl als Oberhaupt eines noch souveränen Staates zu Krisengesprächen ins deutsche Lager gekommen. Und wie Schuschnigg nach ihm reiste

---

* Kaiserin Zita betrachtete Wilhelm II. als »den besten Freund, den wir in Deutschland an der Spitze hatten«. Wenn das zutrifft, will es trotzdem nicht viel besagen, da der Kaiser während des Krieges stetig an Bedeutung verlor.

auch Karl wenige Stunden später zurück in ein Land, das in allem –
bis auf den Namen – ein Vasallenstaat Deutschlands geworden war.

Wie angesichts von Ludendorffs Machtfülle im Jahr 1918 zu
erwarten, bot der »Waffenbund«, den Generaloberst Arz fast ohne
Erörterungen unterzeichnen mußte, das wirksamste Instrument
für eine deutsche Vorherrschaft. In sieben Artikeln wurde unter
anderem vereinbart, daß die Vorschriften für die Organisation und
den Einsatz der beiden Heere »auf gleichen Grundsätzen aufge-
baut« sowie Bewaffnung und Ausrüstung »in einem künftigen
Kriege ... einheitlich zu gestalten« sein würden.[5] Noch ominöser:
grundsätzlich war eine wechselseitige Abkommandierung von Offizieren vorgesehen, oder zumindest empfohlen. Das einzige Zugeständnis, das Karl seinen Gastgebern abrang, war die Streichung
einer Klausel, die besagte, daß Verbände der beiden Heere zusam-
mengefaßt werden könnten, was die Verlegung ganzer österreichisch-ungarischer Divisionen an die Westfront ermöglicht hätte.*
Alles andere jedoch, wofür sich Karl auf militärischem Sektor seit
seiner Thronbesteigung eingesetzt hatte, alles, was sich in der
Einrichtung seines eigenen Armeeoberkommandos in Baden symbolisierte, geriet nun in akute Gefahr. De facto war es nur der
rasche deutsche Zusammenbruch im Feld, der die k. u. k. Armee
davor bewahrte, der Hegemonie Ludendorffs ausgeliefert zu werden.

Den Schlag gegen den österreichischen Stolz hinzunehmen, war
schon schlimm genug, denn das Treffen in Spa wurde wirklich bald
in weiten Kreisen als »Canossagang« bezeichnet. Noch bedenkli-
cher aber war der Schaden, der dem bereits brüchigen inneren
Gefüge der Monarchie und ihrem ramponierten Ruf im Ausland
zugefügt wurde. Die beiden Entwicklungen vollzogen sich parallel.
Am 13. April, auf dem Höhepunkt der Sixtus-Krise, legten die
tschechischen Abgeordneten in Prag ein Bekenntnis zu einem
neuen tschechoslowakischen Staat ab, der von habsburgischer
Herrschaft unabhängig sein würde (dies entsprach der radikalen

---

* Der »Waffenbund« führte aber dennoch zu einer Verstärkung der k. u. k. Truppen auf dem westlichen Kriegsschauplatz. Laut Feststellungen standen dort
zwischen Juni und September 1918 sechs Divisionen im Einsatz.

Zita, Prinzessin von Parma, 1910:
eine auffallend hübsche junge Dame.

21. Oktober 1911: Das strahlende Brautpaar Erzherzog Karl
Franz Josef und Erzherzogin Zita
in Schwarzau.

Undatiertes Gemälde von Otto Lendecke: eine junge Frau, die Kaiserin von Österreich wurde.

Nach der Einsegnung Kaiser Franz Josefs I. im Stephansdom: Karl im Uniformmantel, barhäuptig, Zita, so verhüllt und verschleiert, daß in dieser wandelnden Säule in Schwarz nichts Menschliches erkennbar war; und zwischen ihnen der vierjährige Erzherzog Otto, eine winzige Gestalt in Weiß. 30. November 1916.

Die letzte Zeremonie in königlicher Herrlichkeit und Pracht für alle Monarchien des europäischen Kontinents: Kaiserin Zita im ungarischen Krönungskleid zusammen mit Kronprinz Otto am 30. Dezember 1916 in Budapest.

Karl starb am 1. April 1922 um 12.23 Uhr, ein vorzeitig ergrauter Mann, erst fünfunddreißig Jahre alt, zermahlen zwischen den Mühlsteinen der alten und der neuen Welt.

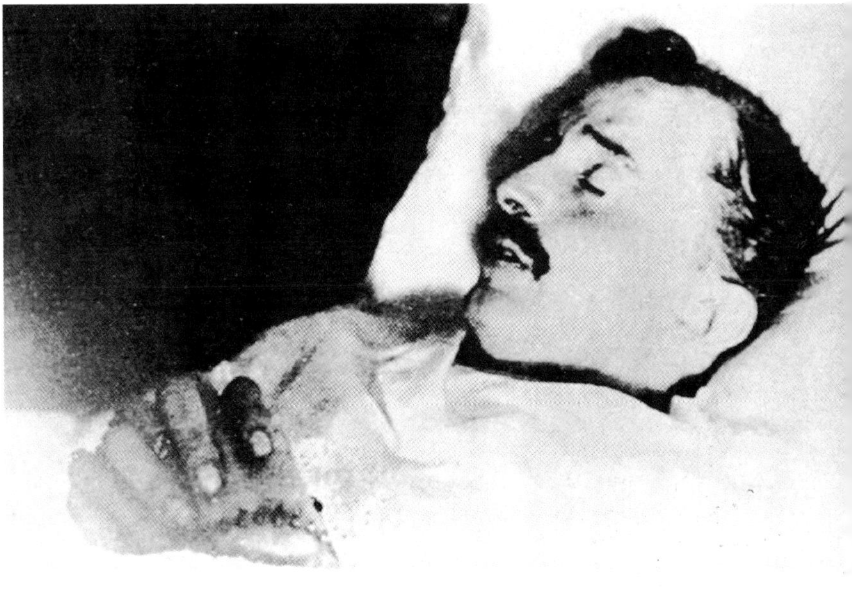

Zita hatte ihre Kinder von klein auf dazu erzogen, als ein »Team« zu arbeiten. Die kaiserliche Familie, ausgenommen Robert, in Quebec 1941.

Die Hochzeit Ottos mit Prinzessin Regine von Sachsen-Meiningen am 10. Mai 1951 brachte manches vom Glanz der Monarchie zurück. Kaiserin Zita zusammen mit Karl August, Erbherzog von Sachsen-Weimar-Eisenach, Erzherzog Robert mit Helene Freiin von Hilgers und Klara Maria Gräfin von Korff in Nancy.

Doktrin, die Thomas Masaryk seit langem aus seinem amerikanischen Exil predigte). Und als im Lauf der nächsten Wochen die wahre Bedeutung des Treffens von Spa offenbar wurde, schwand bei den Westmächten die Bereitschaft, etwas für ein Österreich zu tun, das nun kaum viel mehr zu sein schien als ein passiver, südlicher Ausläufer der deutschen Machtsphäre. Ende Juni erkannte Frankreich als erster Ententestaat den Tschechischen Nationalrat – Národni Vybor – mit Sitz in Paris als die Vertretung eines künftigen selbständigen Staates an. Großbritannien folgte diesem Beispiel sechs Wochen später, und am 3. September akzeptierten auch die USA den Nationalrat als »De-facto-Regierung der kriegführenden Tschechoslowakei«. Was die Westmächte seit dem Zusammenbruch des Zarenreiches zu schaffen versuchten, war ein Ersatz für den gestürzten slawischen Koloß, ein zweites Gegengewicht zu der deutschen Vormachtstellung auf dem europäischen Kontinent. Die Donaumonarchie, die diese Funktion hätte erfüllen können, war nun ein in sich gespaltenes Staatsgebilde, dessen gemeinsame Identität nur noch darin bestand, Teil eines deutschen Mitteleuropa zu sein. Daß Karl diese Gefahr mehr fürchtete als irgend jemand im westlichen Lager, schuf ein Paradoxon, statt seiner Sache zu nützen. Die Aktion des Prinzen Sixtus, die er lanciert hatte, um sein Reich zu retten, beschleunigte nun dessen Zerstörung.

Trotz aller Sturmzeichen brachte der letzte Sommer ihrer Regierungszeit auch helle, glückliche Momente für Karl und Zita. Während der wenigen Monate, die den beiden noch blieben, ehe die letzte Katastrophe alles hinwegfegte, fand der Kaiser neben seinen Pflichten doch etwas Zeit für seine Kinder, die nun mit dem Säugling Karl Ludwig auf die Zahl fünf angewachsen waren. Leicht war das freilich nicht. Karls normaler Arbeitstag begann um sechs Uhr morgens mit einer Messe im Schloß Laxenburg und endete kurz vor Mitternacht im Armeeoberkommando in Baden, wo Generaloberst Arz, der letzte auf der Audienzliste, über den neuesten Stand an den Fronten berichtete. Die Kaiserin war häufig mit ihrem Gatten zusammen, sie kniete neben ihm während der Frühmesse und saß bei ihm, wenn er sein »Gabelfrühstück« einnahm, sie sah ihn bei den Mittags- und Abendmahlzeiten in Baden (die jeweils nur etwa eine Dreiviertelstunde dauerten, sofern nicht besondere Gäste eingeladen waren), und da es im Badener »Kaiserhaus« nur einen geeignete Raum gab, der als Arbeitszimmer des Kaisers und zugleich als Wohnzimmer der Familie diente, war sie oft auch während des Tages dort anwesend.* Doch das Heim in Baden mit seinen Landkarten der Kriegsschauplätze und den vielen feldgrauen Uniformen bot nur die Illusion eines Hauswesens. Um als Familie hin und wieder eine Atempause einzulegen, mußten sie sich in die geliebte Villa Wartholz zurückziehen.

Manchmal vermittelten sogar offizielle Anlässe dem Kaiserpaar das trügerische Gefühl, als sei auf der Welt alles in Ordnung und die Monarchie habe ihren sicheren Bestand. So als Karl und Zita in der Zeit zwischen dem 19. und dem 21. Mai Konstantinopel den so lange verschobenen Staatsbesuch abstatteten. (Auf der Anreise verbrachten sie zwei Tage in Sofia, bei ihrem Verbündeten, Zar Ferdinand von Bulgarien.) Der Deutsche Kaiser hatte die Metropole des osmanischen Bundesgenossen im Oktober 1917 besucht und in dieser Stadt der verblaßten Brokatpracht nur die Atmosphäre eines Potsdamer Exerzierfelds verbreitet. Karl und Zita indes boten Konstantinopel Herzlichkeit und das pittoreske Schauspiel, das es von seinen Gästen erwartete. Statt in Feldgrau, wie Wilhelm II., erschien Karl in der ungarischen Generalsgala, mit einer Edelsteinagraffe am Kalpak.**

Zitas Schmuck, besonders ein Diadem aus großen Diamanten, das sie beim Empfang im Sultanspalast trug, machte noch mehr Eindruck auf die Orientalen, die seit Jahrhunderten gewohnt waren, Schätze mit Macht gleichzusetzen. Das Talent der jungen Kaiserin, eine gelöste, zwanglose Atmosphäre zu schaffen, zeigte sich sogar bei einem Besuch im Serail. Durch ihren Charme wurde daraus eine Stunde angeregter Plauderei im Damenkreis. Das habs-

---

* Audienzen erteilte Kaiser Karl auch in der »Böhm-Villa« am Franzensring beim Badener Kurpark. (Anm. d. Übers.)

** Diese rote Uniform im Husarenstil, mit umgehängter weißer Pelzattila, hatte Karl vordem nur bei der Krönung in Budapest getragen. Die erwähnte Agraffe war »vorschriftswidrig«, es scheint sich um ein türkisches Geschenk gehandelt zu haben, das der Kaiser und König wohl seinen Gastgebern zu Ehren anlegte. (Anm. d. Übers.)

burgische Wien war jedenfalls eindeutig dem Berlin der Hohenzollern vorzuziehen. Die Tatsache, daß die österreichisch-ungarische Monarchie ebenso wie das deutsche Kaiserreich nur mehr wenige Monate des Bestands vor sich hatte, schien für Gäste und Gastgeber während jener drei glanzvollen Tage in Konstantinopel undenkbar. Trinksprüche wurden ausgebracht, Geschenke überreicht und Auszeichnungen verliehen, Empfänge und Paraden folgten aufeinander. All dies war für Karl und Zita ein berauschender Wechsel nach dem, was kurz vorher in Spa erduldet werden mußte. Doch das Märchen war zu Ende, als am späten Abend des 21. Mai ihr Hofzug, fast begraben unter einem Meer von Blumen, Konstantinopel verließ. Die Stadt, umspült von den Gewässern des Bosporus und des Goldenen Horns, schien eine einzige Phantasmagorie aus Licht.

Sechs Wochen später erfreute man sich wieder eines täuschenden Hoffnungsschimmers, diesmal mitten in der Monarchie selbst. Am 16. Juli fuhren Karl und Zita zum Erntefest in jene Donaustadt, die deutlicher als jede andere das übernationale Gepräge ihres Reiches zeigte: Preßburg für die deutschsprachigen Bewohner, Pozsony für die Ungarn, deren alte Haupt- und Krönungsstadt dies war,* und Bratislava für die Slowaken. Das Herrscherpaar reiste auf einem Donaudampfer stromabwärts, zusammen mit dem fünfjährigen Kronprinzen Otto und, weil sie unbedingt mitkommen wollte, seiner vierjährigen Schwester Adelheid.

Die Feierlichkeiten jenes Tages auf den Preßburger Wiesen am Stromufer schienen die Zeiten Franz Josephs zurückzubringen. Abordnungen der Landbevölkerung und der Weinbauern aus der gesamten Region warteten in langen Reihen, um ihre Huldigungsadressen zu verlesen. Dann kamen die Beamten und Würdenträger, sechshundert an der Zahl, aus Pozsony und den umliegenden Gespanschaften, um den König und die Königin mit Ansprachen zu begrüßen. Alles stand im Zeichen der Treue zum Erzhaus. Das Kriegsgeschehen, Ludendorff – wie unendlich weit weg war das

---

* Während des 16. und des 17. Jahrhunderts waren Buda (Ofen) und Pest sowie die südlichen und östlichen Landesteile in türkischer Hand. Die nordwestlichen Gebiete – Oberungarn, die heutige Slowakei – blieben frei.

durch Welten von diesem Ort getrennt! Karl war so bewegt, daß er am Schluß seiner Dankesrede den Text beiseite legte und ausrief: »Es lebe meine geliebte ungarische Nation!« Daraufhin erhob sich ein Sturm der Begeisterung, und alle stimmten die ungarische Hymne an, als wäre der angestammten Ordnung der Dinge wirklich noch ein sehr langes Leben beschieden.

Fünfzig Jahre später hatte Zita diesen Jubel noch immer im Ohr. »Der Empfang war so, daß wir uns selbst fragten: Ist das alles nicht ein Traum? Und in gewissem Sinn war es auch wirklich traumhaft. Denn inmitten all der Freude lag für den Kaiser auch tiefer Schmerz. Denn er wie ich, beide wußten wir, daß der Jubel zwar echt, aber dennoch trügerisch war. Es fehlte die innere Substanz. Ich erinnere mich, daß der Kaiser mich vor Illusionen warnte. Er wußte, daß, sosehr die einfachen Leute auch winkten und jubelten, die Monarchie ohne Frieden nach außen und ohne Verständigung im Innern einfach nicht mehr lange weiterbestehen konnte.«[6]

Der Impuls, der diese beiden Prozesse schließlich in Gang bringen sollte – allerdings nicht so, wie Karl es erhoffte –, erfolgte weit von Preßburg entfernt, auf den Ebenen der Picardie. Am 8. August begann die Offensive der britischen Vierten Armee mit einer bis dahin beispiellosen Konzentration von 430 »Tanks« gegen die deutschen Truppen, die den Bogen von Amiens hielten. Die Angreifer, darunter später auch französische Einheiten, planten für den ersten Tag einen Durchbruch von etwa zehneinhalb Kilometern Tiefe auf einer Frontbreite von rund fünfzehn Kilometern. Als es Nacht wurde, waren sie vierzehn Kilometer weit vorgedrungen, nach den Begriffen des Stellungskrieges ein gewaltiger Sprung. Die Ausbuchtung im Frontverlauf war überrollt, zwischen Morgengrauen und Abenddämmerung gerieten 16 000 Mann der deutschen Zweiten Armee, die diese Positionen verteidigte, in Gefangenschaft, das waren zwei Drittel ihrer unheilverkündenden Gesamtverluste. Diesmal verließ Ludendorff sein militärisches Urteilsvermögen; er verlor die Nerven. In der Obersten Heeresleitung rief er fast eine Panik hervor, als er den 8. August 1918 zum »Schwarzen Tag« des deutschen Soldatentums erklärte und daraus den Schluß zog, daß der Krieg beendet werden müsse.

Zwar gewann der General bald seine Fassung zurück und schätzte die Situation nun richtig ein (die Niederlage bei Amiens war in Wirklichkeit ein schwerer Schlag, aber nicht *die* Katastrophe), doch seine Aura der Unfehlbarkeit war dahin, und damit auch sein Hochmut. Karl war am 14. August nach Spa geeilt, um Gespräche mit dem Deutschen Kaiser zu führen* und sich selbst ein Bild vom Ernst der Lage machen zu können. Er war aus politischen Gründen in tiefer Sorge: wußte er doch, wie sehr die Kriegsmoral seiner Österreicher von dem blinden Glauben abhing, der deutsche Bruder könne auf dem Schlachtfeld Wunder vollbringen. Der militärische Aspekt bereitete ihm weniger Kopfschmerzen und brachte ihm gewiß keine Überraschungen. Die Kaiserin, die bei ihrem Gatten in Baden war, als der »Schwarze Tag« das Gesprächsthema bildete, erinnerte sich sechzig Jahre später:

> »Während des Frühjahrs und des Sommers rühmte sich die Deutsche Oberste Heeresleitung, ihre Offensive im Westen werde den Sieg bringen. Kaiser Karl sah das immer skeptisch. Erstens hatte er von seinen eigenen Verbindungsoffizieren an jener Front ganz anderslautende Berichte erhalten, und mir sagte er immer voraus: Wenn es zum deutschen Zusammenbruch käme, dann ganz plötzlich. Als die Meldung über die Niederlage des 8. August bei uns in Baden eintraf, waren seine ersten Worte: ›Es ist also soweit.‹«[7]

Das einzige Resultat der von den Ereignissen überschatteten Gespräche in Spa war eine Übereinkunft der beiden Bündnispartner, sich erneut um den Frieden zu bemühen. Doch selbst in elfter Stunde ging jeder seinen eigenen Weg. Die Deutschen, die noch immer zumindest einen Teilerfolg erhofften, falls es gelänge, den feindlichen Durchbruch abzufangen, versuchten Zeit zu gewinnen und hielten Ausschau nach einer neutralen Kraft, die als Vermittler fungieren könnte, etwa die Königin der Niederlande. Karl und sein Minister des Äußern votierten für einen Appell an die Weltöffentlichkeit, je früher und je eindringlicher, desto besser. Das Ergebnis

---

* Allerdings konnte keiner von beiden ahnen, daß dies ihre letzte Begegnung sein würde.

war Buriáns Note »An alle!«, publiziert am Abend des 14. September in Wien, ohne deutsche Beteiligung.

Dieser Appell war ungeschickt formuliert. Er begann mit langen philosophischen Betrachtungen, die eher nach pathetischer Opernarie klangen und nicht wie ein Hilferuf. Der eigentliche Vorschlag für eine Friedenskonferenz war zu vage und zu allgemein gehalten, um irgend jemanden auf der Seite der Entente zu bewegen, die Waffen niederzulegen, die eben zum vermutlich letzten, entscheidenden Schlag ausholten. In zügiger Folge kamen Ablehnungen aus London, Paris und – in besonders brüskem Ton – aus Washington. Präsident Wilson ließ Wien mitteilen, die Regierung der USA »kann und will sich mit keinem Konferenzvorschlag über eine Angelegenheit befassen, hinsichtlich welcher sie ihren Standpunkt und ihre Absichten so klar gelegt hat«.

Also Enttäuschung auf allen Linien. In dieser Situation traf am Abend des 25. September, um halb acht Uhr, in Karls Badener Arbeitszimmer ein Telegramm des Königs von Bulgarien ein. So kam Österreichs »Schwarzer Tag«, und es ging dabei um mehr als den Gewinn oder Verlust eines Frontabschnitts. Der »erzschlaue Ferdinand«, akut bedroht durch eine vom Süden her gegen seine Hauptstadt vorrückende Truppenmacht der Alliierten,* hatte aufgegeben und suchte um einen Separatfrieden an. Der Viererbund bestand nicht mehr.

Karls normalerweise gleichmütiger Minister des Äußern reagierte mit einem Kommentar, der in die Geschichtsbücher einging: »Das schlägt dem Faß den Boden aus!« rief Burián. Ähnlich beurteilte man diese Wendung im Lager der Entente. Nach Meinung Winston Churchills, der sich damals in Paris aufhielt, »war das Ende gekommen«.[8] Der britische Kabinettssekretär Sir Maurice Hankey sagte: »Der erste Pfeiler ist umgestürzt.«[9] Präsident Wilson, der während eines Besuchs in New York von der bulgarischen Kapitulation erfuhr, äußerte eine damit sinngemäß über-

---

* Es war die sogenannte »Orientarmee« unter dem Befehl des extravaganten französischen Generals Franchet d'Espérey. Sie bestand aus 45 000 Franzosen, 40 000 Griechen, 32 000 Briten, 30 000 Serben und 10 000 Italienern. Am 15. September aus ihren Bereitstellungen im Raum Saloniki in Marsch gesetzt, hatte sie binnen zehn Tagen die Wege nach Sofia und nach Belgrad freigekämpft.

einstimmende Bewertung. Doch viel mehr Aussagekraft hatte die Stellungnahme eines britischen Kavallerieoffiziers, weil sie direkt aus dem Frontgebiet kam. Er stand mit seiner Eskadron der Oxfordshire Hussars östlich von Reims im Einsatz, als ihn die Nachricht aus dem fernen Sofia erreichte. Sie habe bei seinen Soldaten »wie eine Bombe eingeschlagen«, schrieb er und fuhr fort: »Städte und Gefangene, Kanonen und Schiffe, all das ist vier Jahre lang von beiden Seiten erobert und erbeutet worden, ohne irgendwelche offenkundige Auswirkungen auf den Kriegsverlauf ... Doch wenn ganze Nationen zerbrechen und bedingungslos kapitulieren, dann besteht wohl tatsächlich Grund zur Hoffnung. Wenn einer ausfällt, werden andere sicherlich nachfolgen.«[10]

Zita war an der Seite ihres Gatten, als er das unheilverheißende Telegramm las. Wieder überlieferte sie ihre persönlichen Erinnerungen an jenen Moment:

> »Der Kaiser war nicht wirklich überrascht. Wir wußten, daß Ferdinand schon seit Monaten überall seine Netze auswarf, besonders bei den Amerikanern. Ja sogar schon früher in jenem Sommer, nach unserem eigenen offiziellen Besuch in Bulgarien im Mai, als König Ferdinand natürlich die Freundlichkeit und Bündnistreue in Person war, hatte mein Gatte den Deutschen Kaiser vor ihm gewarnt. Die militärische Gefahr für die Monarchie war klar zu erkennen. Schließlich hatten wir nie vergessen, daß aus jener Richtung, dem Südosten, mehr als zweihundert Jahre früher die Türken gegen Wien gezogen waren. Doch für Kaiser Karl war das rein Militärische schon eher eine akademische Frage. Ihm ging es in erster Linie um die politischen Weiterungen, durch den Zusammenbruch Bulgariens erhob sich nur um so dringlicher die Forderung, Friedensgespräche mit den Westmächten einzuleiten, so lange es noch etwas gab, worüber man sprechen konnte.«[11]

Die Verflechtung zweier Problemkreise – Reformen im Inneren und Friedensschritte nach außen – wurde bereits erörtert, beides beschwerte den Kaiser, als trüge er einen Mühlstein an einem Strick um den Hals. Nun spannte sich der Strick und drohte ihn zu erwürgen. In einer Notstandssitzung, zu der Karl am 27. September (dem Tag, an dem die bulgarischen Bevollmächtigten nach Saloniki abreisten, um ihren Krieg zu beenden) den Kronrat nach Wien einberief, entwarf Burián als erster Sprecher ein düsteres Bild der inneren Krise: »Die südslawische Gefahr rückt in ihrem ganzen Umfang in allernächste Nähe und erheischt gebieterisch eine Entscheidung ... Es ist kein Tag zu verlieren ... Je länger die Lösung hinausgeschoben wird, desto ungünstiger wird die Rückwirkung der südslawischen Bewegung auf die übrigen innerpolitischen Probleme. Heute sind Lösungsmodalitäten, z. B. der böhmischen Frage noch denkbar. Hat sich aber einmal der südslawische Staat aus freien Stücken konstituiert, dann wird die böhmische Frage zur Quadratur des Zirkels.«[12]

Burián betonte, diplomatisch und politisch müsse »der Friedensfaden unbedingt fortgesponnen werden«, und er riet nachdrücklich, innerhalb der nächsten zwei Wochen »ein konkretes Friedensangebot« vorzulegen, »in dem unsere Bedingungen in ziemlich präzisen Ausdrücken formuliert werden«. Man mußte Karl nicht darauf hinweisen, wie eng all diese Probleme miteinander verknüpft waren. Reform im Inneren war nun von sich aus ein unausweichliches Postulat und überdies der einzige Weg, der – vielleicht! – noch immer zum Weißen Haus und zum Verhandlungstisch führte. In seinem Resümee verfügte der Kaiser, laut Sitzungsprotokoll, die »rascheste Inangriffnahme der inneren Rekonstruktion Österreichs« und forderte, daß »energischer Druck auf Deutschland in der Friedensfrage« ausgeübt werde.[13]

Doch es bedurfte keines Drucks auf die halsstarrigen deutschen Bundesgenossen. Am 29. September, nur zwei Tage nach der Kronratssitzung in Wien, begaben sich Hindenburg und Ludendorff zu ihrem Kaiser, um das Offenkundige, aber bisher Unaussprechliche einzubekennen: das deutsche Heer stand unmittelbar vor der totalen Niederlage. Es gab nicht einmal mehr Hoffnung auf jene Teilerfolge, die noch im August in Spa verheißen worden waren, um den österreichischen Friedensdrang zu bremsen. Am 2. Oktober zog die Deutsche Oberste Heeresleitung die Konsequenz aus dem Eingeständnis der Feldherren, sie stellte bei der neuen Reichsregierung in

Berlin* formell den Antrag, um Waffenstillstand zu bitten, als Vorstufe zu Verhandlungen mit dem Gegner. Achtundvierzig Stunden später sandten die noch im Bündnis verbliebenen Mittelmächte – das Deutsche Reich, Österreich-Ungarn und die Türkei – ihre inhaltlich übereinstimmenden Noten an Präsident Wilson, um die Kampfhandlungen zu beenden und Friedensgespräche auf der Basis seiner Vierzehn Punkte einzuleiten. In dem Schreiben aus Wien wurde der Präsident an all die früheren derartigen Bestrebungen erinnert.

Ironischerweise reiste am selben 4. Oktober 1918 der Mann, der durch seinen plötzlichen Absprung den Erdrutsch ausgelöst hatte, nämlich König Ferdinand, auf der Suche nach einem Exil in Karls Reich ein. Am Vortag hatte er, wie immer voll Angst um seine eigene Haut, zugunsten seines erstgeborenen Sohnes, Kronprinz Boris, abgedankt und steuerte nun eine von acht relativ sicheren Zufluchtsstätten an, die er in der Donaumonarchie besaß (zwei Schlösser in Österreich und sechs Güter in Ungarn, das Erbe nach seinem ungarischen Großvater Fürst Koháry). Der »erzschlaue Ferdinand« empfahl sich so, wie er regiert hatte, im Stil eines orientalisch-byzantinischen Potentaten. Der Königszug, der den einst gewählten Monarchen aus der Hauptstadt fortbrachte, bestand aus seinem privaten »Hofwagen«, zwei Salonwagen, zwei bis oben mit persönlichem Gepäck und Kostbarkeiten angefüllten Waggons sowie mehreren Güterwagen, in denen Ferdinands Autos und Kutschen befördert wurden. Karl und Zita hatten weder die Zeit noch das Bedürfnis, ihren schier unerträglichen Schwager und treulosen Verbündeten zu treffen, um ihm alles Gute zu wünschen.** Das junge Paar hatte andere Sorgen, und am schwersten wog jene um das Schicksal der letzten österreichisch-ungarischen Note an das Weiße Haus.

Am 9. Oktober erhielt das Deutsche Reich eine vorläufige Ant-

---

* Der liberal gesinnte und allgemein hochgeachtete Prinz Max von Baden hatte das Amt eines »Friedenskanzlers« übernommen, mit dem Hauptziel, den Krieg zu beenden.

** Graf Berchtold wurde in seiner Funktion als Oberstkämmerer vom Hof entsandt, um den Zug in dem niederösterreichischen Ort Marchegg zu erwarten, denn Ferdinand hatte im nahen Marchfeld einen Besitz und gedachte, fortan als Privatmann dort zu leben. Auf Karls Befehl wurde er aufgefordert, im Zug zu bleiben und in sein deutsches Geburtsland Coburg weiterzureisen. Nach einem hitzigen Wortwechsel zu mitternächtlicher Stunde fügte sich der Exkönig.

wort aus Washington. Darin wurde, als Voraussetzung für jegliche weitere Aktion, die unverzügliche Räumung Frankreichs und Belgiens gefordert – eine Bedingung, die Berlin prompt akzeptierte. Dagegen ließ man Wien noch im ungewissen, sogar die Empfangsbestätigung der Note blieb aus. Nicht zuletzt, um sich aus diesem unerträglichen diplomatischen Spannungszustand zu befreien, wagte Kaiser Karl einen kühnen Sprung im innenpolitischen Bereich. In den frühen Abendstunden des 16. Oktober wurde in Schönbrunn das seinen Namen tragende »Völkermanifest« oder »Oktobermanifest« erlassen. Die wichtigsten Absätze daraus:

> »Österreich soll dem Willen seiner Völker gemäß zu einem Bundesstaate werden, in dem jeder Volksstamm auf seinem Siedlungsgebiete sein eigenes, staatliches Gemeinwesen bildet. Diese Neugestaltung, durch die *die Integrität der Länder der Heiligen Ungarischen Krone in keiner Weise berührt wird*, (Hervorhebung des Autors) soll jedem nationalen Einzelstaate seine Selbständigkeit gewährleisten.
> An die Völker, auf deren Selbstbestimmung das neue Reich sich gründen wird, ergeht Mein Ruf, an dem großen Werke durch Nationalräte mitzuwirken, die – gebildet aus den Reichstagsabgeordneten jeder Nation – die Interessen der Völker zueinander sowie im Verkehr mit Meiner Regierung zur Geltung bringen sollen.«

Der Grundgedanke einer bundesstaatlichen oder gar Staatenbundesstruktur für die Monarchie war Karl weder neu noch unwillkommen. Ein solches Konzept hatte er bereits 1911, noch vor der Verlobung, seiner künftigen Gattin auf den Spaziergängen in den Wäldern von St. Jakob dargelegt. In jenen milden, schönen Tagen war er freilich noch ein Erzherzog, stand als Thronagnat an zweiter Stelle und entwickelte nur Theorien für eine ferne Zukunft. Nun, sieben Jahre später, da er als Kaiser seinen Plan umsetzen wollte, türmten sich ungeheure Hindernisse vor ihm auf. Erstens war der Boden der Monarchie, den er neu zu bestellen versuchte, nicht nur durch den Krieg schwer erschüttert, sondern zerklüftet und aufgewühlt durch die Niederlage. Zweitens war Karl genötigt, die ungarische Reichshälfte von dem Reformprozeß auszunehmen. (Jene

Klausel, die keine Kompromisse erlaubte, hatte ihm sein ungarischer Ministerpräsident Weckerle abgerungen. Eine Woche vorher war er mit einer Schar aufgeregter Magnaten nach Wien geeilt, allesamt fest entschlossen, dafür zu sorgen, daß der Föderalismus an den Ufern der Leitha haltmachte.) Später erinnerte sich die Kaiserin an das Dilemma ihres Gatten:

»Aus ebendiesem Grund [wegen des königlichen Eids auf die ungarische Verfassung] konnte der Kaiser die Rekonstruktion nur in der österreichischen Reichshälfte proklamieren. Dieser Entschluß war für ihn unendlich schwierig und bedeutete den Verzicht auf fast alle Hoffnungen. Er tat es aber, um seinen eigenen Völkern und den ausländischen Mächten zu zeigen, daß er – zumindest in der österreichischen Reichshälfte, wo sein Vorgehen völlig konstitutionell war – entschlossen war, den Völkern innerhalb des gemeinsamen Vaterlandes die Unabhängigkeit zu geben.
Er hoffte immer noch, daß die Ungarn dazu gebracht werden könnten, im nachhinein das gleiche zu tun ... Die Hauptsache war, auf irgendeine Weise Frieden zu machen, bevor die Doppelmonarchie unterging.«[14]

In Wirklichkeit würde es keinen Frieden geben, ehe die Doppelmonarchie unterging. Und sie sollte geradewegs unter jenem Rettungsring versinken, den Karl ausgeworfen hatte. Seine wenn auch schwachen Hoffnungen, das Manifest werde Washington vielleicht geneigter stimmen, zerschlugen sich, als die verzögerte Antwort auf Buriáns Note am 20. Oktober über das neutrale Schweden in Wien einlangte. Präsident Wilson mußte zwar zumindest andeutungsweise zugestehen, daß das tiefgreifende Reformprogramm des Kaisers in manchem seinem Aufruf für das Selbstbestimmungsrecht der Völker entsprach (Nummer zehn der Vierzehn Punkte). Nur stamme, so Wilsons Einwand, die Formulierung jenes Prinzips aus der Zeit des Jahresbeginns, und die Welt habe sich seither weitergedreht.

»Seit dieser Satz geschrieben und vor dem Kongreß der Vereinigten Staaten ausgesprochen wurde, hat die Regierung der

Vereinigten Staaten anerkannt ..., daß der Tschechoslowakische Nationalrat eine de facto kriegführende Regierung ist, die mit der entsprechenden Autorität ausgestattet ist, die militärischen und politischen Angelegenheiten der Tschechoslowakei zu leiten. Sie [die Regierung der USA] hat auch in der weitestgehenden Weise die Gerechtigkeit der nationalen Freiheitsbewegung der Südslawen anerkannt.*

Der Präsident ist daher nicht mehr in der Lage, die bloße Autonomie dieser Völker als eine Grundlage für den Frieden anzuerkennen, sondern er ist gezwungen, darauf zu bestehen, daß *sie und nicht er Richter darüber sein sollen*, welche Aktion auf seiten der österreichisch-ungarischen Regierung die Aspirationen und die Auffassung der Völker von ihren Rechten und von ihrer Bestimmung als Mitglieder der Nationen befriedigen wird.«

Der Sinn dieser Erwiderung ließ sich in zwei Worte fassen: Zu spät. In Umkehrung bedeutete es, daß Präsident Wilson von Karl nicht Reformprogramme wollte, sondern die Krone. Da die deutsche Großmacht zusammenbrach und der Koloß Rußland gestürzt war, schien die österreichisch-ungarische Monarchie als Gegengewicht in Europa entbehrlich geworden zu sein, es gab einfach nichts mehr auszubalancieren. Die Zeit der kleinen Nationen war angebrochen.

In rascher Folge ergriffen diese in den letzten Oktobertagen die Initiative. Sie wollten keine Autonomie innerhalb der Monarchie mehr, wie Karl sie angeboten hatte, sondern völlige Loslösung, weg aus der Herrschaftssphäre des habsburgischen Zepters. Die Tschechen machten den Anfang. Am 28. Oktober übernahm ihr gemäß den Bestimmungen des kaiserlichen Manifests gebildeter »Národni Vybor«, der Nationalrat, die Macht aus den erschlafften Händen der Reichshüter, ohne daß auch nur ein Schuß fiel. Die Mitglieder des Nationalrats gingen einfach in die Prager Statthalterei und

---

* In den Führungsgruppen der österreichisch-ungarischen Südslawen hatten schon seit dem Frühjahr 1918 die Radikalen die Oberhand, sowohl im Land selbst wie auch in der Emigration. Am 3. März hatte der extremistische Flügel der kroatischen »Rechtspartei« die nationale Unabhängigkeit und einen demokratischen Staat der Slowenen, Kroaten und Serben gefordert.

eröffneten den Beamten, im Interesse des gesamten Volkes würden von nun an *sie* die Regierungsgeschäfte des Landes führen. Der Statthalter, Graf Coudenhove, war kurze Zeit in Gewahrsam, wurde dann auf eigenen Wunsch »beurlaubt« und seine Beamten, durch Handschlag nunmehr den neuen Herren verpflichtet, setzten sich wieder an ihre Schreibtische und arbeiteten weiter. Noch am selben Abend proklamierte der Nationalrat die Errichtung eines unabhängigen tschechoslowakischen Staates.

Die Südslawen folgten diesem Beispiel. Am 29. Oktober löste der kroatische Landtag all die traditionell so starken Bindungen an die Krone. Zwei Tage später tat es der Slowenische Nationalrat in Laibach (Ljubljana) den Kroaten gleich.* Inzwischen hatte im Nordosten des Reiches der Polnische Nationalausschuß die Kontrolle über die normalen Agenden der Verwaltung, während in Przemysl eine Republik Westukraine ausgerufen wurde. Als sich auch die Rumänen in Siebenbürgen und in der Bukowina am 31. Oktober für selbständig erklärten, waren alle Bollwerke der Doppelmonarchie ohne viel Getöse gefallen. Ein jahrhundertealtes Gefüge verschwand binnen einer Woche. Was aber ereignete sich unterdessen in den beiden Hauptstädten Wien und Budapest?

Auch diese Zitadellen des habsburgischen Festungssystems waren bald sturmreif. Doch im Vergleich zu den neuen Hauptstädten der Slawen bestand ein erheblicher Unterschied im Umgang mit den herrschaftlichen Symbolen und dem Herrscherhaus selbst. In Prag hatte die Menge johlend den Doppeladler herabgerissen und an seine Stelle den Löwen Böhmens erhoben oder die neue Nationalflagge gehißt. In Wien, wo dieser Aar seit Jahrhunderten seine Fittiche über Hofburg und Schönbrunn breitete, wo noch immer ein habsburgischer Monarch residierte, handelte man behutsamer und mit mehr Gefühl für das Dekorum. In Budapest, dem Zentrum der Länder der Stephanskrone, die den Magyaren heiliger ist als

---

* Die Grundzüge eines südslawischen Staates nach der Ära Habsburgs zeigten sich zehn Tage früher bei einer Tagung des Nationalrats der österreichisch-ungarisch-bosnischen Südslawen in Agram (Zagreb), der sich als »der einzige legitime Repräsentant der Südslawen auf dem Territorium der Donaumonarchie« deklarierte. Doch zu jenem Zeitpunkt stand er noch immer auf dem Boden dieser Monarchie.

eine bestimmte Dynastie oder ihr Oberhaupt, wurden die Männer der ersten Stunde bald überspielt. Nach einer kurzen republikanischen Phase, auf die eine noch kürzere des bolschewistischen Terrorregimes folgte, kam die Restauration des Königsthrons – allerdings sollte er Karl verwehrt bleiben.

Um mit den Österreichern zu beginnen: das Oktobermanifest stellte sie erneut vor jene Identitätskrise, die ihnen schon seit dem Aufkommen des Nationalismus im 19. Jahrhundert zu schaffen machte. Dieses Dilemma wurde bereits kurz gestreift. Waren sie eine Nation oder nur die Diener einer übernationalen Dynastie, die ausschließlich ihren Herren Treue und Gehorsam schuldeten wie die privilegierten Vögte eines weitläufigen Besitzes? Und wenn sie ein eigenes Gepräge hatten, gab es dann so etwas wie den Homo austriacus, oder waren sie bloß ein südlicher Ableger des großen deutschen Stammes? Fünfzig Jahre vorher hatte Bismarck für sie diese Frage gestellt und auch beantwortet, und zwanzig Jahre nach dem Zusammenbruch der Monarchie sollte Hitler das gleiche tun. Doch am 15. Oktober 1918 war es ihr letzter gekrönter Herrscher, der die Österreicher in diese Zwangslage brachte.

Zunächst handelten sie strikt im Einklang mit seiner Proklamation. Am 21. Oktober versammelten sich die deutschsprachigen Abgeordneten des zuletzt gewählten Reichsrats in Wien im Niederösterreichischen Landhaus, um eine Entscheidung für die Zukunft zu treffen. Dann taten sie, wozu sie das Manifest aufforderte: Als »Volksstamm auf seinem Siedlungsgebiete« gründeten sie ein Staatsgebilde. Allerdings war Solideres vonnöten als die ungefähre Vorstellung vom Österreichischen, etwas, das einen Halt gab in dem Raum, der seine scharfen Umrisse verlor. Man wählte die Bezeichnung »provisorische Nationalversammlung des selbständigen deutschösterreichischen Staates«, die auch alle deutschen Siedlungsgebiete Böhmens und Mährens einbezog.

Doch selbst mit ihrer neugeschaffenen Identität hielten die meisten dieser »Deutschösterreicher« an ihrer alten Loyalität fest. Von den drei Parteien in der neuen Nationalversammlung waren nur die Sozialdemokraten unter Führung des bereits todkranken Victor Adler für eine Republik, gegebenenfalls im Zusammenschluß mit einer neuen Deutschen Republik (ein weiteres Symptom für den Zug zum Volkstum). Österreichs Deutschnationale hatten zwar eine Verbindung mit dem großen nördlichen Nachbarn im Auge, wollten aber das monarchische System erhalten. Und die Christlich-sozialen, die stärkste der bürgerlichen Parteien, traten voll und ganz für Karls Ideal ein: einen Staatenbund unter der Krone. Eben im Namen jener Krone, von der sich alle anderen Völker des Reiches abwandten, wurde in Wien mit einer fast gespenstischen Korrektheit bis zum Ende weiterregiert.

Am 28. Oktober, dem Tag, an dem Prag sich eindeutig von Habsburg lossagte, vereidigte Karl in der Wiener Hofburg feierlich das letzte kaiserliche Kabinett Österreichs, nach demselben Zeremoniell, wie es für unzählige frühere Regierungen der Monarchie Geltung hatte. Ministerpräsident wurde Heinrich Lammasch, ein international bekannter Völkerrechtler und einstiger Berater Franz Ferdinands, den man aus dem Ruhestand in Salzburg holte, um Hussarek abzulösen. Unter den mit ihm Vereidigten befanden sich zwei andere Gelehrte: der Jurist Joseph Redlich als Finanzminister und der katholische Priester Ignaz Seipel, Moraltheologe an der Universität Wien, als Minister für soziale Fürsorge. Die Dynastie, die vor sechseinhalb Jahrhunderten von Rittern auf die Bühne der Geschichte geführt wurde, sollte nun von Universitätsprofessoren verabschiedet werden.

Wie bei den Magyaren kaum anders zu erwarten, vollzog sich in Budapest der Umschwung viel turbulenter. Am 23. Oktober waren Karl und Zita nach Ungarn gereist. Der unmittelbare Anlaß dazu war die Eröffnung des neuen Universitätsgebäudes in Debrecen, wo ihnen sogar die Calviner einen begeisterten Empfang bereiteten, der an die entschwundenen Zeiten gemahnte. Doch es gab zwei tiefere Gründe für diese Fahrt. Erstens wollte man feststellen, wie die zweite Hauptstadt des Reiches auf das Manifest reagierte, und um alle zu versöhnen, die beleidigt waren, weil der König und die Königin von Ungarn seit der Krönung nie mehr ihre Residenz aufgesucht hatten. Zweitens plante man, für alle Fälle ein Refugium einzurichten, das der Familie mehr Sicherheit bieten könnte als Österreich. Man hatte sich für Gödöllö entschieden, das schöne Schloß bei Budapest, einst Kaiserin Elisabeths liebster Wohnsitz. Mit diesem Plan waren Karl und Zita in mehreren Autos aufgebrochen, samt ihren Kindern, einem Teil des Familienschmucks und Stapeln von Reisegepäck – wodurch sie nun die Österreicher verstimmten. Formell betrachtet, begab sich der ungarische König Karl IV. mit seiner Gemahlin und den Prinzen und Prinzessinnen in seine Haupt- und Residenzstadt. Ein Aufenthalt, der sich nicht nur kürzer als erwartet gestaltete, sondern in politischer Hinsicht auch anstrengender als die Krisensituation in Wien.

Achtundvierzig Stunden lang empfing Karl fast ohne Unterbrechung in Gödöllö Scharen von Politikern, um Nachfolger für das Kabinett von Baron Weckerle zu finden, der nach einer Revolte im einzigen ungarischen Adriahafen Fiume (Rijeka) und Unruhen in Budapest sein Amt förmlich hingeworfen hatte. Später sagte die Kaiserin darüber:

>»Sie alle kamen, einer nach dem anderen und manche immer wieder. Apponyi, Tóth, Serényi, Ugron, Szabo, Batthyány, Húszar, Jaszi, Gárami, Hadik, ebenso wie Michael Károlyi selbst. Keiner von ihnen wollte es übernehmen, mit Ausnahme von Károlyi, den der Kaiser aber für zu labil für das Amt hielt und auch für zu fanatisch. Der Kaiser und König war keineswegs enttäuscht angesichts des Zögerns all der anderen. Er bemerkte einmal: ›Es ist immer schwierig, für ein sinkendes Schiff eine Mannschaft zu finden.‹ Aber er mußte es weiter versuchen, obwohl er nun, wie überhaupt in diesen letzten Wochen, mit nur zwei oder drei Stunden Schlaf des Nachts auskommen mußte, ungeachtet der wiederholten Warnungen des Arztes.«[15]

Der Monarch hatte gute Gründe, dem dreiundvierzigjährigen Grafen Michael Károlyi zu mißtrauen. Als Sproß einer Familie mit heftig antihabsburgischen Traditionen* verband er eine konventionelle Abneigung gegen Wien, die er mit vielen anderen Magnaten gemeinsam hatte, und einen extremen, unkonventionellen Radika-

---

* Es war eine der Ironien der Geschichte, daß die Károlyis, bis gegen Ende des 18. Jahrhunderts Barone, nicht nur die meisten ihrer Besitzungen, sondern auch die Erhebung in den Grafenstand dem habsburgischen Kaiser verdankten. Damit war das besondere Vorrecht verbunden, statt der sonst üblichen neunzackigen eine elfzackige Grafenkrone zu führen, eine Auszeichnung, auf welche die Familie bis heute ungemein stolz ist.

lismus, der ihnen eine Heidenangst einjagte. Vieles im Wesen und in den Taten dieses merkwürdigen Irrläufers hatte rein persönliche Ursachen. Er wurde als Erbe eines fast unermeßlichen Vermögens und mit einem körperlichen Gebrechen, einem sogenannten Wolfsrachen, geboren, und beides scheint ihn verunsichert zu haben. Eine triste Kindheit wirkte sich vermutlich ebenso negativ aus: seine Mutter starb an Schwindsucht, als er drei Jahre alt war, und sein Vater konnte ihn nicht ausstehen. Schließlich gelangte er in den Besitz von 25 000 Morgen Wald, 35 000 Morgen Acker- und Weideland, einer Heilquelle, eines Kohlenbergwerks, einer Glasfabrik, eines Palais in Budapest und mehrerer Landschlösser. Doch zu unruhig und zu intelligent für ein Leben auf den riesigen ererbten Gütern, geriet er durch die Lektüre von Karl Marx und unter dem Einfluß der Internationalen Pazifisten in ein weltanschauliches Fahrwasser, das man später als »Champagnersozialismus« bezeichnete. 1916 gründete er seine eigene Parlamentsfraktion, die für den Frieden und gegen die Deutschen auftrat. Sie war auch die Plattform für seine eigenen Ambitionen und wurde einfach die Károlyi-Partei genannt. So war der etwas unheimliche Mann beschaffen, der während jener endlosen Unterredungen in Gödöllö am 23. und 24. Oktober als einziger darauf erpicht war, die Zügel zu ergreifen.

Er mußte sich noch eine Woche gedulden. In der Nacht vom 26. zum 27. Oktober begleitete er als designierter Ministerpräsident Karl und Zita im Hofzug nach Wien. (Die Vereidigung des neuen österreichischen Ministerpräsidenten und eine schwere militärische Krise, ausgelöst durch eine großangelegte italienische Offensive an der Südfront, hatten den Monarchen genötigt, sofort zurückzukehren.) Doch bei der Ankunft merkte Károlyi zu seinem Kummer, daß der Kaiser und König sich die Sache noch einmal überlegt hatte. Um seine ungarische Krone halbwegs abzusichern, ernannte er den in Ungarn begüterten Erzherzog Joseph zu seinem persönlichen Repräsentanten oder »Homo regius« in Budapest, und als neuer Regierungschef trat Graf Hadik auf den Plan. Károlyis Schwiegervater Graf Andrássy, von Karl als letzter k. u. k. Minister des Äußern berufen, hatte einiges zu dieser Sinnesänderung beigetragen. Immerhin kannte er seinen Schwiegersohn besser als der Monarch, zu dem er gesagt haben soll: »Wenn Majestät den Károlyi ernennen, dann können mich Majestät gleich ins Irrenhaus schikken. Dort werde ich dann besser aufgehoben sein.«[16]

Aber der Schwiegersohn war nicht mehr aufzuhalten. Bei seiner Rückkehr in Budapest trug ihn »die Straße« wie auf einem Wogenkamm an die Macht. Auf dem Budapester Westbahnhof begrüßten ihn Menschenmassen, die stürmisch seine Berufung forderten. Während der nächsten zwei Tage zogen immer wieder meuternde Truppen zu seinem Standquartier, dem Luxushotel »Astoria« in der Kossuth Lajos-utca, um ihn ihrer Loyalität zu versichern, und am 30. Oktober war es schließlich soweit: die Revolution brach aus, selbsternannte Soldatenräte besetzten die Schlüsselpositionen und verlangten kategorisch Károlyis Ernennung.

Am 31. Oktober um sieben Uhr morgens fuhr er zur Königsburg in Buda und begab sich mit dem sprachlosen Hadik, den er noch im Pyjama angetroffen hatte, in die nahe Residenz des »Homo regius«. Wenige Minuten später hatte der Erzherzog, im Namen des Königs handelnd, Michael Graf Károlyi als neuen Ministerpräsidenten Ungarns bestätigt. Hadik, sein Vorgänger für einen Tag, verließ fluchtartig den Schauplatz des Geschehens.

Einige Stunden wurden die gebotenen Formen gewahrt. Károlyi war vom »Homo regius« ernannt worden, und diesen suchte er am nächsten Tag wieder auf, um seine neue Koalitionsregierung vorzustellen. Doch seiner tiefinnersten Überzeugung nach war der Graf Republikaner, und nur in einer Republik Ungarn konnten seine politischen Ziele in vollem Ausmaß verwirklicht werden. (Diese Republik wurde bald darauf ausgerufen, und ihr Präsident hieß Károlyi.) Der erste Schritt dazu erfolgte einen Tag nach seiner Ernennung. Durch Erzherzog Joseph bewogen verstand sich der König dazu, Károlyi und allen Ministern des neuen ungarischen Kabinetts den Treueid auf die Krone zu erlassen. Dies erledigte Karl telefonisch von Wien aus, für Schriftliches blieb ihm keine Zeit. Inzwischen, es war der 1. November, sah er sich vor weit schwerwiegendere Probleme gestellt als dem Übergang Ungarns zur republikanischen Staatsform. In Schönbrunn brachen die letzten Tages des Reiches an.

9

Schönbrunn

Nicht das Herrscher-, sondern das Elternpaar war in größter Besorgnis. Alle Kinder waren in Gödöllö verblieben, unter der Obhut von Zitas jüngerem Bruder Prinz René sowie des Kämmerers Graf Hunyády und einer kleinen Gruppe der Dienerschaft. Die Entscheidung, die Familie zu trennen, war Karl und Zita schwergefallen, aber wie es schien, sprachen zwei gute Gründe dafür. Ein Grund war die Überlegung, die Anwesenheit der fünf Kinder, einschließlich des Kronprinzen, auf ungarischem Boden werde die Gewähr bieten, daß der König treu zu seinen magyarischen Untertanen stehe und diese dadurch bestärkt würden, ihn nicht im Stich zu lassen. Und es gab auch noch immer, mühsam aufrechterhalten, jene Regung, die Karl und Zita bewogen hatte, zunächst nach Gödöllö auszuweichen – der irrationale Glaube nämlich, daß der Aufruhr, der die gesamte Monarchie erfaßt hatte, durch irgendeine Fügung vor dem schmiedeeisernen Portal dieses friedlichen theresianischen Schlosses haltmachen werde. Beide Illusionen wurden grausam zerstört, als es vier Tage nach der Trennung in Budapest zu bewaffneten Demonstrationen gegen den Herrscher kam. Die Kaiserin war die erste, die davon erfuhr. Später schilderte sie diese schlimme Nacht:

»Der Kaiser hatte sich am 30. Oktober in Schönbrunn erst lange nach Mitternacht zur Ruhe begeben. In den frühen Morgenstunden, als er gerade eingeschlafen war, kam ein dringender Anruf aus Budapest. Am Apparat war der Stadtkommandant General Lucacics, in höchster Aufregung teilte er mir mit, in der Stadt sei eine Revolution ausgebrochen, er müsse unbedingt den Kaiser sprechen.

Da ich natürlich um die Sicherheit meiner Kinder bangte, hörte ich das nun folgende Gespräch mit an ... Der Kaiser sagte zu Lucacics, wenn es in seiner Macht stehe, die Unruhen zu unterdrücken, dann müsse er dies auf jeden Fall tun. Er solle nur dann nichts unternehmen und so ein größeres Blutvergießen vermeiden, wenn der Gegner in der Übermacht wäre, also keine Aussicht bestünde, ihn in Schach zu halten, oder um seine Soldaten nicht sinnlos zu opfern. Lucacics bestürmte den Kaiser um die Erlaubnis, sofort die Waffen zu strecken, was dieser strikt ablehnte. Dann kam die Wahrheit heraus. Der General klagte, daß er außer einigen bosnischen Abteilungen nur das Budapester Hausregiment verfügbar habe und dessen Bataillone seien nicht mehr zuverlässig.«[1]

Das Kaiserpaar rief sofort in Gödöllö an und gab Alarm. Der mutmaßlich sichere Zufluchtsort befand sich plötzlich mitten im Krisengebiet und war sogar besonders gefährdet, wenn man bedachte, daß die Extremisten unter den Aufständischen vielleicht königliches Blut sehen wollten. Binnen weniger Stunden wurde die gesamte Gruppe* in Autos verfrachtet, auf deren Türen die Kronen übermalt waren. Mit Fahrern, die ihre Hoflivreen gegen normale Militäruniformen vertauscht hatten, startete man in Richtung Wien. Da zu befürchten war, daß die direkte Verbindung zwischen den beiden Hauptstädten von den Revolutionären überwacht wurde, nahmen sie den weiten Umweg über Preßburg, im Sommer noch Schauplatz jener großen Kundgebung der Treue zur Dynastie. Prinz René fuhr im letzten Wagen, in dem auch Reservekanister verstaut waren. Es war geplant, im Fall eines Angriffs das Benzin anzuzünden und so eine Barriere aus Feuer zu schaffen, um der Kolonne Zeit zur Flucht zu geben.** Am nächsten Abend zu später Stunde hörte die Kaiserin endlich die Autos über den Kieselboden des Ehrenhofs von Schönbrunn vorfahren. Die Ankommen-

---

* Zu ihr gehörte die junge Komtesse Thérèse Korff-Schmissing-Kerssenbrock, die im Vorjahr Hofdame geworden war. Bis zu ihrem Tod (1973) blieb sie im Dienst der Kaiserin und wurde als »Ehren-Habsburgerin« in der neuen Familiengruft im schweizerischen Muri beigesetzt. Im vertrauten Kreis hieß sie »Korffi«.
** Eine Einzelheit, an die sich Otto, damals sechs Jahre alt, noch später erinnerte.

den hatten die Strecke von rund 450 Kilometern ohne Zwischenfälle oder Pannen zurückgelegt. Für Kraftfahrzeuge der damaligen Zeit keine geringe Leistung.

Die Familie war also wieder vereint und in relativer Sicherheit, für die Monarchie hingegen traf beides keineswegs zu. Bildlich gesprochen: in ihrem korrodierenden Gerüst hatte es immer gelockerte Schrauben gegeben, und während der vergangenen zwei Wochen hatten sich die meisten von ihnen gelöst. Ein von den Fronten ausgehender Erdstoß – die plötzliche Waffenstreckung der bulgarischen Armee am 29. September – hatte das gesamte Gefüge erschüttert, eine zweite, noch viel stärkere Welle brachte es zum Einsturz. Durch massive, auch mit Bombardements aus der Luft vorangetragene Angriffe der Alliierten auf die Stellungen entlang des Piave und im Bereich der Monte-Grappa-Gruppe war die gesamte österreichische Frontlinie nach viertägigen heftigen Kämpfen schwer angeschlagen. Die Verteidiger aus der Isonzo-Armee waren zu schlecht ausgerüstet, um sich gegen diese Offensive zu behaupten. Schon seit Monaten gab es keine Laken mehr, um die Leichen der Gefallenen einzuhüllen. Die Überlebenden waren gezwungen, ihre weißen Schneehemden zu zerschneiden und daraus pro Mann je eine Reservegarnitur an Unterwäsche zu nähen. Die Verpflegungslage war so verzweifelt, daß jeder Soldat, der Brennesseln zum Suppenkochen sammelte, eine Prämie erhielt.

Doch was diese Armee der Jammergestalten niederwarf, waren nicht so sehr die Hungerrationen oder die militärische Überlegenheit des Feindes, sondern die Masseninsubordination aus ihren eigenen Reihen. Schon vor dem Beginn der Offensive hatten sich zwei kroatische Regimenter geschlossen geweigert, aus ihren Bereitstellungen in die vorderste Linie vorzugehen. Damit folgten die Infanteristen draußen an der Front einfach jenem Impuls einer Loslösung von Wien, der in ihren Heimatländern immer stärker wirksam wurde. Dieser fatale Reflex erfaßte bald die Nordslawen, also Tschechen, Polen und Ruthenen, ebenso die Südslawen, Ungarn und Rumänen. Man schätzte, daß zu der Zeit, als die Offensive ihren Höhepunkt erreichte, von den neunundvierzig Regimentern der einen der beiden eingesetzten Heeresgruppen elf fast vollzählig den Gehorsam verweigert hatten. Von den anderen achtunddreißig, die noch immer den Befehlen gehorchten, galten drei als unzuverlässig. Die k. u. k. Armee, die einzige bisher feste Klammer, welche die multinationale Monarchie zusammenhielt, zerbrach schnell. Telegrafisch hatte Feldmarschall Boroevic, Heeresgruppenkommandant an der Südfront, einen Hilferuf an seinen Herrscher im Armeeoberkommando in Baden gerichtet:

»Es ist von höchster Wichtigkeit, sich über das Weitere sofort klar zu werden und Entschließungen politischer Wendungen herbeizuführen, wenn nicht Anarchie und damit Katastrophe für Monarchie und Armee mit unabsehbaren Folgen eintreten soll.«[2]

Als Karl am 28. Oktober diese Mitteilung erhielt, hatte er bereits gehandelt. In einem am 26. Oktober durchgegebenen Telegramm informierte er den Deutschen Kaiser über seinen »unabänderlichen Entschluß, innerhalb vierundzwanzig Stunden um einen Separatfrieden und um einen sofortigen Waffenstillstand anzusuchen«. Die Formulierung »unabänderlich« meinte er bitterernst. Ohne eine Antwort von Wilhelm II. zu beachten oder zu warten, bis die beiden Verbündeten gemeinsame Friedensschritte unternehmen könnten, sandte er in der Nacht vom 27. zum 28. Oktober eine Note an Präsident Wilson, darin akzeptierte er ohne Vorbehalte alle in den früheren Erklärungen aus dem Weißen Haus dargelegten Bedingungen und Grundsätze und bat um direkte Gespräche zwischen der Doppelmonarchie und der Entente, »auch ohne das Ergebnis anderer Verhandlungen abzuwarten«. Jenes Wunschbild eines Sonderfriedens, das untergründig in Karls Denken schon immer, sogar bereits vor seiner Thronbesteigung, vorhanden war, hatte endlich vorrangige Bedeutung gewonnen – zu spät, um noch irgendeine Wirkung zu erzielen. Gleichzeitig wurden alle Bindungen an das Deutsche Reich, die sich fünf Monate früher in Spa in ein demütigendes Gängelband verwandelt hatten, rasch durchtrennt. Wie es sich fügte, war Karls soeben erst ernannter neuer Minister des Äußern, Julius Graf Andrássy, unter dessen Namen das Telegramm nach Washington geschickt wurde, der Sohn des gleichnamigen ungarischen Staatsmannes, der sechsundvierzig Jahre früher das Bündnis mit dem Deutschen Reich Bismarcks geschaffen hatte.

Ohne Präsident Wilsons Replik abzuwarten, trat Karl in Aktion, um den Krieg in jenem einzigen Operationsgebiet zu beenden, wo er ganz selbständig handeln konnte: an der rasch zusammenbrechenden Südfront. Am 29. Oktober um sechs Uhr morgens stieg der österreichische Generalstabshauptmann Ruggera eine Böschung bei Serravalle im Etschtal hinauf. Dann bewegte er sich, eine weiße Fahne schwenkend, mit zwei Hornisten auf die Vorposten der italienischen 26. Infanteriedivision zu, möglichst gedeckt, denn immer wieder pfiffen Kugeln an den Köpfen der Österreicher vorbei. So begannen die Waffenstillstandsverhandlungen mit Italien im Stil eines exemplarischen Doppelspiels. Die bittere Ironie dabei war, daß sie für den Kaiser, seine Armee und sein Reich weit größere Verluste an Menschen und Ansehen bringen sollten als alle Kämpfe.

Der Hauptgrund dafür war die verworrene Gesamtsituation. Das begann schon in Wien. Allen Ministerien waren Staatssekretäre beigegeben worden, die der neugebildeten provisorischen Regierung von »Deutschösterreich« angehörten – theoretisch, um mit den kaiserlichen Beamten die administrativen Aufgaben zu teilen. Was sie jedoch keinesfalls mittragen wollten, war die Verantwortung. – Als sich die österreichischen Delegierten am 1. November um zehn Uhr vormittags zur ersten Gesprächsrunde mit der Gruppe der italienischen Unterhändler* in der Villa Giusti bei Padua einfanden, waren sie von den neuen Männern in beiden Hauptstädten der alten Monarchie bereits abgeschrieben. Genau achtundvierzig Stunden später – Wien hatte am frühen Morgen eine Waffenruhe angeordnet und dann wieder ausgesetzt – wurde die Anweisung zur Unterzeichnung des Waffenstillstands telegrafisch nach Padua durchgegeben. Die Staatssekretäre distanzierten sich von diesen Vorgängen, indem sie einfach der letzten Konferenz fernblieben.

Doch die Unklarheiten im österreichischen Hinterland waren

---

* Geführt von General Badoglio, damals Stellvertretender Generalstabschef der italienischen Armee, später erwarb er sich zweifelhafte Lorbeeren als Eroberer Äthiopiens von Mussolinis Gnaden. 1943 war er die Schlüsselfigur des italienischen Waffenstillstands mit den Alliierten.

geringfügig im Vergleich zu den Wirrnissen, die sich in der Villa Giusti ergaben. Im Absatz eins des von Österreich akzeptierten Waffenstillstandstextes wurde die unverzügliche Einstellung aller Kampfhandlungen gefordert, und daran hielt sich die österreichische Seite. Kurz nach Einlangen der Order zum Waffenstillstand jedoch telegrafierte der Leiter der österreichischen Delegation, General Viktor Weber von Webenau, aus Padua, daß die italienischen Verbände ihre militärischen Aktionen bis zum folgenden Tag, dem 4. November um drei Uhr nachmittags, fortsetzen würden. Dies, behauptete er, entspreche den Vereinbarungen. Da laut Absatz vier des Waffenstillstandsdokuments den Entente-Armeen Bewegungsfreiheit auf dem Territorium der Monarchie gewährt wurde, ebenso wie das Recht, nach eigenem Ermessen strategisch wichtige Punkte zu besetzen, bedeutete dies, daß die mit ungeladenen Gewehren und Geschützen verharrenden österreichischen Streitkräfte an der Südfront gleichsam in einem Zug mit dem Netz eingeholt werden konnten. Ob dieses Ergebnis hauptsächlich auf österreichische Schlamperei oder italienische Taschenspielertricks zurückzuführen war, wird immer umstritten bleiben. Das einzige, was sich damals in schmerzlicher Klarheit zeigte, waren die Verluste: an jenem Tag X allein gerieten noch über 350 000 österreichische Soldaten in Gefangenschaft. Diese Operation feierten die Italiener als den »Sieg« von Vittorio Veneto, und zur Erinnerung daran wurde in Rom das größte und häßlichste aller italienischen patriotischen Monumente dieses Jahrhunderts errichtet.

Unterdessen beeilten sich die neuen Führer Ungarns, ihren eigenen militärischen Frieden mit dem Gegner zu schließen – eine reichlich verworrene Angelegenheit für sich. Obwohl die Vereinbarungen von Padua für die gesamte Bewaffnete Macht der Monarchie galten, schien General Franchet d'Espérey, dessen Orientarmee bereits von Belgrad aus nordwärts vorrückte, nicht gesonnen, auf seinem Marsch nach Berlin irgendwo haltzumachen. Budapest lag auf dem Weg seiner siebenundvierzig Divisionen. Da Károlyi nicht rechtzeitig nach Padua reisen konnte, begab er sich mit seiner Friedensdelegation zum Hauptquartier des Generals in die serbische Hauptstadt.

Der kühne französische Befehlshaber und der abtrünnige ungarische Graf trafen am 7. November um sieben Uhr abends im requirierten Haus eines serbischen Gelehrten zusammen. Der General wollte seinen Augen und Ohren kaum trauen, als ihm die Delegierten vorgestellt wurden, beginnend mit Dezsö Bokányi, dem Vorsitzenden des Arbeiterrats, und dem sichtlich jüdischen Baron Hatvány. Entsetzt war er beim Anblick eines gewissen Imre Csernyak, berüchtigt als Radaumacher und Rädelsführer des Budapester Mobs, der in einer phantastischen Uniform eigener Kreation auftrat. Diese vulgäre Witzfigur messend, die hier die ungarische Nation repräsentierte, wandte sich Franchet d'Espérey an Károlyi und stellte in seiner Sprache, die jener Kerl bestimmt nicht verstand, die beißende Frage: »Vous êtes tombés si bas?« (So tief sind Sie gesunken?) Da sprach ein Aristokrat zum Aristokraten, über die Barrieren von Krieg und Frieden hinweg. Zum erstenmal muß Michael Károlyi bewußt geworden sein, daß es nicht nur sein Kreis der ungarischen Magnaten, sondern das Europa der alten Ordnungen war, das ihn als Verräter betrachtete.

Ob er im Namen der entstehenden Republik sprach oder für die uralten Länder der heiligen Stephanskrone, er tat nun, was er konnte – und das war wenig –, um die Bedrohung abzuwenden, die Ungarn durch seine auf Gebietsgewinne erpichten Nachbarn erwuchs. In einem Telegramm, das d'Espérey eher widerstrebend an Clemenceau sandte, wurden die Punkte militärischen Inhalts nur unter der Bedingung angenommen, »daß die Integrität des ungarischen Staates gegen alle Angriffe bis zum Abschluß des Friedensvertrags garantiert wird«. Das war wie ein schwacher Gertenhieb mitten im Orkan. Die französischen und serbischen Truppen unter d'Espéreys Kommando waren bereits auf dem Vormarsch durch Südungarn, um alle Territorien zu besetzen, welche die Südslawen ihrem neuen Staat eingliedern wollten.* Viel schwerere Verluste entstanden an der Südostgrenze. Die Rumänen, Opportunisten par excellence, wechselten die Seiten; sie gehörten, wiewohl geschlagen, in den letzten Stunden des Krieges wieder zu den Siegern und holten sich die weite, frucht-

---

* SHS-Staat: Abkürzung für »(Kraljevina) Srba, Hrvata i Slovenaca« – Königreich der Serben, Kroaten und Slowenen, die Bezeichnung für den neuen südslawischen Staat, der offiziell erst ab 1929 »Königreich Jugoslawien« hieß. (Anm. d. Übers.)

bare Landschaft Siebenbürgens. Károlyi, der das alte Ungarn verraten hatte, war nicht imstande, das neue zu schützen.

Die Niederlage an der Südfront und vor allem der unglückselige Waffenstillstand mit Österreichs verhaßtem Feind Italien* war ein weiterer Spatenstich für das Grab der Monarchie. Die letzten folgten im Verlauf von drei Tagen, zwischen dem 7. und dem 9. November. Am 7. November fand ein dilettantischer unrealistischer Versuch, mit den Ententemächten auf sachlicher Ebene über ihre Botschaften in Bern Kontakt aufzunehmen, sein jähes, definitives Ende.** In gleichlautenden Noten gaben die Vertretungen Großbritanniens, Frankreichs und der USA dem Emissär des Kaisers folgenden Bescheid: »Nachdem die Völker der bisherigen österreichisch-ungarischen Monarchie die Auflösung des Donaustaates beschlossen haben, sieht sich die Regierung der Republik Frankreich [von Großbritannien, der Vereinigten Staaten] verhindert, mit der Regierung Seiner Kaiserlichen und Königlichen Apostolischen Majestät weiter zu verhandeln.«

Das war die formelle Todesanzeige des Reiches auf weltpolitischem Gebiet. Als am nächsten Tag endlich Präsident Wilsons Antwort auf Karls Angebot der bedingungslosen Kapitulation in Wien eintraf, läuteten abermals die Totenglocken. Das Schreiben war nicht einmal an den Kaiser gerichtet. Statt dessen sandte das Weiße Haus ein Grußtelegramm an der Vorsitzenden des neugebildeten deutschösterreichischen Staatsrats, Karl Seitz; der amerikanische Präsident bekundete seine Freude darüber, daß den »konstituierenden Völkerschaften die Befreiung vom Joche des österreichischen Reiches nun gelungen ist«. Gleichartige Botschaften erhielten die neuen Machthaber in Prag und Budapest.

---

* Die Spitzen Deutschösterreichs beharrten bis zuletzt bei ihrer Ablehnung jeglicher Mitverantwortung. Als Karl am 4. November in Schönbrunn Mitglieder des Staatsrats empfing, um ihnen die Bedingungen des Vertrags bekanntzugeben, erklärten sie, dies sei Sache des Kaisers und empfahlen sich.

** Träger dieser Mission war der aristokratische Abenteurer Ludwig Prinz Windisch-Graetz, der sich später, 1924/25, in Ungarn an einer politisch motivierten, sensationellen Francs-Fälschungsaffäre beteiligte. Im Jahr 1918 hatte er als Karls ungarischer Ernährungsminister fungiert, bevor er Sektionschef im gemeinsamen Ministerium des Äußern wurde, in dieser Eigenschaft reiste er als Sonderbeauftragter des Kaisers am 2. November nach Bern.

Dann kam am 9. November jene Nachricht, welche die Dynastie direkt betraf: der Deutsche Kaiser hatte abgedankt und war im Begriff, ins Exil zu gehen. Genauer gesagt, es war sein Reichskanzler der letzten Stunde, der liberale Prinz Max von Baden, der die Abdankung des Herrschers bekanntgab, die seiner Ansicht nach erforderlich war, wenn ein Bürgerkrieg in Deutschland vermieden werden sollte.[3] Und es waren die Generale, die ihren Obersten Kriegsherrn prompt in ein für ihn schon vorbereitetes Asyl in Holland abschoben, wie ein sperriges Gepäckstück, das nicht mehr in Spa untergebracht werden konnte. Für die Hohenzollern gab es keine Hoffnung auf Rettung durch eine Regentschaft, geschweige denn durch den Thronerben. Kronprinz »Willy«, der windhundschlanke, husarische Lebemann, war schon seit langem allgemein in Mißkredit.* So wurde in einem Machtvakuum und inmitten von Wirren die Deutsche Republik ausgerufen.

Sechzig Jahre später erinnerte sich Kaiserin Zita an die Reaktion in Schönbrunn auf die Meldung der Abdankung:

> »Kaiser Karl war nicht überrascht, auch nicht über die Wahl Hollands, obwohl dies, gelinde gesagt, nicht gerade als ein nachahmenswertes Beispiel angesehen wurde. Doch da wir immer wußten, daß er [Wilhelm II.] am Gängelband seiner Generale hing, erschien dies als ein natürliches Ende. Sie hatten ihn einfach expediert.«[4]

In Wien gingen die Dinge gnädiger vor sich. Lammasch hatte bereits am 6. November, nach dem tragischen Fiasko des Waffenstillstands mit Italien, seinen Rücktritt angeboten, aber Karl hatte seinen österreichischen Ministerpräsidenten der letzten zwei Wochen bewogen, noch im Amt zu bleiben. Es war der persönliche Appell eines Herrschers an einen Getreuen: Lammasch gewann die Überzeugung, daß er gebraucht wurde, eben »als unmittelbarer Ratgeber des Kaisers im Verkehr mit den neuen deutschösterreichi-

---

* Er kam am 12. November an die niederländische Grenze und erbat Asyl, wie sein Vater. In Empfang und Behandlung der beiden war ein deutlicher Unterschied zu bemerken. Der Exkaiser fand eine komfortable Heimstätte in Graf Godard Bentincks Schloß in Amerongen, dem Kronprinzen hingegen wurde ein dürftiges Pfarrhaus auf einer öden Insel der Zuiderzee zugewiesen.

schen Staatsautoritäten«. Zum damaligen Zeitpunkt hatten sich diese Autoritäten noch nicht mehrheitlich für die Abschaffung der Monarchie ausgesprochen. Was die Stimmung in der Bevölkerung anlangte, so war in den Straßen Wiens bereits der Ruf »Es lebe die Republik!« zu hören. Dieser Ruf wurde lauter, als die Truppen der Monarchie aufgelöst ins Hinterland zurückfluteten und sich Gewalttaten und Plünderungen häuften. Indes, die Revolution besaß noch keine sehr kräftigen Lungen, geschweige denn ein politisches Herz und einen politischen Kopf. (Ein Experte für solche Fragen, nämlich Josef Stalin, der einst, zu Zeiten Kaiser Franz Josephs, in der Monarchie Zuflucht gesucht hatte, sprach den Wienern jegliche Eignung zu Revolutionären ab.)

Doch sogar in jener Phase hätte eine einzige Division loyaler, disziplinierter Einheiten in Wien zumindest kurzfristig die Stellung für den Kaiser zu halten vermocht. Aber die Loyalität in der Armee war ins Zentrifugale umgeschlagen, und die Disziplin war dahin. Sogar das Schloß Schönbrunn blieb ohne Schutz. Das Infanterieregiment Nr. 69, ein ungarischer Truppenkörper, damals als Wachformation für den Kaiser eingeteilt, war schon am 2. November sang- und klanglos abmarschiert, gemäß einer am Morgen in Budapest erlassenen Weisung des neuen revolutionären Honvédministers Béla Linder* an alle ungarischen Truppen, die Waffen niederzulegen. Die Abteilungen des »militärischen Hofstaates«, nämlich die Trabantenleibgarde und die Leibgarde-Infanteriekompanie – von den Wienern »Burggendarmen« genannt –, waren im Lauf des Tages in aller Stille fast bis auf den letzten Mann verschwunden. Es hatte den Anschein, daß zwar niemand daran dachte, das Herrscherpaar anzugreifen, aber auch niemand sich bereit fand, die Majestäten zu verteidigen. Bis ganz unerwartet Zöglinge der Theresianischen Militärakademie aus Wiener Neustadt auftauchten und die Posten im Schloßbereich stellten, später verstärkt durch Kameraden aus der Technischen Militärakademie in Mödling und Artilleriekadettenschüler aus Traiskirchen, letztere höchstens achtzehn Jahre alt und noch nicht auf den Monarchen vereidigt.

---

* Linder war wahrscheinlich der einzige Kriegsminister der Weltgeschichte, der bei seinem Amtsantritt erklärte, er wolle keine Soldaten mehr sehen.

Warum keine einsatzfähigen regulären Truppen vergattert werden konnten, blieb der Kaiserin für immer ein Rätsel. Allerdings hegte sie, besonders was die höchsten militärischen Instanzen betraf, stets einen Verdacht:

»Ich weiß, daß damals in Wien mehrere Meldungen von Frontkommandanten eintrafen, die sich erbötig machten, mit den Truppen, die sie noch sammeln konnten, nach Wien zu marschieren und für den Kaiser zu kämpfen. Und ich weiß auch, daß keiner dieser Offiziere je bis nach Schönbrunn kam oder den Kaiser persönlich erreichte. Sie wurden vor dem Schloß im Namen des Kaisers abgewiesen.

Wie wir später erfuhren, hatten manche Truppenteile dennoch versucht, sich bis nach Wien durchzuschlagen, um für den Notfall bereitzustehen, aber irgendwie gelang dies nicht. Zum Beispiel: der Kommandant eines Regiments, das in den ersten Novembertagen nach Salzburg heimkehrte, war trotz der Ablehnung seines Angebotes entschlossen, bis in die Hauptstadt zu marschieren, um selbst festzustellen, was dort vorgehe. Aber auf dem Salzburger Bahnhof schmolz das Regiment einfach dahin ...

In anderen Fällen wurde durch solche negative Bescheide aus Wien vielleicht verhindert, daß uns jemand zu Hilfe käme. Erst später hörten wir, daß der Befehlshaber einer der Heeresgruppen am Isonzo, Feldmarschall Boroevic, der einen großen Teil seiner Truppen geordnet und diszipliniert nach Klagenfurt zurückführte, von dort zweimal an den Kaiser kabelte, da er bereit war, nach Wien vorzurücken. Davon hatten wir damals keine Ahnung.

Obwohl der Kaiser in jenen letzten Wochen nur zu gut wußte, daß in irgendeiner Form das Ende kommen werde – mit einer Besetzung durch die Armeen der Entente oder einem Umsturz oder beidem –, hätte ihm die Anwesenheit einiger treuer Regimenter ermöglicht, zumindest einen letzten Rest von Ordnung und Legalität aufrechtzuerhalten. Doch er erkannte, daß das Land völlig erschöpft und der Zusammenbruch nun da war.«[5]

Bedenkt man, was Karl und Zita in naher Zukunft bestimmt war, dann erscheint Nikolaus Horthy als der historisch wichtigste der vielen Besucher, die während jener letzten Tage in Schönbrunn aus- und eingingen. Sieben Jahre früher, als einer der Flügeladjutanten Kaiser Franz Josephs,* war der ehrgeizige Marineoffizier bei der Hochzeit in Schwarzau anwesend gewesen – der einzige Gast, der nicht dem Hochadel angehörte, wie er sich vor seinen Freunden rühmte. Seit 1. März 1918 von Karl mit der Position des Flotten- kommandanten betraut, im Rang eines Konteradmirals, und kurz vor Kriegsende zum Vizeadmiral ernannt, war er aus dem Haupt- kriegshafen Pola gekommen, um die Übergabe der Flotte an den neuen Südslawischen Nationalrat zu erörtern.** Horthy brach vor dem Kaiser in Tränen aus, dieser war über die loyale Gemütsbewe- gung so gerührt, daß er seine Gattin bitten ließ, sie möge kommen und dem Admiral einige tröstliche Worte sagen. Später schilderte sie diese Begegnung:

>»Plötzlich – ich sehe es noch vor mir – strafft sich Horthy, mit Tränen in den Augen, er nimmt Haltung an, hebt die rechte Hand und schwört, ohne daß man ihn darum bat: ›Ich werde niemals ruhen, bis ich Eure Majestät wieder zu den Thronen in Wien und Budapest verholfen habe!‹«[6]

Knapp zweieinhalb Jahre danach, in der königlichen Burg zu Buda- pest, wurde dieses Gelöbnis auf seinen wahren Wert geprüft ...

Außer einem von Baden zugeteilten schwachen Wachdetache- ment erschien in Schönbrunn nur ein einziger Offizier mit dem erklärten Ziel, seinen Herrscher zu beschützen. Es war Franz Karl Graf Walderdorff, ein alter Regimentskamerad Karls aus den Friedenszeiten bei den Siebener-Dragonern. Er hatte sich in Alt- Bunzlau in Böhmen auf den Weg gemacht, wo er als Verwundeter

---

* Zu dieser Dienstleistung wurden turnusweise auch Offiziere der Kriegsmarine abkommandiert, zu den entsprechenden Anlässen waren sie beritten! (Anm. d. Übers.)
** Gemäß einer kaiserlichen Anordnung vom 20. Oktober war das gesamte Poten- tial der Kriegsmarine zu übergeben. Die Südslawen, das heißt, Kroaten, konnten sich dieses Geschenks nicht lange erfreuen. Noch in derselben Woche liefen italienische, französische, britische und amerikanische Schiffe in Pola, Sebenico und Cattaro ein und teilten die schwimmenden Einheiten unter sich auf.

einen Genesungsurlaub verbrachte, und tauchte nun eines späten Abends auf, in Jägerkleidung, mit einem Mannlicher-Militärstutzen unter dem Wetterfleck. Das war auf seine Art ein österreichischer Parallelfall zu jenem preußischen Offizier, der sich im Unterschied zu all den stolzen Pfauen der Eliteregimenter in den Umsturztagen auf den Straßen Berlins zu seinem Monarchen bekannte: der Hauptmann der Gardefüsiliere weigerte sich, seinen Posten zu räumen und wurde daraufhin von den Aufständischen niedergeknallt.

Wie sich in Wien zeigte, wurden weder Graf Walderdorffs Gewehr noch die jungen Militärakademiker gebraucht, denn es fiel kein einziger Schuß. Die österreichische Revolution – wenn man sie überhaupt so nennen kann – wurde nicht von den Massen bis in den Schloßhof getragen. Sie kam in der gebührenden Form durch das Gittertor, in einem Auto, dem zwei Mitglieder des letzten kaiserlichen Kabinetts entstiegen. Ministerpräsident Lammasch und Innenminister Gayer. Der Zeitpunkt war der 11. November, um elf Uhr vormittags, die Stunde des großen Waffenstillstands.

Die beiden Herren legten Karl den Entwurf einer Proklamation zur Unterfertigung vor, die im Verlauf langer ermüdender Diskussionen zwischen den Fürsprechern des Monarchen und den führenden Politikern des neuen Staatswesens ausgearbeitet worden war. Die Reihen der Fürsprecher hatten sich während der vergangenen achtundvierzig Stunden gelichtet wie jene der Leibgarden. Die deutschnationalen Abgeordneten des alten kaiserlichen Reichsrats waren nun in ihrem Bekenntnis zur Monarchie unsicher geworden. Die Sozialdemokraten forderten, wie vorauszusehen, die sofortige Errichtung einer Republik. Ihre Führer hatten sogar schon die formelle Ausrufung für den 11. November angesetzt. Die Entscheidung fiel, als selbst die Christlichsozialen zu der Einsicht kamen, die Krone sei zu schwer, um sie noch aus der Sturzflut zu retten. Der Mentor dieser streng katholischen Partei war Kardinal Dr. Friedrich Gustav Piffl, Fürsterzbischof von Wien. Genau eine Woche zuvor, am 4. November, hatte er zu Karls Namenstag im Stephansdom eine Messe zelebriert, bei der das gesamte Kabinett im Kirchengestühl gekniet war, als sei das Ende der Dynastie noch

Lichtjahre entfernt. Nun unternahm der Kardinal, trotz eines persönlichen Hilferufs des Kaisers, nichts mehr für die Dynastie. Es war ein anderer Politiker im Priesterkleid, Dr. Ignaz Seipel, der die Zauberformel fand, mit der das Gesicht des Ancien régime gewahrt und zugleich die Forderung der neuen Männer erfüllt werden konnte: Karl sollte »auf die Ausübung der Regierungsgeschäfte« verzichten, »bis das Volk von Deutschösterreich seine Entscheidung trifft«, was rein rechtlich bedeutete, daß der Kaiser vorläufig seiner Macht, *nicht* aber seinem Thron entsagte. Dies war der Schlüsselsatz in dem Schriftstück, mit dem Lammasch und Gayer das Arbeitszimmer betraten, wo sie der Herrscher erwartete, wie immer in der feldgrauen Bluse mit den Rangabzeichen eines Feldmarschalls.

Mehr als das Kaiserpaar schienen die beiden Minister am Rand ihrer psychischen Belastbarkeit. »Aufgeregt, zerfahren, nervös, einmal hierhin, dann dorthin horchend, keinen Satz zu Ende führend«, beschworen sie Karl um seine Unterschrift. Zuletzt mußte dieser den Ministerpräsidenten förmlich abschütteln und wandte ein, man könne doch kaum von ihm erwarten, daß er ein Schriftstück unterzeichne, das er noch gar nicht gelesen hatte. Nur Zita zeigte wenige Minuten später eine Gefühlsregung, denn auf den ersten Blick hielt sie das Dokument für eine definitive Abdankungsurkunde. Empört rief sie ihrem Gatten zu:

> »Niemals kann ein Herrscher abdanken. Er kann abgesetzt werden. Gut. Das ist Gewalt. Sie verpflichtet ihn nicht zur Anerkennung, daß er seine Rechte verloren hat. Er kann sie verfolgen, je nach Zeit und Umständen – aber abdanken – nie, nie, nie! Lieber falle ich mit dir hier, dann wird Otto kommen. Und wenn wir alle fallen sollten – noch gibt es andere Habsburger!«[7]

Sie beruhigte sich, als man ihr versicherte, der Text in den Händen des Kaisers verriegle rechtlich keineswegs alle Türen in die Zukunft. Dann fragte Karl die Herren um ihre Meinung. Es war eine bloße Formsache, denn er wußte, wie die Antwort lauten werde. Nichts und niemand hatte zur Zeit einen besseren Ausweg zu bieten als dieses Manifest mit seinem so ganz und gar wienerischen

Ton der Halbheiten. Unvermittelt sagte Karl zu Lammasch, es könne in der vorgelegten Form veröffentlicht werden. Binnen weniger Minuten waren die beiden Minister auf dem Rückweg in die Innere Stadt.

Am frühen Nachmittag kam Gayer mit der Endfassung des Textes wieder nach Schönbrunn. Die Bogen verließen schon die Druckpressen der Staatsdruckerei und wurden prompt auf den Litfaßsäulen plakatiert. Doch Rechtskraft erhielt die Erklärung erst, als der Kaiser den Drehbleistift, den er stets bei sich trug, aus der Tasche nahm und in seiner gut leserlichen zügigen Handschrift das eine Wort darunter schrieb: »Karl m.p.«

Hier die wichtigsten Absätze des Manifests, mit dem die mehr als sechshundertjährige Herrschaft der Habsburger endete:

>»Seit Meiner Thronbesteigung war Ich unablässig bemüht, Meine Völker aus den Schrecknissen des Krieges herauszuführen, an dessen Ausbruch Ich keinerlei Schuld trage.

Nach wie vor von unwandelbarer Liebe für alle Meine Völker erfüllt, will Ich ihrer freien Entfaltung Meine Person nicht als Hindernis entgegenstellen.

Im voraus erkenne Ich die Entscheidung an, die Deutschösterreich über seine künftige Staatsform trifft.

Das Volk hat durch seine Vertreter die Regierung übernommen. Ich verzichte auf jeden Anteil an den Staatsgeschäften.«*

Karl wußte, daß nun definitiv die Republik Deutschösterreich ausgerufen werden würde. So war der letzte Tag der Monarchie gekommen. Bis zum letzten Augenblick wurden das Protokoll und der bisher gewohnte Stil gewahrt. Das gesamte Kabinett trat vor den Kaiser hin, um seiner Ämter enthoben zu werden. Professor Lammasch, dem die Tränen in den weißen Bart rannen, wurde das Großkreuz des Stephansordens verliehen, wie so vielen scheidenden Ministerpräsidenten vor ihm. Die Minister wurden mit anderen Klassen des Stephans- oder des Leopoldsordens ausgezeichnet,

---

* Die Originalhandschrift des Manifests wurde beim Brand des Wiener Justizpalastes während der Unruhen des 15. Juli 1927 vernichtet. Den Text veröffentlichten die Zeitungen am 12. November 1918 auf ihren Titelseiten.

zwei von ihnen erhielten außerdem Jahrespensionen in der Höhe von 200 000 Kronen zugesprochen. Mit unterdrücktem Schluchzen und den Etuis ihrer Dekorationen in Händen traten die letzten habsburgischen Minister ab.

An jenem endlosen 11. November hatte Karl noch eine wichtige Entscheidung zu treffen: wohin sollten er, seine Familie und sein verbliebener Hofstaat gehen, nun da die imperiale Macht aus Maria Theresias großem Schloß schwand? Jetzt erst wurde dem Kaiser mitgeteilt, daß sowohl der Schweizer als auch der niederländische Gesandte in Wien in ersten Stellungnahmen zu den Ereignissen Asyl und persönlichen Schutz für die Reise ins Ausland angeboten hatten (es wäre taktlos gewesen, ihn früher darüber zu unterrichten). Freundlich dankend lehnte Karl ab. Niemand hatte ihn formell abgesetzt, geschweige denn versucht, ihn aus der Heimat zu vertreiben. Er würde auf dem Territorium der alten Monarchie bleiben. Nach langer, genauer Überlegung wählte er Schloß Eckartsau zum Aufenthalt, östlich von Wien, in der Landschaft des Nordufers der Donau, etwa auf halbem Weg nach Preßburg. Außer der günstigen Lage gab es drei gute Gründe für diese Wahl. Eckartsau befand sich in einem Gebiet mit kaisertreuer bäuerlicher Bevölkerung, umgeben von einem wildreichen Revier, was bei der fürchterlichen Lebensmittelknappheit ein erheblicher Vorteil war. Und vor allem: das Schloß war unbestreitbar habsburgischer Privatbesitz und somit nicht nunmehriges Staatseigentum der deutschösterreichischen Republik.

In späteren Jahren schilderte die Kaiserin den Abschied von Schönbrunn:

»Der Kaiser und ich gingen mit unseren Kindern in die Schloßkapelle, wo wir ein kurzes Gebet sprachen, daß es uns vergönnt sein möge, eines Tages zurückzukehren. Dann begaben wir uns in den sogenannten Zeremoniensaal, dort hatten sich alle versammelt, die noch geblieben waren. Wir verabschiedeten uns und dankten jedem einzelnen.

Und dann die Treppe hinab in den Hof, wo die Autos warteten. Vor den seitlichen Arkaden waren in Doppelreihe unsere Militärakademiker angetreten, mit Tränen in den Augen, aber stramm wie je, so bewachten sie uns bis zuletzt. Sie hielten sich wirklich an die Devise, die ihnen Maria Theresia gegeben hatte: ›Allzeit getreu‹.*

Es war schon dunkel, ein nebliger Herbstabend ... Der Kaiser und ich zwängten uns mit allen Kindern außer Karl Ludwig in den Fond des einen Wagens, vorne saß Graf Hunyády. Die Reihenfolge der anderen Autos weiß ich nicht mehr.

Wir riskierten es nicht, durch das Hauptportal vor dem Schloß zu fahren. Statt dessen hielten wir uns auf dem breiten, mit Kieseln bestreuten Fahrweg entlang des Hauptkomplexes, der zum östlichen [Meidlinger] Tor führt. Unbemerkt passierten wir dort und verließen die Hauptstadt auf einer eigens dafür festgelegten Route. Ohne irgendwelche Störungen oder Zwischenfälle kamen wir spätabends in Eckartsau an.«[8]

Die Residenz, die sie hinter sich ließen, war nun von einer grandiosen Zwecklosigkeit, denn die Dynastie, die dieses »Lustschloß« erbaut und mit Leben erfüllt hatte, kehrte nie mehr zurück. Am Abend des 11. November 1918 stand sie leer und ohne Bewachung, blieb aber von der Revolution unberührt. Schönbrunn wurde nicht einmal geplündert, geschweige denn verwüstet. Jene »roten Horden«, vor denen Lammasch seinen Kaiser immer wieder gewarnt hatte, erschienen nie vor den Toren, um einzudringen. Nur drei oder vier Herumstreuner wagten sich nachts hinein, verlockt durch die offenen, unbewachten Türen, und sahen sich nach Beute um. Mit dem Wandsafe der Kaiserin konnten sie allerdings nichts anfangen, denn der Schmuck war daraus entfernt worden. Alles in allem trennten sich die Wiener manierlich von ihrem Doppeladler.

Und als am nächsten Tag dieses Symbol entfernt wurde – ohnehin nur dort, wo es leicht möglich war –, herrschten in der Hauptstadt ganz unterschiedliche Stimmungen: Euphorie bei den Sozialdemokraten, besonders deren linkem Flügel; Unsicherheit, Resignation und Gewissensbisse in den anderen politischen Lagern.

---

* Hier irrte die Kaiserin, die Bezeichnung »die allzeit Getreue« stammt nicht von Maria Theresia, sondern von Kaiser Leopold I. und galt der Stadt Wiener Neustadt selbst, wo seit 1752 die Militärakademie stationiert ist. (Anm. d. Übers.)

Der Bevölkerung wurde für alle Fälle Nüchternheit auferlegt – durch ein vierundzwanzigstündiges Alkoholverbot.

Das Klima vorsichtigen Pragmatismus an jenem 12. November 1918 faßt in bündigster Form ein Erlebnis des Prinzen Franz Liechtenstein zusammen, der eine Säule der entschwundenen alten Ordnung war. Am ersten Morgen der Republik betrat er ein Herrenmodengeschäft, dessen Stammkunde er war, um ein Paar Handschuhe zu kaufen. Zu seiner Verblüffung komplimentierte ihn jedoch der Verkäufer wieder zur Tür, mit der Erklärung:

»Wenn sich Eure Hoheit bitte morgen noch einmal herbemühen wollten. Heute ist Revolution.«[9]

10

Zwischenspiel in Eckartsau

Weniges spiegelt so deutlich den Kontrast zwischen den Hohenzollern und den Habsburgern wider, wie die Art des Abgangs der letzten Herrscher. Der Deutsche Kaiser wurde von seinen Generalen in ein Exil abgeschoben, das sie für ihn im Ausland vorbereitet hatten und wo er gänzlich in politische Bedeutungslosigkeit sank. Karl hingegen hatte seinen ersten Zufluchtsort selbst ausgewählt: eigenes Besitztum im Herzland seiner Dynastie. Zunächst war es, als hätte sich der Hof nur zu kurzem Aufenthalt nach Eckartsau begeben. Sogar die Männer der neuen Regierung auf dem Gebiet der bisherigen Monarchie waren genötigt, seine Existenz weiterhin anzuerkennen, und wenn sie persönlich in dem Schloß erschienen, dann gleichsam teils als Statthalter und teils als Bittsteller.

Als erste Besucher trafen, am Vormittag des 13. November, die Herren einer Delegation aus Budapest ein. Sie waren gekommen, um zu klären, was nun, in diesen Zeiten des ganz neuen Republikanertums, mit der Stephanskrone geschehen sollte. Für diese diffizile Mission hatte man geeignete Persönlichkeiten ausgesucht. Führer der Gruppe war kein anderer als der Primas von Ungarn, Kardinal János Csernoch, jener Kirchenfürst, der zwei Jahre vorher diese Krone auf Karls Haupt gesetzt hatte. Ihn begleiteten Baron Julius Wlassics, der Präsident des ungarischen Magnatenhauses, und zwei der angesehensten Mitglieder dieses Gremiums, Fürst Nikolaus Esterházy und Graf Dezsöffi. Michael Graf Károlyi, nunmehr Ministerpräsident der radikalen ungarischen Regierung, hatte diese Männer entsandt, um die definitive Abdankung des Königs zu erreichen, doch nach einem vierstündigen Gespräch mußten sie sich mit viel Geringerem begnügen. Karl bot ihnen lediglich die Schönbrunner Kompromißlösung an, ohne die emotionale Verbrämung. Das Schriftstück, das er unterzeichnet übergab, enthält nur die Erklärung:

> »Ich will nicht, daß meine Person zu einem Hindernis in der freien Entwicklung der ungarischen Nation werde, der auch weiterhin meine unveränderte Liebe gehört. Ich verzichte demzufolge auf jede Teilnahme an der Führung der Regierungsgeschäfte und anerkenne im voraus jene Entscheidung, die Ungarns zukünftige Staatsform bestimmen wird.«[1]

Károlyi hatte die Stephanskrone in den Abfalleimer der Geschichte werfen wollen.* Durch die Eckartsauer Formel blieb sie noch immer über dem Haupt der Nation, wie Karl selbst bald mit Nachdruck beweisen sollte.

Im Januar 1919 erschien das republikanische Wien vor den Toren von Eckartsau, und zwar in der Person des Staatskanzlers von Deutschösterreich, Dr. Karl Renner, eines gemäßigten Sozialdemokraten, der aus der Staatsbeamtenschaft der Monarchie kam. Er hatte die paradoxe Situation des neuen Rumpfstaates treffend auf einen Nenner gebracht: es sei »eine Republik ohne Republikanern«. Und dieser Ausspruch, ein scharfer Seitenhieb für all die braven Radikalen (und die Opportunisten) jener Tage, war vom Presseorgan der Partei, der »Arbeiter-Zeitung«, aufgegriffen worden, verbunden mit der Forderung, die Dynastie möge ihre Koffer packen und verschwinden.[2] Unangemeldet und unerwartet erschien Renner nun, um zu erkunden, was getan werden könnte.

Sehr deutlich wurde der republikanische Kanzler daran erinnert, daß das Terrain, auf dem er sich befand, nach der Auffassung der Bewohner von Eckartsau eine Hofhaltung war und daß derartige Besuche nur nach Berufung oder vorheriger Vereinbarung zu erfolgen hatten. Renner bekam weder Karl noch Zita zu Gesicht, beide blieben in den Räumen des ersten Stockwerks, während der Gast im Parterre zu einem frugalen Mittagessen mit einem der Adjutan-

---

* Eine damals kolportierte Geschichte besagt, in den turbulenten Oktobertagen habe Graf Ambrózy, einer der Hüter der Krone, Michael Károlyi aufgesucht und gefragt, was damit geschehen sollte. Die Antwort habe gelautet: »Ach, bring sie in eine Bank, oder steck sie in die Tasche, mir ist das ganz egal.«

ten gebeten wurde (es war der getreue Marineoffizier Emmerich Zeno von Schonta). Das Thema wurde von beiden Seiten äußerst behutsam angefaßt. Renner erklärte, die Feuchtigkeit der Donau-Auen sei der Gesundheit des Kaisers abträglich, außerdem bestehe die Gefahr, daß die Sicherheit der Familie durch die »unvorhergesehenen Handlungen unüberlegter Elemente« bedroht werden könnte.[3] Höflich erwiderte der Adjutant, die Luft der Gegend sei nicht schädlich, und die Sicherung sei kein Problem. Renner kehrte mit vielen Gedanken im Kopf, aber mit leeren Händen nach Wien zurück.

Wie er genau wußte, waren all diese Versicherungen recht fragwürdig. Hinter der stolzen Fassade einer kaiserlichen Hofhaltung geriet Eckartsau mehr und mehr zu einem isolierten, wehrlosen Landsitz, auf dem ein kränkelnder Grundherr residierte. Während der ersten Wochen bot ein kleines Detachement von zehn Polizisten, die der loyale Wiener Polizeipräsident Johannes Schober (später einer der Bundeskanzler aus dem bürgerlichen Lager) als Wache der Kaiserfamilie zugewiesen hatte, einen gewissen Schutz. Sie wurden abgezogen, hätten aber ohnehin nicht ausgereicht, um gewaltsame Angriffe abzuwehren. Die mögliche Gefahr ging nicht von der lokalen Bevölkerung aus, sondern von der »Soldateska« – Deserteuren und Demobilisierten, die in Banden umherzogen und Gelegenheiten zum Plündern suchten. Konkretere Gefahr drohte von der neuformierten kommunistischen »Roten Garde«.* Diese hatte sogar bereits ihre Visitenkarte hinterlassen: eine schriftliche Ankündigung am Parktor, daß alle Schloßbewohner aufgehängt werden sollten.

Hinter diesem Tor aber gab es Krankheit und quälende Ungewißheit. Die Kaiserin, offenbar das einzige Familienmitglied, das noch auf den Beinen war, hat geschildert, wie ernst die Situation um die Weihnachtszeit geworden war – das letzte Christfest, das Karl und Zita mit ihren Kindern auf österreichischem Boden feiern konnten:

---

* Die »Rote Garde« war das radikale Element am Rand der regulären provisorischen Streitkräfte der Republik, der Volkswehr, die vorwiegend sozialdemokratisch orientiert war. (Anm. d. Übers.)

»Weihnachten 1918 war ein recht trauriges Fest. Um so mehr, als der Kaiser, der ohnehin schon an wiederholten Herzanfällen und allgemeiner Erschöpfung litt, zehn Tage zuvor an einer schweren Form der Spanischen Grippe erkrankt war. Alle Kinder steckten sich gleichfalls an, die einen etwas leichter, die anderen aber auch in einer sehr schweren Form. Mein jüngster Sohn Karl Ludwig zum Beispiel, der damals acht Monate alt war, wäre beinahe gestorben.

Wir taten unser Bestes, um Weihnachten so fröhlich als möglich zu verbringen. Wir hatten natürlich einen Weihnachtsbaum am Abend des Vierundzwanzigsten aufgestellt und unter ihn unsere kleinen Geschenke gelegt. In Eckartsau hatten wir einen Koffer nahezu angefüllt mit kleinen Geschenken gefunden, wie wir sie seinerzeit bei unseren offiziellen Reisen verwendet hatten. Dieser Koffer erwies sich nun als sehr nützlich. Dem Personal gaben wir, soweit ich mich erinnere, was es sich am meisten wünschte: Schokolade, Bäckereien und ähnliche Dinge, die wir aufgespart und nun als Geschenke hergerichtet hatten.

Der Kaiser verließ am Weihnachtsabend sein Krankenlager, war aber so schwach, daß er in einem Fauteuil sitzen bleiben mußte, während die Geschenke überreicht wurden. Er war danach völlig erschöpft und hatte auch wieder Fieber. In der Hauptstadt wurde überall in dieser Nacht, wie man uns berichtete, auf das Wohl des Kaisers getrunken.«[4]

Es war nicht untypisch für die österreichische Aristokratie und das Bürgertum, daß man zum ersten Weihnachtsfest nach der Ära des Kaiserreiches zwar die Gläser auf den bedrängten Herrscher erhob, jedoch nicht das geringste unternahm, um ihm zu helfen. Dabei war Hilfe immer dringender notwendig, je länger dieser Winter dauerte. Es zeigte sich klar, daß Eckartsau nur eine befristete, noch dazu unsichere Zwischenstation auf dem Weg ins ausländische Exil sein konnte. Doch wohin würde dieser Weg führen, und wie würde man ihn beschreiten? Die Schweiz, die dem Kaiserpaar während des Zusammenbruchs der Monarchie Asyl angeboten hatte, war schon vor Weihnachten davon abgerückt und versprach nun bloß Transitvisa.

Noch problematischer gestaltete sich die Lage, als nach den ersten Parlamentswahlen in Deutschösterreich eine Regierung mit sozialdemokratischer Dominanz gebildet wurde. Damit erhielt das Kesseltreiben gegen den noch immer im Land weilenden Monarchen seine politische Legitimation.

Doch am 15. Februar 1919, dem Tag vor diesen Wahlen, kam plötzlich Hilfe für Eckartsau in Sicht. Nicht etwa von Karls ehemaligen Untertanen im nahen Wien, sondern aus jenem weit entfernten Lager der »Feinde«, sie ging von einem ebenfalls gekrönten Haupt aus, mit dem Hinweis, daß unbedingt eingegriffen werden müßte.[*] Wieder hatte Zitas Bruder, der schier unschlagbare Prinz Sixtus, als Vermittler bei den Ententemächten fungiert, diesmal mit Erfolg. In den ersten Tagen des Februar 1919 war er, völlig aus eigener Initiative, mit der Bitte um Hilfe für die österreichische Kaiserfamilie zunächst am Präsident Poincaré in Paris herangetreten, und dann, als diese Bemühungen ergebnislos blieben, an König Georg V. in London.

Es war dies eine sehr private und politisch sehr heikle Angelegenheit, begreiflich also, daß im Britischen Königlichen Archiv kein schriftlicher Beleg darüber vorhanden ist, wann Sixtus im Buckingham-Palast empfangen wurde oder wie diese Audienz verlief. Aber es gibt keinen Grund, die Aussagen des Prinzen über dieses Treffen anzuzweifeln. Demnach schilderte er, in welch argen und bedrohlichen Verhältnissen sein Schwager lebte und betonte, daß Eckartsau zu einem zweiten Jekaterinburg zu werden drohte, zum Schauplatz der Ermordung einer weiteren Kaiserfamilie durch Revolutionäre. Königin Mary und König Georg waren von den Ausführungen tief bewegt. Der Monarch gab Prinz

---

[*] Die Annahme, daß General Franchet d'Espérey aus eigenem Antrieb gehandelt hatte, um Schutz für das Kaiserpaar zu organisieren, stimmt mit den dokumentarischen Belegen nicht überein. Nach seinem Treffen mit Graf Károlyi und den ungarischen Revolutionären (siehe Seite 185) hätte der Oberkommandierende der Orientarmee nur allzu gern etwas für den Schutz der Habsburger getan. Aber den Anstoß gaben Telegramme des Kriegsministeriums in London an die britischen Militärbehörden in Wien. Das Hauptquartier in Saloniki war nur während einer späteren Phase beteiligt, und zwar auf direkte Weisungen aus London.

Sixtus das bindende Versprechen: »Wir werden sofort das Notwendige veranlassen.«[*][5]

Als Ergebnis dieser Zusage traten nun in rascher Abfolge drei Stabsoffiziere der britischen Armee in Karls und Zitas Leben. Der erste, an den der Ruf erging, war Oberst Sir Thomas Cunninghame, britischer Militärrepräsentant bei der gemeinsamen Entente-Mission in Wien. Am 15. Februar, während eines Besuchs in Prag, erhielt er ein Telegramm des Kriegsministeriums, das ihm einiges Kopfzerbrechen bereitete. Er wurde angewiesen, einen zuverlässigen Offizier seiner Gruppe nach Eckartsau zu entsenden; dieser habe »mit allen ihm verfügbaren Mitteln zu versuchen, die Lebensbedingungen des Kaisers und der Kaiserin zu verbessern und ihnen die moralische Unterstützung der britischen Regierung zu gewähren«.[6] Die Herkunft des Telegramms blieb für ihn aus verständlichen Gründen ein Geheimnis, ebenso wie die Quelle des beigeschlossenen Berichts, daß ein Anschlag auf das Leben des Kaiserpaars zu befürchten sei. Aber das Mysteriöse daran verstärkte nur den Eindruck, daß die höchste Dringlichkeit geboten war. Cunninghame fuhr sofort nach Wien zurück und bestimmte einen Oberst Summerhayes, der eigentlich Militärarzt war, zum »Ehrenkavalier« des Kaisers, wie er es nannte.

Einen oder zwei Tage später fuhren die beiden Offiziere nach Eckartsau, um sich vorzustellen. Der Kaiser, der von der britischen Mission bereits verständigt worden war, hegte keinerlei Zweifel, bei wem er sich zu bedanken hatte. Am 21. Februar verfaßte er, gewiß mit Zitas Hilfe, ein kurzes Dankschreiben an den Buckingham-Palast – in makellosem Französisch, wie es damals für die Korrespondenz zwischen Monarchen üblich war. Er sei, wie er König Georg versicherte, »von diesem zuvorkommenden Akt tief gerührt«. Der Brief enthielt keine Bitte um weitere Hilfe und keine politischen Erwähnungen. In Würde wurde der Stil einer Mitteilung zwischen Gleichgestellten gewahrt, auch im Ausdruck gemeinsamer Besorgnis:

---

* Aus innenpolitischen Gründen hatte sich Georg V. persönlich im Jahr 1918 von dem Plan distanziert, einen britischen Kreuzer nach Murmansk zu entsenden, um seinen Vetter Zar Nikolaus II. und dessen Familie zu retten. Das folgende Massaker der Bolschewiken in Jekaterinburg im Juli 1918 lastete seitdem schwer auf dem Gewissen des Königs.

»Für uns Souveräne ist die Situation der gesamten Welt sehr schwierig ...
Ich bin Eurer Majestät guter Bruder und Cousin

Karl«[7]

Unverständlich blieb damals freilich – und zwar nicht nur für Cunninghame –, warum London plötzlich seine Entscheidung, Summerhayes einzusetzen, mit einer Ablehnung bedachte. Kaum aus Eckartsau in sein Büro zurückgekehrt, erhielt der Oberst einen persönlichen Brief seines Vorgesetzten im Kriegsministerium, General Sir William Thwaites, der ihm mitteilte, die Wiener Mission habe diese Verpflichtung nicht mehr zu erfüllen, denn sie werde einem britischen Offizier der Orientarmee übertragen. Der Grund für den jähen Sinneswandel in London war vermutlich die Erkenntnis, daß die Militärmission in Wien, wiewohl als Sieger, mit einer österreichischen Republik zu verhandeln hatte und leicht in ein schiefes Licht geraten konnte, wenn sie sich gleichzeitig für die Kaiserfamilie verwendete. Dies klingt im Brieftext deutlich an. Die Weisung lautete kategorisch:

> »Sie haben in dieser Angelegenheit nichts mehr zu unternehmen und vor allem, unterlassen Sie es, dem neuen Offizier, dem Kaiser oder irgendwelchen anderen Personen Ratschläge zu erteilen.«[8]

Und so betritt, auf Londons Wunsch vom britischen Oberkommandierenden in Saloniki, Sir Tom Bridges, dazu auserkoren, der dritte der Stabsoffiziere den Schauplatz. Diese Wahl erwies sich als ein außerordentlicher Glücksfall für Karl und Zita – und (da der Mann ein exzellenter Tagebuchschreiber war) auch für spätere Historiker. Der Neuankömmling war Oberstleutnant Edward Lisle Strutt, der gerade die Annehmlichkeiten des Nobelhotels »Danieli« in Venedig genoß, als er am 21. Februar den Befehl für den Sonderauftrag erhielt. Er war wie nach Maß geschaffen für diese Mission, die selbst in seinem ereignisreichen Leben größte Bedeutung erlangen sollte.

Strutt war Aristokrat, der Enkel des ersten Lord Belper; er war Katholik, und daher der richtige Begleiter für eine Apostolische

Majestät, außerdem polyglott, mit Deutschkenntnissen aus seiner Zeit als Student an der Universität Innsbruck, und obendrein hatte er noch aus der Vorkriegszeit viele Verbindungen zu den höchsten Regionen des österreichischen Gesellschaftslebens. Vor allem aber war er, anders als der freundliche, indes unerhebliche Militärarzt, den er ablöste, ein vielfach und hoch dekorierter Truppenoffizier. Die Reihe seiner Auszeichnungen begann mit Medaillen aus dem Burenkrieg, dazu kamen, aus dem soeben beendeten großen Konflikt, der Distinguished Service Order mit viermaliger Nennung im Kriegsbericht, das französische Kriegskreuz mit vier Palmen, das belgische Kriegskreuz mit einer Palme, das Offizierskreuz der französischen Ehrenlegion, der belgische Leopolds-Orden und der Orden des Sterns von Rumänien. Überdies war der Träger all dieser Dekorationen auch mehrfach politischer Ehrungen teilhaftig geworden. Insgesamt war Strutt sehr gut auf die äußerst schwierige Mission vorbereitet, der er nun entgegenfuhr.

Er kam per Bahn von Fiume kurz nach der Mittagsstunde des 25. Februar in Wien an und begab sich ins Hotel »Bristol« bei der Oper, weil er auch vor dem Krieg immer dort abgestiegen war. Und schon traf er zufällig auf der Ringstraße vor dem Hotel ausgerechnet den »Kary« (Ottokar) Czernin, einen Freund aus Friedenszeiten. Politisches scheint nicht besprochen worden zu sein. Damals hätte Strutt auch gar nichts über die dramatischen Begleitumstände von Czernins Sturz gewußt, der ein Jahr zurücklag. Zwei Tage später machte sich Strutt in einem großen sechssitzigen Austro-Daimler, der aus dem kaiserlichen Fuhrpark requiriert war und noch den Doppeladler zeigte, auf den Weg nach Eckartsau. Gegen Mittag kam er ans Ziel, wo Summerhayes ihn erwartete, um ihn vorzustellen. Schon bevor er zu seinen kaiserlichen Schutzbefohlenen geführt wurde, erinnerte ihn manches andere an die Friedenszeiten der Monarchie. Graf Hunyády, einer der Adjutanten des Kaisers, war ein alter Bekannter. In dem ihm zugewiesenen Schlafzimmer entdeckte er ein noch beziehungsreicheres Souvenir: es war ein Foto, das ihn selbst mit Erzherzog Franz Ferdinand und Baron Rumerskirch im winterlichen St. Moritz zeigte. Jetzt, nach dem Ende eines Krieges, den die Ermordung des Erzherzogs ausgelöst hatte, war Strutt in dieses Landschloß gekommen, um den Neffen des Ermordeten zu retten ...

Er wurde dem Kaiser und der Kaiserin getrennt vorgestellt, und die in seinem Tagebuch[9] festgehaltenen ersten Eindrücke von den beiden verdienen es, hier wiedergegeben zu werden:

> »Der Kaiser ist mittelgroß, sehr schlank, mit einnehmenden, gut ausgebildeten, aber weichen Gesichtszügen ... Er trug Feldmarschallsuniform mit einem schönen Säbel und vielen Auszeichnungen, Ordenssternen und Großkreuzen. Ich erkannte das Goldene Vlies, das Eiserne Kreuz und das Großkreuz unseres eigenen Victoria-Ordens!* ... Ich kann hier sagen, daß ich mit dem Kaiser fast immer französisch sprach und er auf Deutsch antwortete. Sein Englisch war, wie er mir sagte, ziemlich mittelmäßig, aber im Französischen hatte er eine ausgezeichnete Aussprache, nur fehlte es ihm am Vokabular. Die äußere Erscheinung des Kaisers ist ein Abbild seines Charakters ... Er ist ein ungemein liebenswürdiger, wenn auch schwacher Mensch, keineswegs aber ein Schwachkopf und bereit, seinem Ende so tapfer entgegenzusehen wie seine Ahnin Marie Antoinette.«

Ganz anders reagierte Strutt auf die Kaiserin, die ihn schon am selben Nachmittag zum Tee in ihren Salon bat:

> »Sie war sehr einfach in Schwarz gekleidet, trug ihre wunderbaren Perlen (die ich später so genau kannte), war blaß und wirkte angegriffen. Etwa mittelgroß, von graziler Gestalt, sah sie jünger aus als sie war, nämlich sechsundzwanzig. Mein erster Eindruck war der einer ungewöhnlichen Charakterstärke, gemildert durch ihren großen Charme. Der Zug um ihr kleines, gerades Kinn verriet Entschlossenheit, das lebhafte braune Auge Intelligenz und die breite, halb durch dichtes dunkles

---

* Verliehen, als Karl, damals noch Erzherzog, 1911 in Vertretung Kaiser Franz Josephs an der Krönung König Georg V. in London teilnahm. Der Kaiser hatte diese sonst nicht getragene Insignie offenbar dem Briten zu Ehren angelegt. Als Höflichkeitsgeste wäre auch aufzufassen, daß er anscheinend nicht die seit Jahren gewohnte Felduniform, sondern die Friedensuniform trug. (Anm. d. Übers.)

Haar verdeckte Stirne Geistesschärfe. Ohne als schön gelten zu können, würde sie mitten unter vielen Menschen immer Aufmerksamkeit erregen. Als ich den Raum betrat, wurde mir sofort bewußt, daß sie für immer mit den Königinnen der Belgier und von Rumänien den Ruhm teilen wird, eine der drei wahrhaft majestätischen Frauen dieses Krieges zu sein. Unwillkürlich fragte ich mich: Was wäre geschehen, wenn sie in den vergangenen zwei Jahren allein auf dem Doppelthron gesessen wäre? Auch hörte ich von ihr, die ihre Lage gewiß schmerzlicher empfand als ihr Gatte, niemals ein Wort der Klage. Man fände wohl kein Paar, das einander herzlicher und aufrichtiger zugetan ist als diese beiden. Soviel nur zu den widerlichen Lügen der Sensationspresse.«

Das liest sich wirklich, als habe ihn der »coup de foudre« getroffen. Wären sie gewöhnliche Sterbliche gewesen und ledig, dann hätte sich der gute Oberstleutnant gewiß in Zita verliebt. So aber diente er ihr mit einer Ergebenheit, die um so tiefer ging, da er schon bei ihrem ersten Anblick hingerissen war.

Es folgte ein unwirkliches trancehaftes Zwischenspiel in Eckartsau. Der Kaiser unternahm mit dem Offizier lange Spaziergänge über die versumpften Wege des Reviers. Auf Strutts Vorschlag (»als eine ausgezeichnete Idee begrüßt, würdig des Vertreters Großbritanniens«) wurden für die Schloßküche einige Hirsche und Flugwild geschossen. Unterdessen sandte Karl, der sich verzweifelt an die neue Verbindung mit König Georg V. klammerte, immer wieder Briefe nach London, darin bat er inständig um Hilfe durch den Einsatz von Truppen. (»10 000 oder auch nur 5000 Mann würden genügen. Meine Offiziere sind mir noch immer treu ... Wenn Sie keine Briten entsenden können, dann schicken Sie Amerikaner, aber keine Franzosen oder Italiener«, steht in einem dieser Schreiben.) All die Appelle erreichten die Adressaten, doch kam niemals eine Antwort oder eine Bestätigung. Wie Arthur Balfour, eines der Kabinettsmitglieder, Strutt später gestand, wußte die britische Regierung einfach nicht, was sie dazu sagen sollte.

Karl nützte die ihm durch günstige Fügung gewährte Verbindung mit der Außenwelt sogar zu dem Versuch, nochmals König Alfons

XIII. für die Sache des europäischen Monarchentums zu mobilisieren. In einem mit dem 17. März datierten und per Sonderkurier nach Madrid beförderten Schreiben beschwor er seinen spanischen Verwandten, alle Ententestaaten gegen die Gefahr des Bolschewismus aufzubieten, die den gesamten Kontinent bedrohe. (Diese Warnung entsprach der aktuellen Lage: zu dem Zeitpunkt, als sie bekannt wurde, hatte Béla Kun in Budapest die Macht Károlyis schlaffen Händen entrissen, und über Ungarn brach das kurze, aber blutige Terrorregime der kommunistischen Räterepublik herein.) Zur Rettung der Situation rief Karl nach den Truppen der Entente, sie sollten eingreifen, um dem Radikalismus im Donauraum Einhalt zu gebieten, wo seiner Erwägung nach eine neue Konföderation unter habsburgischer Führung geschaffen werden könnte. Obwohl viele im Westen seine Befürchtungen teilten, war niemand bereit, seine Lösungsvorschläge zu akzeptieren. König Georg V. wußte mit seinem Exemplar des kaiserlichen Appells nichts anderes anzufangen, als es an den britischen Premierminister Lloyd George, der in Paris weilte, weiterzugeben, »zu dem Zweck, die Friedenskonferenz über den Inhalt in Kenntnis zu setzen«.[10]

Das waren die letzten Pfeile des Kaiserpaars ins Blaue. Noch während Karl weiterhin solche Aktivität entwickelte, erhielt die britische Militärmission in Wien vom Kriegsministerium den knappen Befehl: »Höchst wünschenswert, den Kaiser unverzüglich aus Österreich fortzubringen. Alle notwendigen Schritte zu unternehmen, um Abreise zu beschleunigen.«[11] Bedeutungsvoll war das Datum dieser Order: 15. März 1919, der Tag, an dem die Koalitionsregierung unter Dr. Karl Renner gebildet wurde. Fortan würden es die Westmächte mit dem einköpfigen Adler der Republik zu tun haben.

Strutt hatte gleichsam einen Zweifrontenkrieg zu führen. In Eckartsau mußte er Karl und Zita bewegen, den Boden ihres Reiches zu verlassen. In Wien hatte er den neuen sozialdemokratischen Staatskanzler zu überreden, das Paar als Kaiser und Kaiserin ausreisen zu lassen. Diese beiden Probleme waren untrennbar verkettet.

Als Strutt am 17. März Instruktionen des Kriegsministeriums für den Kaiser persönlich erhielt (als Ziel war die Schweiz angegeben und die ominöse Warnung beigefügt: »Die britische Regierung kann in keiner Hinsicht für die Sicherheit Ihrer Reise garantieren.«), da wußte er, daß es nicht mehr darum ging, ob die Familie ausreiste, sondern nur noch, wie und wann. Ohne ein Wort zu seinen Schützlingen eilte er nach Wien, um die Lage zu erkunden. Entscheidend war in dieser Phase, daß beide Parteien in Renners Koalition, also selbst die Christlich-Sozialen, gesonnen waren, dem Kaiser politisch die Pistole an die Brust zu setzen. Sie wollten ihm und der Kaiserin drei Möglichkeiten offerieren: erstens, Verzicht auf alle Rechte, in diesem Fall würden sie als normale Bürger in Österreich leben dürfen; zweitens, Abreise in ein ausländisches Exil, falls die Abdankung verweigert würde; drittens, die Aussicht auf Internierung falls sie beides, Abdankung wie Ausreise, ablehnten.

Sofort traf Strutt alle Vorbereitungen für die zweite Option. Er ordnete die Beistellung eines Sonderzugs an, der auf das von der britischen Botschaft gegebene Losungswort »Act« jederzeit fahrbereit sein mußte. Dann wandte er sich als Begleitoffizier mit dem formellen Ansuchen, der Kaiserfamilie Asyl zu gewähren, an die Schweizer Botschaft, de facto war dieser Weg durch Fühlungnahme des Obersten Kriegsrats der Alliierten mit Bern bereits geebnet – auf Großbritanniens Wunsch. Das nächste Problem war der Kaiser selbst, und Strutt setzte es ihm noch am Abend seiner Rückkehr nach Eckartsau auseinander. Er hatte die Absicht, Karl allein und unerkannt in die Schweiz zu bringen, und zwar als Offizier der Royal Scots verkleidet, in Strutts eigener Reserveuniform, samt der Glengarry-Mütze;* danach würde er zurückkehren, um Zita und die Kinder abzuholen. In dem Moment, als die Kaiserin den Raum betrat und von dem Plan hörte, wußte der Offizier, daß seine Erwägung verworfen war.

In dieser Krise übernahm Zita die führende Rolle. Die Lage spitzte sich zu, als am 19. März ein Pferdewagen auf dem Rückweg von Schönbrunn nach Eckartsau mit einer Ladung Kaffee und

---

* Die Royal Scots sind eines der schottischen Lowland Regiments, deshalb tragen sie statt des Kilt die »trews«, Hosen aus Tartanstoff, aber selbst diese waren damals durch feldmäßiges Khaki ersetzt. (Anm. d. Übers.)

Zucker von einer Patrouille der österreichischen Volkswehr unter dem Kommando eines Oberleutnants angehalten und zertrümmert wurde. Den Kutscher schickte der Offizier mit einem Schmähbrief an »Herrn Karl Habsburg« zu Fuß heim. Das waren keine Marodeure oder plündernde Deserteure, sondern Soldaten der provisorischen Streitkräfte der neuen Republik. Dieser Zwischenfall bestimmte Strutt, »alles mit der Kaiserin als dem eigentlichen Familienoberhaupt auszumachen«. In einem langen Gespräch unter vier Augen legte er ihr nicht nur seine Befürchtungen für die Sicherheit der kaiserlichen Familie dar, sondern sagte ihr auch unverhohlen, nach allem, was er gesehen und gehört habe, sei das Land gegen das Kaiserpaar, zumindest zum gegebenen Zeitpunkt. Er versprach, alle irgendwie außer Landes zu bringen, ohne daß der Kaiser abdanken mußte und sie daher zurückkehren konnten, falls sich ein Umschwung vollziehen sollte. Die Kaiserin verharrte in Schweigen. Was sie schließlich umstimmte, waren die Worte, mit denen Strutt schloß: »Ein toter Habsburger ist für niemanden von Nutzen, ein lebender mit Familie aber vielleicht doch.« Nun lächelte sie, drückte ihm die Hand und sagte: »Wir werden abreisen, so wie Sie es für richtig halten.«

Obwohl die Entscheidung bereits gefallen war, bemühte sich Strutt in Karls Namen noch einmal um einen Aufenthaltsort in Österreich. Die letzte Hoffnung auf eine Prolongation des »inneren Exils« war eine Übersiedlung mit der Familie nach Tirol, seit je eine Hochburg der Treue zum Erzhaus. Am 20. März fuhr Strutt wieder nach Wien, um deswegen bei Renner zu sondieren. Er jagte dem Kanzler einen Schreck ein, als er ihm beim Eintritt in dessen Büro barsch zurief: »Stehen Sie in Zukunft gefälligst auf, wenn ich in Ihr Zimmer komme!« Doch Renner war bei weitem nicht so eingeschüchtert, daß er mit dem Vorschlag einverstanden gewesen wäre. Vielmehr lehnte er den Tirol-Plan rundweg ab. Am späten Abend überbrachte Strutt in Eckartsau Karl die schlimme Nachricht und fügte hinzu, nun bleibe keine andere Wahl als die Schweiz.

Der Kaiser blickte den britischen Offizier fest an und erwiderte: »Versprechen Sie mir nur, daß ich als Kaiser abgehen werde und nicht wie ein Dieb in der Nacht.«

»Das verspreche ich, Sir«, antwortete Strutt.

Dies war eine Zusage, die er einhalten mußte, allerdings nicht ohne eine weitere höchst bemerkenswerte Begegnung mit dem österreichischen Staatskanzler (den der Brite etwas hochmütig so beschreibt: »Ein rauschebärtiger, schlau wirkender Halunke mit intelligentem Blick«). Als Strutt am 22. März wieder nach Wien fuhr, um die Vereinbarungen für den Kaiserzug endgültig festzulegen, wurde ihm die Bitte übermittelt, er möge nochmals ins Kanzleramt kommen. Strutt witterte Schwierigkeiten in letzter Minute, und er ließ sich rasch etwas einfallen. Auf einem offiziellen Telegrammformular der britischen Militärmission verfaßte er eine Mitteilung an das Kriegsministerium in London, unterzeichnete sie und schob das Blatt in die Tasche.

Sein Verdacht bestätigte sich. Renner, der zuvor die Entscheidung seiner Regierung, nämlich Exil im Ausland ohne Abdankung, gebilligt hatte, wechselte nun den Kurs. Er forderte, daß Karl auf alle Thronrechte verzichte, also abdanke, bevor er österreichisches Territorium verließ. (Damit gab Renner übrigens indirekt zu, daß man in der Regierung das Schönbrunner Manifest vom 11. November 1918 nicht als eine Abdankungsurkunde bewertete!)

Prompt zog Strutt den Telegrammtext aus der Tasche und legte ihn auf den Schreibtisch des Kanzlers. Der Wortlaut:

»Im Klartext.
An Leiter/Militärischer Geheimdienst, London.
Österreichische Regierung verweigert Erlaubnis für Ausreise des Kaisers, falls er nicht abdankt. Deshalb Befehl geben, Blockade wieder aufzunehmen und alle Lebensmitteltransporte für Österreich zu stoppen.
gez. Strutt«

Das war ein ungeheuerlicher Bluff! Ein Oberstleutnant in völlig außerplanmäßiger Mission in Wien hätte niemals solch einen direkten Befehl nach London drahten können. Der Leiter des militärischen Geheimdienstes, der mit derartigen Aktionen gar nichts zu schaffen hatte, wäre auf jeden Fall der falsche Adressat für diese Nachricht gewesen. Sogar der Chef des Empire-Generalstabs hätte nichts zu unternehmen vermocht, denn das weitere Schicksal des österreichischen Kaisers war eine politische Angelegenheit in der

Kompetenz des Obersten Rates der Alliierten. Zum Glück hatte Renner damals noch keine Ahnung von militärischen Verfahrensweisen oder internationaler Politik. Er sah nur einen Stabsoffizier der britischen Armee vor sich, der die Siegermächte repräsentierte, und auf seinem Schreibtisch ein offizielles Telegramm, dessen Inhalt für sein Volk eine Katastrophe bedeuten konnte. Mit dem Ausruf »Großer Gott!« hob er entsetzt die Hände, dann sagte er nur: »Also gut, er kann reisen.« – »Ohne jede Bedingung?« – »Ja«, erwiderte der Staatskanzler. Strutt nahm sein fingiertes Telegramm und ging wortlos.

Karl konnte tatsächlich als Kaiser ausreisen. Strutt hatte die österreichischen Eisenbahnbehörden angewiesen, den Hofzug in all seinem alten Glanz zusammenzustellen; er bestand aus drei Salonwagen, einem Speise- und einem Küchenwagen, zwei Gepäckwaggons und einem offenen Güterwaggon für die Autos. Auf den Wandungen der Waggons war noch immer das kaiserliche Wappen angebracht, doch für den Fall, daß dies zu wenig Schutz bieten sollte, hatte Strutt die Zuteilung einer Wache von sechs britischen Militärpolizisten samt einem Sergeanten erwirkt. (Kein geringer Aufwand, denn das war die Hälfte des damaligen britischen »Truppenkontingents« in Wien!) So nobel war der Zug, der im Schmuck habsburgischer Heraldik und mit einem ausgespannten großen »Union Jack« am Sonntag, den 25. März pünktlich um 15.45 Uhr in die kleine Bahnstation Kopfstetten, etwa drei Kilometer von Eckartsau, einfuhr. Er wirkte geradezu monumental, als er an dem offenen Perron in der weiten Ebene stand.

Wie in Schönbrunn hatte der Abschied in der Schloßkapelle begonnen. Doch in Eckartsau war es kein kurzer Besuch für ein stilles Gebet, sondern eine feierliche Messe, von einem Bischof zelebriert, mit dem siebenjährigen Otto als Ministranten. Nach dem Ende der heiligen Handlung stimmten die Versammelten die Kaiserhymne an. Wahrscheinlich ahnten sie, daß diese Melodie zum letztenmal in Anwesenheit eines österreichischen Monarchen gesungen wurde. Jedenfalls »brachen alle in Tränen aus«, wie Strutt vermerkte.

Das Verladen in den Zug dauerte den ganzen Nachmittag, und als die Helfer damit fertig waren, übergab Zita dem Oberstleutnant die kostbarste Fracht: eine schwere Truhe, voll mit habsburgischen Familiendokumenten,* dazu die wertvollsten Stücke ihres Schmucks, darunter befanden sich ihr sechsreihiges Perlenkollier und ein Diamantenkollier aus dem einstigen Besitz Maria Theresias. Diese steckte Strutt in die Taschen seiner Uniform und in sein umgehängtes Feldgepäck, dazu Schlüsselbunde und eine größere Bargeldsumme in einem Portefeuille, das ihm der Kaiser einhändigte.

Um 18.35 Uhr kamen Karl und Zita – »ihre Würde ... in solch einem ergreifenden Moment ... unübertrefflich« – Arm in Arm über die Haupttreppe herab, um von den im hohen Vestibül Versammelten Abschied zu nehmen. Es waren Leute aus dem Personal, Revierjäger, Bauern der Gegend und Bürgermeister. Alle fielen auf die Knie, als das Kaiserpaar mit seiner Begleitung zu den beiden vor dem Portal wartenden Autos ging. Das einzige nicht ganz so majestätische Bild bot die verwitwete Mutter der Kaiserin, Herzogin Maria Antonia, die gebürtige Portugiesin, »mit Schmuck behangen wie ein Weihnachtsbaum und mit ihren zwei schrecklichen alten Collies an der Leine ...«

Zwanzig Minuten später kamen die Autos nach einer Fahrt über die holprige Landstraße in Kopfstetten an, im Licht der Scheinwerfer sah man eine Menschenmenge, es mögen etwa zweitausend Personen gewesen sein, »alle waren vollkommen still und viele hatten Tränen in den Augen«. Vor den Türen des letzten Salonwagens warteten vier oder fünf verwundete österreichische Frontkämpfer. Der Kaiser, der für die Reise seine Felduniform angelegt hatte, schüttelte jedem von ihnen die Hand, bevor er einstieg. Als der Zug um 19.05 Uhr anrollte, in tiefe Dunkelheit und Regen hinein, hörte Strutt aus der Menge »einen dumpfen Klagelaut«. Vielleicht war dies unbewußt ein Reflex auf die Worte des Kaisers, denn als sie in den mittleren Salonwagen gingen, sagte Karl im selben Moment leise zu Strutt: »Nach siebenhundert Jahren ...«

An jenem Abend, im Speisewagen, wandte sich die Kaiserin

---

* In seinem Tagebuch schrieb Strutt, daß darunter auch Papiere waren, welche »die Wahrheit über die Affäre von Mayerling« offenbarten. Wie Kaiserin Zita dem Autor Jahrzehnte später bestätigte, war dies leider nicht der Fall.

plötzlich an Strutt, der neben ihr saß, und stellte ihm eine Frage: »Meine Familie wurde aus Frankreich, Italien und Portugal vertrieben. Durch meine Heirat wurde ich Österreicherin, und jetzt bin ich auch aus Österreich verbannt. Sagen Sie mir, Colonel Strutt, welchem Land gehöre ich nun an?« Wie zu erwarten, wußte der Brite keine Antwort darauf.

Die Fahrt bei Tag, westwärts quer durch Österreich, am noch zugefrorenen Zeller See vorbei, über Kitzbühel, Wörgl und Innsbruck, verlief ohne Zwischenfälle. Nur einmal mußte Strutt seine Militärpolizisten in Aktion treten lassen, und zwar, um eine Schar italienischer Soldaten zu verscheuchen, die sich auf dem Bahnhof Innsbruck mit aufgeknöpften Blusen und Zigaretten rauchend vor den Waggons drängten. Um 15.45 Uhr, auf die Minute pünktlich wie ein »Fahrplanmäßiger«, überquerte der Kaiserzug den Rhein und fuhr in die Schweizer Grenzstation Buchs ein.

Karl trug noch immer seine Uniform, und selbst von neutralem Boden aus hatte er eine letzte Soldatenpflicht zu erfüllen. Nach seinen Angaben sandte Strutt ein sehr freundlich gehaltenes Danktelegramm an den britischen Kommandeur in Imst. Eine Abteilung seiner Soldaten von der Honourable Artillery Company* war auf dem Bahnsteig angetreten und hatte, stramm wie auf dem Paradefeld, dem scheidenden Kaiser die Ehrenbezeigung erwiesen, als sich der Zug in Bewegung setzte. Auf der ganzen Strecke gab es keinen einzigen Hochruf ehemaliger Untertanen, geschweige denn eine Kundgebung monarchistischer Gesinnung. Nur der ritterliche Gegner setzte eine Geste des Respekts. Dieser Anblick war zuviel für Karl. Wie Zita später Strutt anvertraute, sah sie während der langen Reise nur dieses einzige Mal, daß ihr Gatte Tränen vergoß.

Zwei Umstände halfen in jenen ersten Stunden außerhalb der Heimat über das Gefühl der Bangnis und der Verlorenheit hinweg. Erstens die beruhigende Wirkung der Schweizer Höflichkeit und des eidgenössischen Protokolls. Auf dem Bahnsteig in Buchs stand ein kleines Empfangskomitee, angeführt von Herrn F. J. Borsinger

---

* Eine hochangesehene, zur Zeit Heinrichs VIII. gegründete militärische Formation, die seit Jahrhunderten die Repräsentationspflichten in der City of London erfüllt, aber in beiden Weltkriegen auch Einheiten für die Front aufstellte. (Anm. d. Übers.)

de Baden vom Schweizer Auswärtigen Departement, der eine Grußbotschaft seines Bundespräsidenten übermittelte. Eine amtlich lautende Mitteilung wurde dem Kaiser durch seinen Adjutanten Graf Ledóchowsky vorgetragen. Sie besagte, Karl und sein Kreis hätten sich jeder Propaganda zu enthalten, »da der Bundesrat sich andernfalls genötigt sehen könnte, die Aufenthaltsbewilligung zurückzuziehen«.[12] Das war die routinemäßige Warnung der Schweizer Behörden an all die prominenten politischen Asylanten, die schon vor Karl das Gebiet des neutralen Staates betreten hatten, und sie blieb es auch für jene, die nach ihm kommen sollten. Sie schien kein zu hoher Preis für die blauen Sonderpersonalausweise, die der Kaiserfamilie ordnungsgemäß ausgefolgt wurden, und das Recht auf unbefristeten Aufenthalt garantierten. Zudem hatte Karl ohnehin nicht vor, in der Schweiz monarchistische Propaganda zu betreiben.

Die zweite große Erleichterung, vor allem für Zita, war die Fügung, daß sie den neuen Lebensabschnitt auf Schweizer Boden sofort zusammen mit nächsten Verwandten und auf einem geliebten Familienbesitz beginnen konnten. Wartegg, das Schloß am Bodensee bei Konstanz, das Herzogin Louise von Bourbon-Parma Anno 1860 erworben hatte, die einstige Zufluchtsstätte von Zitas Vater, lag ganz nahe, und die Kaiserin hatte dafür gesorgt, daß die Familie dort ein erstes Refugium fand. In Wartegg endete drei Wochen später die Mission des Oberstleutnant Strutt. Schweren Herzens nahm er Abschied:

> »Ich erinnere mich kaum daran, was gesprochen wurde. Alles war wie ein Traum. Die letzten Worte Ihrer Majestät waren: ›Nur ein Engländer vermochte das zu leisten, was Sie für uns getan haben.‹ Ich kniete nieder und küßte ihre Hand.«

Dann reiste Strutt auf Befehl des Kriegsministeriums neuen Aufgaben in Konstantinopel entgegen, in dem Glauben, seine Rolle in der abenteuerlichen Geschichte seiner Schützlinge sei ausgespielt. Doch darin irrte er, wie sich bald erwies.

III. Teil

Die Stephanskrone

11

»Der Kaiser muß seine Lethargie abschütteln«

Karls letzte Äußerung kurz vor dem Grenzübertritt war die Erklärung, die Regierung, die ihn und seine Familie ins Exil schickte,
habe unrechtmäßig gehandelt. Im sogenannten »Feldkircher Manifest« vom 24. März 1919 (Orts- und Datumsangabe wurden später
zur symbolischen Kennzeichnung eingesetzt) stellte er fest,
Deutschösterreich sei nicht gemäß dem Resultat einer Volksabstimmung, sondern durch die provisorische Nationalversammlung zur Republik ausgerufen worden und verstoße daher gegen die
Bedingungen, die er, Karl, bei seinem Abgang gestellt habe. Aus
diesem Grund sei alles, was die Regierung in Wien beschlossen und
verfügt habe und noch unternehmen werde, »für Mich und Mein
Haus null und nichtig«. Das Manifest sollte eine rechtliche Orien-
tierungshilfe für die Zukunft sein. Als politischer Akt war es völlig
illusorisch, sofort verweht wie ein Ruf in den Orkan. Aus Rücksicht auf die rückgratlosen und auch kopflosen bürgerlichen Kräfte
in Österreich und um die Extremisten, die nun in Budapest ans
Ruder kamen, nicht weiter zu provozieren, entschied man sich
dafür, das Dokument nicht zu veröffentlichen. Es wurde bloß als
privates Schriftstück an hohe, verständnisvolle Adressaten wie den
Papst und den König von Spanien übergeben.

Ob König Georg V. ein Exemplar zugesandt wurde, ist ungewiß.
Sehr wohl aber erhielt er ein freundliches Dankschreiben für seine
Bemühungen, die Kaiserfamilie in Sicherheit zu bringen. In einem
Brief vom 11. April 1919 aus Wartegg, abgefaßt in untadeligem
Diplomatenfranzösisch (was wieder auf Zitas Beteiligung hin-
weist), wird Oberstleutnant Strutt höchstes persönliches Lob aus-
gesprochen, weil er verhinderte, daß sich auf österreichischem

Boden die Tragödie von Jekaterinburg wiederholte. Der Text endet mit dem von Herzen kommenden Wunsch: »Dieu veuille vous épargner de voir jamais dans l'avenir, ce que j'ai dû voir auprès de moi.«[1] (Gott möge Ihnen ersparen, das zu erleben, was ich hinter mir habe.)

Georg V. hätte sicherlich »Amen« dazu gesagt, aber mehr wahrscheinlich nicht.

Die finanziellen Probleme, welche die Kaiserfamilie all die langen Jahre des Exils begleiten sollten, machten sich bereits bei der Ankunft in der Schweiz bemerkbar. Laut Oberstleutnant Strutt hatte Karl nur 7000 Schweizer Franken an Bargeld bei sich. Jede schwache Hoffnung auf Subsidien oder Entschädigung aus Deutschösterreich wurde bald durch eine Reihe scharf antihabsburgischer Maßnahmen zunichte, für die der einstige loyale Staatsbeamte der Dynastie, Dr. Karl Renner, verantwortlich zeichnete. Am 3. April billigte die Nationalversammlung ein im Namen des Staatskanzlers eingebrachtes Sondergesetz. Der I. Abschnitt, Paragraph 1 besagt: »Alle Herrscherrechte und sonstige Vorrechte des Hauses Habsburg-Lothringen sowie aller Mitglieder dieses Hauses sind in Deutschösterreich für immerwährende Zeiten aufgehoben.« Im Paragraph 2 wurde die Landesverweisung des vormaligen Trägers der Krone und aller Mitglieder der Dynastie verfügt, letztere waren davon betroffen, »soweit sie nicht auf ihre Mitgliedschaft zu diesem Hause und auf alle aus ihr gefolgerten Herrschaftsansprüche ausdrücklich verzichtet und sich als getreue Staatsbürger der Republik bekannt haben«.[2]

Es war logisch, daß eine Güterkonfiskation in gewissem Ausmaß folgen würde. Rechtlich unlogisch und fragwürdig hingegen war die Ausweitung der Bestimmungen auf das habsburgische Familienvermögen. Einer der Fonds ging bis auf Maria Theresia zurück, einen zweiten, den »Familienversorgungsfonds«, hatte Franz Joseph errichtet, mit der ausdrücklichen Verfügung, seinen Fortbestand auch dann zu gewährleisten, wenn die Dynastie nicht mehr herrschen sollte. Nun verschwand alles im Staatsschatz der Republik. Nur jene Sachwerte, die unbestreitbar Privatbesitz waren, namentlich die Villa Warholz, verblieben legal in Karls Händen. Doch selbst in diesem Fall wurden die Erträgnisse, auch in besten Zeiten recht bescheiden, vorläufig eingefroren.

Ein schwerer und völlig unerwarteter Verlust betraf den Familienschmuck, den der Oberstkämmerer Graf Berchtold zehn Tage vor dem endgültigen Zusammenbruch in die Schweiz gebracht und in den Tresoren der Schweizer Nationalbank in Bern deponiert hatte. Damit wurden die Juwelen zwar dem Zugriff der Republikaner entzogen, sollten aber bald in die Fänge eines auf Gutgläubigkeit spekulierenden Schwindlers geraten.

Bruno Steiner, ein österreichischer Geschäftsmann jüdischer Herkunft, war einst Konsul in Genua. Interessanter machte ihn die Tatsache, daß er vor dem Krieg in Rom als einer von Erzherzog Franz Ferdinands Beauftragten für die Verwaltung der riesigen Estensischen Besitzungen fungierte, deren Erbe der unglückselige Habsburger war. Als sich Steiner beim Kaiser kurz nach dessen Ankunft in der Schweiz vorstellte, hatte er also die entsprechenden Empfehlungen, um als Vermittler für die Herrscherfamilie tätig zu sein. Dennoch muß der Erfolg seine kühnsten Träume überstiegen haben. Er bewog Karl, ihn in den Adelsstand zu erheben – vermutlich in »Anerkennung« der dem hohen Herrn Onkel geleisteten Dienste. Das verliehene Prädikat »Valmont« war ohne jede Bedeutung, da es in keinerlei Beziehung zu der alten Monarchie stand. Aber es ermöglichte dem Betrüger, in der Schweiz als »Herr Baron« aufzutreten. Das mag Schweizer Beamte und Bankiers amüsiert oder verblüfft haben, mußte aber wohl als Zeichen absoluten Vertrauens des Exkaisers in seinen geschäftlichen Berater gewertet werden.

Noch wichtiger als der Titel waren Steiner die erteilten Vollmachten, in erste Linie für den Verkauf einiger Objekte aus dem Familienschmuck, den Graf Berchtold außer Landes geschafft hatte. Die komplette Liste dieser Kleinodien, von denen manche im Grund unveräußerlich waren, umfaßte außer kleineren Broschen und Diademen acht Collanen des Ordens vom Goldenen Vlies in verschiedenen Ausführungen, die sogenannte »Kaiserinnenkrone«, mit lothringischen Edelsteinen besetzt, das berühmte doppelte Perlenkollier Maria Theresias und den noch berühmteren »Florentiner«, einen Diamanten, der mit 133,5 Karat das größte rosenfarbene Juwel seiner Art auf der ganzen Welt war. Der Gesamtwert bewegte sich, selbst nach dem Standard von 1919, in astronomischen Größenordnungen. Diesen Kostbarkeiten war, wie noch zu berichten sein wird, ein katastrophales Schicksal beschieden, weil nun ein Dieb die Hand nach ihm ausstreckte.

Während jener ersten Wochen im Exil erreichten das Kaiserpaar mehrere finanzielle Hilfsangebote, aber gerade das eindrucksvollste mußte abgelehnt werden. Es erfolgte Ende April 1919 durch eine vierköpfige Kommission, diese vertrat vier Nachfolgestaaten, nämlich die Republiken Österreich, Tschechoslowakei und Polen sowie das Königreich SHS (Jugoslawien), die nach der Enteignung aller Mobilien und Immobilien der Dynastie auch die Anteile der Habsburger am Aktienvermögen altösterreichischer Großfirmen und die im Ausland vorhandenen Anlagewerte übernehmen wollten. Die nun offerierte Regelung sah eine einmalige Abfindung in der Höhe von 184 Millionen Schweizer Franken vor, zahlbar nur unter der Bedingung, daß Karl fünfundzwanzig Jahre lang keines der Territorien der ehemaligen Monarchie betrat und für sich und seine Erben allen Thronrechten entsagte. Darauf soll der Kaiser höflich, aber mit Festigkeit geantwortet haben, über die Frage des Verzichts könne nur im Einvernehmen zwischen ihm und den Völkern entschieden werden, und in jedem Fall »kann die Habsburgerkrone nicht Gegenstand eines Schachers sein«.[3]

Spontan akzeptierte Karl allerdings ein privates Offert: der österreichische Delegierte und Industriemagnat Baron Veitschberger bot an, einen Fonds zu finanzieren, der die Sache der Habsburger international fördern sollte. Mit diesem Geld wurde die sogenannte »Agence Centrale« gegründet, nach außen eine unpolitische, auf Wirtschaftsthemen orientierte Nachrichtenagentur, in Wahrheit eine monarchistische Propagandaorganisation. In Budapest, Prag, Belgrad, Paris und London wurden Büros errichtet, die sich bald an die Arbeit machten, um in der Presse ihrer Sektoren die Heilslehre von einer Wirtschaftsunion des Donauraums zu verkünden – die noch am besten realisierbare Vorstufe im Hinblick auf eine künftige Restauration. Es war nur recht und billig, daß Baron Veitschberger als Hauptfinanzier dieses Unternehmens figurierte; ganz abgesehen von seiner unzweifelhaften Treue zum

Erzhaus, war er in den Kriegsjahren in der Schweiz als Aufkäufer für das österreichische Ernährungsministerium tätig gewesen und hatte dabei selbst ein Vermögen verdient. Einiges von seinen Reingewinnen kam nun auf Umwegen wieder den Habsburgern zugute.

Wartegg, das Schloß der Bourbon-Parma am Bodensee, sechzig Jahre früher der erste Zufluchtsort von Zitas Vater, konnte für die Kaiserin und die Ihrigen nur eine Zwischenstation sein. Schon deshalb, weil das blockartige Gebäude für die Schar der Neuankömmlinge zu klein war. Vor allem aber stand es nicht am rechten Ort im Land. Als die Schweiz die Exilierten aufnahm, machten die Behörden klar, daß man es schätzen würde, wenn sich die Habsburger irgendwo in einem der westlichen Kantone niederließen, weit genug entfernt von der österreichischen Grenze mit ihren offenkundigen Verlockungen. Darum übersiedelten sie im Mai 1919 in die Villa Prangins, einen etwas pompösen Bau bei Nyon am Ufer des Genfer Sees, einst im Besitz der Familie Bonaparte. Dieses Faktum aus der Geschichte des Hauses weckte kaum Sympathien. Was aber sehr wohl für Prangins sprach, waren die Geräumigkeit seiner drei Geschosse, ein herrlicher Ausblick auf den Montblanc und ein sehr weitläufiger Privatpark. Dieses Retiro, an den Gewässern und den Bergen eines neutralen Landes, schien den Andrang der Welt von sich fernzuhalten und Harmonie auszustrahlen. In Prangins konnten Karl und Zita für einige Monate wieder jenes friedliche Familienleben führen, das in den vergangenen fünf Jahren arg beeinträchtigt worden war: durch das Attentat von Sarajewo, den Krieg, das Ringen um die Krone, die Niederlage und den Zusammenbruch ihres Reiches und die schmerzlichen Erlebnisse während ihres inneren und schließlich ausländischen Exils.

Der Kaiser stand noch immer um sieben Uhr morgens auf und verbrachte Stunden damit, die vielen Schweizer Zeitungen genau zu lesen und die Stapel von Korrespondenz zu erledigen, die beim Postamt von Nyon einlangten. Zita konnte nun als Gattin und Mutter, wenn auch nur kurze Zeit, ein normaleres Leben führen als je zuvor in ihrer Ehe, denn sogar die Vorkriegsjahre waren für das Paar von den strengen Regeln des höfischen Protokolls geprägt gewesen. Sie konnte ganze Vormittage mit den Kindern zusammensein, und jeden Nachmittag kam auch Karl zumindest für einige Stunden. Er fand sogar Zeit, sich an der Erziehung seiner beiden Ältesten, Otto und Adelheid, zu beteiligen. In Prangins wurde Zita am 5. September 1919 von ihrem sechsten Kind entbunden, wieder einem Sohn, der nach dem Begründer der Dynastie auf den Namen Rudolf getauft wurde. Obgleich im Exil geboren, stand seine Wiege doch im Umkreis habsburgischen Bodens. Die Habichtsburg im Kanton Aargau, die sie oft auf Tagesausflügen besuchten, war der Stammsitz, von dem das Geschlecht in die Weltgeschichte ausgezogen war.

Diese häusliche Idylle war jedoch von kurzer Dauer. Bevor das Jahr zu Ende ging, rückte die Außenwelt wieder bis zu der Villa Prangins heran. Im Herbst wurde durch den Friedensvertrag von St. Germain, dem die nunmehr konstituierende Nationalversammlung in Wien am 6. September widerstrebend zustimmte (Unterzeichnung am 10. September) über die Zukunft der österreichischen Republik entschieden. Die Siegermächte verboten den Namen »Deutschösterreich«, den sich der neue Staat elf Monate früher selbst gegeben hatte, und bestanden auf der Formulierung »Österreich«. Auch das republikanische Ziel des Anschlusses an Deutschland wurde mit einem besonderen Bann belegt. So erhielten die Österreicher, nicht zum ersten- oder letztenmal in ihrer Geschichte, ihre Identität von fremder Hand vorgeschrieben. Die Nachricht, daß ihre früheren deutschsprachigen Untertanen nun gezwungen waren, auf sich allein gestellt ein neues Leben zu beginnen, hätte das Paar in Prangins mit spöttischer Genugtuung aufnehmen können.

Großbritannien und in noch stärkerem Maß Frankreich waren darauf bedacht, alles zu tun, um Nachkriegsdeutschland die Fittiche zu stutzen, wenn auch die republikanische Führung Miene machte, sie erneut zu regen. Dennoch entfaltete Karl von seinem Schweizer Exil aus große Aktivität, um seiner Auffassung Geltung zu verschaffen, daß Wien im Frieden wie im Krieg Distanz zu Berlin halten müsse, wenn ein ausgewogenes, stabiles Kräfteverhältnis in Europa erreicht werden sollte. Begreiflich, daß es gerade Zitas Bruder Prinz Sixtus war, der bei den Spitzenpolitikern der

Entente auf der Pariser Konferenz emsig für diese These warb. Aber ganz abgesehen von der deutschen Frage, erweckte das österreichische Volk bei seinem früheren Herrscherpaar keine tiefe innere Anteilnahme. Es wäre nicht überspitzt gesagt, daß Karl und Zita, eingedenk des Verhaltens der Österreicher ihnen gegenüber im Winter 1918/19, jedes unmittelbarere Interesse an der österreichischen Politik verloren hatten.

Anders lagen die Dinge im Fall Ungarns, nicht nur wegen der Umwälzungen, die Budapest fast von Monat zu Monat erschütterten, sondern weil die Symbolkraft der Stephanskrone, die Károlyi für immer aus dem Leben der Nation zu tilgen versucht hatte, von allen Wirren unberührt stetig wieder wuchs. Die Amtszeit des abtrünnigen und politisch naiven Grafen endete am 21. März 1919, als seine sozialistischen Mitstreiter die Diktatur des Proletariats verkündeten; sie riefen die Ungarische Räterepublik aus, holten den kommunistischen Fanatiker Béla Kun aus dem Gefängnis in der Budapester Marko-utca und machten ihn zu ihrem Führer.

Die nun folgende bolschewistische Schreckensherrschaft (»Terror ist die Hauptwaffe unseres Regimes«, rühmte sich Kuns skrupellosester Henkersknecht Tibor Szamuely) bewirkte eine völlig natürliche Reaktion, das Pendel schwang immer weiter in die monarchistische Richtung. Binnen weniger Wochen formierte sich in der südungarischen Stadt Szeged unter dem Schutz der französischen Besatzungsmacht eine provisorische Gegenregierung. Zu den Offizieren, die dorthin flüchteten, um der Rache der Kommunisten zu entgehen, gehörte der verabschiedete Kommandant der verschwundenen Kriegsflotte der Monarchie, Vizeadmiral Nikolaus Horthy. Er kam am 6. Juni an, und wie er später scheinbar dezent unterspielend schrieb: »Die kurze Zeit, in der ich ein Privatmann gewesen war, hatte ein Ende gefunden. Ein neuer Abschnitt meines bewegten Lebens begann.«[4] Das Schicksal Ungarns und seines gekrönten Königs sollte von nun an im Zeichen dieser undurchschaubaren Persönlichkeit stehen.

Bis zu jenem Zeitpunkt hatte Karl nicht gewußt, ob der ehemalige Flügeladjutant und Befehlshaber der Kriegsschiffe Seiner Majestät überhaupt noch lebte. Nun, in Erinnerung an die begeisterten

Treuekundgebungen des Admirals, bestätigte er ihn mit Freuden als Verteidigungsminister der »Regierung« in Szeged.* Prompt verwandelte Horthy sein Mandat in die Position des Oberkommandierenden aller konterrevolutionären Streitkräfte, die sich als Ungarische Nationalarmee in Süd- und Westungarn sammelten. Einer dieser Truppenteile, das Bataillon Osztenburg, so benannt nach dem Major, der es kommandierte, sollte eine sehr wichtige Rolle in dem sich vorbereitenden Königsdrama spielen. In diese Zeit fiel auch der Auftritt einer anderen militärischen Schlüsselfigur – Auftritt ist hier eine passende Metapher, denn dieser Mann war der Bruder des weltberühmten Komponisten Franz Lehár: Oberst Anton Freiherr von Lehár (als Maria-Theresien-Ritter 1918 in den Adelsstand erhoben). Anton Lehár, der selbst fast zu einer legendären Gestalt werden sollte, hatte im Frühsommer jenseits der Grenze, im geräumten Kriegsgefangenenlager des oststeirischen Ortes Feldbach, einen Truppenverband aufgestellt;** Anfang August führte er diese großartig »Division Lehár« genannte Formation ins westungarische Szombathely, de facto als Hauptkontingent für Horthys unterschiedlich anwachsendes militärisches Potential.

Der Zeitpunkt für den Einsatz kam rasch heran. Am 1. August, als die rumänischen Truppen, die Siebenbürgen okkupiert hatten, auf Budapest marschierten, ließ Béla Kun seine Genossen im Stich und flüchtete nach Wien. Dem Zusammenbruch der kommunistischen Räterepublik folgte monatelanges politisches Chaos. Zunächst versuchte man es mit einer sozialdemokratischen Regierung; sie hielt sich kaum eine Woche und wurde durch einen Militärputsch gestürzt. Danach vollzog sich ein entscheidender Umschwung. Die neue nationale Regierung unter Stefan Friedrich annullierte die Ausrufung der Republik und trat ihr Amt unter der Ägide des Erzher-

---

* Der Kontakt mit Prangins wurde auf einem weiten Umweg hergestellt: von Szeged über Serbien nach Wien, wo eine Gruppe exilierter ungarischer Spitzenpolitiker unter der Führung von Stefan Graf Bethlen ein Aktionskomitee gebildet hatte.

** Finanziert durch Gelder, die wagemutige Freibeuter des Aktionskomitees herbeigeschafft hatten. Sie waren in die ungarische Gesandtschaft in Wien eingebrochen und mit dem Inhalt des Safes verschwunden. So wurden Mittel, die theoretisch Béla Kun gehörten, dazu verwendet, den Widerstand gegen ihn zu organisieren.

zogs Joseph an, jenes »Homo regius«, der im Herbst 1918 kurz und ohne sichere Basis in Karls Namen als eine Art Vizekönig fungiert hatte. Nun sollte er eine ähnliche Mission erfüllen.

Auf politischem Gebiet überstrahlte die alte heilige Krone mit ihrem Glanz nun alles, unerschütterlich und ehrwürdig, ein fester Halt und das höchste Gut der Nation. Aber wer sollte sie tragen? War Karl IV., der nun am Ufer des Genfer Sees lebte, noch immer der einzig rechtmäßige König Ungarns, wie die Legitimisten beteuerten? Oder konnte die Nation selbst ihren Monarchen küren, wie die sogenannten »Freien Königswähler« behaupteten? Kam ein Habsburger in Betracht, in welchem Fall der magyarisierte Erzherzog Josef die größten Chancen hätte? Aber mußte der Kandidat überhaupt königlichen Geblütes sein?* Über all das hatte der Admiral, der in Szeged und später in Siófok am Plattensee die Nationalarmee befehligte, bereits nachgedacht. Der Mann, den Karl als Paladin seines Königtums eingesetzt hatte, wandte sich allmählich gegen diesen König selbst.

Zunächst mußte er in der Hauptstadt Fuß fassen, und das konnte nicht geschehen, bevor die Ententemächte (repräsentiert durch die Alliierte Militärmission in Budapest) die schlimm hausenden rumänischen Truppen gezwungen hatten, sich ostwärts zurückzuziehen, in das ihnen zugewiesene Besatzungsgebiet jenseits der Theiß. Die Rumänen räumten Budapest am 15. November. Am nächsten Tag zog der Admiral im Herbstregen auf einem Schimmel an der Spitze seiner disziplinierten Bataillone in der Stadt ein. Horthy kam als Befreier, aber schon mit den Allüren eines Herrschers. Gnädig nahm er auf den Stufen des Parlamentsgebäudes die Dankadresse des Ministerpräsidenten Friedrich entgegen, wohnte einer Messe bei, die Kardinal Csernoch vor einem eigens dafür errichteten Altar zelebrierte, sowie einer Fahnenweihe der Nationalarmee. Vorläufig mußte er sich damit begnügen, sein Hauptquartier im Hotel »Gellért« aufzuschlagen, einem Riesenbau des ungarischen Jugendstils

---

* Generell gesehen, tendierten die alten Magnatenfamilien und der Verdienstadel zum legitimistischen Lager, mit Ausnahme der calvinischen Aristokraten, die fast alle in Opposition dazu standen. Ein wichtiges Element in der recht gemischten Zusammensetzung der »Freien Königswähler« bildete die ungarische »Gentry«, eine im Donauraum einzigartige Gesellschaftsklasse ländlicher Kleinadeliger.

am Donauufer von Buda. Sein Sinnen und Trachten galt aber dem Weg, der ihn zum Budaer Burgberg und schließlich in die Königsburg führen könnte. Dies gelang ihm auf den Tag genau innerhalb von vier Monaten, durch eine Verbindung von militärischem Druck und schlauem Taktieren bei den Verhandlungen mit den Vertretern der Entente.

Der erste Schritt war die Bildung einer Koalitionsregierung, die seinen Interessen diente und dennoch eine genügend breite Basis hatte, um im Namen der ungarischen Nation den Friedensvertrag zu akzeptieren, der im Trianon von Versailles ausgearbeitet wurde. Auf Horthys Vorschlag übernahm Friedrich das Amt des Ministerpräsidenten. Der zweite Schritt bestand darin, Erzherzog Joseph von der Kandidatur auszuschalten, bevor sich das Parlament der entscheidenden Frage der Verfassung zuwandte. Dies wurde erreicht, indem man die Ententemächte dazu brachte, ihre grundsätzliche Ablehnung der Rückkehr von Habsburgern in wichtige Positionen formell zu bestätigen. Doch selbst ohne diese legitime Stütze war Horthy sehr wohl in der Lage, seinen Hauptrivalen fortzuschicken. Denn faktisch hatte der Erzherzog schon resigniert, als Horthy in Budapest einmarschierte, fast so wie der Zauberlehrling, dessen närrisches Treiben endet, sobald der alte Hexenmeister zurückkehrt.

Horthys letzte Schritte zur Königsburg führten quer durch die Nationalversammlung. Am 23. Februar 1920 brachte Huszár pflichtschuldig einen Gesetzesantrag ein, der besagte: Da die Ausübung der königlichen Macht in Ungarn »ruhend« sei, möge im Wege geheimer Abstimmung aus den Reihen der ungarischen Staatsbürger ein Regent gewählt werden, um bis auf weiteres die Aufgaben eines Staatsoberhaupts zu erfüllen. Eine Woche später, am 1. März 1920, wurde Horthy mit der überwältigenden Mehrheit von 131 der 141 abgegebenen Stimmen zum Reichsverweser gewählt.

Aus der Darstellung in seinen Memoiren spricht übelste Heuchelei: »Ich hoffte, daß Graf Apponyi, eine der würdigsten und glänzendsten Gestalten unseres öffentlichen Lebens, gewählt werden würde. Statt dessen wurde ich, was ich nicht erwartet hatte, zum Reichsverweser gewählt.«[5] Um den Präliminarien in eigener

Sache Nachdruck zu verleihen, hatte er das Parlamentsgebäude von Truppen umstellen lassen. Und als die Abgeordneten zur Wahlurne schritten, patrouillierten drei seiner Offiziere bewaffnet durch die Korridore. Admiral Horthy war seiner Wahl so sicher, daß er eine Woche vor der Parlamentssitzung den Rittmeister Béla von Révhégyi als persönlichen Vertreter nach Prangins entsandt hatte, um Karl seine Treue und tiefste Ergebenheit zu beteuern. Zugleich ließ er dem Monarchen eindringlich nahelegen, nicht nach Ungarn zurückzukehren, bis sich die Situation beruhigt hätte. Das Hauptthema war natürlich der Friedensvertrag, ein noch schwebendes Verfahren. Während der letzten sechs Monate hatten Karl und Zita zu zweit und mit ihren Beratern immer wieder die Frage erörtert, ob nicht das politische Chaos in Budapest am besten dadurch zu beenden sei, daß der gesalbte König momentan erscheinen und seine Krone wieder fordern würde. Das gewichtigste Gegenargument lautete stets, ein habsburgischer Restaurationsversuch würde die Sieger nur dazu provozieren, noch schärfere Friedensbedingungen zu stellen.

Wie sich zeigte, wäre etwas Rigoroseres als die Endfassung des Textes, der am 5. Mai in Budapest eintraf und einen Monat später in Paris unterzeichnet wurde, kaum denkbar gewesen. Gemäß dem Vertrag von Trianon vom 4. Juni 1920 wurden große Gebiete des alten Ungarn abgetrennt und den Nachfolgestaaten Tschechoslowakei (Slowakei, das bisherige Oberungarn) und SHS-Jugoslawien (nach Kroatien auch Teile des Banats) sowie dem Königreich Rumänien (Siebenbürgen und Teile des Banats) übergeben, kleinere Territorien erhielten Polen, Italien und auch Österreich (Teile Westungarns, heute Burgenland) zugesprochen. Insgesamt gingen etwa zwei Drittel (190 037 m^2) der Länder der heiligen Stephanskrone verloren und damit mehr als die Hälfte (10,6 Millionen) der Bevölkerung. Überall in »Rumpfungarn« wurden zum Zeichen der Trauer um den verheerenden Verlust die Flaggen auf halbmast gesetzt. Der einzige, indirekte Gewinn war der Rücktritt der Regierung Simonyi-Semadam, der es zugefallen war, im Namen der Nation den Friedensvertrag zu unterzeichnen. Dieses von Horthy eingesetzte Kabinett trug die Verantwortung für den sogenannten »Weißen Terror«, der an grausamer Verfolgung politischer Gegner sogar die blutigen Exzesse der Schergen Béla Kuns – den »Roten Terror« – übertroffen hatte.

Gewiß, die Bedingungen bedeuteten für das Land eine Katastrophe, aber der Vertrag war abgeschlossen, und somit wurde Horthys Hauptargument gegen eine Rückkehr des Königs entkräftet. Im Mai 1920, als der Inhalt des Vertrags bereits bekannt war, hatte Karl an Horthy die unmißverständliche Mitteilung gerichtet: »Im Interesse der Bewahrung und Konsolidierung des ungarischen Besitzstandes will Ich noch im Laufe dieses Jahres wieder die Regierungsgewalt an Mich nehmen; Ich ersuche daher Euer Durchlaucht, Mir aus Ihrer klaren Erkenntnis der Lage den für Meine Rückkehr auf den Thron geeignetsten Zeitpunkt bekanntzugeben.«[6]

Es hatte den König Überwindung gekostet, sich solch einer hochtrabenden Ausdrucksweise zu bedienen. Er tat es, weil Horthy durch seine Stellung etwa auf derselben Stufe wie ein Herzog stand (es entsprach der Geschichte des Landes, daß das Amt des Reichsverwesers immer mit dieser Würde verbunden war). Die Anrede »Euer Durchlaucht« kam daher einer indirekten Bestätigung gleich und trug der Eitelkeit des Admirals Rechnung.* Doch allmählich zeigte sich immer klarer, daß die Ambitionen des Reichsverwesers nicht bloß seinem gesellschaftlichen Ansehen galten.

Er residierte in der Königlichen Burg in Buda, doch zunächst, als eine Geste des Respekts vor dem rechtmäßigen Bewohner, nicht im Königsappartement, sondern in den Gästeräumen des neuen Trakts. Aber wo er auch Platz nahm, übten Brokat und Stuckornamente bald ihren Zauber aus. Es war selbstverständlich, daß Horthy nicht mehr Besprechungen abhielt: er erteilte Audienzen. Bei den westlichen Geschäftsträgern suchte er nicht mehr um Termine an: er empfing sie. Es war gewiß ein berauschendes Gefühl für den ehrgeizigen Karrieristen, der sich einst gerühmt hatte, »der einzige

---

* Im Ungarischen lautet die Anrede »Föméltóságu«, nach der Rangordnung des Protokolls sinngemäß mit »Durchlaucht« übersetzt. Eine ironische Pointe dabei: fast das einzige Vorrecht, das dem Reichsverweser verwehrt blieb, war das Recht, Erhebungen in den Adelsstand auszusprechen. Davon abgesehen hatte er nahezu absolute Machtvollkommenheiten: er war Oberbefehlshaber ebenso wie Staatsoberhaupt mit dem Recht, Regierungen zu ernennen sowie das Parlament einzuberufen und aufzulösen. (Anm. d. Übers.)

Bürgerliche auf der Hochzeit in Schwarzau« gewesen zu sein. Sollte Horthy bei seinem Einzug in die Königsburg auch nur im entferntesten daran gedacht haben, den vergoldeten Stuhl für den Abwesenden freizuhalten, so wurde nun unweigerlich der Wunsch stärker, ihn selbst als Thron zu besetzen. Ein Resultat: In den Briefen nach Prangins häuften sich die Ausflüchte, während Proklamationen, die Karl zwecks Veröffentlichung nach Budapest sandte, niemals in Druck gingen. Die Crux ergab sich, als der Reichsverweser per Dekret verfügte, daß alle Offiziere der ungarischen Armee (die bald die national traditionsreiche Bezeichnung »Honvéd« erhielt) einen Treueid auf ihn persönlich zu schwören hätten, ohne Erwähnung des exilierten Herrschers oder seiner Dynastie.

Als dies in Prangins bekannt wurde, war es Zita, die sich diesmal als die Optimistischere zeigte. Unvergeßlich blieb ihr das Bild des tapferen Admirals, der in den letzten Tagen des Reiches in Schönbrunn vor dem Kaiser und ihr gestanden war und mit Tränen in den Augen die Hand zum Gelöbnis erhoben hatte, er werde nicht ruhen, bis die Krone wiedergewonnen sei. Doch Karl, mit dem Soldatentum vertraut, wußte um die Kraft und die Heiligkeit eines Offizierseids. Trotzdem konnte sogar er kaum daran zweifeln, daß Horthy, sobald er wieder vor seinem Monarchen persönlich stand, den Weg freigeben werde. Noch weniger zweifelhaft war, daß der Moment dieser Konfrontation nicht mehr lange hinausgezögert werden konnte. Die Hinhaltemanöver des Reichsverwesers und die geteilten Meinungen von Karls Beratern bewirkten, daß das Jahr 1920 ungenützt verging. Er plante nun für das Frühjahr 1921. Die Fügung, daß im Januar Aristide Briand, der große Verfechter der habsburgischen Sache, wieder sein Amt übernahm, schien dieser Entscheidung recht zu geben.

Zwei Fragen mußten geklärt werden. Wie weit würde sich Briand in Paris exponieren, um die Aktion zu unterstützen? Und wie sollte der König von Ungarn überhaupt bis nach Budapest kommen? Mit diesen beiden Anliegen wandte sich Karl an keinen seiner vormaligen Untertanen, sondern an seinen englischen Freund und Beschützer Oberstleutnant Strutt. Damit begann für diesen Mann, der noch immer aktiver Offizier der britischen Armee war, die merkwürdigste, keinem Reglement entsprechende

Mission – für einen entthronten, im Exil lebenden Monarchen einer ehemaligen Feindmacht und ohne ein Wort der Ermächtigung durch Strutts eigene Vorgesetzte. Diesmal erging der Ruf, Karl beizustehen, nicht auf einem Telegrammformular des britischen Kriegsministeriums an eine Kommandostelle der Alliierten. Er kam in Form einer dringenden persönlichen Bitte; ein Bote des Kaisers teilte sie dem Briten mündlich mit. Dies fand am 19. Februar 1921 um drei Uhr nachmittags auf dem Bahnhof von St. Moritz statt, denn Strutt machte gerade Skiurlaub in der Schweiz. Drei Tage später wanderte er mit Karl durch den Park von Prangins und hörte sich an, welche Aufgabe ihm der Kaiser zugedacht hatte. Später unternahm Zita mit dem Offizier einen eineinhalbstündigen Spaziergang, obwohl sie kurz vor der Niederkunft mit ihrem siebten Kind stand (Charlotte, am 1. März 1921 in Prangins geboren).

Am bedenklichsten fand Karl, daß die Hilfsangebote, die er von französischer Seite erhielt, alle mündlich erfolgten und zuweilen unpräzise waren. Die geheimen Kontakte zwischen Prangins und Paris waren im Sommer 1920 aufgenommen worden. Sixtus fungierte dabei als die wichtigste Mittelsperson, und Briand war der mächtigste Förderer, sogar noch bevor er neuerlich Ministerpräsident wurde. Zum Zeitpunkt seiner Ernennung waren konkrete französische Zusicherungen bereits unter Dach und Fach. Laut Zitas Angaben aus späteren Jahren[7] betrafen sie auch die unverzügliche Anerkennung Karls als König von Ungarn, sobald er im Vollbesitz seiner Macht sein würde, außerdem Kredite des französischen Staates und andere Unterstützungsmaßnahmen, ferner französische Militärhilfe, falls sie der König benötigen sollte, um sich gegen Repressalien der Nachbarn Ungarns zu wehren, und schließlich geeignete Schritte, um diese Nachbarn von feindseligen Akten, etwa die Androhung von Wirtschaftssanktionen, abzuhalten. Doch dies alles war an die Bedingung geknüpft, daß der Restaurationsversuch gelang. Sollte er fehlschlagen, würden die Geheimkontakte und erst recht die Zusagen dementiert werden. Das Wichtigste aber: der Name Aristide Briand mußte aus dem Spiel bleiben. Dieser ließ sich auf ein riskantes Manöver ein – und er wußte es –, wenn er persönlich eine Restauration in Budapest begünstigte, während Frankreich für die sogenannte Kleine Entente war, nämlich die an Ungarn grenzenden Nachfolgestaaten des Donauraums und Rumäniens (das, obzwar auf Kosten der Habsburgermonarchie erheblich vergrößert, nicht zu den Nachfolgestaaten zählte). Aus dem zuletzt eingelangten Schreiben des französischen Staatsmanns sprachen nervöse Ungeduld und das Bestreben, alles hinter sich zu bringen. Er drängte den Kaiser, seine »Lethargie abzuschütteln« und spätestens zwischen dem 15. und dem 21. März zu handeln.

Genau zu jenem als Endtermin genannten Datum, als der Kaiser dem Wunsch entsprochen hatte und die internationale Aufregung über seine Aktion die höchsten Wogen schlug, fühlte sich Oberstleutnant Strutt verpflichtet, dem begreiflicherweise sehr ungehaltenen britischen Außenamt seine Beteiligung einzubekennen. In einem Brief an Sir Alexander Cadogan berichtete er, was sich ereignet hatte, nachdem er nach dem Gespräch mit dem Kaiserpaar gerade noch den Nachtexpreß von Lausanne nach Paris erreicht hatte:

>»Am nächsten Tag, dem 23. Februar, suchte ich Prinz Sixtus in der Rue de Varenne 47 auf. Er bestätigte mir die ganze Geschichte mit Briand und fügte hinzu, sein [Sixtus] großer Freund, Marschall Lyautey, habe an der Unterredung teilgenommen und sich sehr entschieden dafür ausgesprochen, daß der coup d'etat so bald als möglich durchgeführt werde. Briand hatte Sixtus am 14. Februar gesagt, die italienische Regierung habe die Absicht, den recht albernen Sohn des Erzherzogs Josef mit Prinzessin Jolanda von Italien zu vermählen und dann für Ungarn eine gemeinsame italienisch-habsburgische Dynastie zu proklamieren. Wenn Kaiser Karl, so meinte Briand auch, *jetzt* zurückkehrt und nach dem Thron greift, dann haben wir einen zuverlässigen Verbündeten Frankreichs und Großbritanniens als König, und eine französische Prinzessin als Königin von Ungarn.«[8]

In Strutts Bericht steht außerdem zu lesen, daß er am 4. März in Prangins Karl über diese Äußerungen informierte, aber später, nachdem er sich in London umgehört hatte, wandte er sich brieflich

»mit allem Nachdruck direkt an Kaiser Karl und beschwor ihn, nichts zu unternehmen«. Ein durchaus begründeter Wechsel der Gangart. Aber das vielleicht Bemerkenswerteste an Strutts Schreiben ist, daß es kein Wort der Erklärung, geschweige denn der Entschuldigung für sein völlig unbefugtes Eingreifen in die europäische Politik enthält.* Das einzige, wofür sich Strutt entschuldigte, war seine schwer leserliche Handschrift. Er empfahl dem Adressaten, am besten wäre es wohl, maschinenschriftliche Kopien anfertigen zu lassen.

Dieser verbindliche Ratschlag war nur dazu angetan, den Unmut des Außenamts noch zu steigern. Doch wie empört wäre der damalige Außenminister Lord Curzon erst gewesen, wenn er gewußt hätte, in welche Gipfelregionen sich der britische Offizier während seiner geheimen Aktion in Paris vorgewagt hatte! Da der Schutz des Namens Briand zu jenem Zeitpunkt von höchster Wichtigkeit war, ist es nicht erstaunlich, daß die volle Wahrheit erst zehn Jahre später zu Papier gebracht wurde: im Februar 1921 hatte Strutt mit dem französischen Ministerpräsidenten persönlich »verhandelt«. Die Enthüllung erfolgte auf Umwegen.

Im September 1930 wurde Zita, die damals zu Besuch in Spanien weilte, ein vertraulicher Bericht aus Paris übergeben, nach dem hochrangige französische Diplomaten bestritten, daß die Restaurationsversuche des Jahres 1921 jemals durch den Mann an der Spitze gefördert worden waren, dies sei »eine Legende, es gebe in Paris gesellschaftliche Schichten, die sich politische Einflüsse anmaßen, welche sie gar nicht besitzen, so insbesondere im Jockey Klub. Diese seien es, die seinerzeit Kaiser Karl irregeführt hätten.«[9]

Als der Kaiserin dieses Schriftstück vorgelegt wurde, mußte sie ihrer Empörung Luft machen. Sie beauftragte den getreuen Familiensekretär Heinrich Graf Degenfeld, als Entgegnung folgende authentische Darstellung der Ereignisse abzusenden:

---

* Dadurch geriet Strutt in London unweigerlich in die Schußlinie. Das Außenamt forderte ein scharfes Disziplinarverfahren wegen seines »Doppelspiels«, aber drakonische Ahndung blieb ihm erspart, weil man im Kriegsministerium darüber ungehalten war, daß Zivilisten sich erkühnten, einen Offizier des britischen Heers zu tadeln. Das Ergebnis war bloß ein pro forma erteilter Verweis durch den Ehrenrat der Armee.

»Das erste dieser (französischen) Encouragements war via S.K.H. Prinz Sixtus, der von Briand direkt darum angegangen wurde. Da Prinz Sixtus dies nicht schriftlich an Seine Majestät senden wollte, schickte er jemanden ganz Verläßlichen mit der mündlichen Meldung an Seine Majestät in die Schweiz. Dieser Herr kam am Faschingsdienstag 1921 bei Seiner Majestät an. Derselbe drückte sich aber so vag [sic!] und unpräcis aus, daß der Kaiser einen Herrn direkt zu Briand sandte, den Oberst Strutt,* und Briand fragen ließ, was er eigentlich wolle. Gleichzeitig ließ der Kaiser, durch Oberst Strutt, Briand darauf aufmerksam machen, daß Ungarn desarmiert und daher unfähig sei, sich in eine Aventure einzulassen. Briand wiederholte seine Versicherung, bat den Kaiser noch einmal, möglichst rasch die Regierung zu übernehmen und sagte seine Unterstützung zu, natürlich mit der immer gemachten Restriction, falls es dem Kaiser gelänge, die Macht an sich zu reißen. – Dieser Unterredung von Oberst Strutt mit Briand haben beigewohnt: Paléologue** und Maréchal Lyautey. Strutt, als echter Offizier, proponierte, das Ganze aufschreiben und von allen Teilnehmern an der Besprechung unterzeichnen zu lassen. Briand und Paléologue lehnten natürlich ab, während Lyautey fand, daß es ganz richtig wäre, dem Vorschlag Strutts zu entsprechen.«[10]

Es gibt keinen Grund, daran zu zweifeln, daß diese Version die richtige ist. Die Kaiserin betrieb damit keine Propaganda, denn diese Fakten sollten nie an die Öffentlichkeit dringen. Jedenfalls klingt die Darlegung der unterschiedlichsten Auffassungen durchaus plausibel: hier die beiden Militärs, die das Startsignal für den Kaiser schwarz auf weiß sehen wollten, und dort die vorsichtigen Zivilisten – der eine ein Diplomat, der andere ein Regierungschef –, die ebenso peinlich darauf bedacht waren, daß nichts Schriftliches existierte. Oberstleutnant Strutt hatte sich wahrhaftig in jeder Hinsicht exponiert.

---

* Die Bezeichnung entspricht der angelsächsischen und romanischen Gepflogenheit, einen Oberstleutnant schon als Oberst anzureden. (Anm. d. Übers.)
** Maurice Paléologue, vormaliger französischer Botschafter in St. Petersburg, einer der bedeutendsten Diplomaten seiner Zeit.

Sofort nach der Rückkehr nach St. Moritz erfüllte er seine zweite, viel weniger erhabene Mission für Karl. Das war die Erkundung eines möglichen Grenzübergangs im Gebirge, auf dem der Kaiser in der ersten Etappe seiner Ungarnfahrt nachts geheim nach Österreich gelangen konnte. Der Vorschlag stammte von dem allwissenden Sixtus. Also fuhr Strutt per Bahn nach Tarasp und dann im Schlitten in den kleinen Grenzort Remus im Unterengadin. Um neun Uhr abends zog er in der Dunkelheit los, um die steilen Felspartien zu überqueren, die zum Inntal auf österreichischem Gebiet führen. Um halb sechs Uhr morgens kehrte er auf demselben Weg zurück. Das in die Tasche gesteckte Requisit für ein Täuschungsmanöver, nämlich ein fingierter Brief über eine Wette um 500 Franken, daß er die Grenze nicht überschreiten könne, ohne seinen Paß vorweisen zu müssen, blieb ungenutzt, aber nach seiner Schätzung kam diese Klettertour nur für einen geübten Bergsteiger in Betracht.* Deshalb schied sie für Karl aus, der, körperlich nie sehr robust, seit kurzem merklich anfällig war. Sixtus hatte diesmal einen allzu verwegenen Plan entwickelt, den Strutt nun stillschweigend strich.

Die für die Rückkehr des Königs von Ungarn schließlich festgelegte Route war zwar weniger anstrengend, aber mit größeren Komplikationen verbunden. Am 24. März ging Karl unauffällig über die Westgrenze nach Frankreich, wo ihn ein Auto erwartete und nach Straßburg brachte. Früh am nächsten Morgen, es war der Karfreitag, bestieg er den Paris–Wien-Expreß, in dem für Graf Lausen y de Reischach, einen in Bordeaux lebenden spanischen Adeligen, und einen spanischen Diplomaten namens Sanchez ein Schlafwagen-Doppelabteil reserviert war. Der Graf war echt. »Sanchez« war der Kaiser, mit großer dunkler Brille. Er tat gut daran, während der langen Reise bis Wien in seinem Coupé zu bleiben, denn im Zug waren sehr viele prominente Österreicher, die für die Osterfeiertage nach Hause fuhren, nicht wenige von ihnen hätten ihren ehemaligen Monarchen trotz der Brille erkannt. Zu diesen

---

* Er selbst war ein Alpinist in Gnaden. Nach seiner plötzlichen Versetzung in den Ruhestand noch im selben Jahr, höchstwahrscheinlich vor allem wegen seiner Eskapaden als Helfer des Kaisers, reiste er 1922 als Stellvertreter des Leiters der britischen Mount-Everest-Expedition ins Himalaja-Gebiet.

gehörten zwei von Karls einstigen Ministern, Prinz Ludwig Windisch-Graetz und Dr. Alexander Spitzmüller, und, wie das Schicksal bisweilen spielt, auch Dr. Coumont, der Anwalt, der die finanziellen Interessen der Habsburger in Österreich wahrnahm.

Auf dem Wiener Westbahnhof, wo der Zug um 22.50 Uhr eintraf, verhielten sich die beiden Insassen des Abteils zwölf im Schlafwagen Nummer 1717 wie ganz normale Reisende, sie nahmen ein Taxi und erkundigten sich beiläufig nach Hotels. Karl, ahnungslos in Geldfragen und ein völliger Neuling in Geheimaktionen, verriet sich beinahe, als er den Fahrer, einen gewissen Petrak, mit einer Fünfzigfrankennote bezahlte. Ein solch sagenhaft großzügig bemessenes Trinkgeld hätte wohl jeden stutzig gemacht, also auch Petrak. Er ging zur Polizei. Zum Glück für Karl glaubte die Behörde zu jenem Zeitpunkt,[11] es handle sich um die skurrile Laune oder Zerstreutheit eines Ausländers mit mehr Geld als Verstand; sie nahm sich nicht die Mühe, im Haus Landskrongasse 5 der Wiener Innenstadt wo Petraks Fahrgäste ausgestiegen waren, nachzuforschen. Dort befand sich die Wiener Wohnung von Thomas Graf Erdödy, in der fast auf den Tag genau vier Jahre zuvor die Brüder Bourbon-Parma während ihrer geheimen Reise nach Laxenburg kurzfristig untergetaucht waren. Der getreue Erdödy hatte ein Aviso erhalten, seinen Herrscher zu erwarten, nur der Termin war ungewiß geblieben.

Ähnliche Vagheiten bestimmten auch die letzten Etappen, obwohl die Reise sorgfältig geplant worden war. Ein Taxi, diesmal mit einem vertrauenswürdigen Chauffeur, der einst Karls Stiefgroßmutter Erzherzogin Maria Theresa gefahren hatte, brachte Karl und Erdödy über Wiener Neustadt und Mönichkirchen zur damaligen Grenzstation Sinnersdorf.* Der spanische Adelige war ausgeschieden wie ein Stafettenläufer, der den Stab übergeben hat. Erdödy brauchte keine Papiere vorzuweisen, er hatte ein Gut auf ungarischem Boden und war regelmäßiger Grenzgänger. Doch sein Begleiter, mit Automütze und großer Schutzbrille maskiert, wies

---

* Das Burgenland existierte noch nicht, die im Friedensvertrag Österreich zugesprochenen, weil vorwiegend deutsch besiedelten Gebiete Westungarns wurden erst im Frühherbst 1921 angegliedert. (Anm. d. Übers.)

seinen Paß vor, und er war jetzt nicht mehr Señor Sanchez, sondern Mr. William Codo vom Britischen Roten Kreuz. Die Provenienz dieses Dokuments war bald darauf Gegenstand intensiver Ermittlungen in London. Das Außenamt, das dieses Rätsel niemals löste, hielt die Beschaffung sicherlich für einen weiteren Streich jenes nun für derlei schon berüchtigten Offiziers der Royal Scots, namens Strutt.[12]

In Ungarn verlief alles nach Plan, bis sie das Dorf St. Mihály erreichten. Weiter konnte das Wiener Taxi nicht fahren. Auf der Suche nach einem anderen Transportmittel betrat Karl das Haus eines prominenten Legitimisten namens Schey. Authentisch: »Ich fragte die Leute aus, wie wohl der König aussehe. Ich dachte immer, sie würden Photographien bringen, doch erkannte mich niemand. Zum Schlusse tranken sie alle auf das Wohl des Königs und beschimpften mich, weil ich nicht ›ex‹ getrunken hatte. Aber der Wein war mir zu schwer.«[13] St. Mihály war zwar, wie die meisten Gebiete Westungarns, durchaus königstreu, aber Kraftfahrzeuge gab es dort nicht. Es war bei bestem Willen keines aufzutreiben, also legten der König und Erdödy die letzten dreißig Kilometer zu ihrem Ziel in einem Pferdewagen zurück. Es war die Stadt Szombathely, für die man sich entschieden hatte, weil sie das strategische Zentrum eines politisch gesicherten Territoriums war. Genauer gesagt, die Reisenden fuhren zum Bischöflichen Palais, der Residenz von Bischof Graf Mikes. Der kirchliche Standesherr galt im ganzen Land als einer der überzeugtesten Monarchisten. Aber entweder aus Gründen der strikten Geheimhaltung oder aus Mangel an zuverlässigen Nachrichtenverbindungen hatte dem Bischof niemand gemeldet, wer zu erwarten war. Später erzählte Karl der Kaiserin darüber:

»Wir trafen etwa um 10 Uhr abends vor dem Bischöflichen Palais in Steinamanger ein. Der Bischof hatte gerade ein Souper, und zwar war bei ihm Minister Vass (ebenfalls ein Priester) eingeladen. Als Tamás [Graf Erdödy] den Diener zum Bischof hinaufschickte, um ihn für sich und einen zweiten Herrn um ein Nachtquartier zu bitten, war der Bischof eher ungehalten. Aber als guter Hausherr kam er doch zu uns herunter in den großen Saal des Bischöflichen Palais. Er gab uns beiden die Hand, dann entstand eine Pause, worauf Tamás fragte, ob der Bischof nicht erkenne, wer sein Begleiter sei. Der Bischof erklärte, er kenne diesen Herrn nicht.

Da erklärte Tamás feierlich, das sei Seine Apostolische Majestät der König.

Der Bischof stutzte und nahm mich ins Nebenzimmer, wo er mich fragte: ›Sind Sie es wirklich?‹

Ich bejahte. Damit war das Eis gebrochen.«[14]

Dies sollte Karls einziger Durchbruch bleiben. Doch wir wechseln nun den Schauplatz und kehren zu seiner Gattin nach Prangins zurück.

12

Ostern 1921: Kampf ohne Waffen

Kaiser Karl hatte den Park von Prangins im Mantel und mit Spazierstock verlassen, als unternehme er eine mittägliche Promenade. Die zwei Wochen seit diesem Aufbruch zu dem ungarischen Abenteuer waren für Zita die schlimmsten, die sie je erlebt hatte; sie war in dieser Zeit auf sich selbst angewiesen und wußte nicht, wie das gewagte Spiel ablief. Jeder anderen politischen Krise ihres Lebens hatte sich das Paar gemeinsam gestellt. Diese aber mußten die beiden getrennt durchstehen, und Zitas Lage in der Schweiz war fast so schwierig wie die Situation, in die Karl in Ungarn geriet.

Sie hatten vereinbart, daß die Reise bis zum letztmöglichen Augenblick vor jedem in Prangins geheimgehalten werden sollte. Den Mitarbeitern und dem Personal wurde daher am Abend des 24. März mitgeteilt, der Kaiser müsse wegen leichten Fiebers und Drüsenschwellungen einige Tage in seinem Zimmer verbleiben. Jedoch am Nachmittag des 25. März witterte Karls alter Leibjäger Reisenbichler, der seinen Herrn ins Exil begleitet hatte, daß der Kaiser nicht mehr in Prangins war. Als Werkmann am nächsten Morgen die Kaiserin deswegen befragte, übergab sie ihm einen Brief. Es war ein kurzes Handschreiben, in dem Karl seinem Pressesekretär eröffnete, er sei nach Ungarn zurückgekehrt, und Werkmann möge nun so handeln, »wie wir besprochen«. Auch die übrigen Mitglieder der Haushaltung wurden jetzt in das Geheimnis eingeweiht. Etwas später traf in Prangins die chiffrierte Nachricht ein, daß der Kaiser sicher und unerkannt Wien passiert habe. Zwischen Hoffnung und Bangnis schwankend warteten alle in der Villa die weitere Entwicklung ab. Aber die nächsten Tage vergingen ohne Nachricht.

Dann meldete sich plötzlich am 30. März um zwei Uhr morgens die Redaktion der Zeitung »La Suisse«. Presseagenturberichten aus Ungarn zufolge sei Karl völlig überraschend in Szombathely aufgetaucht und nach einem geheimnisvollen Besuch in Budapest dorthin zurückgekehrt. Stimmte das? Während der Nacht kamen weitere Telefonate, aus London und Paris und von vier anderen Schweizer Blättern. Jeder Anrufer verlangte Bestätigung und nähere Einzelheiten. Der Pressesekretär gab zu, daß Karl nicht in Prangins war, viel mehr konnte er nicht sagen, da er selbst nicht informiert war. Dabei blieb es auch, als im Morgengrauen Journalisten scharenweise das Parktor belagerten und stürmisch Interviews begehrten.

Zwei Besucher mußten am Morgen jenes 30. März allerdings eingelassen werden. Es waren Inspektor Potterat und Brigadier Pichard von der Lausanner Polizei, sie erkundigten sich, warum der Kaiser abgereist sei, ohne die Behörde vorher davon in Kenntnis zu setzen; auch wollten sie die Mitarbeiter über Details dieser Abreise befragen. Zum ersten Punkt konnte Werkmann selbst Bescheid geben: in jener Phase seines Schweizer Exils war Kaiser Karl nicht durch ein Ehrenwort gebunden, also auch nicht verpflichtet, Reisen rechtzeitig anzukündigen. Das zweite Anliegen aber mußte der Kaiserin vorgetragen werden. Zita empfing die beiden Polizeibeamten und erledigte die Angelegenheit mit der bestimmten Erklärung: »Ich allein habe in diesem Hause um die Abreise Seiner Majestät gewußt, und ich habe Sorge getragen, daß sonst niemand darum erfahre.«[1] Offenbar stellten ihr der Inspektor und der Brigadier keine weitere Fragen.[*]

Wenige Tage später, am 2. April, wurde die Villa Prangins davon verständigt, daß der Staatsrat des Kantons Waadt (Vaux), zu dem Lausanne gehört, den Beschluß gefaßt habe, Karl werde nach seiner Rückkehr in die Schweiz mit seiner Familie in einen anderen Kanton übersiedeln müssen. Diese Ankündigung kam nicht ganz unerwartet und übte keine niederschmetternde Wirkung aus. Sämt-

---

[*] Sogar bis ins Exil verfolgte sie die Propaganda der Gegner des Hauses Bourbon-Parma. Zitas Aussage wurde später von der republikanischen Presse als Beweis dafür angeführt, daß sie allein die Initiatorin und Organisatorin des ersten Restaurationsversuchs gewesen sei.

liche Bewohner der Villa, vor allem die Kaiserin, bewegte unablässig nur die eine große, brennende Frage, wann der Kaiser zurückkehren werde, ja ob überhaupt damit zu rechnen sei! Noch immer gab es keine klaren Meldungen darüber, wo er sich aufhielt, was sich seit dem 25. März ereignet hatte oder was ihm in nächster Zukunft bevorstand. Es war für alle im Haus eine Zeit quälender Ungewißheit. Am 4. April konnte endlich eine Verbindung nach beiden Seiten hergestellt werden. Ein Kurier, der nach Wien geflogen und von dort per Bahn nach Szombathely gefahren war – wo man den Kaiser vermutete –, brachte Karl die Nachricht, daß seine Angehörigen, einschließlich der erst einen Monat alten Tochter, wohlauf waren. Gemäß Zitas Wunsch erwähnte der Kurier nicht den Beschluß zur Ausweisung der Kaiserfamilie aus dem Kanton. Die Kaiserin nahm an, daß ihr Gatte Sorgen genug hatte, auch ohne häusliche Probleme. Während der nächsten vierundzwanzig Stunden sollten sich ihre Befürchtungen nur allzu nachdrücklich bestätigen.

Vorerst kam nur eine Meldung (weitergeleitet von einem verständnisvollen Chargé d'affaires der ungarischen Gesandtschaft in Bern), die besagte, daß Karl tatsächlich noch in Szombathely weile und dort erkrankt sei. Schließlich wurde Werkmann mitten in der Nacht vom 5. zum 6. April geweckt (wieder um zwei Uhr morgens) und erhielt die erste offizielle Bestätigung, daß der Restaurationsversuch gescheitert war. Nicht nur das: Karl befand sich demnach unter militärischer Bewachung durch die Alliierten bereits per Bahn auf der Rückreise nach der Schweiz und werde in elf Stunden die Grenze erreichen, also am nämlichen Tag um etwa ein Uhr mittags.

Zita, der Werkmann sofort Bericht erstattete, reagierte mit jener zielstrebigen Energie, die sie in jeglicher Krisensituation bewies. Sofort ließ sie das Auto startbereit machen für eine Fahrt quer durch die ganze Schweiz, denn sie wollte ihren Gatten schon auf dem Bahnhof begrüßen. Und um diesen Empfang so würdig wie möglich zu gestalten, befahl sie dem Adjutanten Fregattenkapitän von Schonta, dem Sekretär Werkmann und ihrer Ehrendame Gräfin Schönborn, sie zu begleiten. Die Abreise in stockdunkler Nacht ging so überstürzt vor sich, daß keiner von ihnen Zeit fand, geeignete Winterkleider anzuziehen. Bald froren alle in dem ungeheizten Wagen, der ostwärts raste, immer weiter ostwärts, dem Zürichsee entgegen. Einzig die Kaiserin schien gegen die Kälte unempfindlich zu sein. Sie sah ständig auf ihre Uhr und auf den Tachometer und rechnete nach, ob man es rechtzeitig schaffen konnte. Es gelang, aber bloß infolge einer vierstündigen Verspätung der Ankunft des Kaisers. Kurz nach fünf Uhr abends traf der Zug, der auf der österreichischen Strecke durch Protestdemonstrationen aufgehalten worden war, in der vertrauten Grenzstation Buchs ein. Man sah französische, britische und italienische Soldaten auf der österreichischen Seite aussteigen, und Karl konnte unter ausschließlich Schweizer Militäreskorte das Asylland wieder betreten. Wie im Jahr 1919, auf demselben Bahnsteig, gebot die sachliche Umsicht dieser Patentneutralen Zurückhaltung. Doch als die Kaiserin den Sonderwaggon bestieg, um ihren Gatten zu begrüßen, sah Werkmann – zum ersten und einzigen Mal während seiner Dienstzeit beim Kaiserpaar – in ihren Augen Tränen.

Auf der langen Rückfahrt nach Prangins schilderte Karl die Ereignisse. Während der folgenden Tage und Wochen wurde seine Darstellung in einen ausführlichen Bericht gefaßt, große Teile davon schrieb die Kaiserin selbst nach seinem Diktat nieder. Natürlich gab es sehr vieles, das er nicht wissen konnte, da sein Gesichtskreis auf eine einzige Stadt in Westungarn beschränkt war, indessen die Meldungen über seine Aktion in den europäischen Metropolen wie eine Bombe einschlugen. Und, wie vorauszusehen, wurde seine Beschreibung der Geschehnisse, die er miterlebt hatte, von jenen angefochten, über die er sich nicht sehr schmeichelhaft äußerte.

Alle Aussagen der Zeitzeugen dokumentieren übereinstimmend die Aufregung, die »Mr. William Codo« bewirkte, als er aus dem Dunkel im Bischöflichen Palais auftauchte und man in ihm Seine Apostolische Majestät erkannte; ferner daß niemand im Palais selbst oder in Szombathely und Umgebung von seinem Kommen auch nur die leiseste Ahnung hatte. Durch schieren Zufall jedoch waren während jenes Osterwochenendes etliche potentielle Schlüsselfiguren des Spiels in Reichweite. Der damalige Ministerpräsident

Paul Graf Teleki* war gerade zum Schnepfenstrich Jagdgast des Regierungskommissärs für Westungarn, Graf Sigray, auf dessen Gut in Ivancz, nur etwa vierzig Kilometer entfernt. Ein Bote wurde ausgesandt, um die beiden Herren zu wecken und sofort nach Szombathely zu bringen, ohne ihnen allerdings Näheres mitzuteilen. (Ein anderer Jagdgast des Grafen Sigray war der amerikanische Hochkommissar in Budapest, Mr. Grant Smith; ihn ließ man lieber weiterschlafen.) Teleki traf um halb fünf im Palais ein. Er wußte nicht, was los war, und vermutete daher, daß vielleicht in Budapest ein linksgerichteter Aufstand losgebrochen war. Als man ihm eröffnete, daß ihn im Oberstock der König von Ungarn erwartete, soll er halblaut gesagt haben: »Zu früh, zu früh«, und sich dabei mit der rechten Hand am linken Ohr gekratzt haben, was er oft tat, wenn er beunruhigt war.

Anders als Dr. Vass stellte Teleki dem König nicht sein Amt zur Verfügung. Von Anfang an bezweifelte er klar, daß es Karl gelingen werde, überhaupt ein Kabinett zu bilden, und er fürchtete das Gespenst eines neuerlichen Bürgerkrieges. Aber ein Argument vertrat er mit allem Nachdruck: es sei sinnlos für den König, an diesem Ort zu bleiben. Er müsse entweder zurück in die Schweiz fahren, oder aber nach Budapest, um dem Reichsverweser persönlich gegenüberzutreten. Mit innerem Vorbehalt wiederholte Teleki die Beteuerungen Horthys, daß er »glücklich wäre, dem Könige je eher die Macht übergeben zu können« (das sagte der Reichsverweser jedem, außer den Männern seines engsten Kreises).[2]

Oberst von Lehár, der Erzlegitimist und Maria-Theresien-Ritter, nun Kommandant der Infanteriedivision Szombathely und somit militärischer Befehlshaber in Westungarn, war schon vor dem Ministerpräsidenten im Palais eingetroffen und brachte weitaus mehr Zuversicht mit. Sofort unterstellte er all seine Truppen der Befehlsgewalt des Königs, womit er dem Gedanken eines Marsches auf die Hauptstadt Auftrieb gab. Andererseits trug er jedoch dazu bei, Karl in der Annahme zu bestärken, daß solche Macht-

---

* Horthy hatte ihn als Nachfolger des verhaßten Simonyi-Semadam-Regimes am 19. Juni 1921 in dieses Amt berufen. Dreiundzwanzig Jahre später verübte Teleki Selbstmord, aus Protest gegen Horthys Einschwenken auf den Kurs Hitlers.

mittel nicht erforderlich sein würden. Wie er erklärte, habe Horthy ihm versichert, »er [Lehár] könne ihm ins Gesicht spucken, wenn er je etwas anderes sein würde, als Seiner Majestät gehorsamer Soldat«.[3]

So wurde der folgenschwere Entschluß gefaßt, auf rein friedlichem Weg eine Machtübernahme zu versuchen. Der König sollte sich in seine vormalige Burg auf dem Berg von Buda begeben, seinem Reichsverweser die Hand schütteln und ihm für seine Statthalterschaft danken, ihn dann mit einem huldvollen Wink entlassen und sich am Schreibtisch auf einen Stuhl setzen, der in diesem Moment zum Thron würde. In der Rückschau – und sogar damals mit ein wenig Voraussicht – mochte sich das als ein recht unwahrscheinlicher Ablauf ausnehmen. Aber den Ausschlag für diese Entscheidung gab Telekis Rat. Der Ministerpräsident machte sich sogar erbötig, vor Karl in die Hauptstadt zu fahren, um Horthy mitzuteilen, daß der König unterwegs sei. Mittlerweile würde Dr. Vass, Minister für Religionsfragen, mit Lehár in Szombathely bleiben und ein königliches Manifest verfassen, das publiziert werden sollte, sobald die Machtübergabe vollzogen war.

Am nächsten Tag, dem Ostersonntag um sechs Uhr morgens, fuhr Graf Teleki per Auto in Richtung Budapest. Karl folgte eineinhalb Stunden später. Ihn begleiteten Graf Sigray und zwei von Lehárs Offizieren, Oberst Jármy sowie Oberleutnant Almássy, der als Fahrer fungierte. Die beiden Militärs trugen vermutlich ihre Pistolen bei sich. Der König nahm überhaupt keine Waffe mit. Wahrlich, er verlangte recht viel von der Vorsehung ...

Das erste Anzeichen dafür, daß ihn die Vorsehung nicht begünstigte, war die Tatsache, daß der Vorreiter Teleki nicht in Budapest einlangte. Zwei Erklärungen wurden später zur Entlastung des Grafen aufgeboten: eine Panne seines Autos und daß er sich verirrt habe. Motorpannen waren in jenen Zeiten tatsächlich häufig. Aber daß der Ministerpräsident von Ungarn, der neunzig Minuten Vorsprung hatte, kein anderes Fahrzeug auftreiben konnte, um rechtzeitig in der Hauptstadt einzutreffen, klingt unwahrscheinlich. Die zweite Entschuldigung war einfach lächerlich. Die Route verlief auf Überlandstraßen. Außerdem war Teleki der oberste Führer der ungarischen Pfadfinder. Die Vermutung liegt nahe, daß er einfach beschloß, die persönliche Beteiligung an solch einer zweifelhaften Aktion zu vermeiden, und es dem König und dem Reichsverweser überließ, das Problem allein zu lösen.*

Horthy setzte sich eben im Kreis seiner Familie an den Mittagstisch (nachdem er am Morgen, wie es der Brauch ist, mit seinen Kindern Ostereier gesucht hatte), als Graf Sigray bei ihm eintraf und meldete, der König von Ungarn erwarte ihn im Ministerpräsidium. Der Reichsverweser war wie vom Donner gerührt. Seine erste Reaktion war die Frage, ob Sigray als Regierungskommissär von Westungarn dafür verantwortlich sei. Als dieser ihm versicherte, die Rückkehr des Königs sei von niemandem vorbereitet worden, sondern völlig überraschend erfolgt, gewann Horthy seine Fassung halbwegs wieder.

Einige Minuten später traf Karl, der inzwischen eine von Lehár geliehene Uniform angelegt hatte,** mit dem Reichsverweser zusammen, und es begann ihre berühmte zweistündige Konfrontation in der Königsburg. Horthys Darstellung, die er mehr als dreißig Jahre danach veröffentlichte, als er selbst im Exil lebte,[4] ist kurz und beschränkt sich nur auf Ausschnitte, wenn man bedenkt, wie lange die Unterredung dauerte. Er behauptete, eingangs habe er seine unverbrüchliche Treue zur Krone beschworen. Doch im Hinblick auf das von der Botschafterkonferenz der Westmächte am 2. Februar 1920 ausgesprochene und am 16. Februar 1921 wiederholte Habsburgerverbot fügte er hinzu:

»... daß im gleichen Moment, in dem ich die Macht übergebe, die wohlbewaffneten Armeen unserer Nachbarstaaten unsere Grenzen überschreiten. Wir haben ihnen nichts entgegenzustellen. Euer Majestät kehren dann in die Schweiz zurück, aber Ungarn würde besetzt werden, und die Folgen einer solchen Besetzung sind nicht abzusehen.«[5]

---

* Allerdings übernahm Teleki formell die Verantwortung für die Affäre und reichte später seine Demission ein.
** Nach den Angaben des Grafen Thomas Erdödy war in Szombathely für den König rasch eine Uniform mit den Feldmarschalls-Rangabzeichen angefertigt worden. Ein an Ort und Stelle aufgenommenes Foto liefert den Beweis dafür. (Anm. d. Übers.)

Laut Horthy erwiderte der König darauf, er sei mit Wissen und Einverständnis der Entente gekommen, und auf drängende Fragen nannte er streng vertraulich dem Namen Briands, mit dem er durch Mittelspersonen in Verbindung stehe. Sogar aus der eigenen geschönten Version Horthys geht eindeutig hervor, daß die Erwähnung des französischen Premierministers den Reichsverweser sofort zum Einlenken bewog. Doch, wie er schreibt, akzeptierte der König prompt den Vorschlag, wieder nach Szombathely zu fahren, während Horthy beim französischen Hochkommissar in Budapest, Monsieur Fouchet, anzufragen gedachte, »ob er bereit sei, im Namen der Entente gegenüber etwaiger [sic!] Maßnahmen unserer Nachbarstaaten wenigstens den Bestand Rumpfungarns zu garantieren«.[6] Angeblich war Karl über diese Regelung und über das ganze Verhalten des Reichsverwesers so erfreut, daß er seinem einstigen Admiral und Marinekommandanten vor dem Abschied spontan das Großkreuz des Maria-Theresien-Ordens verlieh und ihn in den Stand eines Herzogs von Otranto und Szeged erhob.[*]

Ehe wir uns Karls Darstellung jener Begegnung zuwenden, verlohnt sich ein Blick auf die Aktivitäten der Ententemächte während jener sehr hektischen Osterfeiertage. Die ersten Meldungen über die Anwesenheit des Königs in Budapest erreichten London und Paris am Ostermontag den 28. März. Es waren hastig durchgegebene Telegramme der dort fungierenden Hochkommissare Großbritanniens und Frankreichs. Der Brite, Mr. Hohler, bemühte sich am nächsten Tag in einer Depesche an den Außenminister Lord Curzon um ausführlichere Berichterstattung.[7] Der Text gibt Horthys Sicht der Ereignisse wieder (der Reichsverweser hatte Hohler und dessen westlichen Kollegen Auskünfte erteilt) und spiegelt deutlich eine feindselige Einstellung gegen den König und sein Vorhaben. Zudem enthält er eine Reihe von Fehlern, was in Anbetracht der

---

[*] Eine symbolische Zuerkennung, ohne Überreichung des, im Moment ja gar nicht vorhandenen, Ordenszeichens. Der Herzogstitel bezog sich auf eine erfolgreiche Seekriegsoperation im Jahr 1917 und auf Horthys führende Rolle im Kampf gegen die ungarische Räterepublik. Er erhob im weiteren keinen Anspruch auf die hohe Würde, auch trug er nie das Großkreuz, sehr wohl aber das Ritterkreuz, das ihm im selben Jahr, 1921, von der in Österreich nach wie vor fungierenden Ordenskanzlei zuerkannt wurde. (Anm. d. Übers.)

Desinformation durch Horthy und der allgemeinen Verwirrung nicht verwunderlich ist. So wird Dr. Vass, der sich ohne Einschränkungen dem König zur Verfügung gestellt hatte, als ein »scharfer Anti-Karlist« bezeichnet. Graf Teleki, der sich in Szombathely schlimmstenfalls wankelmütig gezeigt hatte, ist in dem Bericht ein Mann, der Karl von Anfang an widersprach. Über Reichsverweser Horthy heißt es, er habe »die verschiedenen Ehrungen, die ihm der Exkönig anbot, entschieden abgelehnt«. Falsch ist auch die Angabe, Karl habe Horthy versprochen, Ungarn ohne Bedingungen und unverzüglich zu verlassen. Aber der Angelpunkt des ganzen Fragenkomplexes war für die westlichen Diplomaten wie auch für den Reichsverweser das Rätsel um Briands angebliche Schützenhilfe.

Nach Hohlers Bericht über die Ereignisse als solche (und hier muß er genau gewußt haben, wovon er sprach) war sein französischer Kollege jeglicher offizieller Reaktion aus Paris zuvorgekommen, indem er sofort an Sektionschef Koloman von Kánya, der die Geschäfte eines ungarischen Außenministers führte, einen Brief schrieb, »in dem er die wohlbekannten Auffassungen der Entente von der Rückkehr irgendeines Habsburgers auf den Thron Ungarns« wiederholte. Doch das Interessante an dieser langen Depesche ist der Eindruck, den sie von der unterschiedlichen Reaktion markanter Köpfe Ungarns angesichts des plötzlichen Wiedererscheinens Karls vermittelt. Einige seiner bekanntesten Anhänger bekamen es mit der Angst zu tun, sobald der König unverrichteterdinge wieder abgegangen war, und bemühten sich um Rückversicherung. So habe der sehr geschmeidige Prinz Ludwig Windisch-Graetz binnen weniger Stunden nach Karls Abreise den französischen Hochkommissar Fouchet aufgesucht, um ihm zu beteuern, daß er »diese Eskapade absolut mißbillige«. Andererseits nennt Hohler drei Persönlichkeiten, die im Auto nach Szombathely gefahren waren, um dem König ihre Unterstützung anzubieten. Es waren General Lucacics, der Kommandant der Garnison Budapest, der Karl 1918 im Stich gelassen hatte, und zwei prominente Mitglieder der Nationalversammlung, die Herren Szmrecsányi und Benicsky. Horthys Patrouillen hatten den Wagen auf der Strecke in Hajmáskér angehalten und die Insassen an der Weiterfahrt gehindert. Über das Verhalten der Öffentlichkeit meldete Hohler: »Bisher nicht das geringste Anzeichen irgendwelcher Kundgebungen für den Exkönig.« Das entsprach wahrscheinlich den Tatsachen; der einfache Ungar mußte seinen König schon leibhaftig vor sich sehen, dann jubelte er ihm zu!

In den Hauptstädten der Ungarn gegenüber feindselig eingestellten Nachbarländer informierten Hohlers Kollegen unterdessen Lord Curzon über die dortige Reaktion auf das Erscheinen des Königs. Die tschechoslowakische Regierung hatte an Budapest die Warnung gerichtet, falls nicht sofort die Ausweisung Karls erfolge, werde sie »jene Maßnahmen ergreifen, welche die Lage zu erfordern scheint«.[8] Das war nicht gerade furchterregend. Noch zahmer fiel am selben Tag, dem 30. März, die Antwort von Ungarns Erzfeind Rumänien aus. In Bukarest gab der Außenminister lediglich bekannt, »im Fall des Vollzugs der Restauration würde die rumänische diplomatische Vertretung Budapest verlassen.«*[9]

Horthys düstere Prophezeiung, daß die Armeen der Kleinen Entente Ungarns Grenzen überfluten würden, um eine Restauration zu verhindern, gehörte zu den vielen Argumenten des Reichsverwesers, die Karl zu widerlegen versuchte. Wenn wir uns nun seiner Schilderung des Treffens in der Königsburg zuwenden, dann ist es tatsächlich, als betrachte man alles seitenverkehrt im Spiegel. Die beiden Darstellungen stimmen nur in einem einzigen Punkt überein, nämlich Horthys ersten Sätzen, die der König in folgendem Wortlaut protokollierte: »Das ist ein Unglück. Eure Majestät müssen sogleich weg, müssen sofort in die Schweiz zurück!«[10] Von da an weichen die zwei Versionen erheblich voneinander ab. Karl schrieb:

> »Und jetzt fordere ich Sie auf, mir die Regierung zu übergeben.
> Horthy: ›Was bieten mir Eure Majestät dafür, wenn ich jetzt übergebe?‹
> Ich meinte, schlecht verstanden zu haben: ›Wie meinen Sie das?‹
> Horthy: ›Ja, was geben Eure Majestät *mir* dafür?‹
> Ich: ›Ich bestätige Ihren sich selbst verliehenen Herzogstitel.‹

---

* Infolge der raschen Demobilisierung hatte die rumänische Regierung zu jenem Zeitpunkt an Truppen nur etwa 40 000 Mann verfügbar, und diese waren zur inneren Sicherung eingesetzt.

Horthy sagte, daß er für die Übergabe noch etwas wolle, daß er Armeeoberkommandant sein möchte.

›Sie werden *unter mir* Armeeoberkommandant sein. Jetzt aber übergeben Sie!‹

Horthy: ›Ich will aber noch etwas.‹

Ich: ›Was wollen Sie denn noch?‹

Horthy: ›Ich will wieder Flottenkommandant werden.‹

Ich: ›Gut, wenn wir wieder einmal eine Flotte haben werden, sollen Sie Flottenkommandant sein! Übergeben Sie jetzt die Macht!‹

Horthy: ›Unmöglich! Nein! Ich kann nicht übergeben. An was denke ich denn? Ich habe ja der Nationalversammlung einen Eid geschworen.‹

Ich: ›Sie haben *mir zuerst* den Eid geschworen.‹

Horthy: ›Der Eid gilt nicht mehr, er ist überholt.‹

Ich: ›Nein, das ist er nicht. Ich habe keinen Soldaten seines Eides entbunden! Sie, Horthy, sind außerdem noch durch einen zweiten, ganz persönlichen Eid an mich gebunden: durch den Kämmerereid!‹

Horthy: ›Ja, das war damals! Jetzt aber habe ich die Verpflichtung gegenüber der Nation.‹

Ich: ›Weigern sie sich jetzt, die Macht zu übergeben, so ist das einfach Revolution, und das ganze Staatsleben begibt sich ab heute abermals auf revolutionären Boden. Also – übergeben Sie!‹

Horthy: ›Nein!‹

Ich: ›Herr Admiral, ich befehle Ihnen bei dem Eid, den Sie mir als Ihrem Obersten Kriegsherrn geschworen haben, sich mir zu unterstellen und mir die Macht zu übergeben!‹

Horthy: ›Nein!‹

Ich hörte und fühlte aus den Reden und dem Benehmen Horthys, was dieser jetzt überlegte und so sagte ich offen:

›Sie bleiben auf Ihrem Standpunkt und ich auf meinem. – Was werden Sie jetzt tun? – Werden sie mich gefangennehmen?‹

Horthy sah mich verdutzt an. Schaute hierauf nachdenklich-verlegen zu Boden. Es herrschte durch einige Momente vollkommene Stille. Dann errötet Horthy. Er lacht gezwungen und sehr verlegen und sagt langsam, zögernd: ›N … nein, ich werde Eure Majestät nicht gefangennehmen.‹

Ich: ›Dann übergeben Sie!‹

Jetzt packte Horthy wieder seine alten Einwände aus: ›Es ist der Ruin des Landes, die Kleine Entente kommt, im Innern wird Aufstand sein. – Warum haben Eure Majestät nicht noch zehn Jahre gewartet? Ich hätte inzwischen noch weiter gesäubert.‹

Als sich die Sache in die Länge zog, sagte ich: ›Ich bleibe auf meinem Standpunkt. Ich lasse Ihnen fünf Minuten Zeit, sich die Sache zu überlegen!‹«

Doch damit war der tote Punkt noch nicht überwunden. Eine gewisse Lockerung trat erst ein, sobald Karl als geheimen Förderer Briand erwähnte. Horthy hatte diesen Namen dem widerstrebenden König entlockt, der ihn nur unter der Bedingung nannte, daß der Reichsverweser strengstes Stillschweigen bewahren werde.

»Freude von Horthy: ›Ja warum haben denn Eure Majestät das nicht gleich gesagt? – Das ist jetzt natürlich etwas ganz anderes!‹

Ich: ›Also übergeben Sie jetzt?‹

Horthy: ›Natürlich werde ich übergeben … aber jetzt … momentan … ist es unmöglich. Ich habe den ganzen Apparat nicht so in der Hand. Eure Majestät sind zu plötzlich gekommen.‹«

Um Zeit zu gewinnen, machte Horthy nun einen anderen Vorschlag. Karl möge nach Westungarn zurückzukehren, mit Lehárs königstreuen Truppen auf das republikanische Wien marschieren und so »unser liebes Österreich-Ungarn« wiederherstellen. Während der König diese Operation durchführte, würde er, Horthy, in Budapest Wacht halten, so daß Karl binnen weniger Wochen wieder Herrscher in seinen beiden Hauptstädten wäre. Der Gedanke einer Invasion Österreichs war völlig unsinnig, aber die Aussicht, in Szombathely wieder auf sicherem, loyalem Terrain zu stehen, sagte dem bereits erschöpften König zu. Er zog seinen Kalender aus der Tasche und antwortete:

»Heute ist der 27. März, drei Wochen sind am 17. April vorbei [und mit Nachdruck]: Schauen Sie, Horthy, wenn *Sie* an *dem* Tag *nicht* in *Szombathely* sind, so bin *ich* an *dem* Tag in Budapest!«

Nun erbat sich Horthy, laut Karl strahlend vor Erleichterung über den Kompromiß, eine letzte Gunst: den Maria-Theresien-Orden. Wie er sagte, hatte ihm die Ordenskanzlei bereits die Ordenswürdigkeit zugesprochen. »Es würde ihn aber nur freuen, wenn ihm sein Allerhöchster Kriegsherr diesen Orden überreichte, wie es den Theresienrittern in den Jahren 17 und 18 geschehen sei. Ich verlieh ihm daraufhin den Theresien-Orden.« Dann verließ Karl die Burg, die ihm genommen und unheimlich geworden war. Sobald dieses Treffen zu einer Verhandlungsrunde abglitt, war es von Anfang an zum Scheitern verurteilt, denn die beiden Männer argumentierten auf unterschiedlichen Ebenen. Karl war als der gekrönte König gekommen, der niemals abgedankt hatte, um wieder zu beanspruchen, was von den Ländern der heiligen Stephanskrone übriggeblieben war. Aber in den nüchternen praktischen Kalkulationen Horthys war er ein machtloser Eindringling in einer geborgten Uniform. Obwohl er als »Eure Majestät« tituliert werden mußte, verhielt es sich fast so, als sei der König zur Audienz beim Reichsverweser.

Karl hatte bei diesem Restaurationsversuch der Ostertage zwei fatale Fehler begangen. Der eine bestand darin, in die Hauptstadt zu ziehen, ohne auch nur eine Kompanie königstreuer Soldaten als Schutz. Der zweite war, danach den einsamen Rückzug aus Budapest anzutreten. Die erste Fehleinschätzung läßt sich weitgehend aus den Ratschlägen erklären, die ihm alle im Bischöflichen Palais Versammelten – einschließlich des ultralegitimistischen Lehár – erteilt hatten, nämlich daß Horthy nachgeben werde, sobald er vor seinem Monarchen persönlich stehe. Der zweite Fehler aber lag in Karls eigenem Naturell begründet. Obgleich gewiß kein Feigling, war er auch kein Haudegen, und eben einen solchen hätte diese prekäre Lage dringend erfordert. Ein Mann der Tat wäre von der Burg geradewegs in das Kommando der Garnison Budapest gefahren, um die Offiziere und Soldaten aufzurufen, sich hinter ihrem gekrönten König zu scharen. Bei der spontanen Wesensart und Begeisterungsfähigkeit der Magyaren hätte Karl mit fast völliger Sicherheit darauf zählen können, daß der tausendstimmige Ruf »Éljen a Király!« über den Appellplatz erschallt wäre, und vielleicht wären die Truppen der Garnison sogar bereit gewesen, den eingeschüchterten, ziemlich schutzlosen Reichsverweser zu verhaften.* Ein riskantes Unterfangen, aber es hätte den Einsatz gelohnt. Doch als er mit keinem anderen Resultat als vagen Versprechungen nach Szombathely zurückkehrte, hatte er überhaupt keine Chance mehr.

Horthy begann sofort ein Katz- und Maus-Spiel mit seinem isolierten König. Um Zeit zu gewinnen, sandte er am Ostermontag per Hughes-Apparat eine Nachricht, und zwar das Angebot, die Macht zu übergeben – aber nur unter gewissen, noch nicht näher bezeichneten Bedingungen. Schon darüber hocherfreut, konzipierten Karl und Teleki ein neues Manifest zur Feier der Rückkehr des Königs in seine Hauptstadt. Am selben Abend erließ Horthy einen Tagesbefehl, in dem er warnte, »daß jeder gewaltsame, plötzliche Regierungswechsel die Existenz des Staates bedrohen würde«. Zugleich dankte er der Armee für ihre »einmütige Treue zu dem Eid, den sie mir geschworen«.[11] Der König von Ungarn wurde nicht einmal erwähnt.

Während der Reichsverweser mit der einen Hand die innere Front absicherte, verstärkte er mit der anderen die außenpolitische Bastion. Unter krasser Mißachtung des Versprechens an Karl, den Namen Aristide Briand bei sich zu behalten, beschied er unverzüglich Fouchet in die Burg und konfrontierte ihn damit. Der französische Hochkommissar, der keine Ahnung hatte, was sein Premierminister in Paris im Schilde führen mochte, erwiderte prompt, solche Unterstützung von höchster französischer Ebene halte er für ausgeschlossen, und ersuchte seine Regierung um eine Stellungnahme. Das unvermeidliche Resultat war ein öffentliches Dementi. In einer Sitzung der ständigen Botschafterkonferenz der Westmächte in Paris am 1. April verlas der neue Vorsitzende Jules Cambon »eine Erklärung, um den in Umlauf gekommenen Meldungen entgegenzutreten, die besagen, die französische Regierung habe die Rückkehr des Exkaisers Karl nach Ungarn begünstigt. Überdies sei hier festgestellt, daß sich die französische

---

* Später behaupteten Karls Anhänger, die Garnison habe aus eigenem Antrieb den Treueid auf den König geschworen, als seine Ankunft in Budapest bekannt wurde.

Regierung in voller Übereinstimmung mit den gegen eine Restauration der Habsburger gerichteten Maßnahmen der Alliierten befindet.«[12]

Damit war dem König im internationalen Bereich der Boden entzogen, das Terrain im Land hatte er in Wirklichkeit selbst aufgegeben. Horthy zernierte Karl nun in Szombathely, indem er die legitimistische Enklave durch neun Kontrollposten auf den Straßen nach Budapest abriegelte. Die Politiker, die während der nächsten Tage auf dem Weg zu dem belagerten Monarchen die Sperren passierten, ergaben ein recht unterschiedliches Konsortium. Wenigstens zwei zählten zu Karls unerschütterlichen Anhängern: der Außenminister Dr. Gratz (der von einem Osterurlaub in Wien zurückgekehrt war) und der ungarische Parlamentspräsident Dr. Rákovszky, der Horthy verabscheute. Andere trafen im Auftrag des Reichsverwesers und mit verschiedensten Erwartungen in Szombathely ein. So kam Julius Graf Andrássy, vormals letzter k. u. k. Minister des Äußern, um seinem Herrscher einen ehrenvollen Abgang zu sichern – aber eben doch einen Abgang, ferner Stefan Graf Bethlen (bald darauf Telekis Nachfolger als Ministerpräsident), der auf eine unverzügliche Abreise des Königs drang, ob ehrenvoll oder nicht, sowie Feldmarschalleutnant Hegedüs, dem es bestimmt war, im letzten Akt des Restaurationsdramas eine schmähliche Rolle zu spielen.

Bei solch einem »gemischten Verband« von Emissären, ergänzt von der Gruppe »stationärer« Berater im Bischöflichen Palais (Teleki, Vass, Lehár und Graf Mikes), war es nicht weiter verwunderlich, daß Verwirrung herrschte. Der Umstand, daß Karl nach einer achtstündigen anstrengenden Rückfahrt mit mehreren Pannen fiebernd angekommen war und Bettruhe halten mußte, trug nicht dazu bei, die Lage zu bessern. Alles, was er jetzt tun konnte, war, einen Papierkrieg mit Budapest zu führen, und sogar der verlief planlos. Am Samstag, den 2. April, eine Woche nach seiner ersten überraschenden, unvorbereiteten Ankunft in Szombathely, gab er eine auf Ungarisch verfaßte handschriftliche Erklärung über seinen »unabänderlichen Willen«, in Ungarn zu bleiben, »bis ich selbst sehe, daß meine Gegenwart Krieg bedeutet«. Er billigte die Erwägung eines formellen königlichen Manifests zu der Verfassungskrise, wollte dieses aber erst unterschreiben, wenn er das Land verließ. Sollte es jemand früher veröffentlichen, würde er »nur zu dem Zwecke, um ein Gegenmanifest herauszugeben«,[13] einen Minister ernennen. Daraufhin empfahlen sich die meisten seiner Besucher, wahrscheinlich in tiefer Resignation.

Aus Fairneß sei gesagt, daß Karl in seiner Sprunghaftigkeit (immer ein ausgeprägter Zug seines Wesens) durch eine mysteriöse Ermutigung aus dem Ausland bestärkt wurde, übermittelt von einem Kurier Werkmanns aus Prangins. In dieser Nachricht wurde er aufgerufen, an Ort und Stelle auszuharren, denn massive Unterstützung sei garantiert. Aber die Herkunft dieser anonymen Mitteilung war unklar, und noch schleierhafter war, woher solche Hilfe kommen sollte. Denn auf internationaler Ebene konzentrierten sich alle Aktionen bloß darauf, wie und wann Karl durch die Westmächte aus Szombathely abgeschoben werden sollte.

Am 3. April brachte der schweizerische Bundesrat den Regierungen der Entente zur Kenntnis, daß er »provisorisch die Rückreise Sr. k. u. k. Apostolischen Majestät unter dem Vorbehalt gestattet, daß er über die Möglichkeit weiteren Verbleibens später Beschluß fassen wird und seine fünf Vorbedingungen angenommen werden«. Punkt 4 besagte: »S. Majestät wird sich jeder politischen Tätigkeit enthalten, dasselbe gilt für das Gefolge.« Und Punkt 5: »Sollte S. Majestät die Schweiz verlassen wollen, so wäre der Bundesrat hievon 48 Stunden vorher in Kenntnis zu setzen.« Ein wichtiger Passus. »Mit Rücksicht auf den Wunsch der Regierung des Kantons Waadt wird die Rückkehr in diesen Kanton vorläufig nicht gestattet und die Grenzgebiete und die Städte Zürich, Bern und Basel dürfen nicht als Aufenthaltsort gewählt werden.«[14] Damit war der Rückweg in die Schweiz frei. Den Westmächten blieb nur, sich darüber zu einigen, wie dieser höchst unbequeme Passagier möglichst rasch auf die Reise zu schicken wäre.

Am 4. April wurde vereinbart, daß Karls Zug am 5. April um zehn Uhr vormittags von Szombathely abgehen und in langsamem Tempo bis zur Grenze fahren sollte, so daß er dort gleichzeitig mit dem aus Wien zwecks Übernahme des Reisenden entsandten Sonderzug eintreffen würde. Dr. Renner setzte durch, daß seine Vertreter als Augenzeugen dieser Rückführung des Kaisers und

Königs anwesend sein konnten. Die letzte Regelung lautete: Die Begleitung wird aus drei Offizieren und zwölf Soldaten der Alliierten, einem hohen Polizeibeamten und einigen Gendarmen sowie zwei sozialdemokratischen Abgeordneten bestehen.[15] Es war also nicht mehr daran zu denken, daß Karl noch länger in Ungarn blieb, und er fügte sich ins Unvermeidliche. Am Sonntag den 3. April, nur vierundzwanzig Stunden nach der Erklärung seines »unabänderlichen Willens«, die Stellung zu halten, hatte er die Regierung in Budapest informiert, er sei bereit, in die Schweiz zurückzukehren, vorausgesetzt, daß seine Ausreise mit allen Ehren erfolge.

Dafür sorgte in diesem Fall nicht die ungarische staatliche Obrigkeit,* sondern das einfache Volk des Grenzgebiets. Wie in den letzten Wochen des Jahres 1918, als die dunkelsten Stunden der Dynastie geschlagen hatten, erhob die Untertanen eine Woge der Begeisterung. Auf Gebot des Reichsverwesers waren alle Kundgebungen für den scheidenden König untersagt, und die Bewohner von Szombathely wurden aufgefordert, in ihren Häusern zu bleiben. Doch als Karl am Morgen des 5. April das Bischöfliche Palais verließ, um sich zum Bahnhof zu begeben, stand auf dem Hauptplatz eine dichtgedrängte Menschenmenge, die Chorvereinigung der Stadt stimmte die ungarische Nationalhymne an, und all die Leute, die an der Straße zum Bahnhof Spaliere gebildet hatten, fielen in den Gesang ein.** Und in jedem Ort auf der Strecke zur Grenze bot sich das gleiche Bild: Flaggen, geschwenkte Taschentücher, Treuebekenntnisse vor dem Waggonfenster. In Gyanafalva spielte eine Zigeunerkapelle. Aber unaufhaltsam fuhr der Zug weiter, in die vorbestimmte Richtung.

Ein junger Kleriker aus dem Kreis des Bischofs verlieh seiner eigenen Hilflosigkeit spontanen Ausdruck: »Hätte ich nur ein ganz klein wenig Macht, dann würde der König jetzt nicht abreisen

---

* Auf Weisung des Honvédministeriums ließ Horthys militärischer Sendbote, Feldmarschalleutnant Hegedüs, die zugesagte Ehrenwache, die Karl bis zur Grenze das Geleit geben sollte, nicht ausrücken.
** Sie wurde denn auch in »IV Károly Király-utca« – König-Karl-IV.-Straße – umbenannt und behielt diesen Namen, bis dreiundzwanzig Jahre später sowjetische Truppen in die Stadt eindrangen.

gleich einem geprügelten Hund, sondern im Triumphzug nach Buda ziehen, dorthin, wohin er gehört, in die Königliche Burg!«[16] Dieser streitbare Priesterseminarist hieß Josef Pem. Später sollte ihn, der nie von seinen Grundsätzen abwich, die ganze Welt kennen: als Kardinal Mindszenty.

13

Oktober 1921: Der Königszug

»Viszontlátásra!« (Auf Wiedersehen) hatten die Bauern in Szombathely ihrem König zugerufen, als er wieder ins Exil fuhr. Karl
bedurfte gar nicht solchen Zuspruchs, um sie beim Wort zu nehmen. Sein letztes Gespräch mit Oberst Lehár am Morgen der
Abreise hatte eher die nahe Zukunft als die jüngste Vergangenheit
betroffen. Ihm war reichlich Zeit geblieben, um die nächsten
Schritte mit einem anderen bewährten Getreuen zu erörtern, nämlich mit Graf Sigray; als Chef der westungarischen Regionalverwal-
tung war ihm erlaubt worden, den Monarchen bis nach Fehring in
der Oststeiermark zu begleiten, wo dieser seiner von der Entente
gestellten Eskorte übergeben wurde. Eines war allen Beteiligten
klar geworden: ein Restaurationsversuch konnte nicht auf Überre-
dungskünsten beruhen, er mußte mit Waffengewalt durchgeführt
werden.

Aber zunächst waren Probleme zu lösen, die Karl in der Schweiz
erwarteten. Aus Prangins ausgewiesen und sogar mit dem Verbot
belegt, den Familienbesitz Schloß Wartegg auch nur vorübergehend
aufzusuchen, fand das erschöpfte Paar schließlich am 6. April vor
Mitternacht Quartier im Hotel »National« in Luzern. Allerdings
konnte der Aufenthalt dort nur von kurzer Dauer sein, denn das
Hotel bot kaum eine Privatsphäre und war außerdem kostspielig,
zumal auch die Mieten für das Personal in Prangins bezahlt werden
mußten. Kurz nachdem die Kantonsregierung sich offiziell bereit
erklärt hatte, das Kaiserpaar und dessen Entourage aufzunehmen,
ergab sich von selbst die denkbar günstigste Möglichkeit: das nahe
Schloß Hertenstein war zu haben, fast so geräumig und so abgele-
gen wie Prangins und noch dazu um die Hälfte billiger. Anfang Mai

waren sie dort alle wieder vereint, und es begann die letzte Warte-
zeit an den Ufern eines Schweizer Sees, diesmal war es der Vier-
waldstätter See.

Karl mietete Hertenstein für ein Jahr, er informierte aber die
Schweizer Behörden, die seine Anwesenheit jetzt tief beunruhigte,
daß er spätestens Ende August an einen anderen Ort übersiedeln
werde. Bald gab es auf höchster internationaler Ebene Überlegun-
gen, welches Exil in Betracht käme. London zeigte sich abweisend.
Am 20. Mai schrieb der britische Außenminister Lord Curzon in
einem Telegramm über das Erfordernis, das Verhalten des Kaisers
genau zu beobachten: »Ich muß hier darauf hinweisen, daß mich
der französische Botschafter vor drei Tagen fragte, ob an den
Meldungen über unsere Bereitschaft, Exkaiser Karl in England
aufzunehmen, etwas Wahres sei. Auf meine entschieden verneinen-
de Antwort sagte er, daß er dies sehr bedaure, denn seiner Meinung
nach gebe es kein anderes Land, wo der Exmonarch in so sicherem
Gewahrsam wäre.«[1]

Offenbar ohne von Curzons Einstellung zu wissen, sondierte
Markgraf Pallavicini, der sich im Lauf der nächsten Jahre als eine der
Säulen der legitimistischen Bewegung in Ungarn erweisen sollte, am
16. Juni in Karls Namen bei der britischen Gesandtschaft in Bern. Er
bestritt alle Gerüchte über einen zweiten Restaurationsversuch und
erklärte dem Gesandten, Mr. Russell, »den Freunden des Kaisers
wäre es am liebsten, wenn er sich in England niederlassen könnte«.[2]
Da Pallavicini geradewegs vom Kaiserpaar aus Hertenstein gekommen war, nahm man an, daß er ganz in dessen Sinn sprach. Eine
Woche später wurde der Markgraf offiziell informiert, daß London
diese Vorschläge rundweg abgelehnt habe. Als bald danach auch
Schweden das Tor zu einem Asyl verriegelte, konzentrierten sich die
Bemühungen des Westens nun auf Madrid. Spanien, wo der mit Karl
verwandte König Alfons XIII. regierte, erschien als das ideale Ziel,
denn es bot die angemessenen Verhältnisse und war außerdem durch
eine sehr große Distanz von den Grenzen der alten Monarchie getrennt. Dennoch kamen die Diplomaten nur sehr langsam vorwärts,
besonders als zu der Suche nach einem sicheren Platz für den Exkaiser und seine Familie noch das Problem kam, wie dieses Dasein im
Exil finanziell abgesichert werden sollte.

Wenn Lord Curzon auch persönlich Karl brüskiert hatte, als britischer Außenminister war er nun der erste, der sich konkrete Gedanken über ein Heim und die Einkünfte des gescheiterten Herrschers machte. Schon am 13. Juni, nachdem vorläufige Sondierungen in Spanien auf einigen Widerstand gestoßen waren, entrierte er in Madrid eine gemeinsame Aktion der Botschafter Großbritanniens, Frankreichs und Italiens, um die spanische Regierung zu bewegen, »im Interesse des europäischen Friedens dem Exkaiser die Einreise nach Spanien zu gestatten, wo er fern von dem potentiellen Unruheherd sein würde«.[3] Zehn Tage später, als Alfons XIII. zu Besuch in London weilte, merkte Curzon an, er habe »dem König dieses Thema eindringlich dargelegt«. Der spanische Außenminister Marquis de Lema, an den die drei Diplomaten gemeinsam herantraten, äußerte zwei Vorbehalte: erstens könne man von Spanien »nicht erwarten, daß es den Exkaiser so überwachen werde, wie Napoleon auf St. Helena überwacht wurde«, und zweitens, falls Karl mit seiner Familie käme, »dann müßte er in der Lage sein, in entsprechender Weise für seinen Unterhalt zu sorgen«.[4]

So ging es erneut um Geld, und abermals war es Lord Curzon, der dies bei seinen Entente-Partnern zur Sprache brachte. Italien weigerte sich, Beiträge zu einem allenfalls projektierten Fonds zu leisten, weil damit Karls Königtum in Ungarn »legitimiert« würde. Briand konnte seine Karten nicht offen auf den Tisch legen, also paßten die Franzosen, mit der Begründung, die Exilierten verfügten sowieso über ein Vermögen. Anscheinend in Unkenntnis von Steiners Gaunereien schenkten sie sogar dem Gerede Glauben, Karl sei durch den Verkauf einiger Stücke des Familienschmucks zu einein-halb Millionen Schweizer Franken gekommen. Als Curzon bei den Großmächten lauter Nieten zog, versuchte er, bei den kleineren Staaten etwas für Karl zu erreichen. Auf seine Veranlassung wandte sich das britische Hochkommissariat in Budapest an die ungarische Regierung, um zu erfahren, wie sie zu der Frage einer Apanage für den gekrönten König stehe. Graf Nikolaus Bánffy, als Außenminister der Nachfolger des legitimistischen Dr. Gratz, machte etwaige Zahlungen grundsätzlich davon abhängig, daß Karl seinen Verzicht auf die Beteiligung an den Regierungsgeschäften aus dem Jahr 1918 in eine formelle, an keine Bedingungen gebundene Abdankung umwandle. Ebenso reagierte Prag. Das Ergebnis von Lord Curzons Einsatz wäre also bloß eine Neuauflage jener Regelung gewesen, die man Karl schon zwei Jahre früher bei seiner Ankunft in der Schweiz angeboten hatte, und er würde sie auch diesmal prompt zurückweisen.

Wie auch immer, die Weitersuche nach einem anderen Asyl und finanziellen Zuwendungen wurden bald von den Ereignissen überholt. Erstens wurde den Westmächten am 26. August mitgeteilt, daß der Schweizer Bundesrat entschieden hatte, die Aufenthaltsbewilligung für Karl unbefristet zu verlängern, gleichzeitig jedoch sein Tun und Lassen strikterer behördlicher Kontrolle zu unterziehen. Allerdings hatte sich Karl bei den bloß mündlich getroffenen Vereinbarungen (es gab keine schriftlichen Aufzeichnungen) einer Ausdrucksweise bedient, die so gewählt war, daß man ihn später nicht eines Wortbruchs bezichtigen konnte. Er verpflichtete sich, den Bundesrat jeweils achtundvierzig Stunden vor dem Antritt einer Reise »an einen anderen Exilort« zu informieren. Ungarn war kein Exil; es war eine Heimat, und Karl arbeitete bereits emsig auf die Rückkehr hin.

Die volle Wahrheit über die Vorbereitungen zu diesem zweiten Restaurationsversuch lag fast siebzig Jahre lang im habsburgischen Familienarchiv verborgen. Sie ist in zwei ausführlichen Berichten enthalten, die später Zita zugesandt wurden[5] und die Unterschriften der drei prominentesten zivilen »Verschwörer« tragen: Stefan Rákovszky, Parlamentspräsident, Dr. Gustav Gratz, zur Zeit der Osteraktion Außenminister, und Eduard von Benicsky, führender legitimistischer Abgeordneter und vormaliger Innenminister. Die beiden Erstgenannten waren, wie erwähnt, an Karls Eintagshof in Szombathely gekommen, Benicsky war auf dem Weg dorthin von Horthys Patrouillen abgefangen worden.

Was aus ihrer Darstellung erkennbar wird, ist das Tempo, mit dem Karl nach der Rückkehr in die Schweiz wieder ans Werk ging, und der sehr straffe Zeitplan, den er für eine zweite, entscheidende Runde mit dem Reichsverweser aufzustellen suchte. Diesmal war keine Rede von »Lethargie«. So setzte Karl in einem eigenhändigen Brief an Dr. Gratz, den er mit der Bereitung des Terrains betraute, vorläufig den 6. Juni 1921 als Termin seiner Rückkehr nach Ungarn fest – also genau zwei Monate nach seiner Abreise aus Szombathely. Gratz antwortete sofort. Er beschwor den König, in dieser Phase kein bestimmtes Datum in Aussicht zu nehmen, denn er und Rákovszky sowie führende Anhänger aus Magnatenkreisen – Julius Graf Andrássy und Albert Graf Apponyi sind namentlich genannt – brauchten Zeit um festzustellen, ob es durch politische Verhandlungen mit dem Reichsverweser und seiner Regierung möglich war, eine Lösung des Problems der Krone auf friedlichem Weg zu erreichen.[6]

Aus dem Bericht geht klar hervor, daß Karl diese Erwägung zwar nicht ablehnte, aber bereits mit seinen Getreuen beim Militär Kontakt aufgenommen hatte, um für eine nicht friedliche Lösung gerüstet zu sein. Major Osztenburg hielt ebenfalls den 6. Juni als »Tag X« für verfrüht. Er ersuchte um einen späteren Termin und schlug zunächst den 7. Juli vor, dann den 22. August und schließlich den 2. September. Der Offizier hatte dafür praktische Gründe. Er wußte, daß er mit seiner Einheit im August an die österreichische Grenze verlegt werden würde, wo durch eine Volksabstimmung über die zukünftige Staatszugehörigkeit des Gebiets von Sopron (Ödenburg) entschieden werden sollte.* Am 11. August, als in Budapest seine Soldaten in Züge nach Westungarn verladen wurden, führte er auf dem Bahnsteig ein Geheimgespräch mit Dr. Gratz, nunmehr Karls Planungschef, und sagte ihm, er hoffe, den Stand seiner Truppe auf vier- bis fünftausend Mann erhöhen zu können. Diese werden Seiner Majestät geschlossen für die Restauration zur Verfügung stehen, sei es in Wien, in Westungarn oder in Budapest. Dr. Gratz erwiderte, er selbst werde demnächst zu Unterredungen mit dem König in die Schweiz reisen, und bat den verwegenen Major, nichts ohne ausdrückliche Befehle des Monarchen zu unternehmen.

Dieses Dokument bietet die Erklärung dafür, warum Karl zunächst den Schweizer Behörden mitgeteilt hatte, daß er Ende August übersiedeln werde. Somit erscheinen auch die während des Sommers in seinem Namen entrierten Erkundigungen über ein

---

* Der Grenzstreit zwischen Ungarn und Österreich wurde auf diplomatischem Weg durch das »Venediger Protokoll« vom 13. Oktober 1921 beigelegt.

Asyl in England, Schweden oder Spanien in einem anderen Licht. Man könnte dies als Vorkehrungen deuten, nämlich für den Fall, daß der neuerliche Versuch der Restauration ins Stocken geriete; außerdem als Schachzug, um inzwischen die Große und die Kleine Entente von den kursierenden Gerüchten abzulenken, wonach er wieder einen Vorstoß nach Ungarn plane.

Während des September verstärkten sich diese Gerüchte. In gleichem Maß steigerte sich die Unruhe wegen der geplanten Aktion. Am 4. September kam Dr. Gratz wieder nach Hertenstein, diesmal mit einem langen Brief des Reichsverwesers an Karl.* Darin beteuerte Horthy dem König, daß er nur den Thron für ihn bewahre: »Ich bitte auch bei dieser Gelegenheit Euere Majestät, die Versicherung entgegennehmen zu wollen, daß mir nichts ferner steht, als mich an meine derzeit innehabende Stellung zu klammern oder sie in irgendwelcher Weise zu erweitern. Im Gegenteil ersehne ich mit Ungeduld den Augenblick, der mich von diesem Sorgen-stuhle erlöst.«[7]

Diese salbungsvollen Phrasen waren allerdings mit der Warnung verbunden, Karl möge keinesfalls versuchen, diesen »Sorgenstuhl« irgendwann in nächster Zukunft wieder einzunehmen. Seit dem, wie Horthy es elegant formulierte, »Osterbesuch Euerer Majestät« sei in den Nachbarstaaten Ungarns wachsende Feindseligkeit fest-zustellen. Die Worte des Reichsverwesers waren bloß abstoßend, seine Aktionen indes richteten Schaden an. Alle Meldungen aus Budapest sprachen von einer systematischen Kampagne, um das Bild des Königs zu zerstören – und zwar buchstäblich, denn Horthy ließ die Monarchenporträts von den Wänden der Kasernen und Offizierskasinos entfernen. Alle bekannten Legitimisten muß-ten aus dem Offizierskorps ausscheiden, gleichzeitig wurde eine eigene Geheimdienstorganisation geschaffen, die sogenannte »Gruppe T«, die dem Reichsverweser Informationen über oppositionelle Kreise im Heer zu liefern hatte.

Gegen das stärkste und disziplinierteste Element dieser »karlini-

---

* Horthy hatte die Unverfrorenheit, in einem beigelegten persönlichen Schreiben den König um die – nach seiner Auffassung zu Ostern versprochene – Verlei-hung des Großkreuzes des Maria-Theresien-Ordens zu bitten, statt des Ritter-kreuzes, für das ihn das Ordenskapitel in Wien vorgeschlagen hatte.

stischen« Kräfte, das Bataillon des Majors Osztenburg, konnte Horthy nicht vorgehen, da er es noch für Aufgaben der inneren Sicherung brauchte. Auch Oberst Lehár war vorläufig noch zu mächtig, um ihn hart anzufassen. Hätte der Reichsverweser allerdings gewußt, welche Absichten der Oberst in jenem Spätsommer 1921 hegte, dann hätte er ihn wohl verhaften lassen müssen. Lehárs Anteil an der Durchführung der bevorstehenden abenteuerlichen militärischen Operation ist allgemein bekannt. Was aber aus diesem späteren Bericht an die Kaiserin offenbar wird, ist die Tatsache, daß damals in Ungarn *er* als der planende Kopf, gleichsam als Generalstabschef des gesamten Vorhabens figurierte, der die drei nervösen Zivilisten energisch anpackte und sie förmlich wie Rekruten auf Trab brachte, das gaben sie selbst zu.

Im September war es, laut Darstellung des Trios, Lehár, »der wiederholt dafür eintrat, daß die Rückkehr Seiner Majestät in Form einer Überrumpelung vorbereitet und durchgeführt werden müsse ... Die Restauration ... kann von Horthy und Bethlen nicht erwartet werden, sie könne bloß erfolgen, wenn der König im Lande erscheint und vollzogene Tatsachen schafft, dazu sei aber der *jetzige* Zeitpunkt, Herbst 1921, geeignet, ja das sei sogar der *letzte* geeignete Zeitpunkt.«[8] Lehárs Argumente über den richtigen Moment deckten sich mit der bereits im Sommer von Major Osztenburg geäußerten Ansicht, nämlich daß Horthy die königstreuen Einheiten noch intakt brauchte, bis der Zwist mit Österreich wegen der strittigen westungarischen Gebiete gegen Ende Oktober geschlichtet sein werde. Danach, davon waren der Oberst und der Major überzeugt, würden diese Formationen aufgelöst und die Soldaten möglichst breit gestreut zu anderen Truppenteilen des Heeres versetzt werden. Dennoch zögerten die drei zivilen »Verschwörer«, sie fürchteten, daß ein militärischer Coup fehlschlagen könnte, und klammerten sich an die Hoffnung auf einen politischen Kompromiß mit dem Reichsverweser.

Hart auf hart ging es zwischen den beiden Gruppen bei den Treffen in Rákovszkys Budapester Wohnung am 3. und 4. Oktober. Im Verlauf der ersten Gespräche erklärte Lehár unverblümt, »wenn die Politiker nicht mithalten wollen, so sei er bereit, die Aktion auch allein, ohne ihnen [sic!] durchzuführen«.[9] Dann verblüffte er seine Zuhörer durch die Mitteilung, diesmal werde der König per Flugzeug nach Ungarn kommen, die dafür erforderlichen Maßnahmen seien schon getroffen. Die Maschine werde südlich von Budapest landen, in Ercsi, von dort werde sich der König zu Osztenburgs Truppe in die Hauptstadt begeben, »um an ihrer Spitze in die Hofburg einzuziehen«. Eine zweite Möglichkeit gebe es in Westungarn, wo ebenfalls ein geeigneter Landeplatz gesichert sei. Nun waren die drei Zivilisten ziemlich ratlos und erbaten sich vierundzwanzig Stunden Bedenkzeit.

Die Unterredung am nächsten Tag brachte das endgültige Einverständnis, wenn auch mit gewissen Vorbehalten. Als Lehár sagte, Dénesfa, knapp hinter der Grenze zu Österreich, sei der günstigere Landeplatz für das Flugzeug des Königs, äußerte das Trio wieder praktisch begründete Zweifel. Wie lange würde es denn dauern, Seine Majestät und die ihm ergebenen Truppen von dort per Bahn nach Budapest zu befördern? Und wenn die Strecke blockiert sei, was dann? Sogar aus ihrer eigenen Darstellung geht klar hervor, daß Lehár die Geduld verlor, denn er antwortete: »Wenn es die Exzellenzen nicht mit uns machen wollen, so machen wir Soldaten es allein, die Herrn haben gar nichts anderes zu tun, als wenn ich Seine Majestät nach Budapest in die Hofburg bringe, sich sofort Seiner Majestät zur Verfügung zu stellen.«[10]

Das war es, wozu sich die Exzellenzen letzten Endes verstanden. Als Resümee der Diskussion liest man in dem von den damals anwesenden Politikern unterschriebenen Bericht:

»Alle drei zivilen Herrn übernehmen Seiner Majestät gegenüber für das Gelingen der Aktion keine Verantwortung, aber sollte es zur Durchführung derselben kommen, so seien sie bereit, für alle Handlungen Seiner Majestät die Verantwortung nach außen hin zu übernehmen.«[11] Diese übervorsichtige Formulierung wurde später von Rákovszky etwas energischer gefaßt. Er regte an, daß sich das Trio zumindest für den König erklären solle, sobald er eingetroffen sei. Solche komplizierte Beratungsergebnisse mußten nun zusammen mit der viel nüchterner und sachlicher gehaltenen Meldung Lehárs nach Hertenstein übermittelt werden.

Der auserkorene Überbringer war Baron Albin Schager-Eckartsau, ein hochaktiver österreichischer Monarchist, der ziemlich regelmäßig Kontakt mit dem exilierten Herrscher hielt. Am 7. Oktober kam er aus Wien nach Budapest und wurde von allen vier Mitgliedern der Planungsgruppe, Lehár und den drei »Exzellenzen«, entsprechend instruiert.* Der Botschaft an Karl lag Lehárs militärische Bewertung der Situation zugrunde. Die drei Zivilisten distanzierten sich zwar davon, bestätigten aber ihr Angebot, »die verfassungsmäßige Deckung zu übernehmen«, sobald der Staatsstreich angelaufen sei. Der König wurde gebeten, zum Zeichen seines Einverständnisses und als Aviso seiner Ankunft vier Tage vor dem Start eine chiffrierte Nachricht nach Budapest zu senden.

In dem Bemühen, ja nicht den Eindruck aufkommen zu lassen, sie würden nur widerstrebend mittun, verfielen die drei Zivilisten in eine, wie sich dann wies, sehr irreführende Schönfärberei: »Die innerpolitische Lage ist nach dem Dafürhalten der Politiker ... eine solche, daß wenn Seine Majestät in Budapest einzieht, keinerlei Widerstand im Lande zu erwarten sei. Im Gegenteil, die Restauration wird überall mit Jubel begrüßt werden.«[12]

Trotzdem jagte ihnen die bevorstehende Aktion eine Heidenangst ein, wie sie der Kaiserin rückblickend mehr oder weniger bekannten. Als die dritte Oktoberwoche herankam und noch immer keine Ankündigung aus Hertenstein erfolgte, glaubte Rákovszky, der König habe seinen Plan aufgegeben. Laut eigener Aussage sei ihm ein Stein vom Herzen gefallen. Dr. Gratz bereitete sich auf eine lange Auslandsreise vor, erleichtert, der Entscheidung in Budapest ausweichen zu können. Aber zwölf Stunden vor seiner Abfahrt traf das chiffrierte Signal aus der Schweiz ein. Der König kam also doch. Viel mehr Gewicht als den ermutigenden Worten seiner Anhänger aus den Kreisen der Politik maß er den militärischen Meldungen bei, die Baron Schager nach Hertenstein gebracht hatte. Osztenburgs Einheit sollte nun definitiv am 23. Oktober aus Westungarn verlegt – oder, wie es im Armeesprachgebrauch hieß, »transferiert« – werden. Daher mußte Karl einen oder zwei Tage früher im Land sein.

---

* Bemerkenswert ist, daß Karls wichtigste Anhänger in der Aristokratie, Graf Andrássy und Graf Apponyi, vermutlich aus Sicherheitsgründen nicht in den Plan eingeweiht wurden und daher an der Lagebesprechung nicht teilnahmen.

Schon Anfang August hatte er sich für den Flug entschieden. Aladár von Boroviczény, dem diese Idee zugeschrieben wird, war damals nach Ungarn gefahren, um mit Lehár darüber zu sprechen. Obgleich durch und durch ein Königstreuer, stand der junge Beamte des ungarischen Außenministeriums offiziell im Dienst des Reichsverwesers. Es war kennzeichnend für die damaligen unklaren Verhältnisse in Ungarn, daß Boroviczény, wiewohl man über seine Sympathien genau Bescheid wußte, ungehindert zwischen Budapest und Hertenstein pendeln konnte. Er war der Mann, der das Flugzeug organisierte und die Piloten für diese Mission anwarb.

Die Maschine war ein fast fabrikneuer Junkers-Eindecker der Type F-13 in geschlossener Bauweise, zu jener Zeit »Metall-Monoplan« genannt, mit Kabinenraum für maximal sechs Passagiere hinter den beiden Pilotensitzen. Der 180-PS-Motor gab eine Reichweite von mehr als 1000 Kilometern – genug, um Westungarn auf ziemlich direkter Route vom Flugfeld Dübendorf bei Zürich anzusteuern. Dorthin war das Flugzeug an die Schweizer Luftfahrtgesellschaft »Ad Astra« geliefert worden, die es für Privat- oder Geschäftsflüge vermieten wollte. Die Firma brauchte nicht lange zu warten. Am 18. Oktober unternahmen zwei ungarische Flieger, die von Boroviczény für diesen Einsatz ausgesucht worden waren und sich seit September als Kaufleute getarnt im Züricher Hotel »National« aufgehalten hatten, zusammen mit einem deutschen Piloten aus dem Junkers-Werk namens Wilhelm Zimmermann einen Probeflug. Alles verlief zufriedenstellend, und die Maschine wurde gechartert, um zwei Tage später »Herrn und Frau Kowno« nach Genf zu bringen. Außer dem Charterpreis wurden bei einer Berliner Bank zugunsten der »Ad Astra« 50 000 Schweizer Franken deponiert; die Summe sollte das Unternehmen für die Schwierigkeiten entschädigen, die zu gewärtigen waren, sobald die Identität der beiden wichtigsten Passagiere und ihr wahres Ziel bekannt wurden. Als entschieden war, daß Zimmermann, der beste Kenner dieses Flugzeugtyps, am Steuer sitzen sollte, blieb nichts anderes übrig, als ihn in das Geheimnis einzuweihen. Seine Bestürzung wurde durch eine Zahlung von 20 000 Franken gemildert.

Die Kaiserin, die von dem Plan erst erfuhr, als alles bereit war, verhehlte nicht, daß sie es für besser hielt, bis zum nächsten

Frühjahr zu warten. Als sie jedoch einsah, daß der König sich nach der militärischen Situation richten mußte, ging es nur noch darum, ob sie ihn begleiten sollte oder nicht. Für sie selbst stand das außer Zweifel, obwohl sie seit kurzem wieder schwanger war. Als Boroviczény seine Bedenken äußerte, sagte sie: »Versuchen Sie es nicht, mich abzubringen ... versuchen Sie es nicht, mir die Gefahren zu schildern. Das würde mich nur in meinem Beschlusse kräftigen ... Ich bin Königin von Ungarn ... ich habe auch die Pflicht, als Königin des Landes ins Land zu kommen, wenn der König dort ist.« Ebenso kurz wurde der junge Diplomat abgefertigt, als er Zita zu überzeugen versuchte, daß sie schon rein körperlich nicht imstande wäre, die Strapazen einer solchen Reise zu ertragen. »Wenn ich es aushalten will, so kann ich es auch aushalten«, lautete ihre sehr bestimmte Antwort.[13] Der König hörte diesem Gespräch schweigend zu, sicherlich hatte er die gleichen Argumente vorgebracht. Mit dem gleichen Ergebnis.

Der 21. Oktober fiel mit Karls und Zitas Hochzeitstag zusammen. Zehn Jahre waren seither vergangen, und Welten trennten sie von der Zeit in Schwarzau. Dieses Datum kam nun der Tarnung zustatten. Den Kindern und dem Personal wurde mitgeteilt, das Paar wolle den Jubiläumstag in aller Stille mit Verwandten verbringen. Nach der Frühmesse am 20. Oktober fuhren die beiden im stets von ihnen benutzten Auto ab in Richtung des Parma-Schlosses Wartegg. Eineinhalb Stunden später wurden sie von Boroviczény und Schager an einer Straßenkreuzung erwartet und stiegen in einen ganz neuen Austro-Daimler, den, wie man hoffte, niemand mit Karl in Verbindung bringen würde. Inzwischen wußte der bislang ahnungslose Adjutant Graf Ledochowsky, daß sie nach Zürich fahren und von dort nach Ungarn fliegen würden. Er war so entsetzt, daß ihn Zita vor dem Abschied mit einem Glas Cognac laben mußte. Eineinviertel Stunden später, um 12.15 Uhr, startete die Chartermaschine in Dübendorf, und das Paar erlebte zum erstenmal den Moment des Aufsteigens.*

---

* Was eigentlich verwundert, denn schon seit ihrer Verlobung interessierten sich Karl und Zita für das Fliegen und hatten oft den Flugplatz in Wiener Neustadt besucht.

Der mehr als vier Stunden dauernde Flug brachte Unbequemlichkeit, Gefahr und Ergriffenheit. Die Unbequemlichkeit rührte zum Teil daher, daß Karl und Zita etwas beengt in der Kabine hinter Boroviczény, den beiden ungarischen Piloten und Zimmermann saßen, der die ganze Zeit am Steuer blieb. Die Kaiserin plagten Schwindel und Übelkeit, außerdem begann sie bald empfindlich zu frieren, als die Maschine auf ihre Reisehöhe von mehr als 3000 Metern stieg. Gefahr drohte nicht durch andere Flugzeuge – damals war der Himmel noch leer –, sondern als über Bayern der Motor infolge minderwertigen Treibstoffs plötzlich aussetzte. Und ergreifend war es schließlich, als beide, wenn auch nur von hoch oben, das Land wiedersahen, in dem sie ein Paar geworden waren, über das sie geherrscht und um das sie gekämpft hatten und aus dem sie vertrieben waren. Später erzählte die Kaiserin:

>»Nachdem wir die bayrischen Alpen überquert hatten, flogen wir nördlich von Salzburg über die österreichische Grenze und sahen die Türme der Stadt und die Feste Hohensalzburg ganz deutlich. Wir folgten dann dem Lauf der Donau nach Osten und erblickten Schloß Persenbeug – den Geburtsort des Kaisers – und auch den Ötscher, den er so oft bestiegen hatte. Wir sahen sogar Baden, wo sich während des Krieges das Armeeoberkommando befunden hatte. Unser Schloß Laxenburg war jedoch nicht zu sehen und auch nicht Schönbrunn und Wien selbst. Als der Flug ... zu Ende gegangen und unser Aeroplan endlich auf ungarischem Boden gelandet war, sagte der Kaiser voll Dankbarkeit: ›Ich hätte nie gedacht, daß ein großes flaches Stoppelfeld so wunderschön sein kann.‹«[14]

Es war fast halb fünf Uhr nachmittags, als sie bei schwindendem Tageslicht mit fast leerem Benzintank sicher ans Ziel kamen.* Das war das Gut des Grafen Cziráky in Dénesfa knapp hinter der ungarisch-österreichischen Grenze. Nur eines machte Karl Sorge, als das Flugzeug bei der gräflichen Meierei ausrollte: es gab keine

---

* Da sich der Pilot nicht genau orientieren konnte, war er zuerst auf einem mehrere Kilometer vom Zielpunkt entfernten Feld gelandet und mußte einige höchst verblüffte Bauern um Auskunft fragen.

Signalfeuer, die eigentlich den Landeplatz markieren sollten. War etwas schiefgegangen? Die Wahrheit war, alles war schiefgelaufen. Sie wurden überhaupt erst am nächsten Tag erwartet.

Später wurden mehrere Erklärungen für dieses Versagen vorgebracht. Oberst Lehár lastete es Boroviczénys Gattin Agnes an, einer der Hofdamen Zitas im Schweizer Exil. Sie war nach Westungarn vorausgefahren und hatte unter anderem Garderobe für ihre Herrin mitgenommen. Bei ihrer Ankunft am 19. Oktober sagte sie – oder zumindest verstand man sie so –, daß der Flug nicht stattfinden würde. Die Kaiserin schrieb dieses Mißverständnis den verschiedenen Meldungen zwischen Ungarn und Hertenstein zu, die alle mündlich erfolgten und wohl Verwirrung gestiftet hatten. Zwar gab es eine einzige schriftliche Mitteilung von großer Bedeutung, aber die kam niemals an. Karl hatte bei Lehár die zu Ostern getragene Uniform zurückgelassen, der Kragen – oder vermutlich eher nur die Kragenaufschläge mit den Rangabzeichen – war abgetrennt worden. Nach dem vereinbarten Code für das Aviso des genauen Datums seiner Rückkehr hatte Karl Mitte Oktober an einen von Lehárs Offizieren telegrafiert: »Kragen wird am 20. Oktober angenäht.«* Dieses Telegramm wurde niemals zugestellt, es kann sein, daß die ungarische Post die Verschlüsselung für ein typisches Signal der damals in der Grenzzone hochaktiven Schmuggler und Schwarzhändler hielt.

Ob es ein Versehen der Hofdame war oder fehlgehender Pflichteifer eines ungarischen Postbeamten, es änderte nichts, der Schaden war angerichtet: die Zugsgarnituren, die Lehár für den Transport der königstreuen »karlistischen« Truppen nach Budapest vorgesehen hatte, waren bis auf weiteres im Umkreis verstreut. Es war gerade die Zeit der Zuckerrübenernte, da herrschte Hochbetrieb, und die Bauern brauchten jeden Güterwaggon, den sie bekommen konnten. Außerdem gab es unerwartete politische Schwierigkeiten. Graf Czirákys Gutshaus war voller Gäste, die er zur Taufe seines Sohnes eingeladen hatte, unter ihnen natürlich auch Julius Graf Andrássy, der Großvater des Täuflings. Wie schon erwähnt, waren

---

* Der Wortlaut, im Original sicherlich ungarisch, wird in der Literatur in etwas voneinander abweichenden Versionen angegeben. (Anm. d. Übers.)

er und die anderen legitimistischen Exponenten des Hochadels nicht in den Plan eingeweiht worden. Nun wurde er aus dem Schloß gerufen und zum Haus eines Jagdaufsehers auf dem Besitz geführt, wo er sich plötzlich mit dem König von Ungarn konfrontiert sah. Er konnte sich vor Überraschung kaum fassen, fühlte sich aber zugleich etwas gekränkt, weil man ihn nicht ins Vertrauen gezogen hatte. Die politische Komplikation bestand nun darin, daß er sich soeben mit dem Ministerpräsidenten Graf Bethlen über die Gründung einer neuen Partei geeinigt hatte, der Ausrichtung nach legitimistisch, aber mit der Auffassung, daß die dynastische Frage nur auf dem Weg geduldigen Verhandelns gelöst werden könne. Schon am nächsten Tag sollte Bethlen dieses Programm in einer Rede in Pécs bekanntgeben. Da fiel jetzt in Dénesfa der Monarch buchstäblich vom Himmel und hatte eine Parforce-Lösung im Sinn. Andrássy überwand seine Bedenken und bot prompt seine uneingeschränkte Unterstützung an.

Die militärischen Revirements dauerten länger, und dabei begingen der König und seine Berater einen fatalen Fehler. Gemäß dem ursprünglichen Plan war seine Landung geheimzuhalten. Er sollte den bereits mit Osztenburgs Soldaten bemannten »Invasions«-Zug unauffällig in einer kleinen Bahnstation auf der Strecke nach Budapest besteigen, um erst bei der Ankunft in der Hauptstadt wie ein Deus ex machina in Erscheinung zu treten und, umbrandet vom Jubel der Truppen, an ihrer Spitze in die Königsburg einziehen, um Horthy davonzujagen. Teils wegen der Desorganisation, durch welche die Aktion bereits verzögert war, teils wegen der Anwesenheit der Königin (mit der niemand gerechnet hatte) gab man diese Strategie der Finten auf. Nach mehrstündiger Rast auf einem Gut bei Dénesfa wurde das Königspaar von Osztenburg, Gratz und Rákovszky abgeholt und im Auto nach Sopron gebracht, in die Kaserne des Infanterieregiments Nr. 48, wo die Gruppe um fünf Uhr morgens eintraf. An Geheimhaltung dachte niemand mehr. Im Offizierskasino wurde die Ankunft der Majestäten gefeiert, und sie erhielten das – relativ – beste Quartier in der Kaserne, die nun während dieses ganzen Tages als Hoflager diente.

Karl vereidigte eine provisorische königliche Regierung. Rákovszky wurde ihr Ministerpräsident, der an Kummer gewöhnte

Graf Andrássy wurde Außenminister, Dr. Benicsky fungierte als Innenminister und Dr. Gratz als Finanzminister. Der königstreue Graf Sigray wurde erneut als Kommissär für Westungarn bestätigt. Damit hatte sich das Unternehmen ein Instrument der Zivilverwaltung geschaffen. In der militärischen Kommandostruktur allerdings herrschten von Anfang an unklare Verhältnisse, was sich im weiteren Verlauf hemmend auswirken sollte. Lehár wurde mit der Befehlsgewalt betraut und gleichzeitig zum Generalmajor ernannt. Der folgenschwere Irrtum war die Einbeziehung des Feldmarschalleutnants Paul Hegedüs, der während der Osterkrise hinter den Kulissen als Horthys Mann agiert hatte und vom Reichsverweser in seiner Funktion als Kommandant des III. Militärbezirks Westungarn/Szombathely belassen worden war. Nun erklärte er sich mit aller Begeisterung eines bekehrten Saulus für Karl, und schwor samt dem Regiment mit erhobener Rechten dem König den traditionellen Eid: »Seiner Apostolischen Majestät, unserem allerdurchlauchtigsten Herrn, Karl, in allen Diensten Folge zu leisten, zu Wasser und zu Lande, bei Tag und Nacht, in Schlachten, Stürmen, Gefechten und Unternehmungen jeder Art tapfer und mannhaft zu streiten ... auf diese Weise mit Ehre zu leben und zu sterben. So wahr uns Gott helfe!«[15] Es war ein überzeugendes Bild, und da Karl daran glaubte, mußte er Hegedüs als Ranghöheren dem soeben beförderten Lehár überordnen.

Die übrige Zeit dieses langen Tages und Hochzeitsjubiläums verlief so, als wären Karl und Zita in ihre ersten Ehejahre zurückversetzt, in die Spitzenregion einer Monarchie, deren Grundfesten noch standhielten. Aus dem gesamten Komitat kamen Abordnungen der Bevölkerung, um ihre Treue zum Herrscher zu bekunden. Osztenburgs Einheiten, 1500 Mann stark, mit eigenen Kavallerie- und Artillerieabteilungen, defilierten vor dem Königspaar. Während dieser Parade stand Zita inmitten einer Schar von dreißig Bauernmädchen in weißen Volkstrachten; sie waren nachmittags nach Sopron gekommen und brachten ihrer Königin Blumensträuße. Überall ertönte der vertraute Ruf »Éljen a Király!« Man hätte meinen können, dies sei ein offizieller Besuch in tiefen Friedenszeiten in einer der vielen »stets getreuen« Garnisonsstädte der Doppelmonarchie.

Mittlerweile hatte Lehár das gesamte Gebiet nach den verschobenen Waggons abgesucht, die Zuckerrübenfrachten ausladen lassen und die Wagen zurück nach Sopron dirigiert, um den königlichen Militärtransportverband zusammenzustellen. Als dieser schließlich rangiert war, konnten die Majestäten um elf Uhr nachts einsteigen. Ihre Unterbringung war alles andere als königlich: ein umfunktionierter Rotkreuzwagen, darin Betten mit kommunen Soldatendecken und ein nur mit einem primitiven Tisch und ebensolchen Stühlen ausgestatteter »Speisewagen«. Aber es kam ja nicht auf Komfort an, sondern auf Stoßkraft, und die Schienen-Armada, die Lehár aufgeboten hatte, wirkte in der Tat recht martialisch. Die Spitze bildete ein Späherzug, größtenteils mit Offizieren besetzt. Dann kam der eigentliche Königszug mit einer Infanteriekompanie als Bedeckung. Dahinter die beiden Zuggarnituren des Truppentransports. Nach einer ungeklärten fünfstündigen Verspätung fuhr dieser Konvoi mit fast 3000 Mann am Sonntag, den 22. Oktober um vier Uhr morgens ostwärts. Während der vierundvierzig Stunden seit der Abfahrt aus dem Park des Schlosses Hertenstein hatten Karl und Zita nur wenig Schlaf gefunden. Während der Stunden, die vor ihnen lagen, war ein Ausruhen fast unmöglich.

Zunächst war es eine Fahrt in langsamem Tempo, aber zugleich ein Triumphzug. Auf jedem Bahnhof seiner Route gewann das Herrscherpaar Stück für Stück sein Königreich wieder. Um ein Uhr mittags erreichte der Konvoi Györ (Raab) und damit den entlang des Donauufers verlaufenden Streckenabschnitt. Die gesamte Garnison erklärte sich loyal und wurde im Rahmen einer Feier vereidigt. Dubios war nur der Kommandant selbst, General Lörinczy, der sich vor der Begrüßung des Königs telefonisch mit Budapest in Verbindung gesetzt hatte, um dem Reichsverweser zu melden, daß Karls kleine Streitmacht unterwegs sei. Lörinczy wurde in Gewahrsam genommen, und an seine Stelle trat ein zuverlässiger Offizier. Nach einer unnötigen Verzögerung wegen der Ansprachen fuhren die Züge weiter.

Inzwischen blickten die Außenwelt und vor allem die Ententemächte gespannt auf diese Eisenbahnlinie. Die Nachricht von der Rückkehr des Königs war in den Hauptstädten des Westens erst eingelangt, als sich der Konvoi bereits Györ näherte. Die erste

Information erging an das britische Mitglied der Interalliierten Kommission in Sopron, General Gorton – und zwar durch den nämlichen Hegedüs, der eben im Begriff stand, auf dem Kasernenhof dem König ewige Treue zu schwören. Bald nachdem Lord Curzon die Meldung von Gorton via Wien erhalten hatte, erreichte ihn eine damit übereinstimmende Depesche von Mr. Hohler, dem britischen Hochkommissar in Budapest; es war derselbe Hohler, der zu Ostern so vehement gegen Karl eingegriffen hatte. Prompt trat er wieder in Aktion, nun ohne Instruktionen aus London abzuwarten. Dies bezeugt sein erstes Telegramm:

> »Der [ungarische] Außenminister informiert mich, daß Exkönig Karl und seine Gattin gestern nachmittags in Sopron eintrafen und die Regierung übernahmen ... Er [der Außenminister] wünscht, daß ich und meine Kollegen unsere Protestnote gegen die Rückkehr eines Habsburgers wiederholen. Das tun wir unverzüglich.«[16]

Hohler und seine Kollegen taten mehr als das. Bei der Übergabe ihrer gemeinsamen Note forderten die Hochkommissare Großbritanniens, Frankreichs und Italiens die ungarische Regierung auch in aller Form auf, »sogleich alle notwendigen Maßnahmen zu ergreifen, um wieder die Ausweisung des Exkönigs aus seinem vormaligen Herrschaftsbereich zu gewährleisten«.[17]

Für Karl, der schon in Györ vom Protest der Entente erfahren hatte, ergab sich die nächste wichtige Probe auf die Loyalität einer Garnison in Komárom (Komorn). Dort galt es, entscheidende Hindernisse zu beseitigen, politisch und auch militärisch. Als die Züge in Acs halten mußten, während die von Horthys Leuten aufgerissene Trasse wieder instandgesetzt wurde, fochten die beiden Ministerpräsidenten – Rákovczky für den König und Bethlen für den Reichsverweser – telefonisch einen scharfen Gang aus. Rákovszky forderte Bethlen auf, sich für den Monarchen zu erklären und die Übergabe der Hauptstadt einzuleiten oder das Schicksal eines Verräters zu gewärtigen. Daraufhin riet Bethlen seinem Gegenpart, man möge nicht weiter auf Komárom vorrücken, sondern eine Botschaft Horthys abwarten, die Dr. Vass überbringen werde, der Königstreue der Ostertage, der nun offensichtlich die

Seiten gewechselt hatte.* Was dabei zählte, war nicht dieses politische Wortduell zwischen Rivalen, die sich beide ihrer Befugnisse viel sicherer fühlten als des Terrains, auf dem sie sich bewegten, sondern die militärischen Auseinandersetzung in dem Gebiet, das vor den Zügen lag.

Die nächsten Ereignisse gestalteten sich für Karl erstaunlich günstig. Zwar stand der Garnisonskommandant in Komárom, wie sein Kamerad in Győr, auf der Seite des Reichsverwesers, doch auf die Truppen wirkte die alte Strahlungskraft der Stephanskrone unwiderstehlich, besonders da der Gekrönte persönlich anwesend war. Als Lehárs Kolonnen an jenem Abend in die Stadt einmarschierten, brauchten sie nur laut zu rufen. Ohne einen einzigen Schuß abzufeuern ging die gesamte Garnison (in der Stärke eines Bataillons) begeistert zu ihnen über und um halb zehn schritt Zita an der Seite ihres Gatten die Reihen einer Ehrenkompanie ab. All das nahm man als gutes Omen für Budapest.

Wäre Karl die damalige Stimmung in der Hauptstadt bekannt gewesen, dann hätte er sich vermutlich dafür ausgesprochen, im Dunkel weiter vorzurücken, obwohl er wie auch seine beiden zuverlässigen Truppenführer (Lehár und Osztenburg) und die Soldaten dringend etwas Ruhe brauchten. Am frühen Morgen des 23. Oktober meldete Hohler: »Der König und seine Streitkräfte sind nur mehr wenige Meilen von der Hauptstadt entfernt ... der Außenminister informierte mich, daß sich die Truppen auf beiden Seiten weigern, aufeinander zu schießen, er glaubt, alles sei verloren und der König werde am Nachmittag einziehen ...«**[18]

Als Hohler und seine beiden Kollegen am Vorabend den Reichsverweser aufsuchten, um ihren Protest gegen Karls Aktion zu wiederholen, äußerte auch er sich pessimistisch. Auf den britischen Diplomaten wirkte er »keineswegs so selbstsicher wie zu Ostern,

---

* Vass wurde am selben Tag im Königszug empfangen. Die Botschaft, die er brachte, lief auf Horthys altbekannte Taktik der Hinhaltemanöver und der Ausflüchte hinaus: ein Treuebekenntnis, aber auch die Feststellung, wegen außenpolitischer Komplikationen sei es ihm verwehrt, die Herrschaft zu übergeben.

** Dieses eine Mal, als der britische Hochkommissar einen Moment lang glauben mochte, er habe also doch auf das falsche Pferd gesetzt, ging er von seinen gewohnten Bezeichnungen »Exkönig« oder »Karl« ab.

auch was die Aussichten betrifft. Mehrmals sagte er, die Schwierigkeiten in seiner Position seien fast zu groß geworden, um sie zu bewältigen.«[19]

Doch nun war Horthy zuversichtlicher, und das mit gutem Grund, denn an jenem schicksalhaften Sonntag lief alles für ihn günstig. Er selbst, der Reichsverweser, konnte nichts davon als sein Verdienst beanspruchen: die Wende wurde in Budapest herbeigeführt, und zwar durch die persönliche Initiative und Sofortmaßnahme eines seiner wichtigsten und besten Mitstreiter, der innerhalb weniger Stunden eine antikarlistische Miliz formierte. Dort, an der Eisenbahnlinie kurz vor Budapest, wurde der Reichsverweser gerettet, als Unentschlossenheit, Kriegslist und Verrat in eine verhängnisvolle Wechselwirkung traten.

Dieser Retter aus seiner eigenen Umgebung war der Generalstabshauptmann Julius Gömbös. Er entstammte einer ungarischen Schwabenfamilie, deren Namen – Knöpfle – er magyarisiert hatte. Ihm war beschieden, trotz Horthys späterer Vorbehalte gegen ihn, 1932 zum Ministerpräsidenten aufzusteigen. 1936 starb er an einem Nierenleiden. Er war es übrigens, der für die Verbindung Berlin–Rom den Begriff »Achse« prägte. In Horthys erster Schattenregierung in Szeged hatte er als Staatssekretär im Kriegsministerium fungiert. Rückblickend distanzierte sich der Admiral von ihm, als er schrieb: »Gömbös schoß mit seinen gewiß gutgemeinten Bestrebungen oft über das Ziel hinaus.«[20] Doch während der Herbstkrise von 1921 erwies sich Gömbös im Interesse seines Herrn als sehr zielsicher. Er erkannte, daß an jenem 23. Oktober eine zuverlässige Truppe für den Kampf gegen den König nicht aus den Reihen der Armee aufgeboten werden konnte; obwohl gerade zu dem Zeitpunkt der legitimistisch gesinnte Kommandant der Garnison Budapest beim Sturz vom Pferd einen tödlichen Unfall erlitt, was dem Reichsverweser ermöglichte, diesen Posten mit einem seiner eigenen Anhänger zu besetzen, dem General Than. Aber worauf es nun ankam, das war ein Zuschuß von habsburgfeindlichem Fanatismus im Fußvolk. Dies brachte Gömbös zuwege, indem er die Universität und die Technische Hochschule der Hauptstadt nach Studenten durchkämmte, die noch immer für die alten revolutionären Parolen Kossuths empfänglich waren. Er fand eine ingeniöse Methode, um deren patriotische Begeisterung bis zur Weißglut anzufachen: bei der Ausgabe der Gewehre sagte man den Studenten, tschechische Truppen (die allen echten Magyaren verhaßt waren) seien ins Land eingedrungen. Diese sogenannten »Diá kak«, dreihundert Mann stark, sollten bei der Abwehr mithelfen.*

Doch in der entscheidenden Phase verspielten Karl und sein improvisierter Beraterstab selbst ihre Chancen. Einige Zeit verlief die militärische Aktion am Sonntagvormittag in ungleichmäßigen Schüben. Die Truppen des Königs wurden in Bia-Torbágy auswaggoniert, marschierten nach Buda-Örs und versuchten dann, bis Kelenföld vorzudringen, wo das zur Verteidigung postierte Bataillon bereit schien, zum König überzugehen, sobald er sich zeigen würde. Vorrückend gerieten die Karlisten ins Feuer von Gömbös' »Studassi«, die im höheren Gelände über der Bahnlinie in Stellung gegangen waren. In einem kurzen Gefecht nahmen Osztenburgs Soldaten einige Studenten gefangen, erlitten aber auch selbst Verluste und zogen sich zum Königszug zurück. Nun wurde Kriegsrat gehalten.

Das Hemmnis an sich war nicht bedenklich. Was es zu einer akuten Gefahr machte, war die Auswirkung auf das Kommando von Karls kleiner, improvisierter Armee. Lehár, so bescheiden wie tapfer, fand es geboten, die Führungsrolle bei den Operationen abzugeben. Das Bedauerliche dabei war, daß Karl nicht persönlich den Oberbefehl übernahm, wie er es in einem viel größeren Krieg getan hatte. Denn was sich die ungarischen Soldaten allenthalben erwarteten, war der Anblick des Königs an der Spitze seiner Kämpferscharen, und dies hätte die Risiken seiner möglichen Gefangennahme überwiegen sollen. Doch seine, wenn auch widerstrebend getroffene Entscheidung, Feldmarschalleutnant Hegedüs mit dem Kommando zu betrauen und ihm Lehár als Stabschef unterzuordnen, kam faktisch einer Katastrophe gleich. Ebensogut hätte Karl eine Zeitbombe mit eingestelltem Zünder in den Königszug legen können.

---

* Erst als einige der Studenten verwundet in Gefangenschaft gerieten und von Zita selbst gepflegt wurden, erkannten sie, wie man sie getäuscht hatte, denn natürlich gab es weit und breit keine tschechischen Soldaten.

Die erste Handlung des neuen Befehlshabers bestand darin, die Beschießung des Gegners durch auf die Bahn verladene Artillerie, die Lehár aus Westungarn herangeholt hatte, zu verhindern. Sein zweiter Schritt, sobald eine Kampfpause eintrat, in der alles unklar war: er bewog den König, ihn losziehen zu lassen, um mit dem Bataillon in Kelenföld zu verhandeln, denn vielleicht sei es zu gewinnen. Um etwa zehn Uhr vormittags verschwand Hegedüs, allerdings zwecks ganz anderer Verhandlungen. Gegen 10.45 Uhr sah ihn Hohler, der zwecks einer Diskussion über die Krise Graf Bethlen aufsuchte, im Büro des Ministerpräsidenten, mitten im Gespräch darüber, wie man mit dem König am besten fertig werden könne. Der Diplomat berichtete: »Er [Hegedüs] wurde von Karl als Parlamentär entsandt,* obwohl er ihm nicht den Eid geleistet und sich geweigert hatte, den Befehl über die karlistischen Streitkräfte zu übernehmen.«[21]

Nachdem dieser Meister des Doppelspiels auch Karls Gegner belogen hatte, kehrte er wieder zu den »eigenen« Linien zurück, um dort die größtmögliche Verwirrung zu stiften und die Kampfmoral zu schwächen. Er gab zu, daß er in Budapest mit Horthys Ministerpräsidenten gesprochen habe und malte dem König ein Bild in den düstersten Farben: der Reichsverweser sei zum Kampf entschlossen und habe nun die Garnison unter seinem Befehl. Die Stadt selbst sei bereit, sich gegen jeden Angriff zu wehren, und die Königsburg starre von Maschinengewehren. Die einzige Lösung, so Hegedüs eindringlich, sei ein Waffenstillstand. Bevor Karl eine Entscheidung traf, beschloß er – reichlich verspätet – durch eine Fahrt zu der vordersten Linie selbst die Lage zu erkunden. Zita war nicht davon abzubringen, ihn zu begleiten.

Nun machte sich eine seltsame Expedition auf den Weg. Da die Bahntrasse die einzige sichere Route war, wurde eine alte Lokomotive unter Dampf gesetzt, ein an den Schornstein gebundenes Handtuch aus dem Schlafwagen diente als weiße Flagge. Offiziere als Eskorte kletterten auf den Kohlentender, während der König

---

* Diese Behauptung entsprach vermutlich ebensowenig der Wahrheit wie die anderen Erklärungen. Später stand Lehár allein, als er andeutete, daß Karl tatsächlich Hegedüs ermächtigt hatte, mit dem Horthy-Regime zu verhandeln.

und die Königin von Ungarn den Führerstand der Lokomotive bestiegen. Hinter ihnen drängten sich der doppelgesichtige Hegedüs und Karls getreue, aber nun recht konfuse zivile Berater, darunter Graf Andrássy und Dr. Rákovszky. Bei der Signalstation Török-Balint wurde die Lokomotive von den eigenen Osztenburg-Soldaten aufgehalten; sie meldeten, der Reichsverweser entsende zwei Offiziere, um über eine Feuereinstellung zu verhandeln, der ranghöhere sei ein Oberst Svoy. Damit wurde wieder ein Wendepunkt des dramatischen, schwer überschaubaren Geschehens erreicht. Sollte man mit Horthy über eine friedliche Beilegung reden oder bis in die Hauptstadt vorstoßen und den Waffen die Entscheidung überlassen? Auf der Strecke vor ihnen waren die Schienen nirgends aufgerissen. Die Trasse lag offen da, und die Truppentransportzüge waren voll einsatzbereit.

In späteren Jahren erklärte die Kaiserin, Karl sei für einen sofortigen Angriff unter seiner Führung gewesen. Davon hätten ihn, wie sie sagte, sowohl seine getreuen Offiziere abgebracht, die auf die Erschöpfung ihrer Soldaten hinwiesen, als auch seine zivilen Berater, die zu bedenken gaben, daß sich der König selbst politisch in ein ungünstiges Licht setzen würde, wenn er das Angebot eines Waffenstillstands ablehnte und damit weiteres Blutvergießen verursache.[22] Schon dieses letzte Argument allein könnte den Ausschlag gegeben haben. Jedenfalls blieb bei Oberst Svoys Ankunft nur mehr zu vereinbaren, wann und wo die politischen Verhandlungen stattfinden sollten. Als Ort wurde schließlich das nahegelegene Wirtschaftsgebäude der Meierei Csiki gewählt. Der Termin war acht Uhr am nächsten Morgen. Karl und Zita, die während dieser Besprechung im abendlichen Nieselregen auf und ab gegangen waren, bestiegen wieder die Lokomotive und kehrten nach Bia-Torbágy zurück. Vor der Abfahrt betraute der König Feldmarschalleutnant Hegedüs mit der Aufgabe, an Ort und Stelle zu bleiben, um für die Nacht eine Demarkationslinie zwischen den beiden Parteien festzulegen. Dies erwies sich als der folgenschwerste aller bisher begangenen Fehler. Sobald sein Herrscher außer Sicht war und Hegedüs völlig freie Hand hatte, änderte er in aller Gemütsruhe die gegebenen Dispositionen, um Horthys Kräften das taktisch günstigere Gelände einzuräumen.

Hegedüs hatte in jener Nacht noch eine Schandtat vor, aber ehe er seine Karte ausspielte, entschied er sich, zu passen. Als er sich spät abends in Bia-Torbágy wieder beim König meldete, ersuchte er um Enthebung von seinem Kommando. Verschlagen bis zuletzt, gab er als Begründung dafür an, in Budapest habe er erfahren, daß zwei seiner Söhne in Horthys Lager stünden. Er wurde enthoben. Warum er nicht schon wegen seiner eigenmächtigen Verhandlungen mit Bethlen abgelöst und unter Arrest gestellt worden war, wird wohl immer eines der großen und kleinen Rätsel dieses an Geheimnissen reichen Tages bleiben, allerdings wurde erst am frühen Morgen sein Verrat in vollem Ausmaß offenkundig. Unter Mißachtung der noch zweieinhalb Stunden geltenden Waffenstillstandsfrist hatten sich Horthys Truppen von den ihnen zugewiesenen Anhöhen an beiden Seiten der Bahnlinie bis zur Trasse vorgearbeitet und dabei die karlistischen Posten überrannt. Als Gratz und Lehár zur vereinbarten Stunde bei dem Hof ankamen, befand sich das Terrain fast zur Gänze in den Händen des Gegners, und die meisten Soldaten der vorgeschobenen Einheiten des Königs waren Gefangene.

So wurden Horthys Bevollmächtigte – General Sárkány und Staatssekretär von Kánya – in die Lage versetzt, ihre harten Bedingungen zu stellen: der König habe nicht nur zu kapitulieren und sämtliches Kriegsmaterial seiner Truppen auszuliefern, sondern auch schriftlich in aller Form seinen Thronverzicht zu erklären. Zwei Stunden später trafen die niedergeschlagenen königlichen Emissäre wieder in Buda-Örs ein. Während Karl in dem kleinen Stationsgebäude den Text las, geriet sein Zug draußen plötzlich unter Beschuß. Boroviczény, der für das Leben seines Monarchen fürchtete, half ihm in höchster Eile beim Einsteigen und befahl die Abfahrt. Lehár und Osztenburg, die gerade in einem der Waggons die Lage besprachen, sprangen heraus, rannten über den Bahnsteig und riefen die Reste ihrer Truppen zu einem »letzten Gefecht« auf. Einige Sekunden lang herrschte völliges Chaos. Der König selbst, dem am Abend zuvor solches Heldentum noch genützt hätte, machte diesem heroischen Spiel ein Ende. Er ließ den Zug halten und rief seinen beiden Offizieren zu: »Ich verbiete den weiteren Kampf, er ist sinnlos geworden.« In seinem Abteil diktierte er den

Kapitulationsbefehl zur Durchgabe auf der ganzen Linie. Zita hatte alles gehört und gesehen. Welche Empfindungen sie auch im Moment bewegen mochten, sie stellte nur die eine Frage: »Ist für die Verwundeten gesorgt worden, die im Stationsgebäude blieben?«[23] Das wurde bejaht. Dann rollte der Zug westwärts davon und trug ihren Gatten – aber nicht sie selbst! – in die endgültige politische Vergessenheit.

Diese in manchem an die Taten des Don Quixote gemahnenden militärischen Abenteuer im Vorfeld Budapests sprechen für sich selbst. In all dem Gewirr der Mißverständnisse um das Signal für den Beginn der Aktion, der devergierenden Empfehlungen von Karls Ratgebern und der verräterischen Machenschaften eines Generals, dem er das Kommando anvertraute, zeichnet sich ein Faktor besonders scharf ab: der Mangel an eiserner, unbeirrbarer Entschlußkraft, den der König selbst, wie schon vor sechs Monaten, zeigte. Karl war zwar ein guter Soldat, an Schlachtenlärm gewöhnt, aber nicht ohne Grund war er als »Friedenskaiser« in die Geschichte eingegangen. Gewalt in jeglicher Form verabscheute er aus tiefster Seele. Der einzige Trost, den er aus Österreich ins Exil mitgenommen hatte, war das Bewußtsein, daß sich in Wien der Übergang von der kaiserlichen zur republikanischen Hauptstadt ohne das Opfer eines einzigen Menschenlebens vollzogen hatte.

Drei Jahre später ging er bei dem Versuch, die Macht erneut zu erringen, von denselben Voraussetzungen aus wie damals beim Verzicht. Er hoffte, eine Krone ohne Blutvergießen zurückerobern zu können. Das war unmöglich. Nur mit einem gewissen Quantum an Rücksichtslosigkeit wäre seine Sache zu retten gewesen. Hätte er etwa einen Mann wie Julius Gömbös an seiner Seite gehabt, dann wären seine Soldaten nicht an der Bahnlinie vor den Toren der Hauptstadt stehengeblieben. Auch wären sie nicht zurückgegangen, hätte Karl mehr von der stählernen Willenskraft seiner Gattin besessen. Eine von Zitas wichtigsten Lebensregeln war der waidmännische Spruch: »Nicht geschossen ist auch gefehlt.«[24] Wäre sie an seiner Stelle die Entscheidungsträgerin gewesen, dann hätte die Aussicht bestanden, daß den karlistischen Truppen zumindest der Einzug in die Budapester Königsburg gelungen wäre – wie lange die

Staaten der Großen und der Kleinen Entente ihr Verbleiben gedul-
det hätten, das ist freilich eine andere Frage und ein Thema für
Mutmaßungen. Doch nach der konkreten Lage der Dinge hatten
diese Mächte am Abend des 23. Oktober 1921 nur das eine Problem
– wie und wohin ein gescheiterter Habsburger samt seiner Gattin
abgeschoben werden sollte.

14

Nach Madeira

Man sagt, daß auf die dunkelste Stunde ein heller Tag folgt. Für Karl und Zita war es umgekehrt. Es gab immer wieder einen Moment trügerischer Helligkeit, bevor die Düsternis sich senkte. In Konstantinopel, nur wenige Monate vor dem Zusammenbruch des Reiches, wurden sie während ihres Staatsbesuchs gefeiert, als ruhe das Bündnis der Mittelmächte auf einem Felsfundament. In Preßburg, nur Wochen vor dem Ende, hatten ihnen die Menschen zugejubelt, als könnte dem Königspaar die Krone niemals entgleiten. In Szombathely begann der traurige Rückzug ins Schweizer Exil unter den Hochrufen getreuer Ungarn. Und dies wiederholte sich nun, im Oktober 1921, als der letzte Versuch gescheitert war.

Graf Esterházy, der den Königszug auf der Fahrt nach Budapest bestiegen hatte, bot dem zurückgewiesenen Monarchen sein Schloß in Totis als Zufluchtsstätte an. (Mehr als ein Jahrhundert früher hatte sich ähnliches begeben: damals hatten die Ahnen des Grafen einen anderen bedrängten Habsburger, nämlich Kaiser Franz I., auf seiner Flucht vor Napoleon aufgenommen.) Als der Zug in der dem Schloß nächstgelegenen Bahnstation Tatatováros hielt, zeigte sich, daß man in Totis gesonnen war, Karl und Zita zu empfangen, als wären sie ein regierendes Herrscherpaar in Friedenszeiten, und nicht machtlose Flüchtlinge, die soeben in der Fehde gegen ihren eigenen Reichsverweser unterlegen waren. Hinter Esterházys Auto warteten aufgereiht zehn Kutschen aus dem Schloßmarstall, die Gespanne im Prunkgeschirr und die Kutscher in Galalivree. Als die Wagenkolonne sich in Bewegung setzte, hörte Karl die gleichen Rufe. »Éljen a Király«, die er noch aus Szombathely im Ohr hatte. Nun galt der Jubel auch seiner »Királyné«, der Königin.

Obwohl Totis Karl nicht nur als Refugium, sondern auch als mögliche Zitadelle des Widerstands zur Verfügung gestellt wurde, war seine erste Sorge die Verabschiedung der Gruppe ihm treu ergebener Offiziere, um sie vor Horthys Rache zu bewahren. Es kostete ihn einige Mühe, Lehár und Osztenburg von dieser Notwendigkeit zu überzeugen. Aber schließlich waren die beiden und etwa dreißig ihrer Kameraden bereit, ihre Uniformen gegen Zivilkleidung aus den reichhaltigen Beständen von Esterházys Leuten zu vertauschen und sich nach allen Richtungen zu zerstreuen, um im Land unterzutauchen. Die Politiker – Andrássy, Rákovszky und Gratz – blieben am Ort, in der vergeblichen Hoffnung, bei Verhandlungen mit Budapest nützlich sein zu können.

Da Karl und Zita fest schliefen, merkten sie nicht, daß ihre letzte Nacht in Würde und Freiheit nicht ohne Zwischenfall verlief. Ihr Gastgeber schilderte später die bestürzenden Ereignisse:

> »Einige Minuten vor $^1/_2$ 3 Uhr ... drangen unter Führung der Gendarmeriepatrouille bewaffnete Leute ein und zogen zu der Wohnstelle der Leibgardisten ... Als die Bewaffneten eingedrungen waren, befahlen sie ihnen mit gefälltem Bajonett, sich nicht von der Stelle zu rühren ... Sie durchsuchten sämtliche Räumlichkeiten ... Zwischendurch befragten sie die Gardisten unausgesetzt, wo sich Ihre Majestäten aufhielten und äußerten sich insgesamt in drohender und gehässiger Weise über den König und die Königin. Einer von ihnen sagte: ›Wo steckt denn der Kartschi? Dem will ich eine Handgranate in die Tasche stecken!‹«[1]

Die meisten der Kerle wurden schließlich von der aus Budapest zwecks Zernierung des Schlosses entsandten Infanteriekompanie gestellt und entwaffnet. Aber mit dreien von ihnen bekam es Esterházy selbst zu tun, als er sie auf einer Seitentreppe einholte, die zum Zimmer des Königspaars führte. Der Graf erwies sich als ebenso guter Leibwächter wie Gastgeber. Nur mit seinem Nachthemd bekleidet, stieß er die ersten beiden zur Seite, dann packte er den dritten mit bloßen Händen und warf ihn die Stufen hinab.

Als Karl und Zita erwachten, standen sie vor anderen Problemen. Um sechs Uhr morgens wurden sie von Boroviczény (der sie mit seiner Frau nach Totis begleitet hatte) geweckt. Er meldete, daß man im Begriff stand, Andrássy, Rákovszky und Gratz zu verhaften und abzuführen. Zum letztenmal offenbarte Karl die Macht der Krone, die er nie mehr tragen würde. Der Kommandant der nach Totis detachierten Einheiten der ungarischen Nationalarmee war Oberst Siménfalvy, jener Offizier, der drei Tage vorher den Königszug in Komorn aufzuhalten versucht hatte. Karl beschied ihn zu sich und forderte ihn auf, den Reichsverweser in Budapest anzurufen, damit die »Entfernung« der Genannten unterbleibe. Als nach langen Telefonaten aus Budapest schließlich mitgeteilt wurde, der Befehl sei auszuführen, sagte Karl zu Siménfalvy:

> »Nachdem die Politiker, die die Verantwortung tragen können, verhaftet wurden, will ich dem Lande die Schande antun, daß Ihr *gekrönter König*, dem Sie den Eid geschworen haben, von dem Sie, Herr Oberst, den Leopoldsorden haben, auch verhaftet werde. Da haben sie meine Seitenwaffe!«[2]

Das war selbst für einen Offizier des Reichsverwesers zu viel und zeigt erneut, was mit der Stephanskrone zu erreichen gewesen wäre, hätte sie achtundvierzig Stunden früher durch Zauberkraft herbeigeholt und vorangetragen werden können. Siménfalvy scheute sich, das Bajonett des Königs entgegenzunehmen und schlich aus dem Zimmer.* Selbst Horthy schreckte davor zurück, den König verhaften zu lassen. Um drei Uhr nachmittags langte in Totis die Mitteilung ein, die drei Politiker dürften an der Seite des Monarchen bleiben, bis dieser das Schloß verlassen werde.

Nicht nur Horthy, sondern auch – und sogar noch intensiver – die Westmächte schlugen sich nun mit dem Problem herum, wohin das Königspaar zunächst gebracht werden und was sein endgültiger Bestimmungsort sein sollte. Hohler, der britische Hochkommissar, faßte die heikle Angelegenheit in einen treffenden Vergleich:

---

* Nach damaliger Auffassung mußte der Offizier eine Blankwaffe tragen. Da der Säbel feldmäßig nicht mehr taugte, war zur Felduniform allgemein das Bajonett vorgeschrieben. Danach richtete sich auch der Monarch. (Anm. d. Übers.)

»... ganz so wie im Schachspiel die Situation des Königs, dem Schach geboten wird. Seine Majestät konnte keinesfalls bleiben, wo er war, doch ebenso unmöglich war es, ihn auf eines der anderen Felder des Schachbretts zu schieben ...«[3] Aufschlußreich ist die Formulierung »Seine Majestät«. Sobald Karl gescheitert war, scheint er bei Mr. Hohler gewisse Sympathien und Respekt vor seinem Königtum geweckt zu haben, und von nun an tat der britische Repräsentant alles, um ihm einen raschen, aber würdigen Abgang zu sichern.

Am Abend des 24. Oktober schlug Horthy die Lösung vor. Karl und Zita sollten nicht auf ein anderes Schachbrettfeld gerückt werden, sondern auf eine ziemlich ferne Klippe: in das im 12. Jahrhundert gegründete Kloster Tihany über dem Nordufer des Plattensees. Die Vertreter der Entente in Budapest stimmten sofort zu, und jeder erklärte sich bereit, zwecks Abwicklung einen Offizier an Ort und Stelle zu entsenden. Die Überstellung fand am 26. Oktober per Bahn und Auto statt. Bei ihrer Ankunft fanden sie in dem gar nicht geräumigen Kloster, das etwa zwölf Benediktinermönche betreuten, überall Horthys Soldaten vor, postiert an sämtlichen Toren und Türen. Bei ihrem Anblick lehnte Karl es strikt ab, die Front der zu seinem Empfang im engen Klosterhof angetretenen Ehrenformation abzuschreiten. Er war nicht mehr der Souverän, sondern ein Gefangener. Der einzige Trost in der neuen Umgebung war für ein so tiefreligiöses Paar, daß es endlich eine Kapelle aufsuchen und zur Messe gehen konnte, wann immer es wollte. Dies bedeutete Zita sogar noch mehr als ihrem Gatten. Wie ihr ganzes Leben lang, glaubte sie auch als Gefangene in dem ungarischen Kloster, es geschehe nach dem unerforschlichen Ratschluß der Vorsehung, und nahm alles so hin, wie Gott es fügte. Ja, ihre Zwangslage weckte noch stärker als sonst das Bedürfnis nach der Begegnung mit dem Schöpfer durch das Gebet und durch die Sakramente.

Indessen wurde, ohne daß sie etwas davon erfuhren, draußen in der großen Welt, fern vom Tihanyer Berg, eifrig über ihre Zukunft debattiert. Während Horthy sich nur darauf konzentrierte, das Königspaar außer Landes zu schaffen, dachten die drei Westmächte weiter. Schon als Karl noch voller Hoffnungen Budapest entgegengefahren war, hatte die permanent tagende Botschafterkonferenz in Paris die ungarische Regierung aufgefordert, »in aller Form zu erklären, daß der Exkaiser seine Krone verwirkt habe (›proclamer sa déchéance‹) und ihn in Gewahrsam zu halten (›s'assurer de sa personne‹), im Hinblick darauf, ihn den Behörden der alliierten Staaten zu übergeben, die seine Ausreise aus Ungarn veranlassen werden«.[4] Diese milde Form der Absetzung entsprach dem Vorschlag der Franzosen, die geheime, aber triftige Gründe hatten, den König so sanft wie möglich fallen zu lassen.

Doch zu dem Zeitpunkt, da Karl und Zita als Gefangene in Tihany eintrafen, drängte die Kleine Entente der Tschechoslowakei, Jugoslawiens und Rumäniens ihre größeren Brüder zu drakonischeren Maßnahmen. Am 29. Oktober forderten ihre diplomatischen Vertreter in Budapest, die gesamte Familie Habsburg vom Thron auszuschließen. Der tschechoslowakische Ministerpräsident Beneš schrieb am selben Tag seinem französischen Amtskollegen Briand einen Brief, in dem er militärische Aktionen gegen Ungarn binnen Wochenfrist androhte, falls nicht alle Habsburger, ohne Ausnahme, ausdrücklich auf die Kronrechte verzichteten. Durch solch martialische Töne beunruhigt, schwenkten die Westmächte darauf ein. Am 1. November teilte Lord Curzon der ungarischen Regierung warnend mit: »Es ist sehr wichtig, die Habsburgerfrage ein für allemal zu bereinigen, und zwar durch den Ausschluß der gesamten habsburgischen Dynastie vom Thron, unter Anwendung der zu Gebote stehenden verfassungsgemäßen Mittel.«[5] Der letzte Nebensatz war allerdings diffizil, sobald ein Heiligtum wie die Krone St. Stephans ins Spiel kam.

Dabei fällt auf, daß in allen sechs Hauptstädten der großen und der kleinen Ententemächte mit keinem Wort eine Abdankung Karls erwähnt wurde. Von Lord Curzon in London bis zu Eduard Beneš in Prag wußte jeder der Beteiligten, daß der König von Ungarn der ehrwürdigen apostolischen Krone, die auf sein Haupt gesetzt wurde, nach der Überlieferung nicht entsagen konnte, denn sie war auch die Krone der Nation. Deshalb sprach man von Verwirken, Ausschluß oder einer anderen Formel, die nur die Ungarn selbst finden konnten. Fast eine Woche lang rangen Horthy und seine Berater um eine Lösung. Der Reichsverweser wußte, daß es politisch bedenklich und ein Verstoß gegen das Geschichtsbewußtsein wäre, sämtliche Habsburger für alle Zeiten aus der Nähe des Throns zu verbannen, wie es Beneš verlangte. Die Erzherzöge Josef und Albrecht hatten innerhalb und außerhalb der Nationalversammlung ihre organisierten Anhänger. Zudem gab es die schon erwähnte diffuse Gruppierung der »Freien Königswähler«, sie vertraten die Auffassung, das Volk habe das Recht, durch seine Repräsentanten einem Ungarn die Stephanskrone anzutragen, auch wenn er nicht königlichen Geblüts sei. Diese Regelung hätte in das Konzept des bereits kühne Hoffnungen hegenden Reichsverwesers und seiner ehrgeizigen Frau Magda gepaßt.*

Das am 4. November der Nationalversammlung vorgelegte und prompt beschlossene Verfassungsgesetz bietet in seiner gewundenen Formulierung ein Abbild all dieser Komplikationen. Es ging lediglich von der Feststellung aus: »Die souveränen Rechte König Karls IV. sind erloschen.« Die Pragmatische Sanktion von 1723, welche die Erbfolge des Hauses Österreich in Ungarn garantierte, trat außer Kraft. »Demzufolge gewinnt die Nation das Recht der freien Königswahl zurück.« Feierlich wurde der Fortbestand des Königreiches Ungarn proklamiert, allerdings »verschiebt sie [die Nation] die Besetzung des Thrones auf spätere Zeiten und ermächtigte die Regierung, zur entsprechenden Zeit eine diesbezügliche Vorlage zu erstatten«.[6]

Mittlerweile hatte der gefangengesetzte König bereits einen Vorschlag abgelehnt, zugunsten seines ältesten, nun fast zehnjährigen Sohnes Otto abzudanken. (Horthys spätere Behauptung, daß Fürstprimas Kardinal János Csernoch den Plan unterstützte, ist unrichtig, wie so vieles an den Darstellungen des Reichsverwesers. Dr. Gratz freilich befürwortete diese Lösung.) Von Tihany aus erhob Karl Protest: »Den unter ausländischem Druck und Zwang zustande gekommenen Beschluß der Nationalversammlung, der die Entthronung ausspricht, erkläre ich im Sinne der ungarischen Verfassung und der ungarischen Gesetze für ungesetzlich und

---

* Magda Purgly, die Horthy als junger, in Pola stationierter Offizier der k. u. k. Kriegsmarine am 22. Juli 1901 in Arad geheiratet hatte.

unwirksam und lege dagegen Verwahrung ein. Ich halte alle nach der ungarischen Verfassung mir, als dem mit der Krone St. Stephans gekrönten Apostolischen König, zustehenden Rechte nachdrücklichst auch weiter aufrecht.«[7]

Während in Budapest die Debatten um die Zukunft der Krone weitergingen, waren die Großmächte mit heiklen Diskussionen über die Zukunft des Königs selbst befaßt. Als erstes, allerdings nur vorläufiges Ziel für die Familie kam Malta in Vorschlag. Aber Lord Curzon erklärte, die Insel sei »ungeeignet«, da der Prinz von Wales (der spätere, sehr bald abdankende König Eduard VIII.) dort in Kürze das neue Parlament eröffnen werde. Die Pariser Botschafterkonferenz befand, daß eine Insel die beste Lösung böte, sie ermögliche die Isolierung »an einem Ort fern im Meer, wo eine gewisse Überwachung durch die lokalen Behörden möglich wäre und die Lebenshaltungskosten nicht sehr hoch sind«.[8]

Vielleicht in Westindien? schlug jemand vor. Dieser Gedanke wurde nicht näher erörtert, denn das britische Empire wollte nicht auf Dauer mit der Anwesenheit eines Entthronten belastet werden, der ein latenter Unsicherheitsfaktor war. Französisches Territorium schied aus, weil man meinte, es gebe wohl keinen Fußbreit Boden unter der Trikolore, wo der energische Prinz Sixtus und Zitas andere bourbonische Verwandte nicht irgendwann zur Stelle sein und Unruhe stiften würden. Italien, die dritte Macht der Großen Entente, lehnte jegliche langfristige Verpflichtung ab, obwohl Pianore, Zitas Geburtsort, kurz für eine Notlösung in Erwägung stand. In seinem hektischen Bestreben, das Königspaar um jeden Preis aus Ungarn zu entfernen, machte sich Ministerpräsident Beneš sogar erbötig, persönlich die beiden zu »einem entsprechenden Wohnort bei Prag« zu bringen.[9]

Zu dem Zeitpunkt, als Karl und Zita in Tihany eintrafen, war man zumindest über die Ausreiseroute einig geworden: auf der Donau an Bord eines britischen Schiffs nach Galatz an der Schwarzmeerküste. Da der Kreuzer HMS »Cardiff« plangemäß Anfang November in jenen Hafen einlaufen sollte, schien er für die Weiterreise der königlichen Gefangenen geeignet. Aber noch immer war keine endgültige Entscheidung über den Asylort getroffen worden. Wie Lord Curzon am 26. Oktober schrieb:

»Wir beharren bei der Auffassung, daß Spanien oder eine spanische Insel das günstigste Ziel wäre. So könnte etwa eine der Balearischen Inseln oder sogar der Kanarischen Inseln in Betracht gezogen werden. Wenn Spanien bereit ist, ihn [Karl] aufzunehmen, könnten wir ihn nach Gibraltar bringen. Allerdings wünschen wir nicht, daß er dort uns überlassen bliebe.«[10]

Doch selbst gegen die Wahl spanischen Territoriums war manches einzuwenden, denn damit würde Karls Vetter König Alfons XIII. zu seinem Kerkermeister. Man zweifelte daran, ob ein solcher Rollenwandel von Dauer wäre.

Es waren die Franzosen, die das Problem schließlich lösten, indem sie die portugiesische Insel Madeira vorschlugen. Die drei Westmächte richteten einen gemeinsamen Antrag an Lissabon, und die portugiesische Regierung ging unverzüglich darauf ein – vielleicht eingedenk der Tatsache, daß Zitas Mutter immerhin eine Braganza war. Portugal erhielt die Zusicherung, daß es nicht mit den Unterhaltskosten der Exilierten – bald darauf ein akutes Problem! – belastet würde.

Während all dies weit außerhalb ihres Gesichtskreises in die Wege geleitet wurde, warteten Karl und Zita die Entwicklungen mit aller Geduld ab, deren sie fähig waren. Andrássy und Rákovszky waren zwei Tage nach ihrer Ankunft doch in Haft genommen und fortgebracht worden. Dr. Gratz durfte gemäß einer Verfügung des Reichsverwesers am Ort bleiben, um bei eventuellen Verhandlungen mit dem gefangenen König über dessen »Entthronung«, wie es nun bezeichnet wurde, als Vermittler zu fungieren. Er war es, der dem Paar Abschriften der verschiedenen an Budapest gerichteten offiziellen Protestnoten der Ententemächte übergab, außerdem hielt er losen Kontakt mit Ministerpräsident Graf Bethlen, und zwar wegen der zur Sprache gebrachten juristischen Floskeln, die alle dazu gedacht waren, Karl seine Krone zu nehmen.

Es muß ein seltsames Gefühl der Ohnmacht gewesen sein, untätig zu verharren als Schlüsselfiguren eines Rätsels, dessen Lösung von der Betriebsamkeit ferner Kräfte abhing, die man nicht beeinflussen konnte. Vor der Abfahrt aus Totis hatten die Esterházys dem Königspaar zur Ablenkung einige Sherlock-Holmes-Geschichten eingepackt. Sie erwiesen sich als sehr geeignete Lektüre für jene Tage in Tihany. Ebenso passend waren Patience-Karten, die der königstreue Graf Josef Károlyi – den politisch Welten von seinem Verwandten Michael trennten – aus Budapest geschickt hatte, zusammen mit Schuhen, Kleidung und Zigaretten. Das Kostbarste in dem Paket, das die als Begleiter abkommandierten Entente-Offizieren überbracht hatten, war für Zita eine kleine Emaillekugel, die, geöffnet, Bilder ihrer Kinder zeigte. Im traditionellen Familienrefugium Schloß Wartegg waren diese sicher und wohlauf unter der Obhut ihrer Stiefurgroßmutter, der alten Erzherzogin Maria Theresia, noch immer Karls und Zitas Schutzengel wie zur Zeit der Verlobung vor zehn Jahren.

Am Sonntag, den 30. Oktober kam Dr. Gratz zur Frühstücksstunde, um die beiden über ihr weiteres Schicksal zu informieren: für die Fahrt donauabwärts sollten sie in Baja der britischen Stromflottille übergeben werden. Am nächsten Tag konnten sie aus den Zeitungen, die ihnen Erzbischof Csernoch geschickt hatte, einiges darüber erfahren, welche Sensation die Gefangenen von Tihany draußen in der Welt auslösten und auch welche Vorschläge für ihren endgültigen Bestimmungsort gemacht wurden. Am 31. Oktober brachen sie auf, noch immer mit Graf Esterházy als Begleiter. Zita durfte wählen, ob sie per Kutsche oder Auto zur Bahnstation fahren wollte. Sie hätte die Kutsche vorgezogen, weil diese dem Kloster gehörte. Doch auf der Landstraße gab es, wie man hörte, viele Schlaglöcher, und wegen ihrer Schwangerschaft wollte sie nach allem, was sie in den letzten Tagen durchgestanden hatte, keine strapaziöse Fahrt riskieren. Also entschied sie sich widerstrebend für das vom Militär beigestellte Auto. Der latente Zug zum Absurden in der ganzen Situation trat erneut hervor, als Oberst Siménfalvy seine Befehle für die Überstellung vorwies. Der Handlanger des Reichsverwesers, mit dem habsburgischen Leopolds-Orden an der Brust, sagte seinem König »untertänigst« – die übliche Floskel in der Anrede des Monarchen –, daß er, wenn nötig, Gewalt anwenden müsse, um die Übergabe durchzuführen.

Der weitere Verlauf der Reise läßt sich mit den Worten der Kaiserin schildern, denn dies war ein weiterer der seltenen Fälle, in denen sie die Ereignisse in Tagebuchform, auf Deutsch, verzeichnete.[11]

»*31. Oktober* (Abfahrt von Tihany und Ankunft in Baja). Am 1. November mit Bahn eingetroffen in Baja. Wir blieben bei der großen Brücke stehen, wo eine Treppe hinunterführte ... Unten stand der englische Monitor ›Glowworm‹. Wir schritten über die Brücke ... Vor der Kabine des Kapitäns angelangt, stellte sich Siḿenfalvy auf die eine Seite salutierend, auf der anderen Seite die drei Ententeoffiziere, die das gleiche taten ...

Dreiviertel Stunden später war das Schiff abfahrtbereit. Der Franzose ließ noch einmal fragen, ob wir nichts wünschten, er würde jeden Wunsch nach Möglichkeit erfüllen. Der Kaiser dankte und sagte, das einzige wäre, um was er ihn auch vorhin gebeten hatte, die Sorge um unsere Getreuen. Nun fuhr das Schiff langsam weg, die drei Ententeoffiziere salutierten, der Kaiser ebenfalls. Vor der Jause kam ein Vedettenboot den Strom herauf, accostierte, es stieg der eigentliche Kapitän des ›Glowworm‹, der damit gekommen war, um. (Er hieß Snagge.) ... Er sprach kurz darauf mit Graf Esterházy und sagte ihm, er bitte den Kaiser um das schriftliche Ehrenwort, daß er, solange er in seiner Obhut sei, keinen Fluchtversuch mache ... widrigenfalls er gezwungen wäre, ihn ›as a prisoner‹ zu behandeln und bewachen zu lassen, was ihm, Snagge, sehr unangenehm wäre. Nach reiflicher Überlegung ... und nachdem Graf Esterházy sich versichert hatte, daß Snagge selbst nicht weiter als Galatz mit uns käme, gab ihm der Kaiser das Ehrenwort, wie es beiliegend steht.* So war es auf alle Fälle nur für die Fahrt bis dorthin und nicht für weitere Aufenthalte. Wir soupierten mit Kapitän Snagge und gingen früh zur Ruhe.«

---

* Das Originaldokument, das Captain Snagges Witwe dem Autor zeigte, hat folgenden Wortlaut:
»Je donne ma parole d'honneur au Capitain Snagge que pendant mon voyage, tant que je serais sous sa garde, je m'abstiendrai de toute tentative de regagner ma liberté. En faisant cette promesse ... je me considère comme engagé vis-à-vis de lui, personellement, et pour toute la durée de ce voyage.

Charles
Empereur de l'Autriche
Roi de Hongrie
Glow-worm
1 November 1921«

»*Mittwoch 2. November*

Ein Vedettenboot bringt den Abt von Ujvidék (Neusatz) an Bord. Natürlich von Messe keine Rede. Er hatte uns vor drei Jahren in Ujvidék begrüßt. Mittagessen um 13 Uhr. Kapitän Snagge liest uns einiges aus seinem Kriegstagebuch vor. Wir sitzen mehr oder minder alle fünf immer in diesem einzigen Zimmer, weil es da warm ist. (Seine Majestät, Ihre Majestät, Graf Esterházy, Frau von Boroviczény und Snagge.) Um 17 Uhr Tee und wie es dunkel wird, bleibt der Monitor stehen.«

»*Donnerstag 3. November*

Bei Tagesanbruch fährt das Schiff los, passieren sehr zeitig früh Belgrad. ... Passage ab Moldava unmöglich, da stellenweise nur 75 cm Wasser ... Rumänen bieten Eisenbahn an, Snagge lehnt ab; er kann die Rumänen nicht leiden. Snagge erzählt uns heute lange und interessant über die Arbeit der Engländer bei den Arabern während des Krieges.«

»*4. November*

... Heute kamen auch ein [rumänischer] höherer Offizier und zwei niedere an Bord wegen dem Extrazug nach Galatz, der in Orsava gestellt ist. – Snagge wollte nicht, da er den Rumänen nicht traut. Er sagte mir, einer der jüngeren Offiziere wäre ein ehemaliger unsriger. Er hätte ihm gesagt ›Aber denken Sie doch, ich habe den König oft an der Front gesehen‹ ... Ein französischer Offizier, der auch ein Zugbegleiter hätte sein sollen, sandte mir ein Bouquet von Chrysanthemen – ich weiß leider nicht seinen Namen.«

»*5. November*

Um fünf Uhr wurden wir geweckt mit der Nachricht, daß doch mit Auto und Eisenbahn nach Galatz gefahren werden muß ... vor 8 Uhr wurde in Moldava selbst debarquiert. Viele Hafenbeamte und Arbeiter waren aufgestellt und grüßten sehr schön. Mehrere Automobile warteten auf uns ... Im ersten Auto der Kaiser und ich mit Kapitän Snagge, neben dem Chauffeur ein englischer Marinesoldat.

Während Kapitän Snagge sich um das vorerwähnte Auto beschäftigte, fiel das Fenster in unserem Auto herunter. Einer der Arbeiter sprang heran, um es zu schließen, und sagte sehr schnell auf ungarisch: ›Ich küsse die Hände, es werden schon bessere Zeiten kommen.‹

Die Fahrt nach Orsava dauerte drei Stunden, und überall war der gleiche Empfang, direkt festlich. Man grüßte und winkte demonstrativ. Kapitän Snagge war dazu [sic!] sehr beeindruckt ...

In Orsava waren alle Straßen voller Leute, die uns begrüßen wollten und die es mit einem ungeheuren Enthusiasmus auch taten ... Überall riefen die Leute ›Éljen‹ und der König soll kommen und sie wieder frei machen.

Unter diesem Ansturm der Bevölkerung wurde der Zug nicht am Bahnhof von Orsava selbst bestiegen, sondern in einen kleinen Nebenbahnhof verschoben, so daß die Bevölkerung nicht demonstrieren konnte. Trotzdem gelang es einem ganzen Teil des Volkes, im Sturmlauf bis dahin zu kommen, und um den Zug freizubekommen, mußten die rumänischen Soldaten von ihren Gewehrkolben Gebrauch machen. Dieser Abschied von Alt-Ungarn war wirklich ergreifend.*

»Nachtrag:
In Galatz war der Korpskommandant und der Polizeipräfekt am Kai. Sie wollten vorgestellt werden, aber Snagge wies sie ab.«

»*Sonntag/Montag 6./7. November*
Snagge teilte ... mit, daß Auftrag gegeben sei, daß der rumänische Dampfer ›Princesse Maria‹ sofort bestiegen werden solle ... Das Schiff ... war ein Luxusdampfer, den die Rumänen von irgendwoher nach dem Krieg sich genommen hatten.

Die Fahrt bis Sulina ging sehr schnell vonstatten, viel rascher als erlaubt, da Kapitän Snagge Mitglied der Donaukommission ist. Wir legten am englischen 5000-Tonnen-Kreuzer ›Cardiff‹ an.

---

* Orsava liegt in Siebenbürgen, dem gesegneten östlichen Land des alten Königreiches Ungarn, durch den Friedensvertrag von Trianon Rumänien zugesprochen. Es ist nicht unfair gegen Karl und Zita, wenn man darauf hinweist, daß dieser Empfang zum Teil durch die Ressentiments der ungarischen Bevölkerung gegen die rumänischen Okkupanten motiviert war.

Der Kapitän Maitland-Kirwan war auf Jagd in den Sümpfen, die Mannschaft, meistens ausgegangen, kommt erst gegen $^1/_2$1 Uhr zurück, hat keine Befehle, wußte nicht, daß wir schon kommen. Vorläufiges Ziel Konstantinopel. Auslaufen erst in der Früh. Um acht Uhr abends wurde überschifft. Souper auf ›Cardiff‹. Ich bekomme die Admiralskabine, der Kaiser die Kabine des Kommandanten.

Am 7. November um neun Uhr früh lief die ›Cardiff‹ aus. Wir verabschiedeten uns von Kapitän Snagge. Dieser fuhr über Constanza mit ›Princesse Maria‹ und von dort per Bahn nach Galatz ... Wunderschöner Tag, blauer Himmel, viele Möwen.«

»*8. November*
Wetter trüb, See ruhig. Um 8.15 Uhr Einfahrt in den Bosporus, erkennen unsere ganze damalige Maifahrt 1918 ... Um neun Uhr fahren wir in Konstantinopel ein ... Vorher noch fuhren wir am Kara-Hissar und dem weißen Palais an der asiatischen Seite vorbei, wo damals der Tee eingenommen wurde. Es sah eher schmutzig und vernachlässigt aus, damals war es blendend weiß.

Wir fuhren am Admiralsschiff vorbei, das ›God Save the King‹ spielte. Wir stoppten gerade vis-à-vis von Stambul. Vor uns liegt die Hagia Sophia, etwas rechts das alte Serail, links das Museum und eine große Moschee. Es kam gleich die Sonne heraus und ein wunderschöner Regenbogen hinter dem alten Serail ... Der Kapitän fährt gleich mit einem Motorboot zum Admiral, um sich Weisungen zu erbitten.«

»*9. November*
Noch immer keine Nachricht, wann und wohin wir gehen. Um zehn Uhr kommt ein Boot vom Admiralsschiff, und kurz darauf machen wir Dampf. Dann kommt der Kapitän und sagt uns, er habe Befehl, um 12.30 Uhr zu fahren: nach Gibraltar.
Die Ausfahrt von Konstantinopel mit dem Blick nur auf Stambul allein – dazu war jetzt Sonne – war märchenhaft schön: nur das Museum allein störte. Man könnte sich sonst zu [sic!] den Zeiten der Kreuzfahrer wähnen.

Der Kapitän sagte uns noch abends, als ich ihm sagte, nun dürfe es wohl sicher Madeira sein, nachdem Malta nicht berührt werden soll, ›I hope it for you‹, denn es wäre im Telegramm an den Admiral auch eventuell von Ascencion gestanden, Insel mit 100 Einwohnern, ein englischer Offizier als Gouverneur, tropische Hitze, kein anständiges Haus, viel schlechter als Sankt Helena. Der Admiral hatte nur gesagt, er solle nach Madeira losfahren, ›before they change their minds‹.«

Die Eintragungen vom 10. bis zum 14. November, während die »Cardiff« auf Kurs West durch das Mittelmeer fuhr, sind kurz und nicht sehr aufschlußreich, vor allem deshalb, weil das Schiff in einen schweren Sturm geriet und Zita und Karl seekrank wurden. Der englische Steward bemühte sich um die beiden und versorgte sie mit der richtigen Diät aus Toast und Champagner. Sie waren noch immer sehr matt, als der Kapitän die offizielle Mitteilung erhielt, das Ziel sei Madeira. Der 13. November war der erste Tag auf wieder ruhiger, spiegelglatter See. Nach dem Tee nahmen der Kaiser und Graf Hunyády (der mit seiner Gattin seit Galatz das Paar begleitete) auf Einladung der Schiffsoffiziere an einem Tontaubenschießen teil. Wie Zita vermerkte, erzielte der Kaiser nur wenige Treffer, wohl deshalb, weil er fast zweieinhalb Jahre lang aus der Übung war.

>*15. November* (resp. 16. November)
Um Punkt sieben Uhr früh Ankunft und Einfahrt in den Hafen von Gibraltar. ... Der Gouverneur und seine Frau wollten uns ihre Aufwartung machen, es wurde aber beiden verboten. Über den Konstantinopeler Admiral kam ebenfalls strengstes Verbot, daß die Hunyádys für Besorgungen an Land gehen dürften ... In einer Zeitung lesen wir, daß es Madeira sein soll, daß aber dort keine mögliche Unterkunft ist; das kann schön werden! Der Kapitän kann nicht einmal erfahren, was für eine Regierung jetzt in Portugal ist. ›Das ist ganz einerlei, in 14 Tagen ist sowieso wieder eine andere.‹
Der Gouverneur schickt einen Korb mit wunderschönen Rosen und Obst. Der Offizier, der es überbringt, war vor wenigen Wochen mit Graf Toni Apponyi in Ungarn auf Jagden. Es

kam auch der Adjutant des Admirals, welcher sich erkundigte, ob wir etwas wünschen, und die Visitenkarte des Admirals brachte.*

Am Abend, als gerade der Sturm anhub, kam die Nachricht: ›Gleich nach Madeira, sofortige Abfahrt.‹ Der Kapitän weigerte sich, erklärte, er würde erst morgen um acht Uhr früh fahren und falls die See schlecht ist, in Tanger vor Anker gehen. ›It would be unfair with a lady.‹«

»17. November
Um sieben Uhr früh kommt der [englische] Geistliche. So hatten wir nach 17 Tagen wieder eine heilige Messe. Hunyády will nach der Messe ein Geldgeschenk geben, welches er aber ablehnt. ›Wenn der Kaiser da wäre, wo er hingehört, würde ich es gerne nehmen. Aber hier nicht.‹«

»18. November
Furchtbar schlechtes Meer, man konnte vor Herumwerfen im Bett nahezu überhaupt nicht schlafen. Dem Kaiser ist furchtbar übel. Natürlich wird heute die Uhr um eine Stunde zurückgestellt.«

»19. November
Gott sei Lob und Dank, heute ist es aus. Wir sind in Funchal angekommen.

Nachtrag:
Es hatte sich trotz der absichtlich falsch angesagten Stunde – von seiten der Behörde – ziemlich viel Publikum angesammelt, das im strömenden Regen dastand und sehr freundlich grüßte. Wir hatten uns schon vormittags von den Offizieren in der

---

* In London war auf höchster Ebene erörtert worden, wie man sich in Gibraltar dem Kaiserpaar gegenüber zu verhalten hätte. Am 9. November hatte Winston Churchill, damals Kolonialminister, dem Außenamt ein Telegramm des Gouverneurs weitergeleitet, der um Empfehlungen bat. Sollte man Karl und Zita ignorieren oder ihnen den üblichen Höflichkeitsbesuch abstatten? Lord Curzon traf die Entscheidung, ein Sekretär des Gouverneurs möge an Bord der ›Cardiff‹ gehen, ›um dem Exkaiser in persönlichen privaten Belangen behilflich zu sein‹. (Schriftverkehr im Public Record Office – PRO – unter C 21430/180/21 und C 21575/180/21)

Messe unten verabschiedet, wobei sie uns Champagner servierten und den Wunsch ausdrückten, uns bald abholen zu dürfen, um uns wieder nach Hause zurückbringen zu können. Beim Verlassen des Schiffes waren sie auch alle da aufgestellt und der gute Kapitän sehr ergriffen.

Die Reise war zu Ende.«

15

Tod eines Kaisers

Zita wußte, daß der Gatte, der mit ihr in Funchal an Land ging, ein kranker Mann war. Die ersten Symptome eines Herzfehlers hatten sich schon im April 1918 in Baden gezeigt, als die Czernin-Krise noch die Belastungen, in Kriegszeiten ein niedergehendes Reich zu regieren, gesteigert hatte. Drei Jahre später, nach der tief verstörenden Auseinandersetzung mit dem Reichsverweser in Budapest, litt Karl in Szombathely an einem rheumatischen Fieber, bevor er ins Schweizer Exil zurückkehrte. Hinter ihm lagen nun auch die traumatischen Erfahrungen des zweiten Restaurationsversuchs; es blieb das demütigende Bewußtsein völligen Scheiterns, das alle weiteren Bemühungen ausschloß. Zu der Erschöpfung einer nicht sehr robusten Konstitution, die jahrelang über ihre Kraft beansprucht worden war, kam die Pein der nachträglichen, bohrenden Fragen. Wäre 1917 der Friede zu erreichen gewesen? Hätte 1918 der Zusammenbruch der Monarchie verhindert werden können? Hätte er, Karl, wenige Wochen zuvor wirklich wieder nach der Stephanskrone zu greifen vermocht? Doch abgesehen von all diesen körperlichen und psychischen Nöten war es ganz banal – der Mangel an Bargeld, der über Zeitpunkt und Ort seines Endes entscheiden sollte.

Bezeichnend für das Problem war die Unterbringung nach der Landung. Dem Kaiserpaar und den Hunyádys wurden sofort Räume in der Villa Victoria zugewiesen, einer Dependance von Reid's Palace Hotel, in derselben wunderbaren Lage, mit Ausblick auf den Atlantik. Während das damals bereits berühmte Hotel voll internationaler Gäste war, die ganze Suiten mieteten, um den milden Winter Madeiras zu genießen, konnten sich der vormalige Kaiser von Österreich und seine Gemahlin ihr Quartier kaum länger als ein oder zwei Wochen leisten. Durch das Fiasko im Oktober waren sie von den in der Schweiz deponierten Summen und Vermögensanlagen vollkommen abgeschnitten. Sie hatten kaum Bargeld oder Wertgegenstände mitgenommen. Und die portugiesische Regierung hatte es ausdrücklich abgelehnt, etwas zu den Unterhaltszahlungen beizutragen. Dem schlossen sich, wie sich im Verlauf der nächsten Wochen zeigte, auch alle anderen Staaten an.

Die Kaiserin, die Mr. Hohlers scharfen Habsburger-Kannibalismus in Budapest noch in frischer Erinnerung hatte, neigte dazu, auch dem britischen Außenamt die Schuld an diesen schikanösen finanziellen Maßnahmen zu geben. Ihre Reaktion war begreiflich, aber die Tatsachen, von denen sie damals nichts wissen konnte, zeigen ein anderes Bild. Es war der britische Außenminister Lord Curzon, der schon von allem Anfang an entschieden dafür eintrat, den Exilierten eine angemessene Apanage auszusetzen. Doch er scheiterte, zuerst am Starrsinn der Staaten der Kleinen Entente und dann an der Gleichgültigkeit oder dem Geiz der Regierungen der europäischen Großmächte, darunter seiner eigenen.

Am 16. November, als Karl und Zita noch an Bord der »Cardiff« vor Gibraltar waren, lenkte Lord Curzon die Aufmerksamkeit der Pariser Botschafterkonferenz auf »das Erfordernis, die Frage der Einkünfte des Exkaisers Karl zu regeln«.[1] Eine jährliche Summe von 500 000 Goldfrancs oder 20 000 Pfund Sterling (damals ein recht ansehnlicher Betrag) wurde als angemessen betrachtet, und die britische Seite drang darauf, unverzüglich eine Vorschußzahlung zu leisten, mit dem Hinweis, daß Karl binnen weniger Tage in Madeira eintreffen werde. Vergeblich, es erfolgte keine Akontierung, weder sofort noch jemals später.

Der erste Vorschlag besagte, daß jeder der sogenannten Nachfolgestaaten – Polen, Jugoslawien, die Tschechoslowakei und auch Rumänien – eine Quote in gleicher Höhe für die Subsidien beisteuern sollten, mit der Begründung, daß sie zum Teil oder zur Gänze auf territoriale Kosten von Karls Monarchie ihre Eigenstaatlichkeit erlangt hatten. Gemäß Curzons Instruktionen bemühten sich die diplomatischen Vertreter Großbritanniens in allen vier Hauptstädten energisch um die Annahme. In Prag zum Beispiel wurde betont, daß die Tschechoslowakische Republik erheblichen Nutzen aus der Konfiskation österreichischen Staatsbesitzes und auch habsburgischer Güter zog, deren Erträge, einzeln gerechnet, geringer waren als die nun proponierte jährliche Beitragssumme. Aber Ministerpräsident Beneš, dem diese Argumente am 22. November zur Kenntnis gebracht wurden, ließ sich nicht beeindrucken. Er erwiderte, es gebe »weder eine juridische noch eine politische Grundlage für ein solches Begehren«,[2] und laut seinen Informationen sei der Exkaiser ohnehin bereits reich genug. Nacheinander folgten die anderen drei Regierungen diesem Beispiel, nur die Rumänen zeigten ein gewisses Verständnis.

Wichtig ist hier die Feststellung, daß Lord Curzon am 21. November, als er erkannte, daß von diesen Staaten keine Zuwendungen zu erwarten waren, einen Notplan für Karl zu lancieren versuchte. Demnach sollten, als Überbrückungsmaßnahme, für seinen Lebensunterhalt auf Madeira Großbritannien, Frankreich, Italien und sogar Japan als die vierte der Siegermächte Beträge in gleicher Höhe auswerfen. Lord Curzon ließ sich dabei nicht von Großmut, sondern von praktischer politischer Erwägung leiten. Später sprach er über die »ernstliche Gefahr für den Frieden Mitteleuropas, die durch die Ungewißheit über mögliche Schritte des Exkaisers bestehen bleibt«.[3]

Im Frieden wie im Krieg kam aus Londoner Sicht dem Faktor Deutschland mehr Gewicht zu als der österreichischen Frage: die eigentliche Gefahr, die Curzon in einem neuerlichen habsburgischen Restaurationsversuch sah, war das Wiederaufleben einer gleichartigen monarchistischen Bewegung in Bayern. Deshalb erwog er sogar, Karl ganz offen mit der Verbannung auf eine »noch weiter entfernte Insel« der Alliierten zu drohen, falls der Exilierte versuchen sollte, Madeira zu verlassen. Wenn man Karl eine auskömmliche Apanage ausbezahlte, so lautete die Überlegung, dann werde er wahrscheinlich lieber ein friedvolles Leben mit seiner Familie führen, statt zu neuen Abenteuern aufzubrechen. Aber am 1. Dezember lehnte das britische Schatzamt Lord Curzons Projekt ab, die Franzosen und die Italiener reagierten ausweichend. Als den Japanern diese Frage gestellt wurde, lächelten sie nur.

Es waren karge Weihnachten für die kaiserlichen Gäste in der

Villa Victoria. Das Ehepaar Hunyády hatte abreisen müssen, so daß der »Hofstaat« einzig aus Don Joao d'Almeida bestand, einem portugiesischen Adeligen, der einst in der k. u. k. Armee gedient hatte und sich nun als ehrenamtlicher Adjutant zur Verfügung stellte. Die Haushaltung wurde erleichtert, als Personal eintraf: eine Köchin, eine Zofe und ein Diener samt Frau, die im Dezember ihre Arbeit aufnehmen durften. Doch am schlimmsten war, daß die Habsburger, zumindest vorläufig, keine richtige Familie waren. Alle sieben Kinder, vom neunjährigen Otto bis zum Baby Charlotte, waren noch in Wartegg und warteten auf die Erlaubnis, zu den Eltern zu fahren. Allerdings brachte die Trennung einen unvermuteten Vorteil. Einzig und allein weil der sechsjährige Robert Anfang 1922 wegen akuter Blinddarmentzündung operiert werden mußte, war es Zita möglich, aus der Isolation in Funchal auszubrechen. Die rein menschlichen Gründe, die sie für die Reise angab, entsprachen zwar der Wahrheit, aber sie hatte in Zürich auch andere Aufgaben zu erfüllen. Eine davon war eine noch nicht abgeschlossene politische Regelung mit der Schweizer Regierung. Außerdem wollte sie feststellen, ob der infame Steiner irgend etwas übriggelassen hatte, das gegen Barzahlung veräußert werden konnte.

Es ist das Eingeständnis, daß sich Zita in Europa den Ruf großer Tatkraft erworben hatte, wenn die Westmächte ihrer Reise schwererwiegende Motive beimaßen. Das eigentliche Gesuch an die Schweizer Bundesregierung hatte ihre Hofdame Gräfin Kerssenbrock am 3. Dezember eingereicht. In einem Brief aus Schloß Wartegg, in dem sie sich als »Aja der kaiserlichen Kinder« bezeichnete, betonte die Gräfin: »Ihre Majestät verpflichtet sich für die Dauer ihres Aufenthaltes in der Schweiz, alle vom hohen Bundesrate gewünschten Garantien zu geben und sich allen Bedingungen, Überwachungsmaßnahmen und sonstigen Wünschen des hohen Bundesrates zu fügen.«[4] Doch während der Antrag noch in Begutachtung stand, wurde er durch ein Telegramm des stets argwöhnischen Hohler aus Budapest an die Pariser Botschafterkonferenz fast torpediert. Die Depesche lautete: »Ministerpräsident [Graf Bethlen] teilt mir mit, nach erhaltenen Informationen hat er Grund, Königin Zitas Reise in die Schweiz mit großem Mißtrauen zu betrachten. Sie ist enceinte [schwanger] und man vermutet

Absicht, wieder nach Ungarn zu kommen, um dort zu entbinden, sie bringt ... ihren ältesten Sohn Otto mit.«[5]

Die westlichen Botschaften nahmen das Gerücht ernst genug, um die Schweizer Regierung davon in Kenntnis zu setzen. Kategorisch forderten sie, das Tun der königlichen Mutter in der Schweiz striktest zu überwachen. Die Schweizer ihrerseits versicherten feierlich, daß alle Vorkehrungen getroffen würden, um jegliche politische Betätigung Zitas zu verhindern. Schließlich wurde ein zweiwöchiger Aufenthalt bewilligt. Für den Fall, daß an der bizarren Vorstellung, sie plane den Kronprinzen Ungarns aus Wartegg zu holen und mit ihm auf mysteriöse Weise in Budapest zu erscheinen, doch etwas Wahres sein sollte, wurde ihr ausdrücklich verboten, ihre Kinder in dem nahe der österreichischen Grenze gelegenen Schloß zu besuchen.

Sobald diese umständlichen Präliminarien erledigt waren, setzte die Kaiserin zum Festland über und kam in den frühen Morgenstunden des 12. Januar 1922 per Zug aus Paris in Basel an. Sie reiste mit einem portugiesischen Paß, ausgestellt auf den Namen »Gräfin de Lusace«, als Geburtsort war »Lucca, Italien« angegeben. Ein zweiköpfiges Gefolge war herbeigezaubert worden, um sie zu begleiten: ein Fräulein von Sépibus und Graf Saldanha, ein Portugiese, der in Luxemburg lebte.

Roberts Operation ging gut vorbei, und zu Zitas großer Freude durften ihre anderen Kinder aus Wartegg kommen, um sie in ihrem Züricher Quartier zu besuchen. Dieses hatten ihre beunruhigten Schweizer »Gastgeber« mit Bedacht ausgewählt: ein Krankenhaus geistlicher Schwestern, das Paracelsus-Stift im Stadtzentrum. Viel später schilderte sie dem Autor amüsiert, wie der Schweizer Kriminalbeamte, der sie zu überwachen hatte, jeder Nonne beim Spitalsausgang höflich den Schleier lüftete, um sicherzugehen, daß die Königin von Ungarn nicht in Verkleidung entkomme. Man kann den Schweizer Behörden kaum einen Vorwurf machen. Ganz abgesehen davon, daß die Westmächte vereint Druck auf sie ausübten, glaubten sie wirklich, daß sie bereits einmal überlistet worden waren – als sich Zita mit ihrem Gatten dem Zugriff im Oktober entzogen hatte.

Ebendies war, außer Roberts Blinddarmentzündung, eine der

Angelegenheiten, weshalb sie gekommen war und was sie nun auf Karls dringenden Wunsch klären wollte. Sobald der Zug aus dem Basler Bahnhof in Richtung Zürich weiterfuhr, verließen beide Begleiter Zitas augenblicklich das Coupé, damit sie ein vertrauliches Gespräch mit Dr. Egger führen konnte, dem Abgesandten des Schweizer Bundesrats, der zu ihrer Begrüßung gekommen war. Sofort griff sie die heikle Frage auf, den sogenannten »Bruch des Ehrenworts« durch den geheimen Flug nach Ungarn. Sie hatte einen Brief ihres Gatten an den Bundesrat bei sich, darin wies er erneut jegliche Unterstellung eines gebrochenen Versprechens zurück und wiederholte sein früheres Argument, er habe sich nur dazu verstanden, den Schweizer Behörden rechtzeitig einen »Wechsel des Exils« anzukündigen, und Ungarn sei kein Exil. Egger, der nicht zu überzeugen war, schrieb in seinem Bericht: »Die Exkaiserin legte dieser Angelegenheit eine derartige Wichtigkeit bei und verteidigte ihre Stellungnahme so lebhaft und wohlvorbereitet, daß die Vermutung wirklich naheliegt, diese Mission bilde vielleicht den Hauptzweck dieser Schweizerreise.«[6]

Hatte Zita schon mit ihrer politischen Aufgabe wenig Glück, so erging es ihr in Sachen Finanzen noch schlimmer. Karl hatte sie gebeten, den verschwundenen »Baron« Steiner wenn irgend möglich ausfindig zu machen und entweder den allenfalls noch vorhandenen Familienschmuck nach Madeira zu bringen oder die Verkaufserlöse sicherzustellen. Es gab keine Spur von Bruno Steiner, weder in Zürich noch sonst irgendwo in der Schweiz, aus der er schon lange vor Zitas Ankunft entwichen war. Doch nach intensiver Fahndung stöberte ihr Bruder Prinz Xavier den Schwindler schließlich eines Abends in einem Hotel in Wiesbaden auf, wo er unter falschem Namen mit seiner Frau und zwei Kindern stilvoll logierte. Nach dem Schmuck der Habsburger befragt, war er sichtlich erschrocken, faßte sich aber wieder und beteuerte, die Stücke seien im Safe einer Bank der Stadt wohlverwahrt, er werde sie am nächsten Morgen sofort holen und im Hotel übergeben. Man vereinbarte als Zeitpunkt acht Uhr. Der etwas weltfremde Prinz, der die Nacht über in der Hotelhalle hätte wachen sollen, glaubte, sicher genug zu gehen, wenn er am nächsten Tag eine Stunde früher käme. Doch da war es bereits viel zu spät. Steiner war mit seiner

Familie in der Nacht ausgeflogen, ohne eine neue Adresse zu hinterlassen. Niemals mehr fand sich eine Spur des Betrügers oder seiner Beute. Der Fall bleibt eine der spektakulärsten Diebstahlsaffären dieses Jahrhunderts.

Ein Treffen Zitas mit Dr. Seeholzer, dem Schweizer Anwalt, der vom Bundesrat mit der Wahrnehmung aller Angelegenheiten der Herrscherfamilie beauftragt war, verlief ergebnislos. Denn was zur Sprache kam, war schon überholt. Hoffnungsvoll redete der Jurist über eine jährliche Apanage in der Höhe von 25 000 Dollar, die von der Pariser Botschafterkonferenz zu erwarten sei, offenbar ahnungslos, daß dieses Gremium das Thema bereits gestrichen hatte. Als Zita am 23. Januar abreiste (die französischen Behörden hatten eine anstrengende Route über Lyon und Bordeaux nach San Sebastian vorgeschrieben, um sie von Paris fernzuhalten), nahm sie nur einen einzigen, aber großen Trost mit. Alle Kinder würden ihr binnen weniger Tage folgen, außer dem rekonvaleszenten Robert, der mit Gräfin Kerssenbrock vierzehn Tage später nachkommen sollte. In der zweiten Februarwoche war die ganze Familie in Funchal vereinigt, zum erstenmal wieder seit dem seltsamen Abschied in Hertenstein vor fast vier Monaten.

Mit der Ankunft von sieben Kindern ergab sich noch dringender als zuvor die Notwendigkeit, eine Wohnung zu finden, die geräumiger und vor allem weniger kostspielig war als die Dependance eines Luxushotels. An Offerten mangelte es Karl nicht. Oberstleutnant Strutt schrieb in seinem letzten uns bekannten Brief an das Kaiserpaar, soviel er wisse, habe eine Miß E. Lyndon ein Haus auf Madeira, das sie vermieten würde. Ein bizarreres Angebot stammte von einem Norweger namens Alfred Meidell, er informierte das britische Außenamt, daß er auf Santa Cruz »ein wunderschönes, palastartiges Haus« besitze und bereit sei im Falle einer Übersiedlung des Exkaisers, ihm dieses für 20 000 Pfund zu verkaufen, »inclusive Einrichtung, Geräten und Weinkeller«.[7] Es wäre Karl schwergefallen zu entscheiden, was ein größeres Ding der Unmöglichkeit wäre: Madeira zu verlassen oder 20 000 Pfund aufzutreiben.

Schließlich fand ein portugiesischer Bankier, der viele Liegenschaften auf der Insel besaß, den Ausweg aus dieser Misere kaiserlicher Geldknappheit. Er bot Karl und Zita mietfrei die Quinta do

Monte an, seine Villa oberhalb der Bucht. Obwohl das Haus nur unvollständig eingerichtet war, nahmen sie es als ein Gottesgeschenk an, das endlich ihre Lebenshaltungskosten senken würde. Als sie Mitte Februar einzogen, konnten sie nicht ahnen, daß damit auch die Lebenserwartung des Kaisers sank. Die milde Wintersonne, die Gäste aus aller Welt in das Reid's Palace Hotel lockte, schien zu dieser Jahreszeit nur nahe der Küste. Die dichtbewaldeten Berge hoch oben rund um die Villa aber waren stets in feuchte Nebelschwaden gehüllt, die sich nur in der Hitze des Hochsommers auflösten. In allen anderen Monaten war diese Gegend für jeden gegen Erkältung anfälligen Menschen ein tödlicher Aufenthaltsort.

Eine junge österreichische Kammerfrau, die zu Weihnachten in den Dienst der kaiserlichen Familie getreten war, zeichnete in einem Brief nach Hause (12. März 1922) ein düsteres Bild des Lebens in der winterlichen Quinta:

»... unten haben sie jeden Tag Sonne, auch wenn es regnet, dauert es nie lange, hier oben hatten wir wirklich erst drei schöne Tage, sonst immer Nebel, Regen und feucht. ... Hier oben haben wir kein elektrisches Licht ... nur im ersten Stock Wasser und unten in der Küche ... Zum Heizen nur ganz grünes Holz, das beständig raucht. Gewaschen wird hier nur mit kaltem Wasser und Seife ... Das Haus ist so feucht, es riecht im ganzen Haus nach Moder und bei jedem sieht man den Hauch. Die Verkehrsmittel sind nur Autos und Ochsen, welche man nicht bezahlen kann; sonst geht auch eine Bergbahn herauf, aber nicht jeden Tag. Zu Fuß kann man nicht hinunter, da man fast den ganzen Tag brauchen würde, um zurückzukommen. Der arme Kaiser ... kann abends kein Fleisch bekommen, nur Gemüse und Mehlspeisen, das bedauern wir am meisten. Für uns wäre es ganz gleich, mir fehlt es nicht, aber nicht einmal genug zu essen haben sie hier.

Was noch das Allerärgste ist, Ihre Majestät kommt im Mai nieder, da soll weder eine Hebamme noch ein Arzt genommen werden. Es ist bloß eine Kinderpflegerin da, die aber keine Erfahrung hat ... Ich bin ganz desparat darüber.

Ich schreibe ohne Wissen Ihrer Majestät, aber ich kann es nicht zulassen, daß man die zwei unschuldigen Menschen hier in einem gänzlich unzulänglichen Haus längere Zeit läßt. Es soll ein Protest eingelegt werden! ... manchmal wollten wir schon verzagen, aber wenn wir sehen, wie geduldig die Majestäten alles hinnehmen, dann machen wir getrost wieder weiter.«[8]

Es war jener lange Weg hinab nach Funchal und wieder zurück, der das Ende bewirkte. Am 9. März marschierte Karl los, um in der Stadt Spielzeug für Karl Ludwig zu kaufen, der am nächsten Tag vier Jahre alt wurde. Der Kaiser zog keinen Mantel an, das war sehr leichtsinnig. Und als er am Nachmittag von der sonnigen Küste in die nebeligen Berge aufstieg, erkältete er sich. Fünf Tage später zwangen ihn hohe Temperatur und Bronchitis zur Bettruhe. Eine weitere Woche verging, ehe er die Ausgaben für ärztliche Hilfe gestattete, und als sie endlich aus Funchal geholt wurde, war bereits einer der Lungenflügel angegriffen.

Zehn Tage lang versuchten zwei Ärzte die beginnende Lungenentzündung nach der damals üblichen Therapie und mit den dort verfügbaren Mitteln zu bekämpfen: Injektionen von Terpentin, Kampfer, Koffein und Kochsalz, gefolgt von gewöhnlichen Leinsamenwickeln und Senfpflastern, die auf dem Körper des Patienten Wunden und Brandblasen hinterließen. Bald bekam er Sauerstoff, um besser atmen zu können, aber die aus Funchal gebrachten primitiven Behälter verschafften ihm jeweils nur für wenige Minuten Erleichterung.

Gegen Ende des Monats gab es fast in jedem Zimmer der Quinta do Monte einen Kranken. Von den Kindern hatten auch Karl Ludwig und Felix Lungenentzündung, Robert litt an einer Magenverstimmung, und fast das gesamte Personal hatte Grippe. Nur Zita, obgleich bereits hochschwanger, schien immun und unanfechtbar. Stets war sie zur Stelle, wenn sie an einem Krankenbett gebraucht wurde.

Am Abend des 27. März empfing Karl die Letzte Ölung. Trotz der Infektionsgefahr ließ er seinen ältesten Sohn ausnahmsweise ins Krankenzimmer rufen und sprach einige Minuten mit ihm, das Kruzifix noch immer in den gefalteten Händen. Am nächsten Tag sagte er zu Zita: »Der arme Bub. Ich hätte es ihm gern erspart, aber es war nötig, wegen des Beispiels. Er soll wissen, wie man sich in solchen Lagen benimmt, als Kaiser und als Katholik.«[9]

Und als Kaiser – oder eher als Herrscher, dem das Herz brechen will, weil er ausgestoßen und, wie es schien, von seinen Völkern verlassen war – blickte er während der letzten Stunden auf sein Leben zurück. Am Nachmittag des 30. März glaubte er plötzlich, eine Gruppe seiner Österreicher sei in der Villa eingetroffen und wolle ihm huldigen. Er versuchte, sich aus den Kissen aufzurichten, um die unsichtbaren Besucher zu begrüßen. Am folgenden Abend, als ihm nur mehr eine kurze Frist blieb, überwand er für kurze Momente das Fieber und erklärte in ruhigem Ton, das November-Manifest sei, weil erzwungen, null und nichtig, und er sei noch immer der gekrönte König von Ungarn.

Auch einfach als Österreicher hielt er Rückschau, ein Verbannter, der von seiner Heimat träumt, besonders von den Donauauen bei Persenbeug, wo er geboren wurde, und den Wäldern von Reichenau, wo er die glücklichsten Stunden seines Lebens verbracht hatte. Er bat seine Gattin, ihn an jene geliebten Orte zurückzubringen, und in seinen Phantasien versicherte er ihr, sie beide seien schon dorthin unterwegs. Zita konnte nur seine Hand halten und ihm Stoßgebete ins Ohr flüstern. Seine letzten zusammenhängenden Worte, um die Mittagsstunde des 1. April ausgesprochen, waren nicht die eines Monarchen, sondern eines Gatten – ein gehauchter Satz: »Ich hab' dich so lieb.« Karl starb an jenem Samstag um 12.23 Uhr, ein vorzeitig ergrauter Mann, erst fünfunddreißig Jahre alt, zermahlen zwischen den Mühlsteinen der alten und der neuen Welt. Zita, die vier Tage zuvor zum letztenmal ein helles Kleid getragen hatte, war bereits in Schwarz. Sie sollte nie wieder eine andere Farbe tragen.

Vier Tage später wurde Karl in der nahen Wallfahrtskirche Nossa Senhora do Monte bestattet. Wären da nicht der Orden des Goldenen Vlieses und die Rangabzeichen eines Feldmarschalls gewesen, hätte der Tote in seiner Felduniform irgendein österreichischer Offizier sein können. Die Leichenfeier aber glich einem Armenbegräbnis. Es gab keinen bespannten Funeralwagen, geschweige denn ein Kraftfahrzeug für den Sarg. Statt dessen wurde dieser auf einen niedrigen, zweiräderigen Handkarren gestellt, den Männer aus

Karls bescheidener Haushaltung zogen. Nur daran, daß sich viele Menschen versammelt hatten, zeigte sich, daß man keinen gewöhnlichen Sterblichen zu Grabe trug. Ganz Funchal schien für die Beisetzung zu der Bergkirche gekommen zu sein und bildete hinter der Witwe und ihren drei ältesten Kindern das Geleit. Madeira erkannte, daß mit dem Tod des verbannten Kaisers die Insel in die Geschichte eingegangen war.

Zur Trauergemeinde zählte auch eine in Funchal ansässige Österreicherin. Von ihr stammt folgende Schilderung der Kaiserin:

> »Diese Frau ist wirklich bewunderungswürdig. Sie hat keinen Augenblick die Fassung verloren, ebenso die Kinder. Ich habe keines von ihnen weinen gesehen. Sie waren nur sehr blaß und traurig. Beim Verlassen der Kirche grüßten sie nach allen Seiten. Die Kaiserin hat dann noch mit den Leuten gesprochen, die bei der Beisetzung geholfen haben. Alle fanden sie ganz reizend ... Was wird jetzt mit der armen Familie werden?«[10]

Was immer ihrer Familie bevorstand, Zita bezweifelte keinen Moment, daß es nur eine dynastische Zukunft sein konnte. Sie hatte ihrem sterbenden Gatten versprochen, Otto zum Kaiser zu erziehen. Nach dem Begräbnis sagte sie zu ihrem neun Jahre alten Erstgeborenen: »Nun liegt die Verantwortung bei dir. Du mußt ihr gerecht werden.«[11]

Die neue Beziehung zwischen Mutter und Sohn, der Wunsch des Vaters auf dem Sterbebett und die gefaßte Annahme jenes Kontinuums, das von eben jenem Sterbebett ausging, all dies kommt in einer sorgfältig gestellten Fotografie zum Ausdruck, die kurz nach der Bestattung entstand. Zita, in tiefer Trauer, blickt auf ihren ältesten Sohn nieder, den rechten Arm hat sie schützend um seine Schultern gelegt. Ihr Gesicht ist seitwärts gewandt. Doch der Bub, ebenfalls in Schwarz, blickt geradeaus in die Kamera, als habe er bereits die Verantwortung übernommen, von der seine Mutter sprach. Eine ihrer Weisungen an die Personen des Haushalts: von nun an laute im Umgang mit ihm die Anrede »Eure Majestät«.

IV. Teil

Der Kampf von Europa aus

16

Eine Zuflucht in Spanien

Auf ihrer anstrengenden Rückreise aus der Schweiz war Zita im Ausland wie eine Kaiserin behandelt worden – zum erstenmal seit dem Staatsbesuch in Konstantinopel wenige Monate vor dem Ende der Monarchie. Um sie zu begrüßen, war König Alfons von Spanien zusammen mit seiner Gattin, einer gebürtigen Engländerin, dem Gefolge und den Ministern der spanischen Regierung zum Madrider Bahnhof gekommen. Eine Ehrenkompanie war angetreten und präsentierte vor Zita. Die Mutter des spanischen Monarchen, die verwitwete Königin Maria Christina, war eine habsburgische Erzherzogin. Also hatte sich Zita, die nun selbst Witwe war, an Alfons mit der Bitte um Asyl gewandt. Die Westmächte waren keineswegs erbaut bei dem Gedanken, daß diese energische Dame mit ihrer Kinderschar den abgeschlossenen Bereich einer Atlantikinsel verlassen und wieder auf dem europäischen Festland Fuß fassen wollte. Aber Behauptungen, daß König Georg V. und das britische Kabinett gegen einen solchen Ortswechsel waren, und Alfons XIII. dem Herrscher ultimativ eine Frist setzten, innerhalb derer er seine Zustimmung bekunden sollte, gehen weit fehl.

Aus Dokumenten im britischen Königlichen Archiv geht hervor, daß Alfons am 6. April 1922 tatsächlich durch seinen Botschafter in London, Marquis Merry del Val, an das britische Außenamt und den Buckingham-Palast herantrat, auf »die unglückselige Situation der österreichischen kaiserlichen Familie« aufmerksam machte und darum ersuchte, »mit aller Dringlichkeit Mittel und Wege zu prüfen, um in diesem traurigen Fall Abhilfe zu schaffen«.[1] König Georg V. zeigte sich keineswegs abweisend. Schon zwei Tage später ließ er durch seinen Sekretär, Lord Stanfordham, dem Botschafter antworten, er habe »Seine Regierung bereits von dem schlimmen Los der Kaiserin in Kenntnis gesetzt und stelle die Frage, ob der König von Spanien in der Lage wäre, der Kaiserin in Seinem Land eine Heimstätte zu bieten«.[2] Diesen Vorschlag richtete das Außenamt am 24. April an Alfons, allerdings mit der Bedingung, »daß man von Ihr [Zita] die Zusicherung erhalte, Sie werde jegliche Machenschaften zugunsten einer habsburgischen Restauration unterlassen«.[3] In Anbetracht der Tatsache jedoch, daß Zita kurz vor der Entbindung stand, wurde diese Bedingung später fallengelassen. Am 17. Mai 1922 gab das britische Außenamt offiziell der Pariser Botschafterkonferenz die Erklärung: »Wiewohl die Regierung Seiner Majestät es als zweckdienlicher erachtet hätte, vor der Genehmigung für Exkaiserin Zita, Madeira zu verlassen, von Ihr ein bindendes Versprechen zu erhalten, ist sie [die Regierung] unter den gegebenen Umständen bereit, Ihrer Ausreise nach Spanien die Zustimmung zu erteilen.«[4]

Alfons, der sich ohnehin nicht hätte hindern lassen, da die Zeit der Niederkunft herankam, beorderte eines seiner Kriegsschiffe, die »Infanta Isabel«, nach Funchal, um die Kaiserfamilie an Bord zu nehmen und nach Cadiz zu bringen. Von dort wurden Mutter und Kinder in den bei Madrid gelegenen Palast El Pardo geleitet, wo Zita am 31. Mai 1922 ihr letztes Kind gebar. Es war eine Tochter, ihre dritte. Karl, der ganz sicher gewesen war, daß es wieder ein Mädchen sein würde, hatte lange vorher den Namen ausgewählt: Elisabeth, zweifellos im Gedenken an Kaiser Franz Josephs Gemahlin. Trotz der vielen Strapazen, welche die Mutter während ihrer Schwangerschaft durchgestanden hatte, war das Neugeborene ein kerngesundes, kräftiges Kind.

El Pardo bot zwar als Palast einen wahrhaft königlichen Rahmen, war aber nur für kurzfristige Aufenthalte geeignet. Eine zweckentsprechende Wohnung konnte darin nicht eingerichtet werden, außerdem lag er zu nahe bei der Hauptstadt, die Zita meiden wollte, besonders wegen der drückenden Sommerhitze Madrids. Auch hielt sie nichts von Alfons' Vorschlag, daß die älteren Kinder in der Stadt zur Schule gehen sollten. Sie wollte mit ihnen weg, so nahe zu dem Frankreich ihrer bourbonischen Ahnen wie möglich, und gemeinsam mit einer Gruppe ausgewählter Hauslehrer ihre Kinder selbst erziehen.

Es war der ehemalige k. u. k. Konsul in Bilbao, Herr von Wakonigg, der die Lösung fand. Im äußersten Nordwesten Spaniens, über der Bucht von Biscaya, gab es bei dem baskischen Fischerdorf Lequeitio den Palacio Uribarren. Der Besitzer des kastellartigen Gebäudes, ein gewisser Graf von Torregrossa, ließ es leer stehen; die allernotwendigste Instandhaltung besorgte die Dorfgemeinschaft für ihn. Wenn das Haus zunächst auch nicht sehr wohnlich war, so hatte es doch viele Annehmlichkeiten zu bieten: die ruhige Lage, den Ausblick auf das Meer sowie etwa dreißig Zimmer in seinen drei Geschossen, also reichlich Platz für die Familie und das Personal. Noch segensreicher war, daß ganz Lequeitio, vom Alcalden über den dort ansässigen Adel bis zum einfachen Fischer, die hohen Exilierten vom Moment ihrer Ankunft am 18. August 1922 an ins Herz schlossen.

Diese spontane Zuneigung bewährte sich, als der Besitzer nach einigen Monaten plötzlich erklärte, er wolle wieder über sein Haus verfügen, und Zita zwang, mit Sack und Pack in den nahen Ferienort San Sebastian zu übersiedeln, wo die Familie den Winter verbrachte. Lequeitio war entschlossen, »seine« Kaiserin und die Kinder zurückzuholen. Entrüstung brach aus, und Graf Torregrossa, bestürzt über den Sturm, den er entfesselt hatte, ließ sich schließlich dazu überreden, seinen Palacio einem von der Gemeinde gebildeten Konsortium zu verkaufen. Dieses bot das Gebäude Zita mietfrei an, solange sie und ihre Kinder es brauchte. Ein außergewöhnlicher Beweis dafür, wie diese dynamische junge Frau Sympathien und Hochachtung gewinnen konnte. Als die Familie am 6. Juni 1923 wieder einzog, standen die viertausend Einwohner von Lequeitio auf den Straßen Spalier, um sie »daheim« willkommen zu heißen. Überall war beflaggt, Feuerwerkskörper zischten empor und zwischen den Dächern waren Transparente gespannt, auf denen ihr Name stand.

Während der nächsten sechs Jahre war Lequeitio tatsächlich ein Zuhause, für die längste, friedlichste Zeitspanne, die ihre Kinder je an einem Ort verbrachten. Die Bilder im Familienalbum zeigen, welch ein ideales Leben sie dort führten: im Sommer Radtouren und Wanderungen auf den baskischen Landstraßen, wo ein Auto noch eine Seltenheit war, oder Schwimmen, Bootsfahrten und

Fischen in der Bucht. Im Winter richtiger Schnee und Schneeball-
schlachten, die die älteren der Kinder in die heimatlichen österreichischen Berge zurückversetzten. (Im Palacio war für die kalte
Jahreszeit eine Zentralheizung eingebaut worden, auch dies dank
der Großzügigkeit des Uribarren-Komitees.)

Wo Zita zu bestimmen hatte, ging es natürlich nicht immer heiter
und unbeschwert zu. Ja, Ottos Erziehung wurde ganz so geplant,
als wären sie noch in Schloß Schönbrunn und ein Kronprinz werde
darauf vorbereitet, eine kaisertreue Monarchie zu übernehmen.
Während sie in Wahrheit doch Exilierte in einem spanischen Fischerdorf waren und über halb Europa hinweg auf ein Wien zurück-
blickten, das nun die Hauptstadt einer desorientierten Republik
war. Doch Zita ließ keinen Moment außer acht, daß es eine
Doppelmonarchie war, für die Otto als Erbe geboren wurde, mit
einer ungarischen Reichshälfte, in der die Stephanskrone noch
immer anerkannt wurde. Ihre einstigen Kultusminister, Max Hussarek in Wien und János Graf Zichy in Budapest, waren dabei
behilflich, für Otto einen entsprechenden Lehrplan festzulegen,
der ihn die meiste Zeit des Tages beschäftigte. Wie er sich später
erinnerte:

> »Ich mußte morgens um 6 Uhr mit der Arbeit beginnen. Von
> sechs bis acht Uhr arbeitete ich an meinen Hausaufgaben. Nach
> einer halbstündigen Pause begann um halb neun der Unterricht
> mit den Lehrern und dauerte bis zwölf Uhr mittags. Nach dem
> Mittagessen gab es wieder von zwei Uhr bis fünf Uhr Unter-
> richt, von fünf bis sieben Uhr lernte ich wieder allein und
> machte Hausaufgaben. An den Stunden nahm immer meine
> Schwester Adelheid teil, und später gesellten sich auch die
> anderen Geschwister dazu.«[5]

Radtouren und Segelpartien waren da gewiß eine willkommene
Erholung.

Die Lehrer waren ebenso sorgfältig ausgewählt wie der Lehrstoff.
Das ungarische Element vertraten einige Patres aus der berühmten
Benediktinerabtei Pannonhalma. Der österreichische Professor
Neideracher erteilte Unterricht in Deutsch, Griechisch und Geo-
graphie, eine Miß Street brachte allen Kindern Englisch bei, wäh-

rend jene Mademoiselle Sépibus, die Zita nach Zürich begleitet hatte, Französisch unterrichtete. Leiter dieser Gruppe, die einen regulären kleinen Lehrkörper bildete, war Heinrich Graf Degenfeld, ein österreichischer Staatsrechtler, der in die kaiserliche Haushaltung eingetreten war und ihr, wie Gräfin Kerssenbrock, jahrzehntelang treu dienen sollte. (Er folgte damit einer Familientradition, sein Vater war Erzieher von Erzherzog Franz Ferdinand gewesen.) Über Graf Degenfeld und allen anderen im Palacio Uribarren aber stand die Kaiserin. Sie war üblicherweise schon um fünf Uhr morgens auf den Beinen, um den Tagesablauf des Hauswesens, der aus einer wohldosierten Abfolge von Gebet, Arbeit und Freizeit bestand, zu beginnen.

Allein diese fast beängstigende Hingabe an das, was sie als eine heilige Verpflichtung betrachtete, hätte bereits jeglichen Gedanken an eine neue Ehe ausgeschlossen. Rein menschlich gesehen, wäre eine Wiederverheiratung nach einigen Jahren der Witwenschaft durchaus denkbar gewesen. Auch Zitas Vater und der Großvater ihres Gatten hatten zweimal geheiratet. Sie blieb eine außerordentlich attraktive junge Witwe und war immer eine Frau von großer körperlicher und geistiger Vitalität. Doch ganz abgesehen davon, daß in ganz Europa kein katholischer Fürst als würdiger Ehekandidat für eine Kaiserin zu finden war, weihte Zita ihr weiteres langes Leben dem Gedenken an ihren Gatten und der Sache seiner Dynastie. In unerschütterlicher Treue, geheiligt durch ihre eigene tiefe Frömmigkeit.

Allerdings entstand damit das Problem einer Lebensweise ohne Mann, der dem Hauswesen vorstand. Ab 1. April 1922 bot Zita das erhabenste Beispiel dafür, was man heute eine Familie mit nur einem Elternteil nennt. Viele Jahre später konnte ihr ältester Sohn rückblickend sagen:

»Meine Mutter wußte, daß sie meinen Vater ersetzen mußte, und irgendwie gelang ihr das auch. Dabei fiel natürlich ins Gewicht, daß wir ihn als kleine Kinder kaum gesehen hatten. Während des Krieges war er oft fort und selbst wenn er sich in Wien aufhielt, hatte er den ganzen Tag mit Audienzen und Konferenzen zu tun. Dann später waren wir wohl immer wieder mit ihm zusammen, aber da war es fast so schlecht wie in der Schweiz. Eigentlich verbrachten wir nur auf Madeira längere Zeit mit ihm, während der letzten Monate seines Lebens. So hatten wir uns daran gewöhnt, daß unsere Mutter im Hauswesen und in der Familie den Ton angab, schon deshalb, weil sie ja immer da war. Und sie war die geborene Zuchtmeisterin, ja, das war sie, streng mit uns, weil sie auch so streng mit sich selbst war. Als sie allein blieb, hatte sie nie Probleme mit uns. Man getraute sich einfach nicht, etwas Unrechtes zu tun!«[6]

Die Erziehung ihrer Kinder, vor allem Ottos Ausbildung, war ihr sicher ungemein wichtig und kostete offensichtlich viel Zeit und Mühe. Aber man würde Zita bitter Unrecht tun, sie – besonders während der krisenreichen Jahre zwischen den beiden Weltkriegen – einfach als eine Witwe zu sehen, die über dem häuslichen Herd wachte. Sie hatte nicht bloß eine Familie zu führen, sondern auch eine Dynastie, und diese größere Aufgabe bewältigte sie mit der gleichen Verbindung von Zielstrebigkeit und sorgfältiger Planung. Anders als Madeira, wo der sterbende Kaiser von seinen früheren Untertanen physisch isoliert war, stand Lequeitio der Welt offen. Sobald die Kinder alt genug waren, konnten sie mit ihrer Mutter ganz Europa bereisen. Ausnahmen bildeten dabei die Länder der einstigen Monarchie, aber man war trotzdem nie mehr von der alten Heimat abgeschnitten. Private Aufzeichnungen geben das Bild eines ständigen Zustroms von Besuchern aus dem untergegangenen Reich, die nach Lequeitio kamen. So war der Palacio Uribarren nicht nur die Heimstatt der Familie, sondern entwickelte sich auch zu einem politischen Zentrum der monarchistischen Bewegung. Das erweist sinnfällig und mit manch komischen Pointen das Chiffriersystem, das sich Zita und Graf Degenfeld für ihre Korrespondenz mit dem Ausland ausdachten.

Eine Tabelle dieser Art aus der Mitte der zwanziger Jahre[7] enthält eine lange Liste von Codenamen für Anhänger in ganz Österreich, gegliedert in Abschnitte für Wien, Innsbruck, Linz, Graz, das Bundesland Kärnten sowie die Grenzstadt Feldkirch in Vorarlberg. Viel Ironie spielte bei der Zusammenstellung der Liste unter dem Titel »Politik« mit. So war das Codewort für Demokratie »Irrsinn«, und sämtliche Parlamentsabgeordneten figurierten als »Betrüger«. Die Erinnerung an die gebrochenen Versprechen im Wien des Herbstes 1918 verblaßte nicht so rasch.

Die Kaiserin selbst hatte zwei Decknamen. Der eine lautete »Mme. de Lusace«, das Inkognito, das sie 1922 auf ihrer Reise in die Schweiz verwendet hatte. Der andere war »Frau Rechnungsführer«. Heute klingt das sonderbar, aber seinerzeit hatte es durchaus seine Berechtigung. Eine von Zitas schwierigsten Aufgaben war die Finanzgebarung des Haushalts. Im Verlauf der zwanziger Jahre begannen die Überweisungen von Einkünften aus zwei privaten Liegenschaften des Kaisers in Ungarn, dem Gut Ráckeve und einem Wohnhaus in Budapest. Auch der Familienbesitz Wartholz in Reichenau war freigegeben, allerdings unter staatlicher Verwaltung, und erbrachte schließlich einen kleinen jährlichen Ertrag. Einiges Geld für die Habsburger kam – unverhofft – aus den Weinbergen des Rheinlands. Anno 1816 hatte Kaiser Franz I. dem Staatskanzler Fürst Metternich das Gut und Schloß Johannisberg bei Geisenheim zum Geschenk gemacht, sich aber für immer zehn Prozent des Jahreserlöses der Weinernte für die kaiserliche Privatschatulle ausbedungen. Diese Quote konnte man nun in Lequeitio gut gebrauchen.

Dennoch kam es immer wieder zu Engpässen; sie wurden von nun an gewöhnlich durch freiwillige Spendenaktionen überbrückt, die der getreue Markgraf Alexander Pallavicini in den Kreisen des aristokratischen Großgrundbesitzes der alten Monarchie organisierte. Manche Mitglieder des Hochadels, besonders in Ungarn, bürdeten sich für die legitimistische Sache schwere Hypothekenlasten auf. Es war auch keineswegs so, daß Zita alle diese Zuwendungen nur für ihr eigenes Hauswesen verwendete. Auch andere Habsburger, wo immer sie nun leben mochten, hatten Anspruch auf solche Gelder, außerdem kamen Stapel von Bittbriefen ehemaliger kaiserlicher Beamter, denen es nun schlecht ging. Soweit irgend möglich wurde diesen Bitten entsprochen, zumindest mit kleinen Summen. Da blieb sehr wenig in der Familienkasse. Erzherzog Otto erinnert sich:

»Zu Hause mußten wir sehr sparsam sein, aber meine Mutter hatte ja nie etwas für Luxus übrig. Daheim merkte ich diese Geldknappheit nicht so sehr, aber dann, als ich mit den anderen älteren Geschwistern zu reisen begann. Für die täglichen Ausgaben erhielten wir nur einen sehr geringen Betrag, das hieß: immer ein bescheidenes Quartier und auf keinen Fall teure Restaurants. Es war schon ziemlich schwierig.«[8]

Die alte Monarchie erbrachte zwar nicht viele Einkünfte für die verbannte Witwe, schuf aber weiterhin genug politische Probleme, mit denen sie sich als vorläufiges Oberhaupt der Dynastie befassen mußte. Dies betraf in erster Linie die Lage in Ungarn, wo sich die Turbulenzen nach den zwei Restaurationsversuchen nur langsam legten.

Ziemlich spät, nämlich am 22. Juni 1922, fast drei Monate nach Karls Tod, ließ sich die ungarische Nationalversammlung in Budapest dazu herbei, ein formelles Kondolenzschreiben abzusenden, adressiert an »Ihre Majestät, Kaiserin und Königin Zita, Madrid, El Pardo«. Viele Briefe erhielt sie im Verlauf jenes Jahres von ihren führenden Anhängern in Ungarn, die sie zwar aufriefen, nicht von ihren Bemühungen abzulassen, die Stephanskrone auf Ottos Haupt zu setzen, sie zugleich aber beschworen, vorläufig nichts zu unternehmen. Dr. Gratz schrieb am 22. Juli, es werde einen harten Kampf kosten, doch eines Tages werde es gelingen, den jungen König zu seinem Thron zu führen.[9] In ähnlichem Sinn schrieb Anton von Lehár ebenfalls im Juli aus München: Hoffnung für die Zukunft, Geduld für die Gegenwart. In einem Brief vom 25. November aus Szombathely schlug Bischof Mikes den gleichen Ton an, mit dem vielsagenden Zusatz, Horthy werde zu Besuch kommen, er müsse ihn empfangen und bitte, dies nicht falsch auszulegen.[10]

Das Postskriptum des Bischofs faßte das Problem in bündigste Form: Zita war wohl die Königin von Ungarn, aber sie lebte im Exil in Nordspanien, ohne Barmittel und ohne die Macht einer Schirmherrin. Horthy mochte der k. u. k. Admiral sein, der Verrat an der Dynastie geübt hatte, aber er war auch der Mann, der in der Budapester Königsburg residierte; er konnte Politiker mit Ministerposten bestechen, Offiziere und Beamte mit Avancement und Aussichten auf gute Pensionen für sich gewinnen, und die feudalen Magnaten mit dem einnehmen, was sie am meisten interessierte –

Sicherung des Besitzes und ein angenehmes Leben auf ihren Gütern. Viele ließen nun, wie die Altösterreicher sagten, den Herrgott einen guten Mann sein und dachten nicht weiter über die Zukunft nach. Doch jeder Monat, der ohne eine Änderung des Status quo verging, war ein weiterer Baustein für das Fundament von Horthys Regentschaft.

Nach den Rückschlägen von 1921 ergab die Feier von Ottos zehntem Geburtstag am 20. November 1922 den ersten – und vielleicht letzten – Anlaß für eine natürliche Kundgebung legitimistischer Gefühle in Ungarn. An jenem Tag sandte Stefan Rákovszky, einer der organisatorischen Exponenten des zweiten Restaurationsversuchs, der Königinwitwe eine fulminante Schilderung der Veranstaltungen. In der St. Stephans-Basilika, der größten Kirche der Stadt, wurde eine Festmesse zelebriert. Der gewaltige Raum war mit zehntausend Gläubigen bis auf den letzten Platz besetzt. Tausende mehr standen draußen im Freien. Die Stadt war durch zwei Vizebürgermeister vertreten, viele Abgeordnete waren anwesend, ebenso Mitglieder des Senats und einige Generale in Uniform. Die Predigt hielt der Universitätsprofessor Dr. Wolkenberg, er verglich den verbannten Knabenkönig Otto mit Salomon dem Weisen, der, wie in der Bibel steht, auch als Kind den Thron bestiegen habe. Daraufhin vergaßen die Versammelten, daß sie sich in einer Kirche befanden, und so erschallte der vertraute Ruf »Éljen a Király!«, den das Königspaar während der katastrophalen Ereignisse des vergangenen Herbstes immer wieder vernommen hatte.

»Der Eindruck war unbeschreiblich«, schwärmte Rákovszky.

»Alles fühlte, daß es der elementare Ausbruch des vergewaltigten Gewissens einer Nation sei, eine Erleichterung des Herzens, das einem kleinen Kinde in warmer Liebe entgegenschlägt, Segenswünsche des Volkes in der Heimat an seinen König in der Ferne und Fremde.«[11]

Das war alles sehr schön. Aber Zita mußte die Angaben in Relation zu dem setzen, was nicht gemeldet wurde. Weder der Reichsverweser noch auch nur ein einziges Regierungsmitglied hatten teilgenommen. Auch Gaston Gáal, der Präsident der Nationalversammlung, der den Kondolenzbrief vom Juni unterzeichnet hatte, war ferngeblieben. Und schließlich: die Messe war nicht vom

Fürstprimas Kardinal János Csernoch zelebriert worden, der den König gekrönt hatte. Die ganze Feier war weitgehend eine Angelegenheit der »zweiten Garnitur«, wie man in Kreisen der guten Gesellschaft zu sagen pflegte. Dies nahm der politischen Bewertung, die Rákovszky seiner Beschreibung anfügte, ihren Glanz. Da hieß es, Horthy sei so unpopulär, daß ihn die Leute bei Auftritten in der Öffentlichkeit schnitten. Selbst Republikaner gestanden ein, sie würden jetzt die Rückkehr des jungen Königs mit Jubel begrüßen, und noch vieles mehr in einem allzu optimistischen Ton.

Wie gut, daß Zita von anderen Anhängern sachlichere Darlegungen erhielt. Einer der Vernünftigsten war Josef Graf Károlyi,* der ihr mehrere politische Lageberichte sandte. Nach seiner Einschätzung werde es die internationale Situation frühestens in fünf Jahren gestatten, eine verfassungsmäßige Formel für die Krönung des Knabenkönigs zu schaffen. Am 15. Januar 1923 schrieb er, diese Zeit werde kommen, aber erst, wenn sich die Beziehungen zu den Nachbarstaaten gebessert hätten, dies werde sich allmählich vollziehen und ganz gewiß nicht mit einem Schlag.[12]

Solche regelmäßigen Berichte von Graf Károlyi, Lehár und Albert Graf Apponyi, der zum politischen Führer der Legitimisten wurde, blieben im weiteren Verlauf der zwanziger Jahre schließlich aus. Es gab wohl wenig Neues zu melden, und sicherlich wollte man der »Comtesse de Lusace« keine großen Hoffnungen machen. Das letzte Schriftstück aus Budapest während jener Phase war sogar nichts anderes als ein Zeichen wehmütiger Erinnerung. Oberstleutnant von Walla, einstmals Offizier in Kaiser Karls Militärkanzlei, hielt sich noch streng an die alten Regeln seines Standes. Deshalb schrieb er nun: »Es ist vielleicht Euer Majestät bekannt ... daß die Offiziere der Militärkanzlei Seiner Majestät sich um Heiratsbewilligung direkt an Seine Majestät wenden mußten. Nachdem er [der Unterfertigte] ... nie vom Verband der Militärkanzlei entlassen wurde, fühlt er sich verpflichtet, sich in dieser Angelegenheit an Eure Majestät zu wenden.«[13] Die Dienste, welche die Witwe

---

* Die Unterschrift des Familiennamens auf diesen Briefen ist fast unleserlich, aber der Name des Landguts, von dem sie abgesendet wurden – Fehérvársurgo – identifiziert den Verfasser.

Das einstige Schloß der Grafen von Salis in Zizers im Schweizer Kanton Graubünden, das in ein Kloster und später in ein Altersheim umgewandelt wurde: das St.-Johannes-Stift, der letzte Wohnsitz Kaiserin Zitas.

Kaiserin Zita im Familienkreis auf der Terrasse in Zizers anläßlich der Feier ihres 80. Geburtstages am 9. Juni 1972.

Kaiserin Zita zusammen mit ihrem Sohn Dr. Otto von Habsburg anläßlich ihres 90. Geburtstages am 9. Mai 1982 in Zizers. *(Bild links)*

Rechte Seite: 9. Mai 1987. Familienfeier zu Zitas 95. Geburtstag in Zizers.

Rückkehr nach 63 Jahren Exil am 16. Mai 1982 nach Österreich. Vorarlbergs Landeshauptmann Dr. Keßler begrüßt die Kaiserin. *(Bild unten)*

Folgende Seite: Der Trauerkondukt am Graben gegen 17 Uhr. Etwa zweihundert Mitglieder der Häuser Habsburg-Lothringen und Bourbon-Parma bildeten die eigentliche Trauergemeinde.

Letzte Reise zurück in ein Europa vergangener Zeiten: der schwarze Leichenwagen aus der »Wagenburg«, gezogen von sechs Noriker-Rappen mit schwarzen Straußenfedern, auf dem Weg vom Stephansdom zur Kapuzinergruft am 1. April 1989. *(Bild unten)*

im Namen ihres Gatten den Ungarn erweisen konnte, waren nun auf solche Dinge reduziert.

Das andere Problem, das Zita während all der Jahre in Lequeitio nicht ruhen ließ, war ebenso schmerzlich, wenn auch nicht annähernd so wichtig wie der Verlust der Krone Ungarns. Es ging um die endgültige Abrechnung mit Karls gefährlichstem Gegenspieler, Ottokar Graf Czernin, dem ränkevollen Außenminister der Monarchie, der während der Krise im April 1918 das Kaiserpaar fast vom Thron gestoßen hätte, bevor er selbst zu Fall gebracht wurde. In jenen ersten Nachkriegsjahren versuchte er noch immer, sein Verhalten in der verunglückten Sixtus-Affäre zu rechtfertigen und so implizit die Schuld seinem Souverän zuzuweisen. Czernin war von der politischen Bühne verschwunden, nur in seiner Heimat Böhmen hatte er noch Geltung. Es war ihm gelungen, auch in der tschechoslowakischen Republik seinen Familienbesitz Winař zu erhalten, und nach dem Zerfall der Monarchie gab es keinen regierenden Kaiser, der ihm seinen uralten böhmischen Titel hätte aberkennen können. Aber an einem Punkt war er noch immer angreifbar: in seinem Status als Ritter des Ordens vom Goldenen Vlies, den ihm Karl verliehen hatte, kurz bevor ihre Wege sich trennten und der für den sagenhaft stolzen Grafen die höchste Ehrung bedeutete, die er und seine Familie sich je erträumen und erhoffen konnten. Der Untergang der Reiche und die Entstehung von Republiken ließ dieses erhabenste Relikt des abendländisch-katholischen Rittertums unberührt. Die Verleihung stand einzig und allein dem Oberhaupt des Hauses Habsburg zu, und das war während der zwanziger Jahre Zita in ihrer Eigenschaft als Regentin für ihren minderjährigen Sohn. Sie war entschlossen, Czernin die Insignie zu entreißen.

Später sagte Otto zur Erklärung:

»Die Affäre um Czernin und das Goldene Vlies war ein weiteres Beispiel dafür, daß meine Mutter unbeirrbar die Anliegen ihres Gatten vertrat. Schon lange vor seinem Tod hatte er ihr gesagt, daß Czernin ausgeschlossen werden müsse – nicht nur wegen des politischen Verrates, sondern weil er in der Sixtus-Affäre seine persönliche Ehre verwirkt hatte und deshalb, schon aus diesem einen Grund, müsse er gehen. In der Familie gab es deswegen eine gewisse Spannung, weil Erzherzog Max, der Bruder meines Vaters, als Verweser des Ordens, in dieser Frage unschlüssig war. Aber meine Mutter zeigte sich unerbittlich.«[14]

Zita brauchte all ihre Entschlußkraft, denn für einige Jahre bewirkte die Causa Czernin eine Spaltung der monarchistischen Aristokratie und war für die kaiserliche Familie ein beständiges Ärgernis. Das erste Anzeichen ernstlicher Schwierigkeiten zeigte sich im Oktober 1923, als Karls einstiger Kabinettschef Arthur Graf Polzer-Hoditz um Enthebung von seinem Amt als Kanzler des Ordens bat, aus Protest gegen Czernin, »der die Pflichten eines Edelmannes gegenüber Weiland Seiner Majestät auf das schamloseste verletzt hat« und sich weigerte, aus eigenem zu resignieren. Der wichtigste Absatz dieses Schreibens eines Ultra-Schwarzgelben ist nicht nur ein Beleg dafür, daß die Fehde aus dem Wien der Kriegszeiten weiterschwelte, sondern offenbart auch, was dieses geheiligte Signum in der Form eines hängenden Widderfells den Traditionsgebundenen noch immer bedeutete:

»Bei Eintritt in den Orden hat Graf Ottokar Czernin wie alle anderen Ritter en foi et parole de chevalier auf das Kreuz und die heiligen Evangelien gelobt, seinem Chef und Souverain wahrhaft zugetan zu sein, dessen Vorteil zu fördern und jeden Schaden von ihm abzuwenden. Er stand, noch weiters gebunden durch seine Eide als Geheimer Rat und Minister des kaiserlichen Hauses, in einem besonderen Verpflichtungsverhältnis zu seinem kaiserlichen Herrn. Und ungeachtet aller dieser beschworenen Pflichten hat Graf Czernin zur Zeit der höchsten Bedrängnis des Kaisers die Fronde gegen ihn geführt und genährt und ihm, der Dynastie und dem monarchischen Gedanken einen größeren Schaden zugefügt als alle Widersacher des Monarchen und der Monarchie vermochten.«[15]

Bald mußte Czernin um seinen geliebten Orden bangen. Am 14. Dezember desselben Jahres bat er Erzherzog Max um Milde und Nachsicht. Dieser Brief enthält folgendes bemerkenswertes Eingeständnis:

»... Euer kaiserliche Hoheit als Verweser des Ordens vom goldenen Vließe mögen erwägen, daß das Meiste gegen mich vorgebrachte falsch ist, daß meine *Intentionen* eine jede Kritik vertragen, daß ich aber gar nicht leugne, daß ich in exponirten politischen Lagen der schwierigsten Zeiten Fehler begangen habe, die ich auf das tiefste bedauere ...«[16]

Doch Czernin weigerte sich noch immer, zu resignieren, während Zita im Namen ihres Sohnes weiterhin seinen Ausschluß forderte. So ging das Zerwürfnis über die große Distanz zwischen Winař in Böhmen und Lequeitio in Nordspanien weiter. Bis zum März 1928 hatte sich der Graf darauf verlegt, die Kaiserin persönlich anzuflehen; er bekannte seine – nicht näher bezeichneten – Verfehlungen und bat um Verzeihung, in Anbetracht der »maßlosen schwierigen Situation«, vor der er gestanden war.[17]

Vermittlern gegenüber, die für den Grafen zu intervenieren versuchten, wie Fürst Schönburg-Hartenstein oder Fürstbischof Pawlikowski, blieb Zita fest: ihr Sohn, der sich der Großjährigkeit nähere, werde es ablehnen, als Souverän des Ordens die Insignie des Vlieses zu tragen, wenn Czernin nicht austrete. Es war nur eine Frage der Loyalität gegenüber seinem Vater, dessen Ehre der Graf angetastet hatte.

Eine ihrer Erwiderungen lautete: »Ich weiß alles, was damals geschehen ist, und was der Kaiser durch das Vorgehen Czernins erlitten hat, und ich weiß, daß niemand dem Kaiser Schwereres zugefügt hat, als Graf Czernin. Mein Sohn kann daher nicht mit Graf Czernin den Orden der ritterl. Treue, das Goldene Vliess, tragen, als ob nichts vorgefallen, alles vergessen wäre.«[18]

Das konnte nicht als ein Nachspiel zu Fehden aus der Kriegszeit abgetan werden, oder als ein innerer Zwist wegen eines Ordenszeichens, das immer archaischer wurde. Wie die Kaiserin mehr als einmal betonte, fügte Czernin der Monarchie erneut Schaden zu, indem er ihre natürlichen Anhänger in der Heimat entzweite. Diesem Kampf der Willenskräfte war es bestimmt, daß er niemals von Lequeitio aus entschieden werden konnte. Der Graf beendete ihn unfreiwillig, als er im April 1932, erst neunundfünfzig Jahre alt, starb. Zu jenem Zeitpunkt hatte sich die Kaiserfamilie bereits in einer neuen Heimstatt eingerichtet.

Ein politisches und ein familiäres Motiv hatten die Kaiserin am Ende des Jahrzehnts zu einem Ortswechsel bewogen. Das politische Motiv gründete in der stetig wachsenden Bedrohung des Königtums ihres Verwandten und Protektors Alfons XIII. Nach dem Ersten Weltkrieg erhielt die anarchistische Bewegung in Spanien Auftrieb, wie der große Streik in Barcelona 1919 gezeigt hatte. Einige Zeit konnte man glauben, daß die Diktatur von Primo de Rivera, der im September 1923 durch einen Putsch die Macht ergriffen hatte, für Alfons, der ihn stillschweigend unterstützte, das Feld behaupten werde. Aber 1929 hatte er schon sowohl die Armee als auch den König gegen sich, und das Land steuerte auf eine Wirtschaftskrise zu. Zita witterte republikanischen Sprengstoff unter einem weiteren uralten Thron, und die Ereignisse gaben ihr recht.

Doch selbst ohne dieses allgemeine Gefühl einer Bedrohung gab es zwingende familiäre Gründe, das geliebte Lequeitio zu verlassen. Die Zeit für Hauslehrer war vorbei. Die älteren Kinder, vor allem der nun sechzehnjährige Otto, würden bald die Universitätsreife erreichen, und ein vierjähriges Studium im politischen Treibhausklima des spanischen Studentenlebens kam nicht in Frage, zudem entsprachen die spanischen Hochschulen nicht dem anderswo gegebenen Standard. Aber wenn irgend möglich, wollte Zita trotzdem eine Teilung der Familie vermeiden. Otto war bereits seit längerer Zeit von ihr getrennt, da er zur Eingewöhnung ein Schuljahr am Gymnasium der Benediktinerabtei Clairvaux in Luxemburg absolvierte. Nun suchte sie eine Universitätsstadt am Puls des europäischen Lebens, wo sie in einer, wie sie ahnte, kritischen Phase ihres gemeinsamen Geschicks alle beisammen bleiben konnten. Zitas Idealvorstellung hätte eine katholische Universität in einem monarchisch regierten Land entsprochen. Bei solchen Voraussetzungen ergab sich das Verfahren des Ausscheidens von selbst. Portugal war zu entlegen und hatte zudem die Dynastie Barganza, aus der ihre Mutter stammte, entthront. Das republikanische Paris war ein zu heikles Terrain für eine bourbonische Prinzessin, die auch eine habsburgische Regentin war, zumal sich zwei ihrer Brüder dort politisch betätigten. Luxemburg, wo ein dritter Bruder, Prinz Felix, mit der regierenden Großherzogin verheiratet war, war zu klein. Die Niederlande und England hatten zwar die günstige Lage für sich, waren aber protestantisch, überdies bestanden keine guten verwandtschaftlichen Beziehungen. Die skandinavischen Monarchien waren ebenfalls protestantisch und zu fern. So fiel die Wahl auf Belgien. Nicht weit von Brüssel lag Louvain oder Löwen, mit einer der ältesten und besten katholischen Universitäten Europas.

Im September 1929 hatte die Übersiedlung schon begonnen. Wie so viele radikale Umstellungen im privaten Leben schuf auch diese eine ganze Reihe von Problemen in letzter Minute. Gräfin Kerssenbrock, die unersetzliche »Korffi«, schilderte sie in einem Brief an eine Freundin. Zunächst gab es große Aufregung wegen eines Jagdunfalls, der sich während der letzten Wochen in Lequeitio ereignete. Der achtzehnjährige Graf Adinolf Lucchesi, der damals bei der Familie wohnte, war mit den älteren Kindern zum Schnepfenstrich gegangen. Bei der Rückkehr ins Haus vergaß einer der Schützen, seine Waffe zu entladen. Durch einen Stoß auf den Steinboden ging die Flinte los, und der Schrotschuß traf den jungen Grafen ins Bein. Nur eine Notoperation, die noch während der Nacht im Spital von San Sebastian durchgeführt wurde, konnte sein Bein, ja vielleicht sein Leben retten. Lucchesis Eltern kamen nach Lequeitio, und alles andere mußte verschoben werden.

Dann ergab sich die Schwierigkeit, jenen Angestellten des Haushalts, die Spanien nicht verlassen wollten, neue Posten zu verschaffen. Eine von ihnen, Baronesse Pereira, konnte Sekretärin in Madrid werden, aber für die Englisch-Lehrerin, Miß Street, war nichts Entsprechendes zu finden. Die Bewohner von Lequeitio mußten rechtzeitig von der Übersiedlung erfahren, schon um all den Gerüchten entgegenzusteuern, und »Korffi« beschreibt, wie dies geschah:

»Im Allgemeinen ist die Nachricht der Übersiedlung der Kaiserlichen Familie in Lequeitio sehr ruhig aufgenommen worden, natürlich sind die Leute sehr traurig und die Rechnungen fließen jetzt zu Tausenden ein. Der Pfarrer hat sich, wie immer, außerordentlich hilfreich erwiesen und bot sich sofort an, als ihm die Nachricht der Übersiedlung noch als Geheimnis gesagt wurde, es durch seine Geistlichen auf die richtige Art unter die Leute zu bringen, sobald man darüber reden dürfe.«[19]

In letzter Minute kamen auch Scharen von Besuchern in den Palacio Uribarren: Baron Stritzl, der Verwalter der habsburgischen Vermögenswerte in Wien, fünf ungarische Pfadfinder mit ihrem Feldmeister, ein Schriftsteller und ein Porträtmaler, ein belgischer Priester, ein ungarischer Universitätsprofessor mit seiner Schwester, dazu Gräfin Wallis und die Marquise Dalla Rosa mit einer Gruppe anderer Damen aus der Adelsgesellschaft. Selten hatte es in Lequeitio solchen Hochbetrieb gegeben. Es war, als erkenne der ganze Kreis um die Habsburger, daß für die Verbannten ein wichtiger neuer Abschnitt ihres Lebens begann.

17

Impulse aus Steenokkerzeel

Zitas Geschichte spiegelt während ihres langen Lebens zumeist die Ereignisse dieses Jahrhunderts wider. Die dreißiger Jahre bildeten keine Ausnahme. Sie begannen als eine Zeit der Ruhe, sogar mit einigem Optimismus für die Zukunft. Dann sprang Adolf Hitler durch die Papierscheibe der deutschen Demokratie und landete auf der Bühne Europas. Für die exilierten Habsburger, wie für den ganzen Kontinent, endete die Dekade in einer Atmosphäre von Angst, Gewalt, Enttäuschung und Machtlosigkeit.

Während dieser entscheidenden zehn Jahre lebte die Familie, nach der Übersiedlung aus Spanien, in Ham, einem etwas düsteren Schloß aus dem 16. Jahrhundert, auf drei Seiten von Teichen umgeben. Es lag im Dorf Steenokkerzeel bei Brüssel. Besitzer war ein französischer Adeliger, der Marquis Jean de Croix, der sich bereitfand, das Gebäude auf den Standard des 20. Jahrhunderts zu bringen, nämlich eine Wasserleitung und eine Zentralheizung installieren zu lassen, bevor die neuen Mieter Ende Januar 1930 einzogen.*

Wie in Lequeitio gab es in Steenokkerzeel starke Bindungen an die habsburgische Vergangenheit, Erinnerungen an das auch die Niederlande umfassende Reich Karls V. Außerdem bestanden wie zu König Alfons XIII. auch zu König Albert verwandtschaftliche Beziehungen; seine Gattin, die geborene Prinzessin Elisabeth von Bayern, war Zitas Kusine ersten Grades. Zita hatte der Königin der Belgier versprochen, sich während ihres Aufenthalts im Königreich

---

* Sie waren im September 1929 nach Belgien gekommen und hatten die ersten vier Monate im Brüsseler Haus des Grafen d'Ursel verbracht.

nicht politisch zu betätigen, doch unweigerlich kamen die Dinge wieder ins Rollen, sobald sich die Familie häuslich eingerichtet hatte. Steenokkerzeel mochte mit seinen 2260 Einwohnern sogar noch kleiner sein als das baskische Fischerdorf, wo sie die vergangenen sieben Jahre gelebt hatten, nur konnte man von hier Brüssel per elektrischer Straßenbahn erreichen. Paris, der Wohnort von Zitas überaus aktivem Bruder Prinz Sixtus, lag bloß eine kurze Bahnreise entfernt. Im Westen, jenseits des Ärmelkanals, lag England; östlich, am anderen Rheinufer, lag die Weimarer Republik, der Nachfolgestaat des Hohenzollernreiches. Zita befand sich nun im Herzen Europas, und es war ein Europa, das dem monarchistischen Gedanken internationale Möglichkeiten zu eröffnen schien.

Das erste große Ereignis in Steenokkerzeel war allerdings eine Familienfeier. Am 20. November 1930 vollendete Otto das achtzehnte Lebensjahr. Damit war die Zeit der Vormundschaft seiner Mutter faktisch vorbei. Rund vierzig Personen – Familienmitglieder, nahe Verwandte, Personen der Haushaltung und Hochadelige aus der alten Monarchie – hatten sich in der Halle versammelt, um Zeugen der Übergabe der Verantwortung zu werden. Wie stets im Witwenkleid, aber zu diesem Anlaß mit der Insignie des Elisabeth-Ordens, verlas Zita eine Erklärung zum Geburtstag und fügte hinzu:

»So hat Seine Majestät gemäß den letztwilligen Verfügungen seines in Gott ruhenden Vaters, weiland Seiner Majestät Kaiser Karl von Österreich, Apostolischer König Karl IV. von Ungarn, König von Böhmen, Kroatien, Slawonien, Dalmatien, Lodomerien und Illyrien und in Übereinstimmung mit dem alten Hausgesetz unseres Herrscherhauses die Großjährigkeit erreicht[*] und wurde, kraft eigenen Rechtes, Souverän und Oberhaupt dieses Herrscherhauses.«[1]

Dann verneigte sie sich vor ihrem ältesten Sohn und setzte ihre Unterschrift auf die Großjährigkeitsurkunde, gefolgt von Ottos

---

[*] Gemäß den Familienstatuten war diese für den Thronerben mit dem Alter von achtzehn Jahren festgesetzt. Für alle anderen Mitglieder des Erzhauses galt die Vollendung des zwanzigsten Lebensjahres.

nächstem Bruder Erzherzog Robert, seinem Onkel Erzherzog Max, seiner Großmutter väterlicherseits, Erzherzogin Maria Josefa, und dem engsten Vertrauten aus dem Gefolge, Heinrich Graf Degenfeld, sowie einer Reihe von Trägern alter Adelsnamen. Stefan Rákovszky, einer der Exponenten des Restaurationsversuchs im Oktober 1921, und Josef Graf Hunyády waren zwei der Persönlichkeiten, die aus Budapest gekommen waren, um der Zeremonie beizuwohnen und im Namen der ungarischen Legitimisten zu unterzeichnen.

Für den Achtzehnjährigen, der soeben sein Studium an der Universität Löwen begonnen hatte, war dies ein feierlicher Augenblick, der aber vorläufig in seinem Leben nichts veränderte. Später sagte er darüber:

»Das Gefühl der Verantwortung war nun nicht plötzlich da, sondern hatte sich allmählich und ganz von selbst ergeben. Ich bat meine Mutter, auch weiterhin alles so zu tun wie bisher, bis ich mein Studium 1934 beendet haben würde. Und so hielt sie es, sie führte die Angelegenheiten unseres Hauses und bestimmte die politischen Geschicke der Dynastie, wie sie es immer seit dem Tod meines Vaters vor zehn Jahren getan hatte. Auch nach 1934, als ich mich in zunehmendem Maß aktiv beteiligte, war es noch immer eine Partnerschaft zu ›fifty-fifty‹. Sie handelte, aber stets fragte sie mich vorher.«[2]

Für Zita stellte sich die Frage, wo diese politischen Geschicke der Dynastie am besten gefördert werden könnten, nun, da ihr Sohn nicht mehr minderjährig war. Wie gelassen auch immer er die Ereignisse dieses Tages hinnahm, es gab internationales Interesse: ein ganzer Schwarm von Journalisten war zum Schloß gekommen, in der Hoffnung, die Zeremonie miterleben zu dürfen. Sie wurden alle abgewiesen; nur einem einzigen findigen Reporter war es gelungen, sich als Kellner verkleidet in das Schloß einzuschleichen, bevor man ihn entdeckte. Kurzum, es herrschte der Eindruck, daß bei den Habsburgern möglicherweise etwas in Bewegung geriet, nur wußte niemand genau, wo oder was.

Es war Prinz Sixtus, jener unentwegte Homo politicus, der als erster half, Zitas Kurs in Richtung Rom zu lenken. Zu Beginn der dreißiger Jahre war Mussolini die dominierende Gestalt auf dem europäischen Kontinent. In Frankreich drehte sich ein politisches Karussell, in dem Köpfe auftauchten und rasch wieder verschwanden. Auf die schwache Weimarer Republik war noch nicht Hitlers eiserne Faust gefallen. Und obwohl die alte Monarchie und das Königreich Italien einst erbitterte Feinde im Ringen um Territorien waren, sah Sixtus in Mussolini den Mann, der die Sache der exilierten Habsburger fördern könnte. Im Herbst 1930 sandte der Prinz seiner Schwester ein acht Seiten langes Memorandum jener Art, wie sie ihre bourbonischen Vorfahren von einem ihrer großen Staatsmänner im Kardinalsgewand erhalten haben mochten. Nach seiner schauderhaften Handschrift transkribiert und aus seinem sehr gewählten Französisch übersetzt, lauten einige der wichtigen Passagen:

»Italien ist jene Großmacht, die ein Interesse an der Wiedererrichtung Ungarns haben könnte, um gemeinsam mit Polen, Bulgarien und bis zu einem gewissen Grad auch Rumänien ein Gegengewicht zu Jugoslawien zu bilden ... Italien könnte möglicherweise Deutschland neutralisieren oder sogar zugunsten einer [habsburgischen] Restauration beeinflussen ...
Politik ist keine Frage der Sympathie. Frankreich und die Kleine Entente riskieren es, durch eine Revision der [Friedens-]Verträge [von 1919] alles zu verlieren, aber Italien, Ungarn und Deutschland haben alles zu gewinnen. Sie brauchen Dich und werden sich um Deine Hilfe bemühen. Lasse sie herankommen und gib keine Versprechungen ...«

Wie Sixtus betonte, sei es Mussolinis Hauptziel, die Macht Serbiens bzw. Jugoslawiens zu mindern, und eben dies war auch lange Zeit die wichtigste Intention habsburgischer Außenpolitik. Aus diesem Grund wäre der Duce persönlich engeren Verbindungen zu der exilierten Dynastie vielleicht nicht abgeneigt. Aber:

»Welche militärische oder nur diplomatische Unterstützung kann Italien gewähren? ... Ein Besuch Deinerseits könnte sich für eine Restauration nur günstig auswirken. Reise aber nicht nach Italien, bevor du bindende Zusicherungen konkreter Hilfe und für den Modus der Durchführung in Händen hast ...«

Das Memorandum unter dem Titel »Raisons pour le voyage«[3] schließt mit einer meisterhaften Analyse der wahrscheinlichen Reaktionen in den einzelnen Staaten auf den Besuch seiner Schwester.

Es war eine ausgezeichnete Studie zu diplomatischen Fragen, aber rein praktische Erwägungen kamen darin zu kurz. Die exilierte Kaiserin, weder eine Regierungschefin noch ein Staatsoberhaupt, konnte nicht direkt an den italienischen Diktator herantreten. Mehr noch: allein, um die Einreise nach Italien zu erlangen, ihrem Geburtsland als eine Bourbon-Parma, blieb ihr nur die Möglichkeit, eine ihrer höchsten Stichkarten auszuspielen und als Grund einen Privatbesuch bei König Viktor Emanuel III. und seiner aus Montenegro stammenden imposanten Gemahlin Elena* anzugeben. Also entsandte Zita als privaten Kundschafter den Grafen Revertera nach Rom, um beim Duce im Interesse der Sache zu sondieren. Sein Bericht an sie, aus dem Palazzo Chigi, datiert mit 5. Januar 1931, weckte einige Hoffnungen. Sechs Tage davor hatte er Mussolini davon in Kenntnis gesetzt, daß er, Revertera, sich nun in der Stadt aufhalte und über eine Begegnung sehr freuen würde. Um ein Uhr morgens wurde der Graf geweckt. Man teilte ihm mit, der große Mann erwarte ihn um sechs Uhr nachmittags im Palazzo Venezia. Tatsächlich begrüßte Mussolini Zitas Emissäre überaus freundlich und gab sofort seine Zustimmung für die vorgeschlagene Italienreise. (Revertera hatte diese Frage bereits mit dem italienischen Königspaar geklärt, das im Juni in der Sommerresidenz San Rossore weilen und Zita dort am 14. Juni empfangen würde. Um das Protokoll zu wahren, war ein Gegenbesuch des italienischen Herrscherpaars in Zitas Elternhaus, der Villa Pianore, vorgesehen.)

Was dem Grafen besonders auffiel, war das große Interesse des Duce an dem achtzehnjährigen Studenten, der seit kurzem das formelle Oberhaupt des Hauses Österreich war. Würde Otto seine

---

* Sie war die vierte der sieben stattlichen Töchter des Königs Nikita, dem es gelang, die meisten von ihnen in europäische Herrscherhäuser zu verheiraten, wodurch er die Bedeutung seines winzigen Bergkönigreichs erheblich steigerte.

Mutter begleiten? erkundigte sich Mussolini. Doch in dieser Frage hatte Revertera keine »Instruction«. (Zita unternahm diese Reise ohne ihren Sohn.) Der Duce meinte: »Was ist natürlicher, als daß der Prinz Seine Großmutter in Pianore besucht und von dort nach San Rossore ist es nicht weit!«

Dann äußerte sich der Duce über Otto mit Worten höchsten Lobes. »Er ist ein Prinz, wie Prinzen sein sollen. Seiner hohen Stellung und Seiner Mission bewußt ... Er ist schön, wohlerzogen, taktvoll, ernst veranlagt – wie ganz verschieden von anderen Prinzen, die in der Welt herumlaufen!« Schließlich sprach er es offen aus: es sei ihm daran gelegen, daß Otto nach San Rossore reise, nicht nur um den König und die Königin zu besuchen, sondern vor allem, um deren jüngste Tochter kennenzulernen.

»Wissen Sie, daß man hier herumerzählt, Er werde die Prinzessin Maria heiraten?«

»Ja, Exzellenz, ich habe dieses Gerücht allerdings gehört«, heißt es in Reverteras Bericht weiter, »aber ich finde, daß man eventuellen Ereignissen etwas stark vorgreift; die Prinzessin ist ja erst 15 Jahre alt!«

»›Sechzehn‹, betonte Mussolini scharf und blickte mir dabei fest ins Auge.«

Der Duce ließ kaum Zweifel darüber, daß er, wie die italienische Königsfamilie, damals eine solche dynastische Verbindung guthieß. Sie hätte seine Position sowohl gegen die Jugoslawen als auch gegen die deutschen Kräfte in Mitteleuropa gestärkt und ihm Sympathien vieler katholisch-konservativer Kreise in Österreich gewonnen, ohne ihn im voraus zu bindenden politischen Zusagen zu verpflichten.

Revertera beendete seinen Bericht an Zita mit folgenden Ausführungen:

> »In Bezug auf die Möglichkeiten einer monarchischen Restauration ist Mussolini in seinen Äußerungen vorsichtig, man kann vorläufig nicht viel aus ihm herausbringen. – Wenn man sich aber vor Augen hält, daß er auf einen großen centraleuropäischen Block hinarbeitet und daß er andererseits mit Hinweis auf die Zukunft nicht genug Gutes über Kaiser Otto sagen kann, so scheinen mir entschieden gute Vorzeichen vorhanden zu sein.«

Ein anderer ungarischer Aristokrat mit sehr guten Kontakten zu Italien, Graf Colloredo-Mannsfeld, wurde von Mussolini am Abend des 15. Juni im Palazzo Venezia empfangen, also schon während der Italienreise der Kaiserin. Drei Tage später berichtete er ihr aus Wien, auf Deutsch mit eingestreuten italienischen Wendungen (letztere waren Zitate aus dem Gespräch). Wieder war Mussolini sofort auf die Heiratsfrage eingegangen. Zitas Aufenthalt in Italien hatte in der Vorwoche mit einem Besuch im Vatikan begonnen. War in dessen Verlauf, so fragte der Duce interessiert, mit dem Papst die Möglichkeit einer Verbindung zwischen »Sua Altezza Ottone«, Seiner Hoheit Otto, und Prinzessin Maria erörtert worden? Als Colloredo, wie vor ihm Revertera, dieses Thema zu umgehen versuchte (»handle es sich doch um Kinder, bei denen man an das Heirathen noch nicht denken könne«), bewirkte er die gleiche ungehaltene Reaktion.* Wieder zeigte Mussolini reges Interesse an Otto. War der Prinz noch in Belgien? Welches Fach studierte er? »Philosophie und politische Wissenschaften, war meine Antwort.« Dann eine diffizile Frage: »E che cosa pensa del futuro?« (Wie denkt er über die Zukunft?) Darauf erwiderte der Graf in Zitas Namen:

> »Ihre Majestät werde Sich in keinerlei Abenteuer einlassen, halte es aber anderseits für Ihre Pflicht und die Pflicht Allerhöchst ihres Sohnes, falls Dieser auf einen Platz gerufen werden sollte, der Ihm von Rechts wegen gebührt, diesem Rufe Folge zu leisten.«

Dann wandte sich das Gespräch der Zukunft Österreichs zu. Mussolini sagte unverblümt: »Wenn Ihr Euch an Deutschland anschließt, werdet Ihr verpreußt und das wollt Ihr doch nicht.«[5]

Er konnte es sich nicht leisten, etwas ins Blaue zu sagen. Man stand achtzehn Monate vor Hitlers Machtergreifung, die in der Beziehung Rom–Berlin allmählich eine Umkehrung schuf und den Alptraum heraufbeschwor, daß die Österreicher nicht verpreußt, sondern nazifiziert werden sollten.

---

* Obwohl noch »ein Kind«, wurde die Prinzessin bald darauf mit Prinz Ludwig von Bourbon-Parma verheiratet, einem Onkel Ottos.

In jedem Kartenspiel gibt es zumindest einen Joker. In den monarchistischen Schattengefechten der dreißiger Jahre beanspruchte diese Rolle während des nächsten Sommers ein außergewöhnlicher Mann: Lord Rothermere, der englische Pressemagnat, der sich in Verbindung mit der geheiligten Stephanskrone brachte. In einem Leitartikel seiner eigenen »Daily Mail« vom 24. August 1932 schrieb er im Zusammenhang mit der gesamten mitteleuropäischen Frage:

> »Vor etwa vier Jahren wurde ich des öfteren von einflußreichen Kreisen aufgefordert, mich um den vakanten Thron Ungarns zu bewerben.«

Selten hatte ein einziger Satz solch tiefe, jähe Bestürzung im Lager der Habsburger hervorgerufen. Den Papieren im Familienarchiv ist zu entnehmen, daß Zita, von ihrem belgischen Exilort aus, die Sippe zu einem Krisentreffen nach Bostz berief, dem Schloß ihres Bruders Xavier bei Bresson in Frankreich. Dort sollte besprochen werden, was dieser Blitz aus heiterem Himmel wohl zu bedeuten hätte. Stapelweise langten Telegramme ein, adressiert an die »Duchesse de Bar«, einer von Zitas vielen Nebentiteln, den sie oft als Inkognito verwendete. Manche der Getreuen wie Pallavicini antworteten mit ihren richtigen Namen, andere wählten ihre Decknamen, etwa »Hamilcar« oder »Boros«. Doch alle kündigten ihr baldiges Eintreffen an.[6] Man kann sich denken, daß brennende Neugierde ebenso wie Treue zur Dynastie sie veranlaßte, in Zügen und Autos herbeizueilen. Bis zum 30. August waren sie vollzählig zur Stelle.

Trotzdem, weder in Bostz noch anderswo wurde das Rätsel um die Kandidatur des Presselords ganz gelöst. In seinen Memoiren, die sieben Jahre später erschienen, versteht Rothermere das Angebot der Krone als folgerichtiges Resultat seiner langen und unbestreitbar ernsthaften Bemühungen um eine Revision des Friedensvertrags von Trianon, durch den das alte Königreich Ungarn auf einen Rumpfstaat reduziert worden war.

> »Allmählich betrachtete man mich als einen inoffiziellen Ratgeber und Mentor der ungarischen Nation ... So wurde mir eine

Fahne in die Hand gegeben, die Kossuth getragen hatte, der große Vorkämpfer Ungarns gegen die österreichische Hegemonie; der Säbel eines theresianischen Generals, der vor zweihundert Jahren, im Krieg gegen Friedrich den Großen, mit tausend ungarischen Husaren Berlin im Handstreich nahm und eine Woche lang besetzt hielt.*

Die Erkenntnis, daß ich ohne mein Wissen nun der Auserkorene einer neuen ungarischen monarchistischen Partei war, brachte mich in eine heikle Lage ... aber wenn es in Ungarn wieder einen König geben sollte, dann war es selbstverständlich, daß die Wahl auf die Angehörigen dieser Nation zu beschränken wäre ...«[7]

Der Pressemagnat nannte niemals die Namen seiner Förderer. Doch wenn er 1928 deren Angebot dankend abgelehnt hatte, wie er behauptete, so zeigen die habsburgischen Dokumente klar und deutlich, daß 1932, als er sich entschloß, die Sache publik zu machen, simultan einiges geheim von London aus in Gang gesetzt wurde. Aus dem Treffen in Bostz lancierte man umfassende Nachforschungen über das Rätsel, und daraus entstand eine jener High-Society-Affären, wie man sie heute in der Regenbogenpresse findet. Der von Zita zum detektivischen Sondereinsatz mobilisierte mitteleuropäische Adel begab sich voll Animo auf Erkundung im Vorfeld der Boudoirs.

Namentlich die Umtriebe zweier Frauen, die der Kaiserin und ihren Beratern schon einige Tage vor Rothermeres Leitartikel Rätsel aufgegeben hatten, gewannen nun zumindest verschwommene Umrisse. Die beiden hätten nicht gegensätzlicher sein können. Die eine war Frau Steffi Richter. In einer Meldung an Zita heißt es voll Delikatesse, daß sie »nach der communis opinio in den Kreisen der höheren Lebewelt ... als die amie attirée Lord Rothermeres gilt«.[8] Ob sie noch immer die anerkannte Mätresse des Pressemagnaten war (eine Bezeichnung, die in Briefen an die Kaiserin nicht verwen-

---

* Gemeint ist der in der Militärgeschichte als Abenteuer berühmte Vorstoß des späteren Feldmarschalls Andreas Reichsgraf von Hadik; er rückte im Oktober 1757 mit Kavallerie in das damals feindfreie Berlin ein, zog allerdings schon nach einem Tag wieder ab. Dennoch: ein wahres Husarenstück. (Anm. d. Übers.)

det wurde), blieb einigermaßen fraglich, besonders für die ungarischen Informanten (manche gaben an, sie sei seit der Karlsbader Saison von 1927 nicht mehr mit ihm gesehen worden). Ziemlich klar war indes, daß Steffi Richter unbedingt eine Audienz bei der Kaiserin wünschte, um, wie sie behauptete, politische Belange zur Sprache zu bringen – mit Lord Rothermeres Wissen und Einverständnis.

Der Kommentar der Konfidenten strotzt von Mißbilligung: »Wir sind jedoch übereinstimmend der Meinung, daß doch ein immerhin mit höfischen Verhältnissen vertrauter Mann wie Rothermere Eurer Majestät unmöglich zumuten kann, sich mit einer so klar klassierten Dame wie Frau St. in eine persönliche Unterhaltung einzulassen, gar aber mit ihr geheime hochpolitische Dinge in einem tête-à-tête zu besprechen.«

Vorsicht war geboten. Der Bericht an die Kaiserin enthielt die Erwägung, der ungarische Graf Sigray, ein persönlicher Bekannter Rothermeres, sollte so bald als möglich nach London reisen, um bei dem Zeitungslord über den Fall zu ermitteln. Gleichzeitig sollte der junge Markgraf Alexander Pallavicini (der den in Ungarn noch verbliebenen habsburgischen Privatbesitz verwaltete) befragt werden, »ob er über die derzeitigen Beziehungen der Dame zu Lord R. etwas wisse und wie er deren Auftreten bei Euerer Majestät, sowie die vorgeblichen Missiven des Lords einschätze.«[9]

Der Vorschlag wurde genehmigt und in Angriff genommen. Graf Sigray antwortete, leider sei er im Moment nicht in der Lage, dem Wunsch zu entsprechen, da er an einer Infektion im Ohr laboriere und die Ärzte ihm geraten hätten, in den nächsten drei Wochen nicht zu reisen. Er werde jedoch inzwischen Recherchen in Paris veranlassen, ob Frau Steffi R. in Verbindung zu Geheimdiensten stehe. Pallavicini meldete, »daß die fragliche Dame auf den Lord großen Einfluß habe«, es sei durchaus möglich, daß sie in seinem Namen handle. Es sei aber sehr wichtig, mit Rothermere Kontakt aufzunehmen. Dieser habe zwar in Ungarn keinen großen politischen Einfluß, aber »könne doch wohl Schaden stiften«.[10]

Zu diesem Zeitpunkt, dem 24. August, erfolgte Rothermeres persönliche Erklärung in der »Daily Mail«. Dazu schrieb der führende Wiener Gewährsmann der Kaiserin: »Nach dieser Veröffentlichung wissen wir wohl, daß die versuchte Vorsprache der Frau Steffi R. eine reale Grundlage gehabt hat.«

Eine der Entwicklungen, vor denen sie offenbar warnen wollte, war die Gefahr eines Restaurationsversuchs der Hohenzollern in Deutschland, der jeden ähnlichen habsburgischen Schritt in Ungarn gefährden würde. Wie zu erwarten, wurde sie von der Kaiserin nie empfangen, und ihre »Mission« verlief im Sand.

Die andere Frau, die im August 1932 angab, in Lord Rothermeres Namen zu handeln, hatte in jeder Hinsicht mehr Profil. Obwohl sie ihren Lebenslauf ebenfalls als obskure Figur der Halbwelt begonnen hatte, war sie nun durch Heirat ein Mitglied des österreichischen Hochadels: Prinzessin Stephanie Hohenlohe. Außerdem hatte sie ein persönliches Empfehlungsschreiben von Lord Rothermere und einen zweiten Brief in derselben Handschrift, in dem der Kaiserin 30 000 Pfund Sterling, sofort zahlbar, angeboten wurden (damals eine exorbitante Summe, nach heutiger Kaufkraft mindestens 500 000 Pfund, das entspricht 1,5 Millionen DM). Eine etwas ratlose Hausdame, Gräfin Viktoria Mensdorff, berichtete davon in Briefen aus Steenokkerzeel ihrer Herrin, die damals in Frankreich unterwegs war.

Zunächst hatte die Prinzessin in Steenokkerzeel angerufen – sicherheitshalber meldete sie sich als »Baroness Wimpffen«. Eindringlich bat sie um ein Gespräch mit Ihrer Majestät, für die sie wichtige Briefe habe. Die Gräfin lehnte es vorerst ab, Auskünfte über den Aufenthalt der Kaiserin zu geben, und die beiden Damen vereinbarten für den Nachmittag des folgenden Tages ein Treffen in einem Brüsseler Hotel. Dort gab sich die Anruferin mit ihrem wahren Namen zu erkennen und legte ihre Briefe vor, darunter das Schreiben mit dem Angebot jener sagenhaften Summe. Von der Höhe des Betrages schier überwältigt, gab die Gräfin sowohl Adresse wie Telefonnummer ihrer Herrin in Frankreich preis. Aus anderen Papieren im Familienarchiv wissen wir, daß die Prinzessin nach Frankreich reiste, um Zita aufzusuchen, und daß sie sogar bei der Krisenkonferenz in Bostz anwesend war. Unklar ist, ob die Summe von 30 000 Pfund angenommen wurde und was damit erreicht werden sollte. Gräfin Mensdorff konnte nur vermuten, daß sie möglicherweise dazu bestimmt war, europäische Zeitungen für die monarchistische Sache zu gewinnen. Über die Prinzessin schrieb sie: »Ich dachte, sie sei ein Flirt von L.R. und habe in einem guten Moment die Summe bei ihm gefordert, um helfen zu können, denn sie erwähnte, L.R. habe ein so großes Interesse an Seiner Majestät [Otto].«[11]

Viele Jahre später befragt, beurteilte »Seine Majestät« diesen Fall konkreter:

>»Im Sommer 1932 ging die Rothermere-Affäre momentan förmlich wie ein Soufflé auf. Wir kamen niemals ganz dahinter, aber wir hatten den Eindruck, daß in Wirklichkeit irgendein Zusammenhang mit Erzherzog Albrecht und seinen Ambitionen auf den ungarischen Thron bestand. Wenn dies, wie wir argwöhnten, ein Versuch war, Rothermere samt seinem großen Vermögen und seinem Einfluß für ihn zu gewinnen, dann fiel das Ganze schwer ins Gewicht, denn Albrecht war innerhalb der Familie immer der aktivste Herausforderer – natürlich mit Unterstützung durch seine Mutter, die meine Eltern immer haßte. Dies setzte sich sogar bis in den Zweiten Weltkrieg fort, als wir in Amerika waren und die Zukunft der ungarischen Verfassung erneut in Gefahr geriet.«[12]

Die Rothermere-Affäre hatte jedenfalls ein Element der Farce an sich. Und auch etwas von Irrelevanz, denn im Hochsommer 1932 ging es der Königin von Ungarn und ihrem ältesten Sohn nicht mehr vor allem um die Stephanskrone. Horthy schien nun als Reichsverweser in Budapest unbezwingbar, und die monarchistische Bewegung, die rund um ihn ihr Treiben entfaltete, war in mehrere Strömungen zerfallen. Aber im republikanischen Österreich, das die exilierten Habsburger seit langem als einen hoffnungslosen Fall abgeschrieben hatten, waren ihre Aussichten stetig im Steigen begriffen. Sympathiekundgebungen kamen von der Basis und der Spitze der politischen Skala. Im Dezember 1931 verliehen der Bürgermeister und der Gemeinderat des Tiroler Ortes Ampass als erste Vertretung dem hohen neunzehnjährigen Studenten in Steenokkerzeel die Ehrenbürgerschaft. Hunderte andere Gemeinden in ganz Österreich folgten diesem Beispiel, als die gefühlsbetonte Welle der Kaisertreue – halb wehmütiger Rückblick ins Vergangene und halb Hoffnung für die Zukunft – an Tragkraft gewann.

Sie schien auch bis ins Bundeskanzleramt in Wien zu reichen. Christlichsoziale Regierungen, fünf Jahre unter der Kanzlerschaft von Prälat Ignaz Seipel, hatten den Platz der scharf habsburgfeindlichen Sozialdemokraten der unmittelbaren Nachkriegszeit eingenommen. Im Mai 1932 hatte Engelbert Dollfuß das Amt des Regierungschefs angetreten. Er war der uneheliche Sohn einer niederösterreichischen Bäuerin, von kleinem Wuchs, aber mit dem patriotisch österreichischen Herzen eines Riesen. Am 7. März 1933, kurz nach Hitlers Machtergreifung in Deutschland, führte Dollfuß die »Selbstausschaltung des Parlaments« herbei, die ihm ermöglichte, auf der Grundlage eines »kriegswirtschaftlichen Ermächtigungsgesetzes« aus dem Jahr 1917 zu regieren. An Stelle der demokratischen Parteien schuf er eine Sammelbewegung, die »Vaterländische Front«, um so das österreichische Nationalbewußtsein für den voraussichtlichen Überlebenskampf gegen den Nationalsozialismus zu mobilisieren. Sein autoritärer Kurs, der sogenannte »Austrofaschismus«, war nicht offen monarchistisch. Ja, für Zita und ihren Sohn stand sein erbitterter Konflikt mit der Linken (der zu den blutigen Februarereignissen des Jahres 1934 führte) im Widerspruch zu den Maximen einer sozialen Monarchie mit Vertretung aller Klassen, wie sie Karl, der »Volkskaiser«, während des Krieges zu verwirklichen trachtete. Doch Dollfuß war erzkatholisch und legte seinem Ständestaat sogar päpstliche Enzykliken zugrunde. Der exilierten Dynastie stand er gewiß positiv gegenüber, und außenpolitisch wurde er bald zum Verbündeten Mussolinis, zu dem die Kaiserin gute Verbindungen herstellen wollte. Im Jahr 1933, als Hitler und Dollfuß ihre konkurrierenden Zukunftspläne für das Deutschtum entwickelten, schien die Zeit gekommen, daß sich auch die Habsburger auf der Bühne Europas zeigten. Wieder war es Prinz Sixtus, der politische Kampfgefährte seiner Schwester seit den geheimen Friedensschritten von 1917, der mit einer verheißungsvollen Idee auftrat. Es war eine Stichkarte ganz besonderer Art: ein bourbonischer Prinz versuchte, zwei europäische Könige für die Sache eines kaiserlichen Thronprätendenten aufzubieten! In einem ausführlichen Brief nach Steenokkerzeel, geschrieben am 21. Juni 1933 in Paris,[13] berichtet Sixtus seiner Schwester von einem langen Tischgespräch mit König Alfons von Spanien, das am Vortag stattgefunden hatte. Der Monarch war soeben aus Österreich gekommen und hatte erklärt: »Wien spürt, daß es an der Schwelle zur Restauration steht.« (In seiner Begeisterung wechselt Sixtus sogar aus dem Französischen ins Deutsche: »Stimmung Alt Oesterreich!«) Dies war ein charakteristisches Beispiel für jenen gefährlich übersteigerten Optimismus, der die Empfehlungen an Zita so oft prägte, ein Optimismus, der weit über die zweifellos sich bessernden Aussichten hinausging.

Schließlich kam der Prinz zum wichtigsten Punkt. König Alfons stand vor einem Besuch in London, wo man ihn als Mitglied der königlichen Familie betrachtete.* Wie wäre es, wenn ihn Otto für zehn oder fünfzehn Tage begleitete als sein persönlicher Gast? In England herrschte eine tiefe Abneigung gegen das eben errichtete Hitler-Regime, und diese Stimmung sollte genützt werden, so lange sie virulent war. Was das Programm betraf, so versprach Alfons, »Otto dem König Georg V. und einigen mächtigen Persönlichkeiten vorzustellen und eine Besichtigungstour durch Arsenale und Kasernen zu organisieren«.

Dann folgten diverse Versicherungen, die eher der Mutter als der Kaiserin galten. Sixtus beteuerte seiner Schwester, der König habe »gelobt, er werde Otto nicht in Nachtlokale oder andere Vergnügungsstätten mitnehmen ... Otto wird Alfons' Gast sein und in London ist das Leben ohnedies billiger als in Paris, in finanzieller Hinsicht ist also nichts zu befürchten.«

Es gab allerdings zwei Bedingungen. Der junge Prinz mußte die entsprechende Garderobe im Reisegepäck haben – einen Smoking fürs Dinner und elegante, gutsitzende Anzüge für den Tag. Und »vor allem, vor allem! muß er sich das Haar schneiden lassen. Wenn er das verabsäumt, wird ihn der Erzbischof aus Westminster verbannen.«

---

* Am 31. Mai 1906 hatte er Prinzessin Victoria Eugenie (Ena) geheiratet, die Tochter der verwitweten Fürstin Beatrice von Battenberg, jüngster Schwester König Eduards VII. Als die Neuvermählten die Madrider Kirche Los Geronimos verließen, warfen Anarchisten eine Bombe. Es gab Opfer, und das Brautkleid wurde mit Blut befleckt – ein bedeutsames Omen für kommende Zeiten!

Sixtus und Bruder Xavier (ebenfalls Tafelgast bei Alfons) flehten gemeinsam ihre Schwester an, dem Vorschlag zuzustimmen. Der Umstand, daß der Besuch in London gleichzeitig mit einer internationalen Wirtschaftskonferenz erfolgen werde, zu der sich auch Bundeskanzler Dollfuß angesagt hatte, »wird auf der ganzen Welt ungeheuren Eindruck machen«. Doch Zita würde im Namen ihres Sohnes unverzüglich handeln müssen, da Alfons demnächst abreise. Sixtus schließt mit einer für ihn kennzeichnenden Pointe. Er vertraut seiner Schwester an, er werde nun die Mätresse eines französischen Spitzenpolitikers aufsuchen und hoffe, den Einfluß der Dame für Ottos Sache nützen zu können.

Entweder wurde sein Brief durch einen Sonderkurier befördert, oder die internationalen Postverbindungen funktionierten perfekt, denn schon am nächsten Tag, dem 22. Juni, trat Zita in Aktion mittels Handschreiben an König Georg V. Darin fragte sie an, ob König Alfons' vorgeschlagene Einladung an ihren Sohn genehm sei, in welchem Fall sie hocherfreut wäre, wenn er am Hof empfangen werden könnte. Er würde als Herzog von Bar reisen, seinem Inkognito, das er seit der Ankunft in Belgien verwendete. Der Brief ist auf Französisch verfaßt, damals protokollarischer Usus für die Korrespondenz zwischen Monarchen, und dem Protokoll gemäß unterschrieben mit: »Eurer Majestät sehr geneigte Schwester und Cousine.«[14]

Zu jenem Zeitpunkt muß die Zustimmung für den Besuch Ottos in Anbetracht seines Förderers, nämlich König Alfons, fast als ebenso reine Formsache erschienen sein, wie der gebotene Stil der schriftlichen Äußerung. Aber eben jener Förderer hatte bald sehr Unerfreuliches mitzuteilen. In einem Brief vom 26. Juni an Zita schreibt Alfons aus dem Londoner »Claridges Hotel«, er sei bereits bei einem Familien-Lunch im Buckingham-Palast geladen gewesen, und der König und die Königin hätten die Idee einer London-Reise Ottos »großartig« gefunden. Allerdings müsse Georg V. das Außenamt konsultieren, selbst wenn es sich um einen inoffiziellen Besuch handle. Am nächsten Tag lagen die Ergebnisse dieser Konsultation vor. Der Privatsekretär des Königs suchte den spanischen Monarchen auf und gab die denkbar höflichsten Ausflüchte weiter. Seine Majestät »wüßte es sehr zu schätzen, wenn Otto seinen Besuch bis zum Herbst verschieben wollte, denn er [der König] sei im Moment sehr beschäftigt, werde sodann für einige Tage von London abwesend sein und danach finde die Cowes-Woche* statt«.[15]

Im Archiv von Schloß Windsor ist festzustellen, was geschehen war. Der Sekretär des Königs, Sir Clive Wigram, schrieb am 26. Juni an den Leiter des Außenamts, Sir Robert Vansittart, legte den Brief der Kaiserin Zita bei und erbat das Konzept einer Antwort. Wigram hatte bereits andere Leuchten des Außenamts befragt, und diese hatten sich wegen politischer Implikationen mit aller Entschiedenheit gegen den Plan ausgesprochen. Der Schlußsatz seines Briefs: »Ich glaube, König Alfons stellte sich vor, er könne den Herzog von Bar einfach als Privatmann ins Land bringen, aber dies wäre natürlich unmöglich, weil er doch de facto ein Thronprätendent ist.«[16]

Falls Vansittart im Zweifel über den Modus der Antwort gewesen sein sollte, dann half ihm am nächsten Tag ein Telegramm von Sir Eric Phipps, dem britischen Botschafter in Wien, über etwaige Bedenken hinweg. Verschwiegenheit war nicht gerade die Stärke der österreichischen Monarchisten, und einer von ihnen hatte im Gespräch mit dem britischen Diplomaten alles über das Projekt ausgeplaudert. Phipps' Kommentar: »Ich befürchte, daß dieser Besuch, der vermutlich nicht geheimgehalten werden könnte, zu den abenteuerlichsten Gerüchten Anlaß geben und hier bei gewissen Kreisen Hoffnungen im Hinblick auf eine beabsichtigte Restauration der Monarchie erwecken würde.«[17]

Zwei Tage später, am 29. Juni, sandte Georg V. an Zita die Antwort, die seine Regierung für ihn ausgearbeitet hatte. Der wichtigste Absatz:

> »Es wäre für die Königin und Mich selbst eine Freude gewesen, Erzherzog Otto kennenzulernen, aber man gab Mir zu bedenken, daß, falls er nach England käme, bei der gegenwärtigen unsicheren Lage Mitteleuropas, seine Anwesenheit in diesem Land unweigerlich Anlaß zu Mutmaßungen und Gerüchten gäbe, die nicht nur für Meine Regierung, sondern vielleicht auch für Sie und Ihren Sohn peinlich wären.«[18]

---

* Cowes auf der Insel Wight ist für seine Regatten berühmt.

Kein Wort über die Möglichkeit eines Besuchs im weiteren Verlauf des Jahres oder irgendwann zu einem künftigen Zeitpunkt. Der einzige Trost, den das Schreiben bot, war sein Stil, das briefliche Äquivalent eines Geschützsaluts von achtzehn Schüssen. Das Kuvert trug die Adresse »An Ihre Kaiserliche Majestät Kaiserin Zita«, und der König unterschrieb mit der Präambel: »Ich bin, Madame Ma Cousine, Eurer Kaiserlichen Majestät guter Cousin«.*

Während Zita die europäischen Karten für Otto mischte, so gut sie konnte, machten sich zwei davon so störend bemerkbar, daß sie 1934 schließlich aus dem habsburgischen Spiel ausgeschieden werden mußten. Der eine Fall war Erzherzog Leopold aus der Salvator-Linie. Sein Register skandalöser öffentlicher Entgleisungen reichte Jahre zurück. Begonnen hatte es im Winter 1926/27, als er in New York mit einer Sammlung von Antiquitäten aufkreuzte, die er verkaufen wollte. Die Auktion brachte nur geringen Erlös, deshalb brauchte er bald wieder Bargeld. Vergeblich versuchte er sein Glück bei großen Damen der amerikanischen High-Society, denen er zunächst mit seinem Titel imponiert hatte. Schließlich kam ihm die Idee, einen öffentlichen Spendenaufruf vom Stapel zu lassen. Dies allein war schon eine Frechheit. Was die Sache weit schlimmer machte, war, daß er ohne Aviso oder Erlaubnis die – noch immer oder wieder königliche – ungarische Botschaft in Washington zu seiner Sammelstelle bestimmte. Am 27. April 1927 erhielt der Botschafter László Graf Széchényi zu seiner Verblüffung ein Telegramm von Erzherzog Leopold, der zu dieser Zeit per Auto durch Kalifornien kutschierte. Darin war die Botschaft als Adresse für Spendensendungen angegeben. Sofort kabelte der Diplomat an Leopolds Sekretärin, protestierte gegen solche Eigenmächtigkeiten und tadelte den Erzherzog wegen des »taktlosen« Telegramms.

Das Wort »taktlos« provozierte Leopold zu einer Reaktion, die man nur als Tollheit bezeichnen kann. Er depeschierte zurück: »Im Besitz Ihres beleidigenden Telegramms, fällt es mir schwer, gegen

---

* Dies war die Höchstform der Anrede im Umgang mit der exilierten Kaiserin. Hätte ihr Thron noch bestanden, dann wäre das Wort »Bruder« geboten gewesen.

Sie, Graf, einen früheren Lakaien meiner Familie, diesen Schritt zu unternehmen, aber ich bin bereit, Sie als würdig zu betrachten, mir Genugtuung zu geben und werfe Ihnen meinen Handschuh ins Gesicht.«[19] Mit anderen Worten: eine Herausforderung zum Duell. Dieses fand niemals statt, schon deshalb, weil es auf europäischem Boden auszutragen gewesen wäre und Leopold nicht einmal Geld für eine Schiffspassage auftreiben konnte; und auch, weil Széchényi, der für den Sommerurlaub nach Europa zurückgekehrt war, bei einem Autounfall ein Auge verlor.

Inzwischen häuften sich in Amerika Leopolds Unverschämtheiten. Daß er Graf Széchényi zum Duell gefordert hatte, hinderte ihn nicht, die amerikanische Schwiegermutter dieses »Lakaien«, zufällig eine geborene Vanderbilt, um ein Darlehen in Höhe von 25 000 Dollar anzugehen, zwecks Tilgung seiner drückendsten Schulden. Dann geriet er auf der Suche nach Barschaft in einen neuerlichen Skandal, der die Familie an einer viel empfindlicheren Stelle traf. Die schon bejahrte Erzherzogin Maria Theresia benötigte damals ebenfalls Geld und versuchte daher, ein kostbares Diamantenkollier in Amerika zu verkaufen. Der Handel endete in den Fängen einiger dubioser Figuren – anscheinend das Schicksal des habsburgischen Familienschmucks! Einer davon war Erzherzog Leopold, dem es gelang, 20 000 Dollar der Verkaufssumme zu kassieren (ursprünglich hatte er 50 000 Dollar verlangt), und zwar als Honorar für die »Bestätigung der Herkunft« des Stückes. Er hatte das Collier nie im Leben gesehen und bereicherte sich skrupellos auf Kosten seiner Verwandten.

Wie und wann er es anstellte, nach Wien zurückzukehren, ist nicht bekannt, nur daß der Mißratene hier seine allergrößte Lumperei beging. In der Nacht vom 16. zum 17. Januar 1932, mitten im Wiener Fasching, ging er vom Schlaraffia-Ball in die Bristol-Bar, damals das bei der Wiener Gesellschaft beliebteste Nachtlokal. Lärmend und schon ziemlich ramponiert tanzte und trank er hier in den frühen Morgenstunden, wobei er das erhabenste katholische Ehrenzeichen, den Orden vom Goldenen Vlies, in einer nicht genauer angegebenen, empörenden Weise an sich trug. Den ausländischen Gästen in der Bar mochte das als Scherz im Suff erscheinen. Für die anwesenden österreichischen Konservativen wie Graf Arco (die alles ent-

344

setzt mitansahen) war es, als spielte jemand mit der Tiara des Papstes Fußball. Im Bericht an die Kaiserin steht zu lesen:

»Wer Ritter vom Goldenen Vliess [sic!] ist, muß wissen, daß er diesem höchsten Orden Achtung schuldig ist. Wer den Orden so mißachtet, wie Erzherzog Leopold es bei diesem Anlasse getan hat, ist nicht würdig, ihm weiter anzugehören.«[20]

Erst achtzehn Monate später, nach langwierigen brieflichen Erörterungen zwischen der Kaiserin und ihrem Schwager Erzherzog Max, dem Verweser des Ordens in Wien, wurde der Frevler ausgeschlossen. Diese Verfügung traf Otto, »Seine Majestät der Kaiser und König, als Chef und Souverain des Ordens vom Goldenen Vliess [sic!]« in einem geheimen internen Dokument, das allerdings seine Mutter verfaßt hatte.

Ähnliches gilt für den zweiten Fall, der 1934 auf eine Entscheidung zutrieb. Dieser wog weitaus schwerer, denn es ging um keinen anderen als Erzherzog Albrecht, ein Mitglied des Erzhauses, also der regierenden Linie, und innerhalb der Familie einer von Ottos exponiertesten Rivalen als Anwärter auf den vakanten Thron Ungarns. Das Problem lag hier nicht in skandalösem Verhalten, sondern in einer morganatischen Ehe. Damit hatten die Habsburger immer wieder ihre Not. Schon Anno 1557 hatte Erzherzog Ferdinand, Landesherr von Tirol, durch seine Heirat mit der Augsburger Patriziertochter Philippine Welser allerlei Komplikationen heraufbeschworen. Das Haus Habsburg hatte das alte römische Rechtsmittel des »Matrimonium ad Morganaticam« angewandt und für alle Ehen mit Unebenbürtigen drei grundsätzliche Bedingungen festgelegt: das Familienmitglied muß vorher die Erlaubnis des Souveräns erbitten und auf alle Rechte der Erbfolge verzichten, seine Nachkommen haben einen anderen Namen und eigens verliehene Adelstitel zu tragen.* Albrecht

---

* Der klassische Fall der Anwendung dieser Regel war in der berühmten Liebes- und Ehegeschichte des Erzherzogs Johann gegeben, der am 2. September 1832 seine Auserwählte heiratete, Anna Plochl, Tochter des Postmeisters von Aussee im steirischen Salzkammergut. Sie wurde zunächst in den Stand einer »Freifrau von Brandhof« erhoben, so hieß das steirische Mustergut, wo sich das Paar ansässig machte. Später wurde sie »Gräfin von Meran«, das ist der Name, den ihre und Johanns Nachkommen noch heute führen.

hatte sich nach keiner dieser Hausregeln gerichtet, als er am 16. Juli 1930 ausgerechnet im englischen Seebad Brighton Irene von Rudanay ehelichte, die geschiedene Gattin eines ungarischen Diplomaten. Sie war sechsundzwanzig Jahre alt und galt als eine der schönsten Frauen von Budapest (was gerade in jener Stadt sehr viel heißen will), wo das Paar Wohnung nahm.

Im Mai 1930 hatte Albrecht die Kaiserin in Steenokkerzeel besucht, um Otto anläßlich seiner bevorstehenden Großjährigkeit in aller Form ein Treuegelöbnis zu leisten. Dies gab Zita den Mut, in einem Brief an seinen Vater, Feldmarschall Erzherzog Friedrich, die Hoffnung zu äußern, Albrecht habe mit diesem Schritt einen Strich unter all die Ereignisse der vergangenen Jahre gezogen[21] (womit sie natürlich die Intrigen um den ungarischen Thron meinte). Doch als die Loyalitätserklärungen in Steenokkerzeel eintrafen, zeigte sich, daß Vater und Sohn sich nicht eindeutig festlegen wollten. So schrieb der Feldmarschall, das älteste lebende Mitglied des Erzhauses, an die Kaiserin, die seine angeheiratete Nichte war, er müsse in seiner »von Euer Majestät wiederholt anerkannten unverrückbar treuen Gesinnung auf die Aufforderung, unserem [sic!] Allerhöchsten Familienchef heute schon als Souverain offiziell anzuerkennen«, offen antworten. In seinem Brief vom 13. Juli 1930 wies er darauf hin, daß drei Jahre nach dem Zerfall der Monarchie, also 1921, in Ungarn ein Gesetz erlassen wurde, durch das die Dynastie alle Anrechte auf den Thron verlor.* So schmerzlich dies auch sei, »muß ich heute mich diesem Gesetze fügen, u. kann u. darf als ungarischer Staatsbürger keine, dem Gesetze zuwiderlaufende Handlung begehen, so wie sie in der Unterfertigung der mir von Euer Majestät übersandten Erklärung bestünde.«[22]

Dieses Schreiben aus dem Schloß des Erzherzogs im westungarischen Mosonmagyarovár (Ungarisch-Altenburg, nahe der österreichischen Grenze) machte auf fast beschämende Weise klar, daß der betagte Feldmarschall vor allem von dem Wunsch geleitet war, seinen Besitz unter dem Regime des Reichsverwesers Horthy gesichert zu wissen. »Mit der Hochherzigkeit einer Monarchin«

---

* Siehe Kapitel 14

werde Zita verstehen, daß er »dem Lande, welches einzig und allein von allen Ländern der Monarchie uns aufgenommen, uns unseren Besitz belassen, ja mehr noch uns gegenüber nicht nur eine loyale, sondern in jeder Hinsicht aufmerksame Haltung bekundet hat, tiefen Dank schulde«. Es war traurig, daß der schon in der Vorkriegszeit reichste der Erzherzöge im Alter so dachte.

Aber es genügte, um die Kaiserin davon zu überzeugen, daß es keinen Grund gab, den Sohn betreffs der Ehefrage mit Glacéhandschuhen anzufassen.

Dies war keine politische, sondern eine Familienangelegenheit. Im Verlauf der nächsten zwei Jahre drängte Zita als die Instanz, welche die Agenden dieser Familie führte, Albrecht immer wieder, seine in Brighton standesamtlich geschlossene Ehe, die weder von der katholischen Kirche noch von der Dynastie anerkannt wurde, zu lösen. Das lehnte er rundweg ab. Am 23. Februar 1932 richtete die Kaiserin an den Vater eine schriftliche Warnung: Wenn Albrecht weiterhin ihre Forderungen ignoriere, könnte sie sich gezwungen sehen, zum letzten Mittel zu greifen und ihn aus der Familie auszustoßen. Es verstrichen noch zwei Jahre der Bitten und der Drohungen, bis schließlich eben das geschah. Vorher erging mit dem Datum des 11. Februar 1934 und mit Ottos Unterschrift ein Rundschreiben an alle erwachsenen Erzherzöge. Darin war festgelegt, daß für eine morganatische Ehe Ottos Erlaubnis nur erteilt werde, wenn der Betreffende zuerst freiwillig seinen Austritt aus dem Kaiserhaus erkläre.[23] Dreizehn der vierzehn Erzherzöge akzeptierten binnen weniger Wochen brieflich. Doch der letzte, nämlich Albrecht, reagierte erst nach vier Monaten, indem er bloß den Empfang des Zirkulars bestätigte. Wieder vier Monate später, am 27. November 1934, erhielt er ein Schreiben aus Steenokkerzeel. Darin stand nur ein einziger Satz: der Befehl, »unser Haus zu verlassen«.[24] Albrecht hatte sich buchstäblich selbst ausgeschlossen.

Der Herbst 1934 bietet eine gute Warte, um die Odyssee der Exilierten zu überblicken. Otto hatte sein Studium absolviert, und die Zeiten, in denen seine Mutter allein als Sachwalterin über die Geschicke der Familie entschied, näherten sich ihrem Ende. Von nun an nahmen sie die Angelegenheiten gemeinsam wahr oder, wie

Otto es formulierte: im Verhältnis »fifty-fifty«. Der im Vergleich zu den früheren Jahre erheblich erweiterte Radius ihrer Aktionen zeigt sich am deutlichsten am wachsenden Umfang ihrer geheimen Codeverzeichnisse. In Lequeitio enthielt das Verzeichnis kaum viel mehr als die Namen ihrer Vertrauensleute in den Städten und Bundesländern Österreichs. In den Chiffrierlisten aber, die Ende des Jahres 1934 in Steenokkerzeel als Behelfe dienten, waren große und kleine, feindliche, neutrale und freundlich gesinnte Staaten ganz Europas erfaßt, mit Codenamen für alle Spitzenpolitiker und Staatsmänner.

Dollfuß trat im Verzeichnis nicht mehr auf. Er war am 25. Juli 1934 von nationalsozialistischen Putschisten zu Beginn ihres rasch scheiternden Umsturzversuchs im Bundeskanzleramt ermordet worden. Nun mußte man mit »Luprecht« rechnen, dem neuen Bundeskanzler Kurt von Schuschnigg. Anders als sein Vorgänger war er ein Erzmonarchist. Und anders als Dollfuß sollte er in seinen Überzeugungen wankend werden, sobald ihn die Deutschen unter Druck setzten. Auch die übrigen Akteure der herannahenden Krise – die zur allerersten Meinungsverschiedenheit zwischen Otto uns seiner Mutter führte – waren registriert: »Toldt« stand für den britischen Außenminister Anthony Eden, »Nagel« für Mussolini, den vormaligen Sympathisanten der Habsburger, »Budinski« für Göring und »Letay« für Hitler.[25] Sie alle sollten bald viel mehr sein als bloß Decknamen in einem Codebuch ...

18

Habsburg kontra Hitler

Das christliche Kruckenkreuz war als Symbol der »Vaterländischen Front« gewählt worden, um dem Hakenkreuz Trotz zu bieten. Mit der Ermordung von Bundeskanzler Dollfuß (im habsburgischen Codeverzeichnis »Lewiew«), dem Gründer der »Vaterländischen Front«, schien das Hakenkreuz triumphiert zu haben. Die Frage lautete nun, ob der Doppeladler vom Exil aus den Kampf um die Herzen und Köpfe von sechseinhalb Millionen Österreichern aufnehmen konnte. Diese Aufgabe war von Anfang an durch das Problem erschwert, überhaupt einmal festzustellen, wer die Monarchisten waren und wie sie unter ein gemeinsames politisches Dach gebracht werden konnten.

In Wien existierte bereits eine sogenannte Zentralkanzlei der legitimistischen Organisationen Österreichs unter der Leitung des Barons Friedrich von Wiesner, aber schon die Bezeichnung verriet, daß es sich dabei um keine gefestigten Strukturen handelte. Wie es der Mann, der als ihr Kaiser verehrt wurde, später ausdrückte:

»Die monarchistische Bewegung im Österreich der dreißiger Jahre bestand aus mehreren Gruppierungen unter verschiedenen Vorzeichen. Es gab religiöse Komponenten, politische Fraktionen, Frontkämpferbünde und, als das kompakteste, aktivste Element, den ›Reichsbund der Österreicher‹ mit etwa 20 000 Mitgliedern. Diese Bewegung konnte nicht als parlamentarische Partei auftreten, denn damit wäre sie politisch falsch eingestuft worden. Das Problem bestand immer darin, ihr auf irgendeine andere Art ein erkennbares politisches Profil zu geben. Sie nahm eine ähnliche Position ein, wie im England der

Nachkriegszeit die Liberalen: die Sympathien für sie waren viel weiter verbreitet als die eigentliche Mitgliedschaft.«[1]

Die Wurzel des Problems lag jedoch im Unvermögen jener sechseinhalb Millionen, ihre eigene Identität zu bestimmen. Dies hatte sich, wie schon ausgeführt, im Herbst 1918 deutlich gezeigt, als die Republik aus den Trümmern des Kaiserreiches erstand. Die Österreicher, jahrhundertelang die privilegierten Administratoren einer Vielvölkermonarchie, wußten damals nicht genau, mit wem sie auf natürliche Weise verbunden waren – mit der vertrauten, nun untergegangenen Dynastie oder diesem noch fremden neuen deutschen Nationalstaat, der neben den anderen Republiken in Mitteleuropa entstanden war. Als sechzehn Jahre später das Monarchische in Wien neuerlich Boden zu gewinnen trachtete, fühlten sie sich noch immer unsicher, und der Mann, der diesen inneren Zwiespalt markant verkörperte wie niemand sonst, war der neue Bundeskanzler Dr. Kurt von Schuschnigg. Für die nächsten vier Jahre wurde er zur Schlüsselfigur aller politischen Erwägungen in Steenokkerzeel.

Väterlicherseits war er Tiroler. Die Kindheit verbrachte er in slawischen Ländern der Monarchie, in Garnisonsstädten, wo die Offiziere der k. u. k. Armee sich strikt von der einheimischen Bevölkerung fernhielten. Vom zehnten bis zum siebzehnten Lebensjahr ging er durch die strenge Schule der Jesuiten, im Internat »Stella Matutina« in Feldkirch. Die Patres, die 1856 dieses Institut gegründet hatten, waren nicht Österreicher, sondern Deutsche; ihr Kultur- und Geistesgut wirkte auch weiterhin prägend. An allen Festtagen wehte die Flagge des Deutschen Reiches neben der schwarzgelben der Habsburger. Immer stand Deutsches im Vordergrund: Beethoven vor Mozart, Goethe vor Grillparzer, Friedrich der Große vor Maria Theresia. Als Hitler seine Thesen vom »Herrenvolk« verkündete, war Schuschnigg mit der Diktion bereits vertraut, wenngleich er den Inhalt nicht billigte.

Aber die andere Komponente seines Werdegangs war rein österreichisch, weil ganz auf die Dynastie orientiert. Sein Vater, Offizier der k. u. k. Armee, wurde 1898 als »Ritter von« in den Militäradelsstand erhoben. Mit anderen Worten, Kurt von Schuschnigg war dazu erzogen, sowohl Deutschland als auch die Habsburger zu verehren. Schon vor Hitlers Machtergreifung war es schwer, diese beiden Regungen in Einklang zu bringen. Nach 1933 wurde es unmöglich. Das war also der Mann »mit zwei Seelen in seiner Brust«, den Zita und ihr Sohn für sich gewinnen mußten.

Aus der Sicht der Exilierten ließ der Beginn seiner Ära manches erhoffen. Bereits in der am 1. Mai 1934 von Dollfuß verkündeten Verfassung des Ständestaates fehlten einige der alten republikanischen Habsburgergesetze. Am 13. Juli 1935 ging Schuschnigg noch einen Schritt weiter, indem er die Landesverweisung der kaiserlichen Familie aufhob, nur für Zita und Otto blieben bestimmte Einschränkungen in Geltung.* Gleichzeitig wurde der Privatbesitz des Herrscherhauses wieder den Eigentümern zugesprochen, allerdings blieb diese Rückstellung mit Ausnahme einiger Wertpapierkonten und mehrerer Liegenschaften (fünf Miethäuser in Wien) bloße Theorie.

Es war jedenfalls Zeit für einen persönlichen Gedankenaustausch zwischen dem monarchistischen Bundeskanzler und dem jungen Verbannten, den er als Souverän betrachtete. Aber wo konnte solch ein Treffen, das streng geheimgehalten werden mußte, stattfinden? Wie Otto viele Jahre später offenbarte, waren es wieder einmal die Bourbonen, die entscheidend halfen:

»Ein Graf de Bourbon-Busset** arbeitete beim französischen Geheimdienst in Paris und als man ihm das Problem vortrug, fand er eine Lösung. Seine Organisation hatte das Hôtel du Parc in Mühlhausen zur Gänze unter Kontrolle. Alle dort Beschäftigten, vom Portier bis zu den Stubenmädchen, arbeiteten für sie und völlige Sicherheit war gewährleistet. Er beteuerte mir,

---

* Sie hatten zugesagt, nicht ohne die ausdrückliche Bewilligung des Bundeskanzlers zurückzukehren, indes wurde diese in der Folge nie erteilt. Drei von Zitas Kindern nützten ihre neuen Freiheiten im vollen Ausmaß. Adelhaid hielt sich während der nächsten drei Jahre häufig in Österreich auf, vor allem zwecks karitativer Tätigkeit. Karl Ludwig kam nach Wien, um das Schottengymnasium zu besuchen, und Felix trat in die Theresianische Militärakademie in Wiener Neustadt ein. Andere, politisch weniger exponierte Mitglieder des Kaiserhauses lebten bereits wieder in Österreich, zum Beispiel der sehr populäre Erzherzog Eugen, der am 24. April 1934 zurückgekehrt war.

** Die Bourbon-Bussets waren die ehrwürdigste der verschiedenen Seitenlinien des Geschlechts, sie reichte bis ins 15. Jahrhundert zurück.

nichts, absolut nichts werde nach außen dringen, und so war es auch. Dort führte ich zwei streng geheime Gespräche mit Schuschnigg, dem ich vorher nur einmal begegnet war, als er 1933, zu dem Zeitpunkt als Unterrichtsminister, Paris besucht hatte. Das erste Treffen fand im September 1935 statt, das zweite im darauffolgenden Jahr. Beide Male wurde kein Wort dieser Unterredungen bekannt. Sogar nach 1938 und während des Krieges wurde das Geheimnis nie gelüftet. Das Hôtel du Parc war das einzige völlig ›luftdichte‹ Haus, das ich je kannte.«[2]

Diese Gespräche ergänzten klärende Diskussionen mit Mittelspersonen wie Graf Revertera, den die Kaiserin damit beauftragt hatte, bei Mussolini zu sondieren; der gesamte Komplex der legitimistischen Auffassungen und Probleme wurde erörtert, nicht wie zwischen Protagonisten, sondern wie zwischen Partnern bei einem heiklen gemeinsamen Vorhaben. So warf Schuschnigg die Frage der Stephanskrone auf, die eine Komplikation bedeutete. Wäre es Otto nicht möglich, auf den ungarischen Thron zu verzichten? Denn »dies würde die Lage [in Wien] wesentlich erleichtern«. Das lehnte der Erzherzog rundweg ab: »Wie sollen die Österreicher in mich Vertrauen haben, wenn ich meine ungarischen Getreuen verrate?«[3]

Was den Zeitpunkt einer Restauration betraf, meinte Schuschnigg 1935, sie wäre »nicht vor einem Jahr« durchführbar. Otto indes betonte das Erfordernis, rascher zu handeln, er verwies auf die Situation in Deutschland und auf die von Hitler mit erschreckendem Tempo betriebene Wiederaufrüstung. »Man könne kein Jahr warten.«[4]

Der Modus, wie ein Kaiser in die Hofburg zurückgebracht werden sollte, war ein weiteres, sehr heikles Problem, das nicht nur den beiden Wortführenden zu schaffen machte, sondern auch ihren beratenden Experten in Wien. Immerhin gab es die sogenannte »administrative Lösung« gemäß der Aufhebung des Einreiseverbots. Seit einiger Zeit wurde erwogen, die sterblichen Überreste Kaiser Karls in der Kapuzinergruft beizusetzen. Selbstverständlich würden seine Witwe und sein Erbe anwesend sein müssen. Könnte diese Gelegenheit nicht genützt werden? Der Gedanke, daß einer der engsten Anverwandten bei der Wiederbestattung Anstalten treffen könnte, seinen schwarzen Hut auf der Stelle in eine Krone umzuwandeln, zeigt klar, zu welch bizarren Phantasien sich die österreichischen Legitimisten hinreißen ließen. Tatsächlich wurde nie mehr über die »administrative Lösung« geredet. Alle Bemühungen um die Legalität konzentrierten sich nun auf die Ausarbeitung einer neuen Verfassung, die es der Monarchie ermöglichen würde, sich durch eine wohlweislich offengelassene Seitentür Eingang zu verschaffen.

Ein Exposé des prominenten Legitimisten Hans Karl Baron Zessner-Spitzenberg sah die Streichung des Wortes »Republik« vor. In dem »Bundesstaat« Österreich sollte der Bundespräsident – ein Platzhalter für Otto – von allen Bürgermeistern des Landes direkt gewählt werden. Auf diese Weise konnte man eine Quasi-Monarchie ohne die Heiligkeit des Königtums schaffen.[5] Nicht umsonst hatte Otto soeben sein Studium der Rechts- und politischen Wissenschaften mit Auszeichnung abgeschlossen. Er beteiligte sich mit einem dreißig Seiten langen handschriftlichen Exposé, in dem er seine eigenen ergänzenden Vorstellungen von der neuen Verfassung darlegte. Viele davon betrafen Mittel und Wege, um die in seiner alten Heimat ansteigende Woge des Nationalsozialismus einzudämmen. Die von ihm vorgeschlagenen Abwehrmaßnahmen waren so drastisch wie die Bedrohung. Die Presse würde, praktisch gesehen, frei sein, aber in den Redaktionen wären bewährte Patrioten einzusetzen, um die Blattlinie zu bestimmen. Alle Rundfunkstationen wären unter staatliche Kontrolle zu stellen. Filme würden strikter Zensur unterworfen, Schulbücher von allem gesäubert, was nicht einen patriotisch österreichischen und eindeutig christlichen Charakter trug. Auch manche seiner anderen Vorschläge hatten einen Zug zum Rigorosen: Einstellung aller Zeitungen, die unmoralische Feuilletons oder Romane druckten und die Einführung von Leibesstrafen für alle Gewaltakte.[6] Anmerkungen in der Handschrift seiner Mutter zeigen, daß es sich weitgehend um ein gemeinsames Elaborat handelte.

Ganz abgesehen davon, ob und wie die Moral gerettet werden sollte, stand 1936 außer Zweifel, daß Österreich durch den Nationalsozialismus große Gefahr drohte. Gewisse Hoffnungen auf Schutz gegen Hitler durch Maßnahmen auf internationaler Ebene waren einige Monate lang gegeben, dann aber wieder geschwunden. Mussolini, der am Tag der Dollfuß-Ermordung als deutliches Warnsignal an Hitler ganze Divisionen an den Brenner verlegt hatte, war im April 1935 über die andauernden Umtriebe der Nationalsozialisten an seiner Nordgrenze so beunruhigt, daß er eine außenpolitische Gegenaktion versuchte. Mit Großbritannien und Frankreich bildete er die sogenannte »Stresa-Front«, die sich vor allem gegen die einseitige Aufkündigung des Versailler Vertrags durch Deutschland wandte (eines der Resultate war die deutsche Wiederaufrüstung). Er verpflichtete sich zu »gemeinsamen Beratungen« mit den westlichen Demokratien, falls die österreichische Unabhängigkeit gefährdet werde. Wie die drei Mächte aber sofort betonten, als es in Wien zur letzten Krise kam, waren damit keineswegs militärische Garantien verbunden. Doch selbst dieses schwache politische Schutzdach zerfiel, als der Duce voll Pathos den Angriff auf Äthiopien befahl. Italiens Aufmerksamkeit und sein Militärpotential vollzogen eine Kursschwenkung vom Donau-Alpenraum zum Oberlauf des Nils. Mussolinis so oft zitierte »Wacht am Brenner« wurde zu einem Vorposten mit Ferngläsern statt Geschützen. Zu dem Zeitpunkt, als der Duce sein ihm so kostbares nordafrikanisches Imperium errungen hatte, war die Vorherrschaft des Führers auf dem europäischen Kontinent unbestritten.

Gleichzeitig wurde Schuschniggs Österreich von innen her sturmreif gemacht. Durch organisierte Wühlarbeit und Straßenkrawalle trachteten die illegalen Nationalsozialisten die Grundfesten des Staates zu erschüttern; NS-Propaganda strömte auf Umwegen über Sport und Kultur ins Land, die Skala reichte von deutschnationalen Bergsteigervereinigungen bis zu Sängerbünden. Doch viel gefährlicher war während jener Phase ein Mann, der sich ungleich eleganterer Mittel bediente: Franz von Papen, einer von Hitlers Vorgängern als Reichskanzler; der Führer hatte ihm das verlockende Angebot gemacht, als deutscher Botschafter nach Wien zu gehen, um nach dem Mord an Dollfuß die Beziehungen zu normalisieren und die Wogen weltweiter Empörung zu glätten. Diese Ernennung war für Österreich verhängnisvoll, denn Papen, ein katholischer Westfale, war charmant wie ein Wiener, aber doppelt so schlau. (Schon vor seinem Amtsantritt hatte Zita ihren Sohn gewarnt, sich nicht von ihm betören zu lassen.)

Papens Taktik der kleinen Schritte zu einer Verbesserung der deutsch-österreichischen Beziehungen gipfelte in einem Triumph, als nach zwölfmonatigem geduldigem Verhandeln das zwischenstaatliche Abkommen vom 11. Juli 1936 geschlossen wurde. Darin erkannte Hitler (offiziell: die Reichsregierung) feierlich »die volle Souveränität des Bundesstaates Österreich« an und räumte ein, daß die Frage des Nationalsozialismus in Österreich eine innere Angelegenheit sei, auf die man von außen nicht einwirken werde. Angesichts des Faktums, daß alles, was die illegalen Nationalsozialisten in Österreich gewaltsam oder gewaltlos unternahmen, von Deutschland aus gesteuert wurde und diese Aktionen unvermindert anhielten, war eine solche Verpflichtung bloß ein Lippenbekenntnis. Doch selbst dafür hatte Schuschnigg notgedrungen einen hohen Preis zu bezahlen. Er mußte öffentlich die Zusage geben, sein Land werde künftig seine Politik »stets auf jener grundsätzlichen Linie halten, die der Tatsache, daß Österreich sich als deutscher Staat bekennt, entspricht«.[7] Aber ein noch viel gefährlicheres Zugeständnis: Er sah sich genötigt, zwei von Hitler nominierte Männer in seine Regierung aufzunehmen. Der eine war Dr. Edmund Glaise-Horstenau, ehemaliger Generalstabsoffizier, später Militärhistoriker, ein Mann, der womöglich noch deutscher fühlte als sein Kanzler; er wurde zum Minister ohne Portefeuille ernannt und mit der ungemein heiklen Aufgabe betraut, über den vereinbarten inneren Waffenstillstand zu wachen. Der andere war der geschmeidige, ehrgeizige Dr. Guido Schmidt, ein Schulfreund Schuschniggs aus den Zeiten an der »Stella Matutina«; er wurde Staatssekretär für auswärtige Angelegenheiten, um zu gewährleisten, daß die österreichische Diplomatie in den von Berlin gebilligten Bahnen verlief. Keiner von beiden war Nationalsozialist, und Schmidt gab sich gern das Ansehen eines Monarchisten, bis dies zu riskant wurde. Doch wie sie wirklich dachten, war unbekannt und spielte für die Außenwelt auch gar keine Rolle. Unter solchen Auspizien hätten sie ebensogut gleich die Hakenkreuzarmbinde tragen können.

So sahen jedenfalls Zita und ihre kleine Gruppe der Exilanten in

Steenokkerzeel das Juli-Abkommen: Österreichs Souveränität wurde eher höhnisch in Frage gestellt als gestützt, und da in diesem Fall jegliches »Gentleman's Agreement« nur *einen* Gentleman betraf, erschien ihnen das Resultat offenkundig. Schon vor Hitlers Machtergreifung hatte Zita die Habsburgerdynastie als die einzige feste Barriere betrachtet, die verhindern konnte, daß die Republik Österreich von Deutschland annektiert wurde. »Eines müssen die europäischen Großmächte erkennen«, hatte sie geschrieben, »wenn sie gegen einen Anschluß sind, dann müssen sie die Restauration unterstützen.«[8] Und Hitler hatte nie daran gezweifelt, daß nur unter Habsburgs Banner die Kräfte aller Klassen und Parteien in Österreich gegen ihn aufgeboten werden könnten. Nun, nach dem Juli 1936, begann der offene Kampf. Goebbels' Propagandaapparat startete eine haßerfüllte Kampagne gegen die Dynastie im allgemeinen und gegen »Zita, die Frau in Schwarz«, im besonderen. Eilig begannen die Exilierten Bastionen zu errichten, soweit ihnen dies möglich war.

Ein Ergebnis ihrer Bemühungen war die Bildung des »Eisernen Ringes« in Österreich als einer Dachorganisation für alle Monarchisten. Ehrenpräsident war Herzog Max von Hohenberg, einer der beiden Söhne von Erzherzog Franz Ferdinand. Geschäftsführender Präsident war Baron Wiesner, als führender Kopf des monarchistischen Lagers anerkannt. Zu den Förderern, Vizepräsidenten und Komiteemitgliedern zählten, außer den obligaten ehemaligen Offizieren der k. u. k. Armee, aktive Universitätsprofessoren, Bürgermeister, Bankdirektoren, Magistratsbeamte, Lehrer und eine gewisse Marie Reiter, Inhaberin einer Papierwarenhandlung. Es hatte offenbar großer Anstrengungen bedurft, um den Ring zu schließen. Die Liste seiner Funktionäre trägt von Ottos Hand den Vermerk: »Endlich zusammengestellt am 17. 11. 1936.«[9]

Auch Schuschnigg bemühte sich während des Winters 1936/37, einiges in Gang zu bringen; dies war aber ein womöglich noch schwierigeres Unterfangen als jenes, vor dem die Monarchisten standen. Der Bundeskanzler, der in jenen Monaten eine Restauration ernsthaft in Betracht zu ziehen begann, versuchte dafür in Rom und sogar in Berlin einen Weg zu bahnen. Ein Appell war an Mussolini selbst gerichtet, und zwar in der Form eines inoffiziellen

Memorandums, das am 6. November 1936 dem Diktator von seinem Schwiegersohn, dem italienischen Außenminister Graf Ciano, übergeben wurde. In diesem Schreiben werden die Auffassungen der beiden Gruppen – der Regierung und der Legitimisten – ausführlich dargelegt, insbesondere ihre Einmütigkeit über die Ziele, aber auch die unterschiedlichen Ansichten über den Zeitpunkt:

>Der Kanzler teilt die Ansicht der Führung der legitimistischen Bewegungen, daß die endgültige Stabilisierung Österreichs nur durch die Restauration herbeizuführen sei. Sie allein könne die Kontinuität in der Staatsführung herbeiführen und durch Herbeiführung einer Befriedung der Bevölkerung zur Überwindung der nationalen Dynamik gelangen. Dagegen sind Kanzler und Legitimismus weniger einig über [den] Zeitpunkt der Restauration. Während er die internen Schwierigkeiten in den Vordergrund stellt, die auch der Legitimismus nicht verkennt, sieht dieser in den Auswirkungen des Abkommens vom 11. Juli eine imminente Gefahr, die rasches Handeln erfordert, soll es nicht zu spät sein.

Der Legitimismus ist der Ansicht, daß Deutschland die Unabhängigkeit Österreichs nicht dauernd will, während die österreichische Regierung in diesem Punkt unsicher, eher zweifelhaft ist und zugibt, daß von deutscher Seite Versuche der friedlichen Durchdringung gemacht werden, die sie glaubt abwehren und aufhalten zu können.<

Diese Denkschrift, die deutlich Wiesners Stil zeigt, schließt mit einem monarchistischen Fanfarenstoß:

>Die Restauration als Rettung der österreichischen Unabhängigkeit.

Die Restauration bringt eine traditionelle, jetzt auch unverbrauchte Autorität. Sie kann aus den jetzt oppositionellen Kräften alles an sich ziehen, was nicht radikal nationalsozialistisch und kommunistisch ist.

Sie kann die gemäßigten Sozialdemokraten gewinnen. Sie kann katholisch sein, ohne klerikal zu sein. Sie kann gegen Korruption vorgehen. Sie kann die Ständeverfassung reformieren. Dem Legitimismus glaubt man Willen zur Unabhängigkeit. Er bringt eine Idee und ein Ziel. Aber man darf keine Zeit verlieren.«[10]

Es gibt keine Aufzeichnungen über Mussolinis Reaktion, doch da er bereits 1934 von den Habsburgern abgerückt war, hat er wohl nur die Achseln gezuckt. Außerdem war er mittlerweile keinesfalls in der Lage, etwas für Wien zu unternehmen, selbst wenn er es gewollt hätte. Die Reaktion auf den Schritt, den Schuschnigg persönlich drei Monate später bei den Deutschen setzte, ist offiziell belegt. Der Reichsaußenminister Konstantin Freiherr von Neurath schilderte die ausführlichen Erörterungen dieses Themas am 23. Februar 1937 während seines Besuchs in Wien. In einem mit »Streng vertraulich« bezeichneten Memorandum über die Gespräche wird Schuschniggs Äußerung zitiert: »In Österreich ist das alte Herrscherhaus sehr beliebt und die Wiederkehr der Monarchie wäre die beste Möglichkeit, eine Beruhigung der innenpolitischen Lage zu erreichen.«[11] Der Bundeskanzler wollte es nicht bei Neuraths unverblümter Antwort, »eine habsburgische Restauration wäre für Österreich die beste Möglichkeit, Selbstmord zu begehen«, bewenden lassen. Als die beiden Herren später am selben Tag nochmals zusammentrafen, kam Schuschnigg immer wieder auf das Thema zurück. Natürlich werde er sich vor jeder derartigen Aktion mit Berlin in Verbindung setzen, »könne aber keine ausdrückliche Zusicherung geben, daß er in jedem Fall zunächst die Billigung des Deutschen Reiches einholen werde«. Dann verblüffte er seinen Besucher durch die Frage, ob die Ablehnung der Monarchie generell gelte oder gezielt den Habsburgern.

All dies bestätigte die Befürchtungen, die Papen bereits zu Beginn des Jahres nach Berlin gemeldet hatte; die Gesamtzahl der österreichischen Gemeinden, die Otto die Ehrenbürgerschaft verliehen, war zu dieser Zeit sprunghaft auf 1456 angestiegen. Auf Drängen seiner Mutter hatte er an seine österreichischen Getreuen eine Neujahrsbotschaft gerichtet, in der er sie mehr oder weniger deutlich dazu aufrief, sich zur Tat bereitzumachen. Eine Woche später, am 7. Januar 1937, reiste Schuschnigg in Begleitung von Guido Schmidt nach Einsiedeln bei Zürich, zum wichtigsten seiner Geheimtreffen mit dem Thronprätendenten. Der einzige schriftliche Beleg dieses – letzten – Gesprächs scheint das im Habsburger-Familienarchiv aufbewahrte Exemplar des Protokolls zu sein. Wie bei den beiden früheren Zusammenkünften war die Kaiserin aktiv an den Vorbereitungen beteiligt und gab ihrem Sohn sachliche Ratschläge. Das Protokoll von Einsiedeln bietet interessante Aufschlüsse, namentlich im Hinblick darauf, daß Schuschnigg in allen seinen späteren Publikationen diese Kontakte verschweigt. Schon der Titel des ersten Abschnitts läßt keine Mißverständnisse aufkommen, er lautet: »Vorbereitungen der Restauration«. Dann die Feststellung:

»Es besteht Einigkeit, daß diese jetzt energisch in Angriff genommen wird; Sch.[uschnigg] hat die Absicht, so schnell wie möglich im heurigen Jahre die Rest.[auration] unter den folgenden Gesichtspunkten durchzuführen, eventuell auch im Falle einer schweren europäischen Konflagration.

Sch. stellt seinen Plan ganz auf Deutschland, da er außer Deutschland keinen anderen eventuell aktiv auftretenden Gegner sieht. Er möchte daher einen Accord mit Deutschland schließen, der eine enge Zusammenarbeit Deutschlands und Österreichs auf außen- und militärpolitischem Gebiet herbeiführt.«[12]

Diese Erwägungen des Bundeskanzlers, in seiner Befürchtung motiviert, Hitler werde versuchen, eine Restauration durch Unruhen der Nationalsozialisten in Österreich zu sabotieren, wenn er nicht in den Plan eingeweiht werde, fanden nicht die Billigung Ottos (im Protokoll als »SM«, Seine Majestät, bezeichnet). Im Originaltext heißt es weiter:

»Auf die hingegen erhobenen Einwendungen SM wird beschlossen: 1) Dieser Plan wird zunächst ganz zurückgestellt, bis die Entwicklung der Krise in Spanien sich deutlich ausspricht. 2) Überhaupt wird Sch. keinen Schritt in dieser Richtung unternehmen, ohne vorher die Zustimmung SM erhalten zu haben. 3) Inzwischen wird Sch. seine Ideen formulieren und sie noch im Laufe des Jänner durch Prof. v. Verdross SM unterbreiten.

Sch. wird den Gedanken eines Accords mit Deutschland betreffend Rest. im Laufe des Februar in allgemeinen Zügen, aber nicht konkret, mit Mussolini erörtern.«

Dann folgt eine Analyse der voraussichtlichen Reaktionen in Ungarn und Jugoslawien und eine Bewertung von Schuschniggs innenpolitischer Situation, die, laut Übereinkunft, durch die Aufnahme bekannter Monarchisten in sein Kabinett verbessert werden sollte. Der Bundeskanzler sagte zu, ein- oder zweimal pro Monat Kontaktpersonen zu Otto zu entsenden und in Wien die Zusammenarbeit mit Baron Wiesner zu intensivieren.

Schließlich gab er ein bindendes Versprechen, das angesichts der kommenden Ereignisse denkwürdig ist: »Einem Prozeß aggressiver Art von Seiten Deutschl's gegen die Selbständigkeit von Österr. will Sch. mit Waffengewalt Widerstand leisten.«[13]

So trennten sich die beiden Männer, der Thronprätendent ohne Macht und der Bundeskanzler ohne Entschlußkraft. Wieder in Steenokkerzeel besprach Otto die Aussichten mit seiner Mutter. In späteren Jahren formulierte er die gemeinsame Beurteilung so:

»Wir waren beide der Meinung, daß alles von Schuschniggs Charakter abhing. Ich glaubte, daß seine Intentionen gut waren, daß er aber voller Komplexe war, ein Slowene,* der ein Deutscher sein wollte und dem es an Durchschlagskraft fehlte. Auch meine Mutter, die Schuschnigg niemals persönlich kennengelernt hatte, hegte große Zweifel an seinen Versprechungen und meinte, wie er sich im Moment auch äußern mochte, er werde versagen, sobald es wirklich darauf ankäme.«[14]

Im selben Monat, dem Januar 1937, reiste der damalige Generaloberst Hermann Göring, der bei der Eingliederung Österreichs die führende Rolle spielen sollte, nach Rom, um Mussolini den Standpunkt Berlins in dieser Frage eindeutig mitzuteilen. Ohne Umschweife sagte er, Italien habe keinen Anlaß zur Intervention, um die Vereinigung der beiden deutschen Staaten zu verhindern. Der Anschluß werde und müsse kommen. »Dieses Ereignis lasse sich

---

* Nach einer Überlieferung stammte die Familie aus Slowenien und schrieb ihren Namen »Šušnik«.

nicht aufhalten.« Er sprach deutsch, eine Sprache, die Mussolini verstand, aber um sicher zu sein, daß er richtig gehört hatte, bat er Görings Dolmetscher, alles auf Französisch zu wiederholen. Als dies geschehen war, schüttelte Österreichs großer Protektor von 1934 nur energisch den Kopf, sagte aber kein Wort.[15] Hätte Schuschnigg davon gewußt, er wäre vielleicht betroffen, aber kaum erstaunt gewesen. Denn der österreichische Botschafter in Berlin, Dr. Stephan Tauschitz, berichtete über gleichlautende Drohungen, die Göring im Verlauf von scheinbar durchaus freundschaftlichen Gesprächen geäußert hatte.

Gleichsam synchron mit diesen Mißtönen in der Außenpolitik stand auch das Verhalten der Nationalsozialisten im Land selbst unter dem Vorzeichen »Crescendo«. Anfang Mai 1937 erhielt Schuschnigg den ersten schriftlichen Beweis dafür, daß das Deutsche Reich sein im Vorjahr gegebenes Versprechen der Nichteinmischung gebrochen hatte. Eine schlagartige Hausdurchsuchung in der Zentrale der illegalen österreichischen NSDAP in der Helferstorferstraße im Wiener 1. Bezirk erbrachte Dokumente, aus denen hervorging, daß von Hitler selbst Weisungen stammten, die Subversion mit allen tauglichen Mitteln fortzusetzen. Sogar Herr von Papen mußte zugeben, daß diese Papiere sehr belastend waren.[16]

Einige Wochen später konnten die Exilierten in Steenokkerzeel schwarz auf weiß lesen, mit welcher Härte die Kampagne gegen sie geführt wurde. Das Beweisstück war die Abschrift des Befehls eines gewissen Rodenbuecher, »Führer des S.S.O.A. VIII« an alle verfügbaren »Kameraden der SS« in Wien, von Báron Wiesner organisierte öffentliche Versammlungen der Monarchisten zu sprengen. Diese Versuche, zu zeigen, daß »Österreich seinen Pseudokaiser will«, bedeuteten, so hieß es im Text, eine unerträgliche Herausforderung durch die »maßlosen Frechheiten der jüdisch-legitimistischen Bewegung«. Weiters besagte der Befehl: »Keine Versammlung darf ruhig durchgeführt werden!! Redner und Prominente sind tätlich anzugreifen. Vorhandene Tränengasphiolen sind mitzubringen und im gegebenen Moment zu verwenden.«[17] Fast so beängstigend wie der Wortlaut war das daruntergesetzte Datum: »Wien, im Julmond 1937«, als gelte in Österreich bereits der heidnische Kalender der alten Germanen.

Gegen Jahresende trugen Freund und Feind gleicherweise dazu bei, den Teufel an die Wand zu malen. Im November sagte Göring zu Peter Graf Revertera, dem Sicherheitsdirektor von Oberösterreich, der sich anläßlich einer Jagdausstellung in Berlin aufhielt, daß das deutsche »7. Armeekorps allein genügen würde, um innerhalb weniger Tage reinen Tisch zu machen«.[18] In einem anderen Gespräch gab er sogar den Zeitpunkt an, wann dies geschehen könnte: im Frühjahr 1938. Aus London kam eine Warnung des Außenministers Anthony Eden in einem privaten Schreiben an Guido Schmidt: Meldungen des britischen Geheimdienstes deuteten darauf hin, daß ein deutscher Aggressionsakt gegen Österreich unmittelbar bevorstehe. Eine Nachricht gleichen Sinnes sandte der polnische Außenminister Joseph Beck nach Wien.

Am 25. Januar 1938 erhielt Schuschnigg den Beweis für nationalsozialistische Komplotte, um ihn und seine Regierung gewaltsam zu stürzen. Die Verschwörer waren eben jene Personen, auf die er als Partner gezählt hatte. Ein Jahr zuvor hatte er der Bildung des sogenannten »Siebener-Komitees« oder »Siebener-Ausschusses« zugestimmt; diese Gruppe prominenter österreichischer Nationalsozialisten und Großdeutscher sollte versuchen, nationale Kreise für die »Vaterländische Front« zu gewinnen, und, wie Schuschnigg hoffte, eine Brücke zwischen ihm und Hitler zu schlagen. Eine naive Erwägung, denn die sieben, darunter der von Hitler als Gauleiter Wiens vorgesehene Dr. Leopold Tavs, waren nur daran interessiert, Brücken in die Luft zu jagen. Dokumente, die im Sitz des Komitees sichergestellt wurden, nachdem die österreichische Staatspolizei den für die Verbindung mit Berlin verwendeten Code geknackt hatte, enthielten genaue Angaben über das Zerstörungswerk. Neben dem »Aktionsprogramm 1938« gab es Pläne für Sabotage und Straßenschlachten von solcher Härte, daß Schuschnigg genötigt sein würde, Bundesheertruppen aufzubieten. Daraufhin würde das Deutsche Reich mit dem Einmarsch drohen, falls in Wien nicht die Bildung eines neuen, den Nationalsozialisten günstig gesinnten Kabinetts erfolgte. Bezeichnend, daß Guido Schmidt, der alte Freund und Vertraute des Bundeskanzlers, als Außenminister im Amt bleiben sollte. Es gab sogar ein marginales Komplott, um die jugoslawische Armee ins Spiel zu bringen, unter dem Vorwand, es gelte, drohende Aktionen für die Wiedererrichtung der Monarchie zu vereiteln. Schuschnigg sah sich gezwungen, die Verschwörer verhaften zu lassen, aber noch immer mied er Hitler, fürchtete die längst überfällige Konfrontation, wie jemand, der an immer ärger werdenden Zahnschmerzen leidet, aber den Gang zum Zahnarzt scheut.

Es blieb Hitler selbst überlassen, auf dringenden Rat Papens die Entscheidung am 12. Februar in Berchtesgaden herbeizuführen. Der Verlauf dieser historischen Begegnung ist so bekannt, daß hier ein kurzer Überblick genügt. Schuschnigg reiste um Mitternacht per Bahn von Wien ab (seine Skiausrüstung wurde so auffällig im Waggon verstaut, daß etwaige Beobachter daraus keine politischen Schlüsse zogen). Als der Bundeskanzler am Morgen des 12. Februar bei Salzburg im Auto die deutsche Grenze überquerte, war er noch immer der freie Regierungschef eines arg bedrängten, aber unabhängigen Staates. Als er abends zurückkehrte, hatte er seine Freiheit und die Selbständigkeit seines Landes gegen den zweifelhaften Kurswert weiterer Zusagen Hitlers verpfändet. Bei dem Treffen kam dem Führer zustatten, daß er über die österreichischen Verhandlungsgrundlagen bis in alle Einzelheiten informiert worden war, es waren jene »Punktationen«, die Schuschnigg vor der Reise mit seinen Fachleuten ausgearbeitet hatte. (Die Umgebung des Bundeskanzlers war mit NS-Informanten durchsetzt, von der einfachen Schreibkraft bis zu seinem persönlichen Sekretär, Baron Fröhlichsthal, der diesen Posten erhalten hatte, weil er ebenfalls einstiger Zögling der »Stella Matutina« war.)

Doch selbst ohne diese wertvollen Informationen hätte Hitlers Vorgangsweise den Sieg gebracht. Hinter all seiner aggressiven Rhetorik hielt er Zuckerbrot und Peitsche bereit, ein Wechselbad, das auf sein Opfer sorgfältig abgestimmt war. Zuerst gab es Drohungen mit nackter Gewalt, verstärkt durch die Anwesenheit dreier hoher Ränge der deutschen Generalität, die gleichsam als Edelkomparsen auf den Berghof beordert worden waren: »Wer weiß – vielleicht bin ich über Nacht auf einmal in Wien, wie der Frühlingssturm! ... Wollen Sie aus Österreich ein zweites Spanien machen? Das alles möchte ich, wenn es angeht, vermeiden.« Dem Löwengebrüll folgten Sirenenklänge der völkischen Einheit: »Ich gebe

Ihnen die einmalige Gelegenheit, Herr Schuschnigg, daß Sie auch Ihren Namen in die Reihen der großen Deutschen einreihen können.«[19]

Was Schuschnigg und Hitler an jenem Tag schriftlich festlegten, war faktisch ein Programm für die Austilgung Österreichs. So sollte eine Generalamnestie »für alle wegen nationalsozialistischer Betätigung gerichtlich oder polizeilich bestraften Personen« erfolgen. Um den »Pressefrieden« herzustellen, waren zwei namentlich genannte Gegner Hitlers ihrer Posten zu entheben (es handelte sich um Minister Eduard Ludwig und Bundeskommissär Oberst Walter Adam). Das Kabinett war umzubesetzen. Minister Glaise-Horstenau sollte das Ressort Verteidigung übernehmen. Die bei weitem wichtigste vorgesehene Ernennung betraf Arthur Seyss-Inquart (einen katholischen Jugendfreund Schuschniggs, nun völlig in das Niebelheim des Alldeutschtums entrückt), dem das Innenministerium und die Kompetenz für das Sicherheitswesen zugedacht war. Mit dieser Ernennung warf Schuschnigg den Torschlüssel einem Mann zu, der ihn auf Hitlers Geheiß im Schloß umdrehen würde. Und, wie sich zeigte, war die erste Handlung dieses alten Kameraden, der mit dem Bundeskanzler zur Schule gegangen war, mit ihm als Offizier an der Isonzo-Front gekämpft und sich später in freundschaftlichem Wettstreit mit ihm in Innsbruck um die Bestellung zum Rechtsanwalt beworben hatte, eine Reise nach Berlin, zwecks Beratungen mit seinem neuen Herrn.

Obwohl sich Schuschnigg mit der ihm eigenen Scheu vor Publicity bemühte, die Demütigung von Berchtesgaden zu verheimlichen, drang die Wahrheit bald durch. Als man in Steenokkerzeel Einzelheiten erfuhr, war man schockiert, aber kaum überrascht. Wie schon erwähnt, schätzten die Exilierten den Bundeskanzler als einen Schönwettersegler ein. Während er sich im großen und ganzen seit dem Juli-Abkommen passiv verhielt, nach einer Form des Einvernehmens mit Hitler suchte und Provokationen vermied, hatten sie bereits an Plänen für den aktiven Widerstand in Österreich gearbeitet – mit den ihnen verfügbaren Mitteln.

Der Mann, den Schuschnigg als Kaiser einzusetzen versprochen hatte, schilderte diese Bestrebungen:

»*Vor* Berchtesgaden führte ich Geheimgespräche mit General Zehner (Staatssekretär für Verteidigung) über die Möglichkeiten eines bewaffneten Widerstandes. Durch einen Priester namens Rudolf Graber – er wurde später Bischof – hatten wir auch Verbindung zu führenden Köpfen aus dem Kreis der Gegner Hitlers in Deutschland wie General Beck.

Wir hatten uns auch mit Plänen für einen politischen coup d'etat in Wien beschäftigt. Unsere größten Hoffnungen konzentrierten sich dort auf [Richard] Schmitz, den Bürgermeister der Hauptstadt, und [Josef] Reither, den Landeshauptmann von Niederösterreich. Wir vertrauten darauf, daß Bundespräsident Dr. Miklas eine von ihnen gebildete Regierung des vaterländischen Widerstandes unterstützen werde. *Nach* Berchtesgaden trat Baron Wiesner wieder an sie heran, aber beide Herren wichen aus, mit dem Argument, der Plan sei ›nicht mehr durchführbar‹.«[20]

So kam es, daß in dem Augenblick, als Österreich höchste Gefahr drohte, die Abwehrkräfte erlahmten. Irgend etwas mußte direkt von Steenokkerzeel in Gang gebracht werden. Aber was? Zum erstenmal waren Mutter und Sohn gegensätzlicher Auffassung. Getreu ihrem Wahlspruch, daß auch der Jäger, der nicht schießt, sein Ziel verfehlt, wollte Zita, daß ihr Sohn sich mitten in das turbulente österreichische Aktionsfeld wage. Sie meinte, um eine andere ihrer Lieblingsmetaphern zu verwenden, daß Akteure auf der Bühne der Geschichte immer ihr Stichwort wissen und nie den Auftritt versäumen sollten. Nun machte sie kein Hehl aus ihrer Überzeugung, daß einst, in den siebziger Jahren des vorigen Jahrhunderts, ihr bourbonischer Ahne Henri Graf von Chambord den Ruf des Schicksals schmählich mißachtete, als er den Thron Frankreichs nur deshalb ablehnte, weil die Republikaner wünschten, er möge ihn im Zeichen der Trikolore besteigen. Und obgleich dem Andenken ihres Gatten viel zu tief verbunden, um diese Meinung jemals offen auszusprechen, deutete sie doch an, daß damals, im Oktober 1921, in dem bewaffneten Königszug, der in den Vororten Budapests stehenblieb, vielleicht auch ein Stichwort versäumt wurde. Sollte der Sohn den Fehler des Vaters wiederholen, nun da die

Geschichte erneut und gebieterisch die Dynastie zu einer Entscheidung aufforderte?

Otto hatte Henri de Chambord nicht gekannt, der Großonkel gehörte einer versunkenen Welt an. Und als sein Vater den zweiten Restaurationsversuch knapp vor den Toren der ungarischen Hauptstadt abbrach, war er neun Jahre alt und mit seinen Geschwistern in sicherer Hut in Schloß Hertenstein gewesen. Daher sah er im Februar 1938 eher die realen Gegebenheiten der Gegenwart als die Bilder aus der Vergangenheit vor sich. Ein Schritt nach Wien war unter den gegebenen Umständen für ihn nichts anderes als ein Sprung in den Treibsand. Rückblickend sagte er:

»Die Gespräche mit meiner Mutter über die Frage, wie Österreich noch zu retten wäre, begannen schon im Januar 1938, gingen aber seit Berchtesgaden natürlich intensiver weiter. Meine Mutter meinte, ich sollte ganz plötzlich in Österreich auftauchen* und den Dingen einfach ihren Lauf lassen, im Vertrauen darauf, daß sich Anhänger um mich scharen würden. Sie glaubte fest daran, daß in einer Notlage der Mut siege, ungeachtet aller Schwierigkeiten, und sie beharrte auf dem Standpunkt, daß wir als Habsburger die Aufgabe hätten, Österreich beizustehen, komme was da wolle, und daß schon der Name allein die Gegner des Nationalsozialismus mobilisieren werde.

Da mußte ich ihr widersprechen, weil die Aktionsbasis eben nicht vorhanden war, weder in der Regierung, noch in irgendwelchen Widerstandsgruppen. Ich wußte, daß bei den Berichten über das Ausmaß aktiver monarchistischer Anhängerschaft in Österreich Schönfärberei betrieben wurde. Wir kamen zu keinem Ergebnis, als sie mit ihrer gewohnten Energie und allem Nachdruck ihre Auffassung vertrat. Das war ein ernster Disput, der einzige, den wir je hatten.«[21]

Eine Tat setzte Otto jedoch in jener Nacht vom 16. zum 17. Februar 1938, als die Auseinandersetzung in Steenokkerzeel ihren Höhepunkt erreichte: er schloß sich in seinem Zimmer ein und

---

* Man erwog etwa einen Flug mit einer Maschine des Belgischen Air Club, dessen Mitglieder seine Brüder Karl Ludwig und Rudolf waren.

verfaßte einen persönlichen Appell an Schuschnigg. Am Morgen las seine Mutter den Brief und nahm nur eine oder zwei Korrekturen des Wortlauts vor. Wie stets, wenn einmal eine Entscheidung für die Familie getroffen worden war, ging sie damit konform, mochte sie auch ihre Vorbehalte haben. In diesem seither wohlbekannten Schreiben beschwor Otto den Bundeskanzler, sich offen an die Westmächte um Hilfe in der Krise zu wenden. Für den Fall, daß man trotzdem dem deutschen Druck auf Wien nicht standhalten konnte, machte Otto ein verblüffendes Angebot:

> »... so bitte ich Sie, mir, wie immer die Lage auch sei, das Amt eines Kanzlers zu übergeben ... so daß *ohne* Änderung der Verfassung, *ohne* neue Anerkennung – wenigstens für die entscheidende Lage – die gleichen Vorteile erreicht werden könnten wie durch den formellen Akt der Wiederherstellung der Monarchie ... wenn Österreich in Gefahr ist, hat der Erbe des Hauses Österreich mit diesem Lande zu stehen und zu fallen.«[22]

Die Unterschrift lautete eindringlich: »Otto – In der Fremde«. Von einem Fünfundzwanzigjährigen stammend, der seine Heimat seit der frühen Kindheit nie mehr gesehen hatte, fehlte es diesem Angebot nicht an Kühnheit. Doch bei einem Mann von Schuschniggs Wesensart, in der sich Vorsicht mit Starrköpfigkeit paarte, sollte es keine Chancen haben. Das Schreiben wurde von Heinrich Graf Eltz nach Wien gebracht und dort Baron Franz Mirbach zur Weiterleitung an den Kanzler übergeben; es erreichte den Adressaten erst am 25. Februar. Schuschnigg ließ sich eine Woche Bedenkzeit, ehe er am 2. März antwortete. Er erwies dem jungen Thronagnaten seine Reverenz, schuf aber gleichzeitig eine Distanz, die nicht so rasch zu überbrücken war.

> »Unsere Politik von heute ist zeitgebunden; der Begriff Österreich, einschließlich des Hauses Österreich, ist meiner Meinung nach ein Begriff, der nicht mit dem Zeitmaß einer Generation gemessen werden darf ... Dies, Majestät, ist meine Meinung ... Ich bitte inständigst, mir jetzt zu glauben, daß unendlich viel, vielleicht alles auf dem Spiele steht und daß jeder Versuch einer Restauration, sei es in den letzten Jahren oder in der nächsten,

absehbaren Zeit, mit hundertprozentiger Sicherheit den Untergang Österreichs bedeuten müßte.«[23]

Es besteht eine auffallende Ähnlichkeit mit der Ausdrucksweise Admiral Horthys gegenüber Ottos Vater zu Ostern 1921 in Budapest; damals war es die Warnung, eine Restauration werde das Ende Ungarns bewirken. Zudem war es fast genau die gleiche Sprache, wie sie der Reichsaußenminister von Neurath zwölf Monate zuvor am selben Kanzlerschreibtisch geführt hatte. Otto, der von jenem folgenschweren Treffen wußte, mußte sich fragen, was aus Schuschniggs feierlichen Beteuerungen im Kloster Einsiedeln geworden war. Die Antwort lautete: Nichts und alles. Hinter diesem Rätsel stand der tiefe Zwiespalt in Schuschniggs Charakter. Vor dem Erben der habsburgischen Ansprüche war er der begeisterte Monarchist, der Patriotismus und Kaisertreue schwor. Doch Auge in Auge mit Hitlers Sendboten, der, wie er selbst, dem Verdienstadel entstammte, wurde er zum deutschen Landsmann, der deutsche Fragen erörterte.

Diese starken Stimmungsschwankungen beherrschten Österreichs letzte Tage in Freiheit. Am Mittwoch, den 9. März, eine Woche nach der Niederschrift seines fatalistischen Briefes an Otto, war es Schuschnigg, der entflammte katholische Patriot, der in seiner alten Wahlheimat Innsbruck auftrat, um Hitler mit einer Tollkühnheit Trotz zu bieten, die alle überraschte, vielleicht sogar ihn selbst. Was er seinen Tirolern und der Welt anzukündigen hatte, war eine Volksbefragung über die Zukunft des Staates, die am nächsten Sonntag stattfinden sollte. Gewiß, die von ihm gewählte Parole war so umfassend, daß sie schon wieder fast nichts besagte: »Für ein freies und deutsches, unabhängiges und soziales, christliches und einiges Österreich – für Brot und Frieden im Lande!«[24] (Bezeichnend war, daß das Wort »deutsch« in der Reihung vor fast allem anderen stand.) Aber es war die Emotion, die seinen Worten den Ton einer Herausforderung an Berlin verlieh. Im grauen Loden der heimatlichen Kleidung* beschwor er seine Zuhörer, »Ja zu Österreich« zu sagen. Dann in die Tiroler Mundart fallend, rief er

---

* Schuschnigg trug zu diesem Anlaß den trachtenähnlichen Dienstanzug der Amtswalter der »Vaterländischen Front«. (Anm. d. Übers.)

ihnen Andreas Hofers geflügeltes Wort zu: »Mannder, es isch Zeit!« Leider war es Hitler, oder eher Göring im Namen des Führers, der auf diesen Ruf antwortete.

Für Hitler war es tatsächlich Zeit, den vom deutschen Generalstab im Juni 1937 ausgearbeiteten Plan zur militärischen Besetzung Österreichs aus dem Panzerschrank zu holen. Der Deckname lautete »Operation Otto« oder »Sonderfall Otto«, ein klarer Hinweis auf das Hauptziel, das Hitler bei der Liquidation seiner alten Heimat im Visier hatte. Die gesamte deutsche 8. Armee, unterstützt durch Luftwaffe, SS und Polizei, war für den Einmarsch bereitgestellt. Widerstand sei, so hieß es ausdrücklich, »unbarmherzig durch Waffengewalt« zu brechen.[25] Wie sich zeigte, gestaltete sich für Hitlers Soldaten die Invasion eher als eine bloße militärische Wanderung auf Wien zu, und unterwegs wurden sie nicht beschossen, sondern mit Blumen überschüttet. Ein in der Geschichte einmaliges Ereignis: Österreich war ihnen schon zugefallen – durch Telefonate.

Der längste und schwärzeste Tag Wiens, der 11. März 1938, begann um 5.30 Uhr mit der Meldung, daß die Deutschen die Zollstationen bei Salzburg geschlossen hatten und im bayrischen Grenzraum Truppen zusammenzogen. Schuschnigg, der sofort geweckt wurde, eilte nach einem kurzen Gebet im Stephansdom ins Bundeskanzleramt. Obwohl er schon um sechs Uhr in seinem Büro eintraf, kam er zu spät, um noch den Botschafter von Papen zu erreichen, der in jenem Augenblick in einer Sondermaschine nach Berlin flog. Auf dem Flughafen Wien-Aspern war auch der neue Minister für das Sicherheitswesen, Seyss-Inquart, um die schriftlichen Instruktionen Hitlers in Empfang zu nehmen, die soeben ein Kurier gebracht hatte. In Begleitung des anderen Unglücksboten Glaise-Horstenau übergab er dem Bundeskanzler um 9.30 Uhr Hitlers ultimativen Brief. Darin wurde der sofortige Widerruf der Volksbefragung gefordert, anderenfalls werde es im ganzen Land zu Gewaltakten der Nationalsozialisten kommen, verbunden mit der Drohung einer militärischen Intervention von außen. Nach anfänglicher brüsker Ablehnung gab Schuschnigg um etwa 14.30 Uhr nach und sagte das für den Sonntag anberaumte Referendum ab. Eine Viertelstunde später teilte Seyss-Inquart die gute Nachricht

Göring in Berlin telefonisch mit. Im Wiener Bundeskanzleramt atmeten alle auf.

Nicht für lange. Göring sagte später (vor dem Nürnberger Tribunal) aus, er habe das instinktive Gefühl gehabt, nun sei der Stein ins Rollen gekommen und schließlich eine Gelegenheit für eine völlig klare Lösung gegeben gewesen.[26] Mit welchem Impuls auch immer, er entschied spontan, daß Seyss-Inquart in der österreichischen Politik die Rolle des Brutus spielen und den Dolchstoß vollführen sollte. Nach zwanzig Minuten rief er in Wien an und trug dem Minister auf, den Rücktritt des Bundeskanzlers zu fordern und selbst die Position des Regierungschefs zu übernehmen. Schuschnigg, der seit seinem Amtsantritt mit halbherzigen Maßnahmen operiert hatte, wurde nun aus dem Dickicht der Kompromisse hinaus aufs freie Feld getrieben. Die Alternative lautete: entweder Kampf gegen Hitler oder Kapitulation.

Eine knappe halbe Stunde später, etwa um 15.30 Uhr, wählte Schuschnigg die Kapitulation und gab bekannt, er werde die Entscheidung über die Demission seines gesamten Kabinetts in die Hände des Bundespräsidenten Dr. Miklas legen.* Nur dessen beharrliche Weigerung, sich zu fügen, verzögerte Hitlers Triumph um acht Stunden. Erst nach Mitternacht, als Miklas drei zuverlässige Österreicher vergeblich gebeten hatte, in die Bresche zu springen (es waren der Wiener Polizeipräsident Michael Skubl, der vormalige christlichsoziale Bundeskanzler Otto Ender und General Sigmund Schilhawsky, der Generaltruppeninspektor des Bundesheeres) wurde Seyss-Inquart ermächtigt, sein Eintagskabinett zu bilden. Der Amtssitz des Bundespräsidenten befand sich damals, wie auch heute noch, im Bellaria-Trakt der Hofburg. Vielleicht lag ein tieferer Sinn darin, daß dort über dem Dach die rotweißrote Flagge am längsten wehte.

---

* Es ist wichtig, hier festzuhalten, daß der Kanzler, wohl von bösen Vorahnungen über das Ausbleiben fremder Hilfe für Österreich beschwert, zu jenem Zeitpunkt noch nichts Konkretes in der Hand hatte. Mussolinis ausweichende Reaktion auf seine Hilferufe erfolgte erst, als Schuschnigg schon beim Bundespräsidenten war. Eine ähnliche enttäuschende Stellungnahme aus London traf erst um 16.30 Uhr ein. Wie vorauszusehen, bestand die »Stresa-Front« nur aus Pappe.

In Steenokkerzeel konnte man nicht viel anderes tun als voll Entsetzen abzuwarten. Schuschniggs tapferer demonstrativer Akt vom 9. März hatte Hoffnungen geweckt, die nun, achtundvierzig Stunden später, durch sein ebenso plötzliches Aufgeben zerstört wurden. Otto hatte bereits als Beitrag zur Finanzierung der geplanten Volksbefragung Gelder zu sammeln begonnen, mit einigem Resultat. Doch sobald das Referendum abgesagt war, blieb seiner Mutter und ihm nur, den Verlauf der Katastrophe per Telefon zu verfolgen. Und selbst dies war nicht einfach. Wie er später erklärte:

»Eine Direktverbindung von Belgien nach Wien kam für uns nicht in Betracht, denn sie lief über Berlin und wäre wahrscheinlich abgehört worden. Es gelang uns, über Zürich Kontakt herzustellen, und wir hielten bis kurz nach dem deutschen Einmarsch fast ständig Verbindung. Uns ging es vor allem darum, in Erfahrung zu bringen, ob sich irgendwo im Land ein festes Widerstandszentrum gebildet hatte, in diesem Fall wäre ich bestimmt dorthin gereist. Aber es gab nichts. Unser letzter Versuch muß wohl ein Telefonat am 13. März zwischen 1 und 2 Uhr nachts nach Osttirol gewesen sein. Doch auch von dort erhielten wir einen negativen Bescheid.«[27]

Dieses Ausbleiben jeglichen Widerstands, die Tatsache, daß kein einziger Schuß fiel, während deutsche Truppen am 12. März 1938 in Österreich einmarschierten, wird in der Geschichte des Landes immer ein trauriges Kapitel mit vielen Fragezeichen bleiben. Im wesentlichen lag es daran, daß eine starke Hand fehlte, um die Massen der Schwankenden und der Opportunisten zu sammeln, die den Großteil der Bevölkerung ausmachten. Zehn oder vielleicht fünfzehn Prozent der sechseinhalb Millionen Österreicher waren 1938 überzeugte Nationalsozialisten, sie waren auch die Stimmführer des Jubels, als Hitler am Montag den 14. März kurz nach fünf Uhr abends, in Wien einzog – eine starre Gestalt, mit einem hellbraunen Automantel bekleidet, ohne die Spur eines Lächelns in seinem offenen Mercedes stehend. Annähernd der gleiche Prozentsatz stand weltanschaulich im entgegengesetzten Lager. 76 000 von ihnen, alle in den Listen der Gestapo verzeichnet, wurden schon von der ersten politischen Verhaftungswelle erfaßt: Monarchisten,

Exponenten sowohl der »Vaterländischen Front« wie auch der illegalen Sozialdemokratischen Partei, Katholiken klerikaler Prägung, »politisch unzuverlässige« Offiziere des Bundesheeres, Staatsbeamte, Universitätsprofessoren, Journalisten; sie alle wurden wie Schuschnigg in die Transporter der Gestapo verladen.* Vielen von ihnen mag, wie dem unglückseligen Kanzler, der Bekennermut gefehlt haben, aber zumindest bildeten sie eine wenn auch heterogene Basis, auf der sich der Widerstand hätte entwickeln können.

Den Ausschlag gab aber jene breite Bevölkerungsschicht, die bald zu der einen, bald zu der anderen Gruppe neigte. Vor allem die Millionen von Österreichern, die sich fragten, ob sie nicht ohnehin Deutsche waren. Deshalb floß am 12. März Wein statt Blut, denn es wäre deutsches Blut gewesen. Deshalb hatte Schuschnigg die Augen geschlossen und war vor der Herausforderung zurückgewichen, obwohl er genau wußte, daß das Bundesheer auf Befehl mindestens einige Tage hätte kämpfen können und daß er in Staatssekretär General Wilhelm Zehner einen energischen, fähigen Soldaten zur Seite hatte, der auf Weisung diesen Befehl erteilt hätte. Er war nicht der einzige. Generalstabschef Feldmarschalleutnant Alfred Jansa, der kurz vorher, im Februar, in den Ruhestand versetzt worden war, hatte einen Plan zur Defensive gegen Deutschland ausgearbeitet. Dieser Verteidigungsplan sah einen achtundvierzigstündigen hinhaltenden Widerstand in der Grenzzone vor, indessen die fünfeinhalb österreichischen Divisionen ihre Verteidigungsstellungen im Raum Enns bezogen hätten. – In der Theresianischen Militärakademie in Wiener Neustadt (aus der zwanzig Jahre vorher Abteilungen zum Schutz der Kaiserfamilie nach Schönbrunn gekommen waren) standen 400 Offiziersaspiranten bereit, und der Akademiekommandant Generalmajor Towarek ließ scharfe Munition ausgeben.

Durch Feuergefechte, Sabotage und Partisanentaktiken hätte Österreichs Unabhängigkeit im März 1938 zwar nicht gerettet

---

* Er wurde zunächst in seiner Wohnung beim Schloß Belvedere unter Hausarrest gestellt, dann in dem zur Wiener Gestapo-Zentrale umgewandelten Hotel »Metropol« inhaftiert und schließlich ins KZ Dachau eingewiesen, wo er im Frühjahr 1945 um Haaresbreite der Liquidierung entging.

werden können, aber für die Zukunft wäre damit ein unanfechtbarer Status als erstes Opfer nationalsozialistischer Aggression geschaffen worden. Wie die Dinge lagen, mußte für die Dauer des Krieges, der bald folgte, um diesen Anspruch gekämpft werden, vor allem von der Dynastie im Exil. Es ist bemerkenswert, daß damals sowohl Hitler als auch sein unterlegener Gegenspieler sehr oft an die Habsburger dachten. In seiner Ansprache vom Hofburgbalkon an die 200 000 Menschen, die sich in wilder Begeisterung auf dem Heldenplatz versammelt hatten, konnte sich Hitler einen letzten Ausfall gegen die alte Monarchie nicht versagen. Bei der Erwähnung jener Kräfte, die ihr Hauptziel darin sahen, die Errichtung eines Großdeutschen Reiches zu verhindern, nannte er auch die Legitimisten.[28]

Schuschnigg betrachtete dieselbe Situation unter umgekehrten Vorzeichen; für ihn hatten der Triumph des Nationalsozialismus und der Sturz der Republik Österreich im Untergang der Habsburgermonarchie ihre Ursache. Während seiner Amtszeit sprach er es nie offen aus, aber lange nachher, als auch Hitlers Reich vernichtet war, schrieb er: »Ich bin überzeugt, daß die Entscheidung für den 11. März 1938 in Wahrheit bereits im November 1918 fiel.«[29]

19

Über den Atlantik

Wie seine Mutter hielt auch Otto seine Gedanken in einem Tagebuch fest. Sein Notizbuch für 1938 ist nicht viel mehr als ein Terminkalender der Reisen und Verabredungen. Aber der 12. März war kein gewöhnliches Datum, und Otto war nicht unterwegs. Statt dessen schrieb er quer über das kleine rechteckige Feld für Eintragungen: »Ein schrecklicher Tag.«

Er konnte die Deutschen natürlich wegen ihres Vorgehens anklagen. In einer Erklärung, die er am Tag des Einmarsches auf Französisch in Steenokkerzeel verfaßte, sprach er als »Erbe einer Dynastie, die sechshundertfünfzig Jahre lang über die Größe und das Wohl Österreichs wachte, und der nun dem glühenden Patriotismus von Millionen Österreichern seine Stimme leiht«. In diesem Protest rief er die Welt auf, die »gewaltsame Annexion« seiner Heimat zu verurteilen und »das österreichische Volk in seinem unerschütterlichen Streben nach Freiheit und Unabhängigkeit zu unterstützen«.[1] Diese Diktion des Verfassers war zwar begreiflich, ja, in der gegebenen Situation sogar die einzig mögliche, aber der Wortlaut stand in krassem Widerspruch zu dem Bild der Menschenmassen, die ihre neuen Herren mit brausenden Heil-Rufen und offenen Armen empfingen.

Und natürlich reagierten die Nationalsozialisten bald auf diesen Ruf ins Sturmgetöse. Am 19. April erließ das Justizministerium in Wien einen steckbrieflichen Haftbefehl »gegen Otto Habsburg wegen Verbrechens des Hochverrates begangen am 29. März 1938« (das war das willkürlich eingesetzte Datum für seine Versuche, das Ausland zum Widerstand gegen den Anschluß aufzufordern). Die Hochverratsanklage, so hieß es in der offiziellen Verlautbarung, bedeute »das verdiente Ende eines Scharlatans, der mit dem großen Vermögen seines Hauses jahrelang Unruhe stiftete«. Außerdem wurden, wie zu erwarten, die altbekannten deutschen Anwürfe wiederholt: »Dieser Haftbefehl ist der Schlußstrich unter das legitimistische Abenteuer Zitas von Habsburg-Parma-Bourbon.«[2]

Der zur Verhaftung Ausgeschriebene befand sich außerhalb der Reichweite der Deutschen. Doch Dutzende seiner führenden Anhänger hatten sie damals bereits in Gewahrsam genommen. Wie Schuschnigg waren viele dieser Persönlichkeiten unklugerweise in Wien geblieben, im Vertrauen darauf, daß der neue Bundeskanzler Seyss-Inquart als ein Herr österreichisch-katholischen Gepräges gewillt und in der Lage sein werde, sie zu schützen. Sie wurden rasch eines Schlimmeren belehrt, als die Gestapo an ihre Türen pochte. Herzog Max von Hohenberg, der Ehrenpräsident des »Eisernen Ringes«, verschwand bald hinter Gefängnismauern, zusammen mit seinem Bruder Ernst. Auch Baron Wiesner, der eigentliche Führer der legitimistischen Bewegung, war ein Opfer jener ersten Tage, ebenso Baron Mirbach, Baron Werkmann (Kaiser Karls einstiger Pressesekretär), Paul Graf Czernin, der in der Steiermark verhaftet wurde, und Baron Hans Karl Zessner-Spitzenberg, den Otto vergeblich beschworen hatte, er möge flüchten. Der Staatssekretär im Bundesministerium für Landesverteidigung, General Wilhelm Zehner, der bereit gewesen wäre, das Kommando des Widerstands gegen die deutsche Okkupation zu übernehmen, wurde ermordet oder unter der Drohung der Verhaftung in den Freitod getrieben, das blieb ungeklärt. Einige der alten k. u. k. Offiziere wie General Sigmund Schilhawsky, Generaltruppeninspektor des Bundesheeres, weigerten sich, den Treueid auf Hitler zu leisten und wurden wegen ihrer Gewissensentscheidung eingekerkert oder, günstigstenfalls, in den Ruhestand versetzt. Die meisten ihrer Kameraden stellten sich allerdings in den Dienst der neuen Ordnung.

In dem verzweifelten Bemühen, ihren inhaftierten Getreuesten zu helfen, verfiel die exilierte Familie darauf, noch eine Karte auszuspielen. Es reichte nur für einen Karobuben, den italienischen Kronprinzen Umberto. Zita hatte die Verbindungen zu ihm als einer Mittelsperson aus der »zweiten Reihe« schon zu Beginn des

Jahrzehnts kultiviert. So war es beispielsweise im Februar 1934 zu einer Begegnung zwischen ihm und Otto gekommen, und zwar durch einen formellen Besuch in Steenokkerzeel, dem Ottos Gegenbesuch in der italienischen Botschaft in Brüssel folgte. Umberto hatte sich im entsprechenden monarchistischen Sinn geäußert: sein Vater, der König, und er seien überzeugt, »daß niemals Friede zwischen Österreich und seinen Nachbarn herrschen« werde, wenn die Habsburger nicht nach Wien zurückkehrten.[3] Ganz abgesehen von der höchst zweifelhaften Logik dieser Aussage blieben die Ansichten Mussolinis zu diesem Thema unerwähnt – die einzigen, die in Rom zählten. Dennoch entstand, bis zu einem gewissen Grad, ein herzliches persönliches Einvernehmen der beiden jungen Prinzen, und kurz nach dem Anschluß entschloß man sich zu prüfen, ob es sich bewährte. Am 24. April 1938 richtete Otto auf Französisch einen Brief an seinen »lieben Cousin«. Darin fragte er, ob es in Anbetracht der engen Beziehungen zwischen Italien und dem Deutschen Reich »Dir nicht vielleicht möglich wäre, für die nun im Gefängnis festgehaltenen Führer der österreichischen Legitimisten zu intervenieren«.[4] Eine Liste wurde beigelegt. Der Karobube war, wie sich nun wies, in diesem Spiel der Mächtigen von geringem Wert. Umberto sandte ein höfliches Antwortschreiben, voll schöner Worte, aber ohne Hoffnungen zu erwecken.

Inzwischen trafen in Steenokkerzeel die ersten ausführlichen Informationen darüber ein, wie sich die österreichische Bevölkerung unter nationalsozialistischer Herrschaft das Leben einrichtete. Die Lektüre dieser Schilderungen war deprimierend. So schrieb am 7. Mai ein Hauptmann Paul Philipp aus Zürich über das Verhalten der Wiener Polizei – die Schuschnigg immer als eine Bastion vaterländischer Gesinnung betrachtet hatte – in den letzten Stunden des 12. März:

»Nach den Abschiedsworten des Kanzlers von Schuschnigg im Radio erklang zum letztenmal die Kaiserhymne … Kaum verklangen die letzten Töne der Hymne, als schon auch die Wiener Polizei aus den Taschen die Hakenkreuzarmbinden herauszog und anlegte … Die Leute haben – noch nicht des Eides enthoben!!!!! – sofort zum Nazismus umgeschwenkt … Berücksichtigt man ferner, daß das Verkaufen der H.-K.-Binden unter der Schuschnigg-Regierung streng *verboten* war und bestraft wurde, so ergibt sich daraus, daß diese Binden schon lange heimlich von jedem Polizisten in Bereitschaft gehalten wurden.«

Und über die Durchschnittswiener heißt es, »daß beim Einmarsch der Truppen – der Deutschen – Frauen, reife Männer und Buben die einzelnen deutschen Soldaten abgeküßt und sich so *würdelos* benommen haben, daß die deutschen Soldaten und Offiziere mehrfach laut sagten: ›Ja das haben wir nicht einmal im Rheinland erlebt.‹«[5]

Es war klar, daß der Widerstand gegen die Deutschen in erster Linie von Österreichern im Ausland organisiert werden mußte und daß sich die exilierte Dynastie an die Spitze zu stellen hatte. Diese Forderung erhob sich immer dringlicher, als im Verlauf der nächsten Monate der Welt allmählich bewußt wurde, was der 12. März 1938 wirklich bedeutete. Zita und ihr kleiner Kreis aus Familie und Beratern zählten zu den wenigen, die von Anfang an erkannten, daß sich mit dem Anschluß eine Wende vollzogen hatte: das Ende des Europa von Versailles und der Beginn eines Europa des »Tausendjährigen Reiches«. Von Wien verlief Hitlers Lunte nach Prag und dann noch weiter nordwärts, bis nach Danzig, wo die Explosion den Zweiten Weltkrieg auslöste. Damals hielt sich Otto bereits ständig in Paris auf, von seinem »Hauptquartier« im Hôtel Cayré am Boulevard Raspail aus nützte er alle langjährigen persönlichen und familiären Verbindungen, um in der französischen Hauptstadt irgendwie eine Vertretung des österreichischen Elements zu schaffen.

Das war ein schwieriges Unterfangen. Die Regierung Daladier stand unter massivstem Druck aus Berlin, die Tausende Österreicher, die in Frankreich Zuflucht gesucht hatten, als deutsche Staatsbürger zu behandeln, daher sollten für sie keine Sonderregelungen gelten. Noch dazu gab es unter den Österreichern selbst jene trennenden Ressentiments, die, wie es scheint, immer die Politik von Emigranten beeinträchtigt. Das größte Hindernis für ein neuerliches Bekenntnis zur österreichischen Eigenstaatlichkeit bildete der harte Kern des linken Flügels aus der Schule Otto Bauers.

Damals wie während der noch kommenden Exiljahre hielt er strikt an der ideologischen Vision der Vereinigung mit einem sozialistischen Deutschland fest – trotz der Tatsache, daß Hitler die Reste dieses Wunschtraums ins Alptraumhafte verwandelt hatte.

Zum Zeitpunkt des Kriegsausbruchs jedoch war es Otto bereits gelungen, auf militärischem wie politischem Gebiet ein Einvernehmen mit den französischen Behörden herzustellen. Ab April 1939 liefen die Planungen, um in Paris ein »Centre Militaire pour les Autrichiens« einzurichten, wo alle ehemaligen Offiziere, die sich freiwillig meldeten, ihrem früheren Rang und ihren Erfahrungen gemäß eingestuft und für eventuelle Operationen im Rahmen der französischen Armee geschult werden sollten. Das von Ottos Beratern verfaßte Konzept für dieses Projekt enthielt eine sonderbare Bestimmung: »Unbeschadet des französischen Grades und unabhängig vom Avancement in der französischen Armee ... steht Seiner Majestät als Oberstem Kriegsherrn der österreichischen Nation das Recht der Ernennung und Beförderung österreichischer Militärpersonen zu.«[6] Verständlich, daß man damit von den exilierten österreichischen Sozialdemokraten zu viel verlangte, aber ihr gemäßigter Flügel, mit Exponenten wie Heinrich Allina in London und Karl Hartl in Paris, erkannten das Erfordernis an, für den bevorstehenden Kampf eine Österreichische Legion zu formieren.

Das wichtigste Ereignis in Ottos Bemühungen auf politischem Sektor während jener letzten Phase vor dem Krieg war ein Treffen mit Premierminister Daladier im Juli 1939 in Chantilly. Der französische Regierungschef bekundete seine Sympathien für den Plan einer österreichischen Exilregierung (die infolge der internen Uneinigkeit nie zustande kam) und für die Wiedererrichtung eines unabhängigen Österreich (die vollzogen wurde, wenn auch durch ganz andere Kräfte und unter völlig anderen Bedingungen). Mochte all dies damals noch wie ein Klingenkreuzen mit einer bloß imaginären gegnerischen Waffe wirken, so brach zwei Monate später durch Hitlers Invasion in Polen der offene Kampf aus, nicht nur für die Exilierten, sondern für die gesamte demokratische Welt.

Otto blieb in Paris, in der vordersten Linie des Aktionsfeldes. Das bedeutete aber nicht, daß seine Mutter in ihrem belgischen Schloß abseits gestanden wäre. Keineswegs. Nun da sich die Kräfte für den Einsatz sammelten, sorgte sie dafür, daß man ihre Stimme auch im Schlachtenlärm weiterhin hörte. In einem Brief an ihren Sohn, drei Tage nach Kriegsausbruch abgeschickt, klagte sie darüber, daß sie seit fast einer Woche keine Nachricht von ihm erhalten hatte. Das war ein deutlicher Wink, er möge kommen und die Dinge mit ihr besprechen. Sie erinnerte ihn daran, daß der Eisenbahnfahrplan einen Tagesausflug von Paris aus möglich machte, mit Ankunft in Brüssel um ein Uhr mittags und Eintreffen in der französischen Hauptstadt um neun Uhr am selben Abend. Dann folgt ein mit Nachdruck geäußerter Rat für den freien österreichischen Rundfunkdienst mit Sendestation in Straßburg.* Der Sprecher habe im Deutschen einen so starken tschechischen Akzent, daß in Österreich jeder annehmen müsse, die Sendungen kämen aus Prag. Überdies möge sich die Funkstation nicht scheuen, ihre Sympathien für die Legitimisten zu bekennen, was sie derzeit unterlasse.

»Wie stehen wir da, wenn für die Außenwelt unsere Orientierung nicht klar angegeben wird? Nachher werden die Leute sagen, daß andere die ganze Arbeit geleistet haben und wir uns nur ins gemachte Bett legen wollen.«[7]

Doch die politisch denkende Matriarchin blieb auch die liebende Mutter. Sie erinnerte ihren ältesten Sohn daran, daß sein Bruder Rudolf am Vortag seinen achtzehnten Geburtstag hatte. Nur ein einziges Glückwunschtelegramm traf ein, von einem katholischen Priester. »Nichts von Dir. Er sagte kein Wort und ich bin sicher, daß er Dir verziehen hat, aber ich glaube er war sehr traurig darüber.«

Keinen Grund zur Kritik freilich bot Ottos bedeutsamste Leistung während der Phase des sogenannten »phoney-war«**, sein

---

* Gelder für die Finanzierung der pro-österreichischen legitimistischen Bestrebungen stellten vermögende französische Juden bei, vor allem Baron Robert Rothschild, außerdem beteiligten sich reiche französische und belgische Familien, die Beziehungen zu Österreich hatten oder einfach nur Gegner des Nationalsozialismus waren.

** Pseudo-Krieg, so nannte man in England die achtmonatige militärische Pause zwischen der Beendigung des Polenfeldzugs und dem Beginn der großen Offensive im Westen. Diese Angriffswelle vereitelte alle weiteren geheimen Fühlungnahmen mit Deutschland durch verschiedene Friedensvermittler, die damals viel aktiver waren als die Generale.

überaus erfolgreicher erster Aufenthalt in den USA. Das Terrain dafür hatte sein Bruder Felix bereitet, der seit dem Beginn des Jahres 1940 in Amerika lebte. Höhepunkt dieser Reise, die von Anfang März bis Ende April 1940 dauerte, war, eine Woche nach Ottos Ankunft, ein langes Gespräch mit Präsident Roosevelt. Die Richtlinien für seine Argumentation bei diesem ungemein wichtigen Treffen waren vor der Abreise in Steenokkerzeel einvernehmlich festgelegt und in großen Zügen durch Informationen und Hinweise seines Bruders bestätigt worden. Es war eine etwas diffizile Situation.

In Franklin Delano Roosevelt lernte Otto einen Mann patrizischer Herkunft und Auffassungen kennen. Doch der Präsident war Demokrat, und in seiner Position Nachfolger eines anderen demokratischer Präsidenten, Woodrow Wilson, der zweiundzwanzig Jahre vorher Ottos Vater faktisch vom Thron gestoßen hatte. Außerdem setzte sich Roosevelt, wie seinerzeit Wilson, dafür ein, den exilierten tschechischen Politikern wieder zu ihren Machtstellungen in Prag zu verhelfen, sobald der weltweite Konflikt beendet sein würde. Diese Emigranten, nun unter der Führung von Eduard Beneš, waren noch immer durch und durch so antihabsburgisch wie 1918, als es galt, die Monarchie zu zerstören. Otto konnte daher nicht ins Weiße Haus gehen, um die Krone seines Vaters für sich zurückzufordern.

Alles hing von den Nuancen im Dialog ab, vom Feingefühl und der persönlichen Kontaktaufnahme zwischen dem jungen Thronanwärter aus der Alten Welt und dem bereits schwerkranken führenden Kopf der Neuen Welt. Ein Begleitumstand wirkte sich für Otto günstig aus. Viele Jahre später sagte er über diese Beziehung:

»Vor dem Ersten Weltkrieg hatte Roosevelt als junger Mann eine Radtour durch Europa unternommen, um den Kontinent für sich selber zu entdecken. Er war durch Ungarn und das damals ungarische Siebenbürgen gefahren und behielt diese Reise immer in guter Erinnerung. Es gab also in seinem Herzen eine Schwäche für die Länder der Monarchie. Zwischen uns war zwar nicht von einer Restauration die Rede, aber sehr wohl erörterten wir den Gedanken einer Föderation der Donaustaaten als die beste Lösung für ein Mitteleuropa der Nachkriegszeit. Anfangs stand er sehr positiv dazu. Erst in der späteren Kriegsphase, als die pro-sowjetische Lobby im Kreis seiner Berater in Washington an Einfluß gewann, rückte er von dieser Idee ab.«[8]

In den darauffolgenden Wochen bereiste Otto weite Gebiete der USA, und während seines Aufenthalts in Washington suchte er die meisten Spitzenpolitiker jener Ära auf, auch den Außenminister Cordell Hull und Vizepräsident John Garner. Ebenso wandte er sich an den Senat. Der Führer der Mehrheitsfraktion dieses Gremiums, Alben Barkley, schrieb ihm: »Ich hoffe, Sie werden es nicht als bloße Schmeichelei auffassen, wenn ich sage, daß Sie in diesem Land einen sehr guten Eindruck machten.«[9] In der Tat erhielt Otto im Verlauf seines Besuchs offizielle wie private Einladungen, jederzeit wieder in die USA zu kommen, ja sogar mit seinen Angehörigen dorthin zu emigrieren, falls dies nötig werden sollte.

Als er zur Rückreise nach Europa an Bord des Flugboot-Clippers ging, ahnte er nicht, wie bald er dieses Angebot annehmen sollte. Er reiste heim, um rechtzeitig zum achtundvierzigsten Geburtstag seiner Mutter einzutreffen, den man in Steenokkerzeel in aller Stille im Familienkreis zu feiern gedachte. In der Nacht vom 9. zum 10. Mai schickte Hitler seine eigenen Geburtstagsgrüße. Scharen deutscher Fallschirmjäger schwebten etwa vier Kilometer vom Schloß entfernt vom Himmel, und der erste Bombenhagel der Luftwaffe ging auf belgischen Boden nieder. Zita und ihre Familie, seit zwanzig Jahren Exilierte, wurden nun auch zu Gehetzten, die mit Zehntausenden anderen vor den deutschen Panzern flüchteten. In ihrem Fall war keine Minute zu verlieren. Die Gestapo im Gefolge der vorrückenden Truppen hatte noch immer, seit dem Frühjahr 1938, den Haftbefehl gegen den jungen Mann, der soeben aus Amerika zurückgekehrt war.

Trotz größter Eile wurde es doch fast Mittag, bis alles gepackt war. Die siebzehnköpfige Gruppe – die Kaiserin, ihre Kinder außer Felix, drei Kinder ihrer Schwägerin, der Großherzogin von Luxemburg, Graf Degenfeld, Gräfin Kerssenbrock und Personal – zwängte sich mit minimalem Gepäck in drei Autos und fuhr los. Sie waren noch nicht weit, als eine Stuka-Bombe das Dach des Schlosses durchschlug. Ob es ein gezielter Angriff oder ein Zufallstreffer war, wird man nie erfahren. Hätten sich die Bewohner noch im Gebäude befunden, wäre das für sie auch ziemlich gleichgültig gewesen.

Erste Zwischenstation war die Peripherie von Brüssel, wo Otto und Karl Ludwig den ganzen Nachmittag damit verbrachten, etwas für die Sicherheit von mehreren tausend Österreichern zu unternehmen, die einer Emigrantenliga angehörten. Gegen Abend kehrten die beiden zu ihrer kleinen Kolonne zurück. Nun fuhren sie südwärts, überquerten ohne Schwierigkeiten die französische Grenze, trafen um Mitternacht in Dünkirchen ein und bezogen dort ein Hotel. Am nächsten Tag erreichten sie Laon, die alte Hauptstadt der französischen Könige, und quartierten sich im Château Foudrain ein. Wie aus einem Brief der Kaiserin an einen der Getreuen hervorgeht, hatte sie schon zwei Monate vorher das Schloß als den Ort bestimmt, wohin sich die Familie im Fall einer Aggression zunächst begeben werde.[10] Aber die rasante Offensive, die Hitler im Mai 1940 begonnen hatte, machte das zu weit nördlich gelegene und daher gefährdete Laon nur zu einem Rastpunkt für eine Nacht. Also weiter in Richtung Süden, nach Bostz, dem Schloß von Prinz Xavier, wo in den Friedenszeiten so viele Familientreffen stattgefunden hatten.

Otto war nun in Paris und tat durch Verwandte, Freunde und offizielle Kontakte alles nur mögliche, um den Franzosen den Rücken zu stärken. Aber wie es schien, konnten weder er noch irgend jemand anderer in jenen ersten Junitagen etwas ausrichten. Die Hauptstadt war angesichts der herannahenden Katastrophe wie gelähmt. Dünkirchen, wo die Kaiserfamilie vor einem Monat die erste Nacht ihrer Flucht verbracht hatte, fiel am 4. Juni an die Deutschen. Mehr als 330 000 Mann der Alliierten waren in der berühmten Rettungsaktion der »Kleinboote« von der Küste abtransportiert worden, doch weder für die französische noch für die britische Regierung bedurfte es der Erkenntnis Churchills: »Kriege werden nicht durch Evakuierungen gewonnen.« Zudem wirkte sich die Tatsache, daß nur ein Drittel der eingeschifften Soldaten Franzosen waren, psychologisch negativ aus: sie weckte bei der bereits in Lethargie verfallenden Nation die alten Ressentiments gegen

England. Die Einnahme von Rouen vier Tage später und die Überquerung der Marne bedeuteten, daß sich um Paris ein Ring schloß. Vom 8. Juni an hörte man in der Hauptstadt Tag und Nacht den deutschen Geschützdonner.

Wie die Breschen in der militärischen Verteidigungslinie wurden auch die politischen Risse im Kabinett von Paul Reynaud, der im März auf Daladier gefolgt war, immer breiter. Eine von Ottos größten persönlichen Hoffnungen war der Innenminister, Georges Mandel, in der Regierung Wortführer jener Gruppe, die dafür eintrat, auf französischem Boden bis zuletzt Widerstand zu leisten und dann den Kampf von Nordafrika aus fortzusetzen, selbst wenn im Mutterland alles verloren war. Dieser Kreis der Entschlossenen hatte am 6. Juni Verstärkung erhalten: an jenem Tag tauchte ein Brigadegeneral der Panzertruppen namens Charles de Gaulle auf, an der Front bewährt und nun von Reynaud als Staatssekretär ins Kriegsministerium aufgenommen.

Aber die Rufe nach Kapitulation wurden lauter, je näher die Deutschen heranrückten. An der Spitze dieser Kräfte standen zwei legendäre Gestalten der französischen Militärgeschichte, der dreiundsiebzigjährige General Weygand, bisher Oberkommandierender der französischen Streitkräfte im Nahen Osten, der am 20. Mai den Oberbefehl übernommen hatte, und der noch ehrwürdigere Marschall Pétain, der von seinem Posten als Botschafter in Madrid nach Paris zurückberufen worden war. Reynaud hatte gehofft, daß diese beiden Helden des Ersten Weltkrieges die Nation nun im Zweiten zu heroischem Durchhalten inspirieren würden. Statt dessen halfen sie den Deutschen, der Nation den Fangstoß zu geben. Bei jedem ihrer Schritte hatten sie eine unerwartete Verbündete in der Person der intriganten und defaitistischen Gräfin Hélène de Portes, Reynauds Mätresse, die ihn im Amt ebenso zu beherrschen suchte wie im Boudoir. Dies war das in sich gespaltene Lager mit seinem deutlichen gallischen Element, das am 10. Juni seine Zelte abbrach und aus der Hauptstadt flüchtete, um in Tours einen neuen Regierungssitz zu improvisieren. Otto, der bis zuletzt in Paris ausgeharrt und noch am Vorabend des deutschen Einmarsches seelenruhig im »Ritz« diniert hatte, setzte sich nun ebenfalls nach dem Süden ab. Mit einem kleinen Kreis engster Berater fuhr er im

Auto vom Hôtel Cayré los, auf einer vorher festgelegten Flucht-route. Am selben Tag erklärte Italien dem schon fast besiegten Frankreich den Krieg.

Reynauds mobile Regierung konnte sich in Tours nur vier Tage aufhalten, eine kurze, aber ereignisreiche Zeitspanne. Am 13. Juni traf Churchill auf dem Luftweg dort ein – seine fünfte Frankreich-Reise während der letzten Krisenphase. Nun suchte er zu verhin-dern, daß die Franzosen aus dem Krieg ausschieden und Hitler anheimfielen. Das einzige Resultat des entmutigenden Treffens in der Präfektur von Tours war ein Appell Reynauds an Präsident Roosevelt, die wohlwollende Neutralität aufzugeben und an der Seite der Alliierten in den Krieg einzutreten. Von vornherein ein vergebliches Bemühen. Etwas später am selben Tag, dem 14. Juni, zogen die deutschen Truppen in Paris ein, und Reynaud machte sich mit seinen Ministern und seiner Mätresse auf den Weg zu seinem letzten Zufluchtsort, Bordeaux.

Diese Stadt im Südwesten Frankreichs glich damals dem Winkel eines windigen Hofes, wo alle Zweige und Blätter, die ein Wirbel-sturm vor sich hertrieb, zusammengeweht wurden. Die Habsbur-ger selbst waren nun im Château Lamonzie-Monastrue am Rand der Stadt wieder vereint. Das Schloß gehörte den Luxemburgern, und Großherzogin Charlotte hatte dort bereits mit ihrer Familie Asyl gefunden, unter dem Schutz pittoresker marokkanischer Sol-daten. Kaum angekommen, stürzte sich Otto, begleitet von seinem Bruder Karl Ludwig, in den politischen Strudel von Bordeaux. So verzweifelt die Lage auch war, er ahnte kaum, daß er, noch bevor dieser Sonntag, der 16. Juni, zur Neige ging, das Ende der Dritten Französischen Republik und für vier Jahre das Ende Frankreichs miterleben werde.

Die beiden Brüder wandten sich an Georges Mandel, der wäh-rend des ganzen Rückzugs aus Paris als Innenminister alles getan hatte, um seine schützende Hand über die kaiserlichen Flüchtlinge zu halten. So hatte er Zita in Bostz telegrafisch davor gewarnt, dort zu verbleiben; es sei gefährlich, und sie möge sich mit ihrer Gruppe nach Bordeaux begeben. Was die Brüder nun von Mandel wollten, war die Zusicherung, daß die in Frankreich als deutsche Staatsbür-ger internierten Österreicher freigelassen würden. Auch baten sie darum, ihrer Familie über die Grenze nach Spanien zu verhelfen, sobald es erforderlich sein sollte. Wie sich erwies, trat dieser Notfall bereits am späten Abend ein.

In den Nachmittagsstunden, während die Brüder in eigener Sache kreuz und quer durch Bordeaux eilten, berief Reynaud eine Kabinettssitzung ein; es wurde die letzte seiner Ägide. Auf der Tagesordnung stand ein Thema, das für Überraschung sorgte: Churchills Angebot, »die unauflösliche Union des französischen und des britischen Volkes« zu proklamieren und so, durch einen Kunstgriff emotionaler Semantik, einen Waffenstillstand zwischen Frankreich und dem Deutschen Reich abzulehnen.* Stundenlange Debatten folgten, und obwohl über dieses historische Projekt nicht abgestimmt wurde, zeigte sich deutlich, daß diejenigen, die nachdrücklich für eine Ablehnung und anschließende Verhandlungen mit den Deutschen votierten, nun eine klare Mehrheit bildeten. Pétain, der bereits seinen Kurs vor sich sah, sprach sich am entschiedensten gegen die vorgeschlagene Union aus. Wie er sagte, wäre dies »die Vereinigung mit einem Leichnam«. Die Meldung, daß die deutschen Panzerspitzen schon bis Dijon vorgedrungen waren, verlieh den Argumenten der Pessimisten noch mehr Gewicht. Mit dem unerschütterlichen Mandel an seiner Seite, versuchte sich Reynaud dennoch zu behaupten. Er, der Premierminister Frankreichs, gab schließlich auf, als ihm eine gehässige englandfeindliche Nachricht ins Konferenzzimmer überbracht wurde. Das Schreiben kam von Hélène de Portes, die draußen lauerte. Als es Reynaud gelesen hatte, erklärte er seinen Ministerkollegen, daß er zurücktreten werde, und schlug vor, Monsieur Lebrun, der Präsident der Republik, möge Marschall Pétain mit der Bildung einer neuen Regierung betrauen.

Mätressen spielten im gesellschaftlichen und politischen Leben Frankreichs immer ihre besondere, anerkannte Rolle, doch selten kann ihre Einmischung dermaßen frech und so entscheidend gewesen sein. An jenem Tag waren auch der Präsident und der Marschall

---

* Die »Deklaration der Union« wurde von de Gaulle, der sich energisch für diese Idee eingesetzt hatte, telefonisch aus London verlesen. Der General war nach England geflogen, um dort Gespräche über den Plan weiterer Operationen von Nordafrika aus zu führen. Rechtzeitig kehrte er nach Bordeaux zurück und wurde Zeuge, wie das Kabinett Reynaud zusammenbrach.

in Bordeaux anwesend, zusammen mit einer gegensätzlichen Schar künftiger französischer Kollaborateure und künftiger Führer des französischen Widerstands. So konnte Lebrun um elf Uhr nachts die Aufforderung an den vierundachtzigjährigen Soldaten richten. Pétain, der offenbar nicht so verschlafen war, wie es bei Konferenzen immer den Anschein hatte, entnahm seiner Mappe eine bereits fertige Ministerliste. Sobald er ernannt war, berief er prompt den spanischen Botschafter zu sich – die meisten Mitglieder des Pariser Diplomatischen Corps hatten sich notdürftig in Bordeaux einquartiert – und ersuchte ihn, als Repräsentant eines neutralen Staates in aller Form mit der Bitte um einen Waffenstillstand an die Deutschen heranzutreten. Der Kampf um Frankreich auf französischem Boden war zu Ende.

De Gaulle, soeben erst aus London zurückgekehrt, flog am 17. Juni mit der letzten aus Bordeaux startenden Maschine der Alliierten wieder nach England, um von dort aus den Kampf fortzusetzen. Auch für die Habsburger war es nun, da die Deutschen die Herren im Land wurden, höchste Zeit zur Flucht. Eine der ersten Maßnahmen der französischen Polizei unter Pétain war die Verhaftung Georges Mandels. Der letzte Dienst, den er den Habsburgern erwies, war der durch seinen Sekretär übermittelten Rat, Frankreich so rasch als möglich zu verlassen.*

Kurz bevor Reynauds Eintagskabinett von der Bildfläche verschwand, war, unter anderem dank Mandels Intervention, auf dem amtlichen Briefpapier des Außenministeriums mit der maschinenschriftlichen Ortsangabe »Paris« ein Passierschein für die Kaiserin und ihre Familie ausgestellt worden. Darin wurde »Madame la Duchesse de Bar, die sich in Begleitung ihrer Familie und ihres Gefolges auf der Reise nach Spanien befindet, allen Zivil-und Militärbehörden empfohlen. Sie ist mit dem ihrem Rang gebührenden Respekt zu behandeln.«[11] Dann folgten Angaben über die sieben Kraftfahrzeuge (fünf Personenwagen und zwei Lastwagen), die nun ihre Kolonne bildeten. Dieses Dokument, eines von mehreren Dingen, die Otto noch aus dem Chaos in Bordeaux zustande

---

* Mandel überlebte den Krieg nicht. 1944 wurde er von der Miliz des »État Français« ermordet.

bringen konnte, wurde faktisch im Moment von Pétains Amtsantritt ungültig. Eine der ersten Polizeiaktionen der Waffenstillstandskommission des Marschalls war sogar ein französischer Haftbefehl gegen den habsburgischen Thronprätendenten. Auch konnte sich die Familie kaum viel von dem belgischen Diplomatenpaß erhoffen, mit dem sie alle reisten, Graf Degenfeld und Gräfin Kerssenbrock eingeschlossen. Das unabhängige Belgien existierte nicht mehr, seit König Leopold am 28. Mai mit seinen Streitkräften vor den Deutschen kapituliert hatte. Deshalb war alles ungewiß, als sich die Fahrzeuge durch die dichten Kolonnen von zurückgehendem Militär und Flüchtlingen fortbewegte und am Morgen des 18. Juni die spanische Grenze erreichten. Es war eine ganz seltene, doppelt günstige Fügung, die den Insassen nunmehr half. Otto sagte später darüber:

> »Ob der französische Grenzposten wußte, wer unter diesem Inkognito reiste oder ob er von dem Haftbefehl gegen mich persönlich Kenntnis hatte – die Kontrolle war jedenfalls sehr streng. Aber zufällig hatte, kurz bevor wir ankamen, der Kommandant im Radio General de Gaulles Aufruf aus London an alle patriotischen Franzosen gehört, sich ihm im Kampf anzuschließen, und dieser Grenzer hatte sofort beschlossen, danach zu handeln. Statt Schwierigkeiten zu machen, ließ er uns mit einem Wink passieren. Auf der spanischen Seite war die Kontrolle sogar schärfer, und zunächst gab es Probleme. Doch dann erkannte einer der Zöllner meine Mutter und rief: ›Das ist ja unsere Kaiserin von Lequeitio, sie ist immer willkommen!‹ Er stammte aus dem Fischerdorf, wo unsere Familie sieben glückliche Jahre verbracht hatte.«[12]

Es ist nur allzu begreiflich, daß Zita und ihre Angehörigen glaubten, die Vorsehung habe sie für wichtige kommende Dinge bewahrt, als sie die Grenze überquerten und sich nun in einem neutralen Land relativ sicher wußten.* Sie fuhren bis nach Portugal

---

* Trotz seiner raschen Bekehrung zum Gaullismus ließ der erwähnte französische Grenzer nicht jeden durch. Die Gruppe sah, wie der Rumänienführer Titulescu, der vergeblich zu passieren versuchte, am Grenzschranken kniete und sich die Haare raufte.

und nahmen Aufenthalt bei ihrem alten treuen Helfer Graf José Saldanha da Gama in Dafundo bei Lissabon, um die nächsten Schritte zu planen, über die sie durchaus nicht einer Meinung waren.

Die Debatten schilderte Graf Degenfeld in einem Brief an Erzherzog Felix, der von seiner Aktionsbasis in den USA aus alle Hebel in Bewegung setzte, um seinen Angehörigen und jenen Österreichern, die als Nachtrab der Habsburger in wachsender Zahl nach Portugal kamen, die erforderlichen Einreisevisa zu verschaffen. In dem Schreiben aus Dafundo vom 1. Juli 1940 kommentiert der Graf einen Plan Ottos »mit E. [Erzherzog] Carl Ludwig und Rudolph direkt von hier nach England, eventuell, zu gehen«. Zita und die anderen hegten ihre Bedenken dagegen, und Degenfeld meinte:

> »... daß diese Möglichkeit und Aussicht jedenfalls sehr zweifelhaft ist und daß im dringendsten Interesse Sr. Majestät und Ihrer Brüder es unbedingt notwendig ist, daß für diese, gleich wie für die übrigen Mitglieder der kaiserl. Familie, alle Erlaubnisse etc. für Amerika *sofort* gegeben werden.
> Meiner Ansicht nach, und damit stimmen hier alle – ausgenommen Se. Majestät selbst – überein, ist es ein ganz zweckloses Exponieren, jetzt nach England zu gehen. Wenn man einmal in Amerika bezw. Canada ist, wird man sehen, wie sich die Lage entwickelt hat, und ist dann noch reichlich genug Zeit, in Canada in die pol.[nische] Armee einzutreten.«[13]

Die Exilierten in Portugal waren von den gleichen Befürchtungen beschwert, die im Sommer 1940 auf allen Feinden Hitlers lasteten: konnte sich England allein behaupten, oder würde der nationalsozialistische Koloß auch diese Insel überrollen, wie er das europäische Festland niedergewalzt hatte? Instinktiv fühlte Otto, daß das England Winston Churchills alles durchstehen werde. Jedenfalls war London, wie er später erklärte, der Ort, »wo die Entscheidungen fielen«. Die führenden Persönlichkeiten eroberter Staaten, vom norwegischen König Haakon bis zu General de Gaulle, waren alle dorthin ausgewichen, um ihre Exilregierungen zu bilden und den Kampf fortzusetzen. Er meinte, sein Platz sei an ihrer Seite, aber die Einwände der Familie und pragmatische Erwägungen stimmten ihn um. Also reihte er sich in die Schlange der auf Buchungen für die Transatlantikflüge Wartenden ein und überließ es seinem Bruder Robert, der in London bereits eingeführt war und dort ganze Arbeit leistete, weiterhin als »Einzelkämpfer« vorzugehen.

Hitlers zahlreiche Agenten in Lissabon hatten so viele andere Aufgaben, daß sie gar nicht an einen Versuch dachten, Otto oder jemanden aus seinem Kreis auf neutralem Boden zu fassen. Dennoch blieb ein gewisses Gefahrenmoment,* und um es so weit wie möglich zu vermindern, griff die Familie auf eines ihrer bewährten Mittel zurück, den Geheimcode. Diesmal wurden die Decknamen den internationalen Börsenkurslisten entnommen. So war Zita selbst »London Tin«, Erzherzogin Charlotte »Rand Mines«, ihre Schwester Elisabeth »Unilever« usw. Eine telegrafische Mitteilung »Kaufen« mit einem Datum vor dem Codewort gab das Aviso, wann die betreffende Person über den Atlantik fliegen werde. Wie sich dann zeigte, endete diese Odyssee plötzlich und ohne Komplikationen.

Mr. Peel, der hilfsbereite amerikanische Botschafter in Lissabon, hatte Degenfeld Anfang Juli einen Rat gegeben: um die Formalitäten zu beschleunigen, wäre es am besten, wenn Erzherzog Felix in Washington bei Präsident Roosevelt persönlich im Namen der Familie vorsprechen würde. Dies geschah und brachte sofort das erhoffte Ergebnis. Am 9. Juli 1940 konnte Felix folgendes Telegramm im Klartext nach Dafundo senden:

»Außenministerium genehmigte heute telegrafisch an Botschaft Lissabon Visa für ganze Familie und erforderliches Personal. Die anderen sollen sich an amerikanischen Konsul wenden, dort Befürwortung aus Washington. Bitte drahtet sofort, wann Ankunft und ob irgendwelche anderen Schwierigkeiten.«[14]

---

* Erzherzog Otto erzählte dem Autor, damals habe er vom portugiesischen Diktator Salazar erfahren, daß sein Name auf der Fahndungsliste der Gestapo ziemlich weit oben stand. Salazar legte dem Erzherzog nahe, so bald als möglich auszureisen, um zu vermeiden, daß die Deutschen Druck auf Lissabon ausübten. Prompt flog Otto mit der nächsten Maschine ab, vor den anderen Familienmitgliedern.

Zita reiste mit ihrer jüngsten Tochter Elisabeth am 16. Juli ab. Dieser zweite Flug ihres Lebens gestaltete sich fast so dramatisch wie der erste, vor neunzehn Jahren. Auf der Route zu den Azoren trat bei dem großen viermotorigen Flugboot ein mechanischer Defekt auf, und man mußte in Horta mehrere Tage warten, bis Ersatzteile geliefert wurden. Als die Maschine schließlich am 27. Juli im Bereich des New Yorker Hafens wasserte, gab Zita sofort ein klingendes Kommuniqué heraus:

> »Die Kaiserin, die fest an die Demokratie in Europa glaubt, ist überzeugt vom Sieg der Freiheit und des Christentums über den barbarischen Totalitarismus. Ihre Ideen über Europas Zukunft sind dieselben, die von Erzherzog Otto geäußert wurden. Sie glaubt an eine zentrale europäische Konföderation der Staaten, beruhend auf demokratischen Prinzipien, die im Donaugebiet nach der Niederlage des Nazismus gebildet werden muß. Ein solcher Staatenbund könnte ein Bollwerk gegen die künftigen Aggressoren des Pangermanismus und des Bolschewismus sein.«[15]

Wie groß auch immer ihr Einfluß auf die Geschicke der Familie Habsburg gewesen war, als Kaiserin und als junge Witwe im Exil, nun gab sie zum erstenmal unter ihrem eigenen Namen solch eine hochpolitische Erklärung ab. Es war kennzeichnend für ihren geschichtlichen Spürsinn, daß sie 1940, als Hitler unbesiegbar schien, bereits weiterblickte, den Aufgaben entgegen, die Europa nach Hitlers Niederlage zu bewältigen haben würde.

V. Teil

Der Kampf von Amerika aus

20

Roosevelt und die Habsburger

Zita hatte ihre Kinder von klein auf dazu erzogen, als ein »Team« zu arbeiten (so nannte es Otto). Nun gingen sie gemeinsam an die langwierige und schwierige Aufgabe, die Deklaration ihrer Mutter in die Tat umzusetzen. Ungarn lag einige Zeit außerhalb ihres Gesichtskreises. Admiral Horthy, nun schon zwanzig Jahre lang Reichsverweser, schien in der Königsburg auf dem Budaer Berg fest verankert zu sein. Das Land, das er regierte, war bereits seit den letzten Vorkriegsjahren mit der »Achse Berlin–Rom« verbunden und trat kurz nach dem deutschen Angriff auf die Sowjetunion (Juni 1941) auch militärisch an Hitlers Seite. Die Hauptsorge der in Großbritannien, Kanada und den USA verstreut lebenden Exilierten galt daher Österreich, dessen junge Männer wohl oder übel zu Hunderttausenden als Soldaten der deutschen Wehrmacht kämpften. Das Problem bestand darin, in der westlichen Welt das Gesicht dieses Österreich zu wahren, das jetzt zur »Ostmark« geworden war.

Was die Kaiserfamilie im Verlauf der viereinhalb Kriegsjahre, die noch vor allen lagen, dafür leistete, war von bleibender und zuweilen entscheidender Bedeutung. Dabei ist freilich zu bedenken, daß, über ihre Köpfe hinweg, die Westmächte und die Sowjetunion aus eigenem eine künftige Wiedererrichtung des selbständigen Staates Österreich als Teil Nachkriegseuropas beschlossen. Es war Stalin, der diesen Vorschlag äußerte. Im Dezember 1941 reiste der britische Außenminister Anthony Eden nach Moskau zu seinem ersten Treffen mit dem sowjetischen Diktator seit der Bildung der »Großen Allianz«. Dem britischen Gesprächsprotokoll ist zu entnehmen, daß bei den Erörterungen für eine Neuordnung Europas nach Hitlers Niederlage »Stalin vorschlug, Polen auf Kosten Deutschlands in westlicher Richtung zu vergrößern. Andere okkupierte Länder sollten wieder ihre alten Grenzen erhalten, *Österreich sei wiederzuerrichten.*«[1]

Edens Antwort lautete: »Wir sind gewiß für ein unabhängiges Österreich.«[2]

Was Anthony Eden aber ganz bestimmt nicht befürwortete, war eine österreichische Monarchie. »Mit diesen Habsburgern wollen wir nichts zu tun haben«, notierte er samt seinen Initialen A.E. ein Jahr nach dem Moskauer Treffen auf ein Schriftstück des britischen Außenamts. Der brüske Ton zeigt an, daß subjektive Faktoren mit im Spiel waren, die Exilierten hatten den Verdacht, daß solche Feindseligkeit zum großen Teil einer antikatholischen Einstellung entsprang. Als Außenminister im London der Kriegszeit mußte Eden außerdem für das politische Gleichgewicht sorgen. Keine der in der britischen Hauptstadt damals fungierenden Exilregierungen – die Polen und die Jugoslawen ebensowenig wie die Tschechen – wollten irgendeine Lösung, die legitimistische Tendenzen aufwies. Es gab schon genug Probleme mit der Wiedergründung einer freien Republik Österreich, ein Vorhaben, für das Eden später die Initiative ergreifen sollte.

Die Annullierung des Anschlusses und eine neue Chance für die sechseinhalb Millionen Österreicher, ihre eigenen Wege zu beschreiten, war eines der Mittel, um das Deutschland der Ära nach Hitlers Niederlage in einem Zustand der Schwäche zu erhalten, ein Ziel, über das die Alliierten bis zu einem gewissen Grad einig waren. Doch Stalin sah dieses neue Österreich von Anfang an als einen elastischen Puffer zur Absicherung des Sowjetimperiums, das er nördlich, südlich und östlich von Wien unter Einbeziehung der Nachfolgestaaten der Monarchie zu schaffen beabsichtigte. Churchill freilich, der im Geist immer großartige Projekte entwarf, tendierte zu einer gegensätzlichen Erwägung, nämlich Wien zum Zentrum einer Nachkriegskonföderation freier Völker des Donauraums zu machen, sogar unter Einschluß Bayerns. Dies deckte sich haargenau mit Formulierungen in einem Memorandum, das in Paris vor dem Niederbruch Frankreichs für Zita und Otto geschrieben worden war. Die Propaganda, so wurde darin hervorgehoben, sollte sich auf den Gedanken eines Donau-»Commonwealth« konzentrieren, zumal das britische Beispiel zeigte, daß dies eine Reichsidee nicht ausschloß. Außerdem sollten bei der Aufklärungsarbeit im Westen der geopolitische und der dynastische Aspekt verbunden werden:

> »Österreich (das Donaubecken und Süddeutschland) als geopolitische Einheit und das österreichische Herrscherhaus als ein Faktor für die politische und kulturelle Stabilität bei der Neugestaltung Europas.«[3]

Obwohl damit nicht offen für die Dynastie geworben wurde, war dies die Formel, welche die Kaiserfamilie nun in Amerika »verkaufen« wollte. Es galt, den Gedanken dem Präsidenten und seinen wichtigsten Beratern nahezubringen. Doch nicht zum erstenmal in ihrer langen Exilzeit sah Zita, daß die Erfordernisse des politischen Matriarchats nicht mit den familiären Pflichten zu vereinbaren waren. Um die propagandistische Arbeit zu konzentrieren, wäre es am günstigsten gewesen, wenn sie alle in den USA zusammengeblieben wären. Ihr erstes »Heim« jenseits des Atlantik war Royalston, der in Massachusetts gelegene Landsitz des New Yorker Finanzmagnaten Calvin Bullock, einem Freund von Erzherzog Felix. Aber wie schon König Alfons von Spanien in den zwanziger Jahren hatte er eine Gastfreundschaft zu bieten, die den Erfordernissen der jungen Leute nicht gerecht werden konnte. Bei der Flucht aus Belgien mußten vier von ihnen ihr Studium unterbrechen: Charlotte, Karl Ludwig und Rudolf waren in Löwen in verschiedenen Semestern gestanden, und Elisabeth hatte noch ein Oberschuljahr vor sich.

So begann 1940 von Royalston aus – wie 1928 vom Palacio Uribarren – die Suche nach einer anderen Wohnung, die in erster Linie ein Ausgangspunkt für die Studierenden sein sollte. Diese Fahndung endete, als Zita erfuhr, daß zwei Professoren aus Löwen nun an der Laval-Universität in der kanadischen Provinz Quebec lehrten. Die Tatsache, daß Quebec französischsprachig ist, war für den Unterricht ein Vorteil, denn die jüngeren der Kinder sprachen noch nicht sehr gut Englisch. Und wenngleich bei dieser Entscheidung Sentimentalität keine Rolle spielte, war der Anblick des Lilienbanners für eine bourbonische Prinzessin sicherlich erhebend; dieses Banner war noch immer überall gehißt, als Symbol jener Region Kanadas, über die einst ihre Vorfahren geherrscht hatten.*

Die Jahre in Quebec waren spartanischer denn je zuvor. Aus umsorgten Gästen auf einem luxuriösen Landsitz in Massachusetts wurden nun die Mieter eines reizlosen Holzhauses mit der Adresse 239 Chemin St. Louis. Es war die Villa St. Joseph, die dem Nonnenorden der Jeanne-d'Arc-Schwestern gehörte und seit langem leerstand. Entsprechend war eine der ersten Maßnahmen nach der Übersiedlung im Oktober 1940 die Einrichtung einer Hauskapelle, damit dort täglich ein kanadischer Priester die Messe lesen konnte. Nach der strengen Großartigkeit des Schlosses Steenokkerzeel bedeutete nicht nur dieses Haus einen Abstieg. Im Vergleich zu der recht auskömmlichen Finanzlage der Jahre in Belgien waren auch die Einkünfte drastisch vermindert. Zum erstenmal seit den schrecklichen ersten Monaten auf Madeira machte sich die Geldknappheit empfindlich spürbar. Noch schmaler wurden die Mittel, als der ursprünglich zehnköpfige Haushalt Zuwachs bekam, und zwar durch die Ankunft von Zitas jüngerer Schwester Isabella (einem der spätgeborenen Kinder der Familie Bourbon-Parma) und ihrer neunundsiebzigjährigen Mutter Herzogin Maria Antonia. Eine Besserung trat erst ab dem Februar 1942 ein; die eingefrorenen Bank- und Wertpapierkonten der Kaiserfamilie wurden freigegeben, da Österreicher, die in den westlichen Demokratien lebten, zu »freundlichen Ausländern« erklärt worden waren. Der rigorose Sparkurs, der bis dahin in der Villa St. Joseph herrschte, wird aus Briefen ersichtlich, welche die Kaiserin im Frühjahr 1941 an Graf Degenfeld schrieb. So schilderte sie etwa, wie eine Fahrt der Kinder durch die USA zu finanzieren war:

>»Sie zahlen sich die ganze Reise aus den Geldgeschenken, die sie im Laufe der Zeit von verschiedenen Seiten für ihr Plaisir erhalten haben. Daraus wird eine cagnotte gemacht und ich gebe ihnen pro Kopf und Tag, was sie dem Hause [sic!] gekostet hätten, wenn sie hier geblieben wären. Das macht zirca 35 cents

---

* Während die englischen Ansiedler in Kanada als Symbol ein Objekt wählten, das sie erst in ihrem neuen Lebensbereich vorgefunden hatten, nämlich das Ahornblatt, entschieden sich ihre französischen Rivalen für die heraldischen Sinnbilder, die sie schon aus Frankreich kannten.

aus, nicht zum sehr weit kommen, aber die Kinder sind selig über diese so unerwartete häusliche Largesse!! Aus diesem Arrangement ergibt es sich auch, daß das Incognito sehr am Platz ist und mehr auf Cabins [Hütten] gerechnet wird als auf Wirtshäuser. Auch die mitgenommenen Gewänder passen mehr zur Cabinumgebung als zu ›mondänen‹ Einladungen.«[4]

Dann beschreibt die Kaiserin ihre Bemühungen, die frugale Kost durch Dinge aufzubessern, die in der Natur für jeden zu haben sind:

»Wir essen fast jeden Tag Salat und Spinat von Löwenzahn … Was ich Ihnen aber noch nicht geschrieben habe, das ist, daß wir uns sehr bemüht haben, immer größere Fuhren davon auszustechen und hereinzutragen, weil wir immer wieder darauf kamen, daß wir solche Massen davon verzehrten, daß für das Personal nichts mehr übrig blieb. Endlich waren unsere Bemühungen von Erfolg gekrönt und die Leute bekamen davon. Paula, die es schon so und so oft gekocht hatte, versuchte es nun zum ersten Mal. ›No, es tan mal‹ war ihr Urteil. Und was sagten die Anderen dazu? ›Sie haben es nicht einmal versuchen wollen‹, war die Antwort! Ist das nicht zu echt? Es war ihnen zweifelsohne zu vulgär.«[5]

Eine englische Prinzessin berichtet aus erster Hand über diese karge Lebensweise; sie war das einzige Mitglied der britischen Königsfamilie, mit dem Zita persönliche Bekanntschaft verband: Alice, Königin Victorias Enkelin, deren Gatte, der Earl of Athlone, nun Generalgouverneur von Kanada war, hatte die Kaiserin eingeladen, den Winter 1940/41 bei ihr im Government House in Ottawa zu verbringen. Wie sie erwähnt, amüsierte es sie, daß Gräfin Kerssenbrock bei jeder Gelegenheit den Adjutanten in der Kanzlei aufsuchte, rasch eine Zigarette zu rauchen und ein Glas Sherry zu trinken – Genüsse, die in Gegenwart der Kaiserin nicht erlaubt waren. Es erfolgte ein Gegenbesuch zum Tee in der Villa St. Joseph in Quebec, die Prinzessin Alice als »ein ödes kleines Haus« bezeichnet, »ohne Vorhänge und Bilder, mit einem Boden aus Linoleum«. Über die Kaiserin selbst schrieb sie:

»Zita trug noch immer ein Kleid wie zu der Zeit, als sie Witwe wurde – bodenlang, bis zu den Handgelenken und bis zum Kinn geschlossen, ohne Ohrringe oder anderen Schmuck. Aber sie war sehr gesprächig, gut informiert und voll Kultur. Sie hatte ihre alte Mutter bei sich, die viel weltläufiger war. Wir setzten uns zu einer typisch deutschen Jause mit Butterbroten, Keksen und Kuchen. Nur Ariel [Prinzessin Alices Hofdame] und ich bekamen Tee, die anderen tranken Wasser aus Bechern. Ich hatte den Eindruck, daß sie sehr arm waren.«[6]

Wie in den Kriegszeiten in Schönbrunn und in der Not des Exils auf Madeira nahm die Kaiserin die Kargheit des täglichen Lebens in Quebec völlig gelassen hin. In ihren Ansprüchen an Tafel und Garderobe war sie immer ein ganz einfacher, ja fast asketischer Mensch, selbst damals, als sie sich Luxus hätte leisten können; und ihre Kinder hatte sie nach denselben strengen Grundsätzen erzogen. Wogegen selbst sie sich nicht wehren konnte, das war das Klima, fast ohne einen Hauch jener zauberhaften Frühlingswochen, die sie in Pianore so sehr geliebt hatte. Und noch schlimmer als das Wetter war die Einsamkeit. Otto und Felix waren in den USA geblieben, ersterer hatte ein Apartment des Broadmoor-Komplexes in Washington bezogen, um in der Nähe des Präsidenten und der tonangebenden Männer seines Kreises sein zu können. War Zita bis zur Flucht aus Belgien und auch noch während der ersten Monate in New York im Mittelpunkt der politischen und persönlichen Bestrebungen ihrer Familie gestanden, so fand sie sich nun plötzlich an den Rand versetzt und ärgerte sich über den Mangel an Kontakten. In einem anderen ihrer Briefe aus dem Frühjahr 1941 an Graf Degenfeld ließ sie einmal ihrem Unmut freien Lauf:

»Da ich seit Denver ohne Nachrichten und ohne Adresse war, ist mir der Brief doppelt willkommen gewesen ... bis heute, 21., wußte ich nicht, wo Otto in aller Welt zu erreichen war. Das ist doch wirklich ein bischen arg! Und Nachrichten von seiner Gesundheit hatte ich seit dem telefonischen Anruf von Otto am 7. IV. ... überhaupt keine mehr – also durch volle 14 Tage! – nachdem er doch diese Krankheit durchgemacht hatte und ich telegrafisch gebeten hatte, er solle sich drei Wochen vollständig ausruhen ... Und dann dieses lange Schweigen. Ich hoffe so etwas kommt nicht mehr vor!«[7]

Aber trotz dieses Gefühls der Isolation konnte sie sich noch immer als »Koordinatorin« betätigen, so bezeichnete Otto ihre Rolle während jener Kriegszeiten. In dem an Enttäuschungen reichen Jahr 1941 freute sie sich um so mehr über die Gelegenheit, sich – zum einzigen Mal in ihrem Leben – direkt an eine andere königliche Witwe des alten Europa wenden zu können, nämlich in einem Brief an Königin Mary. Es ging um Erzherzog Robert, der in London seit seiner Ankunft bei Kriegsausbruch als Ottos Repräsentant eine Bewährungsprobe abgelegt hatte. Nun schlug er sich mit den sattsam bekannten Problemen der österreichischen Flüchtlinge herum: erbitterte Opposition sowohl der exilierten Tschechen wie auch der radikalen österreichischen Sozialisten gegen jede Form der Zusammenarbeit mit konservativen Emigranten, geschweige denn mit Legitimisten. Überall bot sich das gleiche Bild: persönliche Rivalitäten und Intrigen. Wie er aus London im ersten Bericht an seinen Bruder schrieb, war aber das Schwierigste, das Asylland davon zu überzeugen, daß er und seine Landsleute eben keine Deutschen, sondern Österreicher seien und daß ihre Heimat unter einem gemeinsamen Feind zu leiden hatte.[8] Dennoch gelang es ihm, während der nächsten Wochen und Monate dem sogenannten »Austrian Centre« Ziele vorzugeben und eine persönliche Verbindung zu Churchill herzustellen, die schließlich, wenn auch nicht so vertraulich, Ottos Beziehung zu Roosevelt ergänzte. Im Frühjahr 1941 befaßte er sich auch mit einem militärischen Projekt. Er hatte vorgeschlagen, im Rahmen des »Pioneer Corps« der britischen Armee eine österreichische Einheit zu formieren, damit Österreicher als Soldaten ihre Identität beweisen könnten, wenn auch nur im Einsatz mit Spaten und Werkzeug.* Wie vorauszusehen, stimmten die sozialistischen Emigranten nur wegen der Per-

---

* Das »Pioneer Corps« entsprach nicht der Pioniertruppe in anderen Armeen, sondern umfaßte Baueinheiten von Nichtkombattanten. In Großbritannien lebten damals etwa 10 000 österreichische Flüchtlinge, zu neunzig Prozent Juden. Etwa 1000 hatten sich zum Dienst in der britischen Armee gemeldet und wurden in verschiedene Abteilungen des »Pioneer Corps« eingereiht.

son des Initiators gegen den Plan, und das Vorhaben wurde fallengelassen.

Robert hatte auch einige persönliche Anfechtungen zu bestehen. Zuerst erkrankte er, dann wurde in der letzten Aprilwoche während eines deutschen Luftangriffs das Haus 59 St. James's Street und damit auch seine Wohnung zerbombt. Königin Mary,[*] die gehört hatte, daß sich dieser energische junge Habsburger fast völlig auf sich allein gestellt im London der Kriegszeit tapfer durchschlug, beschloß, ihn in aller Stille zu »adoptieren«. In einem beachtenswerten Brief an Robert aus ihrem ländlichen Refugium Badminton, Gloucestershire, schrieb sie:

> »Ich hoffe, Sie erkennen, wie sehr ich mit Ihnen fühle, da Sie in diesen schweren Zeiten von Ihrer Familie und Ihren Freunden getrennt sind. Deshalb frage ich Sie, ob ich Sie Robert nennen darf und Sie sollen mich Tante nennen, denn ich möchte Ihnen das Bewußtsein geben, daß Sie in England einen Menschen haben, dem Sie manchmal schreiben können, wenn Sie danach verlangt und Sie sich sehr einsam fühlen. Ich kenne so viele Mitglieder Ihrer Familie persönlich oder dem Namen nach. Im Grund meines Herzens war ich immer sehr österreichisch, denn mein Vater diente in der österreichischen Armee, bis er 1866 meine Mutter heiratete und wir hatten so viele österreichische und ungarische Freunde ...«[9]

Wenn etwas dem einsamen Erzherzog half, sich in der so hart bedrängten fremden Hauptstadt einzugewöhnen, dann waren es diese Zeilen, und die im Königlichen Archiv aufbewahrten Briefe zeigen, wie dankbar er das Angebot einer Korrespondenz annahm und erwiderte. Mit Persönlichem verband er darin politische Kommentare. So etwa nach dem Luftangriff:

> »Nun bin ich im Haus eines Freundes untergekommen, aber ich suche eine Wohnung, diesmal in einem Betonbau und nicht im obersten Stockwerk ... Ich fürchte, die Zeiten werden für uns schwer werden, aber ich glaube fest an das gute Ende ... Mir tun

---

[*] geborene Prinzessin von Teck, mit den Habsburgern nicht direkt verwandt. Aber ihre Mutter, »nur« eine Komtesse Rhedey, war Ungarin.

auch meine Landsleute so leid, die von diesem Teufel gezwungen werden, gegen uns zu kämpfen, die aber mit ihren Herzen und Hoffnungen ganz auf unserer Seite stehen ...«[10]*

Robert meldete all dies seiner Mutter in Quebec, ihr mußte man nicht erklären, wie wertvoll diese Freundschaft im hierarchisch orientierten Großbritannien von 1941 war. Sie suchte nach einer Möglichkeit, ihr Dankschreiben an Königin Mary persönlich überreichen zu lassen. Die Gelegenheit ergab sich im September jenes Jahres, als Felix, zwecks direkter Gespräche mit seinem Bruder, den Atlantik überquerte. In einem auf Französisch verfaßten Brief an ihre »Chère Cousine, Sa Majesté la Reine-Mère d'Angleterre« brachte Zita nicht nur ihre Dankbarkeit zum Ausdruck, sie sprach auch von ihren »ständigen, flehentlichen Gebeten für den Sieg der Christenheit über das Heidentum und dafür, daß unser armes Europa vor der völligen moralischen, geistigen und physischen Zerstörung bewahrt bleiben möge«.[11]

Viele andere Belege finden sich in den Stapeln von Briefen und Mitteilungen, die Zita aus Quebec schrieb und in denen sie eindeutig als die Kaiserin spricht. So telegrafierte sie am 6. Juli 1942 an Otto nach Washington, soeben habe sie der König von Griechenland besucht, auch er ein Exilierter, aber seit viel kürzerer Zeit. Sie trägt ihrem Sohn auf, dem Monarchen einen Gegenbesuch abzustatten, sobald dieser auf seiner Reise durch Nordamerika in Washington eingetroffen sei. Als im folgenden Jahr die Amerikaner in Nordafrika landeten und den Prokonsul der Vichy-Regierung in Algier, Admiral Darlan, durch den vertrauenswürdigeren General Giraud ersetzten, war es Zita, die eigenhändig auf Französisch eine telegrafisch aus Quebec und Algier durchgegebene Gratulationsadresse verfaßte, »mit den besten Wünschen für Ihre große, edle Aufgabe.«[12]

Doch dann ist sie wieder nur die Mutter, die sich um ihre Kinder

---

* Verständliche Regungen eines jungen Habsburgers, der von Österreich völlig abgeschnitten war. Er konnte nicht wissen, wieviele jener Landsleute damals in hohe Ränge der SS und der Gestapo aufgestiegen waren und wieviele größtenteils aus Österreichern bestehende Einheiten der deutschen Wehrmacht, vor allem Gebirgstruppen, ihre Tapferkeit bewiesen.

sorgt. Einen Monat vor dem Telegramm nach Algier handelte zum Beispiel ein ausführlicher Brief an Graf Degenfeld von der Zahl der Bestecke, die er für die formellen Lunches und Dinners, die Otto in seinem Apartment in Broadmoor zu geben gedachte, kaufen sollte. Der Graf hatte gemeint, es könnten sechs sein, was Zita aus praktischen Gründen als nicht ausreichend fand:

>»Wegen der Löffel und Gabel [sic!] möchte ich nur darauf aufmerksam machen, daß wenn Sie 6 kaufen es im allerbesten Fall für 2 Gäste reicht: außer Otto und Ihnen (od. wer als Herr dort ist), da zum allermindesten 2 Gabeln resp. Löffeln zum servieren notwendig sind. (Auf der Fleischschüssel und auf der Gemüseschüssel!) Auch wird es nicht möglich sein eine Vorspeise, Fleischspeise und Mehlspeise bei einem Essen zu haben, da nicht rasch genug die Bestecke von der Köchin – die auf das Kochen aufmerksam sein muß – dazwischen gewaschen werden können. – Das sind Witze, die einer Hausfrau geläufig sind, die Ihnen aber vielleicht entgangen sind.«[13]

Manchmal werden Themen der hohen Politik und des Alltagslebens vermischt, wie in einem Brief an ihren Sohn Robert in London. Zita beginnt mit der Erklärung, momentan dringe man nicht auf die Bildung einer Exilregierung, da diese nicht in der Lage wäre, die eigentlichen Wünsche der Menschen in der Heimat zu vertreten, es gehe eher um die Reorganisation eines Komitees durch das amerikanische Außenministerium, zwecks Wahrung der Interessen von Auslandsösterreichern. Und anschließend:

>»Noch eine letzte Sache. Ich habe im November Lebensmittelpakete an Victor Cazalet und an Chipps Channon [in London] gesandt. Ich erhielt nie ein acknowledgement [sic!] [Bestätigung]. Könntest Du vielleicht nachfragen, ob die Pakete angekommen sind ... Wenn Du irgendeines davon möchtest, so schreibe mir es und ich werde es dann gleich schicken ... Auch wenn Du Zigaretten oder Tabak möchtest, so schreibe es.«[14]

Mittlerweile arbeiteten in Washington vier Brüder Habsburg zusammen, um, in einem sogar weitergespannten Rahmen, jene Aufgabe zu erfüllen, die Robert in London bewältigte, nämlich die

Führung der Alliierten geneigt zu stimmen. Außer Felix waren auch Karl Ludwig und Rudolf nach dem Abschluß ihrer Studien in Quebec in die Bundeshauptstadt der USA gekommen.

Ihren Bestrebungen nicht gerade förderlich waren die Eskapaden eines anderen Erzherzogs, des fürchterlichen Leopold Salvator. Dieser machte damals noch immer die USA unsicher, und im Krieg wie im Frieden tat er nach wie vor alles, um den Namen Habsburg in den Schmutz zu ziehen. Er war, wie immer, knapp bei Kasse und hatte im Frühjahr 1941 durch seine Anwälte eine »Rückzahlung« in Höhe von 150 000 Dollar aus dem habsburgischen Familienfonds gefordert. Ohne zu wissen, daß die Kaiserin in Quebec Spinat aus Löwenzahn kochen ließ und Otto bei seinen Bemühungen zur Gründung österreichischer Organisationen erhebliche Schulden machen mußte.* Leopold redete sich ein, das Familienoberhaupt throne auf den Schätzen des Pharao, dabei waren die Kassen fast leer. Eine relativ große Quote der Einkünfte stammte aus Ungarn, das vorerst neutral blieb und ein Land des Wohlstands war, bis es gegen Ende des Krieges in die Katastrophe mitgerissen wurde. Um diese Quelle geheimzuhalten, wollte die Familie einen Rechtsstreit mit Leopold vermeiden. Deshalb schrieb Graf Degenfeld an Ottos Anwälte:

> »Es wäre nicht nur sehr ungünstig, sondern sogar gefährlich für in Österreich lebende Mitglieder der kaiserlichen Familie, wenn die deutschen Behörden erfahren sollten, daß hier oder in Ungarn Geld für sie [die Habsburger] vorhanden ist ... die deutsche Reichsregierung ... würde solchen Druck ausüben, daß die Regierung Ungarns künftig nicht in der Lage wäre, Summen von den ungarischen Besitzungen der Königsfamilie zu überweisen.«[15]

Der Fall beschäftigte die Juristen vier Monate lang und endete damit, daß die Familie lediglich Leopolds Anwaltskosten beglich. Wie schon in den dreißiger Jahren hatte er es wieder einmal zuwege gebracht, ein erhebliches Quantum an Energien und Barmitteln des

---

* Einige der Raten zahlte er erst nach dem Krieg ab, später schätzte er sie auf 60 000 Dollar, in den vierziger Jahren eine gewaltige Summe.

Erzhauses, die dringend für anderes gebraucht wurden, glatt zu verschwenden.

Viele weniger ärgerliche Gesuche um Hilfe oder Förderung von den verschiedensten Personen mit allen nur denkbaren Anliegen hatten die Habsburger schon erhalten, seit sie in Amerika lebten. Die meisten stammten von österreichischen Einwanderern, manche waren, wie die Kaiserfamilie selbst, erst vor kurzem aus Europa geflüchtet, andere wieder waren bereits vor dem Krieg emigriert, um rassischer oder politischer Verfolgung zu entgehen. Diese Briefe zeigen in endloser Reihe Variationen auf jenes traditionelle Wiener Thema der »kleinen Bitte« – die sich oft als keineswegs klein erweist. Leicht zu erledigen waren Offerten wie diese: aus Österreich stammende Schuhmacher wollten für die Erzherzöge Schuhe fertigen, Schneider wollten Maßanzüge, Buchhändler ihre Bücher liefern und Versicherungsagenten Verträge abschließen. Diese Handwerker und Händler traten die Nachfolge jener an, die sich einst um den Titel eines Hoflieferanten bewarben. Ebenso direkt waren die häufigen Bitten von gebürtigen Amerikanern oder Exilierten aus Hitlers Europa um Autogramme und Porträtfotos für Sammelalben. Fast unerfüllbar blieben die meist an die Kaiserin gerichteten Appelle, etwas zur Rettung österreichischer Landsleute zu unternehmen, die im besetzten Frankreich gestrandet waren. Manche dieser Hilferufe gingen zu Herzen. Andere waren nur lästig. So hatte Graf Degenfeld einem gewissen Mr. Mandelstam in unwirschem Ton mitzuteilen, der hohe Herr [Otto] sei wirklich nicht geneigt, einen Beitrag für ein Buch über das Phänomen der Zerstreutheit zu schreiben, noch dazu in einer Zeit, in der seine Gedanken den vielen Tausenden Österreichern galten, »die von den deutschen Unterdrückern Schlimmstes zu erdulden haben ... und auf der ganzen Welt Menschen ihr Leben für Freiheit und Humanität einsetzen«.[16]

Das geradezu klassische Beispiel der österreichischen »kleinen Bitte« bot der Vater der singenden Trapp-Familien (später weltberühmt durch den Film »The Sound of Music«). Im März 1942 hatte er schriftlich angefragt, ob Otto ihm bei der Beschaffung von fünf neuen Reifen für die Privatlimousine behilflich sein könnte, da der Vertrieb dieser Artikel seit Amerikas Kriegseintritt vor drei Monaten rigoros eingeschränkt worden war. Georg von Trapp, Maria Theresien-Ritter, war ein prominenter Monarchist und persönlicher Freund des Grafen Degenfeld, der ihm erwiderte, Seine Majestät sei einfach außerstande, in einer solchen Angelegenheit zu helfen. Mit dem Unterton des Tadels fügte er hinzu, jetzt brauchten lebenswichtige Industrien dringend jeden Autoreifen, den sie auftreiben könnten.[17]

Auch als die Familie schon längere Zeit im Land ansässig war, flößte der Gedanke, daß eine alte kaiserliche Dynastie mitten unter ihnen lebte, vielen Amerikanern gewaltigen Respekt ein, sofern sie überhaupt zu erfassen vermochten, was eine Dynastie ist. Zu denen, die ahnungslos waren, gehörte ein Angestellter der Western Union, der ein lapidar »An die Kaiserin von Österreich, New York« adressiertes Telegramm dem Absender zurückgab, mit dem Bescheid: »Wir haben keine Eintragung, daß ein Schiff dieses Namens registriert wäre.«[18] Daß der Adressat kein Ozeandampfer, sondern eine Person war, kam ihm nicht in den Sinn. Und obwohl alle vier jungen Erzherzöge durch die USA reisten und damit bewiesen, daß sie wirklich existierten, verloren sie nie die Aura einer märchenhaften, versunkenen Welt, selbst wenn sie sich darum bemüht hätten.

So gab es etwa ein erheiterndes Nachspiel zu einem Vortrag, den Otto im Februar 1941 am katholischen Chestnut Hill College in Philadelphia gehalten hatte. Zwei Tage später fühlte sich die Ehrwürdige Mutter bewogen, einen Brief an seinen Sekretär zu schreiben. Sehr verlegen entschuldigte sie sich für einen Vorfall, von dem sie soeben erfahren hatte. »Eine kleine alte französische Nonne«, so stellte sich heraus, »behelligte den Erzherzog mit ihrer Bitte um ein Autogramm.« Dann folgte eine köstliche Erklärung: »Diese Nonne führt im Kloster ein sehr zurückgezogenes Leben, aber manchmal schlägt sie uns ein Schnippchen. Als Europäerin glaubt sie zuweilen, daß sie uns gewöhnlichen Amerikanerinnen weit überlegen ist.«[19]

Und als später Karl Ludwig und Felix in die amerikanische Armee eintraten, stellten sich sogleich Brieffreundinnen ein. Bestimmt wunderte sich Karl Ludwig, als er in der Kaserne einen Brief von einer Miß Peggy Fontaine erhielt, mit der Anrede »Mein lieber Soldat Habsburg«. Miß Peggy teilte ihm mit, sie arbeite im New

Yorker Büro des Veteranenverbands, der Lebens- und Invalidenversicherungen für alle aktiven Soldaten betreute:

»Bei der Durchsicht von Bewerbungen fand ich unlängst Ihren Namen, und meine Freundin Betty fand den Namen Ihres Bruders, ich glaube Felix heißt er. Wir beschlossen, an euch Boys zu schreiben. Ich hoffe, ihr nehmt es nicht übel, daß wir so frei sind, euch zu schreiben, und wir hoffen auch, daß ihr bald antworten werdet.«[20]

Miß Fontaine fügte hinzu, die Bewerbungen der beiden würden bevorzugt behandelt.

Um zu wichtigeren Fragen zurückzukehren: die beiden Brüder wurden Soldaten im Zuge einer auf Ottos Initiative energisch betriebenen Kampagne, um innerhalb der amerikanischen Streitkräfte eine österreichische Einheit aufzustellen, damit die Exilösterreicher markant als solche in Erscheinung treten konnten. Im Schicksal dieser Truppe spiegelten sich die geradezu grotesken Mißstände der österreichischen Emigrantenpolitik. Zum Teil lag das Problem schon in der Verschiedenheit der österreichisch-amerikanischen Gruppierungen, die von Leuten aus früheren Flüchtlingswellen gegründet worden waren. Als der bekannte Washingtoner Journalist Edgar A. Mowrer im Sommer 1941 die Kaiserfamilie um einen Kompaß für den Weg durch dieses Dickicht bat, erhielt er aus Royalston streng vertraulich eine Liste von fünf gesonderten österreichischen Organisationen und zwei Komitees (den Unterschied machte aus, daß die Komitees von vornherein keine hohen Mitgliederzahlen anstrebten), die bereits in einem ungesunden Wettstreit standen. Die älteste Riege war die »Austro-American League«, vor allem im Osten vertreten, aber mit Zweigstellen in Ohio, Colorado, Oregon und Kalifornien. Sie wurde als »überparteilich, aber vorwiegend mit monarchistischer Tendenz« bezeichnet.[21]. Ganz anders die jüngste, die »Austrian Action«, deren Präsident Ferdinand Graf Czernin war (ein Sohn des treulosen Grafen Ottokar, mit dem Ottos Vater seine Not gehabt hatte). Sie galt als »entschieden antimonarchistisch«. Dies traf natürlich auch auf das »Austrian Labor Committee« zu, unter der Leitung des sozialdemokratischen Emigrantenführers Julius Deutsch, der ein unversöhnlicher Gegner jeglicher »habsburgisch-faschistischer Gruppierung« blieb.

Die einzige Antwort der Kaiserin und ihres »Teams« war, nochmals zu beginnen, um so viele bürgerlich-konservative österreichische Patrioten als möglich unter *einem* Banner des Exils zu sammeln. Über das Resultat berichtete Graf Degenfeld im Februar 1942 nach London, in einem auf Englisch geschriebenen Brief an Erzherzog Robert:

> »Nur einige Informationen über das neu geschaffene ›Austrian Committee‹. Die Vorbereitungen dafür wurden in langer, schwieriger Arbeit während der letzten zwei oder drei Monate abgeschlossen ... und es ist noch keineswegs vollkommen. Aber zumindest sind die meisten der verschiedenen österreichischen Gruppen vertreten ... Das Komitee hat zwei Präsidenten oder Vorsitzende, Rott und Zernatto.* ... zwei Sekretäre ... und zwei Schatzmeister, darunter F. Czernin, Leiter der ›Austrian Action‹ – wie Sie wissen eine Splittergruppe, die immer Unfrieden sät, zu der aber kein Österreicher von wirklicher Bedeutung zählt ... Diese sechs bilden den Exekutivausschuß ... Das Komitee selbst hat etwa dreißig Mitglieder. Außerdem gibt es einen Beraterstab, dem einige berühmte österreichische Gelehrte angehören, auch Männer wie Bruno Walter und Franz Werfel ...
>
> Das Komitee gibt sich in keiner Hinsicht den Anschein einer Exilregierung, möchte aber sozusagen der ›Treuhänder‹ des österreichischen Volkes bis zu dessen Befreiung sein und auf jede nur mögliche Weise zu dieser Befreiung beitragen.«[22]

Es war keine geringe Leistung, Czernins Konsortium der Eigenbrötler und der Selbstbespiegler unter dieses Dach zu holen, aber die sozialdemokratische Emigrantenbewegung hielt sich, wie vorauszusehen, noch immer abseits. Obwohl sie nur eine schmale Basis hatte, sah sie ihren Einfluß in Washington stetig wachsen, als

---

* Hans Rott, ehemaliger Minister im letzten Kabinett Schuschnigg (1938). Guido Zernatto, Generalsekretär der ›Vaterländischen Front‹, floh klugerweise in den frühen Morgenstunden des 12. März 1938 aus Wien über die tschechoslowakische Grenze.

die »Große Allianz« mit der Sowjetunion gegen Hitler immer mehr konkretes und psychologisches Gewicht gewann. In einem weiteren Versuch zur Quadratur des sehr ramponierten Kreises der Emigrantenpolitik, bat Otto das Weiße Haus um die Billigung eines Plans für die Bildung eines »Provisorischen Nationalrates«, er sollte sich aus den wenigen Diplomaten aller politischen Anschauungen zusammensetzen, die nach dem Anschluß im Westen geblieben waren und sich geweigert hatten, ihre Staatsbürgerschaft aufzugeben. In einer offenbar für ihn vom Außenministerium konzipierten Antwort bedauerte Roosevelt, daß er nichts unternehmen könne. Die österreichischen Exilierten würden ihre Probleme ohne Hilfe bewältigen müssen.

Was die Familie nach achtzehn Monaten in Amerika am deprimierendsten empfand, war die offenkundige Unmöglichkeit, solch eine Lösung zu erreichen und den Haß des linken Flügels gegen die Dynastie zu überwinden, einen unmotivierten Haß, denn die Habsburger kämpften nun mehr für Österreich als für ihr eigenes Geschlecht. In einem Neujahrsgruß für 1942, den Zita in dem freudlosen Haus in Quebec schrieb, versuchte sie, ihren ältesten Sohn mit dem Gedanken zu trösten, daß sich die Dynastie während ihrer ganzen Odyssee der letzten zwanzig Jahre gegen solche Feindseligkeit hatte wehren müssen, aber immer wieder in ihrem Gottesvertrauen neue Kraft gefunden hatte.

> »Glaube nur nicht, daß ich kein Herz für die bitteren Enttäuschungen habe, die Du durchmachst, aber ich kenne es aus eigener Erfahrung und weiß, daß es nie anders ist. Nicht wenn man in Wien oder in Ungarn ist, in Portugal oder in Belgien ist, und nicht, wenn man in den Vereinigten Staaten oder in Canada sitzt, von England und von Paris gar nicht zu sprechen! Daher bleibt nur eines: seine Pflicht Gott zu tun, sich zu beugen und sich nicht deprimieren zu lassen, daß darunter die Gesundheit leidet.«[23]

Ein besonders harter Rückschlag war das Scheitern des Projekts eines »Österreichischen Bataillons«, für das sich Präsident Roosevelt eingesetzt hatte. Aber die Initiative trug auch deutlich das Gepräge Ottos und seines Bruders, und diese Verbindung zu

Habsburg genügte, um sie in den Augen gegnerischer Emigrantengruppen zu diskreditieren. Der fatale Mangel an nationaler Identität unter den Österreichern war ein weiterer Faktor dafür, daß nichts Definitives geschah. Aus welchen Gründen auch immer, für die zuständige amerikanische Instanz, das Kriegsministerium in Washington, sprachen nur die Zahlen. Mitte April 1943, etwa vier Monate nach dem Beginn der Rekrutierung, waren gemäß den vorliegenden Angaben nur 144 Freiwillige bereit, sich zu einer Einheit zu melden, deren Kriegsstärke mehr als 900 Mann betragen mußte.

Die geplante Formation wurde als 101. Infanteriebataillon der amerikanischen Armee bezeichnet und war in Camp Attenbury in Indiana stationiert. Am 6. Januar 1943 traten Felix und Karl Ludwig als einfache Infanteristen ein, zusammen mit mehreren hundert Österreichern; einige von ihnen waren Freiwillige wie die Habsburger, aber das Gros der Mannschaft wurde aus anderen Truppenteilen der amerikanischen Armee versetzt, in denen diese Soldaten bereits gedient hatten. Zuerst hegten die Amerikaner große Hoffnungen, die aber allmählich schwanden. Am 26. März 1943 schrieb Felix seinem Bruder Otto in Washington diesen bitter enttäuschenden Bericht über die Vorfälle im Lager:

»Am Dienstag wurde ich zum Colonel gerufen, der mir sehr aufgeregt mitteilte, daß mehrere hohe Offiziere vom War Departement angekommen seien ... um jeden Soldaten zu interviewieren [sic!] ob er im Bataillon bleiben wolle; außerdem seien zirka 30 Reporters hier, die Photographien von uns in allen Lebenslagen machen wollen.

Am Nachmittag war das Interview: jeder Mann wurde gefragt, ob er hier bleiben wolle und bei negativer Antwort wurde ihm gleich sein neues Lager genannt.

Das ganze war eine jämmerliche Show: die Juden haben uns fast 100%* verlassen und das Bataillon ist von 650 auf 90 herabgesunken.

---

* Was darauf hindeutet, daß fast alle jüdischen Soldaten sozialistische oder zumindest antikonservative Flüchtlinge waren, die das Kriegsministerium gleichsam für ein Experiment nach Camp Attenbury verlegt hatte.

Der Triumph des erlesenen Volkes war groß. Die Volunteers waren natürlich sehr bedrückt und einige haben sich auch aus dem Staub gemacht. Es kommt sehr viel auf die New Yorker Presse an: sie ist weiter a fond gegen uns ... Dafür aber sind alle die, die weggegangen sind, in ihren military record als ›dissatisfied austrian aliens‹ eingetragen worden, was ihnen natürlich ungeheuer schaden wird, da man nicht sagt, mit wem sie dissatisfied waren und also ein jeder annimmt, mit der amerikanischen Armee.

Das Bataillon besteht weiter, wird aber ausschließlich nur mehr durch Volunteers aufgefüllt. Inoffiziell habe ich erfahren, daß wenn wir nicht in 6 Monaten 1000 Mann haben, das Bataillon definitiv aufgelöst wird ... Jetzt fürchte ich, daß das Bn. in viel kürzerer Zeit aufgelöst werden wird.«[24]

Damit ging er nicht weit fehl. Mitte Juli wurden die beiden Brüder aus der amerikanischen Armee entlassen, im Sinn von Washingtons Entscheidung, die österreichische Einheit aufzulösen. Obwohl der gleichartige Plan in Großbritannien ebenfalls im Sand verlief, hatte er zumindest eine Fanalwirkung. Als Erwägungen über ein österreichisches Bataillon dem Premierminister Winston Churchill zu Ohren kamen, betonte er seinem dafür gar nicht empfänglichen Außenminister Anthony Eden gegenüber:

»Natürlich wäre es sehr günstig, eine österreichische Truppe aufzustellen, wenn es ohne allzu große Schwierigkeiten durchführbar wäre. Ich habe ganz besonderes Interesse an Österreich und hoffe, daß Wien zur Hauptstadt einer großen Donau-Konföderation werden könnte. Es ist absolut wahr, daß Europa Österreich im Jahr 1938 feige seinem Schicksal überließ. Die Trennung der Österreicher und der Süddeutschen von den Preußen ist für die harmonische Neuordnung Europas ungemein wichtig.«[25]

In Washington hingegen bekundete Roosevelt zwar seine Sympathien für eine »konservative Lösung« der Probleme des Donauraums, was automatisch eine Aufwertung Österreichs bedeutete, aber von ihm sind keine emphatischen Äußerungen darüber bekannt, nicht einmal in privaten Gesprächen, geschweige denn in einer offiziellen Stellungnahme. Ja, im Verlauf des Jahres 1943 bemerkten Zita und ihre Familie eine stetige Verstärkung der sowjetfreundlichen Haltung im Umfeld des Weißen Hauses. Diese entsprang zum Teil der Bewunderung für die Leiden und die Erfolge der Roten Armee, verbunden mit schlechtem Gewissen, weil nicht mehr für den gemeinsamen Kampf an den Fronten getan werden konnte. Es war die Zeit der sowjetischen Triumphe in Stalingrad und in der großen Panzerschlacht von Kursk – alles in krassem Kontrast zu der westlichen Taktik, großangelegte Operationen gegen das von den Deutschen besetzte europäische Festland hinauszuschieben. Roosevelt sprach immer öfter und immer freundlicher von Stalin per »Onkel Joe«, als sei der russische Bär ein biederer Geselle, der nur auf eine friedliche Umarmung warte. Die Korrektur dieses Vorstellungsbildes wurde zu einem Kampf um die Aufmerksamkeit des Präsidenten. Wie Otto später berichtete:

> »Meine aktivsten Helfer und Förderer waren wahrscheinlich der frühere Botschafter William C. Bullitt [1934–1936 in Moskau, dann in Paris], Kardinal Spellman, der großen Einfluß auf den Präsidenten hatte, und ein gewisser Mr. Crawley, der einen Regierungsposten innehatte. Manchmal setzte sich auch Frank Murphy, Richter des Obersten Gerichtshofes, dafür ein ... Aber die Sowjetfreundlichkeit war überall stark spürbar, besonders im Außenamt, wo sie auch Außenminister Cordell Hull selbst erfaßte, und sie erhielt noch Auftrieb durch den Einfluß von Harry Hopkins als ›Sonderberater‹ des Präsidenten.«[26]

Die kaiserlichen Exilierten kämpften gegen diese Woge an. Zita machte sich keinerlei Illusionen darüber, daß die Sowjetunion eine wachsende Gefahr für die Nachkriegsordnung Mitteleuropas war. Die Exilregierung, die Eduard Beneš schon 1940 in Amerika gebildet hatte, geriet bald unter die politische Patronanz Moskaus. Mit den alten zaristischen Maximen des Panslawismus in ihrer Propaganda arbeiteten die Sowjets emsig daran, die Polen und die Serben zum Einschwenken auf ihre Linie zu bewegen. In ganzen Serien von Briefen an Otto analysierte Zita die akute Bedrohung und prangerte sie an. Doch konkret konnten Mutter und Sohn wenig unternehmen. Stalin hatte Hunderte Divisionen im Feld, die beiden aber hatten nicht einmal ein Bataillon bei den Amerikanern. Was sie tatsächlich außer ihrem Sendungsbewußtsein besaßen, das war die Aura der Dynastie, weniger strahlend als einst, aber nicht erloschen. Sie konnte noch immer ihre Zaubermacht ausüben, bisweilen auf eine fast absurde Weise.

Ein Mann, der sich dafür empfänglich zeigte, war der damalige britische Konteradmiral Lord Louis Mountbatten, der die Kaiserin in Quebec besuchte. Das Gesprächsthema kam ebenso unerwartet wie der Besucher selbst. Lord Louis erklärte, in London rede man darüber, daß er nach dem Krieg König eines Rumpf-Deutschland werden könnte. Da Kaiserin Zita das bei weitem angesehenste Verbindungsglied zum alten Europa der gekrönten Häupter war, wollte er ihre Ansichten über diese Frage hören. Mountbatten fühlte sich durch die Idee bereits dazu angeregt, sein Deutsch zu verbessern. Erzherzog Otto über diese merkwürdige Episode:

>An das genaue Datum der Mountbatten-Affäre kann ich mich nicht erinnern, aber ich würde sagen, höchstwahrscheinlich war es der August 1943, und meine Mutter erzählte mir bald danach darüber. Mountbatten meinte es gewiß ernst, da er das Thema auch bei Präsident Roosevelt zur Sprache brachte. Der Präsident selbst erwähnte es dann mir gegenüber, aber nur nebenher, und weil wir damals gerade etwas völlig anderes erörterten, wollte ich ihn nicht von unserem Hauptthema ablenken.

Ich persönlich hatte den Eindruck, wobei ich freilich irren konnte, daß die ganze Idee von Winston Churchill ausging, der verzweifelt nach einer Lösung der deutschen Frage auf monarchischer Basis suchte. Es wurde ja auch der Gedanke geäußert, den Herzog von Braunschweig zum König von Deutschland zu machen. Was ganz logisch gewesen wäre, denn als Oberhaupt des Hauses der Welfen (aus dem die hannoverschen Könige von England hervorgegangen waren) wäre er anti-preußisch und der natürliche Prätendent der Norddeutschen gewesen.«[27]

Die »Churchill-Connection« ist in Anbetracht seines erwähnten Konzepts einer konservativen Lösung für das Deutschland der Nachkriegszeit durchaus denkbar, womit der preußische Einfluß abgeschwächt worden wäre. Wenn diese Idee tatsächlich in jener Vorstellungswelt Churchills entstanden war, in der so viele großartige Entwürfe gediehen, dann fiel sie jedenfalls nicht auf fruchtbaren Boden. Die Kaiserin, die den Admiral höflich bis zum Ende anhörte, ließ sich weder überzeugen, noch beeindrucken. Allerdings hatte auch der habsburgische Adler in einem den exilierten näherliegenden Bereich erneut Anziehungskraft gewonnen: für einige mit Spannung verfolgte politische Fühlungnahmen über den Atlantik hinweg, aus dem alten Königreich Ungarn.

21

Die rote Donau

Die Kaiserin mag an Gottes Mühlen gedacht haben, als sie verfolgte, wie Admiral Horthy seinen Kopf zu retten versuchte, indem er sich an die Krone klammerte, die er zwanzig Jahre früher mißbraucht hatte. Dieses letzte Kapitel in der Saga der Königsfamilie und ihres Reichsverwesers ist ein kaum bekanntes, aber klassisches Beispiel für Geheimaktionen und Intrigen in Kriegszeiten. Für Otto, der im Mittelpunkt dieser Geschehnisse stand, bezeichnete es auch den Höhepunkt seiner historischen Beziehung zu Roosevelt.

Der Präsident gestattete dem Erzherzog sogar, für die geheimen Nachrichtenverbindungen mit Europa seinen persönlichen Marinecode zu verwenden und ermächtigte das neu formierte »Office of Strategic Services« (OSS, der Vorläufer der »Central Intelligence Agency«) operativ und für den Funkverkehr entsprechende Unterstützung zu bieten. Solche Möglichkeiten waren 1921 noch unvorstellbar, als Ottos Eltern die Absetzung des Reichsverwesers durch primitiv chiffrierte Mitteilungen über die regulären Telefonleitungen planten.

Horthys Verhalten seit Kriegsbeginn war typisch für einen alten Opportunisten. Zunächst hatte Ungarn den Status eines »nicht kriegführenden« Staates, allerdings mit deutlicher Schlagseite zu Deutschland. Im April 1941 nahm Hitler, faktisch im Handstreich, die Ungarn fester an die Kandare, als er Horthy nötigte, den Durchmarsch deutscher Truppen für den Jugoslawien-Feldzug zu gestatten und sich sogar an der Offensive zu beteiligen. All dies trotz der Tatsache, daß nur vier Monate früher zwischen Budapest und Belgrad ein Pakt »dauernden Friedens und ewiger Freundschaft« geschlossen worden war.* Als Hitler nach den Siegen auf dem Balkan zum Schlag gegen die Sowjetunion ausholte, war Ungarn also bereits in sein Militärpotential eingegliedert. Knapp eine Woche nach dem Beginn dieser neuen deutschen Invasion gewaltigen Ausmaßes erklärte sich Horthy phrasenreich mit dem Führer solidarisch, und bald darauf war eine ungarische Armee auf dem Vormarsch nach Südrußland. Während die Deutschen gegen Moskau vorstießen, konnte sich der Reichsverweser einige Zeit der Illusion hingeben, daß er, obgleich ihm keine Wahl geblieben war, die richtige Entscheidung getroffen hatte.

Dann kamen die militärischen Rückschläge, und in den schweren Kämpfen an der Seite der Deutschen im Don-Raum erlitt die ungarische Zweite Armee enorme Verluste. (Man sprach von einem »ungarischen Stalingrad«.) Mittlerweile waren die USA an der Seite der westlichen Demokratien in den Krieg eingetreten, und damit verschob sich die globale Gewichtsverteilung deutlich zuungunsten der Achsenmächte. Im Herbst 1942 versuchte Ungarn, opportunistisch wie immer, nicht bloß auszuscheren, sondern vielmehr ins andere Lager überzuwechseln. Neuer Ministerpräsident war jetzt Miklós von Kállay,** ein Landedelmann aus Szabolc in der Puszta, mit einem Stammbaum bis zurück ins zwölfte Jahrhundert und daher das Magyarentum in Person. Er begann geheim in London, Bern, Lissabon und Istanbul zu sondieren, ob von den Alliierten Ermutigung und Hilfe zu erwarten wäre. Die Emissäre bildeten eine sehr gemischte Gruppe: zu ihr gehörte ein jüdischer Emigrant, der einst in Budapest Schreibmaschinen verkauft und sich dann in den Dienst von Béla Kuns blutigem Regime gestellt hatte und nun in Stockholm lebte, sowie, seriöser, der ungarische Botschafter in Lissabon, Andor Wodia-

---

* Horthys pro-westlicher Ministerpräsident Paul Graf Teleki betrachtete dies als einen schändlichen Verrat, mit dem er im wahrsten Sinn des Wortes nicht leben konnte. In der Nacht vom 2. zum 3. April beging er Selbstmord. Churchill hielt ihm im Rundfunk einen bewegenden Nachruf und versprach, daß bei der Friedenskonferenz dem ungarischen Patrioten zu Ehren ein Platz leer bleiben werde – wozu es dann allerdings nicht kam.

** Horthy hatte ihn im März 1942 ernannt, als Nachfolger von László Bárdossy, der als der Mann, der den Krieg gegen die Sowjetunion erklärt hatte, nun in Mißkredit war.

ner, der als vehementer Gegner des Nationalsozialismus bekannt war.

Doch auch zu Roosevelt mußte eine Verbindung hergestellt werden; und hier setzte man auf Otto, von dessen persönlichen Beziehungen zum Präsidenten man wußte. Es gab einen tragischen Grund, warum inzwischen sogar Horthy bereit war, eine rein legitimistische Möglichkeit zu nützen. Am 22. August hatte sein ältester Sohn Stefan, als Kampfflieger an der Ostfront eingesetzt, bei einem Flugzeugabsturz unter mysteriösen Umständen den Tod gefunden. Nur fünf Monate zuvor hatte der Vater erreicht, daß er zum Stellvertreter des Reichsverwesers ernannt wurde, womit schließlich der Gedanke einer Horthyschen Erbfolge zum Ausdruck kam. Nun, da der Traum von einer Pseudodynastie zerstört war, wandte sich der betroffene Reichsverweser dem legitimen Herrscherhaus zu. Im Herbst drängte die Entwicklung gebieterisch zum Handeln. Am 8. November landeten die Alliierten in Nordafrika, ein Ereignis, das in der ungarischen Öffentlichkeit die Einstellung zum Krieg veränderte. Das war die kritische Situation, in der Kállay im Spätherbst 1942 durch Wodianer an Otto die Bitte richtete, »Kontakt zwischen der ungarischen Regierung und der Regierung der USA herzustellen, um eine Loslösung Ungarns von den Deutschen anzubahnen, und den Übertritt zu den Alliierten im geeigneten Moment«.[1] Während der nächsten zwei Jahre war dies für die exilierten Habsburger die weitaus interessanteste ihrer Aufgaben.

Mochte Roosevelt und den anderen führenden Köpfen der Alliierten eine habsburgische Restauration auch zweifelhaft erscheinen, so stand außer Diskussion, daß ein Ausscheiden Ungarns aus dem Krieg Vorteile brächte, und mit Freuden wurde nach jedem Mittel gegriffen, um dies zu erreichen. Deshalb ergab sich eine getrennte Behandlung der ungarischen und der österreichischen Frage, beide liefen keineswegs parallel. Unter dem Eindruck weiterer entsetzlicher Verluste an der Ostfront – allein im Januar kamen etwa 30 000 ungarische Soldaten ums Leben; 7000 von ihnen wurden von zurückgehenden deutschen Panzern niedergewalzt oder starben einfach den Erfrierungstod – hatte Kállay neuerlich und sehr intensiv Friedensangebote an den Westen lanciert.* Aber einige Monate lang erbrachten die Versuche einer Annäherung an Roosevelt keine konkreten Resultate. Otto schilderte die Fühlungnahme während jener Phase der Vorbereitungen:

>Wir standen nicht nur mit den Legitimisten, sondern mit dem gesamten politischen Spektrum Ungarns in Verbindung. Von Anfang an waren unsere wichtigsten Kontaktpersonen außer Kállay die Führer der Kleinlandwirte-Partei wie ihr stellvertretender Vorsitzender Monsignore Béla Varga, ferner der vormalige Ministerpräsident Graf Stephan Bethlen und unser getreuer alter Gefolgsmann Graf Sigray.

In Amerika nützte uns der Umstand, daß, im Gegensatz zu den Österreichern, die ungarischen Emigranten nicht uneinig waren ... Bei weitem der wichtigste von ihnen war der frühere Vorsitzende der Kleinlandwirte-Partei, Tibor Eckhardt ... Er war in meinem Bereich bei diesen Verhandlungen absolut die Nummer eins ... Wir waren beide in Washington, trafen uns oft und arbeiteten eng zusammen.

Kállay meldete sich bald und bat mich, Kontakte auf dem europäischen Kontinent herzustellen. Damals war es, daß ich unseren portugiesischen Freund Dom José de Saldanha in die Vorgänge einschaltete. Er kam nach Washington, um eine wichtige Mitteilung Kállays an den Präsidenten zu überbringen. Damit bestätigte sich, daß Kállay Ungarn aus dem Krieg herausführen wollte und eine Verständigung mit den Alliierten anstrebte, falls sie auf dem Balkan landen würden.

Horthy trat ziemlich früh in Erscheinung. Leider eher als Störfaktor der Verhandlungen. Seine Mitteilungen an Washington waren nicht nur politischer Art. Immer wieder fragte er nach Garantien seines Besitzes, seiner Familieninteressen, seiner persönlichen Sicherheit und sogar seiner Pension! Es kam so weit, daß Eckhardt und ich manches zurückhalten mußten, damit kein allzu ungünstiger Eindruck entstünde.«[2]

---

* Die Deutschen erfuhren schon im März 1943, was vorging, als Gestapo-Leute, die sich als amerikanische Agenten ausgaben, an Kállays Kontaktmann in Istanbul herantraten.

Im Sommer 1943 waren die Dinge bereits in Bewegung. Eine gesonderte Verbindung Kállays zum amerikanischen Geheimdienstchef Allan Dulles erbrachte im Juli einen Plan, per Fallschirm eine Gruppe von Agenten mit Funkausrüstung abzusetzen, um eine abgesicherte Nachrichtenübermittlung zu ermöglichen (man befürchtete, daß die Deutschen die ungarischen diplomatischen Leitungen anzapften). Am 8. September wurde ein weiterer von Kállays Emissären, László Veres, Beamter im Außenministerium, vom britischen Botschafter in der Türkei, Sir Hugh Knatchbull Hugeson, empfangen (um Mitternacht, auf der Botschafterjacht im Marmara-Meer) und erhielt eine Liste von Vorbedingungen für eine alliierte Hilfe an Ungarn.

Kurz vorher, auf »Quadrant«, dem ersten britisch-amerikanischen Gipfeltreffen in Quebec,* hatten Tibor Eckhardt und Otto Gelegenheit, die Ungarnfrage bei Churchill und Roosevelt zur Sprache zu bringen. Die beiden Staatsmänner waren zwar fast ausschließlich mit anderen Themen beschäftigt – vor allem dem Krieg gegen Japan und den Planungen für »Overlord«, die Landung der Alliierten 1944 in Frankreich. Aber sie fanden Zeit, um in großen Zügen die Lage in Mitteleuropa zu erörtern und insbesondere Ungarn nachdrücklich zu raten, sich so rasch wie möglich Hitlers Zugriff zu entziehen.

Als die Spitzenpolitiker der Alliierten nur wenige Kilometer von der Villa St. Joseph entfernt über Ungarn sprachen, fühlte sich die Königin dieses Landes wieder persönlich von dessen Geschichte berührt. Doch ihr war noch mehr beschieden. Bisher hatte sie sich zwar genau über jede Wendung in der prekären Lage Ungarns informiert, aber es war Otto, der in Washington die Verhandlungen führte. Zwei Wochen nach dem Gipfeltreffen in Quebec erkrankte er jedoch kurz vor einem vertraulichen politischen Gespräch mit Roosevelt an Grippe. Und als Vertreterin hielt seine Mutter die Vereinbarung am 11. September 1943 in Hyde Park ein. Dazu bedurfte es kaum einer besonderen sachlichen Vorbereitung, denn

---

* Lord Mountbatten stattete gewiß während dieser Konferenz, die vom 14. bis zum 24. August dauerte, der Kaiserin seinen Besuch ab. Er nahm in seiner Funktion als Kommandeur der amphibischen Einsätze an dem Treffen teil und verließ es als neuernannter Oberkommandierender der Alliierten in Südostasien.

Mutter und Sohn hatten seit langem die Generallinie festgelegt, nämlich für eine regionale »konservative Lösung« im Mitteleuropa der Nachkriegszeit zu plädieren, ohne aber das heikle Thema einer habsburgischen Restauration zu berühren. Doch wie Zita nachher ihrem Sohn berichtete, hatte der Präsident zu ihrer Überraschung mit militärischen Fragen begonnen.

»Trotz der Widerstände gegen den Plan und trotz der Probleme, die wir mit der Rekrutierung hatten, kam der Präsident sofort wieder auf sein Lieblingsprojekt eines österreichischen Bataillons zurück, etwa nach dem Modell der selbständigen norwegischen Einheiten, die bereits als Teil der amerikanischen Armee in Dienst standen. Er sprach zwar schon seit einigen Monaten davon, hatte sich darüber aber bisher noch nicht in Unterredungen mit jemandem aus unserem Kreis geäußert, das kam also für sie [Zita] ganz unvermittelt. Sie antwortete, daß dem doch die Anerkennung einer politischen Vertretung Österreichs in den USA vorangehen müsse. Dies war natürlich immer unser wichtigstes Ziel. Doch wie wir sahen, wußte der Präsident, daß es dabei unüberwindliche Schwierigkeiten gab, und als er wieder darauf drang, nochmals einen Versuch auf militärischem Gebiet zu machen, pflichtete sie ihm bei. Zu erwarten war davon sowieso nichts.

Sie diskutierten auch das Konzept für ein Europa der Nachkriegszeit, seine Pläne für die Teilung Deutschlands und das frühere Königreich Jugoslawien usw. Auf die Gegenwart bezogen versprach er Ungarn nicht nur jede Hilfe, wenn es das Lager wechselte, sondern erweckte sogar Hoffnungen, daß Siebenbürgen – an das er sich von seinen Reisen in der Zeit vor dem Ersten Weltkrieg gut erinnerte – wieder zurückgegeben würde, mit der Begründung, wenn Ungarn rasch handle, könne es bei den Friedensregelungen als ein auf der Seite der Alliierten am Krieg beteiligter Staat [etwa wie das Königreich Italien nach dem Umschwung von 1943] eingestuft werden.«[3]

Roosevelt schien diesen Gedankenaustausch ungemein anregend zu finden, was begreiflich war. Zwei Jahre eines eher ländlichen Daseins in Quebec hatten Zita kein Jota ihrer Verstandesschärfe genommen, und ein politischer Mensch war sie ihr ganzes Leben lang gewesen. Politische Klugheit gebot natürlich auch ein gutes Verhältnis zu seiner von vielen gefürchteten Gattin Eleanor, mit der sich Zita über die Pflege von Gartenhecken und über Kriegsfürsorgeaktionen unterhielt, und die Einführung von Zitas Töchtern Charlotte und Elisabeth in den Familienkreis der Roosevelts.

Die Zukunft Österreichs war bei all dem zurückgestellt, doch auch dafür zeigte sich gegen Ende des Jahres ein Hoffnungsschimmer. Auf der Moskauer Konferenz der drei Außenminister der Alliierten (Molotow, Cordell Hull und Eden), die am 19. Oktober begann, wurde die Intention, nach dem Krieg die Unabhängigkeit Österreichs wiederherzustellen, in aller Form bestätigt. Zumal diese Frage innerhalb der Großen Allianz niemals Gegenstand von Disputen war. Der Präambel, über die sich die drei Signatare für die am 1. November veröffentlichte Deklaration ohne Debatte einigten, mißt man zu viel Bedeutung bei. Sie besagt de facto, daß den Österreichern dennoch »eine Mitverantwortung« zufalle, »der sie sich nicht entziehen können, und bei der endgültigen Regelung wird unweigerlich in Rechnung gestellt werden, welchen Beitrag sie zum Widerstand gegen die deutschen Invasoren leisteten«.

Diese von Molotow vorgeschlagene Klausel paßte sicherlich ins Konzept der Sowjets, die sich darüber freuten, daß Ottos Bemühungen, in den USA ein österreichisches Bataillon zu formieren, fehlgeschlagen waren. Doch sie entsprach auch den brutalen, nicht wegzuleugnenden Tatsachen des Zeitgeschehens. Beim Angriff auf die Sowjetunion hatte Hitler Divisionen eingesetzt, die vorwiegend aus Österreichern bestanden, und manche dieser Truppen hatten sich besonders in den Operationen hervorgetan, die beinahe zur Eroberung Leningrads geführt hätten. Indessen gab es keinerlei Meldungen über bemerkenswerte Widerstandsaktionen aus der »Ostmark« selbst. Nicht nur die Sowjets, auch die westlichen Alliierten waren im Recht, wenn sie nach Anzeichen österreichischen Aufbegehrens Umschau hielten.

Trotzdem, die Anerkennung des Faktums, daß das Land und seine Menschen unter Zwang gleichgeschaltet wurden, erfolgte einen Monat später – auf dem Gebiet der Philatelie. Der 28. November 1943 war der Ersttag einer amerikanischen Briefmarkenserie »Occupied Nations« (Besetzte Staaten), mit einer Österreich-Marke. Die Sonderkarte zeigt ein Bild des Wiener Parlaments und eine Reproduktion der 10-Heller-Marke der k. u. k. Militärpost von 1917 mit dem Porträt Kaiser Karls. Die Anregung dazu stammte von seinem ältesten Sohn. Am 4. März 1943 hatte Otto in einem Schreiben an den amerikanischen Generalpostmeister Frank Walkner darauf hingewiesen, daß seinen Informationen nach nicht beabsichtigt sei, Österreich in die angekündigte Briefmarkenserie zum Gedenken an die Opfer von Hitlers Aggression aufzunehmen. Er empfahl nochmalige Überlegung, mit dem Argument: war Österreich nicht als erstes Land besetzt worden?

> »Ich glaube, zwei Motive kämen als Symbole für Österreich in Betracht: entweder der Wiener Stephansdom oder ein Bildnis Andreas Hofers, jenes österreichischen Nationalhelden, der 1809 den irregulären Kampf gegen die Truppen Napoleons führte.«[4]

Drei Monate später hatte er Anlaß, Mr. Walkner in einem Schreiben herzlich dafür zu danken, daß er den Vorschlag aufgegriffen hatte.

Je näher der Sieg der Alliierten kam, desto geringer wurden die Hoffnungen der Kaiserfamilie für Mitteleuropa. Die Gründe dafür, teils politisch und teils strategisch, lagen weit außerhalb ihres Einflußbereichs. Das größte politische Problem für die Habsburger war Roosevelts wachsende Befangenheit in dem bewußten »Onkel-Joe«-Syndrom, denn solche pro-sowjetische Einstellung war jeglicher »konservativer« Lösung für den Donauraum entgegengesetzt. Daß der Präsident in dieser Hinsicht immer vor seinem Chefberater auf der Hut war, erhellt aus einer anekdotischen Reminiszenz Ottos:

> »Als ich Roosevelt einmal ein streng vertrauliches Schreiben aus Ungarn übergab, sagte er mir, er werde es in einem bestimmten Safe verwahren, zu dem nicht einmal Harry Hopkins einen Schlüssel besitze. Damals schien er konkret daran interessiert gewesen zu sein, eine Sperre gegen das Vordringen der Sowjets in Europa aufzubauen.«[5]

Doch als Roosevelt im November 1943 mit Churchill und Stalin auf der Konferenz von Teheran zusammentraf, war es nur der britische Premierminister, der an dem Konzept einer regionalen Gruppierung im Donauraum festhielt, um in der Nachkriegsordnung den Einfluß eines isolierten Preußen einzudämmen. Bayern, Österreich und Ungarn sollten nach seiner Auffassung eine große friedliche Konföderation bilden. Als Stalin sich kompromißlos dagegen aussprach und darauf bestand, daß Österreich und Ungarn als selbständige Staaten existieren sollten, stimmte Roosevelt zu und brachte seinen eigenen bizarren Plan vor, Nachkriegsdeutschland aufzuteilen: in fünf Besatzungszonen und zwei Sektoren, die unter die Kontrolle der Vereinten Nationen zu stellen wären. Damit war die »konservative Lösung« für die Länder der alten Monarchie begraben.

Nur eines hätte sie wieder beleben können: die Macht der angloamerikanischen Waffen. In Teheran erschien diese Möglichkeit zumindest theoretisch noch immer gegeben. Obgleich Roosevelt in der Frage einer Donau-Konföderation Churchill nicht unterstützt hatte, war gerade er es, der für einen anglo-amerikanischen Vorstoß von Triest nordostwärts votierte, durch die sogenannte »Laibacher Senke« in Richtung Budapest und Wien. Wie zu erwarten, war Stalin gegen diesen Plan und riet seinen Verbündeten eindringlich, all ihre Kräfte für die Landung in Frankreich zu konzentrieren, die nun für den nächsten Sommer festgesetzt war. Wie ebenfalls vorauszusehen, begeisterte sich Churchill für diesen Hieb in den »weichen Unterbauch« des Feindes. In den folgenden Monaten verfocht er seine Sache unermüdlich und unüberhörbar, mußte aber sehen, daß Roosevelt allmählich zu seinen ursprünglichen Anschauungen zurückkehrte und schließlich entschieden gegen einen, wie er es unrichtig nannte, »Balkanfeldzug« opponierte. Seine eigenen Stabschefs und auch der Oberkommandierende der Alliierten in Europa, General Eisenhower, rieten ihm davon ab, mit dem beharrlich vertretenen Argument, das verfügbare Potential solle nicht zersplittert werden. Doch hinter der schrittweisen Sinnesänderung des Präsidenten stand zweifellos ein politischer Beweggrund. Im Lauf der Zeit verspürte er immer weniger Lust, dem russischen Bären auf die Zehen zu treten, und dieser Bär trottete der Donau zu.

Wenn auch die Motive verschleiert waren, die Resultate zeigten sich deutlich. Es war die Unterlassung der Westalliierten, rechtzeitig und in entsprechender Stärke irgendwo im Donauraum einzugreifen, was diesen Bereich letzten Endes der sowjetischen Hegemonie überantwortete. Ungarns Schicksal war es, zuerst Hitler anheimzufallen. Nach dem Treffen von Quebec wurde Kállay weiterhin von verschiedenen Seiten, auch durch die habsburgische »Leitung«, immer wieder aufgefordert, »sich den Alliierten in die Arme zu werfen«. Aber nirgends öffneten sich für ihn diese Arme. Am nächsten kamen dieser Absicht noch die Versuche zu Beginn des Jahres 1944, durch den Absprung britischer und amerikanischer Fallschirmeinheiten über ungarischem Territorium Widerstandszellen zu organisieren. Der für diese Einsätze schließlich festgesetzte Termin war Mitte März – zu spät und mit zu geringer Schlagkraft. Am 19. März erreichte Hitlers Zorn über Horthys Doppelspiel, das er größtenteils bereits durchschaute, den Siedepunkt. Die deutsche Wehrmacht besetzte in einer für sie typischen zügigen, »ohne Rücksicht auf Verluste« durchgeführten Operation, die den freundlich klingenden Decknamen »Margarethe« trug, alle strategisch wichtigen Punkte des Landes.

Obwohl Horthy nur mehr eine Marionette der Deutschen war, versuchten die Exilierten weiterhin, etwas zu unternehmen, trotz der Verhaftungen vieler ihrer wichtigsten Anhänger, wie Graf Sigray. Otto hatte Karl Ludwig bereits nach Lissabon entsandt, um auf der europäischen Seite des Atlantik einen habsburgischen Stützpunkt und Vorposten einzurichten, und Roosevelt hatte sich sogar exponiert, um die Träger dieser Aktion mit Sonderrechten auszustatten. Gegen die Intentionen Cordell Hulls ermächtigte er die Brüder, für den schriftlichen Verkehr amerikanisches diplomatisches Kuriergepäck zu verwenden, außerdem hatte er ihnen, wie schon erwähnt, seinen eigenen Marinecode zur Verfügung gestellt, das einzige Chiffrensystem, das er für absolut dicht hielt. Doch sichere Funkverbindungen waren den Habsburgern von geringem Nutzen, wenn die meisten ihrer Vertrauensmänner, die sie erreichen wollten, in Gestapohaft saßen. Zudem machte die gewaltige Schlacht im Donaubecken zwischen den gigantischen deutschen und sowjetischen Militärmaschinerien das gesamte Konzept eines inneren Widerstands illusorisch. Im letzten Stadium dieses Konflikts wurde Horthy selbst ausgeschaltet.

Zwei Wochen bevor dies geschah, fand, wieder in Quebec, vom 13.–16. September 1944 das zweite westliche Gipfeltreffen jenes Jahres statt. Es war der letzte politische Kontakt der Kaiserfamilie mit dem nun bereits moribunden Präsidenten der USA. Und in diese Zeit fiel auch der letzte verzweifelte Versuch, Ungarn Hitler zu entreißen. Ende August hatte sich Horthy bemüht, wenigstens einen Funken des Widerstandsgeistes zu retten: er bildete eine neue Regierung, die beiden Schlüsselpositionen besetzte er mit national gesinnten Militärs: General Géza Lakatos wurde Ministerpräsident und General Gustáv Hennyey Leiter des Außenministeriums, letzterer hatte vor dem Krieg als Militärattaché in verschiedenen Staaten diplomatische Erfahrungen erworben. Diese beiden Männer versuchten in letzter Minute einen Durchbruch zum Westen. Geheimkuriere wurden in das angloamerikanische Hauptquartier im süditalienischen Caserta entsandt, um über einen Waffenstillstand zu verhandeln, zugleich erfolgte ein letzter Aufruf an Otto, die Sache Ungarns bei Roosevelt zu vertreten. Darüber der Erzherzog später:

»Kurz vor Quebec II hatte Hennyey mich um die Hilfe des Präsidenten gebeten, und unsere letzten Gespräche drehten sich vor allem um diese Frage. Ohne auf militärische Einzelheiten einzugehen, erörterte er allgemein den Gedanken einer britisch-amerikanischen Landung an der Adria als die einzige Möglichkeit, die Situation zu retten. Eines der Probleme dabei war immer Roosevelts ganz persönliche Vorstellung von den großen strategischen Zusammenhängen. Das hieß, daß Stalin immer Zugeständnisse gemacht werden mußten, um jede Gefahr eines sowjetisch-deutschen Sonderfriedens auszuschalten, und daß, selbst wenn man im Moment zu weit gehe, auf lange Sicht keine Bedrohung entstehe. Amerikas wirtschaftlicher Vorsprung vor der Sowjetunion sei so gewaltig, daß er letztlich den Ausschlag geben und einen Verlauf in den richtigen Bahnen nach dem Krieg gewährleisten werde. Sein körperlicher Verfall war natürlich für uns wie für den gesamten Westen *die* große Tragödie. Er wußte, daß seine Tage gezählt waren. Am Ende der Gespräche von Quebec sagte er zu mir: ›Besprechen Sie das lieber mit dem schwarzen Mann (so nannte er immer abschätzig seinen Rivalen George Dewey), denn wenn das Jahr endet, werde ich nicht mehr da sein.‹«[6]

Roosevelt lebte noch bis zum nächsten Frühjahr. Doch für Horthy war die politische Uhr abgelaufen. In der ersten Oktoberwoche hatten die aus der Ukraine vorrückenden Armeen der Marschälle Tolbuchin und Malinowski die Karpaten überschritten und näherten sich Debrecen und Szeged in Ostungarn. Als Horthy durch ein neuerliches Wendemanöver seine Haut zu retten suchte, handelte Hitler, um den Erzopportunisten über Bord zu werfen. Am 15. Oktober, einem Tag unbeschreiblicher Verwirrung, besetzten Einheiten der Waffen-SS die Königsburg. Am nächsten Tag dankte Horthy als Reichsverweser ab und verzichtete auf alle ihm zustehenden Rechte. Am 17. Oktober verließ er Ungarn für immer, als Gefangener der Deutschen, unter strenger Bewachung. Wie es sich fügte, bestieg er den Zug, der ihn ins Exil bringen sollte, in Kelenföld, derselben Bahnstation, von der aus er fast auf die Woche genau vor dreiundzwanzig Jahren der Fahrt seines Königs zur Hauptstadt ein Ende gesetzt hatte. Nun hatte er durch den Rücktritt von der Reichsverweserschaft, ohne auch nur eine Erwähnung der Krone, faktisch der Monarchie als einer konstitutionellen Kraft ein Ende gesetzt.

In dem Ungarn, das er hinter sich ließ, blieben Marionetten obenauf. Ferenc Szalássi, der verhaßte Führer der faschistischen Pfeilkreuzlerbewegung, errichtete unter den Augen der Deutschen in Budapest und dann in Westungarn einige Monate lang sein Schreckensregiment. Zu dem Zeitpunkt, als die Sowjets im ganzen Land gesiegt hatten (4. April), waren Stalins Kandidaten für die Machtübernahme – die meisten von ihnen geflüchtete Kommunisten, welche die Kriegszeit in Moskau verbracht hatten – bereits in eine »provisorische Regierung« in Debrecen eingeschleust. Wundersamerweise wurde die Stephanskrone vor all dem Chaos und der Verwüstung bewahrt. Am Abend des 27. März war es dem Kommandanten der Kronwache, Oberst Pajtás, gelungen, dieses Heiligtum der Nation zusammen mit dem Zepter, dem Reichsapfel und dem Reichsschwert über die Grenze nach Österreich zu schmuggeln, wo die Kleinodien schließlich in die Hände der vorrückenden amerikanischen Truppen gelangten.*

Vom Standpunkt der exilierten Habsburger brachte Österreichs Geschick während jener letzten Kriegsphase des Frühjahrs 1945 in gewisser Hinsicht herbere Enttäuschungen als die Vorgänge in Ungarn, denn anders als Budapest lag Wien potentiell in der Reichweite der Westalliierten. Auf dem zweiten Gipfeltreffen in Quebec im September 1944, als Otto sowohl Roosevelt als auch Churchill gegenüber Fragen der Zukunft Mitteleuropas aufwarf, war die militärische Option kurz und zumindest prinzipiell wieder zur Sprache gekommen:

> Am 13. September telegrafierte Churchill an das Kriegskabi-
> nett: »Der Gedanke, daß wir bis Wien vorrücken, wenn der
> Krieg andauert und andere nicht zuerst dort einziehen, wird hier
> voll akzeptiert.«[7]

Diese Option war noch offen, als im nächsten Monat die drei Führer der Alliierten in Moskau konferierten. Bei Churchills berühmter »prozentueller Regelung«, die auf ein Kopfnicken Stalins angenommen wurde,** fehlte Österreich auf der Liste – ein strategisches Niemandsland und damit Beute für eben denjenigen, der rascher danach griff. Und tatsächlich gewannen »andere«, nämlich die Rote Armee, das ungleiche Rennen ohne Endspurt. Am 13. April 1945 waren die aus Ungarn vordringenden Heeresmassen des Marschalls Tolbuchin nach letzten Kämpfen die Herren im schwer angeschlagenen Wien und setzten schon vor der Kapitulation des Deutschen Reiches eine »provisorische österreichische Regierung« ein. Österreichs günstiger Status als »befreites Land« bedeutete, daß seine Souveränität – und sein Territorium – bis auf weiteres unter die Oberhoheit aller vier Alliierten gestellt wurde (die Fran-

---

* In Mattsee bei Salzburg. Viele Jahre war die Krone dann im Tresorgewölbe von Fort Knox verwahrt. 1978 wurde sie an Ungarn zurückgegeben, als Symbol für die Geschichte der Nation. Hätte Zita davon gewußt, sie hätte erleichtert aufgeatmet.

** Die Teilung der Interessensphären im Balkanraum der Nachkriegszeit zwischen Großbritannien und der Sowjetunion, wobei die Sowjets in Rumänien 90 Prozent zugestanden erhielten, in Bulgarien 75 Prozent, in Ungarn und Jugoslawien 50 Prozent und nur 10 Prozent in Griechenland.

zosen besetzten auf ihrem Vormarsch von Süddeutschland her Vorarlberg und Tirol). Infolge des sowjetischen Starrsinns sollte diese Besatzungszeit zehn Jahre dauern. Wären Truppen der Westmächte als erste in Wien eingezogen, dann hätte sie nicht einmal zehn Monate gedauert.[*]

Die Habsburger hatten das Ihrige getan, um den angloamerikanischen Vormarsch zu beschleunigen und gleichzeitig Molotows Bedingung zu erfüllen, daß die Österreicher selbst einen Beitrag zum Widerstand gegen die deutschen Invasoren zu leisten hätten. Kurz nach der Absetzung Horthys durch Hitler war Otto von Washington nach Lissabon gereist; und von dort richtete er laufend Briefe an Roosevelt, in denen er den Präsidenten eindringlich um sein Verständnis und um Hilfe bei der Organisation einer österreichischen Widerstandsbewegung bat. Konkreter: sein Bruder Rudolf war heimlich nach Westösterreich gekommen, mit dem Ziel, während der Endkämpfe diese Aktionen im Land selbst zu koordinieren. Das Problem war nur, daß es nie Einsätze von militärischer Bedeutung zu koordinieren gab. Im Vergleich zu dem wesentlichen Beitrag, den Partisanen, Sabotagegruppen und Kundschafterdienste für die Kriegführung etwa in Frankreich, Italien, Norwegen und den Niederlanden leisteten, fiel der österreichische Widerstand so gut wie überhaupt nicht ins Gewicht.

Hinweise darauf, was die alliierten Mächte angesichts leuchtender Beispiele des Untergrundkampfes in Europa von den Österreichern erwarteten, enthielt ein Fragebogen, den die Evidenzabteilung des Exekutivbüros des Präsidenten zu Beginn des Jahres 1943 ins »Broadmoor Hotel« schickte.

»Was wir über die Untergrundbewegung in Österreich erfahren möchten«, war in folgende Rubriken gegliedert:

Art der Organisation und Grad der Wirksamkeit?
Alle Parteien vereint?
Gruppen von Kollaborateuren?

---

[*] Im April 1945 ließ General Eisenhower die amerikanische Dritte Armee aus Bayern und Österreich vorstoßen, aber nur auf Grund von Meldungen, daß Hitler einen Endkampf im Raum der »Alpenfestung« plane. Wien figurierte nie in Eisenhowers Erwägungen.

Welche Aktionen: Partisanenkampf? Politische Agitation?
Zeitungen, Rundfunk, Propagandamethoden, geheime Transportrouten, Sabotagetaktiken?
Zusammenarbeit mit den Vereinten Nationen? – Wenn ja, in welcher Form?
Versorgung mit Material? Berater? Militärische Zusammenarbeit?[8]

Ferdinand Graf Czernin, der im Namen des »Österreichischen Nationalkomitees« diese Fragen zu beantworten hatte, erteilte – für ihn typisch – nur vage bis nichtssagende Auskünfte. Er gab keine Einzelheiten der Organisationsformen an, mit der Begründung, »diese müssen geheimgehalten werden«. Kollaborateure, so behauptete er, seien nur »in unbedeutender Anzahl« vorhanden – eine kraß irreführende Erklärung angesichts von Tausenden, die bereits vor dem Einmarsch der Deutschen Mitglieder der illegalen NSDAP waren und die sich dann im Dritten Reich ihr Leben sehr gut eingerichtet hatten. Ähnlich war auch seine Mitteilung zu bewerten, daß die Unterschiede zwischen den Parteien in Österreich, oder genauer gesagt zwischen den weltanschaulichen Lagern, »praktisch verschwunden« wären.

Doch bei der Stellungnahme zu operativen Fragen, über die das Exekutivbüro des Präsidenten wohl viel mehr wußte als er selbst, ließ sogar Graf Czernin größere Klugheit walten. Es gebe, wie er eingestand, »keine Partisanen, außer einzelnen Schützen in Tirol und in der Steiermark«. Über die Frage eines militärischen Zusammenwirkens mit den Alliierten ging er wieder elegant hinweg mit der Ausrede, auch dies müsse geheim bleiben.[9]

Es gab praktisch keine solche Zusammenarbeit, von eher bizarren Einzelaktionen in den letzten Kriegsmonaten abgesehen. So etwa, wenn der junge Fritz Molden, der spätere bekannte Wiener Verleger, der Soldat der deutschen Wehrmacht in Italien war, sich mutig in Kampfzonen durchschlug, um im Hauptquartier der Alliierten Hilfe zu erbitten. Dort wußte man nicht, wovon er sprach, aus dem einfachen Grund, weil zwei Jahre nach Graf Czernins negativem Bescheid noch immer nirgendwo in Österreich eine bewaffnete Widerstandsgruppe zu sichten war, mit der man hätte gemeinsam planen können. Hier sei hinzugefügt, daß der Geist des Untergrundkampfes – der gewiß latent existierte, etwa in Tirol – auch durch die verspäteten und zum Teil schlecht organisierten Versuche, aus Italien per Fallschirmabsprung Einsatzteams ins Land zu bringen, keinen Auftrieb erhielt.* Die reine Wahrheit bleibt, daß die Österreicher 1945 nicht viel mehr unternahmen, um Hitler aus ihrer Heimat zu vertreiben als vordem 1938, um sich gegen ihn zu wehren.

Otto seinerseits war schon im April auf schnellstem Weg nach Tirol gekommen, noch vor der endgültigen deutschen Kapitulation und in eigener Sache. Später sagte er in der Rückschau:

> »Ich blieb bis Ende des Jahres 1945 in Innsbruck, im Hotel Kreith, das noch immer Herrn Andreatta gehörte, einem unserer Anhänger aus der Vorkriegszeit. Mein Ziel war nicht militärischer, sondern politischer Art. Ich wollte Verbindung zu österreichischen Persönlichkeiten bürgerlicher Observanz aus den KZs aufnehmen, wie zum Beispiel dem nachmaligen Bundeskanzler Leopold Figl, und ein Gegengewicht zu der pro-sowjetischen sozialistischen Linie schaffen, die sich in Wien entwickelte. Eines war bereits klar: wenn diese Entwicklung unter Renner ungehindert weiterginge, dann würde Österreich schließlich von einer jener auf kommunistisches Betreiben gebildeten ›Volksfronten‹ regiert werden. Damals im Frühjahr begannen sich die Umrisse der Volkspartei abzuzeichnen, die dann bei der Wahl, noch bevor das Jahr endete, die Mehrheit erhielt.«**

Der 9. Mai 1945 war Zitas 53. Geburtstag. In Berlin unterzeichnete einen Tag zuvor Generalfeldmarschall Keitel für das Deutsche

---

* Während jener Monate war der Autor im Nachrichtendienst des Alliierten Hauptquartiers in Caserta eingesetzt und daher in der Lage, solche Vorgänge zu verfolgen.

** Trotz Karl Renners geschickter Bemühungen, ein gewisses Maß an politischer Kontrolle zu behalten, waren es die Sowjets, die am 29. April seine Regierung, mit ansehnlicher kommunistischer Komponente, dem österreichischen Volk als ein Fait accompli vorgesetzt hatten. Doch bei der ersten Nationalratswahl am 25. November 1945 errang die ÖVP einen Vorsprung vor der SPÖ, während die KPÖ ihre entscheidende Niederlage erlitt, auf sie entfielen nur vier der insgesamt 165 Abgeordnetenmandate, und selbst diese Sitze büßte sie später ein (seit 1959 sind die Kommunisten nicht mehr im Parlament vertreten).[16]

Reich die totale, bedingungslose Kapitulation. Somit wäre für die Kaiserin und ihre Familie ein zweifacher Anlaß zum Feiern gegeben gewesen, aber das zweite Ereignis dämpfte deutlich die Festesfreude. Die Länder der alten katholischen Monarchie schienen aus den Fängen eines heidnischen totalitären Regimes in die eines anderen geraten zu sein. Ob Krieg oder Frieden, für die Habsburger hatte der Kampf weiterzugehen.

VI. Teil

Der Kreis schliesst sich

22

St.-Johannes-Stift

Mehrere Jahre stand Zita dem Kampf gegen den neuen Nachkriegs-
feind, den Kommunismus stalinistischer Prägung, eher fern. Solche
Aufgaben fielen immer häufiger ihrem ältesten Sohn zu, der nun in
politischen Fragen zum führenden Kopf der Dynastie wurde. Seine
Mutter blieb allerdings stets auf dem laufenden, und wie wir sehen
werden, gab es in der weiteren Folge manche Probleme, bei denen
sie seine Vorhaben vollkommen entgegengesetzt beurteilte. Doch
sobald er seine Entschlüsse gefaßt hatte, ging sie wie immer mit
ihm konform, selbst dann, wenn sie im Grund ihre Zweifel behielt.
Er war das Oberhaupt der Dynastie, der sie bedingungslose Gefolg-
schaftstreue schuldete.

Aber einige Zeit konnte sich Zita unmittelbar beteiligt fühlen und
etwas für das vierfach besetzte, von Not heimgesuchte Österreich
tun. Das Land und insbesondere die Hauptstadt war von ausländischen Hilfslieferungen abhängig. Nordamerika bot die Rettung,
nicht nur für Österreich, sondern für den gesamten, durch den Krieg
verwüsteten und verarmten europäischen Kontinent, und Zita war in
ihrem Element. Drei Jahre lang reiste sie kreuz und quer durch Kanada und die USA, um ganze Frachten von Lebensmitteln, Kleidung
und Medikamenten für den Transport über den Atlantik zu sammeln,
außerdem hielt sie Vorträge zum Thema der europäischen Einheit.
Dann schwand relativ rasch der Bedarf. Im Herbst 1948 hatte die
österreichische Bevölkerung bereits ebensoviel zu essen wie die siegreichen Briten in ihrem von den strengen Sparmaßnahmen der
»Austerity« betroffenen Land. Die Marshall-Plan-Hilfe und der zü-
gig vorangetriebene wirtschaftliche Wiederaufbau, namentlich in den
Besatzungszonen der Westmächte, erübrigte die Notversorgung.

Für Zita begann eine vorübergehende Periode der Vereinsamung und, nach ihren gewohnten Maßstäben, auch der Untätigkeit. Das »Familienteam«, das in Nordamerika während des ganzen Krieges so eng zusammengearbeitet hatte, löste sich allmählich auf. Otto blieb in Europa, das er nun zu seinem politischen Hauptthema und zu seiner Ausgangsbasis machte. Felix ging nach Südamerika und wurde Geschäftsmann. Adelheid, die älteste Tochter, übersiedelte nach Paris, um dort ihre karitative Tätigkeit fortzusetzen, der sie ihr ganzes weiteres Leben widmen sollte. Das deutlichste Zeichen für den Anbruch einer neuen Familienära war die Eheschließung Elisabeths, der jüngsten der Schwestern, die als erstes der acht Kinder heiratete. Im Mai 1949 verlobte sie sich mit dem in der Steiermark ansässigen Prinzen Heinrich von und zu Liechtenstein; die Trauung fand am 12. September im Château de Lignières statt, einem Besitz von Zitas Bruder Prinz Xavier. Anläßlich der Verlobung und der Hochzeit kehrte die Kaiserin zum erstenmal seit 1940 nach Europa zurück, und sie kam wieder im Januar des folgenden Jahres, zur Trauung ihres vierten Sohnes Karl Ludwig mit Prinzessin Yolande de Ligne.

Alles Interesse galt nun den möglichen Heiratsplänen Ottos, ihres Erstgeborenen. Von ihm erwartete man, daß er eine Braut wählte, die sowohl ebenbürtig als auch für die besondere Aufgabe befähigt war, eine Familie zu gründen, auf der das weitere Geschick der Dynastie ruhen würde. Im Sommer 1950 fügte sich alles aufs vollkommenste durch die Begegnung mit einer Krankenpflegerin, die in einem Flüchtlingslager bei Bayreuth arbeitete. Es war Prinzessin Regina von Sachsen-Meiningen, selbst ein Flüchtling, denn die Besitzungen ihres Vaters, des Herzogs Georg* lagen in der nunmehrigen Ostzone. Es war eine Liebe zwischen zwei gutaussehenden Menschen unterschiedlichen Typs (mit ihrem langen blonden Haar und ihren blauen Augen entsprach Regina dem alten deutschen Idealbild), die sich auch im Wesen gut ergänzten. Otto hatte viel von dem Temperament und der Energie seiner bourbonischen Mutter geerbt, dazu ihren ausgeprägten politischen Instinkt und ihre Abneigung gegen das Mittelmäßige. Seine Braut aber bot

---

* Er wurde in den Osten deportiert und starb in einem sowjetischen Lager.

die Ausgeglichenheit und den sicheren Halt in der Familie, den solch ein Geist brauchte.

Die Hochzeit brachte manches vom Glanz der Monarchie zurück, soweit dies im Europa des kalten Krieges möglich war. Sie fand am 10. Mai 1951 in der Franziskaner-Kirche in Nancy statt, der Hauptstadt des historischen Herzogtums Lothringen, das durch die Ehe zwischen Maria Theresia und Herzog Franz Stephan mit dem Haus Habsburg verbunden war. Aus allen ehemaligen Kronländern des alten Reiches, die diesseits des Eisernen Vorhangs lagen, kamen Delegationen: oberösterreichische Bäuerinnen in ihren traditionellen Goldhauben, eine Innsbrucker Musikkapelle und Priester aus dem steirischen Wallfahrtsort Mariazell mit dem Gnadenbild der Magna Mater Austriae, das zu diesem Anlaß außer Landes gebracht werden durfte.

Manche der Hochzeitsgeschenke hatten einen weiteren Weg hinter sich, so auch aus England. Im Januar hatte Otto der Wahltante seines Bruders Robert, Königin Mary, seine Verlobung mitgeteilt, »da ich die tiefen freundschaftlichen Gefühle kenne, die Eure Majestät stets für meine Familie und mich zeigten«. Vier Monate später traf ein »prächtiges Hochzeitsgeschenk« ein, für das er hocherfreut in einem Handschreiben dankte.[1]

Im Mittelpunkt des Festes stand, wie seit je, die Braut, doch fast ebenso große Aufmerksamkeit galt der Kaiserin. Am 9. Mai hatte sie ihren 59. Geburtstag gefeiert, und auch zu diesem Anlaß waren ganze Berge von Geschenken in Nancy eingelangt, viele davon als Zeichen der Erinnerung an vergangene Zeiten. So von Winston Churchill die Prachtausgabe der von ihm verfaßten Biographie seines kriegerischen Ahnherrn, des Herzogs von Marlborough, der Prinz Eugens Waffengefährte war. Trient, nun das italienische Trentino, sandte eine Holzkassette mit den gemalten Wappen der Städte Nord- und Südtirols, symbolisch für die historische Einheit des geteilten Landes. Und als die Kaiserin am Hochzeitsmorgen in einem langen schwarzen, am Hals mit gleichfarbiger Spitze besetzten Kleid durch die Straßen von Nancy ging, da stellten die Scharen von Zuschauern fest, daß dies keine entrückte Erscheinung aus der Vergangenheit war, sondern eben die Mutter des Bräutigams, und zwar eine strahlende Erscheinung, denn es war auch für sie ein großer Tag. Schon als sie die Krone trug, besaß Zita das Talent zum richtigen Umgang mit Menschen. Die Jahre in Amerika hatten aus dieser natürlichen Anlage eine Lebensform gemacht.

Die Trauung selbst war zugleich eine Feier des Brautpaars und auch der Dynastie. Reginas Spitzenschleier stammte noch von Maria Theresias Tochter Maria Christina. Das Diadem, das sie trug, war Kaiser Franz Josephs Geschenk an Zita zur Hochzeit in Schwarzau vierzig Jahre früher. Etwa vierzig österreichische und exilierte ungarische Priester assistierten dem Bischof von Nancy, Monseigneur Lalier, bei der kirchlichen Zeremonie, die mit den erhebenden Klängen der Kaiserhymne und der ungarischen Nationalhymne endete. Nach der Hochzeitsreise, auf der Otto und Regina auch Lequeitio besuchten, machte sich das junge Paar in einer geräumigen, aber nicht aufwendigen Villa des Ortes Pöcking am Nordufer des Starnberger Sees ansässig. So wurde auf bayrischem Boden eine neue Basis geschaffen, was sich im Leben Ottos und seiner eigenen Familie als ein entscheidender Schritt erweisen sollte.

Die drei noch ledigen Brüder folgten sehr bald dem Beispiel des Ältesten, alle schlossen Ehen mit Bräuten aus hochadeligen Häusern. Im November 1952 heiratete Felix, der sich inzwischen in Mexiko niedergelassen hatte, Prinzessin Anna Eugenie von Arenberg. Im Juni 1953 trat Rudolf mit einer russischen Aristokratin, Gräfin Xenia Besobrasowa, vor den Altar, und im Dezember desselben Jahres wurde Robert mit Prinzessin Margherita getraut, der Tochter des Herzogs von Aosta aus der exilierten italienischen Dynastie der Savoyer.[*]

Zita übersiedelte wieder auf den alten Kontinent, wo sich nun die meisten ihrer Kinder niedergelassen und Familien gegründet hatten. Außerdem waren in Europa Familienpflichten zu erfüllen. Ihre

---

[*] Adelheid, die älteste Tochter der Kaiserin, war das einzige ihrer Kinder, das unverheiratet blieb. Sie starb 1971 und wurde ihrem Wunsch gemäß in dem Tiroler Ort Tulfes bestattet. Auch zu dieser letzten Hochzeit kam die Mutter nach Europa. Obgleich nicht in so großem Stil wie die Heirat in Nancy gefeiert, hatte auch dieses Ereignis seine innere Beziehung zur habsburgischen Geschichte: die Trauungskapelle im französischen Bourg-en-Bresse war etwa vierhundert Jahre früher durch Erzherzogin Margarethe von Österreich erbaut worden, die sowohl die Braut wie auch der Bräutigam zu ihren Ahnen zählen konnten.

Mutter, die greise Herzogin Maria Antonia, hatte am 28. November 1952 im luxemburgischen Schloß Berg ihren 90. Geburtstag gefeiert, und dorthin begab sich Zita zunächst, um während der letzten Lebenszeit an ihrer Seite zu sein. Trotz Siechtums blieb der zähen portugiesischen alten Dame eine relativ lange Frist auf Erden, sie lebte noch fast sieben Jahre, und erst nach ihrem Tod am 14. Mai 1959 konnte die Tochter daran denken, sich für ihren eigenen Lebensabend irgendwo ansässig zu machen. Es war nicht leicht, dafür den richtigen Ort zu finden. Aus emotionalen Gründen sollte er in der Nähe der für Zita noch immer verschlossenen österreichischen Grenzen liegen und aus praktischen Erwägungen in Reichweite der Verbindungslinien des internationalen Verkehrs. Die Wohnstätte mußte entsprechenden Raum für die regelmäßigen Treffen der rasch anwachsenden Familie bieten, doch war weder das Geld noch der Wunsch vorhanden, ein großes Gebäude zu mieten oder zu erwerben. Das Haus mußte auch über eine Kapelle verfügen und die Gewähr für Ruhe bieten.

Die Wahl fiel schließlich auf das zu einem Kloster und dann zu einem Altersheim umgewandelte einstige Schloß der Grafen von Salis in Zizers im Schweizer Kanton Graubünden. Es wurde vom Bischof der nahen Diözese Chur verwaltet, und er war es auch, der diesen Vorschlag gemacht hatte. Das St.-Johannes-Stift entsprach allen Erfordernissen. Im Auto ist es von Zürich aus in knapp eineinhalb Stunden zu erreichen, und kaum zwanzig Minuten entfernt liegt das Fürstentum Liechtenstein, hinter dessen Höhenzügen man die Gipfel Vorarlbergs erblickt. In den zahlreichen Gästezimmern konnten, wenn rechtzeitig angemeldet, Dutzende Besucher untergebracht werden, die zu Zitas festlich begangenen Geburtstagen zu erwarten waren. Doch weder die Einrichtung noch die Küche waren aufwendig. Die Wohnung der Kaiserin, die aus vier südseitigen Räumen im zweiten Stockwerk des Gebäudes bestand, hätte kaum schlichter sein können. Der »Salon« war eigentlich eine Art Glasveranda, in der es während des Sommers manchmal sehr heiß wurde, wenn die Sonne voll auf die Vorhänge der Fenster schien. Es gab kaum Platz, um dort gemeinsam zu sitzen, als die neuen Bewohner 1963 zu dritt einzogen: die Kaiserin, ihre geistig behinderte Schwester Isabella und die unentwegte

»Korffi«, ihre Vertraute seit 1917. Das Kostbarste in diesem Appartement war eine Privatkapelle, wo jeder Tag mit einer Frühmesse begann.

Als Zita dort Wohnung nahm, hatte sich im Familienkreis vieles ereignet. Er hatte sich über ihre kühnsten Erwartungen hinaus erweitert. Charlotte, die Herzog Georg von Mecklenburg geheiratet hatte (am 25. Juli 1956 in der Pfarrkirche von Pöcking), war das einzige ihrer verehelichten Kinder, das ohne Nachwuchs blieb und sogar schon nach siebenjähriger Ehe Witwe wurde. Doch als Zitas Zeit in Zizers begann, hatte Elisabeth ihrem liechtensteinischen Gatten bereits fünf Kinder geboren (vier davon Söhne), Yolanda und Karl Ludwig hatten vier Kinder (zwei davon Söhne), Robert und Margherita fünf (zwei davon Töchter), Rudolf und Xenia vier (eine Tochter).* Felix und Anna Eugenie erwiesen sich als das fruchtbarste der Paare, zwischen 1953 und 1961 bekamen sie nicht weniger als sieben Kinder, darunter vier Söhne.

Blieb das Familienoberhaupt, dem die Thronfolge zustand. Nach rein dynastischen Gesichtspunkten – und aus keinem anderen Grund – erregte es Besorgnis, daß Regina zwischen 1953 und 1958 in rascher Folge fünf Töchter zur Welt brachte: Andrea, Monika, Michaela, Gabriela und Walburga. Dann wurde 1961 Karl geboren, der erste der beiden Söhne des Paars und der direkte Erbe. Dieses Ereignis gab den letzten Ausschlag für eine langgehegte Erwägung des Vaters. Es war der rigoroseste Schritt, den ein Habsburger, noch dazu das Oberhaupt der Familie, jemals unternahm. Und wie die Umstände, die dazu führten, ist er einmalig in der Geschichte dieser Dynastie. Am 31. Mai 1961 unterzeichnete Otto eine formelle Erklärung, durch die er freiwillig auf die Mitgliedschaft in seinem eigenen Haus verzichtete. Nach seiner persönlichen Anschauung war das große Erbe gleichsam zu einem Anker geworden, der in einer Meeresbodenschicht der Vergangenheit festsaß. Das behinderte ihn in seiner Bewegungsfreiheit. Indem er das Tau zu kappen suchte, hoffte er, politisch einem neuen Horizont zusteuern zu können, den er vor sich sah: das geeinte Europa.

---

* Xenia starb 1968, und drei Jahre später heiratete Rudolf Prinzessin Anna Gabriele von Wrede, die ihm 1972 noch eine Tochter gebar.

Diese Entscheidung führte zu Auseinandersetzungen mit seiner Mutter, die sich so heftig gestalteten wie vordem nur die Debatten von 1938, als es darum ging, der Gefahr des Anschlusses Österreichs wirksam zu begegnen. Wie damals hatte sich der Streit der Meinungen allmählich entwickelt. Als Österreich 1955 nach zehnjähriger Besatzungszeit wieder seine volle Freiheit erlangte, enthielt der am 15. Mai abgeschlossene Staatsvertrag als Artikel 10, Absatz 2, die Bestimmung: »Österreich verpflichtet sich, das Gesetz vom 3. April 1919, betreffend das Haus Habsburg-Lothringen, aufrechtzuerhalten.« Wie schon erwähnt, wurde bereits nach dem Krieg einigen, von der Thronfolge weit entfernten Mitgliedern des Erzhauses die Rückkehr nach Österreich gestattet, wenn sie sich als loyale, gesetzestreue Bürger der Republik bekannten. Doch als Otto im Februar 1958 der Bundesregierung ähnlich lautende Zusicherungen anbot, blieben die Grenzen für ihn noch immer gesperrt. Damals waren die Diskussionen mit seiner Mutter und anderen älteren Familienmitgliedern bereits im Gang. Später berichtete er darüber:

»Meine Mutter wurde nicht überrumpelt. Das Thema wurde bereits in den fünfziger Jahren mit ihr zur Sprache gebracht. Kurz vorher hatte ich die Bretagne bereist und dort eine Statue des Grafen von Chambord gesehen, wie ich glaube die einzige in Frankreich. Er war mein bourbonischer Vorfahre, der im vorigen Jahrhundert französische republikanische Fühlungnahmen zwecks einer Rückkehr aus dem Exil abgelehnt hatte. Mit der Begründung, er könne niemals unter der Trikolore den Thron Frankreichs besteigen. Einige von uns prägten eine Bezeichnung für diese ganze Lebenseinstellung: ›Chambordismus‹. Damit meinten wir ein starres Festhalten an allen Ideen und Symbolen der Vergangenheit, ohne Rücksicht darauf, daß uns dadurch in der Gegenwart die Hände gebunden sind. Als ich darüber sprach, wußte meine Mutter, daß ich die Situation unserer eigenen Familie nun pragmatischer beurteilte. Eine Restauration schien mir, in meinem eigenen Fall, nach allen praktischen Gegebenheiten nicht in Betracht zu kommen. Ich war ein hundertprozentiger Emigrant und hatte in Wien keinen

Boden unter den Füßen, um in Aktion zu treten. Ich mußte die Lage realistisch einschätzen und die Position aufgeben, die nicht mehr gehalten werden konnte und die nach meiner Auffassung sowieso nicht mehr sehr sinnvoll war. Außerdem fand ich, daß ich im größeren europäischen Bereich, den ich bereits ernsthaft ins Auge faßte, keinen konkreten nützlichen Beitrag leisten könnte, wenn ich weiterhin Thronprätendent eines Landes in diesem Europa bliebe.«[2]

Der Widerstand seiner Mutter entsprang begreiflichen Motiven. Sie war nicht die Erbin von Ansprüchen, die nie erfüllt wurden, sondern war die Kaiserin von Österreich und Königin von Ungarn gewesen. Überdies hatte sie ihrem Gatten an seinem Sterbebett geschworen, Otto in jeder Hinsicht zum künftigen Kaiser zu erziehen. Während all der Jahrzehnte im Exil mit ihren wechselnden Schauplätzen und Schicksalsfügungen hatte sie unbeirrbar an dieser Mission festgehalten. Ein Beispiel: im Mai 1941, als einige wohlmeinende österreichische Emigranten Otto zu bewegen versuchten, auf seine Stellung als Thronprätendent zu verzichten, um so den Zusammenschluß der entzweiten Exilgruppen zu erleichtern, schrieb Zita aus Quebec an ihren Sohn:

»Papa hat immer die Ansicht vertreten, daß man niemals auf etwas verzichten dürfe, was einem von Recht resp. durch die Pflicht also zustehe. Dies könne man nur in regelrechte [sic!] Staatsverträge, wenn man dazu gezwungen sei; jedenfalls nicht und unter keinen Umständen um nichts Reelles de main à main dafür zu bekommen. Eine Provinz um eine andere oder so. Aber um eine gute Stimmung zu erzeugen, niemals.«[3]

Ein Jahr später teilte kein Geringerer als Lord Athlone, Generalgouverneur von Kanada, Freunden der Kaiserfamilie ganz im Vertrauen mit, daß es ratsam wäre, wenn Otto »seltener seinen kaiserlichen Titel führen und statt dessen einen seiner anderen, nachgeordneten verwenden wollte, etwa Graf von Tirol«.[4] Obwohl dieser Vorschlag von einem hohen Herrn stammte, reagierte die Mutter des »Grafen von Tirol« auf die gleiche Weise.

Nun aber war es dazu gekommen, daß der erstgeborene Sohn,

der seit dem Tod des Vaters immer als Seine Majestät galt, für seine eigene Person nicht nur auf die habsburgischen Ansprüche, sondern sogar auf die Mitgliedschaft im Erzhaus verzichtete – und dies vor allem, um sich in den Dienst einer politischen Mission zu stellen, die im Jahr 1961 noch immer problematisch erschien: die Einigung Europas, ob West oder Ost. Wieder Otto selbst dazu:

>Meine endgültige Entscheidung, zu der die Geburt eines männlichen Erben nur beitrug, war für sie [Zita] schmerzlich, das weiß ich. Doch in ihrer fairen Art erkannte sie, daß ich sehr gewichtige Beweggründe hatte. In solch einer kritischen Zeit stand sie dann, wie immer, voll hinter mir. Viele Leute baten sie, auf mich einzuwirken, damit ich meinen Entschluß ändere, aber sie hielt absolut zu mir.<

Dabei hatte es den Anschein, als werde sogar durch diese großzügige Geste nichts erreicht. Einen Monat nach der Vorlage von Ottos Antrag verlautbarte die österreichische Bundesregierung (ein Koalitionskabinett der Volkspartei und der Sozialistischen Partei), sie könne sich über die Verzichtserklärung nicht einigen, diese gelte daher als abgelehnt. Sechs Monate später reagierte auch der österreichische Verfassungsgerichtshof ausweichend, mit dem Bescheid, er sei als Instanz für die von »Dr. Habsburg« eingebrachte Beschwerde »nicht zuständig«.* Erst im Oktober 1964, nachdem ein zu Ottos Gunsten lautendes Erkenntnis des Verwaltungsgerichtshofes weitere Querelen zwischen den Koalitionsparteien ausgelöst hatte, wurde ihm die Einreise gestattet, zunächst allerdings nur, um in Innsbruck das Grab des Erzherzogs Eugen zu besuchen. Vier Jahre später traf die Bundesregierung zumindest für die jüngere Generation des einstigen Herrscherhauses eine summarische Regelung; eine Erklärung vom 28. Mai 1968 besagte, daß es allen nach dem 1. April 1919 geborenen Habsburgern freistehe, in ihre Heimat zurückzukehren, und zwar ohne ausdrücklichen Verzicht, da auf sie das Gesetz der Landesverweisung nicht anzuwenden sei.

---

* Die Wendung »nicht zuständig« oder »nicht kompetent« war seit je eine im Amtsbereich beliebte Ausflucht, hatte aber einen unangenehmen Beiklang erhalten, weil sie nach dem Zweiten Weltkrieg sehr häufig angeführt wurde, um der Ahndung von während der NS-Zeit verübten Straftaten zu entgehen.

Damit war zum Beispiel allen Enkelkindern Zitas der Weg offen, aber für sie selbst blieben die Grenzschranken nach wie vor geschlossen. Diese starre, von Gehässigkeit diktierte Haltung der offiziellen Stellen – wie seit je von den österreichischen Sozialisten und namentlich deren linkem Flügel verfochten – hatte zur Folge, daß Zita nicht am Begräbnis ihrer ältesten Tochter Adelheid in Tulfes teilnehmen konnte. Deshalb bereitete ihr das Einreiseverbot besonders tiefen Schmerz.

Indessen boten sich der Witwe in Zizers lohnendere familiäre Aufgaben. So erfolgten etwa weitere Bemühungen um die von einer Gruppe österreichischer Monarchisten beim Vatikan beantragte Seligsprechung ihres Gatten.* Seine persönliche Lauterkeit, sein Bestreben, als »Volkskaiser« sogar mitten im Krieg Sozialreformen durchzuführen, und wohl vor allem sein tragisches Ringen als »Friedenskaiser« um die Beendigung jenes Krieges, bildeten die Begründung. Dieses Vorhaben erforderte ein großes Konvolut von Aussagen und Dokumenten, die nur Zita bieten oder beglaubigen konnte. Es war eine Aufgabe, der sie all ihre Energien widmete, denn darin verband sich in edelster Form ihre tiefe Liebe zu ihrem verstorbenen Gatten mit ihrer ebenso tiefen katholischen Frömmigkeit. Obgleich sie fast alle Päpste dieses Jahrhunderts gekannt hatte, erhielten ihre regelmäßigen Besuche im Vatikan nun eine neue Bedeutung.

Möglicherweise war es gerade ihr Eifer für diese Sache, der sie zu einer der wenigen strittigen Stellungnahmen ihres hohen Alters führte. Im März 1983 verblüffte das Wiener Massenblatt »Kronen-Zeitung« die Historiker durch eine Reihe von Interviews mit Zita; Thema war das unsterbliche Drama von Mayerling, der Tod des Kronprinzen Rudolf und der Baronesse Mary Vetsera am 30. Januar 1889. Dies sei, wie die Kaiserin nun erklärte, keineswegs ein romantisches Liebesdrama gewesen (was man bereits seit langem weiß). Nein, Rudolf sei von ausländischen Agenten ermordet worden, da er eine internationale Verschwörung zum Sturz seines Vaters Kaiser

---

* Die Initiative dazu ging bereits 1923 vom späteren Bundespräsidenten Wilhelm Miklas aus. 1949 wurde in Rom der Seligsprechungsprozeß eröffnet. (Anm. d. Übers.)

Franz Joseph entdeckt habe. Daß der Kronprinz ein halbes Dutzend Abschiedsbriefe hinterließ, die eindeutig den Entschluß zum Freitod bekunden, einen davon an seine reizlose, leidgewohnte Gemahlin Stephanie; daß ausländische Agenten wahre Hexenmeister hätten sein müssen, um in ein Schlafzimmer einzudringen, dessen Tür und Fenster von innen verriegelt waren; daß Rudolf, von einem venerischen Leiden befallen, sich ohnehin bereits mit Drogen und Ausschweifungen zugrunde richtete; daß Franz Joseph selbst 1888/89 zu einer Zeit, in der er sich schon politisch passiv verhielt, nichts unternahm, was irgendeine fremde Macht auf den wahnwitzigen Gedanken gebracht hätte, ihn vom Thron zu vertreiben – über all dies, samt ausführlichen medizinischen Attesten und Polizeidokumenten, wurde mit einem einzigen Argument hinweggegangen. Nämlich, daß ein christliches Begräbnis des Toten unmöglich gewesen wäre, wenn er wirklich einen Mord und dann Selbstmord begangen hätte. (Dieses Hindernis war durch die Auslegung zu umgehen, der Kronprinz habe in Sinnesverwirrung gehandelt. Das war höchstwahrscheinlich die theologische Ausflucht, allerdings ist die damals sofort aufgenommene Korrespondenz zwischen dem Kaiser und Papst Leo XIII. über die Tragödie seit mehr als einem Jahrhundert verschollen. Und das ist nicht das einzige, was fehlt.)

Einem Freund, der sich brieflich nach den historischen Belegen für ihre Äußerungen erkundigte, sandte Zita eine diktierte Antwort (ihre Sehkraft war bereits sehr geschwächt):

>>Leider sind alle Beweise verschwunden (schriftliche Beweise) oder nicht auffindbar ... Der sicherste Beweis ist dieser, daß es damals vollkommen unmöglich war, daß ein Selbstmörder ein kirchliches Begräbnis bekommt. Daher hatte auch der Vatikan sofort ein kirchliches Begräbnis untersagt. Erst nach einem ausführlichen Telegramm von Kaiser Franz Joseph an den Papst, in dem er die Lage erklärte, kam die Erlaubnis von Rom, daß ein kirchliches Begräbnis stattfinden kann.<<[5]

Kein ernsthafter Historiker akzeptierte diese Geheimagentengeschichte, in der Familie der Kaiserin wurde sie sogar als peinlich empfunden. Aber Zitas Motiv für die >>Enthüllung<< ist klar. Das

Drama von Mayerling war, religiös betrachtet, der dunkelste Fleck auf dem habsburgischen Schild. Wenn sie diesen Makel austilgte, konnte sie dadurch vielleicht dazu beitragen, den Schild des letzten habsburgischen Herrschers mit einer Gloriole zu umgeben.

Ob historisch überzeugend oder nicht, die bloße Tatsache, daß sie diese Interviews gegeben hatte, symbolisierte das wichtigste, schönste Ereignis ihrer letzten Jahre, die endlich gestattete Rückkehr in die österreichische Heimat. Das Hemmnis war auf völlig unerwartete Weise im Mai 1982 gefallen, wenige Tage nach ihrem 90. Geburtstag. Für die Feier waren sämtliche in Zizers verfügbaren Quartiere voll besetzt gewesen. Viele ihrer etwa dreißig Enkel hatten bereits selbst Familien gegründet, und ihre ehelichen Verbindungen wiesen eine interessante soziale Vielfalt auf, kennzeichnend für die Zeiten des Wandels. Während alle Söhne und Töchter der Kaiserin in regierende oder exilierte Fürstenhäuser eingeheiratet hatten, durchmaßen deren Kinder bei der Wahl der Ehepartner die ganze Skala des europäischen Gesellschaftgefüges.

In der obersten Reihe stand die Ehe von Erzherzog Karl Ludwigs zweitem Sohn Christian mit der attraktiven Prinzessin Marie Astrid von Luxemburg, die vordem als mögliche Braut für Prinz Charles galt. Zur selben Kategorie gehörte die Heirat von Erzherzog Roberts ältestem Sohn Lorenz mit einer anderen Prinzessin namens Astrid, nämlich von Belgien. Aber eine oder zwei der übrigen Verbindungen hätten für die Habsburger vor dem Ersten Weltkrieg Skandale heraufbeschworen und vor dem Zweiten Weltkrieg immer noch Probleme gebracht. Nicht einfach »nur« Barone (die Einschränkung »nur« nach den Begriffen alter Zeiten!), sondern auch Männer ohne jeden Adelstitel, aus der Mittelschicht, hatten ihre Bräute aus dieser jüngeren Generation der Erzherzoginnen gewählt. Es war der Kaiserin hoch anzurechnen, daß sie in dieser Hinsicht – wie in fast jeder anderen – rasch und doch ganz von selbst mit der Zeit gegangen war; sogar als Gabriela, die vierte von Ottos Töchtern, ihrer kaiserlichen Großmutter in dem winzigen Wohnzimmer im St.-Johannes-Stift einen langhaarigen Münchner Jurastudenten namens Christian Meister als ihren künftigen Gatten vorstellte. Nachdem die Kaiserin den jungen Mann genau in Augenschein genommen hatte, gab sie prompt ihren Segen. Im Fall der Wahl ihrer Enkelin keinem Unwürdigen, denn anders als einige solcher Ehen in den Zeiten seit dem Zweiten Weltkrieg gestaltete sich diese Verbindung besonders harmonisch.

Aber jener 9. Mai 1982 war nicht nur als Tag einer glanzvollen Familienfeier denkwürdig. Einen Monat später, als die Kaiserin wieder zur Ruhe gekommen war, schrieb sie in einem Privatbrief:

>Mein 90. Geburtstag war für mich aus einem doppelten Grund sehr erfreulich. Alle meine Kinder, der Großteil meiner Enkelkinder und 10 meiner 12 Urenkelkinder hatten sich – wenn auch nur ganz kurz – für diese Feier hier eingefunden. Der älteste meiner Urenkelkinder hatte am selben Tag Geburtstag und wurde ganze 5 Jahre alt! Kurz nachher erfuhr ich durch unsere Herren in Wien, daß es in der Zeitung stand, daß die Grenzen mir geöffnet seien. Auf Rückfrage von ihnen erfuhr ich auch, daß es ganz bedingungslos sei. Darauf fuhr meine Tochter Elisabeth sofort von Waldstein [Schloß in der Steiermark, Liechtensteinischer Wohnsitz] wieder hierher zurück und mein Sohn Robert mit meiner Schwiegertochter Margherita fanden sich ebenfalls gleich hier ein. Am nächsten Morgen, dem 16. Mai, fuhren wir früh nach Tirol herein, wo ich nach 63 Jahren Exil den heimatlichen Boden betrat. Ich fuhr direkt nach Tulfes, um am Grab meiner Tochter Adelheid beten zu können und in der lieben kleinen Tiroler Kirche Gott für die Rückkehr in die Heimat zu danken. Mein Enkel Lorenz, der in Innsbruck auf der Universität studiert, hatte mir rasch einen kleinen Imbiß in seiner Wohnung bereitet, worauf ich – von meinen Kindern begleitet – nach Zizers zurückfuhr. Das war ein großer Tag für mich.«[6]

Außer den Bewohnern von Tulfes und einigen Vertretern des öffentlichen Lebens in Innsbruck waren vor allem die Zollwachorgane und eine Handvoll Journalisten, die zur Grenze gekommen waren, die Augenzeugen dieser ersten Reise. Die Zollbeamten salutierten, aber keiner wußte, wie man sich verhalten sollte. War die den republikanischen Gesetzen entsprechende Anrede »Frau Habsburg« wirklich angemessen für die kleine alte Dame in Schwarz, einstige Kaiserin der Donauländer, die nun aus der Geschichte zurückkam, über den Rauch zweier Weltkriege und das schmelzende Eis des kalten Krieges hinweg? Die traditionelle, elegantere österreichische Formulierung »Gnädige Frau« schien in diesem Fall nur etwas besser zu passen.

Während der folgenden Besuche schwanden solche Bedenken und Vorbehalte, auch deshalb, weil sich Zitas Bild in der Öffentlichkeit wandelte. Schon zehn Jahre früher, noch vom Exil aus, hatte sie in ihrem ersten Gespräch für das Österreichische Fernsehen, in der Dokumentation »Die Kronzeugin«, eine Haltung bewiesen, die ihre früheren Untertanen – und besonders die Wiener, deren Charme seit je mit einer gehörigen Dosis von Selbstmitleid versetzt ist – ihr nicht zugetraut hätten: sie hegte keinen Groll, keine Ressentiments und vermied es, alte Kontroversen zu erörtern, geschweige denn aus eigenem erneut zur Sprache zu bringen. Ihre Anteilnahme galt, wie zu allen Zeiten, dem Wohl der einfachen Leute. Als die Österreicher, Kinder und Enkel jener Generation, die Zita als »die verschlagene Welsche« beschimpft hatten, sie auf dem Bildschirm vor sich sahen und ihre Worte hörten, erwachten spontane Sympathien für sie. Diese ruhige Toleranz war gewinnender und hoheitsvoller als jede betont zur Schau getragene Herablassung. Während Zitas nächster Besuche wußte fast jeder, ohne innere Widerstände überwinden zu müssen, wie sie anzusprechen war: »Eure Majestät.« So war schließlich auch diese Frage geklärt.

Noch im Jahr 1982 folgten zwei weitere Reisen. Die erste, im September, führte in die alte Wallfahrtskirche von Mariazell zu der seit Jahrhunderten verehrten Schutzpatronin Österreichs und der Dynastie. Das Ziel der zweiten Fahrt, am 13. November, war Wien. Zita machte auch noch andere »offizielle« Besuche, aber dies war die eigentliche Heimkehr. Etwa 20 000 Menschen versammelten sich in der Wiener Innenstadt, manche nur aus Schaulust, andere, um den Atem der Geschichte zu spüren, aber viele, um sie ganz offen zu feiern. Mehr als 10 000 Personen drängten sich im Stephansdom und auf dem Stephansplatz, als die Kaiserin mit ihrer Familie an einer Gedenkmesse teilnahm. Nun hatte der Name Zita Aktualitätswert. Die internationale Presse und die TV-Teams wurden Zeugen des Schauspiels, als das republikanische Wien einen neuen Weg zu seiner kaiserlichen Vergangenheit fand.

Obwohl es Zita beschieden war, die andere Reichshälfte der alten Monarchie nie mehr zu sehen, blieb Ungarn in ihren Gedanken stets gegenwärtig. Bei Hochzeitsfesten im Familienkreis und allen anderen feierlichen Anlässen trug sie zu den Insignien des Elisabeth-Ordens und des Sternkreuzordens, dessen »Höchste Schutzfrau« sie war,* auch das Perlenkollier, das sie zur Krönung in Budapest angelegt hatte. Auch hatte jenes Ereignis des Dezember 1916 für sie nie seine Bedeutung verloren. Einmal erörterte sie die inneren Probleme der alten Monarchie und die anscheinend undurchführbare Aufgabe, die Forderung der dreizehn Völker nach Selbstbestimmung mit dem Fortbestand eines übernationalen Reiches in Einklang zu bringen. Das Gespräch kam auf die Rolle der chauvinistischen Magyaren bei der Spaltung des Gesamtgefüges, den Widerstand gegen die Entwicklung einer parlamentarischen Monarchie und die Tendenzen, Wiens zentrale Position zu schwächen. Plötzlich hielt sie mitten in ihren kritischen Äußerungen inne und rief aus: »Oh, ich sollte wirklich nicht so sprechen. Schließlich bin ich die Königin von Ungarn!« Die Aussage in der Form des Präsens ergab sich dabei so völlig natürlich, daß es kaum auffiel.[7]

Ungarn – allzeit das Rätsel und die Herausforderung für die Habsburger – beschäftigte sie im Geist während der letzten Lebensjahre immer häufiger. An ihrem 80. Geburtstag fand eine denkwürdige Wiederbegegnung statt. Josef Pem, einst der junge Priester, der am 5. April 1921 den Scharen seiner Landsleute voll Empörung zugerufen hatte, es sei doch ihr König, der ins Schweizer Exil abgeschoben werde, entbot der Königin von Ungarn wieder seinen Gruß. Aus diesem Priester war Kardinal Mindszenty geworden, Symbolgestalt des ungarischen Widerstands gegen den Kommunismus. Viele Jahre hatte er im Gefängnis und im inneren Exil in der US-Botschaft in Budapest verbracht, nun war er frei, um sein Leben im Westen zu beschließen.

Zu dem Zeitpunkt war der Stalinismus im Donauraum längst abgetan und sogar pragmatischere Formen des Kommunismus

---

* Offiziell bis zu Ottos Heirat, dann übertrug sie die oberste Würde dieses 1668 gestifteten adeligen katholischen Damenordens auf ihre Schwiegertochter Regina. (Anm. d. Übers.)

begannen brüchig zu werden. Die Vision von einem geeinten demokratischen Europa, für das Otto der Aura des habsburgischen Thronprätendenten entsagt hatte, zeigte sich nicht mehr als bloßes Phantasiegebilde. Nun begriff die Mutter auch die logische Erwägung, die der Entscheidung ihres Sohnes zugrunde lag. Er hatte politisch und persönlich im katholischen Altbayern tief Wurzeln gefaßt und war im Juli 1979 als Abgeordneter der Christlich-sozialen Union (CSU) ins Europa-Parlament gewählt worden. Damit erhielt er neue Stoßkraft und eine neue Aktionsbasis für seinen lebenslangen Einsatz, um die Länder der einstigen Monarchie aus ihrer Verbannung zurückzuholen, in die sie zuerst durch Hitler und dann durch Stalin geraten waren.

1985 nahm Otto Verbindung zu den bereits sehr unsicheren und desillusionierten kommunistischen Machthabern in Budapest auf, er fragte an, ob er in die ungarische Hauptstadt reisen könnte, ohne dadurch allzu große Probleme zu schaffen. Darauf bekam er eine freundliche Antwort mit der Bitte, sich noch etwas zu gedulden. Im Juni 1987 wurde er eingeladen, und so machte der Abgeordnete für Oberbayern beim Europa-Parlament den ersten seiner seither vielen Besuche in der anderen Hauptstadt jenes Reiches, über das sein Vater geherrscht hatte. Nach der Rückkehr suchte er sofort seine gespannt wartende Mutter auf, um ihr ausführlich zu berichten. Ihre Einstellung zu dem Mitgeteilten war typisch für sie.

»Sie zeigte kein großes Interesse an den politischen Umwälzungen und inneren Machtkämpfen, fragte zwar nach der Königsburg,* doch schien sie auch darauf nicht besonders neugierig zu sein. Sehr wohl aber ging es ihr um das Alltagsleben der Bevölkerung, und darüber wollte sie ganz genau Bescheid wissen – wie es um das Wohnungswesen stehe, wie die Leute gekleidet seien und was sie zu essen bekämen, was es in den Läden und den Restaurants gebe, wieviel die Leute verdienten, was sie mit ihrer Freizeit anfingen, welchen Eindruck die Kinder machten – und so weiter, Fragen über Fragen.«[8]

---

* Nach der fast völligen Zerstörung während der Endkämpfe des Winters 1944/45 eindrucksvoll wiederaufgebaut.

Erst als Otto immer häufiger nach Ungarn reiste, erwachte Zitas Interesse für die Rückzugsgefechte im Existenzkampf des Kommunismus. Allmählich zeichnete sich die Erkenntnis ab, daß sie seinen Untergang in den einstmals habsburgischen Ländern doch noch erleben könnte.

23

Die Kapuzinergruft

Selbst Zitas eiserne Konstitution blieb schließlich nicht von der Hinfälligkeit des hohen Greisenalters verschont. Dies begann mit den Augen. Bald nach jenem denkwürdigen 90. Geburtstag trat inoperabler Star auf, und ihr Sehvermögen ließ rapide nach. Fünf Jahre später konnte sie nur mehr mit einer sehr starken Lupe lesen. Wenn sie in Zizers die auf ihrem Tisch ausgebreitete umfangreiche Post durchsah, wirkte sie wie eine Markensammlerin, die besonders kostbare Exemplare genau begutachtet. Bevor sie völlig erblindete, gab es Zeiten, in denen sie alles fast wie früher wahrnahm, bisweilen zum Mißbehagen ihrer Besucher. So etwa, als eine Enkelin, die zu ihren Lieblingen zählte, einmal in Jeans aus dem Wagen stieg und gleich in die Wohnung der Kaiserin ging, da sie glaubte, ihr Aufzug würde sowieso nicht bemerkt werden. Sofort erhielt sie den Verweis, es sei doch wohl angezeigt, einen Rock zu tragen, wenn sie die Großmutter aufsuche. Ein anderes junges Familienmitglied leistete sich sogar die Kühnheit, in einem tief ausgeschnittenen Kleid zu erscheinen, ganz sicher, daß es die alte Dame nicht sehe. Prompt wurde ihr gesagt, sie möge künftig Dezenteres anziehen. In solchen Augenblicken – im wahrsten Sinn des Wortes – sah die Kaiserin gerade das Unschickliche, wie ja auch Taube manchmal just das hören, was nicht für ihre Ohren bestimmt ist.

Zu anderen Zeiten versagten ihre Augen dann, wenn sie etwas sehen *wollte*. Einen Freund, der seit vielen Jahren regelmäßig zu ihr kam, bat sie bei einem seiner letzten Besuche, sich direkt unter die Deckenbeleuchtung in der Mitte ihres kleinen Salons zu setzen, denn sie hoffte, im Licht der starken Lampe sein Gesicht wenigstens ungefähr zu erkennen. Nachdem sie ihn fast eine Minute lang aus nächster Nähe angeschaut hatte, zuckte sie die Achseln und sagte resignierend: »Es ist zu dumm, aber ich sehe gar nichts.«[1]

Als gänzliche Blindheit eintrat, war sie darauf vorbereitet. Eine Uhr, die auf Knopfdruck die genaue Zeit angab, ersetzte ihr die Armbanduhr. Nicht nur Briefe, sondern auch all ihre gewohnten Zeitungen wurden ihr täglich vorgelesen, und aufmerksam verfolgte sie über den Rundfunk das Weltgeschehen. Nach fast dreißigjährigem Aufenthalt kannte sie die Korridore in Zizers so gut, daß sie sich ohne Hilfe darin bewegen konnte. Für die Nonnen und die älteren Bewohner, die sie an den Stimmen erkannte, schien sich nichts verändert zu haben. Pünktlich zu den gleichen Tageszeiten wie seit zwanzig Jahren ging die schmale schwarze Gestalt aus der Wohnung in den Speiseraum oder von der Terrasse in die Kapelle. Das einzige bisher Ungewohnte war der lange weiße Stock. Mit diesem stieß sie fest auf die steinernen Bodenfliesen, wenn sie merkte, daß sie allein war und eine leitende Hand brauchte; dabei rief sie in freundlichem, aber dennoch gebieterischem Ton: »Baronin, Baronin.« Das war das Signal für Baronin Maria von Plappert, die letzte ihrer ergebenen Hausdamen, sofort herbeizueilen, wo immer sie sich auch gerade befand.

Das Siechtum setzte ein, als sie im Sommer 1988 während eines Aufenthalts bei ihrer Tochter Elisabeth* im steirischen Schloß Waldstein an Lungenentzündung erkrankte. Erst in den letzten Augusttagen war sie wieder so weit bei Kräften, daß man sie nach Zizers bringen konnte. Im Herbst und im Winter war sie fast ständig bettlägerig, nur manchmal konnte sie für kurze Zeit im großen Fauteuil ihres Salons sitzen. Am 23. Februar 1989 nahm sie ein Bild von der Wand, das ein Kreuz in den österreichischen Bergen zeigte. Der Rahmen war aus gewöhnlichem Weichholz, und das Foto, von geringem künstlerischem Wert, begann sich zu werfen. Dennoch war es eines ihrer für sie selbst kostbarsten Besitztümer, sie hatte es vor vielen Jahren von ihrer Tochter Adelheid zum Geschenk erhalten, die nun in eben dieser Tiroler Gebirgsgegend begraben war. Die Kaiserin übergab Baronin Plappert das Bild und sage einfach: »Das soll jetzt Ihnen gehören.«[2] Die Hausdame, die in dieser Geste ein erstes Zeichen des nahen Todes

---

* Diese verstarb im Januar 1993

erkannte, versuchte, ohne rechte Überzeugung, einzuwenden, der Patientin gehe es doch schon besser.

Eine Woche später rief Zita ihren ältesten Sohn in Pöcking an, mit der noch deutlicheren Eröffnung: »Ich werde bald sterben. Besuche mich.« Otto traf noch am selben Tag in Zizers ein. Er kannte seine Mutter zu gut, um sich auf die bewußten tröstenden, aufmunternden Redensarten zu verlegen, die am Krankenbett üblich sind. Zudem kam dies alles nicht unerwartet: schon seit einigen Jahren sprach sie von ihrer wachsenden Müdigkeit und ihrem immer stärker werdenden Wunsch, endlich abzugehen. Nur eine sachliche Frage stellte er ihr: er hatte wieder eine kurze Reise nach Ungarn vor, sollte er fahren? Die prompte Antwort lautete: »Natürlich.«

Nach der baldigen Rückkehr wechselte er sich mit seiner Gattin und den Kindern ab, damit Tag und Nacht immer jemand aus dem engsten Familienkreis bei der Kranken war. Merkwürdig erschien ihm, daß Zita im Verlauf der letzten Gespräche, die sie noch mit ihm führen konnte, niemals auch nur andeutungsweise ein Urteil über das lange Drama abgab, das sie miteinander durchlebt hatten: die Zeiten der noch regierenden, aber gefährdeten Dynastie, den Verlust des Throns und die Jahrzehnte des Kampfes im Exil, um die Dynastie wieder einzusetzen oder ihren Bestand zu sichern. Auch übergab sie dem Oberhaupt der Familie kein geistiges Vermächtnis für die Zukunft der Habsburger. Kein Resümee, keine Prophezeiungen, kein Wort der Hoffnung oder des Vorwurfs. Nicht einmal eine Rückschau, eine plötzlich auftauchende Erinnerung an Kaiser Franz Joseph, Kaiser Wilhelm II., Ludendorff, Czernin, Briand, Poincaré, Dollfuß, Schuschnigg, Horthy, Hitler, Roosevelt, Churchill, Stalin, Mindszenty oder irgendeinen der unzähligen, weniger bedeutenden Menschen, die in ihrem Leben, das fast so lange währte wie das 20. Jahrhundert, eine Rolle gespielt hatten. Kein Blick zurück auf einen der Bauten, die einst als Residenz, Heimstätte oder Zufluchtsort gedient hatten, ob das Schloß Schönbrunn oder die Villa St. Joseph in Quebec. Später sagte Otto darüber:

»Es war so, als ob alles, was einst gewesen ist, versunken wäre und es keinen Sinn hätte, sich daran zu erinnern. In unseren letzten Gesprächen erwähnte sie nicht ein einziges Mal Vergangenes. Statt dessen fragte sie mich, was sich nun ereigne, über die aktuelle Situation in Osteuropa und in der Europäischen Gemeinschaft. Sie wollte, daß bis zum Ende zwischen uns alles so ablaufe wie gewohnt, und ich versuchte nicht, dem Gespräch eine andere Richtung zu geben.«[3]

Immer schon hatte sie als Patientin die Mediziner in Erstaunen versetzt, und nun war es nicht anders. Während der letzten neun Tage nahm sie keinen Tropfen Flüssigkeit zu sich, geschweige denn irgendwelche Nahrung. Man erwog künstliche Ernährung, doch als der Arzt die mageren Arme sah, an denen die Venen kaum mehr sichtbar waren, rief er aus: »Nein, das würde ich nicht einmal meiner eigenen Mutter antun!«

In den letzten achtundvierzig Stunden umgab sie tiefes Schweigen, eine Stille, als sei das Leben bereits aus dem Körper gewichen. Nur einmal war noch ein schwaches Aufflackern zu beobachten, und zwar am Tag vor ihrem Tod, als der Bischof von Chur an das Sterbebett trat, um den persönlichen Segen des Papstes zu überbringen. Ein im Vatikan geweihter Rosenkranz konnte nur mehr um ihre regungslosen Hände gelegt werden. So vollkommen war dieser letzte Friede, daß die beiden im Zimmer anwesenden Personen, ihre Schwiegertochter Regina und die Nachtschwester, zunächst gar nicht bemerkten, daß der Atem ausgesetzt hatte. Der Zeitpunkt war Dienstag, der 14. März, kurz nach 1.40 Uhr morgens. Zita war schon so lange der anderen Welt zugewandt gewesen, daß sie ganz leicht und sanft hinüberglitt.

Am selben Tag setzte Otto als Familienoberhaupt alle Königshöfe und die Präsidenten oder Regierungschefs befreundeter Staaten telegrafisch über ihr Ableben in Kenntnis. Für die Medien, die inzwischen wieder vergessen hatten, daß dieses Verbindungsglied zu einem längst entschwundenen Europa noch existierte, war das eine Nachricht von großem Aktualitätswert. Von überall trafen zahlreiche Kondolenzen ein.[4] Dabei waren interessante formale Unterschiede festzustellen. Der deutsche Bundeskanzler Helmut Kohl war einer der vielen Politiker, die, gemäß den traditionellen Regeln der Höflichkeit, ihre Briefe eigenhändig schrieben. Der ehemalige amerikanische Außenminister Henry Kissinger zählte zu denen, die ihre Briefe tippen ließen. Eine Beileidsadresse sandte, aus unerforschlichen Gründen, die Volksrepublik China, allerdings nahm der Absender, der chinesische Botschafter in Wien, darauf Bedacht, sich gleich für seine Abwesenheit bei der kirchlichen Totenfeier zu entschuldigen. Das einzige gekrönte Haupt, das nicht antwortete, war Elisabeth II. Aus der britischen Königsfamilie traf am 15. März, einen Tag nach der Bekanntgabe von Zitas Tod, in Pöcking nur ein privates Telegramm von Prinz und Prinzessin Michael von Kent ein. Darin wurde dem Oberhaupt des Hauses Habsburg »große Betrübnis, tiefstes Mitgefühl und respektvolle Zuneigung« zum Ausdruck gebracht. Aber diese Kondolenz stand in keiner Beziehung zum Hof von St. James. Die Prinzessin ist die Tochter eines deutschen Vaters und einer ungarischen Mutter (Gräfin Szapáry). Dies schuf eine innere Verbundenheit, die sie stets bekundet, ob in der Öffentlichkeit oder privat.

Mittlerweile hatten die langen Vorbereitungen für das Begräbnis begonnen, das zwei Wochen später in Wien stattfinden sollte. Das Datum, der 1. April 1989, wurde gewählt, weil es der 67. Todestag Kaiser Karls war, in Erinnerung daran, daß die Frau, die nun dem schon so lange Verstorbenen ins Grab folgte, als kaum Dreißigjährige zur Witwe geworden war. Doch bereits vor der Bestattung wurden die beiden, gemäß einer alten habsburgischen Tradition für die Beisetzung von Herrschern, symbolisch im Tod wieder vereint. Noch in der Schweiz wurde bei der Einbalsamierung von Zitas Leichnam das Herz entnommen und in eine Urne gelegt, diese brachte man in das Schweizer Kloster Muri, um sie in der Krypta der Kirche neben jene Urne zu stellen, in der seit Jahrzehnten das Herz ihres Gatten ruht.

Der Familie blieb Zeit, um die Form und den Ablauf der Trauerfeierlichkeiten genau festzulegen. Zum Glück konnten durch gemeinsame Finanzierung die erforderlichen Mittel aufgebracht werden, denn die österreichische Bundesregierung hatte zwar einem Leichenbegängnis auf dem Boden der von der Kaiserin niemals anerkannten Republik zugestimmt, aber die strikte Bedingung gestellt, daß kein Schilling aus dem Staatshaushalt dafür aufgewendet werde. Die Gesamtkosten trugen die Habsburger selbst.

Was nun folgte, war eine letzte Reise zurück in ein Europa

vergangener Zeiten und dennoch im Licht eines neuen Europas, dessen Entstehung sich weiter östlich als im Donauraum ankündigte. Zunächst wurde der Sarg am 28. März im Marmorsaal des Stifts Klosterneuburg bei Wien aufgebahrt. Dies entsprach einem ausdrücklichen Wunsch der Kaiserin, denn nach dem Plan Karls VI. sollte Klosterneuburg zu »Österreichs Escorial« werden, einem Monument der Einheit von Imperium, Kaiserhaus und katholischer Kirche. Nun wurde jenes Symbol auf den Sarg gelegt, das die habsburgischen Herrscher am engsten mit den Österreichern verband – keine Kaiser- oder Königskrone, sondern der Erzherzoghut Niederösterreichs, der seit Jahrhunderten im Stift aufbewahrt wird.

Am Abend des 30. März wurde der Sarg in die Hauptstadt überführt und vom Inneren Burghof der Hofburg bei Fackelschein zum Stephansdom geleitet. Dort erfolgte erneut eine öffentliche Aufbahrung bis zu der Totenfeier, die am 1. April um drei Uhr nachmittags begann.

Etwa zweihundert Mitglieder der schon lange entthronten Häuser Habsburg und Bourbon-Parma bildeten die eigentliche Trauergemeinde, doch unter den etwa sechshundert Ehrengästen befanden sich Repräsentanten regierender Dynastien verschiedener Konfessionen und von mehreren Kontinenten: Thailand, Marokko und Jordanien ebenso wie die Herrscherfamilie des kleinen Fürstentums Liechtenstein, mit der »Casa de Austria« historisch und durch Heirat eng verbunden. Eine konkretere Beziehung zur Gegenwart ergab sich durch die Teilnahme vieler Außenstehender.

Die Republik Österreich verhielt sich – wie immer im Fall Habsburg – zwiespältig. – Keiner der sozialistischen Minister war anwesend. Sogar der gemäßigte, pragmatisch denkende Bundeskanzler Dr. Franz Vranitzky hatte es für ratsam erachtet, seinen Staatsbesuch in Portugal einen Tag früher anzutreten, um außer Obligo zu sein. Nur eine prominente Persönlichkeit aus der SPÖ hatte sich über die inständigen Bitten der Parteifreunde hinweggesetzt, der Feier fernzubleiben. Das war der Wiener Bürgermeister Dr. Helmut Zilk, von ihm stammte einer der vielen Kränze vor dem Hochaltar, die Schleife trug die Inschrift »Pietate et Concordia«, die Devise eines früheren habsburgischen Herrschers, des aufgeklärten Kaisers Josef II., dessen Lehren die Republik nie begriffen hat. Einer der Gründe für Zilks Erscheinen war zweifellos der Wunsch, bei einem großen Ereignis, das in seiner Stadt in Szene ging, nicht zu fehlen. Zum Teil schrieb man es auch dem Einfluß seiner Frau zu, der Schauspielerin Dagmar Koller. Repräsentanten der ÖVP als der bürgerlichen Kraft im politischen Spektrum nahmen teil, allerdings »als Privatpersonen«.

Angesichts der Formalismen dieser Totenfeier waren solche Vorbehalte und Einschränkungen vielleicht sogar berechtigt. In der Ansprache des päpstlichen Nuntius war von »Ihrer Majestät« die Rede, und der Hauptleidtragende in der ersten Reihe des Kirchengestühls wurde als »Seine kaiserliche und königliche Hoheit« tituliert. Zum Abschluß des vom Wiener Erzbischof Kardinal Hans Hermann Groer und dem ungarischen Primas Kardinal László Paskai zelebrierten Requiems intonierte die Domorgel die beiden Hymnen der Monarchie, »Gott erhalte« und »Isten aldd meg a magyárt«. Die Klänge der Haydn-Hymne, zugleich das Hauptthema eines Satzes aus seinem »Kaiser-Quartett«, haben für Österreicher eine ganz eigene Kraft, die sie tief bewegt, und nach einem etwas unsicheren Einsatz stimmten die meisten der in der Kirche versammelten sechstausend Menschen in den Gesang der trauernden Familie ein, so gut sie konnten, denn nur wenige kennen noch den Text. Es war der würdige Höhepunkt einer Totenmesse, bei der Gebete in den wichtigsten Sprachen des habsburgischen Reiches verlesen wurden: auf Deutsch, Tschechisch, Ungarisch, Kroatisch, Italienisch, Slowenisch und Polnisch.

Nun begann der Kondukt unter einem bewölkten, regenschweren Himmel. Der schwarze Leichenwagen stammte aus der »Wagenburg«, der im Komplex des Schlosses Schönbrunn untergebrachten Sammlung von Prunk- und Reisefahrzeugen des Kaiserhofes und des Hochadels – ein wuchtiges, pompöses Gefährt aus dem vorigen Jahrhundert, seit dem Bau erst zum viertenmal verwendet. 1889 hatte es den Leichnam des Kronprinzen Rudolf getragen, der von eigener Hand gestorben war, 1898 folgte ihm seine Mutter Elisabeth, das Opfer eines Mordes, und achtzehn Jahre später, als uralter Mann, der Vater dieser unter einem Unstern stehenden Familie und Herrscher über ein untergehendes Reich. Sie alle hatte der letzte Weg durch die Innere Stadt geführt: über den Graben, den Kohlmarkt und den Michaelerplatz, am Josefsplatz vorbei durch die Augustinerstraße zur Kapuzinerkirche auf dem Neuen Markt, wo in den Gruftgewölben der Dynastie bereits einhundertvierundvierzig Habsburger beigesetzt waren, darunter zwölf Kaiser und sechzehn Kaiserinnen.

Die sechs Noriker-Rappen mit schwarzen Straußenfedern auf den Köpfen konnten das gewaltige Gefährt nur mit Mühe ziehen. Das alte Hofzeremoniell schrieb dafür ein Gespann von acht Pferden vor, die Straßen waren vom Regen naß, und der Wagen hat ein Gewicht von zweieinhalb Tonnen. Wegen des Schlechtwetters und der günstigen Möglichkeit, den gesamten Ablauf auf dem Bildschirm in Direktübertragung zu sehen, standen nur etwa 20 000 Personen in den Spalieren entlang des Weges.* Wie zu erwarten, war es teils das traditionelle Interesse an einer »Schönen Leich«, also Andacht gepaart mit Schaulust, was die Wiener bewegte – auf den Straßen und vor dem Bildschirm.

Dröhnend gab die »Pummerin«, die große Glocke von St. Stephan, das Zeichen für die Prozession, in der auch Tiroler Schützen und uniformierte Traditionsverbände mitmarschierten, und nacheinander übernahmen die Kirchen auf dem Weg des Trauerzugs das Geläute. Für diesen ersten habsburgischen Kondukt in den Straßen einer Republik gab es keinen Präzedenzfall als Vorbild, deshalb wurde eigens für diesen Anlaß ein Protokoll geschaffen, für das vor allem Ottos jüngerer Sohn, der fünfundzwanzigjährige Paul Georg, verantwortlich zeichnete. Den beiden anwesenden regierenden Monarchen, dem Fürsten von und zu Liechtenstein und dem Großherzog von Luxemburg, kam der Vorrang unter den Gästen zu. Aber gebührte dem Kronprinzen von Marokko, Sidi Mohamed, der Vortritt vor Thronerben? Nun, man entschied sich dafür. Die Bestimmungen für die teilnehmenden ausländischen Diplomaten hatten einen Zug zum »Nostalgischen«. Der erste Platz wurde, ohne jede Bedachtnahme auf die Anciennität, dem türkischen Botschafter zuerkannt, denn der Türkei, dem Bundesgenossen der Monarchie im Ersten Weltkrieg, hatten Zita und Karl ihren ersten offiziellen Besuch als Herrscherpaar abgestattet. Damals im Mai 1918, vor einundsiebzig Jahren ...

---

* Laut offizieller Schätzung der Wiener Polizei. Journalisten und überzeugte Monarchisten geben eine viel höhere Zahl an.

Es wurde wohl bemerkt, daß Großbritannien, die bedeutendste der noch bestehenden Monarchien aus jenem Krieg, weder durch ein Mitglied des Königshauses noch durch den Botschafter vertreten war. Prinzessin Michael, die halbe Ungarin, hätte sicherlich gern als Privatperson teilgenommen, doch offenbar hatte man ihr davon abgeraten. Ob geplant oder zufällig, erfolgte gerade zu dem Zeitpunkt ein Botschafterwechsel, was der diplomatischen Vertretung eine willkommene Begründung dafür bot, einen offiziellen Platz leer zu lassen. – Erst am Vorabend des Begräbnisses und volle zwei Wochen nach den Kondolenzen von allen anderen Höfen und Hauptstädten war in Pöcking ein gefaltetes maschinenbeschriebenes Blatt aus dem Buckingham-Palast eingelangt, darin wurde das Mitgefühl der Königin zum Ausdruck gebracht. Die Familie konnte nur annehmen, es handle sich um den Text eines Telegramms, das infolge irgendeines Versehens nicht durchgegeben und nun per normaler Post zugestellt wurde.*

Als der Cortège vor dem Tor zur Kapuzinergruft anhielt und der Sarg aus dem Katafalkwagen gehoben wurde, entfaltete sich jenes einmalige Zeremoniell, das so eindrucksvoll ist, zugleich aber tief nachdenklich stimmt und zwei geschichtliche Botschaften vermittelt. Die erste bezeugt den europäischen Universalismus der »Casa de Austria«, die zweite indes – auch sie kennzeichnend für das Habsburgische – sagt aus, daß die Majestäten zwar Herrscher von Gottes Gnaden, aber auch Gottes Geschöpfe waren. Gemäß dem uralten Ritual klopfte der Zeremonienmeister dreimal an das geschlossene Tor. Zweimal vergeblich.

Als der Pater Guardian beim ersten Anpochen fragte, wer Einlaß begehre, rief der Zeremonienmeister die vierzig Würden des »Großen Titels«, den die Verstorbene getragen hatte. Er reichte von der Kaiserin von Österreich und Königin von Ungarn über die Königin von Böhmen, Dalmatien, Kroatien, Slavonien, Galizien, Lodomerien und Illyrien bis zur Herzogin von Lothringen, von der Markgräfin von Mähren bis zur Prinzessin von Parma, von der Großfür-

---

* Erwähnenswert vielleicht noch, daß Einladungen an die königliche Familie, zu den später in London abgehaltenen Gedenkmessen für die Kaiserin einen Repräsentanten zu entsenden, mit dem frostigen Bescheid beantwortet wurden, »eine Teilnahme erscheint nicht angezeigt«.

stin von Siebenbürgen bis zur Herrin von Triest, Cattaro und auf der windischen Mark. Sogar der aus den Kreuzzügen stammende Titel »Königin von Jerusalem« war in diese lange Nennung eingeschlossen. Nichts davon machte Eindruck auf den Mönch, der, wie es das Ritual gebot, darauf erwiderte, er kenne sie nicht.

So lautete auch die Antwort auf das zweite Anklopfen, als das Begehren kürzer gefaßt war: »Zita, Ihre Majestät die Kaiserin und Königin.« Erst auf das dritte, demütige Bekenntnis »Zita, ein sterblicher sündiger Mensch« öffnete sich das Tor, und der Sarg wurde hineingetragen, zur Beisetzung im Familienkreis. In diesem Fall traf die traditionelle Formel nicht zu. Sterblich war Zita wohl. Aber nicht viele jener einhundertvierundvierzig Habsburger, zu denen sie in das Gruftgewölbe einzog, mochten so wenige Sünden auf sich geladen haben wie sie.

Mit der Bestattung dieser letzten gekrönten Frau aus dem alten Europa schlossen sich mehrere Kreise. Für die Familie hatte sich, mit fast unheimlicher Folgerichtigkeit, ein Schicksalslauf vollendet. Am 30. November 1916 war Zita, damals erst seit zehn Tagen Kaiserin, selbst hinter jenem Funeralwagen geschritten, als Franz Josephs letzter Weg zur Kapuzinergruft geführt hatte. Zwischen ihr und dem neuen Herrscher, ihrem Gatten Karl, war Otto gegangen, ihr vierjähriger Erbe, ein Kind, ganz in Weiß bis auf die schwarze Krawatte und die Trauerschärpe. Nun, zweiundsiebzig Jahre später, wurde sie in demselben Wagen zu derselben Kirche gebracht, in einer Welt, in der sich alles andere gewandelt hatte: Wien war die Hauptstadt einer saturierten neutralen Republik statt eines hungernden kämpfenden Reiches, und einige der wichtigsten Länder der alten Monarchie standen unter kommunistischer Herrschaft, deren Tage allerdings bereits gezählt waren.

Aber die Gestalt Ottos, der mit Regina dem Leichenwagen folgte, symbolisierte ein Kontinuum, das auch einen Wandel in sich begriff. Der einstige vierjährige Erzherzog, Kronprinz des Reiches, war nun schlicht Dr. Habsburg vom Europa-Parlament, doch der einflußreichste europäische Abgeordnete seiner Zeit. Es war die spontane Wiedergeburt des Bewußtseins, daß die Völker des Donauraums Teil der Bewegung für eine gesamteuropäische Einigung waren – Ziele, nach denen er, seine Mutter und seine Verwandten während der Jahrzehnte im Exil gestrebt hatten –, was der übernationalen Idee und Sendung der alten Habsburgermonarchie neue Bedeutung verlieh.

Geschichtliches und Neues kam drei Tage später in der anderen Hauptstadt des einstigen Reiches in engste Berührung. Am 3. April 1989 zelebrierte Kardinal Paskai ein Requiem in Budapest. Es fand in der Matthiaskirche statt, wo Karl und Zita zum König und zur Königin von Ungarn gekrönt worden waren. Dieselben Banner der historischen ungarischen Komitate, die irgendwie die Wirren des Jahrhunderts überstanden hatten, waren gesammelt worden und hingen wieder im Kirchenschiff. Da gab es kein Zögern, als die alten Hymnen erklangen, alle Anwesenden stimmten spontan ein. Und für einen Moment hatte es den Anschein, als sei der Lauf der Zeit aufgehoben und Vergangenes wieder heraufbeschworen, als Otto kurz nach der Totenfeier im Freien vor der Dreifaltigkeitssäule an jenem Punkt stand, wo sein Vater, wie 1867 Franz Joseph, den Krönungseid geleistet hatte. Da brach die Menge in den Ruf aus, den seine Eltern so oft, und zuletzt wie Hohn klingend, gehört hatten: »Éljen a Király!« Es lebe der König.

Das war nicht bloß eine momentane, flüchtige nostalgische Anwandlung. Unter den Jubelnden befanden sich Hunderte junger Leute. Und wären der Kaiserin nur noch einige Monate vergönnt gewesen, dann hätte sie miterlebt, daß Otto von einer der neuen antikommunistischen Parteien Ungarns gebeten wurde, in ihrem Namen für das Amt des ungarischen Staatsoberhaupts zu kandidieren. Aber sie hatte lange genug gelebt, um zu erfahren, wie sich in Ungarn die mächtigsten Impulse für die Befreiung entwickelten, die zu jener Zeit in den »verlorenen Ländern« wirksam wurden, getragen von einem Geschichtssinn, der dort so deutlich ausgeprägt ist wie nirgends sonst im Donauraum. Durch ihr übersteigertes nationales Selbstbewußtsein hatten die Ungarn seit dem Ausgleich von 1867 bis 1918 wesentlichen Anteil an der Zerstörung der Doppelmonarchie. Sie hatten ihrem exilierten Herrscher Hoffnungen gemacht und ihn dann enttäuscht. Es war nur recht und billig, daß nun, nach dem Tod ihrer letzten Königin, gerade die Ungarn eine neue Beziehung zu schaffen trachteten. Zwischen ihrer entschwundenen Dynastie und der Gegenwart.

Quellenangaben

1. Die Prinzessin

1 Kaiserin Zita zum Autor, 22. April 1968.
2 Ibd., zitiert in Brook-Shepherd, »Um Krone und Reich«, Wien 1968, S. 29 f.
3 Antoine Redier, »Zita, Princesse de la Paix«, Paris 1930, S. 8. Laut anderen Angaben war es Gräfin Adelgunde Bardi, eine der Taufpatinnen, die den ungewöhnlichen Namen vorschlug.
4 Erich Feigl, »Kaiserin Zita«, Wien 1982, S. 22/23.
5 Charles Bennoist, »La Monarchie Française«, Paris 1935, S. 582/583.
6 Redier, op. cit., S. 26.

2. Die Erzherzogin

1 Kaiserin Zita zum Autor.
2 Eine ausführliche Darstellung der zunächst geheimen Liebe zwischen dem Thronfolger und Gräfin Chotek und der dynastischen Konsequenzen findet sich, unter Verwendung von bisher unveröffentlichten Dokumenten, in Brook-Shepherd, »Victims at Sarajevo«, London 1984, S. 61–83.
3 Fürstin Nora Fugger, »Im Glanz der Kaiserzeit«, Wien 1980, S. 323/324.
4 Laut Tamara Griesser-Pečar, »Zita«, Bergisch Gladbach, 1985 und 1992, S. 56–58, ging Zitas Mutter bei allen Verhandlungen über den Ehevertrag sehr energisch vor. Sie wünschte, daß dieser zwischen ihr persönlich und dem Kaiser abgeschlossen werde, was allerdings abgelehnt wurde, mit der etwas kränkenden Begründung, Parma sei kein regierendes Haus mehr. Auch bei der Festsetzung des Heiratsguts drang sie mit ihren Ansichten nicht durch, doch immerhin erreichte sie, daß die Dokumente nicht nur auf Deutsch, sondern auch auf Französisch verfaßt wurden.
5 Feigl, op. cit., S. 123.
6 »Neue Freie Presse«, Wien, 20. November 1912.
7 Kaiserin Zita zum Autor, 7. März 1977.
8 Gräfin Sophie Notitz zum Autor, 9. September 1982.
9 Kaiserin Zita zum Autor, 22. Februar 1976.
10 Brook-Shepherd, »Um Krone und Reich«, S. 38/39, Kaiserin Zita zitiert.

3. Die künftige Kaiserin

1 Kaiserin Zita zum Autor, 23. April 1968. Trotz des Schocks fiel ihr unwillkürlich ein Ausspruch des Papstes Pius X. ein, als er am 24. Juni 1911 der bevorstehenden Heirat seinen Segen erteilt hatte: »Ihr künftiger Gatte wird der nächste Kaiser von Österreich werden.«

2 Zitiert in Feigl, »Kaiser Karl, Persönliche Aufzeichnungen, Zeugnisse und Dokumente«, Wien 1984, S. 55.

3 Siehe Reinhold Lorenz, »Kaiser Karl«, Wien 1959, S. 154–158.

4 E. H. P. Cordfunke, »Zita«, Wien 1986.

5 Auszug eines Pro Memoria über Kaiser Franz Joseph, von der Kaiserin im Mai 1981 in Beantwortung einer Fragenliste des Autors verfaßt.

6 Ibd.

7 »Um Krone und Reich«, S. 43.

8 Gute moderne Zusammenfassungen der Operationen während der ersten Kriegsphase finden sich bei Franz Herre, »Kaiser Franz Joseph von Österreich«, München 1983, S. 455 ff. und bei Lorenz, op. cit., S. 158 ff.

9 »Um Krone und Reich«, S. 59/60.

4. Der Thron

1 Ernst Görlich, »Der letzte Kaiser – ein Heiliger?«, Stein am Rhein 1988, S. 63/64.

2 Diese Proklamationen in vollem Wortlaut in der »Neuen Freien Presse«, Wien, 22. und 23. November 1916, abgedruckt. Siehe auch Lorenz, op. cit., S. 232.

3 Kaiserin Zita zum Autor, 4. April 1967.

4 Cecile Tormay, »An Outlaw's Diary«, London 1923, S. 62.

5 Kaiserin Zita zum Autor, 4. April 1967.

6 Catherine Károlyi, »A Life Together«, London 1966, S. 168/169.

7 »Um Krone und Reich«, S. 69.

8 Ladislaus Singer, »Ottokar Graf Czernin«, Wien 1965, S. 12.

9 Ibd., S. 22/23, Zitat eines Briefs von Czernin an Graf Alexander Hoyos.

10 Feigl, »Karl«, S. 320.

5. Schicksalsstunden in Laxenburg

1 Ottokar Graf Czernin, »Im Weltkriege«, Berlin 1919, S. 161, und Singer, op. cit. S. 98.

2 Erstmalige Wiedergabe des Gesprächs bei Karl Werkmann, »Deutschland als Verbündeter«, Berlin 1931, dem Autor von der Kaiserin bestätigt. Auch bei Erich Feigl, »Kaiserin Zita«, Wien 1982, S. 597/598, angeführt.

3 Lorenz, op. cit., S. 325.

4 Kaiserin Zita zum Autor, 24. Februar 1968.
5 Georges de Manteyer, »Austria's Peace Offer 1916–1917«, London 1921, S. 39.
6 Zitiert bei Singer, op. cit., S. 105.
7 Arthur Graf Polzer-Hoditz, »Kaiser Karl, Aus der Geheimmappe seines Kabinettschefs«, Wien 1980 (1929), S. 597/598.
8 »Um Krone und Reich«, S. 80 ff.
9 Zitiert bei Singer, op. cit., S. 124–127.
10 Das Faksimile dieses sogenannten »ersten Sixtus-Briefes« wurde am 3. Januar 1921 in der Pariser Zeitschrift »L'Illustration« veröffentlicht. Deutscher Wortlaut bei Polzer-Hoditz, op. cit., S. 601.
11 »Um Krone und Reich«, S. 90.
12 Singer, op. cit., S. 132.
13 Richard Fester, »Die Politik Kaiser Karls«, München 1925, S. 83/84. In etwas anderer Version sind die Gespräche bei Werkmann, op. cit., S. 222/223, wiedergegeben.
14 Die Denkschrift im vollen Wortlaut bei Czernin, »Im Weltkriege«, S. 198–210, und bei Singer, op. cit., S. 138–142.
15 Erich Ludendorff, »Meine Kriegserinnerungen«, Berlin 1919–1922, S. 354.
16 Polzer-Hoditz, op. cit., S. 348.
17 Faksimile erstmals in »L'Illustration«, Paris, 3. Januar 1920, publiziert. Deutscher Wortlaut bei Polzer-Hoditz, op. cit., S. 603.

6. Zwist der Waffenbrüder

1 Voller Wortlaut aller Ansprachen dieser Reichsratssitzung in »Parlamentarische Chronik«, Wien, Mai 1917.
2 Im vollen Wortlaut bei Feigl, »Zita«, S. 247.
3 Text aus dem Politischen Archiv des österreichischen Außenministeriums bei Feigl, »Zita«, S. 355, wiedergegeben.
4 In ihrem Buch »Mein Leben mit Conrad von Hötzendorf«, Leipzig 1935, S. 1–46, schildert Gina Gräfin Conrad von Hötzendorf die Entwicklung dieser Beziehung.
5 Text von Karls Botschaft im Österreichischen Staatsarchiv, PA I Rot 964 Krieg 25/29.

7. Die Schatten wachsen

1 Die Tagebuchaufzeichnungen sind, nicht katalogisiert, im Habsburger-Familienarchiv, im weiteren als HFA bezeichnet, aufbewahrt.
2 HFA, Kassette Nr. 22, Ordner 128.

3 Czernins Ansprache im vollen Wortlaut in der Wiener Zeitung »Fremden-blatt«, 3. April 1918, zitiert bei Singer, op. cit., S. 288.

4 HFA, Kassette Nr. 22, Ordner 128.

5 Die Texte aller Kommuniqués Clemenceaus bei August Demblin, »Czernin und die Sixtus-Affäre«, München 1920, S. 60 ff. Graf Demblin war als Legationssekretär der Verbindungsmann zwischen Kaiser Karl und dem k. u. k. Ministerium des Äußern.

6 HFA, Kassette Nr. 22, Ordner 128.

7 Demblin, op. cit., S. 95/96, und Singer, op. cit., S. 295 ff.

8 Nach einer mündlichen Schilderung der Kaiserin aus dem Gedächtnis, 1967. Zitiert in »Um Krone und Reich«, S. 178.

9 Demblin, op. cit., S. 75.

10 HFA, Kassette Nr. 22, Ordner 128.

11 Ibd.

12 Manteyer, op. cit., S. 282.

13 Ibd.

14 Singer, op. cit., S. 303/304.

15 HFA, Kassette Nr. 22, Ordner 128.

16 Botschafter Graf Wedel, zitiert bei Singer, op. cit., S. 299–300.

17 »Um Krone und Reich«, S. 184.

18 Hugo Hantsch, »Leopold Graf Berchtold«, Graz 1963, 2. Bd., S. 816.

19 HFA, Kassette Nr. 22, Ordner 128.

8. Ein Reich zerfällt

1 Wortlaut beider Telegramme bei Lorenz, op. cit., S. 454/455.

2 Archiv des deutschen Auswärtigen Amtes, Österreich 95, Graf Wedels Telegramm vom 24. April 1918 an Berlin.

3 Österreichisches Staatsarchiv, 174 III Preußen 1918, Telegramm Nr. 4522 vom 24. April 1918.

4 Österreichisches Staatsarchiv PA Rot 505 Liasse XLVII 3/23–9 Krieg, Geheim.

5 Generaloberst Arthur Arz von Straußenburg, »Zur Geschichte des Großen Krieges«, Leipzig 1924, S. 251.

6 »Um Krone und Reich«, S. 201.

7 Kaiserin Zita zum Autor, 9. Oktober 1978.

8 Winston S. Churchill, »The World War 1916–1918«, London 1927, S. 537.

9 Lord Hankey, »The Supreme Command«, London 1961, S. 846.

10 Zitiert in Brook-Shepherd, »November 1918«, London 1980, S. 146.

11 Kaiserin Zita zum Autor, 9. Oktober 1978.

12 Vollständiges Protokoll der Zusammenkunft im Österreichischen Staatsar-chiv XXXX, 315 PA Interna 1918, Zitiert in »Um Krone und Reich«, S. 204.

13 Ibd.

14 Kaiserin Zita zum Autor, siehe »Um Krone und Reich«, S. 207.
15 Ibd., S. 225/226.
16 Zitiert in »Memories of Michael Károlyi«, London 1956, S. 110.

9. Schönbrunn

1 »Um Krone und Reich«, S. 227.
2 Arz, op. cit., S. 344.
3 Prinz Max von Baden, »Erinnerungen und Dokumente«, Stuttgart 1968, S. 589/590.
4 Kaiserin Zita zum Autor, 9. Oktober 1978.
5 »Um Krone und Reich«, S. 247.
6 Ibd. S. 254.
7 Dies ist der Wortlaut, den ein Zeitzeuge, der damalige Pressesekretär des Kaisers, Hauptmann Karl Werkmann, in seinem Erinnerungsband »Der Tote auf Madeira«, München 1923, S. 19, überliefert. Wie auch andere Männer aus Kaiser Karls Umgebung, war der absolut getreue, aber seinem Rang nach untergeordnete Werkmann bestrebt, sich einen guten Platz im Geschichtsbild zu sichern. Sechzig Jahre später erklärte die Kaiserin dem Autor, soweit sie sich erinnern könne, entspreche Werkmanns Darstellung bis auf die wohl nicht völlig authentischen Formulierungen den Tatsachen.
8 »Um Krone und Reich«, S. 259.
9 Diese anekdotische Begebenheit ist mit freundlicher Genehmigung seiner Familie dem unveröffentlichten Tagebuch des verstorbenen Grafen Gerolf Coudenhove-Kalergi entnommen, der mit dem Autor befreundet war.

10. Zwischenspiel in Eckartsau

1 Das Originaldokument befindet sich im Ungarischen Staatsarchiv. Anders als das maschinenschriftlich ausgefertigte und von Heinrich Lammasch als letztem österreichischen Ministerpräsidenten gegengezeichneten Schönbrunner Manifest, wurde die Eckartsauer Erklärung von Karl eigenhändig auf Ungarisch geschrieben und trägt keine Gegenzeichnung. Deutsche Fassung in Emilio Vasari, »Ein Königsdrama im Schatten Hitlers«, Wien 1968, S. 19, und bei Lorenz, op. cit., S. 562.
2 »Arbeiter-Zeitung«, Wien, 17. November 1918.
3 Emmerich Zeno von Schonta, »Erinnerungen«, Wien 1927, S. 59/60.
4 »Um Krone und Reich«, S. 265.
5 Prinz Sixtus' Bericht in »Um Krone und Reich«, S. 268 ff.
6 Cunninghame veröffentlichte seine Darstellung der Episode erst rund zwanzig Jahre später im »Hungarian Quarterly« (Budapest-London-New York), 5. Bd. Nr. 4 (Winternummer 1939/40).
7 Der Brief wurde von der britischen diplomatischen Vertretung in Wien an

König Georg V. weitergeleitet und befindet sich im Königlichen Archiv Windsor, GV M 1466/4.

8 »Hungarian Quarterly«, 5. Bd., Nr. 4.

9 Exzerpte aus Oberstleutnant Strutts Tagebuch wurden erstmals in Herbert Vivians Buch »The Life of the Emperor Charles of Austria« publiziert (London 1932). Der Autor dankt der Witwe und den Nachlaßbetreuern Edward Lisle Strutts für die Erlaubnis, aus dem Gesamttext zu zitieren. Eine Abschrift wurde dem Königlichen Archiv Windsor übergeben.

10 Königliches Archiv Windsor, GV M 1466/10.

11 »Hungarian Quarterly«, 5. Bd., Nr. 4, S. 642.

12 Griesser-Pečar, op. cit., darin offizielle Schweizer Dokumente wiedergegeben.

11. »Der Kaiser muß seine Lethargie abschütteln«

1 Königliches Archiv Windsor, GV AA 43/224.

2 Staatsgesetzblatt für den Staat Deutschösterreich, 10. April 1919.

3 Diese oft geschilderte Episode folgt den Angaben von Ludwig Prinz Windisch-Graetz in seinem Buch »Helden und Halunken«, Wien 1965, S. 145. Er war, vorsichtig ausgedrückt, nicht der zuverlässigste Gewährsmann. So war es, wie in der kaiserlichen Familie noch in Erinnerung ist, nicht Karl selbst, sondern ein Sprecher, der in seinem Namen mit der Delegation in Zürich zusammentraf und das Angebot ablehnte. (Mitteilung von Erzherzog Otto an den Autor, Pöcking, Obb. 30. Juni 1990).

4 Nikolaus von Horthy, »Ein Leben für Ungarn«, Bonn 1953, S. 120.

5 Ibd., S. 133.

6 Wortlaut des Briefs in Werkmann, »Der Tote auf Madeira«, S. 147/148.

7 »Um Krone und Reich«, S. 307 f.

8 Das Original von Strutts Brief im britischen Public Records Office, C 6930/180/21.

9 HFA, Kassette Nr. 20, Ordner 501, Brief von Baron Wiesner an Graf Degenfeld, 23. September 1930.

10 Ibd., Graf Degenfeld an Baron Wiesner, 29. September 1930.

11 Erst einige Wochen später konnten sich die österreichischen Polizeibehörden durch Einvernahmen von Taxifahrern, Zollbeamten usw. ein Bild vom Verlauf der geheimen Durchreise des Kaisers machen. Ausführlicher Bericht im Österreichischen Staatsarchiv, FASZ. 891, Liasse 2/11, Nummern 1279, 1292 und 1490.

12 Zur dringlichen Anfrage des britischen Außenministeriums siehe Public Records Office (im weiteren: PRO) C 6930/181/21.

13 Karl Werkmann (Hg.), »Aus Kaiser Karls Nachlaß«, Berlin 1924, S. 29. Karls eigene Darstellung der Ereignisse, wie er sie später der Kaiserin diktierte.

14 Ibd., S. 30.

12. Ostern 1921: Kampf ohne Waffen

1 Werkmann, »Der Tote auf Madeira«, S. 163. Die Schilderung der Abläufe in Prangins zu Ostern 1921 folgt seiner Darstellung. S. 160–171.
2 Werkmann, »Nachlaß«, S. 39.
3 Zitiert bei Lorenz, op. cit., S. 600.
4 Horthy, op. cit.
5 Ibd., S. 144.
6 Ibd., S. 146.
7 Dokumente zur britischen Außenpolitik (Documents on British Foreign Policy, im weiteren: DBFP), 1. Reihe, XXII. Bd., Nr. 66.
8 Ibd. Nr. 68.
9 Ibd. Nr. 78.
10 Diese und alle folgende Passagen der Begegnung, so wie sie der König selbst beschrieb, aus Werkmann »Nachlaß«, S. 54–70.
11 Abschrift des Textes im PRO, C 6855/180/121.
12 DBFP, Nr. 79.
13 Voller Wortlaut bei Lorenz, op. cit., S. 609.
14 Ibd., S. 616/617.
15 DBFP, Nr. 87.
16 Zitiert bei Vasari, »Königsdrama«, S. 89/90.

13. Oktober 1921: Der Königszug

1 DBFP, XXII. Bd., Nr. 145 (Fußnote).
2 Ibd. Nr. 182.
3 Ibd. Nr. 176.
4 Ibd. Nr. 196.
5 HFA, Kassette Nr. 35, Ordner 2.
6 Ibd.
7 Voller Wortlaut bei Werkmann, »Der Tote auf Madeira«, S. 250–252.
8 HFA, Kassette Nr. 35, Ordner 2.
9 Ibd.
10 Ibd.
11 Ibd.
12 Ibd.
13 Aladár von Boroviczény, »Der König und sein Reichsverweser«, München 1924, S. 260/261.
14 »Um Krone und Reich«, S. 341.
15 Text bei Lorenz, op. cit., S. 629.
16 DBFP, XXII. Bd. Nr. 395.
17 Ibd. Nr. 397.
18 Ibd. Nr. 358.
19 Ibd. Nr. 409 (Fußnote).

20 Horthy, op. cit., S. 170.

21 DBFP, XXII. Bd., Nr. 406.

22 »Um Krone und Reich«, S. 353.

23 Boroviczény, op. cit., S. 312.

24 Diese Redewendung gebrauchte die Kaiserin häufig in allgemeinen Gesprächen mit dem Autor, allerdings niemals im Zusammenhang mit dem Scheitern vor Budapest. Doch als der Autor fast siebzig Jahre nach jenen Ereignissen Erzherzog Otto fragte, wie wohl alles verlaufen wäre, wenn sie damals im Oktober 1921 in Buda-Örs zu entscheiden gehabt hätte, antwortete er ohne zu zögern: »Sie wäre unbeirrt weiter vorgegangen.«

14. Nach Madeira

1 Graf Franz Esterházys Bericht in vollem Wortlaut bei Werkmann, »Der Tote auf Madeira«, S. 285–288.

2 Zitiert bei Feigl, »Karl«, S. 382.

3 DBFP, Nr. 494.

4 Ibd. Nr. 418.

5 Ibd. Nr. 482.

6 Lorenz, op. cit., S. 642.

7 Werkmann, »Der Tote auf Madeira«, S. 289.

8 DBFP, Nr. 420.

9 Ibd. Nr. 421.

10 Ibd., 424.

11 Erstmals in »Um Krone und Reich«, S. 359–370, veröffentlicht. Daraus alle folgenden, gekürzten Passagen entnommen. Eine etwas ausführlichere Fassung der Tagebuchaufzeichnungen, aber nur über den ersten Teil der Reise, mit Notizen Kaiser Karls zu drei Tagen, ist ohne Quellenangabe bei Feigl, »Karl«, S. 469 ff., abgedruckt.

15. Tod eines Kaisers

1 DBFP, XXII. Bd., Nr. 528.

2 Ibd. Nr. 540.

3 Ibd. Nr. 595.

4 Feigl, »Zita«, S. 195, Schweizer Polizeiberichte ohne nähere Angaben zitiert.

5 DBFP, Nr. 569 (Fußnote).

6 Eggers Bericht ohne Quellenangabe bei Feigl, op. cit., S. 197/198. Die entsprechenden Hinweise auf die Dokumente im Bundesarchiv Bern bei Griesser-Pečar, op. cit., S. 357.

7 PRO, C 20891/180/21.

8 Werkmann, »Der Tote auf Madeira«, S. 307 ff.

9 »Um Krone und Reich«, S. 386.
10 Werkmann »Der Tote auf Madeira«, S. 310/311.
11 Erzherzog Otto zum Autor, Pöcking, 30. Juni 1990.

16. Eine Zuflucht in Spanien

1 Königliches Archiv Windsor, GV PS 36107.
2 Ibd.
3 F. O. (Foreign Office) 371/7623.
4 Ibd.
5 Emilio Vasari, »Dr. Otto von Habsburg«, München 1971, S. 46, und Cordfunke, »Zita«, S. 163.
6 Erzherzog Otto zum Autor, 30. August 1990.
7 HFA, Kassette Nr. 21, Ordner 505.
8 Erzherzog Otto zum Autor, 30. Juni 1990.
9 HFA, Kassette Nr. 35, Ordner 4.
10 Ibd.
11 Ibd.
12 Ibd.
13 HFA, Kassette Nr. 35, Ordner 6
14 Erzherzog Otto zum Autor, Pöcking, 30. Juni 1990.
15 HFA, Kassette Nr. 22, Ordner 205.
16 Ibd., Ordner 84.
17 Ibd., Ordner 128.
18 HFA, Kassette Nr. 21, Ordner 507.
19 HFA, Kassette Nr. 23, Ordner 323.

17. Impulse aus Steenokkerzeel

1 HFA, Kassette Nr. 30, Ordner 186.
2 Erzherzog Otto zum Autor, Pöcking, 30. Juni 1990.
3 HFA, Kassette Nr. 24, Ordner 814.
4 HFA, Kassette Nr. 24, Ordner 536.
5 Ibd.
6 HFA, Kassette Nr. 27, Ordner 245b.
7 Viscount Rothermere, »My Campaign for Hungary«, London 1939, S. 129 ff.
8 HFA, Kassette Nr. 27, Ordner 245b (Baron Wiesner an die Kaiserin, 22. August 1932).
9 Ibd.
10 Ibd. (Fortsetzung von Baron Wiesners Bericht, 24. August 1932).
11 Ibd. (Brief von Gräfin Mensdorff an die Kaiserin, 22. August 1932).
12 Erzherzog Otto zum Autor, Pöcking, 30. Juni 1990.

13 HFA, Kassette Nr. 23, Ordner 354, daraus alle folgenden Textstellen.
14 Königl. Archiv Windsor, GV PS 36107.
15 HFA, Kassette Nr. 23, Ordner 354.
16 Königl. Archiv Windsor, GV PS 36107.
17 Foreign Office, C. 5799/5789/21.
18 Königl. Archiv Windsor, GV PS 36107.
19 HFA, Kassette Nr. 22, Ordner 100.
20 Ibd.
21 HFA, Kassette Nr. 34, Ordner 97.
22 Ibd.
23 HFA, Kassette Nr. 22, Ordner 775.
24 HFA, Kassette Nr. 96, Ordner 96.
25 HFA, Kassette Nr. 21, Ordner 505.

18. Habsburg kontra Hitler

1 Erzherzog Otto zum Autor, Pöcking, 30. Juni 1990.
2 Ibd.
3 HFA, Kassette Nr. 24, Ordner 72.
4 Ibd.
5 HFA, Kassette Nr. 24, Ordner 214.
6 Ibd.
7 Offizieller Text im Österreichischen Staatsarchiv, Fasc. 466, N. P. A. K. 466.
8 HFA, Kassette Nr. 20, Ordner 502.
9 HFA, Kassette Nr. 24, Ordner 66a.
10 HFA, Kassette Nr. 33, Ordner 805.
11 Dokumente zur deutschen Außenpolitik (Im weiteren: DDAP), Reihe D, 1. Bd., Nr. 215.
12 HFA, Kassette Nr. 33, Ordner 805.
13 Ibd.
14 Erzherzog Otto zum Autor, 30. Juni 1990.
15 Paul Schmidt, »Statist auf diplomatischer Bühne 1923–1945«, Wien 1950, S. 347. Siehe auch DDAP, Reihe D, 1. Bd., Nr. 107.
16 Ibd. Nr. 223.
17 HFA, Kassette Nr. 20, Ordner 20.
18 Zeugenaussage (Graf) Peter Revertera in »Der Hochverratsprozeß gegen Dr. Guido Schmidt«, Wien 1947, S. 292–297.
19 Schuschnigg schrieb seine Darstellung der Begegnung mit Hitler aus der Erinnerung nieder und veröffentlichte sie in seinem Buch »Requiem in Rot-Weiß-Rot«, Zürich 1947.
20 Erzherzog Otto zum Autor, 30. Juni 1990.
21 Ibd., Ergänzungen am 30. August 1990.
22 Kurt Schuschnigg, »Im Kampf gegen Hitler«, Wien 1969, S. 18–24. Darin

der Briefwechsel im vollen Wortlaut. Die Originaldokumente im Habsburger-Familienarchiv.

23 Ibd.
24 Brook-Shepherd, »Anschluß«, London 1963, S. 119–205.
25 Wortlaut der Anweisungen des Oberkommandos der Wehrmacht vom 11. März 1938 für »Operation Otto« in Schmidt, Hochverratsprozeßprotokolle, S. 576/577.
26 Aussage Hermann Görings vor dem Internationalen Militärtribunal in Nürnberg, 9. Bd., S. 333 ff.
27 Erzherzog Otto zum Autor, 30. August 1990.
28 Voller Wortlaut von Hitlers Proklamation in der Zeitung »Wiener Neueste Nachrichten«, 16. März 1938.
29 Kurt Schuschnigg in einem Brief vom 16. Februar 1962 an den Autor.

19. Über den Atlantik

1 HFA, Kassette Nr. 21, Ordner 361.
2 Am 20. April 1938 in der gleichgeschalteten österreichischen Presse publiziert.
3 HFA, Kassette Nr. 30, Ordner 178.
4 HFA, Kassette Nr. 29, Ordner 623.
5 HFA, Kassette Nr. 21, Ordner 361.
6 Offensichtlich authentisches Konzept für ein Schriftstück, ohne Quellenangabe oder sonstige Hinweise in Erich Feigls Fotoband »Otto von Habsburg«, Wien 1987, S. 56/57, wiedergegeben.
7 HFA, Kassette Nr. 30, Ordner 744.
8 Erzherzog Otto zum Autor, 30. Juni 1990.
9 Feigl, op. cit., S. 68.
10 HFA, Kassette Nr. 29, Ordner 623a.
11 HFA, Kassette Nr. 29, Ordner 642.
12 Erzherzog Otto zum Autor, 30. Juni 1990.
13 HFA, Kassette Nr. 29, Ordner 642.
14 Ibd.
15 HFA, »New Yorker Koffer«, Nr. 3, Ordner 261, zitiert in Griesser-Pečar, op. cit., S. 258.

20. Roosevelt und die Habsburger

1 Anthony Eden, »The Reckoning«, London 1965, S. 289.
2 Ibd., S. 290.
3 HFA, Kassette Nr. 29, Ordner 688, Memorandum vom 4. Februar 1940.
4 HFA, Kassette Nr. 23, Ordner 861, Brief vom 6. Mai 1941.
5 Ibd.

6 Prinzessin Alice Mary Victoria, »For My Grandchildren«, London 1966, S. 257.

7 HFA, Kassette Nr. 23, Ordner 861.

8 HFA, Kassette Nr. 30, Ordner 744, Brief vom 7. September 1939.

9 Königl. Archiv Windsor, Geo. V. CC 45/1281.

10 Königl. Archiv Windsor, Geo. V. CC 45/1282.

11 Königl. Archiv Windsor, Geo. V. CC 45/1256.

12 HFA, Kassette Nr. 34, Ordner 725.

13 New Yorker Koffer Nr. 3, Ordner 264.

14 Ibd., Ordner 213.

15 Ibd., Ordner 207.

16 Ibd., Ordner 251.

17 Ibd., Ordner 249.

18 Der verstorbenen Gräfin Kerssenbrock (»Korffi«) verdanke ich diese und viele andere wahre Anekdoten aus ihrer jahrzehntelangen Tätigkeit als Begleiterin und Vertraute der Kaiserin.

19 HFA, New Yorker Koffer Nr. 3, Ordner 849.

29 Ibd., Ordner White XII.

21 HFA, New Yorker Koffer, Nr. 3, Ordner 246.

22 Ibd., Ordner 230, Brief vom 24. Juli 1941.

23 Ibd., Ordner 209.

24 Ibd., Ordner 222.

25 Churchill, op. cit., 4. Bd., London 1951, S. 810.

26 Erzherzog Otto zum Autor, 6. November 1990.

27 Ibd. In einem unveröffentlichten Abschnitt seines Tagebuchs bezeichnet Lord Louis Mountbatten diese Begegnung als »interessant«, geht aber nicht näher darauf ein. (Freundliche Mitteilung von Mountbattens Biographen Philip Ziegler an den Autor)

21. Die rote Donau

1 C. A. Macartney, »October Fifteenth«, Edinburgh 1957, 2. Teil, S. 1280. Im englischen Sprachraum die beste Darstellung der leidvollen Geschicke Ungarns zwischen 1918 und 1945.

2 Erzherzog Otto zum Autor, 6. November 1990.

3 Ibd., Brüssel, 17.–19. Dezember 1990.

4 HFA, New Yorker Koffer Nr. 3, Ordner 254.

5 Erzherzog Otto zum Autor, Brüssel, 17.–19. Dezember 1990.

6 Ibd.

7 Churchill, op. cit., S. 137.

8 HFA, New Yorker Koffer Nr. 3, Ordner 253.

9 Ibd.

10 Erzherzog Otto zum Autor, Brüssel, 17.–19. Dezember 1990.

22. St.-Johannes-Stift

1 Königl. Archiv Windsor, Geo. V. CC 45, Nr. 1708 und 1726.
2 Erzherzog Otto zum Autor, Pöcking, 30. Juni 1990.
3 HFA, New Yorker Koffer Nr. 3, Ordner 210.
4 Ibd. Ordner 260.
5 Kaiserin Zita in einem Brief vom 24. März 1983 an den Autor.
6 Kaiserin Zita in einem Brief vom 28. Juni 1982 an den Autor.
7 Kaiserin Zita im Gespräch mit dem Autor, 9. Oktober 1978.
8 Erzherzog Otto zum Autor, Brüssel, 17.–19. Dezember 1990.

23. Die Kapuzinergruft

1 Besuch des Autors in Zizers, 24. September 1986.
2 Diese und die meisten Einzelheiten aus den letzten Lebenstagen der Kaiserin verdanke ich der freundlichen Mitteilung von Baronin Plappert, die während der Wochen vor dem Ende fast ständig um ihre Herrin war.
3 Erzherzog Otto zum Autor, Brüssel, 17.–19. Dezember 1990.
4 Mein Dank gilt Walburga von Habsburg, meiner unverdrossenen Helferin bei den Vorarbeiten zu diesem Buch, die mir auch die vollständige Korrespondenz über das Ableben und die Bestattung ihrer Großmutter zur Einsicht vorlegte.

Namenregister

A

Adam, Walter 364
Adler, Victor 174
Allina, Heinrich 378
Almássy, Oberleutnant 243
Almeida, Antonio José d'(Don Joao) 300
Andrássy, Julius Graf 177, 182, 252, 260, 268-270, 277, 282-283, 288
Aosta, Margherita Prinzessin von 436
Apponyi, Albert Graf 260, 320
Apponyi, Toni Graf 294
Arco, Georg Graf von 345
Arenberg, Anna Eugenie Prinzessin von 436
Armand, Abel Graf 143
Arz, Arthur von Straußenburg 96, 115-116, 159-161
Asquith, Herbert Henry 79
Athlone, Alexander Cambrigde, Earl of 397
Athlone, Prinzessin Alice 397

B

Baernreither, Josef 97
Balfour, Arthur James, Earl 206
Bánffy, Nikolaus Graf 258
Barkley, Alben 381
Batthyány 176
Bauer, Max Oberst 129, 131, 133
Bauer, Otto 377
Beck, Joseph 362, 365
Belgien, Albert, König von 327
Belgien, Elisabeth, Königin von 44, 327
Beneš, Eduard 285-287, 299, 380, 411
Benicsky, Dr. Eduard von 246, 259, 270
Berchtold, Graf Leopold von 60, 95, 154, 219
Besobrasowa, Gräfin Xenia 436
Bethlen von Bethlen, Stefan Graf 252, 262, 269, 272, 276, 278, 288, 300, 417
Bethmann Hollweg, Theobald von 101, 114, 119

Bisletti, Monsignore 45
Bismarck, Otto von 25, 68-69, 174
Bokányi, Dezsö 185
Boroevic, Feldmarschall 182, 189
Boroviczény, Aladár von 265-267, 278, 283, 291
Bourbon, Don Jaime 42, 45
Bourbone Parma, Karl II., Herzog von Parma und Piacenza 26
– Alicia, Herzogin von 27
– Felix, Prinz von 62
– Henri, Herzog von 27
– Bourbone, Isabella, Prinzessin von 396, 437
– Karl III., Herzog von 26
– Louise, Herzogin von 27
– Margarita, Herzogin von 27
– Maria Antonia, Herzogin von (geb. Prinzessin von Braganza) 28, 40, 43, 64, 212, 396, 437
– Renatus (René) 62, 179-180
– Robert, Herzog von 27
– Sixtus, Prinz von 44, 62-64, 80, 105-107, 109-114, 119-120, 122, 143-146, 150, 161, 201-202, 222, 230-231, 233-234, 287, 328-330, 339-341
– Xavier, Prinz von 47, 62-64, 80, 107, 111-112, 120, 302, 334, 341, 382, 434
Braganza, Adelgunde von 47
Briand, Aristide 105-106, 112, 229-233, 249, 251, 258, 285, 452
Bridges, Sir Thomas 203
Bulgarien, Boris, Kronprinz von 169
Bulgarien, Ferdinand, »Zar« von 88, 162
Bullitt, William 411
Bullock, Calvin 395
Buriáns, Stefan Baron (später Graf) 159, 166, 168, 171

C

Cadogan, Sir Alexander 231
Cadorna, Luigi 120
Cambon, Jule 151, 251

H

Helmut Ortner

DER HINRICHTER

Roland Freisler – Mörder im Dienste Hitlers

Im Mittelpunkt dieses Buches steht einer der
fanatischsten und erbarmungslosesten
NS-Richter: der Volksgerichtshofpräsident
Roland Freisler. Das Buch erzählt sein Leben,
seine Karriere, sein Wirken, seinen Tod.
Es ist die Geschichte eines gnadenlosen
Blutrichters in einer gnadenlosen Zeit.
Ortners Fazit: Roland Freisler war ein
nationalsozialistischer Mörder in
Richterrobe – und die Deutschen haben
ihn möglich gemacht.

**352 Seiten, gebunden
ISBN 3-552-04504-X**

ZSOLNAY